Selbst-Er-forschend Philosophieren

Transformation des Konzepts »Selbst-Er-forschend Philosophieren« aus der existenziell-performativen Hermeneutik Hannah Arendts

Dresdner Hefte für Philosophie

Herausgegeben von Markus Tiedemann

Heft 17

Zugleich:

Inaugural-Dissertation zur Erlangung des akademischen Grades Doktor der Philosophie (Dr. phil.) der Fakultät für Geisteswissenschaften der Universität Duisburg-Essen

vorgelegt von Steffen Goldbeck (StR) aus Viersen

Gutachter: apl. Prof. Dr. Vanessa Albus (StD'in i. H.), Universität Duisburg-Essen
Prof. Dr. Christian Thein, Universität Münster

Die mündliche Prüfung hat stattgefunden am 12.12.2018

Steffen Goldbeck

Selbst-Er-forschend Philosophieren

Transformation des Konzepts »Selbst-Er-forschend Philosophieren« aus der existenziell-performativen Hermeneutik Hannah Arendts

THELEM

2019

Bibliografische Information der Deutschen Bibliothek

Die Deutsche Bibliothek verzeichnet diese Publikation in der
Deutschen Nationalbibliografie; detaillierte bibliografische Daten
sind im Internet unter <http://dnb.ddb.de> abrufbar.

Bibliographic information published by Die Deutsche Bibliothek

Die Deutsche Bibliothek lists this publication in the Deutsche
Nationalbibliografie; detailed bibliographic data is available in
the Internet at <http://dnb.ddb.de>

ISBN 978-3-95908-479-6

Dank

Lang war der Weg! Vielen Begleitern muss gedankt werden, doch vor allem einer, meiner lieben Anna, für Geduld, Freiraum und Verzicht.

»Warum ist überhaupt Jemand und nicht vielmehr Niemand?«

(Hannah Arendt)

»Ich muß verstehen.«

(Hannah Arendt)

»[…] nur Selber-Denken [macht] fett […]«

(Hannah Arendt)

»›Wer viel erzählt hat, dem wird erzählt.‹«

(Stefan Zweig)

Inhalt

Sechstes Kapitel: Reflexion, Erprobung und Konkretion

Hinweis:

Wenn innerhalb dieser Forschungsarbeit auf vorherige oder nachfolgende Ausführungen Bezug genommen wird, dann werden hierfür die folgenden Bezeichnungen verwendet: Zahlwort, z. B. „Eins" = erstes Kapitel; I = erster Teil; I.1 = erster Teil, erster Abschnitt; I.1.1 = erster Teil, erster Abschnitt, erster Unterabschnitt

Erstes Kapitel: Vorüberlegungen

I. Thesen und Ziele

»Wo alles in einem Ausmaß beliebig ist, wie es sich noch nicht einmal der ernsthafteste Nihilist vorstellen konnte, bekommt die Suche nach Halt eine existenzielle Bedeutung.«[1] Halt findet der Mensch heute zusehends weniger im Äußeren, weswegen er auf der Suche nach Halt auf sein Inneres verwiesen ist. Nicht nur deswegen ist der Mensch ein Wesen, das existenziell darauf angewiesen ist, sich um sich selbst, genauer, sich um sein fragiles Selbst[2] zu sorgen, denn wie Safranski treffend feststellt: »So leicht und selbstverständlich ist es gar nicht, man selbst zu bleiben, wenn man dort draußen seine Erlebnisse hat.«[3] Zeit seines Lebens besitzt daher die Sorge den Menschen, eine Erkenntnis, die in der Cura-Fabel des Hyginus treffend zum Ausdruck gebracht wird, weswegen sie Heidegger in *Sein und Zeit* zitiert und analysiert.[4] Die Sorge besitzt den Menschen nicht nur, sie verwickelt ihn auch in gravierende existenzielle Probleme.

> Die Sorge um sich selbst verwickelt einen in [die] [...] Probleme der **Selbstwahrnehmung** und **Selbstbehauptung** [Herv. S. G.]. Diese Probleme werden nicht erst aufdringlich bei der grüblerischen Selbstversenkung, sondern sie begegnen alltäglich, im praktischen Handeln, bei der Treue, bei Versprechungen, die man einhält oder bricht, bei der Übernahme von Verantwortung für Vergangenes oder Künftiges, bei jedem Vertrag, den man abschließt.[5]

Die Sorge um sich selbst ist vor allem auf die Zukunft gerichtet und zielt darauf ab, das eigene Selbst, das dem steten Wandel der Zeit preisgegeben ist, zu bewahren, das eigene Selbst also zu »besorgen«, wie Safranski bezogen auf Heidegger betont. Dabei geht es besonders darum, ein Leben in »Eigentlichkeit« zu führen, d. i. ein Leben,

---

1 Stangneth, B.: *Böses Denken*. 2. Auflage. Reinbek bei Hamburg: Rowohlt 2016. S. 160.

2 Der Begriff »Selbst« ist ein mehrdeutiger und daher philosophisch höchst klärungsbedürftiger Begriff. Wie der Begriff, der immerhin im Titel dieser Forschungsarbeit steht, im Kontext derselben verwendet wird und wie insbesondere Arendt diese Begriff gebraucht, wird im dritten Kapitel hinreichend geklärt.

3 Safranski, R.: *Zeit. Was sie mit uns macht und was wir aus ihr machen*. München: Hanser 2015. S. 68–69.

4 Vgl.: Heidegger, M.: *Sein und Zeit*. 19. Auflage. Tübingen: Niemeyer 2006. S. 197–198.

5 Safranski, R.: *Zeit*. S. 70.

dass den Möglichkeitsraum der eigenen Existenz aktiv durchschreitet, indem einige, vielleicht auch nur eine – »»Ich hatte wohl tausend Leben und nahm nur eines««[6] – der dargebotenen Existenzmöglichkeiten begründet verwirklicht werden, wodurch das Leben zu einem individuellen Sein gebildet und ihm dadurch Sinn gegeben wird.[7]

Die Frage nach dem Sinn individuellen Seins steht im Mittelpunkt dieser Arbeit, in der die fachphilosophischen und philosophiefachdidaktischen Grundlagen sowie die zentralen Elemente des Unterrichtskonzepts »Selbst-Er-forschend Philosophieren« erläutert werden, das auf individuelle Sinngebung und Persönlichkeitsentwicklung abzielt.

Die fachphilosophische Grundlage des Konzepts ist die Existenzphilosophie Arendts. Die fachphilosophisch zentrale These dieser Forschungsarbeit besteht nämlich in der Annahme, dass Arendts politischer Theorie, Philosophie und politisch-philosophischer Praxis eine vollständig ausgearbeitete Existenzphilosophie inhärent ist, die eine aufschlussreiche Auskunft bezüglich der Bedingungen und Möglichkeiten individuellen Seins gibt. Wie die Ausführungen im dritten Kapitel zeigen werden, steht im Mittelpunkt von Arendts Existenzphilosophie das Phänomen der »personalen Identität« und damit eng verbunden die Frage nach den Bedingungen und Möglichkeiten von Personalität und Persönlichkeit, zwei Phänomenen, die Arendt im Kontext ihrer Existenzphilosophie mit den Begriffen »Dass-Jemand-ist« (vgl.: VA 223) und »Wer-Jemand-ist« (vgl.: VA 217, 219) bezeichnet. Arendts Existenzphilosophie ist gerade bezüglich der genannten Phänomene besonders aufschlussreich, weil sie sowohl das tatsächliche Vorhandensein von Personen als von Persönlichkeit und damit das Phänomen »personale Identität« überzeugend zu erklären vermag. Sie zeigt daher auch auf, wie ein sinngebendes Verständnis von, und damit wiederum verbunden, ein sorgender Umgang mit individuellem Sein möglich ist, das sich in der personalen Identität eines Menschen ausdrückt.[8]

Mit der fachphilosophischen These eng verbunden ist die zentrale philosophie-fachdidaktische These, wonach es möglich ist, aus Arendts Existenzphilosophie das Konzept »Selbst-Er-forschend Philosophieren« durch mehrere Teil-Transformation[9] zu entwickeln. Dieses Konzept soll normativ gehaltvoll sein und die Schülerinnen und Schüler dazu befähigen, sich selbst und andere sinngebend zu verstehen und daraus Perspektiven für die eigene Persönlichkeitsentwicklung zu gewinnen. Ein Konzept

---

6   Nooteboom, C.: *Die folgende Geschichte*. Frankfurt am Main: Suhrkamp 2002 (= *suhrkamp taschenbuch* 3405). S. 91.

7   Vgl.: Safranski, R.: *Zeit*. S. 63–85.

8   Vgl.: Quante, M.: *Person*. 2. Auflage. Berlin/Boston: Walter de Gruyter 2012 (= *Grundthemen der Philosophie*). S. 6–11.

9   Der Begriff »Transformation« beschreibt das zentrale methodologische Vorgehen zur Konzeptentwicklung, das nachfolgend, im dritten Abschnitt dieses Kapitels genauer erläutert wird.

also, in dessen Mittelpunkt die individuelle Sinngebung steht und dem es um die Befähigung zur Selbstsorge geht.

Ein solches, theoretisch wie fachdidaktisch fundiertes sowie unterrichtspraktisch wohl durchdachtes normatives Unterrichtskonzept für die Gestaltung von Philosophieunterricht aus der Existenzphilosophie Arendts zu entwickeln, ist aus einem entwicklungspsychologischen, einem bildungstheoretischen und einem curricularen Grund dringend geboten. So äußert sich das Bedürfnis nach individueller Sinngebung am stärksten im Jugendalter, in der Spanne zwischen der Pubertät und dem Eintritt in das Erwachsenenleben (15. bis 30. Lebensjahr)[10], also in einer Lebensphase, in der der Mensch wie in keiner anderen damit beschäftigt ist, sein Leben bewusst zu reflektieren und danach strebt, diesem eine Richtung zu geben, indem er versucht, den gegenwärtigen Sinn des eigenen Seins festzustellen und es auf einen zukünftigen Sinn hin zu befragen und zu entwickeln. Persönlichkeitsbildung, also die Befähigung zur individuellen Sinngebung und Persönlichkeitsentwicklung ist die Aufgabe und das zentrale Ziel der allgemeinen Bildungstheorie, speziell jedoch der Theorie philosophischer Bildung, da das Problem der Persönlichkeitsbildung vor allem in den Bereich der ethischen Bildung fällt, was u. a. Torkler hervorhebt.[11] So ist besonders philosophisch-ethische Bildung als ein Prozess der Selbstkultivierung aufzufassen, der eine vernünftig-stimmige, verantwortete und verantwortbare Lebensform zum Ziel hat. Wenn also »[...] Bildung die Befähigung [verkörpert], den Anspruch auf Selbstbestimmung und Entwicklung eigener Lebens-Sinnbestimmungen zu verwirklichen und diesen Anspruch auch für alle Mitmenschen anzuerkennen, [...]«[12], dann muss die Bildungstheorie im allgemeinen und die philosophische Bildungstheorie im Besonderen auf das Bedürfnis vieler Jugendlicher nach individueller Sinngebung mit Unterrichtskonzepten reagieren, die nicht nur zielführend und praktikabel, sondern

---

10   Vgl.: Hurrelmann, K. und Albrecht, E.: *Bildungsorientierungen und Wertvorstellungen von Jugendlichen heute. Ergebnisse aktueller Jugendstudien.* In: Seminar, 2/2016. S. 109–110. Insbesondere die Generation Y, also die zwischen 1985 und 2000 Geborenen, besteht Hurrelmann zufolge [...] aus jungen Leuten, die sich ständig selbst herausfordern [...]« (Ebd. S. 117), ständig an sich selbst arbeiten und ihre Lebenspläne von persönlichen Bedürfnissen aus mit Blick auf die Ziele »Erfüllung« und »Sinn« entwerfen. Vgl.: Ebd. S. 111, 117, 121–122.

11   Torkler stellt diesbezüglich jedoch fest, dass es, »[...] [s]eitdem sich Ekkehard Martens' dialogisch-pragmatischer Ansatz in der Philosophiedidaktik gegenüber dem identitätstheoretischen Ansatz von Wulf Rehfus durchgesetzt hat, [...] um das Thema Identitätsbildung im und durch Philosophieunterricht deutlich stiller geworden [ist]. Zwar taucht die Vorstellung, dass Philosophieunterricht zur personalen Entwicklung von Schülerinnen und Schülern beiträgt, noch im Begriff der Selbstkompetenz auf [...]. Doch wie der Philosophieunterricht hierzu einen Beitrag leisten soll, ist gerade innerhalb gegenwärtiger Kompetenzmodelle nicht immer ganz klar.« Torkler, R.: *Kernkonzept Narrativität – Formen des Erzählens zwischen philosophischer Fachdidaktik und empirischer Bildungsforschung.* In: Kminek, H., Thein. C. und Torkler, R. (Hrsg.): *Zwischen Präskription und Deskription – zum Selbstverständnis der Philosophiedidaktik. Opladen/Berlin/Toronto: Budrich 2018 (= Wissenschaftliche Beiträge zur Philosophiedidaktik und Bildungsphilosophie,* Bd. 1). S. 87.

12   Standop, J.: *Ethische Aspekte des Lehren und Lernens.* In: Seminar, 2/2016. S. 58; vgl.: Steenblock, V.: *Didaktik der Philosophie und Philosophie der Didaktik.* In: Seminar, 2/2016. S. 31, 37.

auch fachlich fundiert und fachdidaktisch gut durchdacht sind. Dies besonders dann, wenn dem Bedürfnis der Schülerinnen und Schüler nach individueller Sinngebung im Oberstufenphilosophieunterricht nur am Rande bzw. indirekt entsprochen wird, weil im Mittelpunkt desselben der wissenschaftspropädeutische Wissens- und Kompetenzerwerb steht, der daher die einschlägigen Curricula prägt, wie z. B. den Kernlehrplan für das Fach »Philosophie« in der gymnasialen Oberstufen im Land Nordrhein-Westfalen, und für die explizite und intensive Auseinandersetzung mit der eigenen Persönlichkeit nicht genügend Raum lässt.[13]

Aus Vorherigem folgt: Unter der Voraussetzung, dass sich Arendts politische Theorie, Philosophie und politisch-philosophische Praxis existenzphilosophisch rezipieren und in Form einer vollwertigen Existenzphilosophie darstellen lassen (Ziel 1), muss sich das Konzept »Selbst-Er-forschend Philosophieren« schlüssig aus dieser entwickeln lassen (Ziel 2), ein bildungstheoretisch gehaltvolles Philosophieren ermöglichen bzw. philosophiefachdidaktisch legitimierbar sowie bildungspolitisch und damit curricular anschlussfähig sein (Ziel 3) und nicht zuletzt im Philosophieunterricht unter Realbedingungen praktiziert werden können, was die Ausarbeitung eines modifizierbaren Unterrichtsverlaufsplanes und Vorgaben für die vorherige Erprobung des Konzepts zur effektiven Umsetzung in der Praxis notwendig macht (Ziel 4).

Durch das Erreichen der vorherigen vier zentralen Ziele sollen besonders zwei philosophiefachdidaktische Forschungsdesiderate eingelöst werden: Zum einen ein bildungsphilosophisches Forschungsdesiderat, das Torkler zufolge in der Darlegung und Erläuterung der »Struktur der *Bildung der Person*« besteht. Zum anderen die didaktisch-methodische Ausarbeitung und Erläuterung eines Konzepts, das einen Weg aufzeigt, wie der Philosophieunterricht »innerhalb gegenwärtiger Kompetenzmodelle« einen bildungstheoretisch fundierten und konzeptionell gut ausgearbeiteten Beitrag zur Persönlichkeitsbildung leisten kann.[14]

---

13 Vgl.: https://www.schulentwicklung.nrw.de/lehrplaene/lehrplannavigator-s-ii/gymnasiale-oberstufe/philosophie/philosophie-klp/index.html (03. 03. 2018); Nida-Rümelin, J.: *Bildungsziele des erneuerten Humanismus.* In: Nida-Rümelin, J. et al. (Hrsg.): *Handbuch Philosophie und Ethik. Band I: Didaktik und Methodik.* Paderborn: Schöningh 2015. S. 21; Nida-Rümelin, J.: *Philosophie einer humanen Bildung.* Hamburg: Körber-Stiftung 2013. S. 184–185; Steenblock, V.: *Theorie der kulturellen Bildung. Zur Philosophie und Didaktik der Geisteswissenschaften.* München: Fink 1999. S. 219–223.

14 Vgl.: Torkler, R.: *Philosophische Bildung und politische Urteilskraft. Hannah Arendts Kant-Rezeption und ihre didaktische Bedeutung.* Freiburg/München: Alber 2015 (= *Pädagogik und Philosophie*, Bd. 7). S. 455; Torkler, R.: *Kernkonzept Narrativität.* S. 87.

II. Hannah Arendt

Warum sollte ein Unterrichtskonzept, in dessen Mittelpunkt die individuelle Sinngebung und Persönlichkeitsentwicklung steht, das also eindeutig existenzphilosophisch ausgerichtet ist, gerade ausgehend von der existenzphilosophischen Rezeption der politischen Theorie, Philosophie und politisch-philosophischen Praxis Arendts entwickelt werden? Oder konkreter: Warum sollen gerade die Denkresultate und Praktiken einer Denkerin als Transformationsquellen für dieses Konzept erschlossen werden, die sich vorwiegend als politische Theoretikerin verstanden hat, erst gegen Ende ihres Lebens als Philosophin und überhaupt nicht als Existenzphilosophin? Zu fragen ist also, warum bei der Transformation des Konzepts nicht vielmehr die philosophischen Gehalte paradigmatischer und wirkmächtiger Existenzphilosophen oder Existenzialisten als Transformationsquelle genutzt werden, wie bspw. Kierkegaard, Sartre, Camus, Heidegger oder Jaspers.

Ein erster zentraler Schritt bei der Begründung der Wahl Arendts besteht in dem Nachweis, dass Arendt zwar vorwiegend als politische Theoretikerin rezipiert wird, dass von ihrem Werk aber eine Vielzahl existenzphilosophischer Impulse ausgehen, weswegen beispielsweise Benhabib rhetorisch fragt, ob »[...] nicht die existenzialistischen [...] Impulse ihrer politischen Philosophie gerade das [sind], was Hannah Arendt für viele heute so anziehend macht[.]«[15] Es lässt sich jedoch auch ambitionierter für die Rezeption Arendts argumentieren, nämlich durch den Hinweis, dass von ihrem Werk nicht nur existenzphilosophische Impulse ausgehen, sondern dass in diesem eine vollwertige Existenzphilosophie enthalten ist, die so ziemlich allen Kriterien existenzphilosophischen Denkens entspricht. Da dieser Nachweis jedoch aus systematischen Gründen erst im zweiten und dritten Kapitel dieser Forschungsarbeit ausführlich geführt wird, muss an dieser Stelle zwecks der nachfolgenden Argumentation wohlwollend angenommen werden, dass Arendt als Existenzphilosophin rezipiert werden kann, woran sich dann die zuvor aufgeworfene Frage anschließt, warum bei der Transformation eines existenzphilosophisch ausgerichteten Unterrichtskonzept auf Arendt und nicht auf wirkmächtigere Existenzphilosophen oder Existenzialisten Bezug genommen wird. Da bei der argumentativen Beantwortung dieser Frage vor allem kanontheoretische Überlegungen eine Rolle spielen, sollen im Folgenden zunächst kurz die Erkenntnisse der neueren Kanonforschung dargestellt werden.

Albus kommt auf der Grundlage ihrer umfangreichen Forschungen zur Kanonformation im Philosophieunterricht zu dem Schluss, dass »[e]in fixierter und weitgehend

---

15 Benhabib, S.: *Hannah Arendt. Die melancholische Denkerin der Moderne.* 2. Auflage. Hamburg: Rotbuch 1998 (= *Rotbuch Rationen*). S. 307.

anerkannter Kanon [...] die Position der Philosophie im Fächerverbund [festigt] [...]«[16] und wesentlich zur »Blüte des Unterrichtsfaches«[17] beiträgt. Vor dem Hintergrund der in der Philosophiefachdidaktik mittlerweile paradigmatischen Auffassung, dass es im Philosophieunterricht primär darum geht, das Philosophieren zu lehren und zu lernen, fordert sie einen kriterienorientierten Kompetenzkanon, da dieser »[z]ur Kultivierung des Philosophierens [...] auf allen Ebenen philosophischer Bildung [...] notwendig [ist].«[18] Die Festlegung der Kompetenzen, die im Philosophieunterricht vermittelt werden sollen, ergibt sich vor allem aus der kritischen Auseinandersetzung des in der Philosophiedidaktik mittlerweile detailliert ausgearbeiteten Kompetenzkanons mit dem gesellschaftlichen Wertekanon. Gemäß der Einsicht, dass Kompetenzen in der Auseinandersetzung mit Inhalten erworben werden, ist der Kompetenzkanon zudem zum einen mit einem materialen Exemplakanon und zum anderen mit einem multimedialen Hybridkanon sowie einem behutsam zusammengestellten Deutungskanon zu flankieren. Der materialen Exemplakanon ist auf der einen Seite notwendig, weil er das bei der Kompetenzbildung relevante »geistesgeschichtliche Wissen« bereitstellt, da er sich aus einem überschaubaren Kernkanon mustergültiger philosophischer Werke und einem mehrstufigen, die Balance zwischen dem vereinseitigenden Zuwenig und dem veroberflächlichenden Zuviel an philosophischen Werken haltenden, Randkanon zusammensetzt. Um bei der Kompetenzvermittlung nicht nur auf klassische philosophische Werke, die meist in Textform vorliegen, zurückgreifen zu müssen, ist auf der anderen Seite ein multimedialer Hybridkanon notwendig, der stärker lebensweltorientierte Medien beinhaltet. Schließlich bedarf es gerade zur Vermittlung philosophischer Kompetenzen in der Sekundarstufe I oftmals so genannter »Nach-Texte«, die in einem entsprechenden Deutungskanon zusammengefasst sind, denen gegenüber authentische Texte primär und daher, wo möglich, vorzuziehen sind.[19]

Dass Arendt z. B. in NRW innerhalb des Exemplakanons nicht Teil des eng umgrenzten und damit sehr exklusiven Kernkanons ist, dass sie aber als politische Theoretikerin oder politische Philosophin aufgrund ihrer wichtigen politiktheoretischen Beiträge, wie beispielsweise ihrer wegweisenden Unterscheidung der Begriffe

---

16 Albus, V.: *(K)ein Kanon philosophischer Bildung? Untersuchungen zur Kanonformation im Philosophieunterricht.* In: Rohbeck, J. (Hrsg.): *Didaktische Konzeptionen.* Dresden: Thelem 2013 (= *Jahrbuch für Didaktik der Philosophie und Ethik,* Bd. 13). S. 159.

17 Ebd.

18 Albus, V.: *Kanonbildungsprozesse im Philosophieunterricht. Deskriptive, evaluative und präskriptive Betrachtungen.* In: ZDPE 3/2013. S. 13.

19 Vgl.: Albus, V.: *Kanonbildung im Philosophieunterricht. Lösungsmöglichkeiten und Aporien.* Dresden: Thelem 2013. S. 27–32, 546–551, 564–578; Albus, V.: *Kanonbildungsprozesse im Philosophieunterricht.* S. 7–14; Albus, V.: *(K)ein Kanon philosophischer Bildung?* S. 159–168; Albus, V.: *Kanon und Klassiker.* In: Nida-Rümelin, J. et al. (Hrsg.): *Handbuch Philosophie und Ethik. Band I: Didaktik und Methodik.* Paderborn: Schöningh 2015. S. 252–260.

»Macht« und »Gewalt«, ihrer Studien zum Totalitarismus und zum Wesen politischer Revolutionen sowie ihrer Konzeption einer Räte-Demokratie berechtigterweise Teil des Randkanons ist, ist sicherlich überwiegend unstrittig. Fraglich ist allerdings, ob Arendt Teil des Randkanons dritter Frequenzstufe ist, der vor allem Denker des 20. und 21. Jahrhunderts enthält, oder mittlerweile sogar dem Randkanon zweiter Frequenzstufe angehört. Strittig dagegen ist, ob sie als Existenzphilosophin Teil des Randkanons sein sollte bzw. ist, wenn es richtig ist, dass »[i]n einem Exemplakanon vorbildliche Autoren als Stellvertreter einer bestimmten Epoche, Schule oder geistigen Richtung [stehen].«[20] Denn in diesem Fall müsste Arendt als eine Existenzphilosophin gelten, die es an Exemplarizität und Paradigmatizität mit existenzphilosophischen Denkern wie Kierkegaard, Sartre oder Jaspers aufnehmen kann und daher zur Recht als würdige Stellvertreterin existenzphilosophischen Denkens gelten kann. Wenn dem jedoch nicht so ist, dann wird die Suche nach einer überzeugenden Antwort auf die eingangs aufgeworfene Frage um so dringlicher. Warum also Arendt und nicht beispielsweise Heidegger oder Sartre, die als Existenzphilosophen bzw. Existenzialisten sicherlich paradigmatischere Texte geschrieben haben und daher vorrangige Stellvertreter existenzphilosophischen Denkens im Exemplakanon sind?[21]

Die gesuchte Antwort könnte nun darin bestehen, dass man aufzeigt, dass Arendt entgegen der einschlägigen Einschätzung sowohl in der Arendt-Forschung als auch in der Forschung zur Existenzphilosophie sehr wohl eine Existenzphilosophie entwickelt hat, die als paradigmatisch gelten kann, jedoch als solche nicht erkannt worden und wirkmächtig geworden ist. Die entsprechende Argumentation zu entwickeln, wäre sicherlich interessant und wahrscheinlich auch mit einigem Erfolg gekrönt, was jedoch im Rahmen dieser Forschungsarbeit nur in begrenztem Umfang zu bewerkstelligen ist. (vgl.: 3. Kapitel) Deswegen sollen nachfolgend vorwiegend kanontheoretische Argumente vorgebracht werden, die zeigen, dass die in Arendts politischer Theorie, Philosophie und politisch-philosophischer Praxis enthaltene Existenzphilosophie eine legitime Grundlage für die Transformation eines existenzphilosophisch ausgerichteten Unterrichtskonzepts ist.

Als erstes spricht für Arendts aus ihrer politischen Theorie und Philosophie rekonstruierten Existenzphilosophie, die durch ein Unterrichtskonzept, das in seinen theoretischen Grundlagen auf diese rekurriert, ein wichtiger Beitrag zu der gerade entstehenden Kanon- und Frauenquotendebatte in der Philosophiedidaktik geleistet wird, indem ein weiterer Impuls zur geschlechtergerechten Kanonmodifizierung im Sinne einer stärkeren Berücksichtigung von relevanten Philosophinnen gegeben

---

20   Albus, V.: *(K)ein Kanon philosophischer Bildung?* S. 163.

21   Vgl.: Albus, V.: *Kanonbildung im Philosophieunterricht.* S. 27–32, 535, 571–574.

wird.[22] Dabei geht es vor allem darum, dafür zu sensibilisieren, dass insbesondere Philosophinnen wichtige Beiträge zu den jeweiligen philosophischen Diskursen ihrer Zeit beigesteuert haben, weswegen sie sich zu Unrecht im Negativkanon philosophischer Autoren befinden, was besonders Hagengruber betont.[23]

Für die stärkere bzw. überhaupt erst zu gewährleistende Berücksichtigung bedeutender Philosophinnen im Philosophieunterricht – Albus zufolge »[...] finden sich heute nur in Ausnahmefällen Texte von Philosophinnen in den Materialsammlungen für den Unterricht.«[24] – spricht Hagengruber zufolge u. a., dass deren bisweilen »erstaunliche« Denkresultate nicht unwesentlich zur Perspektiverweiterung der Philosophie beitragen, da »[...] die Antworten der Philosophinnen nicht die Antworten [sind], die wir schon immer kannten.«[25] Da Arendt eine »non-konformistische Denkerin« war, die sich vor allem durch »[...] ihre Fähigkeit zu überraschenden Beobachtungen und Entdeckungen [...]«[26] auszeichnete, sind gerade von ihr perspektiverweiternde und innovative Denkresultate zu erwarten. Deswegen spricht zweitens auch inhaltlich einiges dafür, bei der Transformation eines existenzphilosophisch ausgerichteten Unterrichtskonzepts die eingetretenen Pfade zu verlassen, indem gerade nicht auf die philosophischen Gehalte paradigmatischer Existenzphilosophen bzw. Existenzialisten zurückgegriffen wird, sondern alternativ dazu auf die Existenzphilosophie Arendts.

Sicherlich wurde Arendt als politische Philosophin aufgrund des perspektiverweiternden Potenzials ihres Denkens von 2014 bis 2016 in den für die Abiturprüfung in NRW relevanten Autorenkanon aufgenommen. Da sie zudem mittlerweile auch in allen relevanten, auf den 2014 in Kraft getretenen neuen Kernlehrplan in NRW Bezug nehmenden Schulbüchern[27] deutlich vertreten ist, scheint von den vorherigen

22 Folgt man Golus, dann ist dies auch ein wesentlicher Schritt eines »gendersensiblen« Philosophieunterrichts, der darin besteht, »[...] dass Frauen als philosophisch tätig sichtbar werden [...]« [Golus, K.: *Genderperspektive.* Nida-Rümelin, J. et al. (Hrsg.): *Handbuch Philosophie und Ethik. Band I: Didaktik und Methodik.* Paderborn: Schöningh 2015. S. 116.], so dass deutlich wird, dass Frauen genauso wie Männer philosophieren und philosophische Werke schaffen können.

23 Vgl.: Albus, V.: *Kanonbildung im Philosophieunterricht.* S. 569; Albus, V.: *Kanonbildungsprozesse im Philosophieunterricht.* S. 12–13; Albus, V.: *Philosophieren mit Ehemännern zwischen Küchenherd und Wochenbett. Wertekanon und Geschlechterstereotype im Philosophieunterricht.* In: ZDPE 3/2014. S. 18; Hagengruber, R.: *Philosophinnen in der Schule.* In: Brüning, B. (Hrsg.): *Ethik/Philosophie. Didaktik. Praxisbuch für die Sekundarstufe I und II.* Berlin: Corneslen 2016. S. 133–143; Hagengruber, R.: *2600 Jahre Philosophiegeschichte mit Philosophinnen. Herausforderung oder Vervollständigung des philosophischen Kanons? Ergebnisse der Forschung und ihre Auswirkungen auf Rahmenrichtlinien und Schulpraxis.* In: ZDPE 2/2013. S. 15–27.

24 Albus, V.: *Kanon und Klassiker.* S. 257.

25 Hagengruber, R.: *2600 Jahre Philosophiegeschichte mit Philosophinnen.* S. 26; vgl.: Hagengruber, R.: *Philosophinnen in der Schule.* S. 134.

26 Nordmann, I.: *Hannah Arendt.* Frankfurt am Main: Campus 1994 (= *Reihe Campus Einführungen*, Bd. 1081). 11.

27 Vgl.: Aßmann, L. et al.: *Zugänge zur Philosophie. Qualifikationsphase.* Berlin: Cornelsen 2015. S. 307–313; Rolf, B. und Peters, J.: *philo – NRW. Qualifikationsphase.* Bamberg: Buchner 2015. S. 266–273.

zwei Argumenten ausgehend und für das Anliegen dieser Forschungsarbeit drittens bedeutsamer zu sein, darauf hinzuweisen, dass es nicht nur darum gehen kann, den Kanon philosophischer Autoren durch die Aufnahme bedeutender Philosophinnen geschlechterspezifisch zu modifizieren, sondern dass es auch darum gehen muss, diese Philosophinnen in die fachdidaktische Theoriebildung und Konzeptentwicklung einzubinden bzw. zur Grundlage derselben zu machen. Denn bislang sind viele, wenn nicht gar alle der entscheidenden philosophiedidaktischen Konzepte und Ansätze aus dem Denken wirkmächtiger Philosophen entwickelt worden. Erhellend ist diesbezüglich z. B. der Überblick über die philosophiedidaktischen Ansätze von Hofer. So nimmt der dialogisch-pragmatische Ansatz von Martens vor allem Bezug auf die sokratische Methodenpraxis, die aristotelische Methodenreflexion und die bildungstheoretischen Überlegungen Kants. Ebenso beziehen sich der bildungstheoretisch-identitätstheortische Ansatz von Rehfus und der dialektische Ansatz von Henke maßgeblich auf die Philosophie Hegels und Steenblocks einschlägiges Konzept einer kulturellen Bildung nimmt vor allem Bezug auf wirkmächtige Hermeneutiker, insbesondere auf von Humboldts Denken. Jedoch nicht nur auf der konzeptionellen Ebene, sondern auch auf der Ebene der konkreten philosophischen Unterrichtsmethoden wird sowohl in Martens induktiven Verfahren zur Methodengenese als auch in Rohbecks abduktiv verfahrenden Transformationskonzept und den sich auf diese methodologischen Konzepte beziehenden Beiträge anderer Autoren, die sich mit der Frage nach der Genese spezifisch philosophischer Unterrichtsmethoden beschäftigen, deutlich, dass philosophische Unterrichtsmethoden faktisch ausschließlich aus den Gehalten paradigmatischer Philosophen transformiert bzw. generiert werden. Wenn es also zu Recht darum geht, den Philosophieunterricht durch eine Vielzahl spezifischer Unterrichtsmethoden vielfältiger zu machen, wie dies unisono Martens und Rohbeck fordern, und es ebenso wichtig ist, diesen durch die Beiträge gehaltvoller Autorinnen inhaltlich zu bereichern, worauf Hagengruber hinweist, dann sollte es konsequenterweise auch auf der theoretisch-konzeptionellen Ebene darum gehen, konzeptionelle Vielfalt durch den Einbezug des Denkens bedeutender Philosophinnen zu ermöglichen. Wie gewinnbringend dies sein kann, wird z. B. an dem von Torkler ausgehend von Arendts Kant-Rezeption entwickelten Bildungsbegriff deutlich, der eine Verbindung zwischen politischer und philosophischer Bildung herstellt und der daher, nach Torklers eigenem Bekunden, eine Lücke in der philosophiedidaktischen Forschung schließt. Auch durch das Konzept »Selbst-Er-forschend Philosophieren« soll daher nicht nur gezeigt werden, dass durch die Berücksichtigung des Denkens bedeutender Philosophinnen neue gehaltvolle Gedanken, hier Arendts existenzphilosophisches Denken, für die Philosophie und den Philosophieunterricht zugänglich gemacht werden, sondern auch, dass dieses Denken auf allen Ebenen der fachdidaktischen Theorie- und Konzeptbildung äußerst fruchtbar sein kann und sich so nicht zuletzt positiv auf die Unterrichtspraxis auswirkt. Neben der Explikation der Existenzphilosophie Arendts und dem damit verbundenen Nachweis der Paradigmatizität derselben, ist dies ein weiteres, gewichtiges Argument für die Wahl der Existenzphilosophie Arendts als Transformationsquelle für das Konzept »Selbst-Er-forschend Philosophieren«.[28]

III. Methodologie

Unter den zuvor genannten Zielen stellen das erste und das zweite Ziel, also die Darstellung und Erläuterung der Existenzphilosophie Arendts und die Entwicklung des Unterrichtskonzepts »Selbst-Er-forschend Philosophieren« die Kernziele dieser Forschungsarbeit dar.

Diese beiden Kernziele fallen zusammen mit dem dritten Ziel, der bildungstheoretisch-fachdidaktischen Legitimation, in das Aufgabenfeld der Philosophiefachdidaktik, die sich als »theoretisch-konzeptionelle Wissenschaft« versteht. Das vierte Ziel betrifft dagegen die Philosophiefachdidaktik als »methodisch-praktische Anwendungswissenschaft« und darüber hinaus auch als »empirisch-kritische« Erprobungswissenschaft. Folglich handelt es sich bei dieser Forschungsarbeit um einen Beitrag zu konzeptionellen Vielfalt der Philosophiefachdidaktik, der darüber hinaus Perspektiven für die Anwendung und Erprobung des Konzepts »Selbst-Er-forschend Philosophieren« in der Unterrichtspraxis aufzeigt. Wichtig ist diesbezüglich zu berücksichtigen, dass es bei der Konzeptentwicklung darum geht, ein normatives Unterrichtskonzept[29] mit einer »praktisch-präskriptiven Funktion« für die Planung und Evaluation von Unterricht zu entwickeln. Das bedeutet, dass das Konzept Standards im Sinne von

---

28 Vgl.: Hofer, R.: *Philosophiedidaktische Modelle im Überblick.* In: Pfister, J. und Zimmermann, P. (Hrsg.): *Neues Handbuch des Philosophieunterrichts.* Bern: Haupt 2016. S. 437–461; Martens, E.: *Methodik des Ethik- und Philosophieunterrichts. Philosophieren als elementare Kulturtechnik,* Hannover: Siebert 2003. S. 46–54; Rohbeck, J.: *Didaktik der Philosophie und Ethik.* 3. Auflage, Dresden: Thelem 2013. S. 73–88; Steenblock, V.: *Philosophische Bildung als Arbeit am Logos.* In: Nida-Rümelin, J. et al. (Hrsg.): *Handbuch Philosophie und Ethik. Band I: Didaktik und Methodik.* Paderborn: Schöningh 2015. S. 57–69; Torkler, R.: *Verstehen-lernen mit Hannah Arendt. Perlentaucher und »living-room« als Denkfiguren einer didaktisch transformierten Hermeneutik.* In: Münstersches Informations- und Archivsystem multimedialer Inhalte (MIAMI). https://core.ac.uk/download/pdf/56475711.pdf (28. 02. 2018); Torkler, R.: *Philosophische Bildung und politische Urteilskraft.*

29 Unterrichtskonzepte werden Hofer zufolge in der Philosophiefachdidaktik zumeist mit dem überwiegend bis 2013 verwendeten Begriff »Modell« oder dem gegenwärtig üblicheren Begriff »Ansatz« bezeichnet. Auf diese Begriffsverwendung wird in dieser Arbeit jedoch bewusst verzichtet, da der Begriff »Konzept« in der allgemeinen Didaktik klar definiert ist, daher aussagekräftiger ist und die Konzeptentwicklung besser strukturiert. (vgl.: nachfolgender 2. Abschnitt). Vgl.: Hofer, R.: *Philosophiedidaktische Modelle im Überblick.* S. 437.

normativen Vorgaben für die Unterrichtsplanung und Evaluation setzt, die folglich einer normativen Begründung bedürfen.[30]

Damit eine philosophiefachdidaktische Theorie- bzw. Konzeptbildung als erfolgreich gelten kann, muss diese mindestens zwei von drei wichtigen Bedingungen erfüllen. Zu diesen gehört zum einen das Vorhandensein einer soliden philosophischen Begründung. So behauptet Thein: »Die fachwissenschaftliche Begründung eines didaktischen Theorems ist die notwendige – wenn auch nicht hinreichende – Bedingung für dessen theoriegeleitete und zugleich praxisorientierte Ausformulierung.«[31] Zum anderen gehört zu diesen zwei Bedingungen der Nachweis der bildungstheoretisch-fachdidaktischen Legitimation. Beide Begründungstränge sind zwingend notwendig, da mit dem Konzept »Selbst-Er-forschend Philosophieren« ein normativer Anspruch erhoben wird, der solide begründet sein muss, wenn er sich erfolgreich Geltung verschaffen und befriedigende Antworten vor allem auf die zentralen normativen philosophiefachdidaktischen Fragen nach dem »Wozu?«, dem »Was?« bzw. »Worüber?« und dem »Wie?« des Philosophieunterrichts geben will. Darüber hinaus ist in praktischer Perspektive auch der Ausweis der bildungspolitischen Anschlussfähigkeit geboten, jedoch nicht zwingend notwendig, da bildungspolitische Vorgaben ihrerseits begründungsbedürftig sind und zuweilen, trotz mangelnder fachlicher Begründung und Überzeugungskraft, politisch durchgesetzt werden, weswegen sie keinen soliden Maßstab für die erfolgreiche Entwicklung eines Unterrichtskonzeptes darstellen.[32]

Die geforderte philosophische Begründung wird dadurch erzeugt, dass das Konzept aus der Existenzphilosophie Arendts transformiert wird, die selbst wiederum mit neueren Forschungsergebnissen zur Philosophie der Person übereinstimmt. (vgl.: 3. Kapitel) Der Nachweis der bildungstheoretisch-fachdidaktischen Legitimation erfolgt, indem gezeigt wird, dass das entwickelte Konzept mit den Grundelementen philosophischer Bildung übereinstimmt bzw. mit diesen korrespondiert. (vgl.: 5. Kapitel) Die bildungs- bzw. schulpolitische Anschlussfähigkeit erfolgt schließlich dadurch, dass erfolgreich dargelegt werden kann, dass philosophische Bildung, die durch das Konzept angestrebt wird, mit dem Paradigma der Kompetenzorientierung kompatibel ist. (vgl.: 5. Kapitel)

---

30 Vgl.: Ebd. S. 437; Meyer, H.: *Unterrichtsentwicklung*. Berlin: Cornelsen 2015. S. 20–21; Tiedemann, M.: *Philosophie und empirische Bildungsforschung. Möglichkeiten und Grenzen*. Berlin: LIT 2011 (= *Philosophie und Bildung*, Bd. 13). S. 27–32; Tiedemann, M.: *Erste Erfolge und drängende Aufgaben. Empirische Unterrichtsforschung in der Philosophiedidaktik*. In: Martens, E. (Hrsg.): *Empirie und Erfahrung im Philosophie und Ethikunterricht*. Hannover: Siebert 2017. S. 163.

31 Thein, C.: *Verstehen und Urteilen im Philosophieunterricht*. Opladen/Berlin/Toronto: Budrich 2017 (= *Wissenschaftliche Beiträge zur Philosophiedidaktik und Bildungsphilosophie*, Bd. 3). S. 22.

32 Vgl.: Hofer, R.: *Philosophiedidaktische Modelle im Überblick*. S. 445; Martens, E.: *Philosophie als Kulturtechnik humaner Lebensgestaltung*. In: Nida-Rümelin, J. et al. (Hrsg.): *Handbuch Philosophie und Ethik. Band I: Didaktik und Methodik*. Paderborn: Schöningh 2015. S. 42–43, 45.

Für die vorgesehenen Begründungsschritte sind im Folgenden die zentralen methodologischen Voraussetzungen darzulegen, die im nachfolgend beschriebenen Transformationskonzept kulminieren, jedoch einige methodische Hinweise zur vorgenommenen Arendt-Lektüre und einige wichtige didaktisch-methodische Differenzierungen zur Voraussetzung haben.

1.   Rezeptionskonzept

Arendt hat Zeit ihres Lebens ein sehr umfang- und facettenreiches politiktheoretisches und philosophisches Werk geschaffen, das die zentrale theoretische Grundlage dieser Forschungsarbeit bildet. In das zu entwickelnde Unterrichtskonzept fließen daher vor allem Arendts Kern-Konzepte ein, dies sind u. a. ihr Konzept der Natalität, ihre Handlungs- und Freiheitstheorie, ihr Konzept des öffentlich-politischen Raumes, ihr Verstehenskonzept sowie ihr Konzept zur politischen Urteilsbildung. Diese Kern-Konzepte sind nämlich wesentliche Elemente der Existenzphilosophie Arendts, die als Transformationsquelle für die Entwicklung des Unterrichtskonzepts »Selbst-Er-forschend Philosophieren« genutzt werden soll.[33]

Da Arendts Existenzphilosophie aus ihrer politischen Theorie, Philosophie und politisch-philosophischen Praxis erst herausgearbeitet werden muss, um dann als Transformationsquelle dienen zu können, bedarf es eines Rezeptionskonzepts, dass nachfolgend vor allem durch die Angabe von Lektüreleitlinien skizziert wird.

Arendts politiktheoretisches und philosophisches Werk, aber auch ihre publizistische Praxis, die von ihrem Werk immer stark geprägt war, sind schon zu Arendts Lebzeiten immer wieder sehr kontrovers rezipiert worden.[34] Bezogen auf die vielfältigen Kritiken an Arendts Werk stellt Bajohr jedoch richtig fest:

> Arendt zu kritisieren ist einfach. Von ihren zur Oszillation neigenden Begriffen über ihre Systemlosigkeit bis hin zu den vielen sehr grundsätzlichen Vorannahmen aus Phänomenologie oder Existenzanalyse, Kant oder Platon, Augustinus oder Aristoteles, fänden sich mannigfaltige Ansätze, die es leicht machten, ihre Philosophie auf einen Schlag und zur Gänze beiseite zu wischen. Aber anstatt einen Denker nur dann für fruchtbar zu halten, wenn man ihm in allen Punkten zustimmen kann, oder, was das andere Extrem ist, ihn in der Manier von Apologeten und ergebenen Jüngern retten zu wollen, indem man minutiös die Lücken des

---

33   Vgl.: Straßenberger, G.: *Hannah Arendt. Zur Einführung.* Hamburg: Junius 2015. S. 144.

34   Bspw. die Little-Rock-Kontroverse, die Eichmann-Kontroverse oder die Kontroverse bezüglich Arendts Plädoyer für eine jüdische Armee. Vgl.: Young-Bruehl, E.: *Hanna Arendt. Leben, Werk und Zeit.* Frankfurt am Main: Fischer 1996. S. 250 ff., 425 ff., 477 ff.

> Systems schließt, scheint es pragmatischer und intellektuell lauterer, Hannah Arendt nicht nur auf ihre philosophische Kohärenz zu befragen, sondern auch daraufhin, was sie zum Lösen von konkreten Problemen beitragen kann – und sei es nur den Anstoß zu ungesehenen Perspektiven.[35]

Bajohr in diesem Sinne folgend, besteht der erste Schritt bei der Transformation der Unterrichtskonzeption »Selbst-Er-forschend Philosophieren« aus der Existenzphilosophie Arendts darin, diese durch eine existenzphilosophischen Lesart der politischen Theorie, Philosophie und politisch-philosophischen Praxis Arendts zu erschließen und so kohärent wie möglich herauszuarbeiten. Leitend sind hierbei zuallererst sechs inhaltliche Lektüreschwerpunkte, die sich aus der Begründung der Legitimtät einer existenzphilosophischen Lesart des Arendt'schen Gesamtwerks bzw. aus der Argumentation für die Richtigkeit der Annahme, dass in diesem eine vollwertige Existenzphilosophie enthalten ist, ergeben. Diese inhaltlichen Schwerpunkte werden im zweiten Kapitel dargestellt. Die Erkenntnisse, die mithilfe dieser inhaltlichen Schwerpunkte über Arendts Existenzphilosophie gewonnen werden, werden mit den Begriffen der neueren Philosophie der Person begrifflich gefasst. Aus den Forschungsergebnissen von Quante und Sturma zum Phänomen der »personalen Identität« ergibt sich also das begriffliche Werkzeug für die Explikation der Arendt'schen Existenzphilosophie. Die entsprechende Darstellung der Existenzphilosophie Arendts erfolgt im dritten Kapitel. Durch den Einbezug der neueren Forschungsergebnisse der Philosophie der Person kann Arendts Existenzphilosophie nicht nur hinreichend begrifflich exakt gefasst werden, sondern es kann auch gezeigt werden, dass die Gehalte derselben mit neueren Forschungsergebnissen zur Philosophie der Person übereinstimmen. Gerade dies ist wiederum von Bedeutung, weil hiermit begründet dem Einwand begegnet werden kann, dass Arendts Existenzphilosophie inhaltlich willkürlich als Transformationsquelle für ein Unterrichtskonzept ausgewählt wurde.

Für die konkrete existenzphilosophische Rezeption entlang der etablierten inhaltlichen Schwerpunkte sind schließlich Lektüreleitlinien anzugeben, die Aufschluss darüber geben, nach welchen Kriterien spezifische Gehalte der Arendt'schen politischen Theorie, Philosophie und politisch-philosophischen Praxis ausgewählt und verknüpft werden und die sicherstellen sollen, dass dabei keine fachphilosophischen Fehler auftreten.

Die zentrale Leitlinie (L1[36]), quasi den roten Faden, bildet die Orientierung der existenzphilosophischen Rezeption an den noch zu explizierenden sechs inhaltlichen Schwerpunkten: Handeln, Sprechen, Denken, Verstehen, Erzählen und Urteilen. (vgl.: 2. Kapitel) Die entsprechende Lektüre hat zur Folge, dass Arendts primär politische

---

35 Bajohr, H.: *Dimensionen der Öffentlichkeit. Politik und Erkenntnis bei Hannah Arendt.* Berlin: Lukas 2011. S. 127.
36 L = Lektüre-Leitlinie

und teilweise philosophische Konzepte aus ihrem jeweiligen politiktheoretischen und philosophischen Kontext gelöst werden und in einen existenzphilosophischen Kontext neu eingebettet werden. Die zweite Lektüre-Leitlinie (L2) besteht daher in der Vorgabe eines kohärenten Neudurchdenkens und einer schlüssigen Neu-Kontextualisierung bestimmter Gehalte der Arendt'schen politischen Theorie, Philosophie und politisch-philosophischen Praxis. Das bedeutet, dass die Lektüre auf ein von Arendt selbst praktiziertes Rezeptionsverfahren abzielt, das in Arendts Fall darin besteht, philosophische Konzepte und Gehalte aus ihrem jeweiligen Theoriekontext zu lösen und interpretierend einem neuen theoretischen Kontext – in ihrem Fall einem politiktheoretischen Kontext – einzuschreiben. Arendt hat dieses Verfahren selbst als »Demontieren« und »Perlentauchen« bezeichnet, bei dem es um das »kreative Neudurchdenken«[37] der kulturell-tradierten Gehalte des Denkens geht. Dies hat Arendt beispielsweise exemplarisch mit Kants *Kritik der Urteilskraft* und an den darin enthaltenden Überlegungen zur ästhetischen Urteilskraft praktiziert, indem sie »[...] die einzelnen Momente des Geschmacksurteils aufgreift und für einen Begriff des Politischen transformiert [...]«[38] oder auch mit Platons Ideenlehre, die sie ebenfalls begründet politiktheoretisch interpretiert. »[...] [D]ie Konzepte der Tradition nicht einfach zu rekapitulieren, sondern einer auf die eigene Lebenswirklichkeit zugeschnittenen Modifikation [zu] unterziehen, ist [daher] das hermeneutische Projekt [...]«[39] Arendts, so Torkler. Insofern ist es Torkler zufolge auch legitim, Arendts »[...] »eigenen«, von Kant inspirierten hermeneutischen Ansatz – nämlich einen Autor »besser zu verstehen, als er sich selbst verstand« – auch auf ihr Werk anzuwenden, um einen bildungsphilosophischen Ertrag zu erzielen.«[40] Denn gerade durch das Verfahren der Neu-Kontextualisierung werden die philosophischen Gehalte aus Arendts Werk erschlossen, die als Elemente ihrer Existenzphilosophie wesentlich für die vorzunehmende Transformation des bereits beschriebenen Unterrichtskonzepts sein werden.[41] (vgl.: A 170–181, besonders 176, 179–180)

Bei der Neu-Kontextualisierung müssen also die einzelnen Konzepte Arendts gemäß den inhaltlichen Schwerpunkten der existenzphilosophischen Lesart systematisch verknüpft bzw. deren Zusammenhänge deutlich herausgearbeitet und fokussiert werden (L3). Dabei ist jedoch darauf zu achten, dass die Gehalte des

---

37　Benhabib, S.: *Hannah Arendt.* S. 158.

38　Meints, W.: *Partei ergreifen im Interesse der Welt. Eine Studie zur politischen Urteilskraft im Denken Hannah Arendts.* Bielefeld: transcript 2011 (= *Edition Moderne Postmoderne*). S. 78.

39　Torkler, R.: *Der lebendige Raum der Didaktik. Überlegungen zur philosophischen Bildung im Anschluss an Hannah Arendt.* In: ZDPE, 3/2015. S. 80.

40　Torkler, R.: *Philosophische Bildung und politische Urteilskraft.* S. 16.

41　Vgl.: Beiner, R.: *Hannah Arendt über das Urteilen.* In: Arendt, H.: *Das Urteilen. Texte zu Kants Politischer Philosophie. Dritter Teil zu »Vom Leben des Geistes«.* München/Zürich: Piper 2012; Torkler, R.: *Philosophische Bildung und politische Urteilskraft.* S. 142–145.

Arendt'schen Denkens nicht verfälscht werden, indem sie z. B. überinterpretiert oder sachlich unzulässig einem neuen Kontext eingeschrieben werden (L4). Schließlich ist bei der Lektüre die systematische Entwicklung des Arendt'schen Denkens zu berücksichtigen. Bei dem Rückgriff auf frühe Resultate ihres Denkens, die z. B. in ihrem Denktagebuch oder in Frühschriften, beispielsweise ihrem Aufsatz *Was ist Existenzphilosophie?* oder ihrer Dissertation über den Liebesbegriff bei Augustin dokumentiert sind, muss also darauf geachtet werden, dass diese im Einklang mit ihrem Spätwerk und den entsprechenden Denkresultaten stehen. Bei der Lektüre wird also ein Höchstmaß an Kohärenz angestrebt (L5). Das bedeutet auch, dass die Lektüre von einem grundsätzlichen Wohlwollen geprägt sein sollte, die Brüche in Arendts Denken nicht unnötig überhöht, und dieses aufgrund derselben »auf einen Schlag und zur Gänze beiseite« schiebt (L6).

Neben den obigen Lektüreleitlinien ist für die existenzphilosophische Rezeption des Arendt'schen Gesamtwerks noch zweierlei zu beachten:

Erstens: Weil es bislang keine kritische bzw. allgemein verbindliche Gesamtausgabe des Gesamtwerkes von Arendt gibt, befasst sich die auf eine Auswahl und Neu-Kontextualisierung abzielende Lektüre grundsätzlich mit allen publizierten Werken und Fragmenten Hannah Arendts, die im deutschen Sprachraum u. a. durch die Herausgeberin Ursula Lutz im Piper Verlag zugänglich sind, in dem Arendts Gesamtwerk erscheint.[42]

Zweitens: Da Arendts Praxis des Philosophierens für die Explikation ihrer Existenzphilosophie ebenfalls von Bedeutung ist, werden zudem auch die dokumentierten Selbstzeugnisse Arendts in die existenzphilosophische Rezeption ihres Gesamtwerks mit einbezogen, wie beispielsweise der Briefwechsel mit ihrem Mann Heinrich Blücher, ihrer Freundin Mary McCarthy oder ihrem Doktorvater Karl Jaspers.

---

42 Insofern wird auf den bisher nicht publizierten Nachlass Arendts nicht eingegangen. Der Schwerpunkt der Lektüre des Arendt'schen Gesamtwerks liegt vor allem auf Arendts politiktheoretisch-philosophischen Hauptwerk, der *Vita activa* und ihrem philosophischem Spätwerk, *Vom Leben des Geistes.* Ergänzend hierzu werden wichtige weitere Schriften Arendts, beispielsweise ihr Bericht über den Eichmann-Prozess in Jerusalem, ihre unvollendete Einführung *Was ist Politik?* oder ihre Essays, die im Kontext ihrer Übungen im politischen Denken entstanden sind, konsultiert. Arendt hat 1961 eine Essaysammlung unter dem Titel *Between Past and Future* publiziert, die sechs so genannte Übungen im politischen Denken enthielt. In der später publizierten erweiterten Ausgabe, die auch heute noch erhältlich ist, sind dagegen acht Übungen im politischen Denken enthalten. Das deutsche Pendant *Exerzitien im politischen Denken* wurde nicht realisiert. Im deutschsprachigen Raum liegen jedoch mit den Werken *Zwischen Vergangenheit und Zukunft: Übungen im politischen Denken I* und *In der Gegenwart: Übungen im politischen Denen II* mittlerweile zwei von Lutz herausgegebene Essaysammlungen vor, die sich im Rahmen des Konzepts von *Between Past and Future* bewegen, jedoch deutlich mehr Essays zu diesem Themenkomplex enthalten. Vgl.: Ludz, U.: *Nachwort der Herausgeberin.* In: *Hannah Arendt. Zwischen Vergangenheit und Zukunft. Übungen im politischen Denken I.* 2. Auflage. München: Piper 2013. S. 371–372. Den Hintergrund und Rückbezugspunkt der Lektüre all dieser Werke bildet Arendts *Denktagebuch.*

2.   Begriffsklärungen

Da das zentrale Ziel dieser Forschungsarbeit die Entwicklung und Explikation eines normativen Unterrichtskonzepts mit »praktisch-präskriptiver Funktion« ist, bewegt sich diese methodologisch im Bereich der klassischen Bildungstheorie und weniger in dem der empirischen Lehr-Lern-Forschung. Trotz der großen Bedeutung der Letzteren für die Unterrichtsentwicklung ist dies zwingend notwendig, denn »[w]ie unterrichtet wird und wie über Unterricht geforscht wird, ist *auch*, aber nicht *allein* eine empirische [...]«[43], sondern zuvorderst eine normative Frage. Dies ist so, da sich die Erkenntnisse der empirischen Lehr-Lernforschung erst bezogen auf einen normativen Bildungsbegriff, verstanden als oberste »Beurteilungsnorm« für Unterricht im Allgemeinen und Philosophieunterricht im Besonderen, so miteinander in Beziehung setzen lassen, dass normativ gehaltvolle Aussagen über Unterricht und die konkrete unterrichtspraktische Ausgestaltung seiner verschiedenen Dimensionen (z. B. Ziel-, Inhalts- und Methoden-Dimension) getroffen werden können. Das Konzept »Selbst-Er-forschend Philosophieren« wird folglich nicht primär auf der Basis der Erkenntnisse der empirischen Lehr-Lern-Forschung entwickelt, auch wenn diese in die vorzunehmenden Transformationen des Konzepts einfließen werden. Maßgeblich für die Entwicklung des Konzepts ist aus den genannten Gründen vielmehr ein normativ gehaltvoller »nichtreduzierter Begriff von Bildung«, wie ihn beispielsweise Bieri, Nida-Rümelin oder Nussbaum vertreten, da dieser »[...] einen normativ zu diskutierenden Prozess menschlicher Selbstfindung als das Ideal eines kohärenten Ganzen humaner Weltorientierung im Durchgang durch unverzichtbare Teileelemente [...]«[44] bezeichnet.[45]

Unterrichtskonzept: Neben dem normativen Bildungsbegriff als methodologischer Bezugspunkt der Konzeptentwicklung spielt für diese, wie bereits erwähnt, das spezifische Verständnis des Begriffs »Konzept« bzw. »Unterrichtskonzept« eine zentrale Rolle. Eine grundlegende Voraussetzung für die Entwicklung des Konzepts besteht daher darin, diesen Begriff zu klären, um dessen wesentliche Komponenten zu identifizieren und so schließlich das methodische Verfahren aufzeigen und konkretisieren zu können, mit dem das Konzept »Selbst-Er-forschend Philosophieren« aus der Existenzphilosophie Arendts transformiert werden kann.

---

43   Steenblock, V.: *Didaktik der Philosophie und Philosophie der Didaktik.* S. 32.

44   Ebd. S. 33.

45   Vgl.: Bieri, P.: *Wie wäre es, gebildet zu sein?* In: Lessing, H.-U. und Steenblock, V. (Hrsg.): »Was den Menschen eigentlich zum Menschen macht ...« *Klassische Texte einer Philosophie der Bildung.* Freiburg im Breisgau: Alber 2010. S. 203–217; Koch, L.: *Lehren und Lernen. Wege zum Wissen.* Paderborn: Schöningh 2015. S. 26; Nida-Rümelin, J.: *Philosophie einer humanen Bildung;* Nida-Rümelin, J.: *Bildungsziele des erneuerten Humanismus.* S. 18–22; Steenblock, V.: *Didaktik der Philosophie und Philosophie der Didaktik.* S. 29–31. Torkler, R.: *Kernkonzept Narrativität.* S. 90–91.

Laut Meyer sind Unterrichtskonzepte grundsätzlich von allgemeindidaktischen Theorien und Modellen abzugrenzen, »[...] die – zumindest dem Anspruch nach – eine fächer- und schulformübergreifende, wissenschaftstheoretisch akzentuierte Gegenstandsbestimmung von Lehr-/Lernprozessen leisten sollen.«[46] Unterrichtskonzepte sind, anders als allgemeindidaktische Theorien, eo ipso sowohl normativ als auch präskriptiv, da sie eine bestimmte Form von gutem Unterricht beschreiben und zudem auch wesentlich bereichsspezifischer und problembezogener sind als allgemeindidaktische Theorien. Sie liefern eine »Didaktik zum Anfassen«, bei der Probleme der didaktischen Theoriebildung in den Hintergrund treten. So sind sie nicht das Ergebnis einer Theorieexploration, sondern entspringen direkt den Problemen der alltäglichen Unterrichtspraxis, da sie als Lösungsvorschläge für konkrete unterrichtspraktische Probleme entwickelt werden. Das jeweilige Problem, auf das sie konzeptionell reagieren, bringen sie oftmals in einer »[...] prägnanten, konstruktiv gewendeten Formel auf den Begriff [...]«[47], wie dies z. B. auch Gefert mit seinem Konzept des »Theatralen Philosophierens« in der Philosophiefachdidaktik getan hat, mit dem er auf das Problem der »[...] Marginalisierung der »Subjektseite« und [...] [der] logozentrische[n] Verengung der »Objektseite« [hin] auf ein naives Textverständnis [...]«[48] bei der bisherigen Gestaltung von philosophischen Bildungsprozessen, zum Beispiel durch fragend-entwickelnde Verfahren, reagiert hat. Geferts Konzept zielt also beispielsweise darauf ab, ein methodisches Verfahren vorzustellen, das »[...] es Lesern philosophischer Texte erlaubt, die »Subjektseite« in der Auseinandersetzung mit dem Text durch das Produzieren *theatraler* Ausdrucksformen für die Bedeutung dieses Textes einzubringen [...]«[49], so dass der »hermeneutischen Kurzschluss« vermieden werden kann, der darin besteht, dass »[...] der Prozess der Texteröffnung im Philosophieunterricht in einem Prozess der Unterweisung in (akademische) *Denkroutinen* [erstarrt].«[50] Ebenso reagiert das Konzept »Selbst-Er-forschenden Philosophieren« auf den Umstand, dass Fragen der individuellen Sinngebung und Persönlichkeitsentwicklung im Philosophieunterricht, insbesondere im Philosophieunterricht in der gymnasialen Oberstufe, meistens bzw. höchstens nur indirekt über bestimmte themenbezogene Theorien thematisiert werden, wie

46 Meyer, H.: *Unterrichtsmethoden. Theorieband.* 10. Auflage. Berlin: Cornelsen Scriptor 2003. S. 208.

47 Ebd. S. 208.

48 Gefert, C.: *Didaktik theatralen Philosophierens. Untersuchungen zum Zusammenspiel argumentativ-diskursiver und theatral-präsentativer Verfahren bei der Texteröffnung in philosophischen Bildungsprozessen.* Dresden: Thelem 2002 (= *Dresdner Hefte für Philosophie,* Heft 8). S. 12; vgl.: Gefert, C.: *Theatrales Philosophieren – performatives Denken in philosophischen Bildungsprozessen.* In: Nida-Rümelin, J. et al. (Hrsg.): *Handbuch Philosophie und Ethik. Band I: Didaktik und Methodik.* Paderborn: Schöningh 2015. S. 240–244; Gefert, C.: *Theatrales Philosophieren als performativer Forschungsprozess.* In: Brüning, B. (Hrsg.): *Ethik/Philosophie. Didaktik. Praxisbuch für die Sekundarstufe I und II.* Berlin: Corneslen 2016. S. 98–106.

49 Gefert, C.: *Didaktik theatralen Philosophierens.* S. 12

50 Gefert, C.: *Theatrales Philosophieren als performativer Forschungsprozess.* S. 99.

beispielsweise antike Glücklehren, die im Rahmen des vierten Inhaltsfeldes, »Werte und Normen des Handelns«, des Kernlehrplans für das Fach »Philosophie« in NRW behandelt werden. Die beispielsweise für das Fach »Praktische Philosophie« in NRW konstitutive Personale Perspektive, die »[...] Alltagserfahrungen, **existenzielle Grunderfahrungen** [Herv. S. G.] und Lebenssituationen von Schülerinnen und Schülern auf[greift] [...]«[51], ist im Philosophieunterricht in der gymnasialen Oberstufe in NRW, aber auch darüber hinaus, keine direkt fachdidaktisch relevante und curricular wirksame Größe. Aus den vorherigen Überlegungen sollte jedoch hervorgegangen sein, dass auch im wissenschaftspropädeutisch ausgerichteten gymnasialen Philosophieunterricht das personal-existenzielle Philosophieren seinen fachdidaktisch und gesellschaftlich legitimierten Platz hat und haben muss. Folglich bedarf es fachdidaktischer Konzepte, die in einem umfassenden Sinne aufzeigen, wie personal-existenzielles Philosophieren im gymnasialen Philosophieunterricht unterrichtspraktisch möglich ist. Das Konzept »Selbst-Er-forschendes Philosophieren« wird daher mit dem Ziel entwickelt, ein solches Konzept zu sein.[52]

Ein Unterrichtskonzept reagiert also auf ein konzeptionelles Defizit im vielfältigen Angebot möglicher Unterrichtgestaltungen für das jeweilige Schulfach.[53] Der Begriff »Unterrichtskonzept« wird von Meyer nun wie folgt definiert:

> Unterrichtskonzepte sind Gesamtorientierungen methodischen Handelns, in denen ein begründeter Zusammenhang von Ziel-, Inhalts-, und Methodenentscheidungen hergestellt wird. Sie definieren grundlegende Prinzipien der Unterrichtsarbeit, sie formulieren Leitbilder des Rollenverhaltens von Lehrern und Schülern und sie geben Empfehlungen für die organisatorisch-institutionelle Gestaltung des Unterrichts.[54]

---

51 Qualitäts- und Unterstützungsagentur (QUA-Lis NRW) – Landesinstitut Schule: Kernlehrplan Praktische Philosophie
https://www.schulentwicklung.nrw.de/lehrplaene/upload/klp_SI/5017_Praktische_Philosophie_Sek. I.pdf (03. 03. 2018). S. 11.

52 Vgl.: Gefert, C.: *Didaktik theatralen Philosophierens*. S. 12; Jank, W. und Meyer, H.: *Didaktische Modelle*. 7. Auflage. Berlin: Cornelsen Scriptor 2005. S. 305–306; Meyer, H.: *Unterrichtsmethoden. Theorieband*. S. 208; Qualitäts- und Unterstützungsagentur (QUA-Lis NRW) – Landesinstitut Schule: Kernlehrplan Philosophie
https://www.schulentwicklung.nrw.de/lehrplaene/upload/klp_SII/pl/KLP_GOSt_Philosophie.pdf (03. 03. 2018). S. 37–38; Steenblock, V.: *Das Gute Leben*. In: Nida-Rümelin, J. et al. (Hrsg.): *Handbuch Philosophie und Ethik. Band II: Disziplinen und Themen*. Paderborn: Schöningh 2015. S. 142–147.

53 Weitere, jedoch allgemeindidaktische Unterrichtskonzepte wie beispielsweise das Kooperative Lernen, die »[...] die didaktische Diskussion befruchtet haben [...]« werden von Kliebisch und Meloefski benannt. Kliebisch, U. W. und Meloefski, R.: *LehrerSein. Erfolgreich handeln in der Praxis. Grundlagen der Pädagogik und Didaktik. Kompetenzen. Unterrichtsentwurf*. Bd. 1. 4. Auflage. Baltmannsweiler: Schneider 2009. S. 35.

54 Jank, W. und Meyer, H.: *Didaktische Modelle*. S. 305; Meyer, H.: *Unterrichtsmethoden. Theorieband*. S. 208.

Letztere ergeben sich, so Meyer an anderer Stelle, aus »[...] allgemein- und fachdidaktische[n] Theorieelemente[n] und Annahmen [...].«[55] Diese Definition zugrundelegend, besteht ein Unterrichtskonzept also aus fünf wesentlichen Komponenten, und zwar a) Zielentscheidungen, b) Inhaltsentscheidungen, c) Methodenentscheidungen, d) vorausgesetzten Unterrichtsprinzipien sowie e) Empfehlungen für die organisatorisch-institutionelle Gestaltung des Unterrichts. Da sich die konzeptionellen Vorgaben für die organisatorisch-institutionelle Gestaltung des Unterrichts vor allem aus der Auseinandersetzung mit den gegebenen institutionellen Rahmenbedingungen von Unterricht im Schulsystem ergeben, liegt der Schwerpunkt bei der Entwicklung des Konzepts »Selbst-Er-forschend Philosophieren« vor allem auf einem Komponenten-Quartett, das sich aus einer Ziel-, einer Inhalts-, einer Methoden- und einer Prinzipien-Komponente zusammensetzt.[56] Da darüber hinaus ein zentraler Bestandteil eines jeden Unterrichtskonzepts die Methodik ist, liegt der Schwerpunkt innerhalb dieses Quartetts auf den Unterrichtsmethoden. Die nachfolgenden methodologischen Überlegungen konzentrieren sich also vor allem auf die Frage, wie sich geeignete Unterrichtsmethoden aus der Existenzphilosophie Arendts transformieren lassen, die essenzieller Kern des Konzepts »Selbst-Er-forschend Philosophieren« sind.[57]

Methodik: Neben der Klärung des Begriffs »Unterrichtskonzept« ist also auch eine Klärung des Begriffs »Unterrichtsmethode« und davon ausgehend des Begriffs »philosophische Unterrichtsmethode« für die Konzeptentwicklung notwendig. Denn »[d]er Methodenbergriff an sich ist fachlich, didaktisch und pädagogisch zunächst recht unspezifisch.«[58] Folglich »[...] gibt es keine allgemeinverbindliche Sprachregelung, wenn von Methoden und den Ebenen ihrer Reflexion bzw. Anwendung die Rede ist.«[59]

Meyer zufolge sind »Unterrichtsmethoden [...] Formen und Verfahren, mit deren Hilfe sich Lehrer und Schüler die sie umgebende natürliche und gesellschaftliche Wirklichkeit unter den institutionellen Rahmenbedingungen der Schule aneignen.«[60] Methodenfragen sind damit vor allem Verfahrensfragen, da mit der Frage »Wie?«, die sie aufwerfen, die »[...] Gestaltung von (schulischen) Lehr-Lernprozessen im Mittelpunkt

---

55 Ebd.

56 Dennoch wird mit dem Sprach-Beobachtungs-Denkraum-Konzept im vierten Kapitel auch ein Vorschlag zur organisatorisch-räumlichen Gestaltung des Unterrichts gemacht, der aus dem Konzept »Selbst-Er-forschend Philosophieren« folgt.

57 Vgl.: Jank, W. und Meyer, H.: *Didaktische Modelle.* S. 305.

58 Draken, K.: *Metamethoden – Eine fachbezogene Methodenlehre über den Arbeits- und Unterrichtsmethoden.* In: Nida-Rümelin, J. et al. (Hrsg.): *Handbuch Philosophie und Ethik. Band I: Didaktik und Methodik.* Paderborn: Schöningh 2015. S. 160.

59 Ebd. S. 160.

60 Meyer, H.: *Leitfaden Unterrichtsvorbereitung.* Berlin: Cornelsen Scriptor 2007. S. 44.

steht [...].«[61] Methoden beschreiben daher die »Prozessstruktur des Unterrichts«[62]. Da es im Unterricht jedoch verschiedene und unterschiedlich komplexe Prozessstrukturen gibt, ist es sinnvoll Meyer folgend, innerhalb des sehr weiten Methodenbegriffs mit der Unterscheidung zwischen Mikro-, Meso- und Makromethodik ein Klassifikationssystem einzuführen, um den schwierig präzise begrifflich zu kennzeichnenden, weil »[...] mehrdeutigen Begriff »Methode« zu klären [...].«[63] Mit diesem System kann zudem der kategoriale Rahmen abgesteckt werden, auf den sich die nachfolgenden methodologischen Überlegungen beziehen. Mikromethoden bilden dabei die unterste Ebene, da es sich bei ihnen um konkrete Inszenierungstechniken des Unterrichts handelt, die durch Operatoren[64] beschrieben und beobachtend erfasst werden können. Auf der mittleren Ebene methodischen Handelns, den Mesomethoden, finden sich die folgenden vier methodischen Dimensionen: die Sozialformen, die Handlungsmuster und die Zeit- bzw. Verlaufsformen. Die Makromethoden bilden schließlich die dritte Ebene und beschreiben die Grundformen bzw. methodischen Großformen des Unterrichts, wie beispielsweise die Projektarbeit oder die Freiarbeit. Alle drei Ebenen des methodischen Handelns werfen zudem die Frage nach den geeigneten Raumstrukturen des Unterrichts auf.[65]

Unterrichtsmethode: Der Schwerpunkt der vorzunehmenden Transformationen liegt also auf der Ebene der Mesomethodik und hier geht es vor allem um die

---

61 Terhart, E.: *Didaktik. Eine Einführung*, Stuttgart: Reclam 2009. S. 161.

62 Ebd. S. 164.

63 Martens, E.: *Methodik des Ethik- und Philosophieunterrichts*. S. 44.

64 In NRW werden beispielsweise für alle Fächer, so auch für den Philosophieunterricht, lehrplanbezogene Operatoren vorgegeben, die dazu dienen sollen, die Tätigkeiten der Schülerinnen und Schüler zu beschreiben und diese den Anforderungsbereichen für das Fach »Philosophie« zuzuordnen. (Vgl.: Einheitliche Prüfungsanforderungen in der Abiturprüfung Philosophie (Beschluss der Kultusministerkonferenz vom 01. 12. 1989 i. d. F. vom 16. 11. 2006).
http://www.kmk.org/fileadmin/Dateien/veroeffentlichungen_beschluesse/1989/1989_12_01-EPA-Philosophie.pdf (22. 03. 2018). S. 10–12; Qualitäts- und Unterstützungsagentur (QUA-Lis NRW) – Landesinstitut Schule: Kernlehrplan Philosophie. https://www.schulentwicklung.nrw.de/lehrplaene/upload/klp_SII/pl/KLP_GOSt_Philosophie.pdf (03. 03. 2018). S. 48–49. Die entsprechenden Operatorenlisten werden auf der Homepage des Bildungsportals des Landes Nordrhein-Westfalen publiziert. Vgl.: Bildungsportal des Landes Nordrhein-Westfalen: Operatoren. https://www.standardsicherung.schulministerium.nrw.de/cms/zentralabitur-gost/faecher/fach.php?fach=21 (03. 03. 2018). Ein Operator ist folglich eine »Zielkonstante« für den Unterricht und dient der »*Transparenz* der Anforderungen«. Vgl.: Rolf, B.: *Formen der Lernerfolgsüberprüfung.* In: Pfister, J. und Zimmermann, P. (Hrsg.): *Neues Handbuch des Philosophieunterrichts.* Bern: Haupt 2016. S. 406–407; Thein, C.: *Operatoren im Philosophieunterricht.* In: Nida-Rümelin, J. et al. (Hrsg.): *Handbuch Philosophie und Ethik. Band I: Didaktik und Methodik.* Paderborn: Schöningh 2015. S. 325. Anzumerken ist diesbezüglich, dass die mittlerweile übliche Operationalisierung von Aufgabenstellungen in der Philosophiedidaktik kontrovers diskutiert wird, weil »[d]ie spezifischen Merkmale des Philosophieunterrichts – Kontroversität, Prozessualität und Ergebnisoffenheit – [...]« (Ebd.) operationalisierten Aufgabenstellungen zu widersprechen scheinen.

65 Vgl.: Meyer, H.: *Was ist guter Unterricht?* Berlin: Cornelsen Scriptor 2004. S. 74–80; Meyer, H.: *Leitfaden Unterrichtsvorbereitung.* S. 44–46; Meyer, H.: *Unterrichtsmethoden. Theorieband.* S. 143–146; Terhart, E.: *Didaktik.* S. 162, 164.

Handlungsmuster, also die konkreten Unterrichtsmethoden. Zur Klärung des Begriffs »Unterrichtsmethode« findet sich bei Pfister eine erste allgemeine und sehr sinnvolle Unterscheidung, nämlich die zwischen Sozialformen und Arbeitsformen, in die man Unterrichtsmethoden generell aufspalten kann. Im Begriff »Unterrichtsmethode« sind Pfister zufolge also die ersten zwei Dimensionen der Mesomethodik, Sozialformen und Handlungsmuster, vereint. Der Begriff »Handlungsmuster« beschreibt Meyer zufolge eine »[...] feste Form[...] der Verknüpfung von Einzelhandlungen zu Handlungsketten [...]«[66] und kann daher durchaus mit dem Begriff »Arbeitsform« identifiziert werden. Um nun philosophische (!) Unterrichtsmethoden entwickeln zu können, muss man also philosophische (!) Arbeitsformen identifizieren, die, kombiniert mit den Sozialformen, philosophische Unterrichtsmethoden ergeben, die wiederum innerhalb der Raum- und Zeitstruktur des Unterrichts umgesetzt und von dieser teilweise bedingt werden. Eine philosophische Unterrichtsmethode besteht also, so der bisherige Stand der Überlegungen, aus zwei Kernkomponenten: der Sozialform und der philosophischen Arbeitsform.[67]

Philosophische Arbeitsform: Für das genauere Verständnis des Begriffs »philosophische Unterrichtsmethode« ist also der Begriff »philosophische Arbeitsform« zu klären. Diesbezüglich weiterführend sind Rohbecks und Martens Überlegungen zum Methodenbegriff. Rohbeck unterscheidet bekanntlich zwischen a) allgemeinen und b) besonderen Methoden der Philosophie und betont, dass die allgemeinen Methoden, wie Argumentieren und Begriffe verwenden, allen philosophischen Denkrichtungen zugrundeliegen und durch deren spezifische Ausprägung zu besonderen Methoden der Philosophie werden. Dies deckt sich im Prinzip mit Martens Überlegungen zum Methodenbegriff, der ebenfalls zwischen a) generellen Denk- oder Erkenntnismethoden und b) philosophischen Arbeitsmethoden oder Arbeitstechniken unterscheidet, wobei auch hier die philosophischen Arbeitsmethoden konkretisierte Denk- und Erkenntnismethoden sind. Und auch Rehfus, dies sei am Rande erwähnt, betont in ähnlicher Weise in seinen Überlegungen zur Methodik der philosophischen Paideia, dass »[...] im Philosophieunterricht verschiedene wissenschaftsspezifische Methoden angewandt werden [können].«[68] Abstrahiert man von diesen prinzipiell gleichen, im Detail jedoch voneinander abweichenden Erläuterungen des Begriffs »philoso-

---

66 Meyer, H.: *Leitfaden Unterrichtsvorbereitung.* S. 206.

67 Vgl.: Pfister, J.: *Einige Bemerkungen zum Nutzen der empirischen Unterrichtsforschung für die Philosophiedidaktik.* In: Kminek, H., Thein, C. und Torkler, R. (Hrsg.): *Zwischen Präskription und Deskription – zum Selbstverständnis der Philosophiedidaktik.* Opladen/Berlin/Toronto: Budrich 2018 (= *Wissenschaftliche Beiträge zur Philosophiedidaktik und Bildungsphilosophie*, Bd. 1). S. 131.

68 Rehfus, W. D.: *Didaktik der Philosophie. Grundlage und Praxis.* Düsseldorf: Pädagogischer Verlag Schwann 1980. S. 174.

phische Arbeitsform«[69], dann kann man festhalten, dass es sich bei einer philosophischen Arbeitsform um eine Methode bzw. um ein Handlungsmuster handelt, das
eine denkrichtungsspezifische Arbeitsweise ermöglicht, die sich aus ganz konkret
bestimmten Einzelhandlungen bzw. Arbeitsschritten[70] zusammensetzt. Dass Rentsch
zufolge »[a]lle genuin philosophischen Methoden [im obigen Sinne verstanden als
Arbeitsformen; Anm. S. G.] [...] konkreten alltäglichen Sprach- und Handlungszusammenhängen [entspringen] und [...] deren Hochstilisierungen [sind] [...]«[71], sei hier
noch angemerkt.[72]

Philosophische Unterrichtsmethode: Philosophische Arbeitsformen gehören
aber sowohl in Rohbecks als auch in Martens und Rehfus' Taxonomie nicht zur Klasse
der philosophischen Unterrichtsmethoden, da diese von jenen kategorial verschieden
sind. Dies wird durch die von Draken entwickelte Systematik der Methodenebene für
den Philosophieunterricht besonders deutlich. Sowohl Rohbeck als auch Martens
erläutern deswegen eigens den Begriff »philosophische Unterrichtsmethode«.
Rohbeck zufolge ergeben sich philosophische Unterrichtsmethoden erst aus der
Kombination der besonderen Methoden des Philosophierens mit den Medien des
Unterrichts, also Lesen, Sprechen und Schreiben, durch die die besonderen Methoden
des Philosophierens zu spezifischen »Aktionsformen«, also Unterrichtsmethoden
werden, die die Schülerinnen und Schüler im Unterricht konkret praktizieren können.
Martens wiederum erläutert, dass sich die philosophischen Unterrichtsmethoden erst
aus der Kombination von philosophischen Arbeitsmethoden mit allgemeinen Unterrichtsmethoden ergeben. »Die einzelnen Denkmethoden sind mit Hilfe allgemeiner
Unterrichtsmethoden praktisch umzusetzen, etwa durch Klassen- und Gruppendis-

---

69   Die Erläuterungen von Martens und Rohbeck sind prinzipiell gleich, da sie philosophische Arbeitsformen
     als innerhalb einer Denkrichtung konkretisierte Arbeitsformen begreifen. Der diesbezügliche Unterschied
     zwischen Martens und Rohbeck liegt nur im Detail. Rohbeck zufolge sind die philosophischen Arbeitsformen,
     von ihm als besondere Methoden des Philosophierens bezeichnet, denkrichtungsspezifisch konkretisierte
     allgemeine Methoden des Philosophierens, wohingegen Martens darauf hinweist, dass die philosophischen
     Arbeitsformen, die er wiederum als philosophische Arbeitsmethoden oder Arbeitstechniken bezeichnet, den
     Konkretisierungen bestimmter erkenntnistheoretischer Paradigmen entspringen. Rehfus dagegen geht davon
     aus, dass wissenschaftsspezifische Methoden, die man ebenfalls als philosophische Arbeitsformen verstehen
     kann, direkt Teilkomponenten der Unterrichtsmethode bilden.
70   Die phänomenologische Reduktion als denkrichtungsspezifische Arbeitsform besteht zum Beispiel aus drei
     klar definierten Arbeits- bzw. Reduktionsschritten, und zwar der der »Epoché'«, der »phänomenologischen
     Reduktion« und der »transzendentalen Reduktion«, wenn man beispielsweise Danner folgt. Vgl.: Danner, H.:
     Methoden geisteswissenschaftlicher Pädagogik. Einführung in die Hermeneutik, Phänomenologie und Dialektik. 5.
     Auflage. München/Basel: Reinhardt 2006. S. 126–127.
71   Rentsch, T.: *Phänomenologie als methodische Praxis. Didaktische Potenziale der phänomenologischen Methode.*
     In: Rohbeck, J. (Hrsg.): *Denkstile der Philosophie.* Dresden: Thelem 2002 (= *Dresdener Hefte für Philosophie.* Heft
     7/ *Jahrbuch für Didaktik der Philosophie und Ethik.* Bd. 3). S. 26.
72   Vgl.: Martens, E.: *Methodik des Ethik- und Philosophieunterrichts.* S. 44–45; Rohbeck, J.: *Didaktik der Philosophie*
     und Ethik.. S. 51, 61–70; vgl.: Rohbeck, J.: *Didaktische Transformationen.* In: Nida-Rümelin, J. et al. (Hrsg.): *Handbuch*
     Philosophie und Ethik. Band I: Didaktik und Methodik. Paderborn: Schöningh 2015. S. 50–51.

kussionen, Rollenspiele, Schreibübungen oder bildliche Darstellungen.«[73] Und auch Rehfus macht deutlich, dass »[...] die wissenschaftsspezifischen Methoden Momente der (unterrichts-) fachspezifischen Methode [sind] [...]«[74], lässt jedoch offen, was die anderen Komponenten der philosophischen Unterrichtsmethode sind. Rohbeck wie Martens weisen dagegen jeweils auf eine wichtige Komponente der philosophischen Unterrichtsmethode hin. Beide Komponenten zusammen komplettieren allerdings erst die philosophische Unterrichtsmethode. Es handelt sich um die Medien und um die allgemeinen Unterrichtsmethoden als Teilkomponenten der philosophischen Unterrichtsmethode. Als Ergebnis der zuvor angestellten Überlegungen kann also festgehalten werden: Philosophische Unterrichtsmethoden bestehen aus vier eng miteinader verbunden bzw. sich wechselseitig bedingenden Komponenten, da sie sich aus der Kombination von philosophischen Arbeitsformen mit Medien, allgemeinen Unterrichtsmethoden und bestimmten Sozialformen ergeben. Hieraus folgt, dass das, was einer philosophischen Unterrichtsmethode ihren fachlichen Kern verleiht, sie also zu einer philosophischen (!) Unterrichtsmethode macht, ausschließlich die in ihr eingebettete philosophische Arbeitsform ist, da sowohl die allgemeinen Unterrichtsmethoden als auch die Sozialformen als auch die Medien Komponenten von Methoden aus anderen Unterrichtsfächern sein können.[75]

Arendt'sche Unterrichtsmethoden: Für die Transformation philosophischer Unterrichtsmethoden aus der Existenzphilosophie Arendts als Teilkomponente des Konzepts »Selbst-Er-forschend Philosophieren« bedeutet dies, dass sie sich aus den zuvor beschriebenen Komponenten zusammensetzen und folglich einen fachlichen Kern beinhalten müssen, der aus mindestens einer näher bestimmten philosophischen Arbeitsform besteht. Als solche kommen nur Arbeitsformen in Betracht, die aus Arendts Existenzphilosophie und ihrer existenzphilosophischen Praxis transformiert werden können. Bei derartigen Arbeitsformen handelt es sich dann nicht mehr um allgemeine oder spezielle philosophische, sondern um konkrete Arendt'sche Arbeitsformen, in denen sicherlich allgemeine und gegebenenfalls auch besondere Methoden der Philosophie enthalten sein können. Es macht dennoch auf jeden Fall Sinn, im Folgenden die aus der Arendt'schen Philosophie und philosophischen Praxis transformierten philosophischen Unterrichtsmethoden nicht philosophische, sondern Arendt'sche Unterrichtsmethoden zu nennen.

Arendt'sche Unterrichtsdramaturgie und Arendt'sches Lehr-Lernraum-Konzept: Da die Arendt'schen Unterrichtsmethoden in einer Raum- und Zeitstruktur umgesetzt werden müssen, ist es zudem sinnvoll, zu erkunden, ob es nicht ebenso

---

73 Martens, E.: *Philosophie als Kulturtechnik humaner Lebensgestaltung.* S. 45.
74 Rehfus, W. D.: *Didaktik der Philosophie.* S. 175.
75 Vgl.: Draken, K.: *Metamethoden.* S. 161; Martens, E.: *Methodik des Ethik- und Philosophieunterrichts.* S. 44–45; Rohbeck, J.: *Didaktik der Philosophie und Ethik.* S. 44–45, 62, 75–76, 85–87.

wie bei den Unterrichtsmethoden möglich ist, aus Arendts Existenzphilosophie und ihrer existenzphilosophischen Praxis eine Arendt'sche Unterrichtsdramaturgie und ein Arendt'sches Lehr-Lernraum-Konzept zu transformieren. Gerade der letzte Punkt ist vor dem Hintergrund der schon lange in der Philosophiefachdidaktik diskutierten Methodenfrage mit ihren zahlreichen Unterscheidungen und Konkretisierungen von besonderem Interesse, da bezüglich der Raumstruktur des Philosophierens nur wenige bis keine philosophiefachdidaktischen Konzepte vorliegen.

Die Transformation des Unterrichtskonzepts »Selbst-Er-forschend Philosophieren« aus der Existenzphilosophie Arendts konzentriert sich also auf die Ebene der Mesomethodik des Unterrichts und sollte diesbezüglich die folgenden drei Ergebnisse haben:

- **K1[76]: Arendt'sche Unterrichtsmethoden**
- **K2: Arendt'sche Dramaturgie (= Verfahrensschritte bzw. Verlaufsform)**
- **K3: Arendt'sches Lehr-Lernraum-Konzept**

Darüber hinaus sollten, dies legen die zuvor angestellten Überlegungen zu den Komponenten eines vollwertigen Unterrichtskonzepts nahe, auch die folgenden Konzept-Komponenten entwickelt werden:

- **K4: Arendt'sche Unterrichtsprinzipien**
- **K5: Arendt'sche Unterrichtsinhalte**
- **K6: Arendt'sche Unterrichtsziele**

Wenn es gelingt, diese sechs Komponenten zu entwickeln und im dem Unterrichtskonzept »Selbst-Er-forschenden Philosophieren« unterrichtswirksam zu machen, dann kann dieses mit Recht den Anspruch für sich geltend machen, fachwissenschaftlich fundiert und philosophiefachdidaktisch innovativ zu sein.

3.   Transformationskonzept

Ausgehend von den zuvor vorgenommenen Begriffsklärungen ist nun das methodologische Verfahren zu explizieren, mit dem die sechs genannten Konzeptkomponenten und damit das Konzept »Selbst-Er-forschend Philosophieren« erfolgreich entwickelt

---

76   K = Komponente

werden kann. Wie bereits eingangs erwähnt, handelt es sich dabei um das Transformationskonzept von Rohbeck.

Für die Entwicklung philosophischer Unterrichtsmethoden gibt es in der Philosophiefachdidaktik vor allem zwei etablierte Konzepte, die von Martens wie folgt beschrieben werden: »Eine Methodik des Ethik und Philosophieunterrichts kann grundsätzlich zwei Wege einschlagen und entweder deduktiv von den Methoden der einzelnen Denkrichtungen der Philosophie oder induktiv von der exemplarischen Praxis des Philosophierens ausgehen.«[77] Den letztgenannten Weg exemplifiziert Martens selbst, indem er von der Sokratischen Methodenpraxis und der Aristotelischen Methodenreflexion induktiv abstrahierend und durch die philosophischen Denkrichtungen zusätzlich anreichernd fünf philosophische Methodenfamilien herausarbeitet, die er innerhalb seines integrativen Methodenparadigmas zusammenfasst und deren Zusammenwirken er mit dem »Fünf-Finger-Methode« bzw. der »Methodenschlange« darstellt. Der erste Weg ist dagegen sehr eng mit dem Begriff »Transformation« verbunden, der in der Philosophiefachdidaktik wesentlich durch Rohbeck und sein Konzept der »didaktischen Transformation« geprägt wurde, das im Übrigen nicht mit dem Konzept der didaktischen Reduktion verwechselt werden darf. »Die leitende Idee [des Transformationskonzepts] besteht darin, die Denkrichtungen der Philosophie in philosophische Methoden des Unterrichts zu transformieren. [...] Transformation bedeutet die Übertragung und Umformung dieser Philosophien [gemeint sind die analytische Philosophie, der Konstruktivismus, die Phänomenologie, die Dialektik, die Hermeneutik und die Dekonstruktion; Anm. S. G.] in philosophische Praktiken, die von Schülerinnen und Schülern erlernt und selbstständig angewendet werden können. Das erfordert eine **Auswahl**, **Modifizierung** und **Ergänzung** [Herv. S. G.] derjenigen Möglichkeiten, die sich im didaktischen Kontext besonders gut realisieren lassen.«[78] Der abduktiv-pragmatische Transformationsprozess, bei dem »[...] die verwendeten Theoreme nach jeweils praktischen Erfordernissen ausgewählt und modifiziert werden [...]«[79] besteht, so wie Rohbeck ihn beschreibt, aus mindestens drei Schritten: der Auswahl, der Modifizierung und der Ergänzung. Da es, so Rohbeck, *die* Denkrichtungen der Philosophie jedoch nicht gibt, so dass man nicht einfach *die* Methode der jeweiligen Denkrichtung auswählen und entsprechend unterrichtspraktisch modifizieren kann, ist es notwendig, entweder die idealtypische, paradigmatische oder eklektizistische Strategie zur Methodengenese zu wählen, wobei keiner dieser

---

77 Martens, E.: *Methodik des Ethik- und Philosophieunterrichts.* S. 47.
78 Rohbeck, J.: *Didaktik der Philosophie und Ethik.* S. 75; vgl.: Rohbeck, J.: *Didaktische Transformationen.* S. 49–50.
79 Ebd. S. 50.

Strategien ein eindeutiger Vorrang zukommt, da sie sich alle dazu eignen, praktizierbare philosophische Unterrichtsmethoden durch Transformation zu entwickeln.[80]

Wie bereits erwähnt, soll das Unterrichtskonzept »Selbst-Er-forschend Philosophieren« gemäß Rohbecks Transformationskonzept aus der Existenzphilosophie Arendts transformiert werden. Das entsprechende Vorgehen bedarf jedoch einer Ergänzung, denn da nicht nur Arendts Existenzphilosophie, sondern auch ihre existenzphilosophische Praxis als Transformationsquelle dienen soll, muss das abduktive und lediglich auf Denkrichtungen, also philosophische Theorien und Konzepte ausgerichtete Transformationskonzept um eine abduktiv-praxisbezogene Komponente erweitert werden. In diesem Zusammenhang bietet es sich dann an, eine eklektizistische Transformationsstrategie zu verfolgen, da es bei der Transformation darum geht, begründet und zielorientiert, partielle Elemente der Arendt'schen Philosophie und philosophischen Praxis auszuwählen und miteinander zu kombinieren.

Berücksichtigt man auch das im ersten Abschnitt erläuterte Rezeptionskonzept und die darin enthaltenden Lektüreleitlinien, dann ist das von Rohbeck entwickelte Transformationsverfahren weiter zu ergänzen, so dass es schließlich nicht aus drei, sondern aus insgesamt aus sechs Schritten besteht, dessen erste drei Schritte einer rekonstruktiven Transformation und dessen letzte drei Schritte einer didaktisch-konstruktiven Transformation zuzuordnen sind. Die rekonstruktive Transformation ist allgemein durchzuführen (vgl.: 3. Kapitel), die didaktisch-konstruktive Transformation ist dagegen für die Entwicklung einer jeden der sechs Konzeptkomponenten anzuwenden. (vgl.: 4. Kapitel)

Die rekonstruktive Transformation beginnt damit, dass zunächst durch eine durch inhaltliche Schwerpunkte geleitete existenzphilosophische Lesart eine Auswahl aller relevanten Kern-Konzepte der politischen Theorie, Philosophie und politisch-philosophischen Praxis Arendts zusammengestellt wird (erster Transformationsschritt). Diese Konzepte werden dann, ebenfalls im Rahmen der inhaltlichen Schwerpunkte der existenzphilosophischen Lesart, systematisch kombiniert (zweiter Transformationsschritt) und so schließlich neu-kontextualisiert, d. h. ihrem primär politiktheoretischen Kontext entkleidet und einem existenzphilosophischen eingeschrieben (dritter

---

80   Vgl.: Draken, K.: *Metamethoden.* S. 162; Martens, E.: *Methodik des Ethik- und Philosophieunterrichts.* S. 54–58; Martens, E.: *Philosophie als Kulturtechnik humaner Lebensgestaltung.* S. 43–44; Rohbeck, J.: *Didaktik der Philosophie und Ethik.* S. 76–77; Rohbeck, J.: *Didaktische Transformationen.* S. 49; Torkler, R.: *Verstehen-lernen mit Hannah Arendt.*

Transformationsschritt), woraus sich die Existenzphilosophie Arendts ergibt. Damit ist die rekonstruktive Transformation abgeschlossen.[81]

Die didaktisch-konstruktive Transformation besteht in einem ersten Schritt darin, die rekonstruierte Existenzphilosophie Arendts und ihre existenzphilosophische Praxis nach theoretischen, methodischen und praktischen Ansätzen zu durchsuchen und diese dahingehend zu analysieren, inwiefern sich aus ihnen durch Modifikation die Komponenten des Konzepts »Selbst-Er-forschend Philosophieren« entwickeln lassen (vierter Transformationsschritt). Die konkreten Konzept-Komponenten ergeben sich dann aus der Modifizierung und Ergänzung (fünfter und sechster Transformationsschritt) der ausgewählten theoretischen, methodischen und praktischen Ansätze. Bezüglich der durch die didaktisch-konstruktiven Transformationen entwickelten sechs Konzeptkomponenten muss natürlich das funktionale Zusammenwirken aufgezeigt werden, indem z. B. ausgewiesen wird, welche Arendt'schen Unterrichtsmethoden an welcher Stelle innerhalb der Dramaturgie bzw. Prozessstruktur des Konzepts »Selbst-Er-forschend Philosophieren« angewendet werden, welche Ziele und Inhalte mit diesen erarbeitet werden sollen und in welchen Lernräumen das Selbst-Er-forschende Philosophieren stattfindet.

Das zuvor beschriebene Vorgehen kann an dieser Stelle für die Arendt'schen Unterrichtsmethoden und das Arendt'sche Lehr-Lernraum-Konzept etwas näher veranschaulicht werden.

In Arendts Existenzphilosophie und in ihrer existenzphilosophischen Praxis sollen Theorie- und Methoden-Elemente identifiziert werden, die, begründet ausgewählt und zusammengestellt, Arendt'sche Arbeitsformen ergeben, aus denen sich dann wiederum Arendt'sche Unterrichtsmethoden entwickeln lassen, indem die Arbeitsformen didaktisch modifiziert werden, dass heißt mit ergänzenden Elementen aus allgemeinen Unterrichtsmethoden, passenden Sozialformen und geeigneten Medien so verbunden werden, dass mit diesen Methoden ganz konkret ausgewiesene Unterrichtsziele und Unterrichtsinhalte erarbeitet werden können.

Ebenso sollen vor allem Theorieelemente, beispielsweise Arendts Konzeption des öffentlich-politischen Raumes, aber auch biografische Erkenntnisse, zum Beispiel zu Arendts Arbeitsweise, genutzt werden, um ein Arendt'sches Lehr-Lernraum-Konzept zu entwickeln, indem die Theorieelemente und biografischen Erkenntnisse miteinander

---

81 Dass die angestrebte Neu-Kontextualisierung durchaus zum Transformationsverfahren gehört, betont Rohbeck ausdrücklich, wenn er schreibt: »Methodisch orientiert sich dieses Konzept [gemeint ist das Transformationskonzept; Anm. S. G.] an der neueren *Diskurstheorie*. Demnach erhalten Begriffe und Argumente ihre Bedeutung durch den *Kontext*, in dem sie innerhalb bestimmter Diskurse stehen. Diese Bedeutung wechselt folglich, wenn Aussagen in einen anderen Kontext übertragen werden.« Rohbeck, J.: *Didaktische Transformationen.* S. 50. Bei der Neu-Kontextualisierung der Arendt'schen Philosophie wird diese jedoch keinem völlig neuen Kontext eingeschrieben, sondern eigentlich ein Kontext hervorgehoben, in dem sie sich schon immer bewegt.

verbunden und um allgemeindidaktische Überlegungen sowie Erkenntnisse aus der Unterrichtsforschung zur Gestaltung eines geeigneten Lernraums ergänzt werden.

Das zuvor beschriebene Transformationsverfahren hat den Vorzug, dass es die Erstellung eines äußerst vielschichtigen und unterrichtspraktisch funktionalen Unterrichtskonzepts ermöglicht, das dem theoretischen Gehalten der Arendt'schen Existenzphilosophie entspricht und ein authentisches Philosophieren auf den Spuren Arendts ermöglicht, indem es sehr viele zentrale Elemente der Arendt'schen Existenzphilosophie und ihrer existenzphilosophischen Praxis mit allgemeindidaktischen Erkenntnissen und praxiserprobten Methodenelementen kombiniert. Damit dies sichergestellt ist, sind für die vorzunehmenden Transformation eine Reihe von gut begründeten Gelingenskriterien anzugeben, da zum einen vermieden werden muss, dass der Gehalt oder die Authentizität der Arendt'schen Existenzphilosophie durch die Transformationen verfälscht werden und zum anderen garantiert werden muss, dass die durch die Transformationen entwickelte Unterrichtskonzeption im Sinne des vierten Ziels dieser Forschungsarbeit erfolgreich unterrichtspraktisch anwendbar ist. Für die Sicherstellung des Gehalts und der Authentizität der Arendt'schen Existenzphilosophie und existenzphilosophischen Praxis lassen sich zunächst die folgenden Kriterien angeben:

- T1[82]: Sachlich unzulässige oder zu weitreichende Interpretationen bei der existenzphilosophischen Lesart der politischen Theorie, Philosophie und politisch-philosophischen Praxis Arendts müssen vermieden werden. (vgl.: L. 4)
- T2: Ausklammerungen, Modifikationen und Zusammenstellungen einzelner Elemente der politischen Theorie, Philosophie und politisch-philosophischen Praxis Arendts zur Rekonstruktion ihrer Existenzphilosophie müssen sich hinreichend sachlich begründen lassen.
- T3: Die aus der Existenzphilosophie und existenzphilosophischen Praxis Arendts transformierten Konzeptkomponenten dürfen nicht im Widerspruch zu den Gehalten derselben stehen. (vgl.: L 4)
- T4: Weiterentwicklungen und Weiterführungen von theoretischen Konzepten und Methoden der Existenzphilosophie und existenzphilosophischen Praxis Arendts werden im Geiste derselben vorgenommen, fügen sich also in das kohärente Gesamtbild derselben ein. (vgl.: L 4)
- T5: Die Unterrichtskonzeption »Selbst-Er-forschend Philosophieren« spiegelt in allen ihren Komponenten die Vielschichtigkeit und das Ethos der Existenzphilosophie und existenzphilosophischen Praxis Arendts wieder und ermöglicht daher auch in diesem Sinne ein authentisches Philosophieren.

---

82 T = Transformationskriterium

Um den bildungstheoretisch-fachdidaktischen Gehalt des Konzepts zu garantieren, sind darüber hinaus die folgenden Kriterien zu berücksichtigen:

- T6: Das Konzept »Selbst-Er-forschend« Philosophieren stimmt mit den Zielen, Methoden, Prozessstrukturen, Kontexten und Medien philosophischer Bildung überein.
- T7: Das Konzept ist philosophiefachdidaktisch legitimierbar, das heißt es bewegt sich im gegenwärtigen Paradigma fachdidaktischer Theoriebildung und praktischer Unterrichtsplanung.
- T8: Dies impliziert auch: Keine Konzeptkomponente ist ein rein didaktisch-methodisches Abbild[83] der Existenzphilosophie und existenzphilosophischen Praxis Arendts.

Schließlich lassen sich bezüglich der Praktikabilität der Konzeption einige der von Rohbeck selbst entwickelten Transformationskriterien in modifizierter Form übernehmen:

- T9: Die entwickelten Arendt'schen Unterrichtsmethoden können von den Schülerinnen und Schülern erlernt und selbstständig angewendet werden.[84]
- T10: Die durch Transformation gewonnenen Arendt'schen Unterrichtsmethoden »[...] sollen sich daher in klar verständliche Aufgaben für bestimmte Tätigkeiten umformulieren lassen.«[85]
- T11: »Alle diese Methoden beziehen sich [...] auf die Alltagserfahrung der Schülerinnen und Schüler [...].«[86]
- T12: Alle Konzeptkomponenten, besonders die entwickelten Arendt'schen Unterrichtsmethoden, sind leistungsfähig im Hinblick auf die mit der Gesamtkonzeption verfolgten Unterrichtsziele.[87]

Die Transformation des Unterrichtskonzepts »Selbst-Er-forschend Philosophieren« aus der Existenzphilosophie und existenzphilosophischen Praxis Arendts kann als gelungen gelten, wenn alle diese Kriterien in hinreichendem Maße erfüllt sind.

---

83 Die Vermeidung einer sogenannten Abbilddidaktik ist sowohl ein zentrales Anliegen der allgemeinen Didaktik als auch der Philosophiefachdidaktik, da unter Didaktikern Einigkeit darüber besteht, dass eine »abbildende« Übertragung der »bildenden Strukturen« der jeweiligen Fachwissenschaft »theoretisch indiskutabel« ist. Jank, W. und Meyer, H.: *Didaktische Modelle*. S. 32; vgl.: Rohbeck, J.: *Didaktik der Philosophie und Ethik*. S. 75; vgl.: Rohbeck, J.: *Didaktische Transformationen*. S. 48–49.

84 Rohbeck, J.: *Didaktik der Philosophie und Ethik*. S. 76.

85 Ebd. S. 76.

86 Ebd. S. 76.

87 Vgl.: Ebd. S. 76.

4. Transformationsprobleme

Dem zuvor erläuterten Transformationsverfahren stehen womöglich zwei Transformationsprobleme im Weg, die es an dieser Stelle frühzeitig auszuräumen gilt.

Ein erster Einwand, der die angestrebte Transformation grundsätzlich in Frage stellt, besteht in der Frage, ob es sich bei Arendts politischer Theorie, Philosophie und politisch-philosophischer Praxis und damit auch bei der diesen inhärenten Existenzphilosophie um akademische Philosophie handelt, aus der im zuvor erläuterten Sinne ein Unterrichtskonzept transformiert werden kann. Denn Arendts politische Theorie, Philosophie und politisch-philosophische Praxis lässt sich nur schwer eindeutig einer Denkrichtung bzw. akademischen Disziplin zuordnen, was nicht zuletzt darin begründet liegt, dass Arendt selbst gegen alle Ismen und damit verbundenen starren kategorialen Einordnungen war. So stellt Torkler beispielsweise fest, dass Arendts Werk von einem hermeneutischen Anliegen geprägt ist, dass sie sich jedoch nicht »[...] ohne Weiteres mit klassischen Vertretern der Hermeneutik wie Dilthey oder Gadamer in eine Reihe stellen [...]«[88] lässt. Ist die Transformation des Unterrichtskonzepts »Selbst-Er-forschend Philosophieren« also schon seinem methodologischen Ansatz nach zum Scheitern verurteilt? Wohl eher nicht, da es sich bei Arendts politischer Theorie, Philosophie und politisch-philosophischer Praxis und damit auch bei ihrer Existenzphilosophie sehr wohl um etablierte akademische Philosophie handelt. So war Arendt erstens etablierte Akademikerin und hat intensiv am Forschungs- und Lehrbetrieb ihrer Universität teilgenommen.[89] Zweitens hat sich Arendt selber, wie bereits erwähnt, durchaus disziplinär verortet, nämlich in der politischen Theorie. Drittes ist zu bedenken, dass es sich bei Arendts Werk, ihrer Praxis und ihrem Wirken, trotz der Schwierigkeiten bei der akademischen Verortung, um eine exemplarische Praxis des Philosophierens handelt, die daher, ähnlich wie die Sokratische Praxis des Philosophierens, ein legitimer Ausgangspunkt zur Methodengewinnung für den Philosophieunterricht ist.

Ein anderer, problematischerer Einwand, der gegen die angestrebte Transformation erhoben werden kann, besteht darin, dass möglicherweise gezeigt werden kann, dass diese sachlich nicht legitim ist, wenn man u. a. aus Arendts politischer Theorie das Unterrichtskonzept »Selbst-Er-forschend Philosophieren« transformiert. Formal basiert der Einwand auf einem möglicherweise vorliegenden Kategorienfehler, der durch die Transformation begangen wird. Es handelt sich also um ein kategoriales

---

88 Torkler, R.: *Der lebendige Raum der Didaktik.* S. 78.
89 Kohn, J.: *In Hannah Arendts Seminar.* In: Arendt, H.: *Sokrates. Apologie der Pluralität.* Berlin: Matthes & Seitz 2016 (= *Fröhliche Wissenschaft* 078). S. 87–89.

Problem, mit dem sich die angestrebte Transformation möglicherweise konfrontiert sieht.

Dem Einwand, dass die Transformation zu einem Kategorienfehler führt, der diese grundsätzlich unmöglich macht, soll im Folgenden begegnet werden, indem die inhaltlich-formale Struktur des Einwandes genau expliziert wird und an verschieden Punkten ansetzende Argumente vorgebracht werden, die nachvollziehbar machen, dass die Transformation sehr wohl sachlich legitim ist.

Auf das den zuvor genannten Einwand begründende kategoriale Problem weist Torkler hin, indem er anmerkt, dass Arendt in ihrem am 13.. Mai 1958 gehaltenen Vortrag *Die Krise in der Erziehung* die Erziehung und die mit ihr verbundenen Tätigkeiten und Ziele kategorial von der Sphäre der Politik trennt, da der Raum der Erziehung für Arendt der Raum des Verborgenen ist, der sich grundsätzlich von der öffentlichen Welt, der der Politik, unterscheidet. Eine Unterscheidung, die auch Arendts kontroverser Artikel *Little Rock* von 1959 thematisiert. Um also Erziehung näher zu charakterisieren, greift Arendt auf die für ihr Denken zentrale Unterscheidung zwischen dem Raum des Privaten und dem öffentlichen Raum der Politik zurück. »[...] [I]hr Anliegen ist es [...], die Notwendigkeit einer klaren *Unterscheidung* von Erziehungsbereich und der Sphäre des Politischen nachzuweisen [...]«[90], um so ihre Überzeugung zu begründen, dass a) Erziehung weder zum Mittel der Politik noch b) Politik zum Mittel der Erziehung werden darf. Denn im Fall von a) nimmt man den Kindern, verstanden als Neuankömmlinge in der Welt, die Chance selber initiativ zu werden, sprich zu handeln, was wiederum ein wesentliches Element des Politischen ist und zudem, dies werden die nachfolgenden Ausführungen zeigen, auch ein wesentliches Element im Prozess der Konstitution der eigenen Personalität darstellt. Im Fall von b) verkennt man dagegen, dass man es in der Politik immer schon mit bereits Erzogenen zu tun hat, denen man durch Erziehungsversuche da, wo man sie nicht überzeugen kann, verdeckt Gewalt antun will. Die entscheidende Stelle, an der Arendt Vorheriges erläutert, lautet:

> In der Politik kann Erziehung keine Rolle spielen, weil wir es im Politischen immer mit bereits Erzogenen zu tun haben. Wer erwachsene Menschen erziehen will, will sie in Wahrheit bevormunden und daran hindern, politisch zu handeln. Da man Erwachsene nicht erziehen kann, hat das Wort Erziehung einen üblen Klang in der Politik, man gibt vor zu erziehen, wo man zwingen will und scheut sich, Gewalt zu gebrauchen. [...] Aber auch die Kinder, die man zu Bürgern eines utopischen Morgen erziehen will, schließt man in Wirklichkeit aus der Politik aus. Indem man sie auf etwas Neues vorbereitet, schlägt man den Neuankömmlingen ihre eigene Chance des Neuen aus der Hand. (DKE 258)

---

90 Torkler, R.: *Philosophische Bildung und politische Urteilskraft.* S. 25.

Erziehung und Politik sind daher klar voneinander zu trennende Bereiche, um sowohl das Kind als auch die Welt wechselseitig voneinander zu schützen. Das Kind, verstanden als Neuankömmling in der Welt, bedarf des Schutzes, denn es befindet sich im Zustand des Werdens und dieser erfordert eine besondere »Hütung« und »Pflege«, damit sich das Kind entwickeln kann, um so in die Welt, in die es hineingeboren wurde, hineinzufinden bzw. sich in dieser zurechtzufinden. Die Hütung und Pflege des Kindes obliegt der elterlichen Sorge – »Kinder sind zuallererst Teil einer Familie und eines Zuhauses [...].« (L 272) –, die das Kind vor allem gegen die Welt, aber, dies ist in Arendts Argumentation für die Trennung von Erziehung und Politik entscheidend, gleichsam auch die Welt gegen das Kind bzw. die Kinder und mit diesen gegen den Ansturm des Neuen schützen muss. Erziehung bedarf daher eines Schutzraumes, den vor allem die elterlichen vier Wände darstellen. »Sie umgrenzen einen Raum des Verborgenen, ohne den kein Lebendiges gedeihen kann.« (DKE 267) Geraten die Kinder zu früh in die »Helle der Öffentlichkeit«, missraten sie, so Arendt.[91] (vgl.: DKE 266–267; L 266–270, 272–273)

Der eingangs erwähnte Einwand gegen die Transformation des Konzepts »Selbst-Er-forschend Philosophieren« aus der politischen Theorie, Philosophie und politisch-philosophischen Praxis Arendts kann auf der Grundlage der vorherigen Ausführungen sowohl inhaltlich als auch formal genauer expliziert werden und lautet dann wie folgt: Arendt zufolge ist der Bereich des Privaten kategorial verschieden von dem Bereich des Öffentlichen. Da Erziehung in den Bereich des Privaten fällt, ist diese wiederum kategorial verschieden von der Politik, die sich im Bereich des Öffentlichen abspielt. Beide miteinander zu vermengen, indem man z. B. Erziehungstechniken in der Politik oder andersherum Praktiken der Politik in der Erziehung anwendet, würde bedeuten, einen Kategorienfehler zu begehen, der nicht nur formal nicht korrekt wäre, sondern auch gravierend negative praktische Konsequenzen nach sich ziehen würde, wie Arendt mit Verweis auf die Krise in der Erziehung in den Vereinigten Staaten betont, der, ihrer Analyse zufolge, eben dieser Fehler zugrunde liegt. Da nun Schule eine Erziehungsinstitution ist, fällt sie per definitionem in den Bereich der Erziehung. Wenn für diese wiederum ein Konzept entwickelt wird, das aus Konzept-Komponenten besteht, die aus politiktheoretischen und philosophischen Gehalten einer Theorie transformiert wurden, die ihrerseits eigens für den Bereich des Politischen entwickelt worden ist, dann werden in dem Konzept Praktiken und Theorien des Politischen mit Theorien und Techniken der Erziehung vermengt, wodurch der zuvor beschriebene Kategorienfehler entsteht, den es Arendt zufolge unbedingt zu vermeiden gilt. Insofern befände sich ein solches Konzept im Widerspruch zu den Gehalten des Arendt'schen Denkens. Folglich muss die Transformation als nicht legitim bzw. nicht gelungen gelten.

---

91   Vgl.: Ebd. S. 25–38.

Es ist offensichtlich, dass dieser Einwand, der die angestrebte Transformation und damit die vorliegende Forschungsarbeit grundsätzlich in Frage stellt, entkräftet werden muss, indem das ihm zugrunde liegende kategoriale Problem aufgelöst wird. Dies sollen die nachfolgenden aufeinander aufbauenden Argumente leisten, die vor allem zeigen, dass das zuvor beschriebene kategoriale Problem nur scheinbar vorliegt, weil Arendts eigene Überlegungen dafür sprechen, den Bereich der Politik in einem gewissen Rahmen mit dem der Erziehung in Beziehung zu setzen.

Folgt man der Arendt'schen Dichotomie zwischen dem Bereich der Erziehung und dem der Politik, dann ist bezüglich der Schule festzustellen, dass diese, verstanden als Erziehungsinstitution, einen anderen Charakter hat, als die Familie, die, ebenfalls verstanden als Erziehungsinstitution, sicherlich des von Arendt geforderten Schutzraumes vor der Politik bedarf. Im Gegensatz zur Familie stellt die Schule nämlich einen vermittelnden Zwischen- oder Übergangsraum zwischen dem Bereich der Erziehung und dem der Politik her, was Arendt selbst ausdrücklich betont, wenn sie schreibt: »Das Kind macht normalerweise seine erste Bekanntschaft mit der Welt in der Schule. Nun ist die Schule zwar keineswegs die Welt und darf auch nicht vorgeben, sie zu sein; sie ist vielmehr die Institution, die wir speziell für die Heranwachsenden zwischen die Privatsphäre des Elternhauses und die wirkliche Welt schieben, um den Übergang von Familie zur Welt überhaupt möglich zu machen.« (DKE 269, vgl.: L 273) In der Schule wird das Kind mit der Welt graduell bekannt gemacht und in ihr geht es nicht mehr nur um die Gewährleistung des Gedeihens, sondern vor allem um die Entwicklung der individuellen Begabungen. (vgl.: DKE 270) Es kann also erstens mit Torkler zu Recht darauf hingewiesen werden, dass es zumindest fraglich ist, »[...] ob sich Schule derart klar als nicht-öffentlicher Raum verstehen lässt, wie Arendt es tut.«[92]

Dass man Schule mit Arendt durchaus als ein Schonraumraum verstehen kann, in dem der Bereich des Politischen mit dem der Erziehung in Berührung kommt bzw. in dem der Übergang von dem Bereich der Erziehung in den der Politik vorbereitet und gestaltet wird, lässt sich von diesem ersten Befund ausgehend und mit Bezug auf die Gehalte der Arendt'schen Philosophie und politischen Theorie weiter argumentativ untermauern, weil Arendt selbst, zumindest indirekt darauf hinweist, dass eine vermittelnde Befähigung zur Teilhabe an politischen Prozessen notwendig ist, in deren Mittelpunkt die Übung im politischen Denken steht. Weil dieses nämlich für die Teilhabe am politischen Leben eminent wichtig ist, muss es beständig geübt werden, so Arendt. Es geht dabei darum, »[...] Erfahrung darin zu erwerben, *wie* man denkt.« (VZV 18) Ausgangspunkt für diese Übungen sollten aktuelle politische Ereignisse sein, weil Arendt davon ausgeht, dass »[...] das Denken aus Geschehnissen der lebendigen

---

92 Ebd. S. 32.

Erfahrung erwächst und an sie als die einzigen Wegweiser, mit deren Hilfe man sich orientiert, gebunden bleiben muß.« (VZV 18) Derartiges Denken ist kritisch-experimentell und für den Bereich des Politischen deswegen so wichtig, weil es gerade die Gedankenlosigkeit und die damit verbundene Weigerung ist, sich als moralische Person zu konstituieren, die Arendt zufolge in moralisch-politische Abgründe führt, wie u. a. der Fall »Eichmann« eindrücklich gezeigt hat.[93] (vgl.: ÜB 101 ff.; VZV 7–19)

Ebenso wichtig wie das Denkenlernen ist es aber auch, Erfahrungen darin zu erwerben, *wie* man (politisch) handelt. Dies besonders dann, wenn, wie Arendt betont, Handeln bedeutet, neue Anfänge in die Welt zu bringen bzw. neue Handlungsprozesse zu initiieren, deren Dynamik und deren Folgen für den Handelnden zwar unabsehbar sind, aber dennoch von ihm verantwortet werden müssen. Weil man sich also sowohl im Denken wie im Handeln selbst riskiert, sollte politisches Denken und Handeln in einem »Schonraum« geübt werden, in dem die Konsequenzen, insbesondere die des Handelns, überschaubar und damit für den Handelnden verantwortbar bleiben. Wenn dies zugestanden werden kann, dann kann gegen die kategoriale Trennung von Schule und Politik zweitens argumentiert werden, dass gerade »[...] *weil* die Schule ein Schonraum ist, gerade weil sie (noch) *nicht* Politik ist [...]«[94], wie Torkler ausdrücklich betont, sie der geeignetste Ort dafür ist, zumindest das erste Bekanntwerden und Einüben des politischen Denkens und Handelns zu gestalten.[95]

Das auch von Arendt zugestanden werden könnte, dass Schule ein Bereich ist, für den die kategoriale Trennung von Erziehung und Politik nicht gilt, kann mit Bezug auf die Gehalte ihrer politischen Theorie und Philosophie weiter begründet werden, wenn man, wie Torkler dies tut, zunächst klar zwischen politischer Erziehung, die die für die spätere soziale und politische Teilhabe notwendigen sozialen und politischen Interaktionsformen bzw. Dispositionen vermitteln soll, und politischer Bildung unterscheidet und dann bezogen auf die Letztere betont, dass es gerade diese ist, die im Arendt'schen Sinne danach trachtet, das politische Denken zu vermittelten, bzw. einzuüben.[96] Gegen Arendts kategoriale Trennung kann also drittens ein Konzept politischer Bildung angeführt werden, dass von seiner didaktischen Intention her so angelegt ist, dass es die poltische Instrumentalisierung der Erziehung auf der einen, wie die erziehungswissenschaftliche Vereinnahmung der Politik auf der anderen Seite grundsätzlich ausschließt und zu gewährleisten versucht, dass im Rahmen schulischer Bildungsprozesse das für die politische Teilhabe notwendige Denken und Handeln eingeübt bzw.

93　Vgl.: Schües, C.: *Aufgaben philosophischer Bildung: Theodor W. Adorno und Hannah Arendt.* In: Rehn, R. und Schües, C. (Hrsg.): *Bildungsphilosophie. Grundlagen. Methoden. Perspektiven.* Freiburg/München: Alber 2008 (= *Pädagogik und Philosophie*, Bd. 1). S. 151–156.

94　Torkler, R.: *Philosophische Bildung und politische Urteilskraft.* S. 32–33.

95　Vgl.: Ebd. S. 31–38.

96　Vgl.: Ebd. S. 31–38.

vorbereitet wird. Es bedarf also drittens eines Konzepts, durch das eine Erziehung zur Verantwortung für die Welt gestaltet wird.[97]

Es scheint daher viertens von der didaktischen Intention der Konzepte abzuhängen, die in der Schule, nun verstanden als Schon- oder Übergangsraum zwischen dem Bereich der Erziehung und dem der Politik, dazu dienen, Unterrichtsprozesse zu gestalten, ob die von Arendt unter Bezug auf die Gehalte ihres Denkens und ihrer Praxis behauptete, wie sicherlich auch in Teilen zu Recht geforderte, kategoriale Trennung aufrechterhalten werden muss oder unter Bezug auf dieselben zurückgewiesen bzw. zumindest relativiert werden kann. Hierauf weist im Übrigen Arendt deutlich hin, wenn sie betont, dass man zwar nicht erziehen kann, ohne zu lehren, dass man aber »[...] sehr wohl lehren kann, ohne zu erziehen [...].« (DKE 276)

Wenn es nun das Kennzeichen philosophischer Bildung ist, dass ihre didaktische Intention auf eine philosophische Orientierungskompetenz gerichtet ist, die darauf abzielt, sich in der Lebenswelt zurechtzufinden und eine eigene Lebensform zu konstituieren und deren wesentliche Elemente die Fähigkeit zum philosophischen Verstehen und zum gemeinsinnorientierten Urteilen sind, die also damit in hohem Maße mit den Gehalten der politischen Theorie, Philosophie und politisch-philosophischen Praxis Arendts korreliert, dann kann gemäß der zuvor entwickelten Argumentation davon ausgegangen werden, dass Arendt für einen Unterricht, der einem solchen Konzept philosophischer Bildung entspricht, die von ihr geforderte kategoriale Trennung relativieren, wenn nicht gar aufheben müsste, wenn sie sich nicht in einen Widerspruch zu ihrem eigenen Denken verwickeln wollte. Dies insbesondere deshalb, weil sie selber konstatiert, dass die genaue Grenze zwischen dem Bereich der Erziehung und dem der Politik nicht eindeutig auszumachen ist. (vgl.: DKE 276)

Darüber hinaus ist fünftens bezogen auf das Transformationskriterium T3 anzumerken, dass das Konzept »Selbst-Er-forschend Philosophieren« nicht aus der politischen Theorie Arendts transformiert wird, sondern aus ihrer Existenzphilosophie, so dass das benannte kategoriale Problem höchstens indirekt besteht.

Um also zu zeigen, dass die Transformation des Konzepts »Selbst-Er-forschend Philosophieren« sachlich legitim ist, sollte nachgewiesen werden, dass dieses Konzept im Kontext philosophischer Bildung steht und selbst eine didaktische Intention verfolgt, die sowohl mit den Gehalten der politischen Theorie, Philosophie und politisch-philosophischen Praxis Arendts als auch mit denen der diesen inhärenten Existenzphilosophie und existenzphilosophischen Praxis übereinstimmt.

---

97   Vgl.: Benhabib, S.: *Hannah Arendt.* S. 217–218.

Zweites Kapitel: Politische Theorie und Existenzphilosophie

Die zentrale fachphilosophische These dieser Forschungsarbeit besteht in der Annahme, dass der politischen Theorie, Philosophie und politisch-philosophischen Praxis Arendts eine Existenzphilosophie[1] und existenzphilosophische Praxis inhärent sind, die eine bisher nicht deutlich gesehene Perspektive auf das Arendt'sche Gesamtwerk darstellen. Da diese These kontrovers ist, bedarf sie einer hinreichenden Begründung, indem gezeigt wird, 1) dass Arendt ein klares existenzphilosophisches Anliegen hat, 2) dass ihre existenzphilosophische und ihre politiktheoretische Kernfrage identisch sind und 3) dass folglich ihre politische Theorie, Philosophie und politisch-philosophische Praxis einen soliden existenzphilosophischen Gehalt und daher klar erkennbare existenzphilosophische Konturen haben, die eine Rekonstruktion von Arendts Existenzphilosophie ermöglichen. Um derart die Legitimität der vorgesehenen existenzphilosophischen Lesart der politischen Theorie, Philosophie und politisch-philosophischen Praxis Arendts zu begründen, werden im Folgenden zwei Begründungsansätze entwickelt. Der erste Ansatz zeigt ausgehend von Arendts existenzphilosophischem Anliegen, dass Arendts Kernfrage der Politik identisch ist mit der Kernfrage ihrer Existenzphilosophie und dass daher der Sinn von Politik für Arendt in der Verwirklichung eines genuin existenzphilosophischen Ziels besteht. Der zweite Ansatz besteht, auf dem vorherigen aufbauend, darin, die Konturen der Existenzphilosophie Arendts so darzustellen, dass der Gehalt derselben im dritten Kapitel dieser Arbeit detailliert und umfassend dargestellt werden kann.

---

1   Der Begriff »Existenzphilosophie«, der vor allem für deutschsprachige Autoren verwendet wird, soll im Folgenden in Abgrenzung zum Begriff »Existenzialismus« gebraucht werden, der von Jaspers stammt und besonders durch französische, spanische und italienische Autoren geprägt wurde. [Vgl.: Turnherr, U. und Hügli, A. (Hrsg.): *Lexikon Existenzialismus und Existenzphilosophie.* Darmstadt: WBG 2007. S. 9–10] Arendt selbst versteht unter Existenzialismus »[...] eine Flucht vor den Schwierigkeiten der modernen Philosophie in die unbefragte Handlungsverpflichtung [...].« (VZV. S. 12).

I. Existenzphilosophische Analyse der Kernfrage der Politik

Der Ausgangspunkt für die Rekonstruktion der Existenzphilosophie Arendts durch eine existenzphilosophische Lesart ihrer politischen Theorie, Philosophie und politisch-philosophischen Praxis ist die Kernfrage der Politik, die Arendt in Analogie zur Grundfrage der Metaphysik formuliert hat. In Arendts Kernfrage der Politik dokumentiert sich nämlich auch ihr existenzphilosophisches Kernanliegen, das mit Arendts starkem Interesse an Politik korrespondiert.

Existenzphilosophisches Anliegen und Interesse an Politik: Die Explikation der Identität von Arendts Kernfrage der Politik und der Kernfrage ihrer Existenzphilosophie beginnt sinnvollerweise, indem gezeigt wird, worin Arendts zentrales existenzphilosophisches Anliegen besteht und wie dieses mit ihrem Interesse an Politik zusammenhängt. Der Zusammenhang zwischen beidem lässt sich wie folgt darstellen: In der Politik geht es Arendt zufolge um Personen bzw. Politik hängt von Personen ab. »Person« kann in Anlehnung an den Begriff »Persona« Arendt zufolge jedoch zweierlei bedeuten, nämlich erstens »[...] die Rolle, die das Ich sich für das Spiel unter und mit den Menschen wählt [...]« (DTB1 8), also der identifizierbare Charakter eines Menschen. »Person« kann aber auch zweitens unsere natürliche Maske im Sinne der »[...] Gestalt des Leibes und der Geistesgaben [...]« (DTB1 8) sein. Entscheidend ist nun, dass »[i]n beiden Fällen die Frage nach der Identität [entsteht].« (DTB1 8) Diesbezüglich interessiert Arendt vor allem die erste Identitätsfrage, also die Frage nach dem Personsein als »identifizierbarer Charakter«. Arendt will nämlich wissen, wie ein solcher gebildet und wie er erkannt wird. Genau dies ist ihr zentrales existenzphilosophisches Anliegen, das sich nun insofern mit ihrem Interesse an Politik verbindet, als dass es ihrer Meinung nach in der Politik zentral um Personen und damit um »identifizierbare Charaktere« geht. Außerdem ist das Verstehen der Persönlichkeit eines Menschen für Arendt die Voraussetzung dafür, das Politische bzw. konkrete politische Ereignisse in der von Menschen gestalteten Welt zu verstehen. »Ich muß verstehen.« (GG 48) lautet daher folgerichtig das Credo, unter dem Arendts gesamtes politiktheoretisches wie philosophisches Schaffen steht. (vgl.: DTB1 8, 595)

Kernfrage der Politik: Wenn Arendts existenzphilosophisches Kernanliegen und ihr Interesse an Politik miteinander korrespondieren, dann ist für ein tieferes Verständnis dieses Zusammenhangs zu klären, inwiefern Arendts Interesse an den Existenz- und Erkenntnisbedingnungen eines »identifizierbaren Charakters« in ihrer Kernfrage der Politik enthalten ist, die sie wie folgt formuliert: »Warum ist überhaupt Jemand und nicht vielmehr Niemand?« (DTB1 520) In dieser Ausformulierung stellt Arendts Kernfrage der Politik eine Variante der wirkmächtigen, mit dem Philosophen Leibniz verknüpften und oft variierten Grundfrage der Methaphysik dar, die da lautet:

»Warum ist etwas und nicht vielmehr nichts?«[2], die Arendt in ihrem Denktagebuch aus ihrem ontologischen Kontext löst und die sie durch eine politiktheoretische Neukontextualisierung zu ihrer Kernfrage der Politik umformuliert. Der vordergründige politische Kern dieser Frage wird besonders deutlich, wenn man die ihr vorangestellte Ausgangsfrage liest, von der sie Arendt zufolge eine Umformulierung ist: »Was in der »condition humaine« macht Politik möglich und notwendig?« (DTB1 523) Bedeutsam für Arendts politische Theorie und Philosophie ist die Kernfrage der Politik, weil alle zentralen Konzepte des Arendt'schen Denkens, wie beispielsweise ihr Konzept der Natalität und Pluralität, ihre Handlungs- und Freiheitstheorie, ihr damit verbundenes Konzept des öffentlich-politischen Raumes oder ihr nicht endgültig ausgearbeitetes Verstehenskonzept sowie ihr direkt darauf bezogenes Konzept zur politischen Urteilsbildung, mit dieser in enger Beziehung stehen, da sie jeweils einen notwendigen Beitrag zu dem Versuch einer hinreichenden Beantwortung der Kernfrage der Politik leisten. Deswegen kann Arendts gesamte politische Theorie und Philosophie als Versuch gelesen werden, die Kernfrage der Politik befriedigend zu beantworten. Arendts Kernfrage ist daher als Ausgangspunkt[3] bzw. Konzentrationspunkt ihres zeitlebens bestehenden Bemühens zu verstehen, das Politische zu charakterisieren bzw. den grundsätzlichen Sinn von Politik zu erhellen. Folgerichtig sah sich Arendt selber nicht als Philosophin, sondern als politische Theoretikerin, die der Philosophie »endgültig Valet gesagt« (GG 46) hat, was sie in dem berühmt gewordenen Gaus-Interview betont, wenn sie sagt: »Mein Beruf ist [...] politische Theorie.« (GG 46) Entgegen ihrem eigenen Bekunden im Gaus-Interview, hat sich Arendt jedoch nie ganz von der Philosophie abgewandt, vielmehr noch, in ihrem Spätwerk, *Vom Leben des Geistes*, hat sie sich eindeutig wieder der Philosophie, ihrer ersten Liebe, zugewandt, wenn auch mit einem aus ihren politiktheoretischen Überlegungen entspringenden

---

2   Allgemein wird die Grundfrage der Metaphysik »Warum ist überhaupt etwas und nicht vielmehr nichts?« auf Leibniz als ihren Urheber zurückgeführt, wobei neuere Forschungen diese These bestreiten und darauf hinweisen, dass eine vollständige Ausformulierung der Frage bereits in der Hochscholastik vorlag. Vgl.: Lemanski, J.: *»Cur Potius Aliquid Quam Nihil«* von der Frühgeschichte bis zur Hochscholastik. In: Schubbe, D. et al. (Hrsg.): *Warum ist überhaupt etwas und nicht vielmehr nichts? Wandel und Variation einer Frage.* Hamburg: Meiner 2013. S. 23–24.

3   Der entsprechende Eintrag von Arendt in ihrem Denktagebuch stammt vom März 1955, wurde also zu einem Zeitpunkt vorgenommen, zu dem ihr politisches Hauptwerk, *Elemente und Ursprünge totaler Herrschaft*, bereits in den USA publiziert ist und die Publikation in Deutschland unmittelbar bevorsteht. Deswegen ist es sicherlich sachlich falsch, von Ausgangspunkt im Sinne von Ursprung oder im Sinne eines Ortes zu sprechen, von dem aus etwas beginnt. Arendts Kernfrage ist jedoch auf jeden Fall in dem Sinne als Ausgangspunkt ihres politischen Denkens zu verstehen, als dass dieses sich in jener zu konzentrieren scheint, so dass sich die Frage als bester Ausgangspunkt, jetzt im Sinne von Startpunkt, für ein umfassendes Verständnis ihrer politischen Theorie anbietet.

Interesse.[4] Dass es sich hierbei vor allem um ein existenzphilosophisches Interesse handelt, das sich aus dem Wunsch speist, zu verstehen, warum es Personsein im Sinne des Habens eines »identifizierbaren Charakters« gibt und wie ein solcher entsteht und erkannt werden kann, wurde bereits dargelegt. Dass tatsächlich Arendts existenzphilosophisches Kernanliegen in ihrer Kernfrage der Politik enthalten ist, wird jedoch vollends erst aus der genauen Analyse derselben deutlich.[5] (vgl.: DTB1 520; VA 213–222; WP 150–151)

Explizierende Teilfragen: Zum Zweck der genauen Analyse der Kernfrage der Politik ist es sinnvoll, diese in explizierende Teilfragen aufzuspalten. Eine solche Aufspaltung ist besonders hilfreich, denn ähnlich wie bei der Grundfrage der Metaphysik, ist auch bei der aus dieser abgeleiteten Kernfrage der Politik genau zu klären, welche Teilfragen formuliert, welche Schwerpunkte damit gesetzt und welche Antwortmöglichkeiten damit vorgezeichnet werden. Die Aufspaltung der Kernfrage ergibt vier explizierende Teilfragen. So lässt sich ausgehend von Arendts Kernfrage erstens fragen, wer eigentlich der Jemand und wer der Niemand ist, von denen in ihrer Frage jeweils die Rede ist. Ist dies geklärt, lässt sich darüber hinaus zweitens danach fragen, warum der Jemand überhaupt entsteht. Hierbei geht es vor allem um die Frage nach dem zureichenden Grund, verstanden als die Frage nach dem Seinsgrund (ratio essendi) für die Existenz des Jemand. Damit verbunden ist drittens die Frage nach dem Grund für das Werden (ratio fiendi) des Jemand. In dieser Hinsicht wird nach den Gründen für die Entstehung des Jemand und nach der spezifischen Art des Entstehungsprozesses gefragt, dem der Jemand entspringt. Schließlich kann viertens auch nach dem Erkenntnisgrund des Jemand (ratio cognoscendi) gefragt werden, also danach, wie der Jemand als solcher erkannt werden kann. Die Antworten auf diese

---

4   Ludz behauptet diesbezüglich, dass »[...] das Totalitarismus-Buch, die *Vita activa* und *Vom Leben des Geistes*, untereinander verbunden sind.« Vgl.: Ludz, U.: *Hannah Arendts Pläne für eine »Einführung in die Politik«.* In: Arendt, H.: *Was ist Politik? Fragmente aus dem Nachlaß.* 4. Auflage. München/Zürich: Piper 2010. S. 150. Dies ist insofern plausibel, als dass die einzelnen Elemente ihrer Existenzphilosophie von Arendt sowohl in ihren frühen als auch in ihren späten Schriften immer wieder expliziert und weiterentwickelt wurden. Wichtige Aspekte ihrer Existenzphilosophie, wie die Themen »Welthaftigkeit« oder »Weltlosigkeit« finden sich beispielsweise bereits in ihrer Dissertation *Der Liebesbegriff bei Augustin* (AG), in ihrem politischen Hauptwerke *Elemente und Ursprünge totaler Herrschaft* sowie in ihrem philosophisch-politischen Hauptwerk *Vita activa*, das dem Handeln gewidmet ist und schließlich vor allem in ihrem explizit philosophischen, jedoch unvollendeten Spätwerk *Vom Leben des Geistes.* Vgl.: Kurbacher, F. A.: *Frühe Schriften – »Der Liebesbegriff bei Augustin«.* In: Heuer, W. et al. (Hrsg.): *Arendt-Handbuch. Leben – Werk – Wirkung.* Stuttgart/Weimar: Metzler 2011. S. 21; Weißpflug, M. und Förster, J.: *The Human Condition/ Vita activa oder Vom tätigen Leben* In: Heuer, W. et al. (Hrsg.): *Arendt-Handbuch. Leben – Werk – Wirkung.* Stuttgart/Weimar: Metzler 2011. S. 61. Young-Bruehl, E.: *Hanna Arendt. Leben, Werk und Zeit.* Frankfurt am Main: Fischer 1996. S. 639.

5   Vgl.: Schubbe, D. et al: *Variationen und Implikationen der Frage »Warum ist überhaupt etwas und nicht vielmehr nichts?«.* In: Schubbe, D. et al. (Hrsg.): *Warum ist überhaupt etwas und nicht vielmehr nichts? Wandel und Variation einer Frage.* Hamburg: Meiner 2013. S. 7–13; Straßenberger, G.: *Hannah Arendt. Zur Einführung.* Hamburg: Junius 2015. S. 144.

vier Teilfragen, die sich auf Arendts politiktheoretische und philosophische Konzepte zurückführen lassen (vgl.: 2. Kapitel, 2. Teil und 3. Kapitel, 2. Teil), stellen zusammen die Antwort auf Arendts Kernfrage der Politik dar.[6]

Existenzphilosophischer Kern der Kernfrage: Ausgehend von Arendts existenzphilosophischem Kernanliegen, kann in Kombination mit der Analyse der Kernfrage der Politik nun gezeigt werden, dass diese einen existenzphilosophischen Kern enthält bzw. mit der Kernfrage von Arendts Existenzphilosophie zusammenfällt. Denn, wie bereits festgestellt, geht es Arendt in existenzphilosophischer Hinsicht um das Personsein als »identifizierbarer Charakter«. Ihre diesbezügliche existenzphilosophische Kernfrage lässt sich also wie folgt formulieren: Warum gibt es einen »identifizierbarer Charakter« und wie kann dieser erkannt werden? Arendt fragt also nach dem Seins- und nach dem Erkenntnisgrund für den »identifizierbarer Charakter«. Wenn man nun erstens nachweisen kann, dass Arendt den Begriff »Jemand« – Zentralbegriff in ihrer Kernfrage der Politik – synonym mit dem Begriff »identifizierbarer Charakter« verwendet (vgl.: 2. Kapitel, 1. Teil und 3. Kapitel, 2. Teil) und wenn man zudem die in der Kernfrage enthaltenen Teilfragen mit den zwei Teilfragen vergleicht, aus denen sich die Kernfrage von Arendts Existenzphilosophie zusammensetzt, dann wird offensichtlich, dass in ihrer Kernfrage der Politik die Kernfrage ihrer Existenzphilosophie enthalten ist bzw. sich in jener ihr existenzphilosophisches Anliegen dokumentiert. Hiervon ausgehend wird dann wiederum verständlich, warum die Kernfrage der Politik für Arendt eine Umformulierung der Frage »Was in der »condition humaine« macht Politik möglich und notwendig?« (DTB1 523) ist. Denn Arendt will offensichtlich aus einem existenzphilosophisch-politischen Interesse heraus wissen und verstehen, welche der Bedingung des Menschseins Politik möglich und notwendig machen. Dabei geht es ihr offensichtlich konkret um die Bedingungen für das Entstehen und Erkennen des »identifizierbaren Charakters« eines Menschen. Die Erfüllung dieser Bedingungen und die damit einhergehende Ermöglichung von Charakterbildung macht demnach Politik möglich und vor allem notwendig. Folglich hat Politik für Arendt einen existenziellen Sinn, den es weiter zu explizieren gilt.

Existenzieller Sinn von Politik: Das Politik einen existenziellen Sinn im Sinne der Ermöglichung von Charakterbildung hat, kann durch einen hypothetischen Syllogismus einsichtig gemacht werden. Grundlage des entsprechenden Arguments sind einige zentrale Aussagen Arendts über den Sinn von Politik. So schreibt Arendt:

---

6 Vgl.: Aristoteles, *Metaph.* V 1–2, 1012b46–1013b4; Bendszeit, B.: *Grund.* In: Ritter, J. (Hrsg.): *Historisches Wörterbuch der Philosophie. Band 3: G-H.* Darmstadt: WBG 1974. S. 902–910; Meints, W.: *Hannah Arendts politische Übersetzung der Frage »Warum ist überhaupt etwas und nicht vielmehr nichts?«* In: Schubbe, D. et al. (Hrsg.): *Warum ist überhaupt etwas und nicht vielmehr nichts? Wandel und Variation einer Frage.* Hamburg: Meiner 2013. S. 264; Rehfus, W. D.: *Seinsgrund.* In: Rehfus, W. D. (Hrsg.): *Handwörterbuch Philosophie.* Göttingen: Vandenhoeck & Ruprecht 2003. S. 609; Schubbe, D.: *Variationen und Implikationen der Frage »Warum ist überhaupt etwas und nicht vielmehr nichts?«.* S. 11–13.

»Handeln [...] ist das eigentliche Werk der Politik.« (WL 9) und betont an anderer Stelle: »Der Sinn von Politik ist Freiheit.« (WP 28) Freiheit ist für Arendt wiederum die Möglichkeit und Fähigkeit zum gemeinsamen Handeln und Miteinanderreden. Daraus folgt erstens: Der Sinn von Politik liegt im gemeinsamen Handeln und Sprechen (= Prämisse 1). Darüber hinaus folgt zweitens: Wenn Politik möglich ist, dann kann gemeinsam gehandelt und miteinander gesprochen werden (= Prämisse 2). Handeln und Sprechen wiederum sind die Voraussetzungen dafür, dass der Mensch einen »identifizierbaren Charakter« herausbilden und daher sowohl für sich als auch für andere erkennbar als Individuum in Erscheinung treten kann. Hieraus folgt: Wenn gehandelt und gesprochen werden kann, dann sind Charakterbildung und Charaktererkenntnis möglich (= Prämisse 3). Also kann man folgern, dass der Sinn von Politik in der Persönlichkeitsbildung und -erkenntnis besteht (= Konklusion 1). Folglich fällt Arendts Kernfrage der Politik mit der Kernfrage bzw. dem Kernanliegen ihrer Existenzphilosophie zusammen, wodurch einsichtig wird, dass in Arendts politischer Theorie und Philosophie eine Existenzphilosophie enthalten ist (= Konklusion 2). Weil also die von Arendt ins Politische gewendete Grundfrage der Metaphysik die Kernfrage ihrer Existenzphilosophie enthält, kann sie den begründeten und sinnvollen Ausgangspunkt für eine existenzphilosophische Lesart der politischen Theorie, Philosophie und politisch-philosophischen Praxis Arendts bilden.

Da die ersten beiden Prämissen des obigen Arguments zur Legitimität einer existenzphilosophischen Lesart der politischen Theorie und Philosophie Arendts sicherlich unumstritten sind, bedürfen sie keiner weiteren Begründung. Kontrovers könnte dagegen die dritte Prämisse samt ihrer Herleitung sein. Da diese Prämisse zentral für das obige Argument ist – erst in Verbindung mit dieser folgt aus den ersten beiden Prämissen die entscheidende erste Konklusion –, ist es notwendig, dass die dritte Prämisse nachfolgend hinreichend begründet wird. Dies ist wiederum die Grundlage für eine Erläuterung des Gehalts der zweiten Konklusion. Deren Explikation wiederum notwendig ist, da sie mit der fachphilosophischen Ausgangsthese dieser Forschungsarbeit zusammenfällt.

II. Existenzphilosophischer Gehalt

Zur Explikation der entscheidenden dritten Prämisse sei diese kurz wiederholt. Behauptet wird, dass Arendt zufolge Handeln und Sprechen die Voraussetzungen dafür sind, dass der Mensch einen »identifizierbaren Charakter« herausbilden und daher sowohl für sich als auch für andere erkennbar als Individuum in Erscheinung treten kann und dass hieraus folgt: Wenn gehandelt und gesprochen werden kann, dann sind Charakterbildung und Charaktererkenntnis möglich.

Um den Gehalt der dritten Prämisse einsichtig zu machen, muss überzeugend gezeigt werden, dass Handeln und Sprechen Arendt zufolge die entscheidenden Konstitutionsbedingungen für den »identifizierbaren Charakter« sind. Dies geschieht durch die Beantwortung der vier explizierenden Teilfragen der Kernfrage der Politik. Hierdurch wird zudem zum einen mit Blick auf das dritte Kapitel dieser Forschungsarbeit prospektiv gezeigt, dass Arendt eine vollwertige Existenzphilosophie entwickelt hat und zum anderen werden die inhaltlichen Schwerpunkte für die existenzphilosophische Rezeption der politischen Theorie, Philosophie und politisch-philosophischen Praxis Arendts herausgearbeitet, die bekanntlich die Grundlage für die im dritten Kapitel dargestellte und erläuterte Rekonstruktion der Existenzphilosophie Arendts als existenziell-performative Hermeneutik bildet. (vgl.: 1. Kapitel, 3. Abschnitt und 3. Kapitel)

1. Im Niemand zum Jemand

Wie bereits herausgearbeitet, enthält die Kernfrage der Politik als Teilfragen die Frage nach der Identität des Jemand und darüber hinaus die Fragen nach dem Seins-, Werdens- und Erkenntnisgrund des Jemand. Diese Teilfragen und damit verbunden die Kernfrage der Politik werden nun nachfolgend beantwortet.

Beantwortung der ersten Teilfrage: Der Ausgangspunkt zur Beantwortung der Arendt'schen Kernfrage »Warum ist überhaupt Jemand und nicht vielmehr Niemand?« und der in ihr enthaltenen Teilfragen wird durch den erläuternden Zusatz markiert, den Arendt ihrer Frage im Denktagebuch nachfolgen lässt. Dort schreibt sie: »Das meinte Augustin, wenn er sagte: »ante quem nemo [recte: nullus] fuit«, wie das Nihil nämlich vor der Schöpfung.« (DTB1 520) Auf das von ihr verwendete Augustinus-Zitat bezieht Arendt sich auch in ihren Schlussbemerkungen in *Elemente und Ursprünge totaler Herrschaft* und sie zitiert es vollständig in *Vita activa*: »[Initium] ergo ut esset, creatus est homo, ante quem nullus fuit – »damit ein Anfang sei, wurde der Mensch geschaffen, vor dem es **niemand** [Herv. S. G.] gab« [...]« (VA 216, vgl.: ÜR 271) Aus diesem Zitat folgt bezogen auf die aufgeworfene erste Teilfrage, dass der Mensch der von Arendt erfragte Jemand ist und dass vor der Erschaffung des Menschen nicht Nichts existiert hat, wie vor der Erschaffung der Welt, sondern etwas, nämlich eben diese Welt bzw. Erde, die Arendt als Niemand bezeichnet. Die Welt und alle in ihr existierenden Dinge und Lebewesen sind der Niemand, der Mensch ist dagegen der Jemand.

Beantwortung der zweiten Teilfrage: Auch die zweite Teilfrage lässt sich bezogen auf das von Arendt verwendete Augustinus-Zitat beantworten, da dieses eine Auskunft über die Wirkursache (causa efficiens) und die Zweckursache (causa finalis) für die

Existenz des Menschen in der Welt enthält. Bezogen auf Augustinus stellt Arendt nämlich heraus, dass der Mensch in der Welt existiert, weil er von Gott (causa efficiens) mit der Absicht (causa finalis) erschaffen wurde, einen Anfang in die Welt zu bringen. Erst mit dem Menschen, so Arendt, kommt daher das göttliche Prinzip des Anfangs und damit die Freiheit in die Welt. Woraus für Arendt folgt, dass der Mensch dasjenige Lebewesen ist, das die Fähigkeit zur Spontanität aus Freiheit besitzt. Der Mensch kann folglich Anfänge im Sinne einer prima causa setzen, das heißt, er ist in der Lage »[...] eine Kette von selbst anzufangen [...]« (WP 34), was wiederum für Arendt nichts anders bedeutet, als dass der Mensch handeln kann. Für diesen für ihre politische Theorie und Philosophie und der darin enthaltenden Existenzphilosophie wichtigen Zusammenhang zwischen Geburt, Freiheit und Handeln prägt Arendt die Begriffe »Natalität« und »Pluralität«, die eng aufeinander bezogen sind und zwei wesentliche Fakta des menschlichen Lebens bezeichnen.[7]

Beantwortung der dritten Teilfrage: Mit dem Begriff »Natalität« verbindet Arendt die Annahme einer doppelten Geburt des Menschen. Vor allem ihre Erläuterungen zur zweiten Geburt des Menschen sind von großer Bedeutung, weil sie als Antwort auf die dritte Teilfrage und als Ergänzungen der Antworten auf die erste und zweite Teilfrage verstanden werden können. Arendt führt in *Vita activa* aus, dass der Mensch ein einzigartiges Wesen ist. Sie erläutert:

> Sprechen und Handeln sind die Tätigkeiten, in denen diese Einzigartigkeit sich darstellt. Sprechend und handelnd unterscheiden Menschen sich aktiv voneinander, anstatt lediglich verschieden zu sein; sie sind die Modi, in denen sich das Menschsein selbst offenbart. Dies aktive In-Erscheinung-Treten eines grundsätzlich einzigartigen Wesens beruht, im Unterschied von dem Erscheinen des Menschen in der Welt durch Geburt, auf einer Initiative, die er selbst ergreift, aber nicht in dem Sinne, daß es dafür eines besonderen Entschlusses bedürfte [...]. (VA 214)

Und Arendt folgert:

> Handeln als Neuanfang entspricht der Geburt des Jemand, es realisiert in jedem Einzelnen die Tatsache des Geborenseins; Sprechen wiederum entspricht der in dieser Geburt vorgegebenen absoluten Verschiedenheit, es realisiert die spezifisch menschliche Pluralität, die darin besteht, daß Wesen von einzigartiger Verschiedenheit sich von Anfang bis Ende immer in einer Umgebung von ihresgleichen befinden. (VA 217)

---

7 Vgl.: Höffe, O.: *Aristoteles.* 3. Auflage. München: Beck 2006 (= *Beck'sche Reihe Denker*, Bd. 535). S. 116–119; Ries, W.: *Die Philosophie der Antike.* 3. Auflage. Darmstadt: WBG 2013 (= *Basiswissen Philosophie*). S. 98–99.

Arendt ist also der Auffassung, dass der Mensch durch seine biologische Geburt zunächst nur als Exemplar seiner Art in der Welt physisch, also als biologischer Organismus, in Erscheinung tritt (= 1. Geburt) und dass er erst durch sein Handeln und durch das damit verbundene Sprechen zum Jemand wird (= 2. Geburt). Denn, einmal geboren, unterscheidet sich der Mensch, trotz aller Gleichheit, zwar von allen anderen Menschen in dem Sinne, dass er von diesen verschieden ist, jedoch nicht in dem Sinn, dass er etwas Einzigartiges ist. Die Verschiedenheit des Menschen, also das über das bloße Anderssein hinausgehende sich unterscheiden und seine Besonderheit, also der Umstand, dass er nur als plurales Lebewesen erfahrbar ist, bringt der Mensch als einziges Lebewesen in der Welt aktiv zum Ausdruck, indem er sich durch Handeln und Sprechen zeigt. Im Menschen wird auf diese Weise, so Arendt, Verschiedenheit und Besonderheit schließlich zur Einzigartigkeit. Jeder Mensch zeichnet sich folglich durch Einzigartigkeit aus, die wir heute als Individualität bezeichnen würden. Die Antwort auf die erste Teilfrage ergänzend kann also festgestellt werden, dass der Jemand, von dem Arendt spricht, zwar der Mensch ist, jedoch nicht verstanden als Gattungswesen, sondern als je einzigartiges Wesen, was wiederum dafür spricht, dass Arendt den Begriff »Jemand« synonym mit dem Begriff »identifizierbarer Charakter« verwendet. (vgl.: I. Teil) Die Ausführungen im dritten Kapitel werden überzeugend zeigen, dass Arendt, wenn sie vom Jemand spricht, daher den Menschen als Persönlichkeit meint. (vgl.: 3. Kapitel, 2. Teil, 1. Abschnitt) Mit der zweiten Geburt des Menschen durch Handeln und Sprechen erläutert Arendt also das Entstehen von Persönlichkeit. Bezüglich der Beantwortung der dritten Teilfrage kann daher festgehalten werden: Handeln und Sprechen charakterisieren den Entstehungsprozess, aus dem der Mensch als Persönlichkeit hervorgeht. Oder anders: Durch Handeln und Sprechen entsteht der Mensch als Persönlichkeit. Folglich muss auch die Antwort auf die zweite Teilfrage ergänzt werden. Die Wirkursache für die Existenz des Menschen ist nicht nur Gott, sondern auch das je individuelle Handeln und Sprechen des jeweiligen Menschen. Außerdem besteht die Zweckursache nicht nur darin, dass das göttliche Prinzip des Anfangs realisiert wird, sondern damit verbunden auch darin, dass dadurch Persönlichkeit entsteht. Hieraus folgt dann auch für die im Kontext der Beantwortung der ersten Teilfrage vorgenommenen Bestimmung des Niemand eine wichtige Ergänzung. Denn nicht nur die Welt und alle in ihr befindlichen Entitäten sind niemand bzw. der Niemand, sondern auch der Mensch selbst kann zum Niemand werden, sofern er nicht durch sein Handeln und sein Sprechen seine Einzigartigkeit bzw. Persönlichkeit enthüllt. Arendt spricht daher in ihrem Zusatz zu der von ihr formulierten Kernfrage der Politik auch vom »Volk der Niemand« (DTB1 520), das in der Lage ist, die Schöpfung zu zerstören, deren Hüter der Jemand, also der Mensch mit Persönlichkeit ist.[8] Die

---

8   Arendt zufolge ist die Bürokratie die Herrschaftsform des Niemand (vgl.: DTB1 451) und diese Herrschaftsform
     ist die »gnadenloseste« von allen. (vgl.: DTB1 376.)

existenzielle Ausgangssituation für den Menschen besteht also darin, dass er, auf der Grundlage seiner physischen Geburt, im Niemand zum Jemand und damit zum zweiten Mal geboren werden kann, um ein göttliches Prinzip in der Welt zu realisieren und sich als Persönlichkeit zu konstituieren. Durch das Modalverb »kann« wird jedoch gleichzeitig angezeigt, dass für jeden Menschen auch die Möglichkeit besteht, dieses existenzielle Ziel zu verfehlen. (vgl.: DTB1 520; EU 979; VA 214–216)

Beantwortung der vierten Teilfrage: Aus der Antwort auf die dritte Teilfrage ergibt sich schließlich auch die Antwort auf die vierte Teilfrage, die danach fragt, wie der Mensch erkannt werden kann. Wenn der Mensch als Persönlichkeit durch Handeln und Sprechen entsteht, dann haben beide Tätigkeiten eine »Aufschluß-gebende Qualität« (VA 220), die jedoch nur da realisiert wird, »[...] wo Menschen miteinander, und weder für- noch gegeneinander, sprechen und agieren.« (VA 220) Durch Handeln und Sprechen kann der Mensch bzw. der Mensch als Persönlichkeit von anderen Menschen erkannt werden. Kurios dabei ist, dass Arendt annimmt, dass der einzelne Mensch nicht weiß, »[...] wen er eigentlich offenbart, wenn er im Sprechen und Handeln sich selbst unwillkürlich mitoffenbart.« (VA 220) Die Offenbarung der eigenen Persönlichkeit ist also der Kontrolle des einzelnen Menschen entzogen. Allerdings reichen das Handeln und Sprechen allein zur Persönlichkeitserkenntnis nicht aus. Es muss ein weiteres Element hinzukommen, das schon in der Notwendigkeit des Miteinandersprechens anklingt und auf die Notwendigkeit der Gemeinschaft anderer Sprecher verweist. Durch das gemeinsame Handeln und Sprechen der Menschen entsteht nämlich ein »Zwischenraum« (VA 224) bzw. ein »Bezugssystem« (VA 226) in das das Handeln und Sprechen jedes einzelnen eingewoben wird, denn Handeln und Sprechen sind »[...] wie Fäden [...], die in ein bereits vorgewebtes Muster geschlagen werden und das Gewebe so verändern, wie sie ihrerseits alle Lebensfäden, mit denen sie innerhalb des Gewebes in Berührung kommen, auf einmalige Weise affizieren.« (VA 226) Will man daher die sich im Handeln und Sprechen konstituierende Persönlichkeit eines Menschen voll erfassen, muss man das Muster und seine Spur – seinen Lebensfaden – in diesem Gewebe transparent machen und verstehen. Dies ist jedoch nur durch das Erzählen von Geschichten möglich. Denn die eigentlichen Produkte des Handelns und Sprechens, die Aufschluss über die Persönlichkeit geben, sind keine materiellen Dinge oder besonderen Techniken, sondern erzählbare Geschichten, in denen sich der Mensch als Persönlichkeit enthüllt. Es sind also letztlich die »Lebens*ge-schichten*« (VA 226), die Aufschluss über das »Wer-einer-ist« (VA 218) eines Menschen geben. An entsprechender Stelle in *Vita activa* erläutert Arendt:

> *Wer* jemand ist oder war, können wir [daher konsequenterweise] nur [vollständig] erfahren, wenn wir die Geschichte hören, deren Held er selbst ist, also seine Biographie; was immer wir sonst von ihm wissen mögen und von den Werken,

deren Verfasser er ist, kann uns höchstens darüber belehren, *was* er ist oder war. (VA 231–232)

Das Erzählen und damit verbundene Verstehen der Lebensgeschichte eines Menschen durch einen anderen Menschen ist demnach neben dem Handeln und Sprechen des jeweiligen Menschen eine weitere Bedingung der Möglichkeit diesen als Persönlichkeit zu erkennen. (vgl.: VA 213–214, 218–19, 220, 226–227)

Rückbezug zur dritten Prämisse: Aus der Beantwortung der Kernfrage der Politik durch die Aufspaltung derselben in vier Teilfragen und deren Beantwortung wurde der Gehalt der dritten Prämisse des Arguments zur Legitimität einer existenzphilosophischen Lesart der politischen Theorie und Philosophie Arendts wie folgt expliziert: Der Mensch ist der von Arendt erfragte Jemand. Mit dem Begriff »Jemand« bezeichnet sie den Menschen allerdings als Wesen mit einem »identifizierbaren Charakter« bzw. einer Persönlichkeit. Der Mensch wird als Gattungswesen von Gott erschaffen, konstituiert sich als einzigartige Persönlichkeit jedoch durch sein Handeln und Sprechen und kann durch dieses sowie durch das darauf bezogene Erzählen seiner Lebensgeschichte durch andere Menschen als Persönlichkeit erkannt werden. Insofern ermöglichen Handeln und Sprechen die Konstitution von Persönlichkeit. Diese konstituiert sich folglich nicht im »tonlosen Dialog« (DTB2 723) des Denkens, in der Vita contemplativa, wie Heidegger meinte, sondern im deutlichen Gegensatz dazu, in der essenziell politischen Vita activa, wie Arendt betont. Und doch, dies werden die nachfolgenden weiteren Überlegungen zeigen, spielt das Denken eine nicht unwesentliche Rolle bei der Persönlichkeitsbildung.[9] (vgl.: EX 33, 47)

Als inhaltliche Schwerpunktsetzungen für eine in die Tiefe gehende existenzphilosophische Rezeption der politischen Theorie, Philosophie und politisch-philosophischen Praxis Arendts zur Rekonstruktion ihrer Existenzphilosophie ergeben sich aus den vorherigen Ausführungen der Fokus auf das **Handeln**, das (Miteinader-) **Sprechen** und das **Erzählen**, weil diese drei Tätigkeiten zu den Konstitutionsbedingungen von Persönlichkeit zählen.

2. Die Lücke in der Zeit

Die nachfolgenden Ausführungen vertiefen die zuvor dargelegten Antworten auf die vier explizierenden Teilfragen der Kernfrage der Politik, indem sie aufzeigen, dass die persönlichkeitsbildenden Tätigkeiten, also das Handeln und das Miteinandersprechen

---

9   Vgl.: Meints, W.: *Hannah Arendts politische Übersetzung der Frage »Warum ist überhaupt etwas und nicht vielmehr nichts?«.* S. 266–269.

und als Teil des Letzteren das Erzählen eine entscheidende Voraussetzung haben, nämlich das verstehende und urteilende Denken. Da die Annahme des besonderen Stellenwertes des Denkens für das Handeln und Sprechen zentral für Arendts politische Theorie, Philosophie und politisch-philosophische Praxis und folglich auch für ihre Existenzphilosophie und existenzphilosophische Praxis ist, gilt es, den theoretischen Hintergrund derselben nachzuzeichnen, um so nicht zuletzt weitere inhaltliche Schwerpunkte für die Rekonstruktion der Existenzphilosophie Arendts zu gewinnen.

Spannungsfelder: Die Persönlichkeit des Menschen entsteht durch das gemeinsame Handeln und Miteinandersprechen im »Bezugsgewebe menschlicher Angelegenheiten« (VA 225). Die Persönlichkeitsbildung findet Arendt zufolge jedoch nicht nur im Spannungsfeld der zwischenmenschlichen Interaktion statt, sondern auch im Spannungsfeld des Zeitgefüges von Vergangenheit, Gegenwart und Zukunft. Aufgespannt wird dieses Zeitfeld durch die Fakta »Natalität« und »Mortalität«, also durch den Fakt, dass das menschliche Leben durch Geburt und Tod zeitlich limitiert ist. Persönlichkeitsbildendes Handeln und Sprechen ist somit bedingt durch einen doppelten Antagonismus, dem zwischen den handelnden Menschen und dem zwischen den Zeitformen. Auf individueller Ebene muss allerdings zunächst der Antagonismus von Vergangenheit und Zukunft überwunden werden, um in der jeweiligen Gegenwart das persönlichkeitsbildende Handeln und Miteinandersprechen zu ermöglichen. Entscheidend dafür ist, dass Arendt diesbezüglich der Meinung ist, dass der Antagonismus von Vergangenheit und Zukunft nur durch das Denken aufgehoben werden kann, so dass daher zum Handeln und Sprechen als dritte persönlichkeitsbildende Tätigkeit das Denken hinzukommt. (vgl.: GD 202–203, 207)

***Er*:** Den Kerngedanken und die Konsequenzen des für die Persönlichkeitsbildung relevanten Antagonismus von Vergangenheit und Zukunft verdeutlicht Arendt, indem sie u. a. die vielfach von ihr zitierte Kafka-Parabel *Er* existenzphilosophisch ausdeutet. Dabei nimmt Arendt vor allem auf den letzten Absatz der Parabel wiederholt Bezug (vgl.: GD 198, VZV 11), weswegen dieser nachfolgend in seinem vollständigen Wortlaut wiedergegeben wird:

> Er hat zwei Gegner: Der erste bedrängt ihn von hinten, vom Ursprung her. Der zweite verwehrt ihm den Weg nach vorn. Er kämpft mit beiden. Eigentlich unterstützt ihn der erste im Kampf mit dem Zweiten, denn er will ihn nach vorn drängen und ebenso unterstützt ihn der zweite im Kampf mit dem ersten; denn er treibt ihn doch zurück. So ist es aber nur theoretisch. Denn es sind ja nicht nur die zwei Gegner da, sondern auch noch er selbst, und wer kennt eigentlich seine Absichten? Immerhin ist es sein Traum, daß er einmal in einem unbewachten Augenblick – dazu gehört allerdings eine Nacht, so finster wie noch keine war – aus

der Kampflinie ausspringt und wegen seiner Kampfeserfahrung zum Richter über seine miteinander kämpfenden Gegner erhoben wird.[10]

Standpunkte gewinnen: Er, der Mensch, muss, damit er handelnd in der Welt als Persönlichkeit in Erscheinung treten kann, in der Gegenwart Boden unter den Füßen gewinnen, also einen Standpunkt beziehen, der zwischen den antagonistischen Ansprüchen der Zukunft und denen der Vergangenheit kontinuitätsstiftend vermittelt. Denn beide sind erst durch das Erscheinen des Menschen aus ihrem Kontinuum gerissen worden (vgl.: Fakta: »Natalität« und »Mortalität«) und drohen ihn nun zu zerreiben, da die Vergangenheit den Menschen immer vorwärts und die Zukunft ihn immer rückwärts drängt. Arendt konstatiert daher: »Der Mensch lebt in diesem Zwischen, und was er Gegenwart nennt, ist ein lebenslanger Kampf gegen die Last der Vergangenheit, die ihn, hoffend, vorantreibt, und die Furcht vor einer Zukunft [...], die ihn zurücktreibt in die »Ruhe der Vergangenheit«, voll Sehnsucht nach und Erinnerung an die einzige Wirklichkeit, deren er sicher sein kann.« (GD 201) Das zum Handeln notwendige Standnehmen bedeutet für Arendt eine Wirklichkeit zu erzeugen, in der gehandelt werden kann. Eine solche Wirklichkeit wird erzeugt, indem in der Gegenwart eine kontinuitätsstiftende Verbindung zwischen Vergangenheit und Zukunft hergestellt wird. Dies kann dem Menschen jedoch nur gelingen, wenn er zum einen die Welt, in die er hineingeboren wurde, und zum anderen sein bisheriges Handeln versteht. Verstehen dient in diesem Sinne dann nicht nur der Konstitution von Wirklichkeit, sondern auch der Handlungsplanung und macht zukünftiges Handeln daher möglich. Denn Verstehen bedeutet, dass man Zusammenhänge erfasst, was für eine möglichst kohärente Handlungsplanung eine notwendige Voraussetzung ist. Arendt betont folglich: »Die Aufgabe des Geistes ist es, das, was geschah, zu verstehen, und dies Verstehen ist [...] des Menschen Art und Weise, sich mit der Wirklichkeit zu versöhnen [...].« (VZV 11) Für das wirklichkeitsversöhnende Verstehen ist nun Arendt zufolge das Denken essenziell notwendig. Denn die entscheidende Voraussetzung für die Versöhnung des Menschen mit der Wirklichkeit ist dessen Fähigkeit, sich dem Konflikt zwischen Vergangenheit und Zukunft zu entziehen, um diesen dann verstehend überwinden zu können. Das überwindende Verstehen hat Arendt zufolge also das Denken zur Voraussetzung. Dieses selbst hat jedoch wiederum ein »Gedanken-Ereignis« (VZV 15) zur Voraussetzung, für dessen metaphorische Veranschaulichung Arendt die bereits erwähnte Parabel *Er* verwendet. Denn »[s]ie analysiert dichterisch unseren »inneren Zustand« im Hinblick auf die Zeit, dessen wir gewahr werden, wenn wir uns von den Erscheinungen zurückgezogen haben und wenn unsere geistigen Tätigkeiten [...] auf sich selbst zurückwirken [...].« (GD 198)

---

10 Kafka, F.: *Sämtliche Werke*. Bath: Parragon Books Ltd 2006. S. 869.

Das für Arendt so entscheidende Gedanken-Ereignis besteht im Heraustreten aus der Zeit, in eine übersinnliche, raum- und zeitlose Sphäre des Denkens, um sich so dem Konflikt zwischen Vergangenheit und Zukunft zu entziehen. Allerdings weist Arendt darauf hin, dass das verstehende Überwinden nicht die Flucht aus der Zeit, also ein absolutes Heraustreten aus dieser zur Voraussetzung hat, sondern das Auffinden der »[...] räumliche[n] Dimension, wo sich das Denken mühen kann, ohne aus der menschlichen Zeit überhaupt herauszuspringen.« (VZV 15) Das Denken muss also den Ort finden, der es ihm ermöglicht, zeitentbunden, also ungestört, verstehen zu können, um so die antagonistischen Ansprüche von Vergangenheit und Zukunft vermittelnd, d. h. kontinuitätsstiftend zu überwinden. So stellt Arendt fest: »Für die Denk-Erfahrung gibt es keine Zeit.« (DTB2 687) Dennoch muss das Denken immer irgendwie an die Zeit zurückgebunden sein, darf sie also nicht »überhaupt« aus ihr herausspringen. Um also in der Zeit, sprich in der Gegenwart, einen Standpunkt zu gewinnen, muss der Mensch zuerst durch und für sein Denken einen solchen außerhalb der Zeit finden. Für das Handeln und damit in letzter Konsequenz für die Persönlichkeitsbildung ist das Auffinden dieser beiden Standpunkte unerlässlich. (vgl.: GD 198–199, 203–204; VA 214, 302–303; VZV 13–15)

Lücke in der Zeit: Wo ist nun der Ort des Denkens? Die vom Denken gesuchte räumliche Dimension, die den Ort desselben bezeichnet, tut sich in der Reflexion des Gewesenen und Zukünftigen, also in der zeitlichen Lücke auf, die an der Stelle entsteht, an der Vergangenheit und Zukunft aufeinanderprallen. Arendt spricht diesbezüglich von »[...] dem nunc stans, dem »stehenden Jetzt« [...]« (GD 205–206) Diese vom Denken gefundene »Lücke in der Zeit« (GD 204) ermöglicht es dem Denken allererst, einen Standpunkt zu beziehen und damit in weiterer Konsequenz dem Menschen, im und durch das Denken einen Standpunkt in der Welt zu gewinnen und folglich handeln zu können. Denn mit der vom Denken gefundenen Lücke in der Zeit findet dieses »[...] den Platz in der Zeit [...], der weit genug von der Vergangenheit und der Zukunft entfernt ist, um dem »Schiedsrichter« einen Ort zu bieten, von dem aus die miteinander kämpfenden Kräfte mit einem unparteiischen Auge beurteilt werden können.« (VZV 16) Unter Schiedsrichter ist hier das reflektierende Denken zu verstehen, dessen Aufgabe als »Richter und Beurteiler« (GD 205) darin besteht, den Sinn »[...] der vielfältigen, nie endenden Geschäfte der menschlichen Existenz in der Welt [...]« (GD 205) zu verstehen. Letzteres ist dem reflektierenden Denken nur deshalb möglich, weil es quasi als Zuschauer nicht in das Geschehen verwickelt ist. Der genaue Ort dieses nicht beteiligten, verstehenden und vermittelnden Denkens lässt sich, so Arendt, metaphorisch mit einer Diagonalen beschreiben, denn dem Kraftfeld, das durch die unbegrenzte Vergangenheit und die unbegrenzte Zukunft erzeugt wird, entspringt an dem Punkt ihres Zusammenpralls eine begrenzte »[...] diagonale Kraft, deren Ursprung bekannt und deren Richtung durch Vergangenheit und Zukunft determiniert ist, deren eventuelles Ende jedoch in der Unendlichkeit liegt [...].« (VZV 15) Diese diagonale Kraft steht metaphorisch für die Tätigkeit des Denkens, dessen genauer Ort sich also auf der schmalen Diagonalen befindet, die die Lücke in der Zeit beschreibt. Dieser Ort wird von Arendt ganz bewusst mit einer vorwiegend räumlichen Metaphorik beschrieben, denn aufgrund der »[...] durchgehenden Räumlichkeit unseres gewöhnlichen Lebens kann man von der Zeit einleuchtend in räumlichen Kategorien sprechen, die Vergangenheit kann uns als etwas »hinter« uns Liegendes und die Zukunft als etwas »vor« uns Liegendes erscheinen.« (GD 201) Dies unterstreicht im Übrigen auch Koselleck, wenn er betont:

> Wer über Zeit spricht, ist auf Metaphern angewiesen. Denn Zeit ist nur über Bewegung in bestimmten Raumeinheiten anschaulich zu machen. Der Weg, der von hier nach dort zurückgelegt wird, das Fortschreiten, auch der Fortschritt selber oder die Entwicklung enthalten veranschaulichende Bilder, aus denen sich zeitliche Einsichten gewinnen lassen.[11]

Die Metapher der Diagonalen veranschaulicht für Arendt jedoch nicht nur den Ort des Denkens, sondern ermöglicht auch Einsichten darüber, was es mit der diagonalen Kraft, also der Tätigkeit des Denkens auf sich hat. Da das Denken dem Zusammenprall von Vergangenheit und Zukunft, also der Gegenwart entspringt, ist es eine gegenwartsbezogene kognitive Tätigkeit, die »[...] in langsamen, geordneten Bewegungen [auf der Diagonalen; Anm. S. G.] vorwärts und rückwärts [...]« (VZV 16) geht. Es handelt sich also um ein im Konkreten verankertes, jedoch abstrahierend-strukturiertes, erinnerndes und vorausschauendes und damit schließlich abwägendes, weil vor- und zurückgehendes Denken, das damit die entscheidenden Merkmale eines verstehenden Erfassens und vermittelnden Beurteilens besitzt, zu denen es als kompetenter Schiedsrichter in der Lage sein muss, wenn es den antagonistischen Streit zwischen Vergangenheit und Zukunft überwinden will. Reflektierendes Denken nimmt in diesem Sinn die Formen eines verstehenden und urteilenden Denkens an. (vgl.: GD 201–206; VZV 14–16)

Existenzielle Aufgabe: Auf das reflektierende Denken kommt es also an, wenn es darum geht, die Welt und das Handeln zu verstehen, um einen handlungswirksamen Standpunkt zu gewinnen. Das Denken als Voraussetzung für das Handeln ist damit eine Ermöglichungsbedingung für die Persönlichkeitsbildung und gleichzeitig auch die Bedingung der Möglichkeit für Persönlichkeitserkenntnis, um die es Arendt ihrem existenziellen Anliegen gemäß nicht zuletzt auch ganz wesentlich geht. Dieser Zusammenhang stellt sich wie folgt dar: Handeln und Sprechen haben, wie bereits dargelegt, eine »Aufschluß-gebende Qualität« (VA 220), die letztendlich darin besteht, die Lebensgeschichte eines Menschen, also die Summe seines Handelns und

---

11 Koselleck, R.: *Zeitschichten. Studien zur Historik.* Frankfurt am Main: Suhrkamp 2000. S. 9.

Sprechens, fassbar und verstehbar zu machen. Wer wiederum die Lebensgeschichte eines Menschen versteht, versteht »Wer« einer ist bzw. das »Wer« einer war und damit die Persönlichkeit des jeweiligen Menschen. Hierzu ist wiederum das zeitenthobene, reflektierende Denken notwendig, weil der Sinn einer Lebensgeschichte nur durch ein sich erinnerndes, befragendes und vor allem nachdenkendes Bewusstsein ermittelt werden kann, das jedes durch Handeln erzeugte Ereignis so vollendet, dass die Geschichte desselben erzählt und dabei sein Sinn er- und vermittelt werden kann. Die vom Denken erschlossene Lücke in der Zeit ist also:

> [...] [D]er einzige Bereich, in welchem sich das Ganze des eigenen Lebens und sein Sinn – der für sterbliche Menschen unerfaßbar bleibt [...], deren Existenz im Unterschied zu allen anderen Dingen, die erst im Augenblick ihrer Vollendung im eigentlichen Sinne zu *sein* beginnen, erlischt, wenn sie nicht mehr *ist* –, wo dieses ungreifbare Ganze sich als die reine Kontinuität des Ich-bin offenbaren kann, als fortdauernde Gegenwart inmitten der ständig sich wandelnden Flüchtigkeit der Welt. (GD 207)

Den bei der Beantwortung der vierten explizierenden Teilfrage gemachten Befund unterstreichend, kann also festgehalten werden, dass nicht nur das die Persönlichkeit konstituierende Handeln und Sprechen, sondern auch das Erzählen der Lebensgeschichte eines Menschen, die Erkenntnis von dessen Persönlichkeit ermöglicht, weil erst die verstandene Lebensgeschichte eine abschließende Antwort auf die Frage danach gibt, »Wer« einer ist bzw. war. Dieser Befund kann außerdem insofern ergänzt werden, als dass deutlich geworden sein sollte, dass das Erzählen erst durch das Denken möglich ist. Wenn also das reflektierende Denken neben dem Handeln, Sprechen und Erzählen eine notwendige Voraussetzung für die Persönlichkeitsbildung ist, weil es diese Tätigkeiten wesentlich mit ermöglicht, dann besteht konsequenterweise die existenzielle Aufgabe des Menschen jeweils darin, den »[...] Pfad des Denkens neu [zu; Zusatz S. G.] entdecken und mühsam [zu; Zusatz S. G.] bahnen [...]« (GD 206), d. h. die Lücke in der Zeit, metaphorisch gesprochen, die Denk-Diagonale zu finden, die es ihm erst ermöglicht, als altersloser Er aus der Aktualität seines Menschseins denkend herauszutreten, um »[...] den schmalen Weg der Nicht-Zeit, den die Tätigkeit des Denkens in den Zeit-Raum der sterblichen Menschen schlägt und in den hinein Denken, Erinnerung und Antizipation aus dem Trümmerhaufen der geschichtlichen und biographischen Zeit das retten, was immer sie auf ihrem Gang berühren [...]« (VZV 17), zu betreten und um so die Kontinuität des eigenen Lebens zu erfassen und ihm schließlich beurteilend und erzählend einen Sinn zu verleihen. Menschliches Dasein zeichnet sich also immer auch durch eine Kraft des Denkens erzeugte Transzendenz aus.[12] (vgl.: GD 206–207; VA 231–232; VZV 10)

Zwei Probleme: Die Bewältigung der angesprochenen existenziellen Aufgabe ist Arendt zufolge jedoch mit zwei entscheidenden Problemen konfrontiert, denn zum einen ist es sehr wahrscheinlich, dass der Mensch bzw. sein Denken die gesuchte Denk-Diagonale nicht findet und schließlich »[...] an Erschöpfung zugrunde geht, dem Druck des ständigen Kampfes nicht standhält [...] [und] seine ursprünglichen Absichten vergißt [...].« (VZV 16) Sollte er die Diagonale widererwartend doch finden, kann es zum anderen vorkommen, dass er unfähig ist, sie erfolgreich zu beschreiten. Denn Arendt konstatiert; »Das Problem [...] ist, daß wir für diese Tätigkeit des Denkens, des Wohnens in der Lücke zwischen Vergangenheit und Zukunft, weder ausgestattet noch auf sie vorbereitet zu sein scheinen.« (VZV 17) Es kommt Arendt zufolge daher darauf an, die von ihr mit Kafka als »Kampferfahrung« (VZV 17) beschriebene »Denkerfahrung« (VZV 17) durch anhaltende und übende Praxis zu vermitteln, denn das Denken gehört nicht zu den geistigen Prozessen, die, einmal gelernt, jederzeit wieder abrufbar sind. Es geht für den Menschen folglich darum, »[...] Erfahrung darin zu erwerben, *wie* man denkt [...]« (VZV 18) und dies, genauso wie es Arendt vorgelegt hat, zeitlebens, also beständig zu üben. Denn nur durch geübtes Denken kann sich der Mensch selbst in die Lage versetzen, das Leben anderer Menschen zu verstehen und sein eigenes Leben rückblickend-verstehend sowie vorausschauend-handelnd zu entwickeln.[13] (vgl.: VZV 17–18)

Rückbezug zur dritten und vierten Teilfrage: Die bisher gegebenen Antworten auf die dritte und vierte Teilfrage der Kernfrage der Politik (vgl.: 2. Teil, 1. Abschnitt) können an dieser Stelle abschließend ergänzt werden, indem festgehalten wird, dass nicht nur das Handeln und Miteinandersprechen sowie das in diesem enthaltende sinnstiftende Erzählen, sondern auch das raum- und zeitlose Denken eine wesentliche Voraussetzung sowohl für die Persönlichkeitsbildung als auch für die Persönlichkeits-erkenntnis sind.

Es sollte bis hierhin deutlich geworden sein, dass auch das **Denken** und mit diesem verbunden das **Verstehen** und **Urteilen** zu den Konstitutionsbedingungen von Persönlichkeit gehören, weswegen diese drei Tätigkeiten neben dem **Handeln**, dem (Miteinander-) **Sprechen** und dem **Erzählen** drei weitere inhaltliche Schwerpunktset-zungen für eine in die Tiefe gehende existenzphilosophische Rezeption der politischen Theorie, Philosophie und politisch-philosophischen Praxis Arendts zur Rekonstruktion ihrer Existenzphilosophie darstellen.

---

12   Vgl.: Distelrath, G.: *Theorie der Geschichte und autobiographische Reflexion. Versuch einer wechselseitigen Annäherung.* In: ZDPE 2/2012. S. 133–139.

13   Vgl.: Ludz, U.: *Nachwort der Herausgeberin.* In: *Hannah Arendt. Zwischen Vergangenheit und Zukunft. Übungen im politischen Denken I.* 2. Auflage. München: Piper 2013. S. 372.

Mit den bisher gewonnenen Erkenntnisse über Arendts Existenzphilosophie lässt sich jetzt die Kontur derselben in einem ersten Zugriff deutlich darstellen und damit lässt sich wiederum belegen, dass der politischen Theorie, Philosophie und politisch-philosophischen Praxis Arendts gemäß der zentralen fachphilosophischen Prämisse dieser Forschungsarbeit eine vollwertige Existenzphilosophie inhärent ist.

III. Existenzphilosophische Konturen

Ausgehend von dem zuvor in einem ersten Zugriff dargestellten existenzphilosophischen Gehalt der politischen Theorie, Philosophie und politisch-philosophischen Praxis Arendts können nun im Sinne des eingangs benannten dritten, notwendigen Begründungsschritts die ersten deutlichen Konturen der Existenzphilosophie Arendts nachgezeichnet werden, bevor dann im dritten Kapitel dieser Forschungsarbeit Arendts Existenzphilosophie als existenziell-performative Hermeneutik vollumfänglich dargestellt wird. Zum Zweck einer ersten Konturierung werden, ausgehend von den Forschungsergebnissen von Möbuß, zuallererst die allgemeinen Charakteristika bzw. Verbindungslinien existenzphilosophischen Denkens dargestellt, um schließlich zu zeigen, dass Arendts Existenzphilosophie über die Charakteristika, Funktions- und Strukturelemente bzw. über die Verbindungslinien existenzphilosophischen Denkens mit diesem verbunden ist, d. h. sich als solches ausweist.

1. Verbindungslinien existenzphilosophischen Denkens

Die Existenzphilosophie als einheitliche philosophische Disziplin zu beschreiben, der man philosophischen Konzeptionen anhand bestimmter Kriterien begründet zuordnen kann, ist Seibert zufolge schwierig, da man zum einen aus historischer Perspektive feststellen muss, dass »[...] der Existenzialismus zumindest in der Philosophie [...] als überholt gilt [...]«[14] und zum anderen aus systematischer Perspektive darauf hinweisen muss, dass es »[...] zu keinem Zeitpunkt so etwas wie *die* Existenzphilosophie oder *den* Existenzialismus gegeben hat, sondern nur einzelne Existenzphilosophinnen und -philosophen, die sich markant voneinander unterscheiden.«[15] Entgegen dieser Einschätzung lassen sich jedoch in allen Epochen des philosophischen Denkens motivische Spuren existenzphilosophischen Denkens nachweisen und bei

---

14   Seibert, T.: *Existenzphilosophie.* Stuttgart/Weimar: Metzler 1997 (= *Sammlung Metzler*, Bd. 303). S. IX.

15   Ebd. S. IX. Ähnlich wie Seibert betont auch Turnherr, dass man es bei der Existenzphilosophie »[...] weniger mit einer klar fassbaren Richtung oder gar Schule zu tun hat als vielmehr mit dem gelegentlich etwas unüberschaubaren Gebrauch eines Etiketts.« Turnherr, U. und Hügli, A.: *Lexikon Existenzialismus und Existenzphilosophie.* S. 9.

aller Verschiedenheit der existenzphilosophischen Denkformen lassen sich, so Möbuß, »[...] unverkennbare Signaturen [erkennen], die es erlauben, eine gedankliche und formale Entsprechung scheinbarer differenter Konzeptionen nachzuweisen.«[16]

Für existenzphilosophische Konzeptionen ist es, im Gegensatz zu anderen philosophischen Konzeptionen, vor allem kennzeichnend, dass sie nicht nur indirekt, sondern direkt und explizit die Beziehung zwischen Mensch und Welt thematisieren. »Das Verhältnis des Menschen zur Welt, die ihm Raum und Anlaß einer unbegrenzten Vielfalt von Erfahrungen ist, soll unter der Voraussetzung reflektiert werden, daß er in jeder Betrachtung als der Erfahrende präsent ist und entsprechend denkbar sein muß.«[17] Kennzeichnend für alle Spielarten der Existenzphilosophie ist diesbezüglich auch, dass sie allen fixen und verallgemeinernd-abstrakten Definitionen des Menschen widersprechen. Denn der Mensch »[...] entzieht sich permanent einer generalisierenden Darstellung, da sich seine Individualität unter solchen Bedingungen zeigt, die nur schwer zu verallgemeinern sind – in speziellen Lebenssituationen, die ihm Entscheidungen und Reaktionen abverlangen, und in Momenten emotionaler Berührtheit, die sich innerhalb kürzester Zeit verwandeln mögen.«[18] Existenzphilosophie »[...] soll [also] individuelles Sein reflektieren [...]«[19] und hierfür ein entsprechendes Vokabular entwickeln, so Möbuß.[20]

Zentral für die Existenzphilosophie ist nun die Frage, wie sich der Mensch seiner Existenz vergewissert. Dies tut er, Möbuß zufolge, in einer dreistelligen Relation. Denn »[d]er Mensch erkennt sich selbst als existierend in einer einzigartigen Kombination aus Introspektion und Welterfahrung, die sich in der erkennenden Vergewisserung eines Anderen spiegelt.«[21] Möbuß führt weiter aus: »Nur wenn diese drei Elemente zusammenwirken, ergibt sich jene spezifische Form existenzieller Vergegenwärtigung, die diese Philosophie [= Existenzphilosophie; Anm. S. G.] kennzeichnet.«[22] Der Begriff »Existenz« bedeutet also nicht einfach nur »sein«, sondern »in bestimmter Weise sein«[23] Es geht der Existenzphilosophie daher auch nicht einfach nur um die Beschreibung des Seins als solchem, sondern um die Beschreibung und Erfassung des realen und spezifisch geprägten Seins des Menschen. Hierbei ist zu beachten, dies gilt es gerade vorausblickend auf Arendts Existenzphilosophie und existenzphilosophische Praxis zu betonen, dass die Gestaltung der individuellen Existenz wesentlich

---

16 Möbuß, S.: *Existenzphilosophie. Von Augustinus bis Nietzsche.* Bd. 1. Freiburg/München: Alber 2015. S. 12; vgl.: Ebd. S. 11.
17 Ebd. S. 12.
18 Ebd. S. 13.
19 Ebd. S. 13.
20 Vgl.: Ebd. S. 12–13.
21 Ebd. S. 16.
22 Ebd. S. 16.
23 Vgl.: Ebd. S. 17.

von anderem Sein abhängt, unabhängig davon, ob es sich um einen oder mehrere Menschen oder eine andere Entität handelt. Die Selbsterfahrung und Welterfahrung des Menschen müssen zudem vermittelt bzw. synthetisiert werden. Weswegen, so Möbuß, viele existenzphilosophische Konzeptionen eine Instanz ausweisen, die die Komplementarität von Selbst- und Welterfahrung gewährleisten soll. Sie schreibt: »Es kommt darauf an, daß erst die Spiegelung von menschlichem Sein und von Welt-Sein in der Vorstellung eines sie Verbindenen dem Denken die Möglichkeit eröffnet, Existenz in der gewünschten Weise zu denken – als Sein in Relation.«[24]

Von diesen allgemeinen Charakteristika der Existenzphilosophie ausgehend und auf der Grundlage der von ihr rekonstruierten Formen existenziellen Denkens versucht Möbuß »[...] Kriterien des existenziellen Philosophierens zu nennen, die auf eine möglichst große Anzahl seiner Vertreter zutrifft [sic!] [...].«[25] Sie unterscheidet hierfür zwischen a) den Strukturelementen und b) den Funktionselementen des existenzphilosophischen Denkens, die beide dazu dienen sollen, einzelne philosophische Konzeptionen begründet dem existenzphilosophischen Denken zuordnen zu können. Die Funktionselemente sind die Operatoren des existenziellen Denkens, die sich drei Gruppen zuordnen lassen:

1. Darstellung des Menschen in der Existenz – repräsentiert durch die Begriffe von Selbst, Anderem und Einzelnem;
2. Daseinsbeschreibungen – hierzu zählen Gedanken wie Kontingenz, Absurdität, Geworfenheit, Freiheit und Transzendenz sowie
3. Handlungsparameter – wozu Theoreme von Wahl, Verantwortung, Schuld, Entwurf und Engagement zu rechnen sind.[26]

Entscheidend für die Zuordnung einer philosophischen Konzeption zum existenzphilosophischen Denken ist jedoch nicht nur die Komplementarität mit den Funktionselementen, sondern vor allem die Übereinstimmung mit den Strukturelementen existenzphilosophischen Denkens. Hierbei geht es um die Elemente einer philosophischen Konzeption, die eine Änderung des entsprechenden philosophischen Diskurses

---

24   Ebd. S. 18; vgl.: Ebd. S. 16–18.
25   Möbuß, S.: *Existenzphilosophie. Das 20. Jahrhundert.* Bd. 2. Freiburg/München: Alber 2015. S. 292.
26   Ebd. 282–283.

bewirken sollen, da diese Intention ein weiteres Charakteristikum existenzphilosophischen Denkens ist.[27]

Da sich sowohl die Funktions- als auch die Strukturelemente nur schwer als
»allgemein verbindliche Merkmale« existenzphilosophischen Denkens etablieren
lassen, zeichnet Möbuß schließlich bezüglich der Strukturelemente Verbindungslinien auf, die zwischen den verschiedenen Formen existenzphilosophischen Denkens
bestehen und Existenzphilosophie als ein seit der Spätantike bestehendes und sich
immer weiterentwickelndes Projekt verständlich machen.[28] Als kritisches, widerständiges und diskursveränderndes Denken, geht es dem existenzphilosophischen Denken
demnach um die Modifikation klassischer philosophischer Konzepte, die mit den
Begriffen »Verstehen«, »Sein«, »Sprache«, »Streben«, »Kausalität«, »Verantwortung«
und »Welt« verbunden sind.[29]

Das Verstehen versucht das existenzphilosophische Denken als ein komplementäres Verstehen zu konzipieren, das es ermöglicht, die Strukturen des konkretisierten
Seins, also des Menschen in seiner Existenz, zu begreifen. Dementsprechend geht es
dem existenzphilosophischen Denken darum, die »[...] formale Analyse des Seins [...]
durch eine situationsbedingte Erfahrung seiner stets variierenden Erscheinungen –
als Existenz – zu ersetzen.«[30] Hiermit verbunden ist zudem eine »Dezentralisierung
des Subjekts«[31], das heißt, anstatt einer abstrakten Subjekterkenntnis eine konkrete,
erfahrungsbezogene Subjekterkenntnis anzustreben. Dies hat auch Konsequenzen
für die epistemische Rolle der Sprache, die nicht mehr nur der reinen, abstrakten und
stellvertretenden Erkenntnisermittlung und -vermittlung dient, sondern auch dazu
dient, konkrete Erfahrung und damit Erkenntnis zu initiieren. Ebenso ist im Rahmen
existenzphilosophischen Denkens das Streben nach Wahrheit bzw. Erkenntnis nicht
mehr als grundsätzlich offen, sondern als zielbezogen zu verstehen. Dies hat wiederum

---

27　Vgl.: Möbuß, S.: *Existenzphilosophie. Von Augustinus bis Nietzsche.* S. 9, 14; Möbuß, S.: *Existenzphilosophie. Das 20.*
　　Jahrhundert. S. 282–283. Auch Seibert betont dies, wenn er schreibt: »Damit aber schließen sich die einzelnen
　　Linien der Existenzphilosophie zu einer Spirale, die sich um ein und denselben Punkt herumwindet. Sie kann
　　deshalb als die fortdauernde Geschichte der Anstrengungen verstanden werden, ein »nachmetaphysisches
　　Denken« (Habermas) in Gang zu bringen, das der modernen Erfahrung standhält und ihr Ausdruck verleiht.«
　　Seibert, T.: *Existenzphilosophie.* S. XII.

28　Möbuß stellt beispielsweise fest, dass sowohl Jaspers als auch Sartre keine »[...] grundsätzliche Modifizierung
　　des philosophischen Diskursrahmens für erforderlich [...]« halten, worin jedoch das zentrale Strukturelement
　　existenzphilosophischen Denkens besteht. Möbuß, S.: *Existenzphilosophie. Das 20. Jahrhundert.* S. 292–293.

29　Vgl.: Ebd. S. 293–297.

30　Ebd. S. 294; In der Abkehr von der Wesensphilosophie liegt auch Turnherr zufolge ein mögliches Kriterium zur
　　Unterscheidung existenzphilosophischen Denkens von anderen Denkformen. Vgl.: Turnherr, U. und Hügli, A.:
　　Lexikon Existenzialismus und Existenzphilosophie. S. 12.

31　Vgl.: Möbuß, S.: *Existenzphilosophie. Das 20. Jahrhundert.* S. 294; In ähnlicher Weise wie Möbuß weist auch
　　Turnherr darauf hin, dass die Fokussierung auf das Individuum, »[...] das nicht länger im Allgemeinen verloren
　　gehen oder sich in der Masse verstecken soll [...]« (Turnherr, U. und Hügli, A.: *Lexikon Existenzialismus und
　　Existenzphilosophie.* S. 12.), eine Besonderheit existenzphilosophischen Denkens sein könnte.

Konsequenzen für den Umgang mit Kausalität. Denn »[a]us der Erfahrung der Kontingenz der Wirklichkeit, innerhalb derer der Mensch existiert, folgt der Schluß, die Suche nach bedingenden Faktoren des Seins und des Daseins einzuschränken und statt dessen den Fokus auf die unendliche Vielfalt von Relationen zu richten, die in der Welt bestehen, unabhängig davon, ob oder wodurch sie verursacht sind.«[32] Mit den die Wirklichkeit strukturierenden Relationen ist zudem die Auffassung verbunden, dass die Verantwortung des Menschen für sein Handeln immer schon qua seines Menschseins vorliegt und nicht eigens ethisch begründet werden muss. Schließlich geht es dem existenzphilosophischen Denken darum, die Welt als ein der menschlichen Verfügungsgewalt entzogenes bzw. sich dieser widersetzendes Sein zu verstehen, in dem der Mensch existiert.[33]

Sollte es zutreffen, dass Arendt wirklich eine Existenzphilosophie entwickelt hat, dann müsste sich zeigen lassen, dass diese durch die von Möbuß aufgezeigten Verbindungslinien mit existenzphilosophischen Denken verbunden ist bzw. sich hierdurch als solches ausweist.

2. Kommunikative Existenzerhellung

Um nun die existenzphilosophischen Konturen von Arendts politischer Theorie, Philosophie und politisch-philosophischer Praxis darzustellen, ist es sinnvoll, in einem ersten Zugriff den Zusammenhang der mit den Begriffskonzepten[34] »Existenz«, »Person«, »Sprache«, »Welt«, »Handeln« und »Verstehen« verbundenen zentralen Aspekte der Arendt'schen Existenzphilosophie zu verdeutlichen.

Existenz: In ihrem 1946 erschienen Essay *Was ist Existenzphilosophie?* setzt sich Arendt mit verschiedenen Existenzphilosophien kritisch auseinander, insbesondere der Heideggers. Hierdurch wird sie Benhabib zufolge zu ihren bekanntesten Grundbegriffen, wie den der »Welt«, des »Handelns« und der »Pluralität« inspiriert und kommt mit Jaspers zu der Erkenntnis, das Existenz eine Form menschlicher Freiheit ist, die der menschlichen Spontaneität entspringt und die nur in der Kommunikation mit anderen über ein Tun in »Grenzsituationen«[35] voll erfassbar ist. In ihrem Denktagebuch konkretisiert Arendt später das, was sie unter Existenz versteht, indem sie darauf hinweist, dass Existenz für den Menschen »reine Präsenz« ist. »Wirklich leben heisst

---

32 Möbuß, S.: *Existenzphilosophie. Das 20. Jahrhundert.* S. 295–396.

33 Vgl.: Ebd. S. 294–296.

34 Mit dem Begriff »Begriffskonzept« werden im Folgenden zentrale Begriffe bezeichnet, die wesentliche Aspekte von Arendts Existenzphilosophie in sich bündeln. Diese Aspekte werden im zweiten Teil dieses Kapitels in einem ersten Zugriff dargestellt und im dritten Kapitel dieser Forschungsarbeit vollumfänglich erläutert.

35 Vgl.: Jaspers, K.: *Einführung in die Philosophie. Zwölf Radiovorträge.* 28. Auflage. München/Zürich: Piper 2010. S. 16–23.

[demnach], diese Gegenwart realisieren [...] und sie sich nicht in Vergangenheit und Zukunft auseinander schlagen lassen. Denn die eigene zeitliche Vergangenheit wie die eigene zeitliche Zukunft, im Gegensatz zu den Ewigkeiten, haben die Tendenz, Gegenwart zu verzehren.« (DTB1 9) Bedingung für die reine Präsenz ist die Erde. Auf dieser ist der Mensch zunächst ein Fremder und er muss folglich die »ursprüngliche Fremdheit« (VA 220) überwinden, die ihn selbst, als Neuankömmling in einer ihm fremden Welt, umweht. Der Mensch muss sich, wie bereits dargelegt, mit der Wirklichkeit versöhnen. Durch eine aus ihm selbst entspringende Initiative, innerhalb einer tätigen Lebensform, der Vita activa, die der Gemeinschaft bedarf, gelingt es dem Menschen, so Arendt, sowohl die Fremdheit der Welt als auch seine eigene Fremdheit zu überwinden. Es bedarf also des wirklichkeitskonstitutiven Denkens und des persönlichkeitsbildenden Handelns und Sprechens.

Dass das Denken für die Erkenntnis des Menschen eine große Rolle spielt, wurde bereits dargelegt. Schon in ihrem frühen Essay *Was ist Existenzphilosophie* entwickelt Arendt diese Annahme, indem sie darlegt, dass die Existenz des Menschen nur durch das Denken-an erfasst werden kann. Dieses erläutert Arendts im Denktagebuch wie folgt:

> Denke ich im Modus des an, so entferne ich alles so Gedachte von mir, selbst wenn es präsent ist. Denke ich im Modus des über, selbst über Entferntes, so indiziere ich immer, dass ich mich des Gegenstandes bemächtigen will. Abendländisches Denken strebte immer, die Fremdheit der Welt, ihr Anderssein, aufzuheben; als gedachte war die Welt mein Eigentum. Was als undurchdringlich übrigblieb, war »blosse« Existenz, die in diesem Modus des über undenkbar ist, unverwandelbar in das Eigentum meiner selbst. Im Denken-an bleibt die Fremdheit bestehen, so dass, wenn Präsenz überhaupt erscheint, sie notwendigerweise zur Offenbarung im Blitz, von aussen wird. Damit scheint es, als könne das Denken-an Existenz der Essenz erfahren, gerade weil es [darauf] verzichtet, sich der Essenz gesondert zu bemächtigen. (DTB1 279–280)

Das Denken-an ist also vom Denken-über gerade in existenzphilosophischer Hinsicht klar abzugrenzen.[36] (vgl.: DTB1 9, 279–280, 310; EX 41–42)

Person und Persönlichkeit: Der Mensch existiert also auf der Erde und wird sich seiner Existenz in besonderen Situationen bewusst, die er kommunikativ, also gemeinsam mit anderen bewältigt. Er tritt dabei allererst als Persönlichkeit in Erscheinung. Wie bereits erwähnt, ist die Persönlichkeit für Arendt vor allem »[...] die Rolle, die das Ich sich für das Spiel unter und mit den Menschen wählt [...]« (DTB1

---

36 Vgl.: Bajohr, H.: *Dimensionen der Öffentlichkeit. Politik und Erkenntnis bei Hannah Arendt.* Berlin: Lukas 2011. S. 39–40; Benhabib, S.: *Hannah Arendt. Die melancholische Denkerin der Moderne.* 2. Auflage. Hamburg: Rotbuch 1998 (= *Rotbuch Rationen*). S. 10–11, 91, 94–95.

8) Dieses Ich wiederum ist zweigeteilt bzw. es gibt zwei Ichs, jedoch nicht zwei Selbst. Denn es gibt zwar das Ich der Reflexion und das Ich der Apperzeption, so Arendt, doch nur das Ich der Reflexion bildet das Selbst des Menschen und damit die Identität der Person, weil es erscheinen und sich manifestieren kann, was das Ich der Apperzeption nicht kann und weswegen es »gestaltlos« (DTB2 722) bleiben muss. Bezogen auf Kafkas Parabel *Er* erläutert Arendt: »Das Ich der Reflexion ist das Selbst, eine Reflexion des erscheinenden Menschen, also sterblich, zeitlich, alternd, veränderlich usw. Dagegen das Ich der Apperzeption, das denkende Ich, das alterslos und zeitlos ist. (Kafka-Parabel) [...] Das Ich der Apperzeption [...] erscheint nie [...].« (DTB2 647) Die Persönlichkeit ist also das Ich der Reflexion und dieses Ich macht die Identität eines Menschen aus. Diese ist eng mit den anderen Menschen verbunden, denn »[...] [m]eine Identität ist an meine Erscheinung und damit an die Anderen, denen ich erscheine gebunden. Mein »Selbst« qua Identität gerade empfange ich von Anderen.« (DTB2 734) Erst durch die Aussprache mit Anderen, durch ihre Ansprache und Anerkennung, wird das zweigeteilte Ich mit sich selbst identisch und die Persönlichkeit gebildet. »Gerade mein Selbst erhalte ich als Reflexion der Erscheinung.« (DTB2 735) Das erscheinende Handeln und Sprechen in Verbindung mit dem hierüber reflektierenden Denken sind also persönlichkeitskonstitutiv.[37] (vgl.: DTB1 73; DTB2 721–722, 735–736)

Sprache: Die Menschen bedürfen also einander, in einer ganz grundlegenden, existenziellen Weise. Dieser Erkenntnis deckt sich mit der für Arendts weiteres Werk, insbesondere für ihre Überlegungen in *Vita activa*, wichtigen Einsicht, die sich schon in ihrem frühen Aufsatz zur Existenzphilosophie findet: »Die Existenz selbst ist nie isoliert; sie ist nur in Kommunikation und im Wissen um andere Existenzen. [...] [N]ur in dem Zusammen der Menschen in der gemeinsam gegebenen Welt kann sich die Existenz überhaupt entwickeln.« (EX 47) Kommunikation bedeutet, dass die Menschheit, also die Pluralität des Menschen, die »[...] Bedingung für die Existenz des Menschen [...]« (EX 47) ist. Zentral für die Entwicklung der menschlichen Existenz ist also vor allem die Kommunikation, also das Miteinandersprechen und dessen verschiedene Modi, das »Sich-selbst-Offenbaren«, das Befehlen, das »handelnde Reden« und das offenbarende Reden. (vgl.: DTB1 203–204, 399)

Welt und Handeln: Der Mensch existiert in der Welt. Der Begriff »Welt« und der diesem entgegengesetzte Begriff der »Weltlosigkeit« sind Benhabib zufolge frühe Leitmotive des Arendt'schen Denkens. Weltlosigkeit ist bezogen auf den Begriff »Welt«,

---

37   Dennoch weist Arendt darauf hin, dass jeder Mensch eine zeitlose und formlose Identität hat, wenn sie schreibt »Als Identität etabliere ich mich nur im Denken, allerdings als eine eigenschaftslose Identität.« (DTB2 789) Diese eigenschaftslose Identität ist allen Menschen gleich, sie ermöglicht das innere Funktionieren, dass »[...] um der Erscheinung willen da [...]« (DTB2 646) ist. Insofern kommt es mit der Annahme zweier Ichs nicht zu einer Bewusstseinsspaltung und Arendt verwickelt sich hier nicht in einen Widerspruch. Vgl.: DTB2 718.

bei dem »[v]erschiedene Hinsichten [...] zu unterscheiden [sind].«[38] Unter »Welt«
versteht Arendt zunächst einmal die Welt, die jeder einzelne Mensch ist, denn sie
schreibt: »Mit jeder Geburt beginnt eine Welt, mit jedem Tod stirb eine Welt.« (DTB1 353)
Der Begriff »Welt« bezeichnet aber auch die real existierende Welt, deren Realität trotz
der unterschiedlichen Wahrnehmung durch die Sinne und durch die verschiedenen
Menschen durch den Gemeinsinn[39] garantiert wird. Diese Welt bezeichnet Arendt
allerdings in der Regel mit dem Begriff »Erde«. Schließlich bezeichnet für Arendt der
Begriff »Welt« vor allem die Zwischen-Welt, einen »Bereich des Zwischen« (DTB1 277),
der in der real existierenden Welt durch das Miteinandersprechen und das Handeln,
aber auch durch das Herstellen konstituiert und ständig verändert wird. Diese Welt
besteht aus einer materiellen und einer immateriellen Komponente, also aus den
hergestellten Dingen und den durch Handeln und Sprechen gestifteten zwischenmenschlichen Zusammenhängen, die diese Welt konstituieren. In diese Zwischen-Welt
wird der Mensch als Fremder hineingeboren und in sie muss er sich durch Sprechen
und Handeln einfügen, wodurch er in der Welt als Persönlichkeit erscheint. Sie ist
es auch, quasi als Kontrastfolie fungierend, die es dem Menschen ermöglicht, sein
Gegenüber zu verstehen. Die Zwischen-Welt ist daher der Kitt zwischen den Menschen,
das, was die Menschen miteinander verbindet, was sie gemeinsam haben. Arendts
Weltbegriff ist somit mindestens vierfach gegliedert, denn »in der Welt« bzw. »auf der
Erde« schafft der Mensch, der für sich selbst »eine Welt« ist, »eine Zwischen-Welt«,
die aus einer »objektiv-gegenständlichen Dingwelt« (VA 225) und dem »Bezugsgewebe
menschlicher Angelegenheiten« (VA 225) besteht, das sein eigentlicher Bezugspunkt
ist und in dem er sich zur Persönlichkeit entwickelt. Hieraus folgt, dass »[...] Arendts
Bestimmungen von *Mensch* und *Welt* miteinander verschränkt [...]«[40] sind. Doch der
Mensch kann aus seiner Welt auch herausfallen bzw. diese verlieren. Dann befindet
er sich fortan im Zustand der Weltlosigkeit. In diesen Zustand kann der Mensch u. a.
durch historische Ereignisse gelangen, wie beispielsweise das Aufkommen totalitärer
Regime. »Weltlosigkeit bezeichnet für Hannah Arendt einen Zustand, in dem der Bezug

---

38 Jaeggi, R.: *Welt/Weltentfremdung*. In: Heuer, W. et al. (Hrsg.): *Arendt-Handbuch. Leben – Werk – Wirkung*. Stuttgart/
    Weimar: Metzler 2011. S. 333.
39 Arendt verwendet die Begriffe »Gemeinsinn«, »Sensus communis« und »Common Sense« weitestgehend
    synonym. Vgl.: Torkler, R.: *Philosophische Bildung und politische Urteilskraft. Hannah Arendts Kant-Rezeption
    und ihre didaktische Bedeutung*. Freiburg/München: Alber 2015 (= *Pädagogik und Philosophie*, Bd. 7). S. 333–334;
    Spiegel, I.: *Die Urteilskraft bei Hannah Arendt*. Berlin/Münster: Lit 2011 (= *Ideal und Real*, Bd. 3). S. 93–94. Im
    Folgenden wird daher ausschließlich der Begriff »Gemeinsinn« verwendet. Der Gemeinsinn ist die allen
    Menschen gemeinsame Sphäre, so Arendt, ohne die der Mensch auf sich selbst zurückgeworfen ist und ohne die
    er der Verlassenheit anheimfallen kann. (vgl.: DTB1 317) Der Gemeinsinn ist für Arendt der Menschen verbindende
    und daher »eigentlich politische Sinn« (DTB1 335). Genauere Erläuterungen zur Rolle des Gemeinsinns und der
    Urteilskraft in Arendts Existenzphilosophie und existenzphilosophischer Praxis folgen im dritten Kapitel. (vgl.:
    3. Kapitel, 2. Teil, 6. Abschnitt)
40 Bajohr, H.: *Dimensionen der Öffentlichkeit*. S. 41.

des einzelnen Menschen zur gemeinsamen Welt verloren gegangen ist, das Gefühl für die Wirklichkeit und, im Extremfall, die Fähigkeit zu denken selbst.«[41] Im Zustand der Weltlosigkeit befindet sich der Mensch daher aber auch im Zustand der Verlassenheit. Denn diese »[...] entsteht, wenn aus gleich welchen personalen Gründen ein Mensch aus dieser Welt hinausgestoßen wird oder wenn aus gleich welchen geschichtlich-politischen Gründen diese gemeinsam bewohnte Welt auseinanderbricht und die miteinander verbundenen Menschen plötzlich auf sich selbst zurückwirft.« (EU 977) Sprechen, Handeln und Weltbezug hängen bei Arendt also auf engste zusammen. »In *Vita activa* rückt Hannah Arendt das alltägliche In-der-Welt-sein mit anderen als Grundbedingung des Menschseins wieder ins Bewußtsein.«[42] Dies stellt Benhabib daher vollkommen zu Recht fest.[43] (vgl.: DTB1 214, 277, 284, 360, 374, 428, 522; DTB2 780–781; EU 694–697, 977–979)

Verstehen: Da sich der Mensch in der Welt zurechtfinden bzw. in diese einfinden muss, kommt, wie herausgearbeitet, dem Verstehen eine besondere Bedeutung zu, denn das Verstehen ist, so Arendt, »[...] die andere Seite des Handelns, d. h. die es begleitende Tätigkeit, durch die ich mich ständig mit der gemeinsamen Welt versöhne, in der ich als besonderes Wesen handle und ich mit dem versöhne, was immer geschieht.« (DTB1 316) Durch das Verstehen fügt sich das Besondere, das der Mensch ist, in das Allgemeine ein, das die gemeinsame Welt ist, in die jeder Mensch hineingeboren wird. Verstehen ist daher eine zentrale politische und eben auch existenzielle Tätigkeit. Arendt betont: »Der Sinn, mit dem ich das Gemeinsame wahrnehme, ist das Verstehen [...]« (DTB1 317), dessen Mittel der Gemeinsinn ist. Wichtig ist hierbei, dass Verstehen kein Sinnerzeugen ist, sondern ein Erzeugen von »Tiefe«; Verstehen ist also ein »Verwurzeln« bzw. »Wurzel-schlagen«. Mit dem Verstehen versöhnt sich der Mensch also mit der Realität. (vgl.: DTB1 317, 331–332, 451)

Wie deutlich geworden sein sollte, sind die zuvor explizierten zentralen Aspekte von Arendts Existenzphilosophie in den Ausführungen des vorherigen Teils zum Zusammenhang von Arendts politischer Theorie und Existenzphilosophie fundiert. Setzt man nun die zentralen Aspekte von Arendts Existenzphilosophie mit den von Möbuß herausgearbeiteten Charakteristika, Funktions- und Strukturelementen existenzphilosophischen Denkens in Beziehung, dann zeigt sich sehr deutlich, dass Arendt in der Tat immer auch existenzphilosophisch gedacht und philosophiert hat.

Charakteristika: Arendts Denken weist alle Charakteristika existenzphilosophischen Denkens auf, denn erstens thematisiert Arendt in ihren Werken unzweifelhaft immer wieder das Verhältnis zwischen Mensch und Welt, was ein zentrales Merkmal

---

41 Ebd. S. 123.

42 Benhabib, S.: *Hannah Arendt.* S. 175.

43 Vgl.: Bajohr, H.: *Dimensionen der Öffentlichkeit.* S. 38–42; Benhabib, S.: *Hannah Arendt.* S. 94; Jaeggi, R.: *Welt/Weltentfremdung.* S. 333–334.

existenzphilosophischen Denkens ist. Außerdem ist bei Arendt die zwischen der Selbst- und der Welterfahrung des Menschen Komplementarität vermittelnde Instanz mit dem Gemeinsinn und der Urteilskraft eindeutig zu identifizieren. Noch interessanter ist, dass die Existenzvergewisserung des Menschen in Arendts Existenzphilosophie genau so angenommen wird, wie Möbuß sie als typisch für existenzphilosophisches Denken beschreibt, nämlich in einer dreistelligen Relation zwischen reflektierendem Ich, Welterfahrung und Wahrnehmung bzw. Anerkennung durch den/die Anderen. Die menschliche Existenz wird also von Arendt ganz eindeutig in der dreistelligen Relation zwischen Introspektion, Welterfahrung und Spiegelung im Anderen gedacht und erfasst. Dabei entwickelt Arendt weder eine abstrakte Definition des Menschen, noch macht sie von einer solchen Gebrauch, denn sie behauptet, dass es nicht möglich ist, das Wesen des Menschen abschließend zu bestimmen. Sie schreibt diesbezüglich:

> [...] [Nichts] berechtigt uns [...] zu der Annahme, daß der Mensch überhaupt ein Wesen oder eine Natur im gleichen Sinne besitzt wie alle anderen Dinge. Sofern es aber wirklich so etwas wie ein Wesen des Menschen geben sollte, so ist zweifelslos, daß nur ein Gott es erkennen und definieren könnte. (VA 20)

Schließlich gehört es zu Arendts existenzphilosophischer Praxis, individuelles Sein kontextsensitiv zu reflektieren und hierzu das entsprechende Vokabular zu entwickeln. Aus anderen derartigen Projekten ragen beispielhaft u. a. das Varnhagen-Projekt und der Eichmann-Bericht und die hierbei entwickelten, z. T. kontroversen Begriffe »Paria« und »Banalität des Bösen« oder »Hanswurst« hervor. (vgl.: 3. Kapitel, 3. Teil)

Funktionselemente: Neben den Charakteristika gibt es zudem große Übereinstimmungen zwischen den Funktionselementen existenzphilosophischen Denkens, welche nachfolgend und im dritten Kapitel noch deutlicher herausgearbeitet werden. So benutzt Arendt, zur Darstellung des Menschen vor allem den mehrdeutigen und daher Klärungsbedürftigen Begriff »Selbst« und reflektiert bezogen auf den Begriff »Pluralität« intensiv das Verhältnis, in dem der Einzelne zur Allgemeinheit steht, um zu verstehen und zu zeigen, wie sich der Mensch zur Persönlichkeit bildet. Außerdem wird das Dasein der Menschen von Arendt durchaus in den Begriffen »Kontingenz«, »Freiheit« und »Transzendenz« beschrieben. Denn der kontingente und jeweils einzigartige Mensch handelt aus Freiheit, gibt sich dadurch zu erkennen und kann durch sein Denken seine Existenz transzendieren. Mit dem Handeln des Menschen sind bei Arendt schließlich teilweise direkt, teilweise indirekt, die Handlungsparameter »Wahl«, »Verantwortung«, »Schuld« und »Engagement« bzw. besser »Handeln«

verbunden.[44] Denn der Mensch ist ein frei Handelnder, der die Wahl hat, zu handeln oder dies zu unterlassen und der sich mit seinem Handeln im öffentlich-politischen Raum engagiert, indem er (politische) Prozesse in Gang setzt, deren Konsequenzen er aufgrund seines stets mangelhaften Wissens nicht abschließend überschauen kann, aber dennoch verantworten muss, weswegen er sich auch mit Schuld beladen kann, die jedoch durch das Verzeihen getilgt werden kann, indem es dem Handlungsprozess eine neue Richtung gibt. Verzeihen ist daher eng mit dem Handeln verbunden. (vgl.: DTB1 303–304, 312, 376)

Verbindungslinien: Hinsichtlich der Charakteristika und Funktionselemente gibt es also große Übereinstimmungen zwischen dem existenzphilosophischen Denken und Arendts Denken. Es überrascht daher schließlich nicht, wenn sich in Arendts Denken auch einige der von Möbuß beschriebenen Verbindungslinien wiederfinden, durch die es mit dem existenzphilosophischen Denken verbunden ist bzw. sich als solches ausweist. Es handelt sich dabei um die Verbindungslinien, die mit den Begriffen »Verstehen«, »Sein«, »Sprache«, »Verantwortung« und »Welt« bezeichnet werden. Dem Verstehen kommt in Arendts Denken, wie bereits erläutert, die zentrale Funktion zu, das In-der-Welt-sein jedes konkreten Menschen zu begreifen bzw. diesem begreiflich zu machen und ihn damit mit der Welt, sowohl der realen Welt als auch der von Menschen geschaffenen Zwischen-Welt, zu versöhnen, die er als seiner Existenz vorgegeben und nur in geringem Maße als durch ihn veränderlich erfährt. Dieser Verstehensintention entsprechend wird das Sein des Menschen von Arendt immer vom einzelnen Menschen her, von seinem Handeln und seinen damit verbundenden konkreten Erfahrungen in der Welt aus, analysiert. Das Sein des Menschen wird also nicht abstrakt, sondern im Kontext seiner Welt, dem Zwischen-Bereich zwischen Mensch und realer Welt, analysiert. Daher ist es Arendt zufolge notwendig, vor allem den Zwischen-Bereich in seinen vielfältigen Relationen zu analysieren und zu beschreiben. Der Sprache kommt dabei eine große Bedeutung zu, denn sie dient dem Menschen sowohl zur Welterkenntnis als auch zur Selbsterkenntnis als Persönlichkeit. Als frei Handelnder in der Welt ist der Mensch schließlich immer auch verantwortlich für die Resultate seines Handelns.

Arendts Denken ist mit dem existenzphilosophischen Denken auch insofern verbunden, als dass es durchaus darauf abzielt, den philosophischen Diskurs zu verändern, dies vor allem hinsichtlich der Begriffe und damit verbundenen philosophi-

---

44   Der Begriff »Engagement« und der damit bezeichnete existenzphilosophische Handlungsparameter stehen zuvorderst für wichtige Gehalte des Existenzialismus von Sartre und vor allem für die politische und literarische Praxis Sartres. Da sich Arendt vom Existenzialismus Sartres abgrenzt, ist dieser Begriff zur Charakterisierung ihres existenzphilosophischen Denkens nicht geeignet, sondern eher der Begriff »Handeln«. Dennoch korrespondieren beide Begriffe miteinander, u. a. weil Arendt in ihrer Handlungstheorie deutlich macht, dass Handeln eine politische Tätigkeit ist, die daher sicherlich in Verwandtschaft zum politischen Engagement Sartres steht. Vgl.: Kampits, P.: *Jean-Paul Sartre*. München: Beck 2004 (= *Beck'sche Reihe Denker*, Bd. 567). S. 18, 83–88.

schen Konzepte von »Welt«, »Freiheit«, »Handeln« oder »Macht«, was die nachfolgenden Ausführungen, insbesondere im dritten Kapitel noch deutlich zeigen werden.

Die bisher angestellten Überlegungen und damit dieses Kapitel beschließend, gilt es drei wichtige Erkenntnisse festzuhalten: Erstens ist darauf hinzuweisen, dass sich die zentrale fachphilosophische These dieser Forschungsarbeit sehr gut begründen lässt, da erstens der existenzphilosophische Gehalt der politischen Theorie, Philosophie und politisch-philosophischen Praxis Arendts in einem ersten Zugriff prägnant dargestellt werden kann und zweitens mit Bezug auf die Forschungsergebnisse von Möbuß klar nachweisbar ist, dass Arendt zur Recht als existenzphilosophische Denkerin gelten und gelesen werden kann. Sie findet sich, mit ihrem »[...] politik-theoretisch, anthropologisch orientierten Existenzialismus [...]«[45] daher folgerichtig auch auf Turnherrs Liste derjenigen Denker, die in näherer oder weiterer Verwandtschaft zum existenzphilosophischen Denken stehen, auch wenn sie sich klar vom existenziellen Subjektivismus abgrenzt, wie beispielsweise Kristeva betont. Arendts Bezug zu und ihre Abgrenzung vom existenzialistischen Denken überrascht wiederum insofern nicht, als dass besonders die deutsche Existenzphilosophie der zwanziger Jahre zu den Quellen von Arendts politischem Denken gehört.[46]

Im nachfolgenden dritten Kapitel werden nun die Erkenntnisse zur Existenzphilosophie und existenzphilosophischen Praxis Arendts, die durch die an sechs inhaltlichen Schwerpunkten orientierte existenzphilosophische Rezeption der politischen Theorie, Philosophie und politisch-philosophischen Praxis Arendts gewonnen wurden, vollumfänglich als existenziell-performative Hermeneutik Arendts dargestellt und erläutert. Zuvor sollen durch die nachfolgende Übersicht *Persönlichkeitsbildung in der Welt* die bisher herausgearbeiteten Inhalte und Zusammenhänge der Existenzphilosophie Arendts zusammenfassend dargestellt werden.

---

45   Schües, C.: *Aufgaben philosophischer Bildung: Theodor W. Adorno und Hannah Arendt.* In: Rehn, R. und Schües, C. (Hrsg.): *Bildungsphilosophie. Grundlagen. Methoden. Perspektiven.* Freiburg/München: Alber 2008 (= *Pädagogik und Philosophie,* Bd. 1). S. 141.

46   Vgl.: Benhabib, S.: *Hannah Arendt.* S. 11; Bluhm, H.: *Von Weimarer Existenzphilosophie zum politischen Denken. Hannah Arendts Krisenkonzept und ihre Auffassung politischer Erfahrung.* In: Thaa, W. und Probst, L. (Hrsg.): *Die Entdeckung der Freiheit. Amerika im Denken Hannah Arendts.* Berlin/Wien: Philo 2003. S. 70–75; Kristeva, J.: *Das weibliche Genie. I. Hannah Arendt.* Berlin/Wien: Philo 2001 (= *Das weibliche Genie. Das Leben, der Wahn, die Wörter. I. Hannah Arendt. II. Melanie Klein. III. Colette*). S. 342–343; Mommsen, H.: *Hannah Arendt und der Prozeß gegen Adolf Eichmann.* In: Arendt, H.: *Eichmann in Jerusalem. Ein Bericht von der Banalität des Bösen.* 15. Auflage. München/Zürich: Piper 2006. S. 39, 43; Turnherr, U. und Hügli, A.: *Lexikon Existenzialismus und Existenzphilosophie.* S. 12.

Übersicht: Persönlichkeitsbildung in der Welt
(vgl.: GD 204)

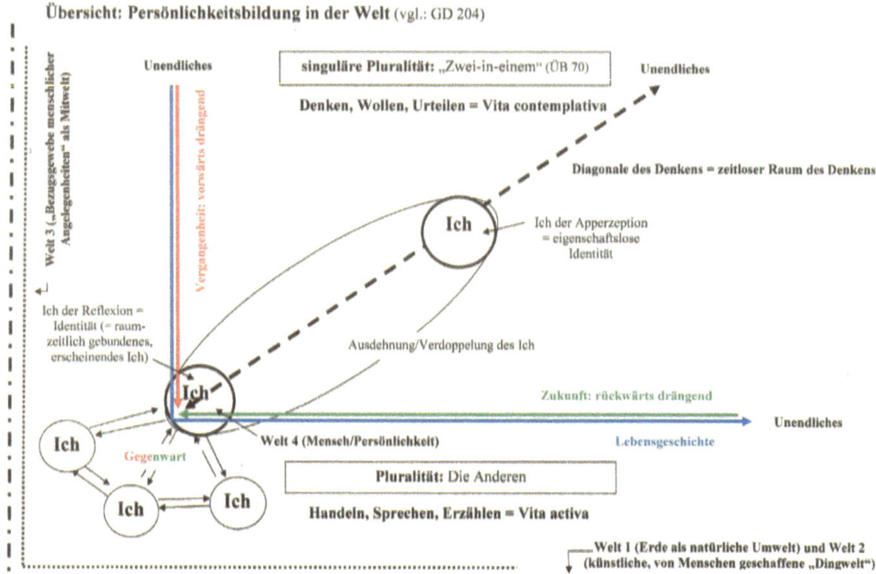

Drittes Kapitel: Existenziell-performative Hermeneutik

Ausgehend von der zuvor begründeten und auf inhaltliche Schwerpunkte festgelegten existenzphilosophischen Lesart der politischen Theorie, Philosophie und politisch-philosophischen Praxis Arendts, sollen die Ergebnisse derselben nachfolgend dargestellt und erläutert werden, um so Arendts Existenzphilosophie in Form der existenziell-performativen Hermeneutik als theoretische Grundlage bzw. als Quelle für die Transformation des Konzepts »Selbst-Er-forschend Philosophieren« zu explizieren. Hierdurch wird das erste Ziel dieser Forschungsarbeit erreicht und der Weg zum Erreichen des zweiten Ziels maßgeblich vorbereitet. (vgl.: 1. Kapitel, 1. Teil)

I. Begriffliches Werkzeug

Für eine existenzphilosophische Rezeption der politischen Theorie, Philosophie und politisch-philosophischen Praxis Arendts sind vor allem die im vorherigen zweiten Kapitel etablierten inhaltlichen Schwerpunkte leitend. Für die auf die Rezeption aufbauende Darstellung und Erläuterung der Existenzphilosophie und existenzphilosophischen Praxis Arendts ist dagegen ein geeignetes begriffliches Werkzeug vonnöten, dass durch die neueren Forschungsergebnisse zum Thema »personale Identität« bzw. »Philosophie der Person« bereitgestellt wird. Ausgehend von dem Begriff »Person«, sollen daher nachfolgend diejenigen zentralen Begriffe der Philosophie der Person und ihr jeweiliger Zusammenhang erläutert werden, die für die angestrebte Darstellung und Erläuterung der Existenzphilosophie und existenzphilosophischen Praxis Arendts besonders relevant sind.[1]

Der sich auf diese Weise gleichzeitig ergebenden Nachweis der Übereinstimmung der Gehalte der Arendt'schen Existenzphilosophie mit neueren Forschungsergebnissen zur Philosophie der Person kann zudem als weiteres Argument für die fachliche Begründung der Auswahl der Existenzphilosophie und existenzphilosophischen Praxis

---

1 Vgl.: Quante, M.: *Person.* 2. Auflage. Berlin/Boston: Walter de Gruyter 2012 (= *Grundthemen der Philosophie*); Sturma, D.: *Philosophie der Person. Die Selbstverhältnisse von Subjektivität und Moralität.* Paderborn: Schöningh 1997.

Arendts als Transformationsquelle für das Konzept Selbst-Er-forschend Philosophieren dienen. (vgl.: 1. Kapitel, 2. Teil)

1. Der Begriff »Person«

Dem Begriff der Person kommt in der Existenzphilosophie weder theoretisch noch praktisch eine große Bedeutung zu, so Pieper, denn er steht eher im Schatten der Begriffe »Existenz« und »Selbst«. Dennoch kann die Existenzphilosophie Pieper zufolge als eine Philosophie der Person gelesen werden, da der Begriff »Person« einen selbstgesteuerten Prozess der Selbstkonstitution durch individuelle Sinngebung beschreibt, in dem sich das Individuum mit der Welt vermittelt. Beschrieben wird also ein Prozess, der wesentliche Elemente existenzphilosophischen bzw. existenzialistischen Denkens, wie das der Selbstwahl oder das der Autonomie in sich integriert. Aus existenzphilosophischer bzw. existenzialistischer Sicht »[ist] »Person« [...] somit ein normativer Begriff, der Verpflichtungscharakter hat. Man kann nicht beliebig Person sein, aber man ist auch nicht unausweichlich gezwungen, Person zu sein.«[2] Auch Mohr betont, durchaus in Übereinstimmung mit Pieper, dass bedeutende Existenzphilosophen bzw. Existenzialisten wie Nietzsche, Jaspers, Sartre und Camus darin übereinstimmen, »[...] daß sie mit dem Begriff der Existenz, der mehr oder weniger deutlich, bei Heidegger jedoch gar nicht, an den Personbegriff zurückgebunden ist, ein normatives Konzept von Selbstsein, Eigentlichkeit, Autonomie und Selbsterschaffung vertreten und dabei in kulturkritischer Absicht alles uneigentliche, entfremdete Hingegebensein an äußere Lebensumstände aufs schärfste kritisieren.«[3] Existenzphilosophisches Denken kreist also um das Phänomen »Personalität« und damit um den Begriff »Person«.[4]

Wie bereits im zweiten Kapitel herausgearbeitet, drückt sich Arendts existenzphilosophisches Kernanliegen in ihrer Kernfrage der Politik aus. Mit Vorgriff auf dieses Kapitel wurde daher bereits im zweiten Kapitel klargestellt, dass es Arendt in existenzphilosophischer Sicht um die Bedingungen für das Entstehen und Erkennen des »identifizierbaren Charakters« eines Menschen und damit um die Bedingungen für die Bildung und Erkenntnis von Persönlichkeit geht. Wie die nachfolgenden Ausführungen zeigen werden, kreist daher Arendts existenzphilosophisches Denken ebenfalls um das Phänomen »Personalität«. Dies kann zum einen als weiteres Argument dafür angesehen

---

2　Pieper, A.: »Person« in der Existenzphilosophie. In: Sturma, D. (Hrsg.): Person. Philosophiegeschichte. Theoretische Philosophie. Praktische Philosophie. Paderborn: mentis 2001 (= ethica, Bd. 3). S. 165.

3　Mohr, G.: Einleitung: Der Personbegriff in der Geschichte der Philosophie. In: Sturma, D. (Hrsg.): Person. Philosophiegeschichte. Theoretische Philosophie. Praktische Philosophie. Paderborn: mentis 2001 (= ethica, Bd. 3). S. 34.

4　Vgl.: Ebd. S. 33–34; Pieper, A.: »Person« in der Existenzphilosophie. S. 143–166; Quante, M.: Person; Sturma, D. (Hrsg.): Person. Philosophiegeschichte. Theoretische Philosophie. Praktische Philosophie. Paderborn: mentis 2001 (= ethica, Bd. 3); Sturma, D.: Philosophie der Person.

werden, dass Arendts politischer Theorie, Philosophie und politisch-philosophischer Praxis eine Existenzphilosophie und existenzphilosophische Praxis inhärent sind, legt aber zum anderen der Darstellung und Erläuterung derselben die Verpflichtung auf, Arendts Begriff der Person, insbesondere hinsichtlich des Phänomens »Persönlichkeit«, genau auszudifferenzieren. Da dies im vorherigen Kapitel zum Zweck der dort entwickelten Argumentation nur ansatzweise geschehen ist (vgl.: 2. Kapitel, 1. und 2. Teil), ist es das Ziel der nachfolgenden Ausführungen, Arendts Begriff der Person mithilfe der Ergebnisse der neueren Forschungen zum Thema »personale Identität«, insbesondere der von Quante und Sturma, einer deutlichen Konturierung und Klärung zuzuführen, um so die angestrebte Darstellung der Existenzphilosophie und existenzphilosophischen Praxis Arendts auf diesen Begriff hin fokussieren zu können.

2. Bedingungen von Personalität

Lessing stellt fest, dass »[z]um traditionellen Begriff der Person [...] mehrere Bestimmungen [zählen], so vor allem, dass eine Person zunächst ein Individuum, ein Jemand und keine Sache ist.«[5] Darüber hinaus zeichnet sich eine Person durch Autonomie, Selbstbestimmung, Freiheit, Rationalität und Reflexivität, Verantwortung, Menschenwürde und Menschenrechte aus.[6] Bereits aus dieser Aufzählung der für das Personsein bedeutenden Eigenschaften, Fähigkeiten sowie mit diesen verbundenen Rechten wird deutlich, dass der Begriff der Person nicht nur in unserer Lebenswelt, sondern auch in vielen wissenschaftlichen Disziplinen, »[...] z. B. in Philosophie, Recht oder Religion eine herausragende Bedeutung hat.«[7] Im Fall der Philosophie stellt er beispielsweise einen »Knotenpunkt« klassischer philosophischer Fragestellungen dar, wie der nach der Begründung menschlicher Freiheit oder nach dem Verhältnis von Leib und Seele, so dass sich Sturma zufolge im Rahmen einer Philosophie der Person wichtige Forschungsergebnisse der theoretischen und praktischen Philosophie miteinander verbinden lassen. Da die inhaltliche Vielschichtigkeit der Philosophie der Person schnell zu einer terminologischen und semantischen Unklarheit bezüglich des Begriffs der Person führen kann, ist es sinnvoll, mit den Forschungsergebnissen

---

5　Lessing, H.-U.: *Person. Anmerkungen zu einem grundlegenden Begriff.* In: ZDPE 4/2009. S. 253.

6　Struma beschreibt das semantische Feld des Person-Begriffs in ähnlicher Weise, aber umfassender wie folgt: »Subjekt, Mensch, Körper, Seele, Subjektivität, Emotivität, Bewußtsein, Selbstbewußtsein, Erfahrung, Urteil, Kreativität, Identität, Individualität, Eigenheit, Sprache, Bildung, Lebensform, Selbstzweck, Intersubjektivität, Wille, Sorge, Wünsche zweiter Stufe, Moralität, Zurechenbarkeit, Verantwortung, Würde, Handlung, Autonomie, Lebensplan, Recht, Politik und Kultur.« Sturma, D.: *Person und Menschenrechte.* In: Sturma, D. (Hrsg.): *Person. Philosophiegeschichte. Theoretische Philosophie. Praktische Philosophie.* Paderborn: mentis 2001 (= *ethica*, Bd. 3). S. 341.

7　Quante, M.: *Person.* S. 4.

von Quante, einige wichtige Unterscheidungen vorzunehmen, die das nachfolgend zu bearbeitende thematische Feld genau eingrenzen und auf das zentrale Ziel, die Ausdifferenzierung und Konturierung des von Arendt verwendeten Begriffs der Person, ausrichten.[8]

Differenzierungen und Eingrenzungen: Ausgangspunkt für die Differenzierung und Eingrenzung des thematischen Feldes ist die Festlegung, dass es im Folgenden um Menschen, also um das »Personsein des Menschen« bzw. um die »Identität menschlicher Personen« geht, da genau diese im Fokus von Arendts existenzphilosophischem Anliegen liegt. (vgl.: 2. Kapitel, 1. Teil) Hierauf aufbauend kann dann mit Quante bezüglich des Begriffs der »Identität« weiter zwischen a) numerischer, b) qualitativer, c) synchroner bzw. diachroner sowie d) narrativer bzw. biografischer Identität unterschieden werden. Bei der qualitativen Identität, Quante benutzt für diese den Begriff »Personalität«, geht es um die Frage, unter welchen Bedingung bzw. aufgrund welcher Eigenschaften und Fähigkeiten eine Entität zur Klasse der Personen gehört. Kann eine Entität begründet zur Klasse der Personen gezählt werden, dann kann mit der Frage nach der synchronen bzw. diachronen Identität die Zeitlichkeit des Personseins thematisiert werden, indem die Bedingungen für die synchrone und diachrone Einheit der Person gesucht und angebenden werden. Schließlich kann bezüglich einer Entität, die zu der Klasse der Personen gehört, nach deren narrativer bzw. biografischer Identität gefragt werden, das ist ihr »evaluatives Selbstverhältnis«, das Quante mit dem Begriff »Persönlichkeit« beschreibt. Da Arendts Existenzphilosophie und existenzphilosophische Praxis um das Phänomen »Persönlichkeit« kreist, sind Quantes diesbezügliche Erkenntnisse für die Darstellung und Erläuterung derselben besonders relevant. Quantes Unterscheidungen machen darüber hinaus aber eines ganz deutlich, nämlich, »[...] dass *die* »Identität« der Person ein komplexes Phänomen ist, welches aus der Balance gerät, wenn die üblichen Standardbedingungen ausfallen, die für das gewohnte Zusammenspiel der verschiedenen Komponenten [gemeint ist die qualitative, synchrone, diachrone und narrative/biografische Identität; Anm. S. G.] sorgen.«[9] Aufgrund des mit ihnen möglich werdenden hohen Differenzierungsgrades bieten sich Quantes Unterscheidungen bezüglich der Frage nach den Bedingungen von personaler Identität also an, um Arendts Begriff der Person zu konturieren.[10]

Qualitative Identität: Bei der Beantwortung der Frage nach der Person gilt es zunächst zu klären, aufgrund welcher Eigenschaften und Fähigkeiten eine Entität zur

---

8   Vgl.: Lessing, H.-U.: *Person.* S. 253; Quante, M.: *Person.* S. 4–6; Sturma, D.: *Philosophie der Person.* S. 1–43.

9   Quante, M.: *Person.* S. 12.

10   Vgl.: Ebd. S. 1–16; Sturma, D.: *Philosophie der Person.* S. 39–45.

Klasse der Personen gehört.[11] Es geht also darum, die Bedingungen von Personalität im Sinne qualitativer Identität zu bestimmen. Da die Klärung der Frage nach den Bedingungen von Personalität in der Regel zu starken ethischen Kontroversen führt, verwendet Quante den Begriff der Person aus theoriestrategischen Erwägungen zum Zweck der Klärung der »person-making characteristics« ausschließlich deskriptiv-sortal. Quante unterscheidet dabei mit Bezug auf Dennett erstens zwischen interdependenten und notwendigen und zweitens zwischen interdependenten und hinreichenden Bedingungen von Personalität. Zur ersten Gruppe gehören die Bedingungen, dass eine Person a) rational, b) Subjekt propositionaler Einstellungen und c) Objekt einer spezifischen Einstellung sein muss. Zur zweiten Gruppe gehören dagegen die Bedingungen, dass eine Person a) spezifische Einstellungen erwidern kann, b) mit anderen Personen kommunizieren kann und c) über ein Selbstbewusstsein sowie ein aktivistisches und evaluatives Selbstverhältnis verfügt. Zu beachten ist, dass diese Liste, so Quante, eine unabgeschlossene Liste ist. Wenn man die ersten drei Bedingungen für Personsein voraussetzt, dann folgt daraus, dass

[...] nur solche Entitäten Personen sein [können], die von anderen als Subjekte propositionaler Einstellungen erkannt und anerkannt werden können. Dazu müssen diese Entitäten Objekte einer spezifischen verstehenden oder interpretierenden Einstellung sein; ihre propositionalen Zustände müssen dabei so miteinander und dem Verhalten dieser Entitäten verbunden sein, dass Rationalitätsprinzipien als Leitfaden der verstehenden Interpretation sinnvoll und erfolgreich eingesetzt werden können.[12]

Wichtig ist, hier kommt die zweite Gruppe, die der hinreichenden Bedingungen, ins Spiel, dass eine Entität auch in der Lage ist, a) sich selbst als Objekt einer verstehenden oder interpretierenden Einstellung zu begreifen bzw. zu erkennen und b) eine solche Einstellung auch erwidern, sich also auf andere Entitäten in ähnlicher Weise beziehen kann. Es geht somit darum, dass eine Entität, um eine Person sein zu können, eine explizit reflexive Einstellung zu sich selbst haben muss. Dass wir eine solche Einstellung besitzen bzw. »[...] Subjekte höherstufiger propositionaler

---

11 Mit dieser Frage setzt sich auch Nussbaum bezogen auf die Frage nach der personalen Identität auseinander, indem sie sich fragt, »[...] [w]elche Formen des Tuns und Seins [...] die menschliche Lebensform [konstituieren] und [...] sie von anderen tatsächlichen oder vorstellbaren Lebensformen wie denen von Tieren und Pflanzen einerseits und von den unsterblichen Göttern der Mythen und Legenden andererseits ab[heben] [...]« [Nussbaum, M. C.: *Gerechtigkeit oder Das gute Leben*. 8. Auflage: Frankfurt am Main: Suhrkamp 2014 (= *Gender Studies. Vom Unterschied der Geschlechter; Edition Suhrkamp*, Bd. 739). S. 187.] und diesbezüglich eine Liste aufstellt, die die typisch menschlichen Fähigkeiten Tätigkeiten aufführt. Vgl. Ebd. S. 187 ff.

12 Quante, M.: *Person*. S. 27.

Einstellungen sind [...]«[13], teilen wir anderen durch Kommunikation mit, weswegen Kommunikationsfähigkeit eine weitere wichtige Bedingung für Personsein ist. Diese Bedingung impliziert, so Quante, schließlich die sechste Bedingung, die fordert, dass eine Entität, die eine Person ist, über Selbstbewusstsein verfügt und, das ist gerade für diese Forschungsarbeit zentral, dass sie auf der Grundlage dieses Selbstbewusstseins »[...] zu sich und seinen eigenen propositionalen Einstellungen eine bewertende, gegebenenfalls begründende oder rechtfertigende, möglicherweise aber auch eine selbstkritische Haltung einnehmen kann [...]«[14], um Kohärenz und Konsistenz unter ihren propositionalen Einstellungen erzeugen zu können und um deshalb zu Recht als Person angesehen werden zu können. Die entscheidende Quintessenz hieraus ist: »[...] Personen verhalten sich zu sich selbst [...]«[15], wie Gabriel in Übereinstimmung mit Quante betont. Folgt man Letzterem, dann ist für das Personsein also besonders wichtig, dass eine Entität eine »[...] erstpersönliche propositionale Einstellung zweiten Grades [...]«[16] einnehmen kann. Die sechste Bedingung macht zudem deutlich, dass es für Personsein notwendig ist, dass eine derartige Entität ein Bewusstsein ihrer zeitlichen Ausgedehntheit (Biografie) hat und in einem Interpretations- und Anerkennungsverhältnis zu anderen Personen steht. Folgt man Quante bis hierher, dann ist ihm zuzustimmen, wenn er den Begriff der Person als einen »Bündelbegriff« definiert, der »[...] eine offene Liste von konstitutiven Kriterien für Personalität enthält [...].«[17] Zudem sollte darauf hingewiesen werden, dass die von Quante etablierten Bedingungen von Personalität graduierbar sind. Da mit dem Personsein zudem das Persönlichkeitsein verbunden ist, kommt Quante zu dem Schluss, dass auch Persönlichkeit graduierbar ist.[18]

Synchrone und diachrone Identität: Bevor die für diese Forschungsarbeit wichtigen Erkenntnisse Quantes zur Persönlichkeit und damit zur narrativen bzw. biografischen Identität einer Person dargelegt werden, sollen zunächst die ebenfalls hierfür bedeutsamen Erkenntnisse Quantes bezüglich der Frage nach der synchronen und diachronen Identität dargestellt werden. Quante kommt bezüglich der Frage nach den Bedingungen dafür, dass es sich bei einer Entität sowohl zu einem (synchrone Perspektive) als auch zu zwei verschiedenen Zeitpunkten (diachrone Perspektive) um genau eine Person handelt, zunächst zu einem skeptischen Ergebnis, weil er nicht davon ausgeht, dass sich derartige Bedingungen aus dem Begriff der Person gewinnen lassen. Er schlägt daher einen anderen, und zwar biologischen Ansatz vor, indem er

---

13   Ebd. S. 28.
14   Ebd. S. 29.
15   Gabriel, M.: *Warum es die Welt nicht gibt.* 4. Auflage. Berlin: Ullstein 2013. S. 206.
16   Quante, M.: *Person.* S. 29.
17   Ebd. S. 33.
18   Vgl.: Ebd. S. 17–34.

behauptet, dass sich die Bedingungen für die Einheit menschlicher Personen vielmehr aus dem Begriff des Menschen herleiten lassen. Einen ähnlichen Ansatz scheint im Übrigen auch Nussbaum zu verfolgen.[19] »Die Grundidee des biologischen Ansatzes ist es, nicht mehr nach den Einheitsbedingungen für Personen *als solche* zu suchen, sondern [...] die Einheitsbedingungen für *menschliche* Personen zu ermitteln.«[20] Quante fragt also danach, worin die synchrone und diachrone Einheit, er spricht diesbezüglich von Persistenz, von menschlichen Organismen besteht und kommt zu dem Ergebnis, dass »[...] die Persistenzbedingungen für menschliche Personen von den biologischen Gesetzmäßigkeiten festgelegt [werden], die für Mitglieder der Spezies Mensch einschlägig sind.«[21] Die Bedingungen für menschliche Persistenz werden daher aus der Beobachterperspektive gewonnen. Eine derselben ist z. B. »[...] die kausale Kontinuität eines organisierten Leibes, dessen materielle Bestandteile ausgetauscht werden können, ohne die Persistenz des Organismus zu gefährden.«[22] Wesentlich für die Persistenz einer menschlichen Person ist aber auch ein Gehirn, das als funktional bestimmtes und auf den Gesamtorganismus hin organisiertes Organ verstanden wird, so Quante. Wenn die Persistenz menschlicher Personen derart an den menschlichen Organismus gebunden ist, dann hört mit dem biologischen Ende desselben auch die menschliche Person und die damit verbundene Persönlichkeit auf zu existieren. Quante kommt damit zu der auch in Bezug auf Arendts Begriff der Person wichtigen Erkenntnis, dass man zwischen Menschsein und Personsein (und damit Persönlichkeitsein) klar unterscheiden muss und dass ersteres nicht mit letzterem identisch ist.[23] Vielmehr gilt: »Ein menschlicher Organismus kann weiterexistieren, auch wenn er aufhört, eine Person zu sein.«[24] Aber: Eine menschliche Person bzw. Persönlichkeit kann nicht ohne einen menschlichen Organismus existieren und somit hängen gerade diejenigen menschlichen Fähigkeiten, die wichtig für die Ausbildung einer Persönlichkeit sind, wie Erinnern, Antizipieren oder Rationalität, von »[...] biologischen Funktionen als Ermöglichungsbedingungen [...]«[25] ab, lassen sich aber nicht auf diese reduzieren. Der menschliche Organismus ist also die »[...] Reali-

---

19 Vgl.: Nussbaum, M. C.: *Gerechtigkeit oder Das gute Leben*. S. 187 ff.

20 Quante, M.: *Person*. S. 105.

21 Quante, M.: *Menschliche Persistenz*. In: Sturma, D. (Hrsg.): *Person. Philosophiegeschichte. Theoretische Philosophie. Praktische Philosophie*. Paderborn: mentis 2001 (= *ethica*, Bd. 3). S. 250.

22 Quante, M.: *Menschliche Persistenz*. S. 250.

23 Entgegen dieser wichtigen Unterscheidung werden nachfolgend die Begriffe »Mensch« und »Person« synonym verwendet. Das bedeutet vor allem für den Begriff »Mensch«, dass mit diesem ein Wesen bezeichnet wird, das schon oder noch Person ist. Die synonyme Verwendung beider Begriffe ist bezogen auf diese Forschungsarbeit unproblematisch, weil sie nicht auf die Unterscheidung zwischen menschlichen Wesen und menschlichen Personen ausgerichtet ist, sondern sich mit der Frage nach den Bedingungen für Persönlichkeit beschäftigt und sich daher grundsätzlich nur auf Wesen bezieht, die die Bedingungen für Personalität erfüllen.

24 Quante, M.: *Person*. S. 114.

25 Ebd. S. 106.

sationsbasis für Personalität und Persönlichkeit [...]«[26], die sich, so Quante, nicht durch eine »naturalistische Konzeption« erfassen lassen. Insofern ermöglicht es der biologische Ansatz u. a. »[...] die sowohl in der Auseinandersetzung um die Identität der Person wie auch in der Philosophie des Geistes beobachtbare Fixierung auf das Gehirn aufzulösen.«[27] Wenn also der menschliche Organismus die Voraussetzung für Personalität und Persönlichkeit ist, dann entspricht dieser Ansatz zudem der mehrheitlich geteilten Intuition, die Quante zufolge darin besteht, Menschsein und Personsein bei Fragen nach der personalen Identität gleichzusetzen, auch wenn diesbezüglich, wie zuvor dargelegt, genauer differenziert werden muss.[28]

Narrative bzw. biografische Identität: Es wurde bereits festgestellt, dass das Personsein mit dem Persönlichkeitsein eng verbunden ist, und dass die »Realisationsbasis« von beidem der menschliche Organismus ist. Besonders relevant für die Rekonstruktion von Arendts Begriff der Person, insbesondere hinsichtlich ihres existenzphilosophischen Kernanliegens ist nun die Frage, was die Bedingungen für Persönlichkeitsein sind. Denn – zur Erinnerung – Arendt geht es in ihrer Existenzphilosophie wesentlich darum, eine Antwort auf die Frage zu finden, was die Bedingungen für Persönlichkeitsbildung und -erkenntnis sind. (vgl.: 2. Kapitel, 1. Teil) Bezüglich der Persönlichkeit, also der Frage nach der narrativen bzw. biografischen Identität eines Menschen stellt Quante fest:

> [a; Zusatz S. G.] Persönlichkeit als individuelle Ausgestaltung der Personalität ist [b; Zusatz S. G.] eine komplexe und dynamische Eigenschaft von menschlichen Organismen, die durch [c; Zusatz S. G.] Eigenschaften und Dispositionen des jeweiligen menschlichen Individuums sowie [d; Zusatz S. G.] des sozialen Umfeldes konstituiert wird. Die interne Struktur dieser Persönlichkeit lässt Veränderungen zu, die zum einen als [e; Zusatz S. G.] aktivistisches Selbstverhältnis des menschlichen Individuums begreifbar und zum anderen [f; Zusatz S. G.] als *Biografie* nachvollziehbar sein müssen.[29]

Laut Quante ist also [a] die Persönlichkeit eines Menschen zwar von dem Personsein desselben klar zu unterscheiden, dennoch ist die Persönlichkeit eine »individuelle Ausprägung« des Personseins. Die Persönlichkeit wird demnach [c und e] von einem Individuum aktiv gestaltet, und zwar unter Bezug auf seine individuellen Eigenschaften und Dispositionen. Außerdem hängt [b] sowohl das Personsein als auch die damit verbundene Persönlichkeit wesentlich vom Menschsein bzw. von den Eigenschaften

---

26 Quante, M.: *Menschliche Persistenz.* S. 252.
27 Ebd. S. 252.
28 Vgl.: Ebd. S. 223–257; Quante, M.: *Person.* S. 8, 103–114; Sturma, D.: *Person und Menschenrechte.* S. 342–343.
29 Quante, M.: *Person.* S. 155.

und Fähigkeiten menschlicher Organismen ab. Dies weist zudem darauf hin, »[...] dass Personalität und Persönlichkeit irreduzible Merkmale menschlicher Personen sind.«[30] Wichtig ist zudem, dass die Konstitution der Persönlichkeit nicht nur von der Aktivität des Individuums und seinen biologisch fundierten Eigenschaften und Fähigkeiten abhängt, sondern [d] auch von dem jeweiligen sozialen Umfeld, sprich von der Erkennung und evaluativen Anerkennung als Person durch andere Personen. Die Bedeutung wechselseitiger Erkennungs- und Anerkennungsverhältnisse hebt im Übrigen auch Sturma hervor, wenn er betont, dass Personen durch das Verständnis der Verhaltensweisen anderer Personen in die Lage versetzt werden, sich selber besser zu verstehen. In gleicher Absicht betont im Übrigen auch Gabriel, dass [...] wir auch von anderen erfahren [können], wer wir eigentlich selbst sind, weil ein großer Teil unserer Persönlichkeit aus unserer Einstellung zu anderen in entfremdeter Form auf uns selbst zurückstrahlt.«[31] In diesem Sinne lässt sich daher »[...] die Struktur der Persönlichkeit als ein hermeneutisches Zusammenspiel von Ich und Wir [...] begreifen.«[32] Hiermit verbunden ist schließlich [e] der Umstand, dass sich eine Persönlichkeit dadurch auszeichnet, dass sie sich mit sich selbst identifizieren kann, also eine emphatisch-evaluative Einstellung zu sich selbst einnehmen kann, die es ihr ermöglicht, sich in sich selbst hineinzuversetzen und einen vergangenen, gegenwärtigen oder zukünftigen Zustand seiner selbst, z. B. mit Blick auf eine individuelle oder gesellschaftlich geteilte Vorstellung von einem gelingenden bzw. guten Leben bewerten zu können. Nicht zuletzt deswegen zeichnet es eine Persönlichkeit aus, dass sie ihr Leben ausgehend von einem normativ relevanten und kohärenten Selbstkonzept aktiv handelnd im Sinne einer möglichst autonomen bzw. selbstbestimmten Lebensgestaltung führt. Dies erfordert es von einer Persönlichkeit, sich reflexiv-wertend zu ihren Wünschen zu verhalten, was wiederum mit Bezug auf Fenners Forschungsergebnisse zum guten Leben bedeutet, eigene Wünsche besonders hinsichtlich ihres »Subjektbezuges«, ihrer »Informiertheit und Aufgeklärtheit«, ihrer »Nicht-Neurotizität«, der »Adäquatheit der zugrunde liegenden Werturteile« und ihrer »Bewertung und Ordnung« zu analysieren und zu reflektieren. Dementsprechend lässt sich Persönlichkeit auch als eine möglichst kohärente reflexive Struktur von willensbestimmenden und damit handlungsleitenden

---

30 Ebd. S. 140.
31 Gabriel, M.: *Warum es die Welt nicht gibt.* S. 207.
32 Quante, M.: *Person.* S. 138.

Volitionen, Wünschen zweiter und erster Ordnung beschreiben.[33] Da sich diese Struktur verändern oder im Fall von bestimmten Krankheiten oder Unfällen (bspw. Demenz oder Koma) zerstört werden kann, kann es vorkommen, dass sich die Persönlichkeit eines Menschen im Laufe seines Lebens verändert oder dass er seine Persönlichkeit sogar ganz verliert, ohne deshalb als Mensch aufzuhören zu existieren. Die Persönlichkeit, die von Quante daher als nicht-konstitutive Eigenschaft von Menschen beschrieben wird, ist schließlich [f] für andere Personen bzw. Persönlichkeiten durch die Beschreibung der Lebensgeschichte der jeweiligen Persönlichkeit, also in Form ihrer Biografie erkennbar und verstehbar. Dass dies gerade bezogen auf Arendts Begriff der Person von besonderer Bedeutung ist, haben bereits die Ausführungen im zweiten Kapitel gezeigt.[34]

Identitätsbedingungen für Persönlichkeit: Quante zufolge lassen sich ausgehend von den vorherigen Bestimmungen die Identitätsbedingungen für Persönlichkeit genauer angeben. Zentrales Kriterium für die Beurteilung, ob eine menschliche Person eine ihr eigentümliche Persönlichkeit herausgebildet hat, ist das Vorhandensein einer aktiv hervorgebrachten biografischen Kohärenz. Damit wird dem aktivistischen und evaluativen Selbstverhältnis, durch das sich eine Persönlichkeit auszeichnet, ein hoher Stellenwert unter den Eigenschaften von Persönlichkeit zugweisen, denn dieses zeichnet sich vor allem durch biografische Kohärenz aus. Biografische Kohärenz wiederum wird einerseits durch die aktivistischen und evaluativen Fähigkeiten (bspw. Rationalität bei der Bewertung von Wert- und Wunschvorstellungen etc.) einer Person erzeugt und andererseits durch die zeitliche Ausdehnung des menschlichen Lebens strukturiert. Biografische Kohärenz kann daher auch als die Lebensgeschichte bzw. die Biografie einer Person verstanden werden. Diese verleiht dem Leben einer Person einen Sinn und macht sie für andere Personen als Persönlichkeit erkenn- und verstehbar. Wenn man die »[...] Biografie [einer Person] als Ausdruck und Produkt der jeweils eigenen Wunsch- und Wertvorstellungen des jeweiligen Individuums [...] begreifen [...]«[35] kann, dann kann man diese als die eigene bzw. selbst erzeugte Lebensgeschichte der Person verstehen. Folglich kann auch der durch die Lebensgeschichte erzeugte Lebenssinn als selbst erzeugt gelten. Diesbezüglich sollte man Quante zufolge jedoch nicht von dem Ideal des absolut unabhängigen und unbeein-

---

33 Der Unterschied zwischen Wünschen zweiter Stufe und Volitionen liegt darin, dass sich Erstere auf Wünsche erster Stufe vor allem allgemein, also situations- bzw. zeitpunktunabhängig beziehen, wohingegen sich Letztere auf Wünsche erster Stufe in dem Sinne beziehen, dass man sich wünscht, dass ein bestimmter Wunsch erster Stufe in einer bestimmten Situation bzw. zu einem bestimmten Zeitpunkt willensbestimmend und damit handlungswirksam wird. Frankfurt zufolge können nur Menschen Wünsche zweiter Stufe und Volitionen herausbilden. Vgl.: Quante, M.: *Person.* S. 151–152; Fenner, D.: *Das gute Leben.* Berlin: Walter de Gruyter 2007 (*Grundthemen der Philosophie*). S. 67–69.

34 Vgl.: Ebd. S. 61–80; Quante, M.: *Person.* S. 135–157; Sturma, D.: *Philosophie der Person.* S. 305–315.

35 Quante, M.: *Person.* S. 161.

flussten Selbstentwurfs ausgehen, wie dies manche Existenzialisten tun, z. B. Sartre. Die Erzeugung der eigenen Lebensgeschichte steht also nicht unter der Bedingung der Originalität. Wichtig ist eher, dass eine Person ihre Lebensgeschichte selbst erzeugt und nicht, dass diese möglichst originell bzw. einzigartig ist. Wichtig ist aber auch, dass sich die Lebensgeschichte einer Person durch eine möglichst große Kohärenz auszeichnet. Kohärent ist die Lebensgeschichte bzw. die Biografie einer Person, wenn sich ihr System von Überzeugungen, Wunsch- und Wertvorstellungen in einem möglichst stimmigen Gleichgewicht befindet. Zu beachten ist diesbezüglich, dass aus der Feststellung der Graduierbarkeit des Personseins und des damit eng verbundenen Persönlichkeitsseins folgt, dass es sich ebenso mit der biografischen Kohärenz verhält. Lebensgeschichten bzw. Biografien können folglich unterschiedlich kohärent sein bzw. müssen nicht absolut kohärent sein, um die Zuschreibung von Persönlichkeit zu rechtfertigen. Allerdings gibt es eine Kohärenzschwelle, »[...] die nicht unterschritten werden darf, ohne dass wir aufhören würden, dem fraglichen Individuum noch eine Persönlichkeit zuzuschreiben [...].«[36] Zudem ist einschränkend zu beachten, so Quante, dass man bei der Beurteilung der Wunsch- und Wertvorstellungen keinen idealen, sondern einen realistischen Anspruch an Rationalität voraussetzt. Das heißt, dass sich nicht alle Wünsche und Wertvorstellungen völlig widerspruchsfrei zueinander verhalten müssen, um ein kohärentes System zu bilden, was faktisch so gut wie nie der Fall und damit unrealistisch ist. Biografische Kohärenz muss also aktiv erzeugt werden, indem Wunsch- und Wertvorstellungen in ein möglichst kohärentes System gebracht werden. Hierfür ist das evaluative Selbstbild einer Person entscheidend, da es sich auf die jeweilige Vergangenheit, Gegenwart und Zukunft der Person bezieht und der entscheidende Kontenpunkt ist, an dem das bisher realisierte Selbstbild (Erinnern), das gegenwärtig realisiert werdende Selbstbild (Realisieren) und das zukünftig zu realisierenden Selbstbild (Antizipieren) möglichst stimmig miteinander verknüpft werden. Da es unsere lebensweltliche Erfahrung ist, dass sich die Persönlichkeit einer Person im Laufe seines Lebens mal mehr mal weniger stark verändert, also in der Regeln nicht statisch sondern dynamisch ist, gehören zur Kohärenzerzeugung u. a. Prozesse der Analyse, Deutung, Rechtfertigung oder Umdeutung etc. Diese sind notwendig, da das eigene Selbstbild stetig neu analysiert werden muss, um es stimmig mit vergangen und möglichen zukünftigen Selbstbildern verbinden zu können.[37] Die kohärenzerzeugenden Prozesse werden jedoch nicht von einer Person in der puren Einsamkeit der zurückgezogenen Selbstreflexion vollzogen, sondern sie vollziehen sich wesentlich auch im kommunikativen Raum der zwischenmenschlichen

---

36 Ebd. S. 161.

37 Quante weist darauf hin, dass gerade bei psychischen Erkrankungen, wie z. B. Schizophrenie, die biografische Kohärenz massiv gestört ist, weil Personen sich nicht mehr mit ihren gegenwärtigen oder vergangenen mentalen und körperlichen Zuständen identifizieren können. Vgl.: Quante, M.: *Person.* S. 171–175.

Interaktion, also in Interpretations- und Anerkennungsrelationen.[38] Biografische Kohärenz ist also nach Quante auch das Produkt eines von anderen wahrnehmbaren aktiven Zu-sich-Verhaltens, also eines möglichst autonomen evaluativen Selbstverhältnisses, das sich durch das ständige Bemühen auszeichnet, die eigenen mentalen und körperlichen Zustände (Überzeugungen, Wünsche, Gefühle etc.) in ein stimmiges Selbstbild zu integrieren, das die synchrone und diachrone Identifikation mit diesen ermöglicht und dessen Entwicklung nach außen hin als Biografie bzw. Lebensgeschichte erkennbar und verstehbar ist. Wenn daher z. B. MacIntyre feststellt, dass »[d]ie persönliche Identität [...] also gerade die Identität [ist], die durch die Einheit des Charakters vorausgesetzt wird, die die Einheit einer Erzählung fordert [...]«[39], dann kommt er damit offensichtlich bezüglich des Phänomens »Persönlichkeit« zu einer ähnlichen Erkenntnis wie Quante.[40]

Evaluatives Selbstverhältnis: Besonders relevant für die Persönlichkeitsbildung ist also das evaluative Selbstverhältnis. Dieses lässt sich mit Sturmas Überlegungen zur menschlichen Lebensform und zum Lebensplan einer Person in einigen relevanten Hinsichten weiter vertiefen. Wichtig ist diesbezüglich, dass Sturma ebenso wie z. B. auch Nida-Rümelin davon ausgeht, dass Personen sowohl im »Raum rationaler und moralischer Gründe« als auch im sozialen bzw. interpersonalen Raum zwischenmenschlicher Interaktion anwesend sind und dass sie in der Lage sind, handelnd, also »[...] als *Subjekt* reflektierter und praktischer Selbstverhältnisse die *Welt der Ereignisse* zu verändern [...].«[41] Dies geschieht vor allem durch vernünftige Selbstbestimmung, die durch ein faktisch vorhandenes Vernunftpotenzial bei Personen möglich wird. Praktisch wird die Vernunft in Form vernünftiger Selbstbestimmung durch den Lebensplan, der auf das gute oder vernünftige Leben abzielt, so Sturma. »Der vernünftige Lebensplan ist [daher] der Fluchtpunkt einer nach Grundsätzen der praktischen Vernunft rechtfertigungsfähigen Lebensführung.«[42] Durch den Lebensplan wird folglich der Raum der Gründe, in dem die Person präsent ist, mit dem sozialen Raum, in dem sie interagiert, verschränkt. Denn »[...] die im vernünftigen Lebensplan enthaltenden Hierarchisierungen [...] bringen die kurz-, mittel- und langfristigen Handlungsziele genauso in einen Zusammenhang wie die Vielzahl der Entscheidungs-

---

38 Biografische Kohärenz setzt Einflussnahme durch andere voraus, jedoch ist zu klären, so Quante, wie viel Einflussnahme der personalen Autonomie, die von der biografischen Kohärenz zu unterscheiden ist, abträglich ist. Personale Autonomie weist sicherlich, so Quante, eine temporal-kausale, eine temporal-biografische und eine soziale Dimension auf. Vgl. Ebd. S. 165–167.

39 MacIntyre, A.: *Der Verlust der Tugend. Zur moralischen Krise der Gegenwart.* 6. Auflage. Frankfuhrt am Main: Suhrkamp 2014 (= *suhrkamp taschenbuch wisssenschaft*, Bd. 1193). S. 291; Thomä diskutiert McIntyres Ansatz ausführlich, nachzulesen in: Thomä, D.: *Erzähle dich selbst. Lebensgeschichte als philosophisches Problem.* 2. Auflage. Berlin: Suhrkamp 2015 (= *suhrkamp taschenbuch wisssenschaft*, Bd. 1817). S. 83–121.

40 Vgl.: Fenner, D.: *Das gute Leben.* S. 67–69; Quante, M.: *Person.* S. 114, 135–177.

41 Sturma, D.: *Philosophie der Person.* S. 296.

42 Ebd. S. 299.

situationen, die sich sowohl in ihrer Wertigkeit für das Ganze des Lebens als auch in ihrer erlebten Dringlichkeit stark unterscheiden.«[43] Da der Lebensplan Sturma zufolge einen formalen Charakter hat bzw. inhaltlich nicht festgelegt ist, jedoch inhaltliche Beliebigkeit ausschließt, kann man mit Fenner konkretisieren, dass der Lebensplan durch das jeweilige »normative Selbst« einer Person konkret inhaltlich ausgestaltet wird, indem auf dieses bezogen vor allem die Wünsche und Überzeugungen in ein stimmiges Verhältnis gebracht werden. Mit Stangneth kann man diesbezüglich zudem ergänzen: »Menschen haben einen Sinn für Stimmigkeit und Unstimmigkeit im Selbstverhältnis.«[44] Als »ideale Perspektive« auf das eigene Leben und seinen Kontext dient der Lebensplan der Strukturierung einer selbstbestimmten, stimmigen Lebensführung in den kontingenten und oftmals heretonomen Kontexten des Lebens, weswegen er wesentlich zu der Herausbildung der individuellen und einheitlichen Gestalt des Lebens einer Person beiträgt, die von anderen Personen als Lebensgeschichte bzw. Biografie erkannt und anerkannt werden kann. Da bei der Strukturierung der Lebensführung wesentlich vernünftige und moralische Gründe eine Rolle spielen, bezeichnet »[d]er Begriff des vernünftigen Lebensplans [...] die Entfaltung von Vernunft und Moralität im Leben einer Person.«[45] Der vernünftige Lebensplan dient also dazu, die Potenziale personalen Lebens zu realisieren. Hierbei spielt, so Sturma, eine in der Selbstachtung der Person begründete existenzielle Ernsthaftigkeit bzw. Entschlossenheit eine wichtige Rolle, die darauf abzielt, diese Potenziale zu verstehen und praktisch umzusetzen.[46]

Spezifische Lebensweise: Vorheriges sollte die Feststellung unterstützen, dass menschliche Personen, so Sturma, eine »spezifisch konstituierte Lebensweise« führen. Sturma spricht diesbezüglich auch von menschlicher bzw. kultureller Lebensform, die sich besonders durch sprachliche, gesellschaftliche und kulturelle Aspekte auszeichnet bzw. deren Semantik unter Zuhilfenahme derselben beschrieben werden kann. Zur Realisierung dieser Lebensform ist eine menschliche Person jedoch nicht qua Menschsein, also aufgrund ihrer biologischen Eigenschaften und Fähigkeiten, in der Lage, sondern aufgrund von »[...] Sozialisation, Spracherwerb und Bildung. [...] Die Grundbefähigung zu einer kulturellen Lebensform ist Personen als Potenzial mit ihrer menschlichen Natur in dem Sinne gegeben, daß sie für Bildungsprozesse empfänglich sind.«[47] Folglich müssen im sozialen Raum Bedingungen geschaffen werden, die eine kulturelle Lebensform ermöglichen, in deren Kontext Menschen ihre Persönlichkeit

---

43 Ebd. S. 301.

44 Stangneth, B.: *Böses Denken.* 2. Auflage. Reinbek bei Hamburg: Rowohlt 2016. S. 36.

45 Sturma, D.: *Philosophie der Person.* S. 303.

46 Vgl.: Fenner, D.: *Das gute Leben.* S. 98–99; Nida-Rümelin, J.: *Philosophie einer humanen Bildung.* Hamburg: Körber-Stiftung 2013. S. 36; Nida-Rümelin, J.: *Verantwortung.* Stuttgart: Reclam 2011. S. 74–76; Sturma, D.: *Person und Menschenrechte.* S. 287–304, 335–347.

47 Sturma, D.: *Person und Menschenrechte.* S. 347.

allererst entwickeln und durch die Realisation bzw. Verfolgung eines Lebensplans ausleben können. Entscheidend hierfür sind Sturma zufolge zum einen die Menschenrechte, die die »[...] Grundbefähigung zum Leben als Person [...]«[48] sichern sollen und zum anderen gelingende Bildungsprozesse, die zur Entfaltung und Perfektionierung der »[...] spezifisch menschlichen Eigenschaften und Fähigkeiten [...]«[49] beitragen sollen, um Menschen derart zu befähigen, »[...] das Leben einer Person zu führen.«[50] Besondere Bedeutung kommt in diesem Zusammenhang der Förderung der sprachlichen Ausdrucksfähigkeit zu, so Sturma, da nur durch diese Personen in der Lage sind, ihre eigene komplexe Innerlichkeit und auch die anderer Personen zu verstehen und damit auch im Sinne des von Quante beschriebenen evaluativen Selbstverhältnisses bewerten und anerkennen zu können.[51]

Bezogen auf die nachfolgende Darstellung und Erläuterung der Existenzphilosophie und existenzphilosophischen Praxis Arendts ist abschließend Folgendes festzuhalten: Quantes Ansatz die Einheit der Person zu denken, in dem die Identität der Person als komplexes, jedoch einheitliches Phänomen beschrieben wird, das sich uns sowohl aus der Teilnehmer- (Eigenschaften der Person und der Persönlichkeit) als auch aus der Beobachterperspektive (Eigenschaften des menschlichen Organismus) erschließt, ist bezogen auf die zentralen Ziele dieser Arbeit nicht nur insofern von Bedeutung, weil dieser Ansatz dazu geeignet ist, den Arendt'schen Begriff der Person mit den Ergebnissen neuerer Forschungen zum Thema »personale Identität« zu konturieren und damit zu aktualisieren, sondern auch, weil er eine Zwischenstellung zwischen dem Extrem des naturwissenschaftlichen Eliminativimus und dem des radikalen Dualismus einnimmt. Diesbezüglich weist nämlich auch Sturma darauf hin, dass:

> [i]n den Diskursen der theoretischen und praktischen Philosophie [...] eliminative wie dualistische Ontologien zu Recht für inkonsistent gehalten [werden]. [Denn] [e]ine phänomengerechte Ontologie darf Personen weder verbannen noch in eine andere Welt abschieben. Sie hat sie als Wesen zu beschreiben, die ihre Naturbestimmtheit zwar nicht aufheben, aber reflektierend und praktisch überschreiten können.[52]

Sowohl Sturmas als auch Quantes Überlegungen präsentieren daher einen Mittelweg zwischen der naturwissenschaftlichen Dekonstruktion und der metaphysischen

---

48   Ebd. S. 352.
49   Ebd. S. 354.
50   Ebd. S. 354.
51   Vgl.: Ebd. S. 345–347, 352–357.
52   Ebd. S. 350.

Überhöhung der Person und sind deshalb besonders geeignete Mittel für die Rekonstruktion von Arendts Begriff der Person, denn wie sich noch zeigen wird, bewegt sich auch Arendt diesbezüglich in der Mitte zwischen den beiden genannten Extremen. Dies ist wiederum für das aus der Existenzphilosophie und existenzphilosophischen Praxis zu transformierende Unterrichtskonzept von Vorteil, weil es bezogen auf die Phänomene »Personalität« und »Persönlichkeit« nicht zuletzt auch in fachdidaktischer Perspektive unbedingt geboten ist, beide Extreme zu vermeiden, was besonders Steenblock betont. Schließlich wird durch Sturmas Erkenntnisse zu den Bedingungen der Entfaltung von Personalität eine bildungstheoretische Einpassung des aus der Existenzphilosophie und existenzphilosophischen Praxis Arendts transformierten Unterrichtskonzepts »Selbst-Er-forschend Philosophieren« nahe gelegt (vgl.: 5. Kapitel, 1. Teil), die zeigt, dass das transformierte Unterrichtskonzept als Spielart philosophischer Bildung zur Entfaltung der Persönlichkeit beiträgt.[53]

II. Existenzphilosophische Theorieelemente

Die nachfolgenden Ausführungen sollen zeigen, dass sich Arendts Existenzphilosophie und existenzphilosophische Praxis konkret als existenziell-performative Hermeneutik darstellen lassen, in deren Mittelpunkt die Beantwortung der sich aus der Grundfrage der Politik ergebenden vier explizierenden Teilfragen stehen, weil durch deren Beantwortung gezeigt werden kann, wie sich Arendt zufolge die Persönlichkeit eines Menschen bildet und wie diese erkannt werden kann. (vgl.: 2. Kapitel, 1. Teil)

Unter Rückgriff auf die bereits im Ramen der Begründung der existenzphilosophischen Lesart gewonnenen Erkenntnisse (vgl.: 2. Kapitel, 2. Teil) und die zuvor dargestellten Forschungsergebnisse zum Thema »personale Identität« und der entsprechenden Begrifflichkeit, gilt es daher nachfolgend die zentralen Theorieelemente von Arendts Existenzphilosophie darzustellen und zu erläutern.

1. Differenzierungen und Konkretisierungen

Der Schlüssel für die Darstellung und Erläuterung der Existenzphilosophie und existenzphilosophischen Praxis Arendts als existenziell-performative Hermeneutik ist Arendts existenzphilosophisches Anliegen und folglich ihr Begriff der Person. Bevor Letzterer im nachfolgenden zweiten Abschnitt dargestellt und erläutert wird, ist es

---

53   Vgl.: Quante, M.: *Person.* S. 175–177, 178–185; Steenblock, V.: *Philosophische Bildung als Arbeit am Logos.* In: Nida-Rümelin, J. et al. (Hrsg.): *Handbuch Philosophie und Ethik. Band I: Didaktik und Methodik.* Paderborn: Schöningh 2015. S. 58.

sinnvoll, noch einmal die bereits im zweiten Kapitel gewonnenen Erkenntnisse zu Arendts existenzphilosophischem Anliegen zu rekapitulieren und mithilfe des zuvor entwickelten begrifflichen Werkzeugs zu differenzieren und zu konkretisieren.

Identitätsfragen: Im zweiten Kapitel wurde dargestellt, dass es Arendt zufolge in der Politik um Personen geht und dass sie mit dem Begriff »Person« a) den identifizierbaren Charakter eines Menschen und b) die Gestalt des Leibes und die Geistesgaben desselben meint.[54] In beiden Hinsichten ergibt sich für Arendt die Frage nach der Identität. Die jeweiligen Identitätsfragen wurden im zweiten Kapitel jedoch nicht eindeutig ausformuliert. Es wurde allerdings behauptet, dass Arendt die Begriffe »identifizierbarer Charakter« und »Jemand« weitestgehend synonym verwendet und dass sie mit diesen Begriffen das Phänomen »Persönlichkeit« bezeichnet, was in diesem Kapitel argumentativ untermauert werden soll. (vgl.: 2. Kapitel, 1. und 2. Teil) Die bereits vorgenommen Begriffszuordnungen legen nahe, dass es Arendt bei der ersten Identitätsfrage um die Bedingungen für Persönlichkeit geht. Dies und den Gehalt der zweiten Identitätsfrage gilt es genau zu klären. Hierzu bietet sich ein Rückgriff auf Quantes Unterscheidungen hinsichtlich der Identitätsfrage an, da mit diesen die jeweilige Identitätsfrage genauer formuliert werden kann. (vgl.: 3. Kapitel, 1. Teil, 2. Abschnitt)

Die genaue Lektüre der entsprechenden Stelle im Denktagebuch und korrespondierender Stellen beispielsweise in Arendts Vorlesung *Über das Böse* oder in ihrer Essay- und Artikelsammlung *Menschen in finsteren Zeiten* berechtigt dazu, Arendts erste Identitätsfrage mit der Frage nach den Bedingungen für die Zuschreibung von Persönlichkeit zu identifizieren, wohingegen in der zweiten Identitätsfrage eher die Frage nach den Bedingungen von Personalität durchzuscheinen scheint. Wenn Arendt

---

54   In *Über die Revolution* weist Arendt diesbezüglich darauf hin, passend zu ihrem entsprechenden Eintrag im *Denktagebuch* (vgl.: DTB1 8; 2. Kapitel, 1. Teil), dass der Begriff »Person« auf den Begriff »Persona« zurückzuführen ist, der »[...] ursprünglich die Maske [meint], in der die Schauspieler des Altertums gemeinhin auftraten.« (ÜR 135). Dieser Begriff wurde dann der Theatersprache entwendet und Teil der »juristischen Terminologie«, um mit ihm die juristische Person zu bezeichnen. Arendt erklärt diesbezüglich: »Der Unterschied in Rom zwischen der Privatperson und dem Bürger bestand darin, daß der Bürger im Besitz einer *persona* war, einer juristischen Person, wie man sagen könnte; das Gesetz hatte ihm gleichsam mit der Maske versehen, mit der er in der Öffentlichkeit erscheinen sollte, aber diese Maske war gleichzeitig das Medium, durch das sich seine eigene, individuelle und unveränderte Stimme Gehör verschaffen konnte.« (ÜR 136) Hier fokussiert Arendt zwar auf die »politisch-juristische Persönlichkeit« (ÜR 137) und nicht auf Persönlichkeit im Sinne narrativer Identität, macht aber gleichsam deutlich, dass es einen Unterschied gibt, zwischen Personsein und bloßem Menschsein, wenn sie ausführt: »Ohne seine *persona* hat das Individuum weder Rechte noch Pflichten, es steht außerhalb des Gesetzes als der »natürliche Mensch«, nämlich als ein *homo* im ursprünglichen lateinischen Wortsinn, als jemand, der nichts ist als ein Mensch [...].« (ÜR 136; vgl.: 3. Kapitel, 2. Teil, 5. Abschnitt, 2. Unterabschnitt) Von der »juristischen Person« bzw. »politisch-juristischen Persönlichkeit« grenzt Arendt dann aber, dies ist für ihre existenziell-performative Hermeneutik essenziell, die »Persönlichkeit« ab, die sie im Sinne der narrative Identität eines Menschen versteht. (vgl.: ÜR 137)

den Begriff »Person« im Sinne von Charakter[55] verwendet, dann geht es ihr also um die Persönlichkeit eines Menschen und um die Frage, wie diese gebildet und erkannt wird. Wenn sie dagegen den Begriff »Person« im Sinne der Gestalt und der Geistesgaben eines Menschen verwendet, dann geht es ihr um Personalität und die diesbezüglichen Bedingungen.

Frage nach der Persönlichkeit: Für die Lesart der ersten Identitätsfrage Arendts als Frage nach den Bedingungen von Persönlichkeit spricht vor allem, dass Arendt behauptet, dass der Charakter eines Menschen vom Ich aktiv hervorgebracht wird, weil »[...] das Ich souveräner Herr des Charakters, seines Produkts bleibt [...]« (DTB1 8) bzw. ist. Zur Formung des Charakters bedarf das Ich zusätzlich des Willens als Vermögen, durch das die Eigenschaften einer Person, verstanden als die individuellen Eigenschaften und Fähigkeiten eines Menschen, zu einer geordneten Gesamtheit formiert werden, aus der sich der Charakter ergibt. Der Charakter ist also das Produkt des Zusammenspiels von Ich und Wille. (vgl.: 3. Kapitel, 2. Teil, 3. Abschnitt) Dieses Zusammenspiel kann als aktivistisches Selbstverhältnis verstanden werden. Dass es sich bei diesem Selbstverhältnis auch um ein evaluatives handelt, geht aus Arendts diesbezüglichen Erläuterungen in ihrer Vorlesung *Über das Böse* eindeutig hervor. Dort betont sie:

> [...] [D]ie Eigenschaft, eine Person im Unterschied zu einem nur menschlichen Wesen zu sein, gehört nicht zu den individuellen Eigenheiten, Gaben, Talenten oder Fehlern, mit denen Menschen geboren werden und die sie gebrauchen oder missbrauchen können. Das Personhafte eines Individuums ist genau seine »moralische« Eigenschaft [...]. (ÜB 53)

Bereits im vorherigen ersten Teil wurde darauf hingewiesen, dass Personsein Arendt zufolge klar vom reinen Menschsein zu unterscheiden ist. Die vorherige Aussage Arendts macht zudem deutlich, dass sich das Personsein aus einem – nachfolgend noch näher zu erläuternden – moralischen Selbstverhältnis ergibt, das als solches jedoch unstrittig als evaluatives Selbstverhältnis verstanden werden kann. Da Quante zufolge Persönlichkeit eine Eigenschaft von menschlichen Personen ist und vor allem aus dem aktivistischen und evaluativen Selbstverhältnis derselben entspringt, liegt es nahe, Arendts erste Identitätsfrage als Frage nach der Persönlichkeit und ihren Bedingungen

---

55 Dadurch, dass Arendt mit dem Begriff »Person«, wenn sie diesen im Sinne von Charakter verwendet, auch die »Maske« bzw. die »[...] Rolle, die das Ich sich für das Spiel unter den Menschen wählt [...]« (DTB1 8) meint, verweist sie bereits darauf, dass die Person bzw. die Persönlichkeit u. a. dem inneren Zwiegespräch des denkenden Ichs entspringt und sich auf der Bühne bzw. im öffentlichen Raum der Politik konstituiert. Vgl.: Tassin, E.: *Person*. In: Heuer, W. et al. (Hrsg.): *Arendt-Handbuch. Leben – Werk – Wirkung*. Stuttgart/Weimar: Metzler 2011. S. 306.

zu verstehen und folglich die Begriffe »Charakter«, »Jemand« und »Person« synonym mit dem Begriff »Persönlichkeit« zu verwenden. (vgl.: H 188; ÜB 77)

Frage nach der Personalität: Wenn das Ich Arendt zufolge nicht nur »souveräner Herr des Charakters« ist, sondern auch das »[...] formalistisches Prinzip der Einheit von Leib und Seele [...]« (DTB1 8) und »[...] der einheitlichen Bezogenheit vielfacher Gaben [...]« (DTB1 8), sich in diesem somit körperliche sowie seelische bzw. mentale Eigenschaften und Fähigkeiten formal verbinden, so dass durch das Ich ein spezifischer Charakter, also eine Persönlichkeit gebildet werden kann und wenn Arendt schließlich bezogen auf dieses Ich, für das sie ebenfalls den Begriff »Person« verwendet, nach der Identität fragt, dann fragt Arendt offensichtlich sowohl nach den körperlichen und seelischen bzw. mentalen Fähigkeiten und Eigenschaften als auch nach deren Verbindung als Bedingung für die Existenz eines Ich, das Persönlichkeit erzeugt, woraus wiederum folgt, dass sie nach den Bedingungen für Personsein fragt, da dieses die Voraussetzung für Persönlichkeit ist, was wiederum aus dem Umstand hervorgeht, das der Charakter, also die Persönlichkeit, durch das Ich erzeugt wird, so dass Personsein, das für Arendt eng mit dem Ich verbunden ist, zuerst dasein muss. Mit ihrer zweiten Identitätsfrage stellt Arendt also die Frage nach den Bedingungen für Personalität. Da für die Herausbildung der Persönlichkeit auf der Grundlage der personalitätskonstitutiven Eigenschaften Arendt zufolge das Ich funktional höchst relevant ist, ist nachfolgend unbedingt zu klären, was Arendt genau unter dem Ich und seiner persönlichkeitskonstitutiven Funktion versteht. Im nachfolgenden vierten Abschnitt wird sich diesbezüglich zeigen, dass Arendt, auch wenn dies oberflächlich so aussieht, keine ontologische Verdoppelung des Ich annimmt, womit sie u. a. einer problematischen metaphysischen Überhöhung des Ich bzw. Selbst entgeht. (vgl.: 3. Kapitel, 1. Teil, 2. Abschnitt)

Existenzphilosophisches Kernanliegen: Arendt fragt also nach den Bedingungen sowohl von Personalität als auch von Persönlichkeit, unterscheidet ihre diesbezüglichen Fragen jedoch nicht klar voneinander, sondern vermengt diese in ihrer Kernfrage der Politik, die ja, wie im zweiten Kapitel gezeigt, auch ihr existenzphilosophisches Kernanliegen zum Ausdruck bringt. So verwendet sie weitestgehend synonym entweder den Begriff »Charakter«, »Person« oder an anderen Stellen den Begriff »Jemand«, wenn sie über die conditio humana reflektiert und beispielsweise den Menschen als Subjekt und/oder Objekt von Politik bzw. politischen Prozessen analysiert und beschreibt. Da sie den Begriff »Person« und folglich auch die Begriffe »identifizierbarer Charakter« und »Jemand« jedoch mit mindestens zwei verschiedenen Bedeutungen versieht, wie zuvor herausgearbeitet, ist nicht immer ganz klar, worauf sich Arendt bei ihren politiktheoretischen wie philosophischen Analysen und phänomenologischen Beschreibungen jeweils genau bezieht. (vgl.: Fußnote 54) Hier konnte mit Quantes Unterscheidung zwischen Personalität und

Persönlichkeit terminologische und semantische Klarheit erzeugt werden, wodurch die bereits herausgearbeiteten Erkenntnisse zu Arendts existenzphilosophischem Kernanliegen konkretisiert und argumentativ weiter abgesichert werden können. (vgl.: 2. Kapitel, 1. Teil)

Wenn es also richtig ist, dass sich Arendts Verstehensintention auf das Verständnis der spezifischen Existenz des Menschen in der Welt richtet und sie daher fragt »Warum ist überhaupt Jemand und nicht vielmehr Niemand?«, dann zielt diese Frage offensichtlich weniger auf den Grund für das Vorhandensein des Menschen als Gattungswesen in der Welt, das mit spezifischen Eigenschaften und Fähigkeiten ausgestattet ist, die dazu berechtigen, den Menschen als Person zu beschreiben, als viel mehr auf den Grund für das Vorkommen von Persönlichkeit, verstanden als die je eigentümliche Ausprägung von Personalität, wofür Arendt oftmals auch die Begriffe »identifizierbarer Charakter« oder »Person« verwendet, welche daher in enger semantischer Beziehung zu dem Begriff »Jemand« stehen.[56] Bezogen auf Arendts existenzphilosophisches Kernanliegen muss also genau differenziert werden zwischen Personsein und Persönlichkeitsein. Denn ihr existenzphilosophischer Fokus liegt, wie bereits im zweiten Kapitel behauptet, eindeutig auf dem Phänomen »Persönlichkeit«. Hierfür spricht besonders, dass Arendt das Vorhandensein von Personalität (und den damit einhergehenden Eigenschaften und Fähigkeiten) in der Welt relativ umstandslos im Rahmen ihres Natalitätskonzepts mit dem – durchaus bestreitbaren – Verweis von Augustinus auf den göttlichen Ursprung des Menschen erklärt. Dagegen macht sie das Vorkommen von (moralischen) Persönlichkeit(en) zum Gegenstand umfangreicher Analysen und Erklärungen, in deren Mittelpunkt die phänomenologische Beschreibung des Prozesses steht, durch den der Mensch zum Jemand, also zur Persönlichkeit wird; ein existenziell bedeutsamer Prozess, der, wie im zweiten Kapitel bereits hervorgehoben, scheitern kann bzw. nicht zwingend initiiert werden muss. (vgl.: 2. Kapitel, 2. Teil, 2. Abschnitt)

Ausgehend von der Bestimmung der Eigenschaften und Fähigkeiten, die einen Menschen als Person auszeichnen, geht es Arendt im Kern ihrer existenziell-performativen Hermeneutik also darum zu verstehen, wie a) Persönlichkeit gebildet wird, wie diese b) zum Gegenstand von Selbst- und c) schließlich auch von Fremd-Erkenntnis werden kann.

---

56 Interessanterweise geht auch aus dem eingangs angeführten Lessing-Zitat hervor, dass die Begriffe »Person« und »Jemand« synonym zu verwenden sind. (vgl.: 3. Kapitel, 1. Teil, 2. Abschnitt)

2. Arendts Begriff der Person

Die Darstellung und Erläuterung der persönlichkeitsbildenden Teilprozesse und damit des Gesamtprozesses der Persönlichkeitsbildung als der Kern der existenziell-performativen Hermeneutik Arendts in den nachfolgenden Abschnitten vier, fünf und sechs hat zur Voraussetzung, dass gezeigt wird, wodurch sich Arendt zufolge eine Person auszeichnet bzw. wann man Arendt zufolge davon sprechen kann, dass ein Mensch eine Person ist. Mithilfe der folgenden, aus den Erkenntnissen der neueren Philosophie der Person gewonnenen, begrifflichen Werkzeuge kann Arendts Begriff der Person nachfolgend eine deutliche Kontur gegeben werden: 1. »Rationalität«, 2. »propositionale Einstellung«, 3. »verstehende bzw. interpretierende Einstellung«, 4. »Kommunikation und soziale Anerkennung«, 5. »Selbstbewusstsein«, 6. »aktivistisches und evaluatives Selbstverhältnis«, 7. »epistemisches Selbstverhältnis«, 8. »(vernünftiger) Lebensplan« und 9. »sinnerfülltes und gutes Leben«.

Rationalität und propositionale Einstellungen: Eine wesentliche Bedingung für Personalität ist auch bei Arendt die Rationalität, denn Personen konstituieren sich, wie noch näher auszuführen sein wird, durch das Denken, indem sie versuchen, nicht mit sich selbst in Widerspruch zu geraten. Dies betrifft vor allem das Nachdenken über auszuführende moralisch relevante Handlungen und deren kohärente Passung in das eigene Selbstbild und damit eng verbunden natürlich auch die Herausbildung eines möglichst kohärenten Systems von propositionalen Einstellungen. Wie im zweiten Kapitel dargelegt, muss der Mensch dazu u. a. denkend den Antagonismus von Vergangenheit und Zukunft überwinden. Schönherr-Mann stellt daher richtig heraus, dass der einzelne Mensch Arendt zufolge Rationalität im Sinne einer »[...] Fähigkeit zur Reflexion, die ihm durch [die; Zusatz S. G.] [...] diffuse und oszillierende Wirklichkeit hindurchhilft [...]«[57] braucht. Insofern wird erneut einsichtig, warum es eine existenzielle Aufgabe für den Menschen ist, die von Arendt mithilfe der Kafka-Parabel *Er* beschriebene Denk-Diagonale zu finden und das Denken beständig zu üben. (vgl.: 2. Kapitel, 2. Teil, 2. Abschnitt) Wenn Arendt also dem Denken und damit der Rationalität einen enorm hohen Stellenwert in ihrer auf das Phänomen »Persönlichkeit« ausgerichteten Existenzphilosophie und vor allem in ihrer existenzphilosophischen Praxis einräumt, dann stimmt sie offensichtlich im Wesentlichen mit der von Quante erläuterten ersten und zweiten notwendigen Bedingung für Personalität überein. (vgl.: ÜB 28)

Verstehende bzw. interpretierende Einstellung: Eine Übereinstimmung lässt sich auch für die dritte von Quante benannte notwendige Bedingung und damit

---

57 Schönherr-Mann, H.-M.: *Hannah Arendt. Wahrheit, Macht, Moral.* München: Beck 2006 (=*Beck'sche Reihe*, Bd. 1691). S. 154.

verbunden für die erste hinreichende Bedingung von Personalität feststellen. Dieser Bedingung zufolge sind Personen Objekte einer spezifisch verstehenden bzw. interpretierenden Einstellung, d. h. eine Person muss »[...] von anderen als Subjekt [...] propositionaler Einstellungen erkannt und anerkannt werden [...].«[58] Dass auch Arendt durchaus im Sinne dieser Bedingung davon ausgeht, dass Personen Objekte einer verstehenden Einstellung anderer Personen sind, wird vor allem im Kontext ihres nicht vollends ausgearbeiteten Verstehenskonzepts bzw. der besonderen Bedeutung, die sie dem Verstehen als zentraler politischer Tätigkeit einräumt, deutlich. Die Verstehensintention von Personen richtet sich demzufolge im Allgemeinen auf die durch das Handeln erzeugte gemeinsame Welt der Menschen – die »objektiv-gegenständliche Dingwelt« (VA 225) und das »Bezugsgewebe menschlicher Angelegenheiten« (VA 225) – und im Besonderen auf andere Personen, mit denen handelnd interagiert wird. Ziel ist es, sich in der Welt durch das Verstehen derselben und ihrer Bewohner zu beheimaten oder, wie Arendt es ausdrückt, sich mit dieser zu versöhnen und in ihr Wurzeln zu schlagen. (vgl.: 2. Kapitel, 3. Teil, 2. Absatz) Schönherr-Mann hebt daher hervor: »Den anderen zu verstehen avanciert [bei Arendt daher; Anm. S. G.] zu einer wichtigen politisch-ethischen Kompetenz, um mit ihm zu kommunizieren, mit ihm übereinzukommen.«[59] Dies gelingt jedoch nur, wenn Personen erstens propositionale Einstellungen bezüglich bestimmter (bspw. politischer oder biografischer) Sachverhalte und Weltzustände haben, zweitens nicht nur als Träger derartiger Einstellungen von anderen erkannt werden, sondern diese ebenfalls als Träger propositionaler Einstellungen erkennen, so dass drittens ein kommunikativer Austausch über propositionale Einstellungen bezüglich bestimmter Sachverhalte und Weltzustände möglich ist, um derart viertens gemeinsam geteilte propositionale Einstellungen, die die gemeinsame Welt mitkonstituieren, etablieren zu können. Entscheidend hierfür ist Arendt zufolge besonders die Urteilskraft des Menschen, denn mithilfe von Urteilskraft, Gemeinsinn und Einbildungskraft ist ein Mensch in der Lage, ein möglichst repräsentatives und intersubjektives, d. h. die Überzeugungen bzw. Urteile möglichst vieler anderer Menschen berücksichtigendes Urteil über Sachverhalte in der Welt zu fällen. Folgt man Arendt in diesem Punkt, dann treten Menschen nicht nur durch das Handeln, sondern auch durch das gemeinsinnorientierte Urteilen zueinander in Beziehung.[60] (DTB1 316–317, 331–332, 335, 451; ÜB 137–145, 152)

Kommunikation: Urteilen, durch das Arendt zufolge der öffentliche Raum neben dem Handeln und Sprechen mitkonstituiert wird, setzt selbst wiederum notwendig das Sprechen, also die Kommunikation voraus. Denn Menschen müssen miteinander kommunizieren, wenn sie die propositionalen Einstellungen ihrer Mitmenschen

---

58 Quante, M.: *Person.* S. 27.
59 Schönherr-Mann, H.-M.: *Hannah Arendt.* S. 183.
60 Vgl.: Straßenberger, G.: *Hannah Arendt. Zur Einführung.* Hamburg: Junius 2015. S. 144.

erfahren wollen, um diese in ihren Urteilen berücksichtigen zu können. Da also wesentlich durch Sprachhandeln der öffentliche Raum konstituiert wird, in dem die gemeinsame Welt, das »Bezugsgewebe menschlicher Angelegenheiten« (VA 225), gestaltet wird, die sich Menschen als einen interpersonalen Zwischenraum in der tatsächlichen Welt schaffen und in dem sich Erkennungs- und Anerkennungsverhältnisse vollziehen, kommt der Kommunikation in Arendts politischer Theorie, Philosophie und politisch-philosophischer Praxis und damit auch in ihrer Existenzphilosophie und existenzphilosophischen Praxis eine enorm große Bedeutung zu. Letzteres nicht zuletzt auch deswegen, weil Arendt, wie im zweiten Kapitel dargelegt, mit Jaspers davon ausgeht, dass die menschliche Existenz eine Form menschlicher Freiheit ist, die nur in der Kommunikation mit anderen über ein Tun in Grenzsituationen voll erfassbar ist. Es sollte also nicht überraschen, wenn Arendt auch mit der zweiten hinreichenden Bedingung für Personalität übereinstimmt, die Quante zufolge besagt, dass Personen kommunizieren können müssen.

Selbstbewusstsein: Auf Pluralität gegründete, kommunikativ gestaltete Erkennungs- und Anerkennungsverhältnisse sind für Arendt besonders deswegen von Bedeutung, weil durch das wechselseitige Verstehen, dass diese Verhältnisse unter Personen ermöglichen, Persönlichkeit allererst entstehen kann. Diese ist nämlich ganz wesentlich das Produkt des Zusammenspiels von a) Selbstbewusstsein, verstanden als epistemisches Selbstverhältnis, sowie b) dem evaluativen und c) dem aktivistischen Selbstverhältnis, deren Realisierung wiederum Arendt zufolge entscheidend, wenn auch nicht ausschließlich, von kommunikativen Erkennungs- und Anerkennungsverhältnissen im sozialen Raum abhängen.

Selbstbewusstsein ist Sturma zufolge der Modus einer »unmittelbaren Selbstvertrautheit«, der sich aus einem irreduziblen epistemischen Selbstverhältnis ergibt, in dem Personen stehen. Sich ihrer selbst bewusst wird eine Person also, wenn sie sich auf sich selbst bezieht, und zwar indem sie sich nicht nur als abstraktes Bewusstseinssubjekt bewusst wird, sondern auch als raum-zeitlich positioniertes konkret erfahr- und erkennbares Subjekt erkennt. In diesem Sinne unterscheidet offenbar auch Arendt, wie bereits im zweiten Kapitel dargestellt, zwischen dem denkenden Ich der Apperzeption und dem erscheinenden Ich der Reflexion. Selbstbewusstsein entsteht dabei, wie nachfolgend noch ausführlicher zu zeigen sein wird, indem sich das denkende Ich auf sich selbst als raum-zeitlich erscheinendes Ich reflexiv bezieht und auf diese Weise erkennt. Ebenfalls noch genauer herausgearbeitet wird, dass das so erzeugte Selbstbewusstsein eine wichtige Voraussetzung für die Bildung von Persönlichkeit ist und daher auch für Arendt eine hinreichende Bedingung für Personalität darstellt.[61] (vgl.: VA 62–73; DTB1 8, 647–648)

---

61 Vgl.: Sturma, D.: *Philosophie der Person*. S. 129–146, 181–182.

Reflexiv-evaluatives Selbstverhältnis: Zentral für die Konstitution von Persönlichkeit ist Arendt zufolge jedoch nicht nur das Selbstbewusstsein als epistemisches Selbstverhältnis, sondern auch ein evaluatives Selbstverhältnis, das sich aus dem Handeln und besonders aus dem Denken ergibt, denn durch das Denken verdoppelt sich der Mensch und wird zu einem »Zwei-in-Einem« (ÜB 70) (vgl.: 2. Kapitel, 4. Teil), wodurch er in einen »stummen Dialog« (ÜB 73), in ein inneres »Zwiegespräch« (GD 41, ÜB 48, ÜR 102) mit sich selbst eintreten kann. In diesem stummen Dialog, der auf die Herausbildung einer kohärenten Persönlichkeitsstruktur abzielt, wird Arendt zufolge erst die spezifisch menschliche Eigenschaft realisiert, nämlich mit sich selber ein Gespräch zu führen. Wenn es also Arendt zufolge darauf ankommt, durch ein inneres Zwiegespräch dafür zu sorgen, eine kohärente Persönlichkeitsstruktur und damit eine Persönlichkeit aufrechtzuerhalten bzw. allererst herauszubilden und wenn Arendt dieses Zwiegespräch als moralisches Selbstverhältnis versteht, dann stehen ihre diesbezüglichen Überlegungen offenbar in großer Nähe zu z. B. Sturmas Auffassung, wonach sich eine Person bei ihrer Lebensführung mithilfe eines vernünftigen Lebensplanes an der praktischen Vernunft orientiert und so für ein vernünftiges Selbstbild sorgt, das von anderen als Lebensgeschichte bzw. Biografie erkennbar ist. Dass Arendt sehr wahrscheinlich Derartiges annahm, kann mit Verweis auf einschlägige Stellen in ihrem Gesamtwerk, z. B. in *Vita activa* unterstrichen werden, wo sie beispielsweise schreibt: »*Wer* jemand ist oder war, können wir nur erfahren, wenn wir die Geschichte hören, deren Held er selbst ist, also seine Biographie [...].« (VA 231) (vgl.: ÜB 34–35, 48, 70–71, 73–74, 76–79, 85, 89) [62]

Neben dem Denken, das sich in einem inneren Zwiegespräch vollzieht, ist für das evaluative Selbstverhältnis und damit für die Bildung von Persönlichkeit auch der Wille entscheidend, denn »[...] es ist der Wille – nicht so sehr die Vernunft oder der Appetit –, der darüber entscheidet, was ich tun werde.« (ÜB 104) Für Arendt ist der Wille jedoch nicht nur eine Regulationsinstanz mit »schiedsrichterlicher Funktion« (ÜB 129), die zwischen den Ansprüchen der Vernunft und denen der Begierden entscheidet, sondern auch ein Vermögen, dass aufgrund seiner antreibenden bzw. »kommandierenden Funktion« (ÜB 135) die zentrale Voraussetzung dafür ist, dass die Ansprüche der Vernunft oder die der Begierden auch tatsächlich handlungsleitend werden. Um beide Funktionen erfüllen zu können, muss der Wille jedoch frei sein. Da die Freiheit des Willens allerdings nicht final bewiesen werden kann, geht Arendt bezogen auf das Handeln davon aus, dass der Wille frei ist, denn »[...] in dem Augenblick, in dem wir zu handeln beginnen, nehmen wir an, daß wir frei sind, unabhängig davon, ob das der Wahrheit entspricht.« (ÜB 126) Folglich ist der Wille letztlich die Quelle des

---

62 Vgl.: Ebd. S. 188–199.

spontanen, personalitäts- und persönlichkeitskonstituierenden Handelns. (vgl.: ÜB 102–105, 126–129, 135–137)

In Bezug auf die vorherigen Erkenntnisse kann man also begründet feststellen, dass Arendt davon ausgeht, dass das Verfügen über ein auf Gründen basierendes evaluatives Selbstverhältnis, das sich auf die raumzeitliche Positionierung des Selbst bezieht (vgl.: 2. Kapitel, 2. Teil, 2. Abschnitt und 4. Teil), das sich im Denken einstellt und in dem der Wille eine zentrale Rolle spielt, nämlich die eines »Schiedsrichters« und Kommandeurs, eine wesentliche Bedingung von Personalität ist, die zudem zentral für die Ausbildung einer eigenen Persönlichkeit ist.

Aktivistisches Selbstverhältnis: Dass Arendt nicht nur von einem evaluativen, sondern auch von einem aktivistischen Selbstverhältnis als Bedingung für Personalität und Persönlichkeit ausgeht, wird aus ihrer Bestimmung des Handelns als willensbestimmter Ausdruck eines inneren Selbstverhältnisses deutlich. Unterstrichen wird diese Feststellung jedoch zusätzlich durch ihren moralphilosophisch bedeutenden Hinweis, dass sich Menschen aktiv dazu entschließen müssen, sich selbst durch ihr Handeln als Persönlichkeit zu konstituieren. Arendt erklärt diesbezüglich nämlich, dass »[d]as größte begangene Böse [...] das Böse [ist], das von Niemanden getan wurde, das heißt, von menschlichen Wesen, die sich weigern, Personen zu sein.« (ÜB 101) Diese Menschen zeichnen sich dadurch aus, dass sie »[...] es eigentlich versäumt haben, sich als Jemand zu konstituieren.« (ÜB 101) Voraussetzung für Personsein und die Ausbildung einer Persönlichkeit ist also auch eine gestaltende Aktivität, die sich Arendt zufolge vor allem im gemeinsamen Handeln und Miteinandersprechen niederschlägt, durch das die Persönlichkeit einer Person für andere Personen sichtbar und verstehbar wird. Im weiteren Sinne ist für Arendt in diesem Zusammenhang jedoch auch das Denken ein aktivistisches Selbstverhältnis, denn sie weist darauf hin, dass das »[...] Denken [...] im Gegensatz zur Kontemplation, mit der es allzu häufig gleichgesetzt wird, wirklich eine *Tätigkeit* [ist], mehr noch eine Tätigkeit, die bestimmte moralische Ergebnisse hat, nämlich daß der, der denkt, sich selbst als Jemand, als eine Person oder Persönlichkeit konstituiert.« (ÜB 92–93) Durch Denken konstituiert sich jemand also als Persönlichkeit, weil er sich hierdurch zum einen in ein epistemisches Selbstverhältnis (Selbstbewusstsein) bringt, das ein evaluatives Selbstverhältnis ermöglicht, das wiederum notwendig für die Konstitution von Persönlichkeit ist. In diesem Sinne ist das Selbstbewusstsein eine »implizite Veränderungsinstanz«[63], wie Sturma herausstellt, und damit Teil eines aktiven bzw. praktischen Selbstverhältnisses einer Person, das vor allem durch die Tat bzw. das Handeln ausgedrückt wird. Folglich sind Denken als Tätigkeit bzw. inneres Handeln und Handeln als Tat zwar nicht dasselbe, wie Arendt betont, gehören jedoch als zwei Seiten ein und derselben

---

63   Sturma, D.: *Philosophie der Person.* S. 145.

Medaille sowohl zum aktivistischen als auch zum evaluativen Selbstverhältnis einer Person. (vgl.: ÜB 92)

Ich, Person und Persönlichkeit: Die sich vor allem im Anschluss an die im zweiten Kapitel dargestellten Erkenntnisse ergebende Frage nach dem Zusammenhang von Ich und Personsein sowie nach der konkreten Funktion des Ich bei der Persönlichkeitsbildung kann nun wie folgt beantwortet werden: Das Ich als »[...] formalistisches Prinzip der Einheit von Leib und Seele [...]« (DTB1 8) ist erst durch bestimmte biologische Eigenschaften und Fähigkeiten des Menschen möglich. Zentral sind dabei aus Arendts Sicht mit Blick auf das erscheinende Ich vor allem mentale Eigenschaften und Fähigkeiten, wie die Fähigkeit zum Urteilen, als Spezialfall des Denkens, die jedoch, folgt man Quante, körperlich bedingte »Ermöglichungsbedingungen« sind. Kompliziert ist nun Folgendes: Wie im zweiten Kapitel dargelegt, zweiteilt sich Arendt zufolge das Ich beim reflexiven Denken in ein denkendes Ich, dem Ich der Apperzeption und in ein Ich, das reflektiert wird, dem Ich der Reflexion. Durch die Selbstreflexion des denkenden Ichs auf sich als erscheinendes Ich wird Selbstbewusstsein im Sinne eines Ich, dass sich als ein Selbst bewusst ist, allererst möglich. Derartiges Selbstbewusstsein ist wiederum notwendig für das persönlichkeitskonstitutive innere Zwiegespräch, das das Selbst mit sich führt und das sich als evaluatives, aber auch als aktivistisches Selbstverhältnis begreifen lässt und durch das Handeln in Erscheinung tritt. Die Zweiteilung des Ich, die den Veracht einer ontologischen Verdoppelung des Ich erzeugt, muss daher nachfolgend noch genauer geklärt werden, was im vierten Anschnitt geschieht.

Bis hierher sollte allerdings nachvollziehbar geworden sein, dass Arendt ihrer politischen Theorie, Philosophie und politisch-philosophischen Praxis und damit ihrer Existenzphilosophie und existenzphilosophischen Praxis einen Begriff der Person zugrunde legt, der in weiten Teilen den neueren Erkenntnissen der Philosophie der Person zum Begriff der Person entspricht. Zudem sollte deutlich geworden sein, dass die Bedingungen, die nach neueren Erkenntnissen wesentlich für Personalität und Persönlichkeit sind, weitestgehend auch die Bedingungen sind, die Arendt annimmt, von denen aber für Arendt die Kommunikation und die gestaltende Aktivität, verstanden als selbst- sowie fremdbezügliches Denken und Handeln, besonders relevant sind. Die bereits im zweiten Kapitel herausgearbeiteten Schwerpunkte einer existenzphilosophischen Lesart [Handeln, Sprechen, Erzählen und Denken (Urteilen und Verstehen)] erweisen sich also inhaltlich angemessen bzw. als geeignete Leitlinien für die Rekonstruktion und Darstellung der Existenzphilosophie und existenzphilosophischen Praxis Arendts. Schließlich sollte deutlich geworden sein, dass für die Bildung von Persönlichkeit, um die es in der Existenzphilosophie und existenzphilosophischen Praxis Arendts geht, neben dem erscheinenden Ich vor allem das denkende Ich relevant ist, da es als »formalistisches Prinzip«, die geistigen Vermögen des Menschen (das Denken, das Wollen und das Urteilen) mit den zentralen praktischen Vermögen des Menschen (das Handeln und das Sprechen) in den komplex strukturierten Prozess der Persönlichkeitsbildung integriert. (vgl.: 3. Kapitel, 4. Abschnitt)

Um Arendts existenziell-performative Hermeneutik vollständig darstellen zu können, muss die Struktur dieses Prozesses genau erläutert werden. Dazu werden die drei eng aufeinander bezogenen zentralen Prozessstrukturen herausgearbeitet, die zusammen den Gesamtprozess der existenziell-performativen Hermeneutik ausmachen, in deren Form sich Arendts Existenzphilosophie final darstellen lässt und mit dem sich letztlich die auf das Vorhandensein von Persönlichkeit abzielende Arendt'sche Frage beantworten lässt: »Warum ist überhaupt Jemand und nicht vielmehr Niemand?«

3. Bedingungen menschlicher Existenz

Da die Bildung der Persönlichkeit nicht im luftleeren Raum geschieht, sondern unter den Bedingungen des realen menschlichen Lebens auf der Erde, ist die Persönlichkeitsbildung auf engste mit diesen Bedingungen verbunden. Der Mensch ist daher ein existenziell »[...] stets bedingte[s; Zusatz S. G.] Wesen.« (VA 19, vgl.: GD 76–77) Bedingt ist er erstens durch die Fakta seiner Existenz, »[...] das Leben selbst und die Erde, Natalität und Mortalität, Weltlichkeit und Pluralität [...].« (VA 21). Darüber hinaus ist der Mensch jedoch auch durch seine Natur bzw. sein Wesen bedingt, welches jedoch aufgrund der defizitären epistemischen Fähigkeiten des Menschen niemals erkannt werden kann, wie Arendt betont. (vgl.: VA. 20–21) Das Bedingungsgefüge für die Konstitution von Persönlichkeit setzt sich also aus den externen und internen Bedingungen des menschlichen Lebens zusammen, die wiederum in einem interdependenten Zusammenhang stehen, wie nachfolgend gezeigt werden soll.

Die sechs Fakta des menschlichen Lebens: Die externen, jedoch nicht absoluten Bedingungen menschlichen Lebens, sind die Fakta »Leben«, »Erde«, »Natalität«, »Mortalität«, »Weltlichkeit« und »Pluralität«. Diese sind für Arendts politiktheoretisches Denken und damit auch für ihre Existenzphilosophie von höchster Relevanz, da sie einen Teil der Bedingungen der Möglichkeit zur Konstitution von Persönlichkeit darstellen. (vgl.: VA 21)

Nur dem Anschein nach trivial ist das Faktum »Erde«. Der Mensch und mit ihm alle seine Tätigkeiten sind nämlich wesentlich dadurch bedingt, dass der Mensch auf der Erde, so wie sie ihm durch sein Erkenntnisvermögen erschlossen ist, lebt. Würden die Menschen auf einen anderen Planeten abwandern, Arendt hatte hier vor allem den Mond als neue menschliche Behausung im Sinn und die Astronauten, die sich auf ihrem

Weg zum Mond und auf dem Mond in einer völlig menschengemachten Umgebung, dem Raumschiff und der Raumstation, befinden, dann:

> [...] würde [dies] heißen, daß die Menschen ihr Leben den irdisch-gegebenen Bedingungen ganz und gar entziehen und es gänzlich unter Bedingungen stellen, die sie selbst geschaffen haben. Der Erfahrungshorizont eines solchen Lebens wäre vermutlich so radikal geändert, daß das, was wir unter Arbeiten, Herstellen, Handeln, Denken verstehen, in ihm kaum noch einen Sinn ergäbe. (VA 20)

Die Abhängigkeit der menschlichen Tätigkeiten von den äußeren Bedingungen macht Arendt gerade bezogen auf das Denken besonders deutlich, indem sie darauf hinweist, dass das menschliche Gehirn, das die biologische Voraussetzung für das Denken ist (vgl.: Quante: der biologische Organismus als Realisationsbasis für Personalität und Persönlichkeit), »[...] eben so terrestrisch [ist], erdgebunden wie jeder andere Teil des menschlichen Körpers.« (EW 379) Deshalb können z. B. die kognitiven Kategorien (Kausalität, Notwendigkeit, Gesetzmäßigkeit) »[...] nur bei den »common-sense«-Erfahrungen der erdgebundenen Kreaturen angewandt werden [...].« (EW 281) Folglich scheint das Denken außerhalb der Erde keine sinnhaften Resultate erzeugen zu können. Das bedeutet in letzter Konsequenz, dass das sinnhafte Verstehen menschlicher Existenz Arendt zufolge nur auf der Erde möglich, also wesentlich an das Faktum »Erde« gebunden ist. Denn da das nicht mehr erdgebundene menschliche Leben völlig anderen Bedingungen unterliegen würde, die sich zum einen schwer antizipieren lassen und zum anderen zentrale menschliche Grundtätigkeiten, wie das Denken, radikal verändern, vielleicht sogar unmöglich machen würden, wären wahrscheinlich keine sinnvollen Aussagen über den Sinn menschlichen Lebens, das sich unter diesen Bedingungen vollzieht, möglich. (vgl.: EW 380–381, 385)

Das mit dem Faktum »Erde« verbundene Faktum »Natalität« besteht in der Tatsache des Geborenwerdens des Menschen. Der Mensch kommt aus dem »Nirgends«, erscheint in der Welt durch Geburt und verschwindet wieder im Nirgends, wenn er stirbt. Wie bereits im Rahmen der Begründung der existenzphilosophischen Lesart der politischen Theorie, Philosophie und politisch-philosophischen Praxis Arendts dargelegt, kommt der Mensch durch Gott in die Welt, damit ein Anfang ist. »Der Neubeginn, der mit jeder Geburt in die Welt kommt, kann sich in der Welt nur darum zur Geltung bringen, weil dem Neuankömmling die Fähigkeit zukommt, selbst einen neuen Anfang zu machen, d. h. zu handeln.« (VA 18) Mit dem Faktum »Natalität« ist für Arendt folglich vor allem das Faktum der menschlichen Freiheit verbunden, also die Fähigkeit des Menschen, Anfänge setzen zu können. Das Anfangen-können des Menschen ist schließlich aus Arendts Sicht der entscheidende Grund dafür, warum es zu der schon im zweiten Kapitel thematisierten, jedoch nachfolgend noch tief greifender zu erläuternden »zweiten Geburt« des Menschen kommt. Diesbezüglich sollte im Rahmen der Begründung der existenzphilosophische Lesart deutlich geworden sein, dass durch die zweite Geburt der Mensch zum Jemand wird, was, unter Einbezug der Erkenntnisse zu Arendts Begriff der Person bedeutet, dass durch die zweite Geburt die Persönlichkeit eines Menschen entsteht. Mit der Bedeutung, die Arendt der Freiheit, insbesondere der Handlungsfreiheit beimisst, befindet sich Arendt im Übrigen in klarer Übereinstimmung mit Nussbaum, die das Vermögen zur praktischen Vernunft als Bedingtheit der menschlichen Lebensform ausweist, weil alle Menschen »[...] fähig sein [möchten], zu wählen, zu urteilen und dementsprechend zu handeln.«[64] (vgl.: GD S. 29; GW 442–443; FF 35; VA 215 ff.)

Das Faktum »Natalität« verweist zugleich auf das Faktum »Mortalität«, denn wo Geburt ist, da ist auch Tod bzw. wo ein Anfang ist, da ist auch ein Ende. Arendt führt aus:

> Mortalität liegt in dem Faktum beschlossen, daß dem Menschen ein individuelles Leben mit einer erkennbaren Lebensgeschichte aus dem biologischen Lebensprozeß heraus- und zuwächst. Diese individuelle Lebensgeschichte unterscheidet sich von allen anderen natürlichen Prozessen dadurch, daß sie linear verläuft und so den Kreislauf des biologischen Lebens gleichsam durchschneidet. Sterblichsein – das heißt in einem Universum, in dem alles im Kreise schwingt und Anfang und Ende immerfort dasselbe sind, einen Anfang haben und ein Ende und daher in die ganz und gar »unnatürliche« Form einer geradlinigen Bewegung gebannt sein. (VA 29)

Hier macht Arendt noch einmal deutlich, dass Natalität für sie einen Doppelsinn hat, weil sie nämlich zum einen die biologische Geburt und zum anderen, als zweite Geburt, die Konstitution der Persönlichkeit des Menschen anspricht. (vgl.: 2. Kapitel, 2. Teil, 1. Abschnitt) »Mortalität« bezeichnet demnach nicht nur den Umstand des notwendigen biologischen Endes des Menschen, sondern auch, dass die Persönlichkeit eines Menschen nicht ewig existiert, weil sie z. B. mit dem Erlöschen der sie möglich machenden biologischen Funktionen verschwindet. Auf die zeitliche limitierte Existenz der Persönlichkeit weist Arendt vor allem durch den Begriff »individuelle Lebensgeschichte« hin. Bezogen auf diese erhellt das Faktum »Mortalität« schließlich auch das Faktum »Leben«, denn menschliches Leben zeichnet sich Arendt zufolge offenbar besonders dadurch aus, dass es, im Gegensatz zu allen Naturprozessen, linear und nicht kreisförmig verläuft und folglich nicht ewig, sondern endlich ist. Die Tatsache der Endlichkeit allen individuellen Lebens ist bei Arendts Erläuterung der drei menschlichen Grundtätigkeiten (Arbeiten, Herstellen und Handeln) implizit im Hintergrund immer gegenwärtig. Damit nimmt Arendt einen wichtigen Gedanken

---

64 Nussbaum, M. C.: *Gerechtigkeit oder Das gute Leben*. S. 194.

zur Grundstruktur der menschlichen Lebensform, wie er beispielsweise später von Nussbaum formuliert wird, explizit vorweg, die diesbezüglich nämlich feststellt: »Alle Menschen haben den Tod vor sich und wissen ab einem bestimmten Alter, daß sie ihn vor sich haben. Diese Tatsache prägt mehr oder weniger jeden anderen Aspekt des menschlichen Lebens.«[65]

Neben den Fakta »Natalität« und »Mortalität« ist eine Bedingung für die Bildung der Persönlichkeit des Menschen nicht zuletzt auch das Faktum »Pluralität«, das in der »[...] Tatsache [besteht; Zusatz S. G.], daß nicht ein Mensch, sondern viele Menschen auf der Erde leben und die Welt bevölkern.« (VA 17) Menschliches Leben ist damit wesensmäßig dadurch charakterisiert, dass es sich immer in Beziehungen zu anderen Menschen vollzieht. Eine Feststellung Arendts, die, wie gezeigt, für ihren Begriff der Person von großer Bedeutung ist. Arendt begründet das Faktum »Pluralität« u. a. mit dem Umstand, dass »[...] Gott nicht *den* Menschen erschuf, sondern die Menschen [...].« (VA 17) Genauso wie bei der aus dem Faktum »Natalität« hergeleiteten Freiheit, beruft sich Arendt also auch bei dem Faktum »Pluralität« auf Gott als Erklärungsursache. Das Faktum »Pluralität« ist in Arendts politischer Theorie alles andere als unerheblich, weil hierdurch die Fakta »Natalität« und »Mortalität« inhaltlich entscheidend weiter expliziert werden. Bezogen auf die Pluralität bedeutet geboren werden nämlich für Arendt auch, in die Gemeinschaft der Menschen einzutreten und folglich bedeutet leben bzw. initiativ tätig zu werden, zusammen mit anderen Menschen auf der Erde zu verweilen und zu handeln und schließlich bedeutet sterben, nicht nur aufzuhören zu existieren, sondern auch, aus der Gemeinschaft der Menschen zu scheiden. Mit dem Hinweis auf die Gemeinschaft der Menschen, in der sich menschliches Leben notwendig vollzieht, verweist das Faktum »Pluralität« auch auf das Faktum »Weltlichkeit«. (vgl.: VA 16–21)

An das Faktum »Pluralität« schließt sich also das Faktum »Welt« bzw. »Weltlichkeit« an. (vgl.: 2. Kapitel, 3. Teil, 2. Abschnitt und 4. Teil) Wie bereits im zweiten Kapitel dargelegt »wird [d]er Begriff der Welt [...] von Arendt vom Begriff der Erde unterschieden. [...] [D]en Begriff der Welt [reserviert sie] für das, was die Menschen selbst hervorbringen und sie zugleich bedingt.«[66] Eine Welt bzw. eine Heimat schaffen sich die Menschen Arendt zufolge, indem sie eine künstliche »Dingwelt« (VA 225) herstellen, die sie als »[...] Damm gegen die eigene Sterblichkeit [...] errichten [...].« (KUP 288, vgl.: KUP 296) Weltlichkeit bedeutet für Arendt folglich zwar zum einen, dass Menschen auf der Erde leben, die die natürliche Umwelt des Menschen ist (= Welt 1), aber zum anderen und besonders auch, dass Menschen in einer Welt leben, die »[...] im wesentlichen aus Dingen [besteht], die Gebilde von Menschenhand sind; und diese

---

65 Ebd. S. 190.
66 Meints, W.: *Partei ergreifen im Interesse der Welt. Eine Studie zur politischen Urteilskraft im Denken Hannah Arendts.* Bielefeld: transcript 2011 (= *Edition Moderne Postmoderne*). S. 227.

Dinge, die ohne den Menschen nie entstanden wären, sind wiederum Bedingungen menschlicher Existenz.« (VA 18–19) Unter diesen Dingen haben besonders die Kunstwerke eine wichtige Funktion, denn sie sind die dauerhaftesten und daher »weltlichsten aller Dinge« (KUP 289). Menschen leben also auch in einer künstlichen, von ihnen selbst erschaffenen Um- oder Alltagswelt (= Welt 2), »[...] die gemeinsame Welt des »common sense«.« (AP 390). Sowohl die natürliche Umwelt als auch die von Menschen selbst geschaffene Welt zeichnen sich durch »[...] die schier unendliche Vielfalt ihrer Erscheinungen [...]« (GD 30) aus. Die von Menschen geschaffene Welt ist zudem wesentlich bedingt durch die Anwesenheit miteinander interagierender Menschen, also durch das Faktum »Pluralität«, was Arendt wie folgt ausdrückt:

> Ohne von Menschen bewohnt und von ihnen andauernd besprochen zu werden, wäre die Welt nicht mehr als ein Haufen beziehungsloser Dinge, auf den jeder Einzelne in seiner Isolierung noch einen von ihm verfertigten Gegenstand werfen könnte, ohne doch je hoffen zu dürfen, daß sein Produkt sich einer Dingwelt fügen und einfügen werde. (VA 258)

Neben der Erde als natürlicher Umwelt und der von Menschen geschaffenen künstlichen Dingwelt bezeichnet Weltlichkeit Arendt zufolge jedoch auch eine ebenfalls von Menschen geschaffen Mitwelt, das »Bezugsgewebe menschlicher Angelegenheiten« (VA 225) (= Welt 3), das in Arendts Existenzphilosophie besonders zentral ist und ohne die gestaltete Welt nicht möglich wäre, denn ohne diese »[...] blieben die eigentlich menschlichen Angelegenheiten ohne Behausung, und alles, was zwischen Menschen sich ereignet, ihr Tun und Treiben, verbliebe im Dunkel schwermütiger Vergeblichkeit [...].« (VA 258) Auch mit den Fakta »Welt«/»Weltlichkeit« und »Pluralität« nimmt Arendt wichtige Erkenntnisse von Nussbaum zur menschlichen Lebenform vorweg, nämlich zum einen die Einsicht, dass »[...] unser Leben durch das Bedürfnis bestimmt wird, uns durch Kleidung und Behausung zu schützen [...]«[67] und zum anderen, dass »[w]ir [...] mit anderen und bezogen auf andere [leben] und [...] ein Leben, das diese Verbundenheit mit anderen nicht kennt, nicht als lebenswert [betrachten].«[68] Bezogen auf die verschiedenen Weltbegriffe Arendts, verweist Straßenberger also sicherlich zu Recht darauf, dass »[d]er für ihre poltische Theorie zentrale Terminus »Welt« [...] von Arendt durchaus mehrdeutig verwendet [wird].«[69] Mit dem Faktum »Weltlichkeit« ist

---

67 Nussbaum, M. C.: *Gerechtigkeit oder Das gute Leben*. S. 192.
68 Ebd. S. 194.
69 Straßenberger, G.: *Hannah Arendt*. S. 98.

für Arendt schließlich auch das Phänomen »Weltverlust« verbunden, das bereits im zweiten Kapitel erläutert wurde.[70] (vgl.: 2. Kapitel, 3. Teil, 2. Abschnitt)

Festzuhalten ist also, dass das menschliche Leben durch die Fakta »Leben«, »Erde«, »Natalität«, »Mortalität«, »Weltlichkeit« und »Pluralität« wesentlich bedingt wird, weswegen diese in weiterer Konsequenz auch die Bildung der Persönlichkeit bedingende Faktoren sind. Dies nicht zuletzt deswegen, weil der Entfaltung der ebenfalls für die Bildung der Persönlichkeit wesentlichen biologischen Eigenschaften und Fähigkeiten des Menschen durch die genannten Fakta Grenzen gesetzt sind.

Eigenschaften, Fähigkeiten und Tätigkeiten: Obgleich die menschliche Natur Arendt zufolge nicht erkennbar ist, sind eine Reihe von biologischen, also körperlichen und mentalen Eigenschaften und darauf beruhenden menschlichen Fähigkeiten feststell- und benennbar, die einen Menschen als höchstes entwickeltes Exemplar organischen Lebens, also als Person ausweisen und für Personalität konstitutiv sind.[71] Zu diesen Eigenschaften gehören u. a. Wirklichkeitsempfindung, Gemeinsinn, Freiheit und Rationalität. Besonders zentral sind für Arendt diese Eigenschaften, denn Freiheit und Wirklichkeitssinn befähigen den Menschen zum Wollen und Handeln, Rationalität und Sprechen zum Denken und Wirklichkeitssinn und Gemeinsinn zum Urteilen. Das Denken, Wollen und Urteilen sind Arendt zufolge geistige Tätigkeiten, die von den körperlich-geistigen Tätigkeiten, Arbeiten, Herstellen und Handeln zu unterscheiden sind. Letztere sind körperlich-geistig, weil sowohl das Herstellen als auch das Handeln nicht ohne einen gewissen Anteil an geistiger Tätigkeit möglich sind, so bedarf der Mensch zum Herstellen z. B. des Vermögens, ein geistiges Modell erzeugen zu können, an dem sich der Herstellungsprozess orientiert. Die geistigen Tätigkeiten »[…] lassen sich nicht auseinander ableiten, und obgleich sie gewisse gemeinsame Eigenschaften haben, lassen sie sich nicht auf einen gemeinsamen Nenner bringen.« (GD 76) Denn das Denken, das Wollen und das Urteilen verhalten sich vielmehr zueinander wie die »drei Gewalten eines Staates«[72], die sich gegenseitig »überprüfen und ausgleichen«[73]. Sie folgen daher jeweils ihren eigenen Gesetzmäßigkeiten, ähnlich wie die körperlich-geistigen Tätigkeiten, sind im Gegensatz zu diesen aber unbedingt, weil »[…] keine der Bedingungen des Lebens oder der Welt […] ihnen unmittelbar [entspricht].« (GD 76) Vielmehr kann der Mensch durch die geistigen Tätigkeiten die Bedingungen der Welt und des Lebens transzendieren. Dies trifft vor allem auf das Denken zu, das im Gegensatz zu allen anderen geistigen wie körperlich-geistigen Tätigkeiten am

---

70 Vgl.: Yano, K.: *Politischer Raum/»Zwischen«*. In: Heuer, W. et al. (Hrsg.): *Arendt-Handbuch. Leben – Werk – Wirkung.* Stuttgart/Weimar: Metzler 2011. S. 310–311.

71 Arendt weist im Übrigen darauf hin, dass die Natur des Menschen weder durch die Fakta »Natalität«, »Mortalität«, »Pluralität« und »Weltlichkeit«, noch durch die Gesamtsumme der menschlichen Eigenschaften und Fähigkeiten beschrieben werden kann. (vgl.: VA 19, 21)

72 Young-Bruehl, E.: *Hannah Arendt. Leben, Werk und Zeit.* Frankfurt am Main: Fischer 1996. S. 623.

73 Ebd.

wenigsten welt- und wirklichkeitsbezogen ist. Das Denken als geistiger Tätigkeit grenzt Arendt im Übrigen klar von dem Erkennen ab, weil beide Tätigkeiten unterschiedliche Ziele verfolgen; das Erkennen zielt auf Erkenntnis und Wahrheit, das Denken dagegen auf Sinn. Beide Tätigkeiten entspringen daher unterschiedlichen rationalen Vermögen: Das Erkennen entspringt dem Verstand, das Denken der Vernunft, denn »*[d]ie Vernunft ist nicht auf der Suche nach Wahrheit, sondern nach Sinn. Und Wahrheit und Sinn sind nicht dasselbe.*« (GD 25) Sinnsuche und das Streben nach Wahrheit hängen dennoch eng zusammen. Allerdings neigt das durch das Vernunftvermögen mögliche Denken, gerade weil es auf Sinn gerichtet ist, dazu, die Erkenntnisgrenzen des Verstandes und damit die Bedingungen von Wahrheit zu überschreiten und ist, so Arendt, dazu auch berechtigt. Nicht nur deswegen kommt dem Denken unter den geistigen Tätigkeiten eine besondere Rolle zu, sondern auch, weil es sowohl in Verbindung mit dem Wollen auf der einen als auch in Verbindung mit dem Urteilen auf der anderen Seite für die Bildung von Persönlichkeit besonders bedeutsam ist. Die geistigen Tätigkeiten Denken, Wollen und Urteilen hängen damit ebenso funktional zusammen, wie die körperlich-geistigen Tätigkeiten Arbeiten, Herstellen und Handeln. Das Sprechen liegt quer zu dieser Unterscheidung, denn es bedarf zu seiner Realisierung sowohl des Körpers als auch des Denkens. Arendt behauptet sogar, dass sich Denken und Sprechen gegenseitig voraussetzen, also ohne einander nicht möglich wären. Zudem steht das Sprechen in einer engen Verbindung zum Handeln, was die zentrale Stellung des Sprechens als körperlich-geistiges Vermögen unterstreicht. (vgl.: GD 24–25, 41–42, 61, 70–71, 77, 193–208; VA 16–21, 213–317)

Unter Voraussetzung der an die Fakta »Erde«, »Leben«, »Natalität«, »Mortalität«, »Pluralität« und »Weltlichkeit« zurückgebundenen Eigenschaften, Fähigkeiten und Tätigkeiten des Menschen ist dieser für Arendt zu allererst sowohl ein denkendes und damit sinnsuchendes als auch ein handelndes und damit sinnerzeugendes Wesen, das seine Sinnsuche und -erzeugung sprachlich realisiert und manifestiert. Den größten Sinn erzeugt der Mensch aber vor allem dadurch, dass er sich selbst zu einer Persönlichkeit bildet. (vgl.: GD 70–71; VA 213–317)

Drei existenzelle Prozesse: Die Persönlichkeitsbildung vollzieht sich also innerhalb eines Bedingungsgefüges, das durch die Fakta des menschlichen Lebens und die Eigenschaften und Fähigkeiten des Menschen strukturiert und begrenzt wird. In diesem Bedingungsgefüge kommt es zur Persönlichkeitsbildung, indem der Mensch durch sein Handeln, Sprechen und Denken eine kohärente Persönlichkeitsstruktur ausbildet und danach strebt, diese zeitlebens aufrechtzuerhalten. Der Prozess der Persönlichkeitsbildung vollzieht sich in einer Prozessstruktur, die, liest man Arendt genau, aus drei sehr eng miteinander verbunden und daher oft nicht klar voneinander getrennten Teilprozessen besteht, in denen den zuvor beschriebenen persönlichkeitskonstitutiven Fähigkeiten jeweils besondere Funktionen zukommen. Gemeint

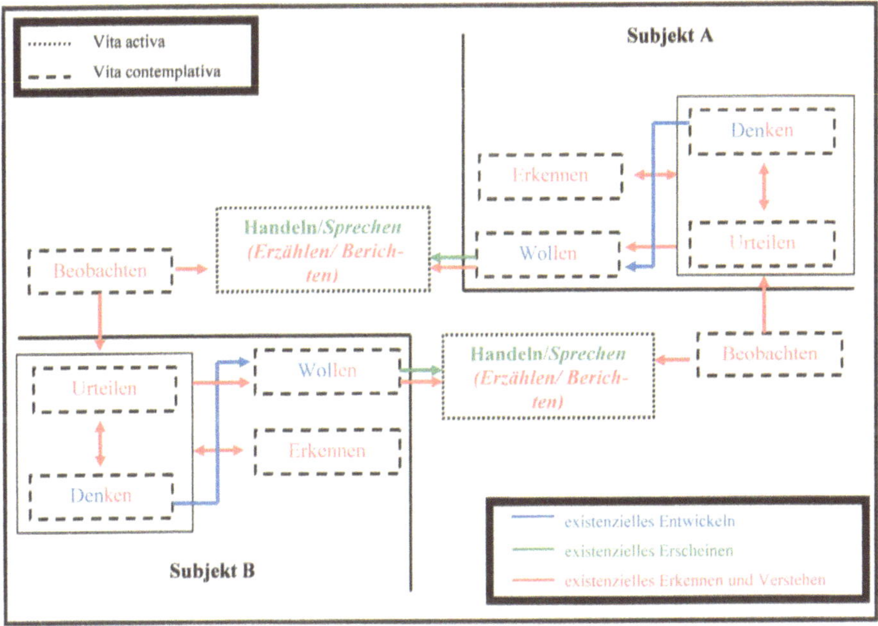

Abbildung 1: *Existenzielle Prozesse*

ist a) der Prozess des existenziellen Entwickelns, b) der Prozess des existenziellen Erscheinens und c) der Prozess des existenziellen Erkennens und Verstehens. Alle drei noch näher zu erläuternden Prozesse, besonders aber der des existenziellen Erscheinens, sind die logische Folge des Faktums »Natalität«, denn die organische und damit erste Geburt des Menschen prädisponiert die zweite Geburt des Menschen, also die Herausbildung einer Persönlichkeit. Der erste Teilprozess bei der Persönlichkeitsbildung ist der Prozess des existenziellen Entwickelns, der auf die Bildung einer möglichst kohärenten Persönlichkeits- bzw. Charakterstruktur abzielt und in dessen Zusammenhang daher besonders das Denken, das Urteilen, das Wollen, aber auch das Sprechen als persönlichkeitsbildende Fähig- und Tätigkeiten eine Rolle spielen. Das existenzielle Entwickeln wiederum ist eng verbunden mit dem zweiten Teilprozess, dem des existenziellen Erscheinens, durch den die Persönlichkeit für andere Menschen erkennbar wird und für den daher besonders das Handeln und Sprechen als persönlichkeitsbildende Fähig- und Tätigkeiten relevant sind. Schließlich bezieht sich der Teilprozess des existenziellen Erkennens und Verstehens, vermittelt über den Teilprozess des existenziellen Erscheinens auf den des existenziellen Entwickelns. Beim existenziellen Erkennen und Verstehen steht die Erkenntnis und das Verständnis sowohl der eigenen als auch der fremden Persönlichkeit im Mittelpunkt, weswegen hier vor allem das persönlichkeitsbildende Beobachten, Berichten und Erzählen sowie das Urteilen und Denken bedeutsam sind. In den nachfolgenden Abschnitten vier, fünf und sechs werden diese existenziellen, weil persönlichkeitsbildenden Prozesse der Reihe nach dargestellt und ausführlich erläutert. Zum besseren Verständnis soll zuvor jedoch gezeigt werden, wie diese Prozesse funktional ineinandergreifen.

Die enge Verzahnung der beschriebenen drei Teilprozesse (siehe Abbildung 1: *Existenzielle Prozesse*), die sich immer in einer Welt (Faktum »Weltlichkeit«) abspielen, wird deutlich, wenn man darstellt, wie die persönlichkeitsbildenden Fähigkeiten, bedingt durch die Fakta »Natalität«, »Mortalität«, »Pluralität« und »Weltlichkeit«, zusammenhängen und dabei Arendts Annahme berücksichtigt, dass zur Bildung der Persönlichkeit andere Menschen (Faktum »Pluralität«) notwendig sind. Die Verzahnung der drei Teilprozesse, die zusammen Arendts existenziell-performative Hermeneutik ausmachen, macht schließlich auch deutlich, inwiefern Arendts Hauptwerke, *Vita activa* und ihr Spätwerk *Vom Leben des Geistes*, als komplementäre und inhaltlich eng verbundene Teile ihrer Existenzphilosophie angesehen werden können und ein Werk-Kontinuum aufspannen, in das alle übrigen Arendt'schen Werke gemäß ihren inhaltlichen Beiträgen zu Arendts Existenzphilosophie einzuordnen sind.

4. Existenzielles Entwickeln

Der erste Teilprozess der existenziell-performativen Hermeneutik Arendts ist der des existenziellen Entwickelns der eigenen Persönlichkeit. Beim existenziellen Entwickeln tritt eine Person in ein epistemisches und reflexiv-evaluatives Selbstverhältnis ein, um derart ihre Persönlichkeit zu bilden und sich ihrer selbst als solche bewusst zu werden. Eine Persönlichkeit wird gebildet, indem sich eine Person ihrer Interessen, Wünsche, Volitionen, (Lebens-) Ziele sowie ihrer Überzeugungen[74] bewusst wird, diese in eine kohärente Struktur (Persönlichkeitsstruktur) bringt, die dann durch das Handeln und Sprechen für andere Personen sichtbar wird und um deren Erhalt und Weiterentwicklung sie zeitlebens bemüht ist.

Entscheidende Voraussetzung für den Prozess des existenziellen Entwerfens ist der Umstand, dass der Mensch Arendt zufolge nicht anders kann, als sich zumindest in einem minimalen Grad als Persönlichkeit zu konstituieren; es bedarf zur »zweiten

---

74   Im Folgenden wird diesbezüglich auch von persönlichkeitsbildenden Eigenschaften gesprochen, wenn von Wünschen, Volitionen etc. die Rede ist. Unter die persönlichkeitsbildenden Eigenschaften fallen m. E. neben den Interessen, Wünschen (ersten und zweiten Grades), Volitionen und Überzeugungen, die eine Persönlichkeit wesentlich charakterisieren, auch die (Lebens-) Ziele, die den Wünschen und Volitionen entspringen, sowie die Wertvorstellungen (Werte und Ideale), die neben den epistemischen Überzeugungen als die moralischen Überzeugungen zum Komplex der Überzeugungen einer Person gehören.

Geburt« (VA 215) also keines bewussten »besonderen Entschlusses« (VA 214).[75] Vielmehr gibt es einen »[...] angeborenen Trieb[...] – der nicht weniger zwingend ist als der rein funktionale Erhaltungstrieb [...]« (GD 39) und der dazu führt, dass der Mensch, wie alles Leben, »[...] einen *Drang, zu erscheinen*, sich in die Welt der Erscheinungen einzufügen [hat; Zusatz S. G.], indem [...] [er, Zusatz S. G.] [...] sich als Individuum darstellt und zeigt.« (GD 39, vgl.: GD 31) Obwohl der Mensch also nicht darüber entscheiden kann, ob er erscheint, kann er sehr wohl darüber entscheiden, wie er erscheint. Die Art und Weise des Erscheinens des Menschen und die damit verbundene Bestätigung der ersten, der biologischen, Geburt des Menschen ist von diesem daher auch voll zu verantworten, so Arendt.[76] Das Erscheinen des Menschen als Persönlichkeit ist nämlich letztlich das Ergebnis eines initiativen Tätigwerdens, da der Mensch, wie nachfolgend noch genau erläutert werden wird (vgl.: 3. Kapitel, 2. Teil, 5. Abschnitt), durch das von ihm initiierte Handeln und Sprechen in der Welt erscheint, was er zwar nicht verhindern, jedoch in seinem Gehalt und in seinem Modus entscheidend beeinflussen kann. »Diese bewußte Entscheidung darüber, was gezeigt und was verborgen werden soll, dürfte etwas spezifisch Menschliches sein. *Bis zu einem gewissen Grade* kann man entscheiden, wie man den anderen erscheinen möchte, und diese Entscheidung ist keineswegs das äußere Zutagetreten einer inneren Disposition [...].« (GD 43–44) Jeder Mensch hat also die Möglichkeit sich selbst als Persönlichkeit zu präsentieren, »[...] Erfolg und Mißerfolg bei der Selbstpräsentation hängen davon ab, wie stimmig und dauerhaft das der Welt dargebotene Bild ist.« (GD 45) Wichtig ist, dass Arendt klar zwischen Selbstpräsentation und Selbstdarstellung unterscheidet, denn erstere unterscheidet sich von letzterer »[...] durch die aktive und bewußte Wahl des gezeigten Bildes [...].« (GD 45) In der Selbstdarstellung werden von einem Menschen demnach alle, vor allem die biologischen Eigenschaften gezeigt, die dieser tatsächlich hat, wohingegen in der Selbstpräsentation ein Selbstbild präsentiert wird, dass mit den Tatsachen bzw. der Wahrheit nicht zwangsläufig etwas zu tun haben muss. Bei

---

75 Der Fall »Eichmann« exemplifiziert diesbezüglich allerdings die von Arendt immer wieder betonte Tatsache, dass man die »zweite Geburt« auch unterlassen kann, d. h. sich weigern kann, eine identifizierbare Persönlichkeit herauszubilden und als solche in Erscheinung zu treten, weil man sich, wie Eichmann, weigert zu denken und folglich nicht in ein reflexiv-evaluatives Selbstverhältnis zu sich eintritt. Eichmann war in Arendts Augen daher ein Niemand, also ein Mensch, der es unterlassen hat, sich zum Jemand zu bilden. Folglich ist er Arendt als Prozessbeobachterin als ein Niemand bzw. »Schlafwandler« erschienen. Offen muss an dieser Stelle jedoch die Frage bleiben, ob das Sich-weigern ein bewusster Entschluss ist. Es liegt nahe, dass Arendt diesbezüglich eher von einer unbewussten Unterlassenshandlung oder einer Unfähigkeit (bezüglich des Denkens) ausgeht. (vgl.: 2. Kapitel, 2. Teil, 2. Abschnitt und 3. Kapitel, 3. Teil, 2. Abschnitt, 2. Unterabschnitt).

76 Folglich geht Arendt nicht davon aus, dass sich der Mensch als solcher, beispielsweise durch seinen Willen, allererst schafft, sondern dass er mithilfe desselben seine Persönlichkeit bildet. Insofern grenzt sich Arendt klar z. B. vom Existenzialismus ab. Ihre existenziell-performative Hermeneutik ist daher eine Existenzphilosophie mit zugehöriger Praxis, jedoch keine Spielart des Existenzialismus'. Vgl.: GD 210; Kristeva, J.: *Das weibliche Genie. I. Hannah Arendt.* Berlin/Wien: Philo 2001 (= *Das weibliche Genie. Das Leben, der Wahn, die Wörter. I. Hannah Arendt. II. Melanie Klein. III. Colette*). S. 342–343.

der Selbstpräsentation hat der Mensch folglich die Möglichkeit zur Selbst- und Fremdtäuschung, die wiederum ein Bewusstsein von sich selbst, also Selbstbewusstsein voraussetzt. Die erfolgreiche Selbstpräsentation hängt, egal ob sie authentisch, verzerrend oder absolut nicht tatsachenentsprechend ist, wesentlich davon ab, dass sie in sich stimmig ist. Es kommt also darauf an, dass sich die präsentierte Persönlichkeit durch ein hohes Maß an Kohärenz auszeichnet, die zudem von einer gewissen Dauer ist. Die verzerrte oder falsche Selbstpräsentation ist in ihrer Dauer jedoch eo ipso limitiert, da »[...] niemand auf Dauer sich stimmig unauthentisch zu verhalten in der Lage ist.«[77] Die zur Selbstpräsentation notwendige Kohärenz wird u. a. dadurch erzeugt, dass die persönlichkeitsbildenden Eigenschaften zu einem stimmigen Ganzen formiert werden. Das bedeutet insbesondere, dass Wünsche und Überzeugungen evaluiert und hierarchisiert werden, so dass eine Struktur von willensbestimmenden und damit nach Möglichkeit handlungsleitenden Volitionen und Wünschen zweiter Ordnung entsteht, die die Entscheidung zwischen verschieden Verhaltensmöglichkeiten maßgeblich beeinflusst.

> Aus solchen Entscheidungen erwächst schließlich das, was wir Charakter oder Persönlichkeit nennen, der Zusammenschluß einer Anzahl wohlbestimmter Eigenschaften zu einem verstehbaren und zuverlässig erkennbaren Ganzen, das sich gewissermaßen einem unveränderlichen Material von Begabungen und Schwächen aufprägt, das unserem Seelen- und Körperbau eigentümlich ist. (GD 46)

Zwei Aspekte sind hier für die nachfolgende Erläuterung der Prozessstruktur der existenziell-performativen Hermeneutik Arendts besonders wichtig: Bezogen auf den Prozess des existenziellen Entwickelns ist der Umstand entscheidend, dass der Charakter und damit meint Arendt ja bekanntlich die Persönlichkeit, letztlich die Folge von Entscheidungen ist, bezogen auf den Prozess des existenziellen Erkennens und Verstehens (vgl.: 3. Kapitel, 2. Teil, 6. Abschnitt) ist darüber hinaus relevant, dass dieser Charakter als Ganzes, zuverlässig für andere erkennbar und verstehbar ist.

4.1 Mentale Tätigkeiten

Die Persönlichkeitsbildung im Sinne des Herausbildens einer kohärenten Persönlichkeitsstruktur hängt wesentlich von den geistigen Tätigkeiten Denken und Wollen ab, die daher zunächst genauer beschrieben werden, um anschließend präzise darlegen zu können, welche Funktion dem Denken und dem Wollen im Prozess der Herausbildung einer kohärenten Persönlichkeitsstruktur zukommt.

---

77 Bajohr, H.: *Dimensionen der Öffentlichkeit. Politik und Erkenntnis bei Hannah Arendt.* Berlin: Lukas 2011. S. 85.

Denken: Das Denken erscheint nicht. Wesentlich für das Denken ist vielmehr, dass es das Resultat eines Rückzugs aus der »sinnlichen Gegenwart« der Welt der Erscheinungen ist und dass durch das Denken das Ich in ein »stummes Zwiegespräch« mit sich selbst, also in ein reflexives Selbstverhältnis eintritt, das auf die Erfassung von Sinnzusammenhängen abzielt. Voraussetzung hierfür ist Abstraktion bzw. Entsinnlichung. Die wesentliche Funktion des Denkens besteht daher darin, die Gegenstände der sinnlichen Wahrnehmung zu »entsinnlichen« und damit dafür zu sorgen, dass die anderen geistigen Tätigkeiten, also sowohl das Wollen als auch das Urteilen, mit diesen umgehen können. Dem Denken kommt somit in dieser Hinsicht eine funktional vorgeordnete Stellung unter den drei geistigen Tätigkeiten zu. In dem Prozess der Entsinnlichung wird ein Gegenstand der sinnlichen Wahrnehmung durch die Einbildungskraft im Prozess einer zweifache Umwandlung erst zu einem inneren »unsichtbaren Vorstellungsbild« und dann durch Erinnerung zu einem »Erinnerungsbild« oder, noch weitergehend, zu einem »Denkgegenstand« transformiert, worunter Arendt Begriffe, Ideen oder Kategorien versteht. Das Erinnerungsbild wird durch einen (abstrakten) Begriff gefasst und kann im Geiste durch Erinnerung immer wieder hervorgeholt und »nach-gedacht« bzw. neu bedacht werden. Dem Erinnern kommt beim Denken daher eine besondere Rolle zu, da erst hierdurch dem Denken eine Vielzahl der zeitlich und räumlich entfernten Gegenstände zur Verfügung gestellt wird, mit denen es sich beschäftigt. Das Denken befasst sich also vor allem mit dem Abwesenden und ist auch selbst abwesend, denn »[b]eim Denken ist man nicht dort, wo man wirklich ist; man ist nicht von Sinnesgegenständen umgeben, sondern von Vorstellungsbildern, die sonst niemand sehen kann.« (GD 91) Beim Denken ist man daher eigentlich in einem doppelten Sinne abwesend, denn erstens ist man beim Denken selber abwesend, da man sich nicht in der Wirklichkeit befindet, sondern an einem anderen Ort, und zwar, wie im zweiten Kapitel bereits ausführlich dargelegt, auf der Denk-Diagonalen, die die Lücke zwischen Vergangenheit und Zukunft beschreibt. Zweitens ist man beim Denken abwesend, weil man sich nicht mit der anwesenden Wirklichkeit, sondern mit den abwesenden abstrakten Begriffen der Wirklichkeit und den mit diesen verbundenden Vorstellungsbildern beschäftigt. »Das Denken ist [also; Zusatz S. G.] stets außer der Ordnung, es unterbricht alle gewöhnlichen Tätigkeiten und wird durch sie unterbrochen [...]« (GD 193), wie das Beispiel des Sokrates zeigt. Die doppelte Abwesenheit, die durch das Denken erzeugt wird, ist gerade besonders für die im Rahmen von Arendts Existenzphilosophie zentrale Frage nach der Bildung, aber auch nach dem Erkennen und Verstehen von Persönlichkeit wichtig, denn hieraus folgt, dass der jeweilige Menschen, besonders dann, wenn es um die Persönlichkeitserkenntnis und das Verständnis derselben geht, abwesend sein muss, und zwar idealerweise in jenem von Arendt beschriebenen doppelten Sinne, nämlich zum einen ganz konkret räumlich und zum anderen sinnlich. Vor allem die letzte Bedingung ist Arendt zufolge die Voraussetzung dafür, dass die Persönlichkeit eines Menschen durch das Denken erfasst und verstanden werden kann. Sie betont daher: »Damit man über jemanden nachdenken kann, darf er nicht anwesend sein; solange er da ist, denken wir weder an ihn noch über ihn nach [...].« (GD 84, vgl.: MD 134) Das Denken befasst sich also mit einem Menschen und seiner Persönlichkeit nur distanziert-abstrakt, wenn es auch vom Konkreten ausgeht bzw. in diesem seine Veranlassung hat. »Alles Denken entsteht aus der Erfahrung, aber keine Erfahrung liefert irgendeinen Sinn oder auch nur Zusammenhang, wenn sie nicht der Vorstellung und dem Denken unterworfen wird.« (GD 93) Wenn es also darum geht, den Sinn eines menschlichen Lebens zu erkennen, indem man beispielsweise die Lebensgeschichte als sinnhaften Ausdruck der Persönlichkeit eines Menschen zu verstehen versucht, dann spielt hierbei Arendt zufolge das Denken eine zentrale Rolle. Denn trotz der klassischen Anlässe für das Denken, »[...] das bewundernde Staunen vor dem Schauspiel, in das der Mensch hineingeboren ist [...]« (GD 162) auf der einen und der Wunsch nach Überwindung der Gegensätze einer »unendlich feindliche[n; Zusatz S. G.] Welt« (GD 162) auf der anderen Seite, ist die Hauptursache für das Denken Arendt zufolge zu allererst die Suche nach Sinn. Letzteres expliziert Arendt am Beispiel des Sokrates, den sie weniger als »historische Figur« und mehr als »[...] Modellfall eines nichtprofessionellen Denkers [...]« (GD 167) beschreibt, »[...] der in seiner Person zwei scheinbar widersprüchliche Leidenschaften vereinigt, die zum Denken und die zum Handeln [...].« (GD 167) Dieser Sokrates, der in der Lage war, die in Begriffen erstarrten Denkresultate wieder diskursiv zu verflüssigen und »[...] in ihren ursprünglichen Sinn auf[zu]lösen [...]« (GD 178), widmete sich dem Denken wesentlich um seiner Persönlichkeit willen, d. h. um zu vermeiden, mit sich selbst uneinig und nicht »bei sich« selbst zu sein. Das hierzu notwendige innere Zwiegespräch, in das Sokrates durch sein Denken mit sich selbst eintritt, ist für ihn die Voraussetzung dafür, seine Persönlichkeit zu entwickeln, sie innerlich durch eine harmonische Ordnung und äußerlich durch ein an dieser Ordnung konsequent ausgerichtetes Handeln zu konstituieren und damit seiner Existenz Lebendigkeit und einen Sinn zu verleihen. Durch das Denken tritt Arendts Sokrates also in ein handlungswirksames reflexiv-evaluatives Selbstverhältnis ein, das essenziell dialogisch und folglich »strukturell öffentlich« ist. Insofern hat das Denken, weil es ein dialogisches und damit essenziell öffentliches Denken ist, die »äußere Pluralität« bzw. die Anwesenheit anderer Menschen zur Voraussetzung und damit eine gewisse Ähnlichkeit zum Urteilen. Arendt formuliert diese Einsicht in ihrer Vorlesung *Sokrates. Apologie der Pluralität* wie folgt:

Dies [gemeint ist der Umstand, dass der Satz vom Widerspruch die grundlegende Regel des Denkens ist; Anm. S. G.] ist [...] der Grund, weshalb die menschliche Pluralität philosophisch nie ganz eliminiert werden kann und weshalb das

> Entrinnen des Philosophen aus ihrem Bezirk immer etwas Illusorisches hat. Selbst
> wenn ich ganz allein leben würde, so lebte ich doch mein Leben lang im Zustand
> der Pluralität. (S 57)

Folglich, so Arendt, ist »[d]er Philosoph, welcher der Grundbedingung der menschlichen Pluralität zu entkommen sucht und in die absolute Einsamkeit flieht, [...] dieser jedem Menschen inhärenten Pluralität sogar noch radikaler ausgeliefert als ein anderer.« (S 57) Dennoch oder gerade weil es den inneren Dialog des Denkens und damit Selbstbewusstsein[78], Gewissensbildung und -bewahrung ermöglicht, ist das Alleinsein eine wesentliche Voraussetzung für das Denken. In Sinne eines derart von ihm praktizierten Denkens vereinigt Sokrates nun, so Arendt, in seiner Person modellhaft die Leidenschaft zum Denken und die zum Handeln. In Sokrates, dem konkret handelnden und sich dennoch auch denkend aus der Welt in die Einsamkeit zurückziehenden Philosophen, verkörpern sich dann auch die meisten der Eigenschaften, die Arendt dem Denken zuschreibt. Diese zusammenfassend kann man festhalten, dass sich das auf Sinnverstehen ausgerichtete Denken als geistige, seiner selbst bewusste Tätigkeit vor allem durch sein unterbrechendes Innehalten, die damit verbundene Tendenz zur entweltlichenden bzw. entsinnlichenden Abstraktion, durch seinen permanenten (selbst-) kritischen und damit »selbstzerstörerischen« Zweifel, durch seine Diskursivität und schließlich seine Selbstgenügsamkeit auszeichnet. Selbstgenügsam ist das Denken, denn es »[...] ist die einzige Tätigkeit, die zu ihrer Ausübung nur ihrer selbst bedarf.« (VA 163). Durch die genannten Eigenschaften, die das Denken übrigens dem Tod ähnlich machen, unterscheidet sich das welttranszendierende Denken grundsätzlich vom weltbezogenen Wollen und Urteilen.[79] (vgl.: DM 134, 146; GD 80–97, 162–163, 166–195; S 63)

Wollen: Arendt bestimmt ihren Willensbegriff durch den Begriff »Spontaneität« (Kant), den Begriff »Initium« (Augustinus) und den Begriff »Kontingenz« (Duns

---

78 Vgl.: Ebd. S. 109. Die Forschungsergebnisse von Gerhardt zum Thema »Öffentlichkeit und Bewusstsein« stützen Arendts Ansicht, wonach das nachfolgend noch näher zu erläuternde Selbstbewusstsein eines Menschen von seiner Struktur her öffentlich ist, weil es sich aus dem Dialog zwischen dem denkenden und dem erscheinenden Ich (das dem Denken entspringende reflexiv-evaluative Selbstverhältnis) ergibt. So schreibt Gerhardt an entscheidender Stelle: »Das Offene und Ungehinderte im Austausch mit seinesgleichen muss sich in seinem bewussten Selbstverhältnis, gleichsam im Selbstgespräch, wiederholen können, wenn eine selbstbewusst versicherte Identität entstehen soll. Dazu kann es nur kommen, wenn das Selbstbewusstsein als eine der Öffentlichkeit analoge Form des Umgangs mit sich selbst verstanden wird.« Gerhardt, V.: *Öffentlichkeit. Die politische Form des Bewusstseins.* München: Beck 2012. S. 33, Dies bedeutet auch, wie Gerhardt an andere Stelle hervorhebt und damit wiederum Arendts Erkenntnisse stützt, dass das Denken als ein inneres Selbstgespräch aufzufassen ist. vgl.: Ebd. S. 150.

79 Vgl.: Bajohr, H.: *Dimensionen der Öffentlichkeit.* S. 110; Meints, W.: *Partei ergreifen im Interesse der Welt.* S. 176.

Scotus).[80] Der Wille bzw. das Wollen und das Denken stehen als geistige Vermögen in enger Wechselbeziehung zueinander. Denn das Denken, dass für das Handeln insofern von Bedeutung ist, als dass ihm die Grundsätze und Kriterien für dasselbe in Form einer bewusst erzeugten Persönlichkeitsstruktur entspringen, kann durch das Wollen, also den Willen initiiert oder blockiert werden. Der Wille, diesen wichtigen Gedanken gewinnt Arendt bei ihrer Auseinandersetzung mit Duns Scotus, »[...] bestimmt die Vernunft [...]«[81] bzw. das Denken. Denn: »Der Wille sagt dem Gedächtnis, was es behalten und was es vergessen soll; er sagt dem Verstand, womit er sich befassen soll.« (GW 333) Der Wille, als ebenfalls geistiges Vermögen, kann sich folglich im Konflikt mit dem Denken befinden. Dies auch deswegen, weil der Wille weltzugewandt ist, da er auf Zukünftiges und Neues, nämlich eine Handlung bzw. das Entwickeln und Verwirklichen von Handlungsplänen ausgerichtet ist. Der auf das Neue gerichtete Wille als das Vermögen, eine »Reihe von Selbst anzufangen«, so Arendt mit Bezug auf Kant, steht daher unter der Bedingung der Natalität und kann als prima causa verstanden werden.[82] Wie sich das Denken des denkenden Ichs im weltabgewandten Denken realisiert, manifestiert sich der Wille des wollenden Ichs also im weltzugewandten Handeln. Entscheidend für den Konflikt zwischen dem denkenden und dem wollenden Ich ist nicht nur, dass das Wollen das Denken steuert, sondern auch, dass beide Tätigkeiten nicht zugleich realisiert werden können, denn »[...] ein Übergang vom Wollen zum Denken führt [...] zu einer zeitweisen Lähmung des Willens, genau wie sich ein Übergang vom Denken zum Wollen für das denkende Ich als zeitweise Lähmung des Denkens bemerkbar macht.« (GW 276) Das ungeduldige und angespannte wollende Ich steht also in einem kontradiktorischen Konflikt mit dem heiteren, denkenden Ich. Das Denken hängt jedoch noch in einer weiteren sehr bedeutenden Hinsicht vom Wollen ab, denn Arendt arbeitet mit Bezug auf Hegel heraus, dass dem Menschen, der unter der Bedingung der Mortalität bzw. seines notwendigen Todes lebt, alles, auch

80   Meints meint diesbezüglich, dass Arendt ihren Willensbegriff auf dem Wege der »bestimmen (sic!) Negation«, also in Abgrenzung von den Konzeptionen Kants, Augustinus' und Scotus' gewinnt. So kritisiert sie beispielsweise an Kants und Augustinus' Konzeptionen, dass der Wille hier kein eigenständiges Vermögen ist. Vgl.: Ebd. S. 189, 191, 197.

81   Ebd. S. 198.

82   Wenn Arendt überhaupt eine Konzeption von Willensfreiheit vertritt, dann eine sehr schwer zu verortende Konzeption, da sie, wie Schönnherr-Mann herausstellt, einerseits davon ausgeht, dass »[d]er Mensch Impulse zu geben, dadurch Kausalketten in Schwung zu bringen [vermag], ohne daß sich diese Impulse aus dem ableiten ließen, was dem Menschen vorhergeht [...]« (Schönherr-Mann, H.-M.: *Hannah Arendt.* S. 165.) und folglich eine »starke«, in diesem Verständnis tendenziell inkompatibilistische Konzeption von Willensfreiheit zu vertreten scheint. Andererseits geht Arendt auch davon aus, dass die Welt durch die Naturgesetze determiniert ist und dass die Willensfreiheit in Anbetracht einer durch Naturgesetze determinierten Welt nicht zu beweisen ist. (vgl.: GW 267–272) Wie Brunkhorst darstellt, glaubt Arendt daher »[...] anders als die meisten, zumeist analytischen Philosophen, [...] daß sich der Hiatus zwischen Rationalität und Freiheit ebensowenig überbrücken läßt, wie der zwischen Kausalität und Freiheit.« Brunkhorst, H.: *Hannah Arendt.* München: Beck 1999 (= *Beck'sche Reihe Denker*, Bd. 548). S. 119.

das antizipierte zukünftige Handeln, grundsätzlich als etwas Vergangenes erscheint. Nicht nur mit dem tatsächlich Vergangenen, sondern auch mit diesen vom Willen antizipierten und vom Denken als vergangene bzw. vollendete Zukunft aufgefassten Handlungen und Handlungsplänen beschäftigt sich das Denken, weswegen Arendt feststellt, dass »[...] das Denken, das die Vergangenheit betrachtet, [...] das Ergebnis des Willens [ist].« (GW 281) Das Denken reflektiert also nicht nur tatsächlich vergangene Ereignisse, die dem Handeln und damit dem Wollen entsprungen sind, sondern auch zukünftige Ereignisse, und zwar im Modus des Gewesenseins, um den Sinn derselben ermitteln zu können. Das Denken reflektiert also sowohl die Produktionen als auch die Antizipationen des Willens. Somit stellt der Wille dem Denken Denkmaterial in zwei verschiedenen Formen zur Verfügung: Gewesenes und zukünftig Gewesenes. Die Aufgabe des sinnsuchenden Denkens ist es, dieses in ein stimmiges Ganzes bzw. in eine kohärente Struktur zu überführen, was für die nachfolgende Darstellung der Prozessstruktur des existenziellen Entwickelns von großer Wichtigkeit ist. Obwohl das Denken vom Wollen abhängig ist, bedarf auch das Wollen des Denkens, denn »[t]he basic problem of the will is that willing itself provides no standards for right or wrong, as thinking provides the standard of non-contradiction.″ (DTB2 774) Dieses Problem ist für das Wollen insofern eminent, als dass sich das Wollen in einem permanenten inneren Konflikt mit sich selbst befindet, wie Arendts diesbezügliche phänomeno-logisch-historische Analysen unter Rückgriff auf Augustinus' Einsichten zeigen. Der Wille erzeugt nämlich automatisch einen Gegenwillen.

> Der Wille wendet sich stets an sich selbst; wenn das Gebot sagt: du sollst, so antwortet der Wille: du sollst *wollen*, was das Gebot sagt – und nicht gedankenlos Befehle ausführen. In diesem Augenblick beginnt der innere Kampf, denn der wachgerufene Gegenwille hat die gleiche Befehlsgewalt. (GW 303)

Der Wille soll also das Gebotene wollen. Was geboten ist, ist, wie dargelegt, eine Erkenntnis des reflektierenden Denkens, das als Schiedsrichter (vgl.: 2. Kapitel, 2. Teil, 2. Abschnitt) zwischen richtig und falsch unterscheiden kann. Doch nicht nur in moralischer, sondern auch in epistemischer Hinsicht gebietet der Wille und nicht das Denken bzw. die Vernunft, weil der Wille die Ansprüche desselben zurückweisen oder unbeachtet lassen kann. So entscheidet der Wille, was er als wirklich anerkennt oder welche Handlung ausgeführt wird. Der Wille kann sich also, weil er sowohl gegenüber den Begierden als auch gegenüber dem Verstand und der Vernunft autonom ist, den moralischen wie epistemischen Geboten des Denkens bzw. der Vernunft zustimmen und ihnen folgen, sich ihnen aber auch widersetzen, was er permanent tut, weil in ihm verbunden mit jedem Wollen ein Gegenwille als inneres und entscheidendes Hindernis entsteht. Charakteristisch für den Willen ist also zweierlei, erstens, dass er in Freiheit Ziele entwerfen und anstreben kann und zweitens, dass er sich jedes Mal, wenn er sich regt, unabhängig vom Inhalt des Gewollten, spaltet bzw. verdoppelt, und zwar in einen Willen und einen Gegenwillen. Diesen inneren Wiederstand muss der Wille überwinden, wenn er seine Steuerungsfunktion erfüllen will, indem er die Aufmerksamkeit der geistigen Tätigkeiten ausrichtet und als Triebfeder des Handelns dieses vorbereitet und initiiert. Die innere Blockade des Willens wird, so Arendt mit Bezug auf Augustinus und Duns Scotus, letztlich einzig und allein durch das spontane Handeln aufgehoben. »Mit anderen Worten, der Wille wird dadurch erlöst, daß er aufhört zu wollen und anfängt zu handeln, und dieses Aufhören kann nicht aus einem Akt des Willens-zum-Nichtwollen hervorgehen, denn das wäre ja nur ein weiterer Willensakt.« (GW 335) Was genau den Willen in Bewegung setzt bzw. ihn zum Handeln bringt, ist Arendt zufolge nicht zu klären. Sie schreibt: »Der Wille ist eine Tatsache, die in ihrer schieren kontingenten Tatsächlichkeit nicht kausal erklärbar ist.« (GW 323) Handlungen sind demnach durch den Willen »kontingent verursacht«, was noch einmal Arendts Auffassung von dem Willen als prima causa unterstreicht.[83] So betont auch Brunkhorst: »Die Freiheit kommt aus dem Nichts und ist deshalb kausal weder durch Ursachen noch durch Gründe erklärbar.«[84] Die durch den Willen die menschliche Existenz prägende Kontingenz ist, so Arendt, der Preis der Freiheit und ebenso wie die Notwendigkeit eine »positive Seinsweise«, weil sie es dem Menschen ermöglicht, »einen Standpunkt einzunehmen«.[85] (vgl.: GD 77–78, 80–81; GW 252–253, 267–268, 273–282, 303–305, 312–313, 317, 328–330, 335, 360–363, 365–366, 368, 371–372)

Es sollte nun deutlich geworden sein, dass dem Willen als geistiges Vermögen eine besondere Bedeutung zukommt, die Arendt treffend schon sehr früh erkannt hat, als sie im Denktagebuch notiert:

> Der primäre Modus, in dem wir Geist und Körper haben, scheint der Wille zu sein, insofern er (oder wir durch ihn?) Körper und Geist in Bewegung setzen können. Dem würde als sekundärer Modus des Habens das Bewusstseins entsprechen, in welchem wir uns dieses Habens und dieser Bewegungen bewusst sind und sie erinnern, d. h. eine identische Einheit unserer selbst konstruieren. (DTB1 195)

Der Wille steuert also nicht nur die geistigen und körperlichen Tätigkeiten des Menschen, sondern ist auch das Prinzip ihrer Synthese. (vgl.: GW 333) Dies dokumentiert sich besonders darin, dass das Selbstbewusstsein gegenüber dem Willen nur sekundär ist und, wie noch zu zeigen sein wird, wesentlich von den Aktivitäten des Willens abhängt.

---

83   Vgl.: Fußnote 82.

84   Brunkhorst, H.: *Hannah Arendt.* S. 119.

85   Vgl.: Meints, W.: *Partei ergreifen im Interesse der Welt.* S. 189–203.

Die Abhängigkeit des Selbstbewusstseins vom Willen sollte für die nachfolgenden Erläuterung der Prozessstruktur des existenziellen Erscheinens an dieser Stelle festgehalten werden, genauso wie zwei weitere wichtige Erkenntnisse, nämlich a) dass das Denken als Tätigkeit des denkenden Ichs wesentlich für die Konstitution einer harmonischen bzw. kohärenten Persönlichkeitsstruktur funktional verantwortlich ist, indem es das vergangene und zukünftige Handeln in ein stimmiges Ganzes integriert und, wenn möglich, den Sinn desselben versteht sowie b), dass das Wollen als Tätigkeit des wollenden Ichs diesen Prozess auf zweierlei Weise steuert, indem es zum einen das Denken initiiert, blockiert oder bewusst lenkt und zum anderen dem Denken sein Denkmaterial zur Verfügung stellt, indem es Handlungspläne entwirft und Handlungen initiiert.

4.2 Prozessstruktur des geistigen Entwickelns

Die aktive und bewusste Selbstpräsentation der Persönlichkeit, um die es schwerpunktmäßig im nachfolgenden fünften Abschnitt gehen wird, setzt Arendt zufolge ein stimmiges Ganzes bzw. eine kohärente Persönlichkeits- oder, in Arendts Worten, Charakterstruktur voraus, die präsentiert werden kann. Die Voraussetzungen für die Erzeugung einer Persönlichkeitsstruktur sind, wie bereits herausgearbeitet, erstens Selbstbewusstsein und zweitens konkrete handlungsbezogene Entscheidungen. Beides entsteht aus einem engen Zusammenspiel von Denken und Wollen, weswegen für die Konstitution einer Persönlichkeit diese beiden zuvor charakterisierten geistigen Tätigkeiten funktional höchst relevant sind. Um den Prozess des existenziellen Erscheinens transparent zu machen, ist nun nachfolgend aufzuzeigen, wie durch die geistigen Tätigkeiten Denken und Wollen das epistemische und reflexiv-evaluative Selbstverhältnis entstehen, denen die Persönlichkeitsstruktur eines Menschen entspringt, die dann durch Handeln und Sprechen präsentiert werden kann.

Principium individuationis: Sowohl das Selbstbewusstsein als auch die durch das Handeln und Sprechen für andere Menschen sichtbare Persönlichkeitsstruktur entsteht primär durch das Wollen, weswegen Arendt bezogen auf Augustinus und Duns Scotus schreibt, dass »[...] der Wille das geistige Organ [ist], das [...] Individualität verwirklicht; er ist das principium individuationis.« (GW 352) Das Wollen ist daher die eigentliche »[...] Quelle der besonderen persönlichen Identität.« (GW 422)

Wie bereits herausgearbeitet, unterscheidet Arendt zwischen einem denkenden Ich auf der einen und einem wollenden Ich auf der anderen Seite. Diese Dichotomie wird im Prozess der Persönlichkeitskonstitution jedoch zur Trichotomie, denn, wie bereits erwähnt, gibt es Arendt zufolge auch ein drittes, das erscheinende Ich. Dieses wird durch Handeln und Sprechen erzeugt und ist für den Prozess der Persönlichkeitskonstitution insofern von Bedeutung, als das erst durch die Spaltung des Ich in ein denkendes und ein erscheinendes Ich das Selbstbewusstsein entsteht und folglich eine Selbstpräsentation möglich ist. Nicht zuletzt deswegen ist Arendt der Auffassung, dass das erscheinende Ich das eigentliche Selbst des Menschen, also der Charakter bzw. die Persönlichkeit desselben ist. Das erscheinende Ich ist wiederum maßgeblich das Werk des wollenden Ichs.

Sowohl das Selbstbewusstsein als auch die Selbstpräsentation eines Menschen als Persönlichkeit sind das Produkt eines bipolaren Prozesses, in dem das denkende Ich und das wollende Ich bzw. die von diesen ausgeübten Tätigkeiten Denken und Wollen eng miteinander interagieren, wobei hierbei dem wollenden Ich der aktive, dem denkenden Ich der passive Part zukommt, weswegen das wollende Ich letztlich zu Recht als principium individuationis gelten kann.

Reflexiv-evaluatives Selbstverhältnis und Selbstbild: Wie bereits dargelegt, tritt das denkende Ich durch das Denken in ein stummes Zwiegespräch mit sich selbst und damit in ein reflexiv-evaluatives Selbstverhältnis ein, dessen Ergebnis eine möglichst kohärente Persönlichkeitsstruktur sein soll, die die Kontinuität zwischen der vorwärts-drängenden Vergangenheit und der rückwärtsdrängenden Zukunft herstellt. (vgl.: 2. Kapitel, 2. Teil, 2. Abschnitt) Dieses »[...] Denken ist, existenziell gesehen, etwas, das man allein tut, aber nicht einsam: allein sein heißt mit sich selbst umgehen; einsam sein heißt allein sein, ohne sich in das Zwei-in-einem aufspalten zu können, ohne sich selbst Gesellschaft leisten zu können [...].« (GD 184) Erst die Dualität des Denkens »[...] macht das Denken zu einer wirklichen Tätigkeit, in der man gleichzeitig der Fragende und der Antwortende ist.« (GD 184) Voraussetzung für diese Form des reflektierenden bzw. Sokratischen Denkens ist Arendt zufolge das Selbstbewusstsein. Denn »[o]hne das Bewußtsein im Sinne des Seiner-selbst-Gewahrseins wäre das Denken nicht möglich.« (GD 186) Die Frage, wie das Selbstbewusstsein entsteht, wird an dieser Stelle jedoch zunächst zurückgestellt und später wieder aufgegriffen. Wie bereits bei der Charakterisierung des Denkens herausgearbeitet, steht im Mittelpunkt des Mit-sich-selbst-Sprechens die »Sorge um das Selbst« und so dient es folglich vor allem dazu, in moralischer Hinsicht Handlungen und Verhaltensweisen auszuschließen, die dazu führen könnten, dass man mit sich selbst in Widerspruch gerät, weil das vergangene Selbst (-bild) dem gegenwärtigen oder zukünftigen Selbst (-bild) widerspricht, es also einen Kontinuitätsbruch zwischen Vergangenheit und Zukunft gibt, so dass man sich womöglich selbst verachten muss. Das Selbstbild und die Persönlichkeitsstruktur eines Menschen hängen nun insofern eng zusammen, als dass sich Ersteres aus der Letzteren bei der Selbstreflexion im Selbstbewusstsein (epistemisches Selbstver-hältnis) ergibt. Damit die Persönlichkeitsstruktur bzw. das sich selbstreflexiv ergebende Selbstbild in sich stimmig sind, ist es Arendt zufolge, »[b]esser, man lebt in Zwietracht mit der ganzen Welt als mit dem einzigen, mit dem man zusammenleben muß, wenn man keine anderen um sich hat.« (GD 187) Dies erläutert sie vor allem am

Beispiel des Sokrates. Mit sich selbst befreundet zu sein, ein reines Gewissen zu haben und die Selbstachtung nicht zu verlieren, ist also Sinn und Zweck des reflektierenden Denkens. Besonders Wünsche und Ziele, aber auch die möglicherweise aus diesen resultierenden Handlungen in der Welt werden folglich im inneren Zwiegespräch daraufhin überprüft, ob sie zum Verlust der Selbstachtung, also zur Selbstverachtung und damit zur Beschädigung oder, im schlimmsten Fall, zum Verlust des eigenen Selbst führen. Ob Arendt in diesem Zusammenhang die von Fenner explizierten Reflexionskriterien zur Prüfung von Wünschen akzeptieren würde, kann hier nicht abschließend geklärt werden, sachlich liegt dies jedoch nahe. Auf jeden Fall warnt Arendt zufolge die Regung des (unpolitischen) Gewissens bzw. Gewissenskonflikte von der je unterschiedlich hohen Gefahr des Selbstverlustes durch ihre je unterschiedlichen Stärkegrade, »[...] denn das Gewissen zittert um das individuelle Ich und dessen Integrität.« (ZU 289). Der Selbstverlust, so Meints, ist ein existenzieller Zustand der zusammen mit dem Weltverlust in der Verlassenheit kulminiert, die zum Verlust der Urteilskraft führt. (vgl.: 2. Kapitel, 3. Teil, 2. Abschnitt) Die rational-dialogische Prüfung der eigenen Wünsche und Ziele, die dem denkenden Ich obliegt und die den Selbstverlust verhindern helfen soll, ist letztlich der Grund dafür, warum für Arendt Gewissenskonflikte keine emotionalen, sondern rationale Konflikte sind, wie Torkler unter Bezug auf die folgende Stelle aus Arendts Vorlesung *Über das Böse* herausstellt: »Gewissenskonflikte in säkularisierten Zusammenhängen sind [...] eigentlich nichts anderes als Beratungen zwischen mir und mir selbst; sie werden nicht durch Fühlen gelöst, sondern durch Denken.« (ÜB 96). Da Arendt sich bezüglich des Denkens nicht nur auf Sokrates, sondern auch auf Kant bezieht, ist es nicht verwunderlich, dass hier die existenzielle Ernsthaftigkeit anklingt, die Sturma zufolge, ebenfalls mit Bezug auf Kant, in der Selbstachtung begründet sieht. »Bestimmte Dinge kann ich [also] nicht tun, weil ich danach nicht mehr in der Lage sein würde, mit mir selbst zusammenzuleben.« (ÜB 81) So besteht beim Handeln, insbesondere in (politischen) »Grenzsituationen« Arendt zufolge immer die Gefahr, sich selbst zu verlieren bzw. in den Zustand eines »Von-sich-selbst-verlassen-Seins« zu geraten.[86] Das denkende Mit-sich-zu-Rategehen bedeutet also, Handlungsoptionen, also zukünftiges Handeln im Hinblick auf seine kohärente Passung in das eigene Selbstbild bzw. die Persönlichkeitsstruktur zu prüfen und zu bewerten. Hierbei richtet sich die Sorge um das von Struma so genannte »spätere Selbst«. In diesem Sinne nimmt das Denken die vom Wollen antizipierten, für die Zukunft geplanten Handlungen als bereits gewesene vorweg und reflektiert

---

86 Stangneth weist bezüglich der vom Denken angestrebten inneren Stimmigkeit auf einen interessanten Aspekt hin, nämlich, dass dieses Bestreben nicht zwangsläufig moralisches Handeln zur Folge haben muss, denn »[e]s ist die fatale Folge dieser Denkungsart, dass unter der Forderung, jederzeit mit sich identisch zu sein, auch das als vernünftig erscheinen kann, was als Handlung betrachtet eindeutig unmoralisch ist. Stangneth, B.: *Böses Denken*. S. 165–166.

sie. Das denkende Mit-sich-zu-Rate-gehen reflektiert jedoch nicht nur auf ein zukünftiges Selbstverhältnis, sondern es geht auch um das jeweils gegenwärtige Selbstverhältnis, indem das Vergangene reflektiert wird, wenn nach dem konkreten Handeln darüber nachgedacht wird »[...] wie diese besondere Tat sich in das ganze Gewebe unseres Lebens einpaßt.« (ÜB 126) Wenn nun beispielsweise Sturma zu der Erkenntnis kommt, dass »[d]as Leben von Personen [...] nichts anderes [ist] als die permanente Aufgabe, in der Gegenwart mit der Vergangenheit und den Erwartungen an die Zukunft umzugehen [...]«[87], dann besteht zwischen dieser Erkenntnis und Arendts Erkenntnis, wonach die durch das Denken vollzogene Vermittlung von Vergangenheit und Zukunft zwecks Persönlichkeitsbildung die existenzielle Aufgabe des Menschen ist (vgl.: 2. Kapitel, 2. Teil, 2. Abschnitt), eine starke Entsprechung. Mit Quantes Terminologie konkretisiert besteht die von Arendt ermittelte existenzielle Aufgabe des Menschen darin, das vergangene Selbstbild, mit dem gegenwärtigen und dem antizipierbaren zukünftigen Selbstbild in Übereinstimmung zu bringen. Notwendig hierfür ist aus Arendts Sicht, wie ebenfalls bereits im zweiten Kapitel dargelegt, ein prüfendes und befragendes, also rechenschaftgebendens Denken, das sich im inneren Zwiegespräch entfaltet und durch das sich eine Persönlichkeit immer wieder als solche konstituiert bzw. dafür sorgt, dass sie »Einer« bleibt. Bei der darauf abzielenden nachträglichen wie auch bei der antizipierenden Reflexion wird deutlich, dass das Selbstverstehen ein eminentes Anliegen des denkenden Ichs ist, denn beim Verbinden des vergangenen und zukünftigen Selbstbildes spielen gerade handlungs-erklärende und -begründende, also kohärenzerzeugende Gründe eine wichtige Rolle, weswegen letztlich auch das Erinnern, dass Arendt zufolge zur Verwurzelung eines Menschen führt, personalitäts- und vor allem persönlichkeitskonstitutive Bedeutung hat. Erst durch das Erinnern sind einem Menschen nämlich jene früheren persönlich-keitsbildenden Eigenschaften des vergangen Selbstbildes, besonders seine früheren Überzeugungen, Wünsche und Ziele, gegenwärtig, zu denen neue oder modifizierte persönlichkeitsbildende Eigenschaften, also vor allem seine neuen Überzeugungen, Wünsche und Ziele, zum Zwecke eines kohärenten gegenwärtigen Selbstbildes passen müssen. Das bedeutet, die neuen Wünsche, Ziele und dergleichen müssen sich in die aus der Summe der persönlichkeitsbildenden Eigenschaften bestehenden Persönlich-keitsstruktur einpassen lassen, damit diese als ein stimmiges Ganzes bestehen bleibt und als stimmiges Selbstbild in der Selbstreflexion erscheint. Das Erinnern hat daher grundsätzlich das Potenzial, einen Menschen davon abzuhalten, eine Handlung zu vollziehen, die kohärenz- und damit selbstbildgefährdend sein könnte. In diesem Sinne betont Arendt dann auch – sicherlich bezogen auf den Fall »Eichmann« –, dass »[e]in Leben ohne Denken [...] durchaus möglich [ist]; es entwickelt dann [jedoch; Zusatz

---

87 Sturma, D.: *Philosophie der Person.* S. 197.

S. G.] sein eigenes Wesen nicht – es ist nicht nur sinnlos, es ist gar nicht recht lebendig. Menschen, die nicht denken, sind wie Schlafwandler.« (GD 190) Das Denken ist also um die kohärente Passung aller dem Wollen entspringenden Wünsche und Ziele sowie aller damit verbundenen gewesenen und zukünftigen Handlungen be-sorgt, um eine selbstbestimmte und kohärente Persönlichkeitsstruktur zu erzeugen, die, wie u. a. von Sturma und Quante jeweils herausgearbeitet, dem Leben allererst einen Sinn verleiht. Insofern stellt Campillo bezogen auf den von Arendt beschriebenen inneren Dialog des denkenden Ich ganz richtig fest, dass »[d]as Kriterium des geistigen Dialogs [...] nicht mehr die Wahrheit [ist], sondern die Übereinkunft, das mit sich Kohärent-Sein.«[88] Die Sorge um die innere Kohärenz ist daher das, was das denkende Ich dazu veranlasst, das wollende Ich zu warnen bzw. diesem Kriterien für das Handeln bereit-zustellen, die sicherstellen sollen, wenn sie befolgt werden, dass die Persönlichkeits-struktur und damit das eigene Selbstbild nicht gefährdet wird. Bezüglich der Handlungskriterien ist jedoch wichtig zu bedenken, dass Arendt zufolge »[d]as Denken [...] keine Werte [schafft]; es sagt nicht ein für allemal, was »das Gute« sei [...].« (GD 190). Deutlich geworden sein sollte allerdings, dass das stumme, in moralischer Hinsicht geführte Zwiegespräch des denkenden Ichs wesentlich zur Konstitution der Persönlichkeit beiträgt, weswegen Arendt zu Recht betont, dass die »moralische Eigenschaft« die Persönlichkeit des Menschen konstituiert.[89] (vgl.: GD 80–81, 179–192; KV 139–144; ÜB 34–35, 48, 53, 70–71, 73–74, 76–79, 85, 89, S 55–63; ZU 291, 294)

Aktivistisches Selbstverhältnis und vernünftige Selbstbestimmung: Das stumme innere Zwiegespräch des denkenden Ichs ist für die Konstitution von Persön-lichkeit, betrachtet man den Gesamtprozess des existenziellen Entwickelns, jedoch von sekundärer Bedeutung, denn die kohärente Persönlichkeitsstruktur und die dadurch erzeugte Kontinuität zwischen Vergangenheit und Zukunft, um die das denkende Ich im weltabgewandten Denken bemüht ist, hat die antizipierten Handlungspläne bzw. Handlungsziele und tatsächlich initiierten Handlungen des wollenden Ichs zum Gegenstand, ist also, wie bereits herausgearbeitet, von den Produkten des wollenden Ichs abhängig. Das Wollen des wollenden Ichs, das sich als aktivistisches Selbstver-hältnis beschreiben lässt, ist daher für die Konstitution von Persönlichkeit primär entscheidend. Denn erst durch dieses werden die handlungsleitenden Volitionen sowie Wünsche erster und zweiter Ordnung und die sich daraus ergebenden Handlungsziele (verstanden als persönlichkeitsbildende Eigenschaften eines Menschen) erzeugt, die durch das denkende Ich in eine kohärente Struktur gebracht werden können, wenn sich

---

88 Campillo, N.: *Denken.* In: Heuer, W. et al. (Hrsg.): *Arendt-Handbuch. Leben – Werk – Wirkung.* Stuttgart/Weimar: Metzler 2011. S. 275.

89 Vgl.: Meints, W.: *Partei ergreifen im Interesse der Welt.* S. 169–170; Sturma, D.: *Philosophie der Person.* S. 188–199; Torkler, R.: *Philosophische Bildung und politische Urteilskraft. Hannah Arendts Kant-Rezeption und ihre didaktische Bedeutung.* Freiburg/München: Alber 2015 (= *Pädagogik und Philosophie,* Bd. 7). S. 178–180.

diese nicht allzu stark widersprechen. Da durch das Handeln wunsch- bzw. volitionsbasierte Handlungsziele praktisch realisiert werden (vgl.: 3. Kapitel, 2. Teil, 5. Abschnitt), sind es letztlich immer die Wünsche und Volitionen, bezogen auf die das denkende Ich um eine kohärente Struktur bemüht ist. Ausgehend von Volitionen und Wüschen bestimmt daher das wollende Ich durch die von ihm initiierten Handlungen, wie sich ein Mensch als Persönlichkeit präsentiert. Diese selbstbestimmte Selbstpräsentation kann dann zur vernünftigen Selbstbestimmung werden, wenn das wollende Ich einen Lebensplan (als formale Struktur von Lebenszielen) entwirft und stetig weiterentwickelt, bei dem es die rationalen und moralischen Bewertungen seiner Wünsche und Volitionen durch das denkende Ich berücksichtigt, indem es vernünftige Volitionen und Wünsche zweiter Ordnung herausbildet, die auf das gute und vernünftige Leben abzielen und die, wenn sie handlungsleitend werden, entsprechende Handlungen motivieren. Bei der Entwicklung eines Lebensplanes, insbesondere wenn dieser vernünftig sein soll, ist das wollende Ich demnach auf die Mithilfe des denkenden Ichs angewiesen, was noch einmal Arendts Feststellung unterstreicht, dass die »moralische Eigenschaft« die Persönlichkeit des Menschen konstituiert, gemeint ist die Fähigkeit des Menschen, denkend in ein stummes Zwiegespräch mit sich selbst einzutreten und sich im von Sturma wie Nida-Rümlein so bezeichneten »Raum rationaler und moralischer Gründe« bewegen zu können. Den vom wollenden Ich unter Mithilfe des denkenden Ichs entwickelten Lebensplan, ob nun unvernünftig oder vernünftig, versucht das wollende Ich gegen sich selbst, also alle inneren Widerstände, gemeint ist der von Arendt beschriebe Gegenwille, der mit jedem Wollen unweigerlich zusammen entsteht, und gegen die die Handlungsfreiheit einschränkenden äußeren Gegebenheiten durch Handeln durchzusetzen. Durch Handeln, also die Entscheidung darüber, welche Wünsche und Volitionen tatsächlich handlungswirksam werden, beeinflusst letztlich das wollende Ich die konkrete Struktur der erscheinenden Persönlichkeit und den Grad ihrer Kohärenz. Die mit jeder tatsächlich ausgeführten Handlung verbundenen Wünsche oder Volitionen fügen sich nämlich entweder in das Gesamtbild der vergangenen und wahrscheinlich zukünftig handlungsleitenden Wünsche und Volitionen ein oder widersprechen diesen. Ist Letzteres der Fall, dann sind diese Wünsche und Volitionen als potenziell kohärenz- und damit persönlichkeitsgefährdend einzustufen. Durch das vom wollenden Ich initiierte Handeln kann die bis zum jeweiligen Handlungszeitpunkt entwickelte Persönlichkeitsstruktur also auch erheblich gefährdet werden, denn da das Handeln Arendt zufolge durch den Willen kontingent verursacht wird, können durch das wollende Ich auch Handlungen initiiert werden, die kohärenzgefährdend sind und die es dem denkenden Ich womöglich unmöglich machen, einen Grad von Kohärenz zu erzeugen, der über jener Schwelle liegt, die laut Quante für die berechtigte Zuschreibung von Persönlichkeit nicht unterschritten werden darf. Doch nicht nur die mögliche Nichtbefolgung der

Empfehlungen des denkenden Ichs durch das wollende Ich kann zu kohärenzgefährdenden Handlungen führen, sondern auch Situationen, in denen enormer Handlungs- bzw. Entscheidungsdruck herrscht und folglich zum Denken kaum bis keine Zeit bleibt. Derartige Situation nennt Arendt (politische) Grenzsituationen, in denen das Denken deshalb so bedeutsam ist, weil alle äußeren Handlungsmaßstäbe nicht mehr tragen und das Ich ganz auf sich selbst zurückverwiesen ist, wenn es verhindern will, das kohärenzgefährdende Handlungen vom wollenden Ich initiiert werden.[90]

Existenzielles Entwickeln: Die Persönlichkeit eines Menschen entwickelt sich also im Verlauf seiner Lebenszeit durch Selbstbestimmung, d. h. durch das vom wollenden Ich initiierte Handeln und durch die kohärenzerzeugende Leistung des denkenden

---

90　Im Sinne der bereits aufgeworfenen Frage nach Arendts Konzeption von Willensfreiheit (vgl.: Fußnote 82 und 83), soll an dieser Stelle darauf hingewiesen werden, dass die beschriebene Interaktion zwischen dem denkenden und dem wollenden Ich auch als Begründung für die These herangezogen werden kann, dass Arendt eine tendenziell kompatibilistische Konzeption von Willensfreiheit vertritt. Handlungen sind aus Arendts Sicht zwar prinzipiell unvorhersehbar bzw. unberechenbar, weil sich im inneren Konflikt des wollenden Ichs mit sich selbst grundsätzlich immer der Gegenwille durchsetzen kann, so dass die Willensbildung durch nichts determiniert wird, was eine inkompatibilistische Konzeption von Willensfreiheit begründen würde, dennoch können die Handlungen auch mit gleicher Wahrscheinlichkeit durch den Einfluss des denkenden Ichs auf das wollende Ich bestimmt werden, was eine kompatibilistische Konzeption von Willensfreiheit nahelegt. Diesen Gedanken kann man mit Newens Forschungsergebnissen zum Thema »Willensfreiheit« etwas erhellen. Newen zufolge »[macht] Selbstbestimmung [...] eine Handlung zu einer freien Handlung, und dabei wird nicht zwingend eine indeterministische Welt als Rahmen gebraucht.« [Newen, A.: *Philosophie des Geistes. Eine Einführung.* München: C. H. Beck 2013 (= *Beck'sche Reihe Wissen*, Bd. 2806). S. 121.] Newen scheint diesbezüglich davon auszugehen, dass Selbstbestimmung wesentlich davon abhängt, ob ein Selbstbild handelnd realisiert wird. »Eine Handlung einer Person (oder allgemeiner eines kognitiven Systems) ist genau dann selbstbestimmt, wenn es die handlungsleitenden Vorstellungen in ein Selbstbild integriert, und zwar genau in dem Maße, in dem es einen Einfluss auf die tatsächlichen handlungsleitenden Vorstellungen nehmen kann [...].« (Ebd. S. 124.) Wenn Menschen nicht emotional stark in eine Situation involviert sind, können sie sich, so Newen, in einem gewissen Ausmaß selbst bestimmen. Selbstbestimmung hängt also Newen zufolge vom emotional unbeeinflussten Denken ab, das auf »Selbstmanipulation« abzielt. Wenn die bisher gemachten Ausführungen zum Zusammenspiel von denkendem und wollendem Ich richtig sind, dann scheint Arendt in ähnlicher Weise wie Newen davon auszugehen, dass sich ein Mensch mittels der Einflussnahme des denkenden Ichs bzw. des weltabgewandten und damit emotional unbeeinflussten Denkens auf das wollende Ich rational selbstbestimmen kann und vor allem dann frei ist, wenn er besorgt um den Erhalt eines bestimmten Selbstbildes und gemäß eines vernünftigen Lebensplanes handelt. Ob Arendt Newens These zustimmen würde, wonach »Willensfreiheit [...] als epistemische Fähigkeit zur Selbstbestimmung [...]« (Ebd. S. 130.) verstanden werden kann, ist fraglich. Zum einen, weil Arendt zufolge bei der Handlungsinitiierung letztlich nicht das rationale Element, das denkende Ich, sondern der Wille, also das wollende Ich, die dominierende Instanz ist. Eine Zustimmung ist aber auch deshalb fraglich, weil Arendts explizites Kernanliegen nicht die Willensfreiheit, sondern die politische Freiheit ist. So weist Spiegel bezüglich der Frage nach der Freiheit des Willens darauf hin, dass »Freiheit [...] nach Arendt [...] eine politische Eigenschaft urteilsfähiger Menschen im Plural [ist], keine Eigenschaft des Menschen im Singular. Für sich allein kann der Mensch also gar nicht frei sein. [...] Aus Arendts Perspektive erscheint eine philosophische Verteidigung der Willensfreiheit als nicht angemessen [...]« Spiegel, I.: *Hannah Arendt: Politische Urteilskraft.* In: ZDPE, 1/2017. S. 24. Die Frage, welche Konzeption von Willensfreiheit Arendt letztlich vertritt, ist daher letztenendes theoretisch ein toter Punkt, da Arendt keine klar identifizierbare und zusammenhängende Konzeption von Willensfreiheit entwickelt hat. Vgl.: Meints, W.: *Partei ergreifen im Interesse der Welt.* S. 199–203; Newen, A.: *Philosophie des Geistes.* S. 115–133.

Ichs und ist dabei immer sowohl in der Vergangenheit verwurzelt als auf die Zukunft bezogen. Ebenso wie Quante geht Arendt also nicht davon aus, dass die Persönlichkeit eines Menschen in einem einmaligen und einsamen existenziellen Entwurf erzeugt wird, sondern in einem selbstgesteuerten, dynamischen Entwicklungsprozess kontinuierlich in handelnder Interaktion mit anderen Menschen herausgebildet und (weiter-) entwickelt wird. Das Selbst, so Arendt, ist nämlich »[...] stets veränderlich und ein wenig ambivalent.« (S 60) Insofern stellt Schönherr-Mann richtig fest: »[...] [D]er Mensch besitzt für Arendt wie für Sartre kein vorbestimmtes Wesen, das ihn determiniert, sondern er muß dieses Wesen überhaupt erst hervorbringen, eben durch seine Handlungen seine Existenz gestalten.«[91] Eine entscheidende Voraussetzung hierfür ist die permanente Interaktion zwischen dem wollenden und dem denkenden Ich, in der das durch das wollende Ich erzeugte aktivistische Selbstverhältnis mit dem reflexiv-evaluativen Selbstverhältnis des denkenden Ichs verschränkt wird, so dass im Idealfall eine kohärente Persönlichkeitsstruktur erhalten und weiterentwickelt wird, die nach innen ein stimmiges Selbstbild zur Folge hat und nach außen als eine mit sich übereinstimmende Persönlichkeit erscheint, die für andere Menschen erkenn- und verstehbar ist.

Epistemisches Selbstverhältnis und Selbstbewusstsein: Wie sich das Erscheinen der Persönlichkeit und das damit verbunden Erkennen und Verstehen derselben durch andere Menschen konkret vollzieht, das ist Gegenstand der nachfolgenden Abschnitte fünf und sechs. Bisher aufgeschoben und besonders klärungsbedürftig ist an dieser Stelle noch die Frage, wie sich der jeweilige Mensch, dessen Ich anderen erscheint, seiner Persönlichkeit bewusst wird, d. h. sich ein Bild von seinem Selbst macht. Diese Frage ist umso dringlicher, da Arendt, wie gezeigt, Selbstbewusstsein zu den Bedingungen von Personsein zählt und Selbstbewusstsein Arendt zufolge auch eine Voraussetzung für das stumme Zwiegespräch des denkenden Ichs ist, welches wiederum eine Voraussetzung für die Persönlichkeitsbildung ist. Insofern ist all jenen zu widersprechen, die behaupten, dass das Selbst bzw. Selbstbewusstsein für Arendt bei der Persönlichkeitsbildung keine Rolle spielt. Bezüglich der Möglichkeit von Selbstbewusstsein ist Arendt der Auffassung, dass sich der Mensch nur durch eine Verdoppelung des Ich, durch die Aufspaltung desselben in ein denkendes und ein erscheinendes Ich, seiner Persönlichkeit bzw. seines Selbst bewusst werden kann. Insofern ist das durch das denkende und wollende Ich erzeugte erscheinende Ich die Bedingung der Möglichkeit von Selbstbewusstsein. Arendts diesbezügliche Überlegungen lassen sich nachfolgend mithilfe von Sturmas Erkenntnissen zum Begriff der Person besonders gut darstellen, weil sie Arendts Überlegungen eine schärfere Kontur geben. Zuvor muss jedoch dem Einwand begegnet werden, dass, wenn das

---

91   Schönherr-Mann, H.-M.: *Hannah Arendt.* S. 165.

Selbstbewusstsein Voraussetzung für die Persönlichkeit bzw. das erscheinende Ich ist und dieses wiederum die Voraussetzung für das Selbstbewusstsein ist, im Denken Arendts ein offensichtlicher vitiöser Zirkel vorliegt. Dass ein solcher Zirkel nicht vorliegt, wird schnell klar, wenn man den Prozess der Persönlichkeitsbildung nicht als eindimensionales sich im zeitlichen Nacheinander vollziehendes, sondern als mehrdimensional-dynamisches Geschehen begreift, bei dem die beschriebenen Teilprozesse teilweise gleichzeitig ablaufen und permanent ineinandergreifen, so dass das Selbstbewusstsein und das erscheinendes Ich (die Persönlichkeit) nicht nacheinander, sondern gleichzeitig erzeugt werden und sich gegenseitig bedingen, was hoffentlich durch die nachfolgende Abbildung zusätzlich veranschaulicht wird.[92] (vgl.: Abbildung 2: *Trichotomie des Ich*)

Wie bereits erwähnt, ist Selbstbewusstsein Sturma zufolge der Modus einer »unmittelbaren Selbstvertrautheit«, der sich aus einem irreduziblen epistemischen Selbstverhältnis ergibt, in dem Personen stehen. Besonders problematisch bei der Erklärung des Selbstbewusstseins als Phänomen ist die Explikation der »Referenzstruktur des Selbstbewusstseins«, so Sturma. Fraglich ist demnach, »[...] auf wen oder was sich das Subjekt des Bewußtseins bezieht, wenn es sich seiner selbst bewußt wird.«[93] Aufgelöst werden kann diese »Referenzproblematik«, indem man das Selbstbewusstsein »[...] als eine Differenzierung mit besonderer Referenzstruktur [...]«[94] versteht, was u. a. Kant getan hat. Für den vorliegenden Kontext ist nun interessant, dass Arendt sich dieser Lösung offensichtlich angeschlossen hat, wie die weiteren Ausführungen zeigen werden. Kant zufolge, so führt Sturma aus, bezieht sich das Subjekt im Selbstbewusstsein auf ein »Quasi-Objekt«, einen Gegenstand des Verstandes, der als solcher nicht notwendig in der Welt bzw. in der Anschauung gegebenen sein muss. Mit dieser Erkenntnis wird die Referenzproblematik jedoch nicht aufgelöst, weil dies Sturma zufolge weder mit einem Subjekt-Objekt-Modell noch mit der traditionellen Präreflexivitätsthese noch mit der öffentlichen Sprache möglich ist. Um das Referenzproblem lösen zu können, muss man vielmehr zunächst annehmen, dass das Selbstbewusstsein eine komplexe Struktur formaler Selbstreferenz darstellt, die sich dadurch auszeichnet, dass sich das Subjekt in ihr »formiert«, indem es sich auf etwas bezieht, dass es so noch nicht ist, wie Sturma darlegt. Mit Bezug auf Kant führt Sturma aus, dass das Selbstbewusstsein letztlich einer selbstreferenziellen Struktur entspringt in der sich das Subjekt nicht zu seinem eigenen Gegenstand im Sinne eines Erkenntnisobjekts macht, sondern eine »Doppelperspektive« auf sich einnimmt, in der es einmal sich selbst und einmal das, was ihm bewusst wird, betrachtet.

---

92 Vgl.: Meints, W.: *Partei ergreifen im Interesse der Welt.* S. 232.
93 Sturma, D.: *Philosophie der Person.* S. 130.
94 Ebd. S. 132.

> In der Doppelperspektive des Selbstbewußtseins kommt zum Ausdruck, daß sich
> das Subjekt des Bewußtseins auf sich als raumzeitliches Wesen bezieht, ohne daß
> es sich dabei als Subjekt im Blick hätte, das heißt, das Selbstverhältnis des Selbst-
> bewußtseins ist niemals ein Selbstverhältnis des Subjekts, das dieses initiiert.[95]

Das Subjekt bezieht sich im Selbstbewusstsein also auf sich selbst, aber dieses Selbst
befindet sich in einer anderen Form, nämlich in der eines raumzeitlichen Wesens.
Für Selbstbewusstsein ist also die »raumzeitliche Positionalität« des Subjekts von
besonderer Bedeutung. Folglich gibt es also einmal das Subjekt des Selbstbewusstseins und das Subjekt, wie es dem Subjekt des Selbstbewusstseins, also sich selbst,
erscheint. Die von Struma mit Kant herausgearbeitete Doppelperspektive scheint
auch Arendt anzunehmen. Denn ganz offensichtlich unterscheidet auch Arendt in
diesem Sinne, wie bereits im zweiten Kapitel dargelegt, zwischen einem denkenden
Ich, dem Ich der Apperzeption, das niemals erscheint und zeit- sowie alterslos ist und
dem erscheinenden Ich, dem Ich der Reflexion. Ebenso wie Sturma nimmt also auch
Arendt an, dass es ein doppeltes Ich gibt, dessen Selbstreferentialität für das Selbstbewusstsein konstitutiv ist. So gibt es einmal das denkende, zeit-, alters- und raumlose
Ich und einmal das raumzeitliche also weltbezogene erscheinende Ich. Letzteres ist
in Sturmas Worten das raumzeitlich positionierte Subjekt, wohingegen Ersteres das
Subjekt des Selbstbewusstseins ist. Sturma führt diesbezüglich weiter aus:

> [...] [D]as »Ich, das denkt« bezieht sich auf sich selbst als auf ein von sich unterschie-
> denes, das heißt, es begegnet *sich* im Sebstbewußtsein immer nur in veränderter
> Form. Das Subjekt des Selbstbewußtseins kann sich *als* Subjekt nicht bewußt
> werden, zu Bewußtsein kommt immer nur das objektivierbare Ich, das kein Ich
> im ursprünglichen Sinne, sondern ein selbstreferentieller Sachverhalt ist.[96]

Das sich das denkende Ich als Subjekt des Selbstbewusstsein nicht sich bewusst
werden kann, nimmt auch Arendt an, denn sie betont immer wieder, dass »[d[as
denkende Ich [...] reine Tätigkeit [ist] und [...] somit kein Alter, kein Geschlecht,
keine Eigenschaften und keine Lebensgeschichte [hat].« (GD 52) Folglich erscheint
das denkende Ich nicht und ist demnach auch weder für sich selbst noch für andere
erkennbar. Dennoch ist das denkende Ich aber »»nicht nichts«« (GD 52), wie Arendt mit
Bezug auf Kant betont. Dass sich das denkende Ich als Subjekt des Selbstbewusstseins
immer nur in »veränderter Form« erkennt und zwar, indem es sich auf sich selbst als
»objektivierbares Ich« bezieht, ist ebenfalls eine Annahme, die Arendt mit Sturma
teilt, denn sie schreibt »[...] dieses Ego, das Ich-bin-Ich, erfährt Verschiedenheit in der

---

95   Ebd. S. 139.
96   Ebd. S. 141.

Identität genau dann, wenn es nicht zu den erscheinenden Dingen, sondern zu sich selbst in Beziehung steht.« (DM 151) Das erscheinende Ich stellt also offensichtlich auch für Arendt einen selbstreferentiellen Sachverhalt dar, auf den sich das denkende Ich zwecks Selbsterkenntnis bezieht. Dies lässt sich weiter unterstreichen. Denn Selbstbewusstsein ist Arendt zufolge durch das Bewusstsein gekennzeichnet, dass man »Zwei-in-Einem« ist. Sie schreibt: »Für mich selbst bin ich, wenn ich dieses Mit-mir-selbst-bewußt-Sein artikuliere, unvermeidlich *Zwei-in-Einem* [...]« (DM 151) Für Selbstbewusstsein ist also auch für Arendt Selbstreferentialität konstitutiv, also der Fakt, dass es einer Dialogbeziehung entspringt. Diese besteht Bajohr zufolge zwischen dem Ich (= denkendes Ich) und dem Selbst (= erscheinendes Ich). Wenn also für Selbstbewusstsein Selbstreferentialität konstitutiv ist und in diesem Zusammenhang von einem Selbst gesprochen wird, dessen man sich bewusst ist, dann, so Sturma, spricht man hier jedoch nicht von dem Selbst als einer Seele oder anderen Entität, der man sich im Sinne eines Objekts bewusst ist, sondern man bezieht sich »[...] auf die subjektive Einheitsstruktur der in der Zeit verlaufende Zustände, Erlebnisse und Verhaltensweisen einer Person [...].«[97] Es kommt also nicht zu einer ontologischen Verdoppelung des Ich bzw. des Selbst. Derjenige, der sich seines Selbst bewusst ist, hat folglich Kenntnis von einem »bestimmten Sachverhalt«, so Sturma. Und auch Arendt geht davon aus, dass es nicht zwei Selbst im Sinne eines inneren und eines äußeren Selbst gibt. Denn »[e]in »inneres Selbst«, wenn es das überhaupt gibt, erscheint weder dem inneren noch dem äußeren Sinne, denn die inneren Daten besitzen keinerlei dauerhafte Eigenschaften, wie sie mit ihrer Erkennbarkeit und Identifizierbarkeit die individuelle Erscheinung kennzeichnen.« (GD 49) Arendt stellt folglich fest, dass »[d]as denkende Ich [...] alles andere als das Selbst des Bewusstseins [ist] [...]« (MIFZ 188), also gilt, »[...] das denkende Ich ist nicht das Selbst.« (GD 52) Das Selbst des Menschen, dessen er sich bewusst werden kann und das die »subjektive Einheitsstruktur« seiner mentalen Zustände, Erlebnisse und Verhaltensweisen ist, ist vielmehr das erscheinende Ich bzw. das Ich der Reflexion, das in Raum und Zeit erscheint und folgerichtig »[...] sterblich, zeitlich, alternd, veränderlich usw. [...]« (DTB2 647) ist. Insofern ist das Selbst, dessen sich der Mensch im Selbstbewusstsein bewusst wird, auch bei Arndt ein »bestimmter Sachverhalt«, einer, der der Selbst-Reflexion des denkenden Ichs entspringt. Sich seines Selbst bewusst wird der Mensch Arendt zufolge also vor allem durch das Denken auf der einen und durch das Handeln und Sprechen auf der anderen Seite. Letztres ist bedeutsam, denn erst hierdurch wird ein erscheinendes Ich als raumzeitlicher Sachverhalt erzeugt, auf dass sich das denkende Ich selbstreflexiv beziehen kann. Die sich im Handeln und Sprechen manifestierenden persönlichkeitsbildenden Eigenschaften lassen eine Persönlichkeitsstruktur erscheinen, die

---

97   Ebd. S. 143.

das denkende Ich erkennen und verstehen kann, wodurch letztlich auch das jeweilige Selbstbild eines Menschen entsteht. Wichtig für das Selbstbewusstsein und dem daraus entspringenden Selbstbild ist also die enge Verbindung zwischen Handeln, Sprechen und Denken. Arendt erläutert dies im *Denktagebuch* wie folgt:

> So wie ich von mir <u>selbst</u> als einem Selbst nur weiss, weil es Spiegel gibt, so bin ich ein Selbst, identisch Eins, nur weil ich als solches von Anderen angesprochen, anerkannt usw. werde. Gerade mein Selbst erhalte ich als Reflexion der Erscheinung. Bewusstsein ist nie <u>Selbst</u>-Bewusstsein. Im weltlosen Bewusstsein weiss ich nicht mehr, als dass etwas in mir und eventuell mit mir vorgeht. »Cogito me cogitare«, aber daraus wird nie ein »sum« im Sinne eines Selbstseins. (DTB2 735–736)

Diese Erläuterung Arendts macht zusätzlich dreierlei deutlich: Erstens sind Selbst-Bewusstsein und Bewusstsein für Arendt grundsätzlich voneinander zu unterscheiden; ein Befund übrigens, der sich ebenfalls mit Sturmas Erkenntnissen unterstreichen lässt, da auch dieser feststellt, dass »Selbstbewußtsein [...] von allen anderen Fällen von Bewußtsein strukturell verschieden [ist].«[98] Zweitens ist Selbstbewusstsein offensichtlich nur im Rahmen von handelnder Interaktion möglich, die sich maßgeblich in Erkennungs- und Anerkennungsverhältnissen vollzieht. Der Hinweis auf die Notwendigkeit von handelnder Interaktion macht zudem deutlich, dass auch das wollende Ich, zumindest indirekt, bei der Konstitution von Selbstbewusstsein von Bedeutung ist. Da Handeln und Sprechen räumlich gebunden sind und zudem anderer Menschen bedürfen, setzt Selbstbewusstsein schließlich drittens auch einen sozialen Raum voraus, den öffentlichen Raum der Politik, der die raumzeitliche Positionierung, also das Erscheinen des Ich durch handelnde Interaktion überhaupt erst ermöglicht. Diesen Raum bezeichnet Arendt dann folgerichtig auch als Erscheinungsraum für Persönlichkeiten.[99] (vgl.: DTB1 8, 647–648; GD 50–55; VA 62–73)

Ein Einwand: Arendts Trichotomie des Ich (vgl.: Abbildung 2: *Trichotomie des Ich*), also die Unterscheidung von denkendem, wollenden und erscheinendem Ich, handelt sich bei oberflächlicher Betrachtung sicherlich schnell den Vorwurf einer ungerechtfertigten Hypostasierung und in ontologischer Sicht den einer unnötigen Vervielfältigung des Ich ein. Doch gerade durch die hinzugezogenen Erkenntnisse von Sturma zur Möglichkeit von Selbstbewusstsein sollte deutlich geworden sein, dass es sich bei Arendts Unterscheidung von denkendem und erscheinenden Ich nicht um eine ontologische Verdoppelung, sondern um eine Perspektivveränderung handelt, was sicherlich auch auf die Unterscheidung zwischen denkendem und wollenden Ich

---

98 Ebd. S. 103.

99 Vgl.: Bajohr, H.: *Dimensionen der Öffentlichkeit.* S. 110; Spiegel, I.: *Die Urteilskraft bei Hannah Arendt.* Berlin/ Münster: Lit 2011 (= *Ideal und Real*, Bd. 3). S. 146; Sturma, D.: *Philosophie der Person.* S. 129–146, 181.

Trichotomie des Ich

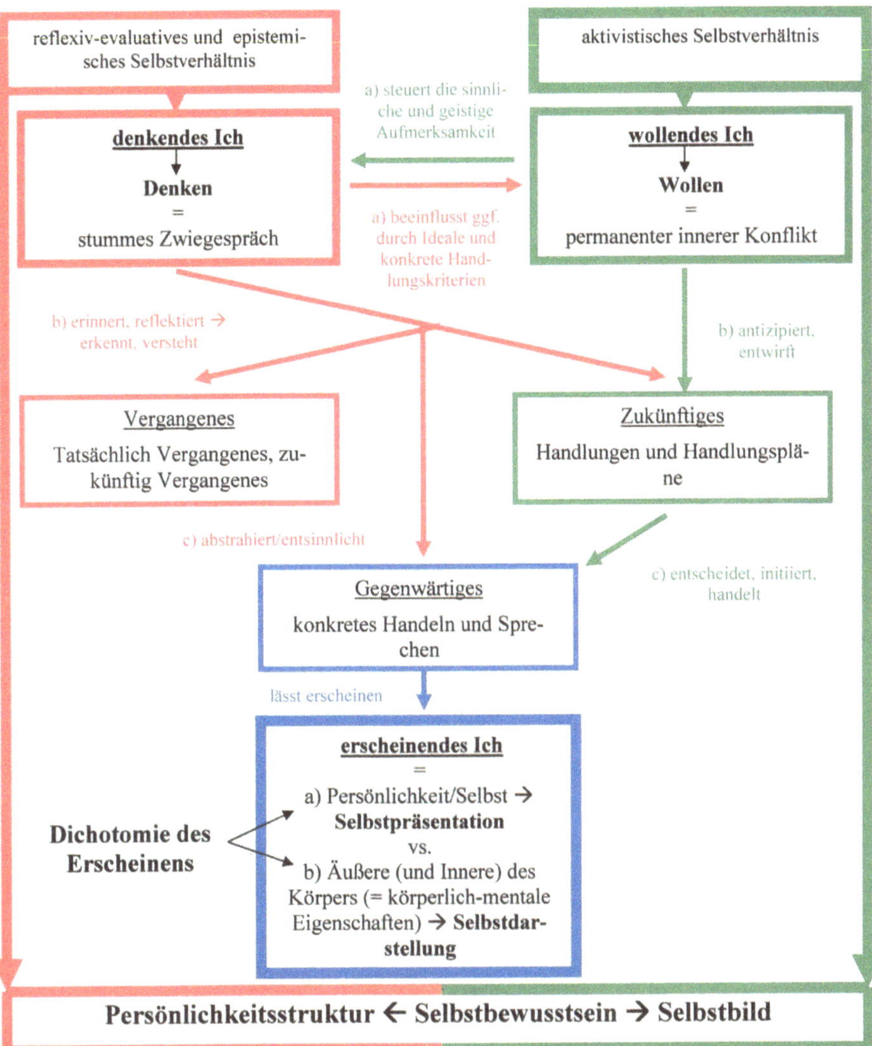

Abbildung 2: *Trichotomie des Ich*

zutrifft.[100] So nimmt sich das denkende Ich nicht nur als erscheinendes, sondern auch als wollendes Ich wahr. Hinzuweisen ist in diesem Zusammenhang auch nochmals darauf, dass Arendt das Ich als »[...] formalistisches Prinzip der Einheit von Leib und Seele [...]« (DTB1 8) auffasst. Außerdem legt sie in *Über die Revolution* bezogen auf Rousseau dar, dass zwischen der »natürlichen Verdopplung« des Ich beim Denken und der Verdoppelung der Seele zu unterscheiden ist. Die Erstere führt zu einem »inneren Zwiegespräch«, wohingegen Letztere eine »Zerrissenheit« darstellt und damit auf »einen Konflikt« hinweist. (vgl.: ÜR 102)

Die Mehrperspektivität auf das Phänomen des Ich ermöglicht es Arendt erst, die verschiedenen geistigen Tätigkeiten herauszuarbeiten und zueinander in Beziehung zu setzen, die ihrer Meinung nach das Leben des Geistes ausmachen und die Bildung von Persönlichkeit ermöglichen. Zum besseren Verständnis der diesbezüglichen Zusammenhänge werden diese in dem vorherigen Schaubild transparent gemacht. (vgl.: Abbildung 2: *Trichotomie des Ich*)

Bis hierher sollte nun deutlich geworden sein, dass die Persönlichkeit eines Menschen durch die kontinuierliche Interaktion des denkenden Ichs mit dem wollenden Ich konstituiert wird und durch Handeln und Sprechen als erscheinendes Ich sowohl für den jeweiligen Menschen selbst als auch für andere Menschen durch das Selbst-reflexive Denken erkenn- und verstehbar wird. Wie die vorherigen Erläuterungen und die obige Darstellung zeigen, handelt es sich bei dem Prozess des existenziellen Entwickelns um einen hoch dynamischen und kontinuierlichen Prozess, der, wie noch zu zeigen sein wird, mit den anderen Teilprozessen der existenziell-performativen Hermeneutik funktional eng verbunden ist. So mündet der Prozess des existenziellen Entwerfens direkt in den Prozess des existenziellen Erscheinens. Die wechselseitig enge, quasi parallele Verquickung des Prozesses des existenziellen Entwerfens mit dem des existenziellen Erscheinens ist eine wesentliche Prozesskomponente, durch die Arendt zufolge Persönlichkeit gebildet wird.

---

100 Auch Fenner macht u. a. unter Bezug auf Mead und James deutlich, dass der Begriff des Selbst, den Arendt übrigens allein für das erscheinende Ich reserviert, ausdifferenziert werden muss, z. B. grundsätzlich in ein »reines Selbst« und in ein »empirisches Selbst«: »Das aktive Moment, das »I« (Mead) oder »reine Selbst« (James) steht für die menschliche Möglichkeit, bewusst und reflexiv Stellung zu nehmen zu allen charakter-lichen, biographischen und situativen Gegebenheiten. Das passive Moment hingegen weist als »me« (Mead) oder »empirisches Selbst« (James) Objektstaus auf. Es setzt sich zusammen aus einem »materiellen Selbst« mit Körper, Kleidung, Familie, einem »sozialen Selbst« als Status oder Rolle einer Person und dem »geistigen Selbst«, d. i. der psychischen Disposition, dem Charakter.« Fenner, D.: *Das gute Leben.* S. 96.

5. Existenzielles Erscheinen

Im Mittelpunkt des Prozesses des existenziellen Erscheinens steht das aktive In-Erscheinung-treten und damit das Sichtbar-werden des Menschen als Persönlichkeit. Das existenzielle Erscheinen beruht vor allem auf dem aktivistischen Selbstverhältnis des wollenden Ichs. Zu unterscheiden sind diesbezüglich die Erscheinungsformen der Persönlichkeit auf der einen und der Erscheinungsraum derselben auf der anderen Seite. Sowohl die Erscheinungsformen als auch den Erscheinungsraum der Persönlichkeit benennt und erläutert Arendt in ihrem politiktheoretischen Hauptwerk *Vita activa*. In diesem geht es schwerpunktmäßig darum, das aktivistische Selbstverhältnis des Menschen zu beschreiben, d. h. darzulegen, »»[w]as wir tun, wenn wir tätig sind« [...].« (VA 14) Im Mittelpunkt steht für Arendt daher die *Vita activa*, die nach Aristotelischer Auffassung eine der drei freien Lebensweisen ist, die dem freien Mann offen stehen, um seinem Leben durch sie eine Gestalt zu geben. Indem Arendt die hierarchische Ordnung vor allem zwischen der Vita activa und der Vita contemplativa, als hervorgehobener Lebensweise der Philosophen, durch die Behauptung von deren Gleichwertigkeit bestreitet, re-etabliert sie diese als eine zentrale menschliche Lebensform, die einen wichtigen Bezugspunkt bildet, an dem sich die individuelle Lebensgestaltung und -führung im Kontext eines idealerweise vernünftigen Lebensplanes ausrichten kann. Zur Charakterisierung dieser aktiven Lebensform unterscheidet und analysiert Arendt die drei menschlichen Grundtätigkeiten, das Arbeiten, das Herstellen und das Handeln und stellt dabei heraus, dass von diesen allein das Handeln und das damit eng verbundene Sprechen typisch für den Menschen sind, nicht zuletzt deswegen, weil der Mensch bei diesen Tätigkeiten seine Persönlichkeit »enthüllt« und damit seine Einzigartigkeit »offenbart«. Das Handeln und das Sprechen sind demnach innerhalb der Vita activa die Erscheinungsformen der Persönlichkeit. Da die Vita activa folglich die Lebensweise ist, in der die Persönlichkeit eines Menschen zum Vorschein kommt, kann sie treffend auch als Lebensform des existenziellen Erscheinens bezeichnet werden. Da das Handeln, aber auch das Sprechen als hervorgehobene Tätigkeiten der Vita activa in der pluralen Öffentlichkeit vollzogen werden, ist der Erscheinungsraum, in dem sich die Persönlichkeit des Menschen enthüllt, der noch näher zu charakterisierende öffentliche Raum. Außerdem ist diesbezüglich erneut besonders auf das Phänomen »Freiheit« einzugehen, da Arendt immer wieder betont, dass die »[...] öffentliche Freiheit [...] eine handfeste lebensweltliche Realität [ist], geschaffen von Menschen, um in der Öffentlichkeit gemeinsam Freude zu haben – um von anderen gesehen, gehört, erkannt und erinnert zu werden.« (FF 22) Freiheit ist also nach Arendts Verständnis offensichtlich die Ermöglichungsbedingung gemeinsamen Handelns und Sprechens im öffentlichen

Raum und damit eine zentrale Bedingung der Möglichkeit von Persönlichleisbildung. (vgl.: FF 16; 21; VA 22–27, 33–35, 213–214)

Durch die Darlegung des funktionalen Zusammenhangs, in dem sowohl die beiden Erscheinungsformen Handeln und Sprechen untereinander als auch die Erscheinungsformen und der Erscheinungsraum stehen, soll nachfolgend der Prozess des existenziellen Erscheinens genauer beschrieben und erläutert werden.

5.1 Erscheinungsformen

Das Handeln und das Sprechen sind die existenziellen Erscheinungsformen bzw. die »[...] Manifestationen menschlicher Existenz, die sich der Tätigkeit des Denkens verdanken [...]«[101] und in denen folglich die Persönlichkeit eines Menschen, das erscheinende Ich, aktiv zum Ausdruck gebracht wird. Wie bereits deutlich geworden sein sollte, ist der Prozess des existenziellen Erscheinens daher eng mit dem des existenziellen Entwickelns verbunden. Bezogen auf das Handeln und Sprechen, teilt Arendt die Überzeugung, »[...] daß diese beiden menschlichen Fähigkeiten aufs engste zusammengehören und daß sie die höchsten Gaben der Menschheit darstellen [...].« (VA 35) Das Handeln und das Sprechen sind also [...] gleich ursprünglich und einander ebenbürtig [...].« (VA 36)

Für die Bestimmung der Erscheinungsformen Handeln und Sprechen sind Arndt zufolge besonders die Fakta »Pluralität« und »Natalität«, aber auch das Faktum der »Weltlichkeit« von Bedeutung, da Handeln und Sprechen als menschliche Tätigkeiten immer weltbezogen sind. Das Sprechen, aber viel mehr noch das Handeln ist Arendt zufolge darüber hinaus eine spezifisch menschliche Fähigkeit bzw. »[...] das ausschließliche Vorrecht des Menschen; [da; Zusatz S. G.] weder Tier noch Gott [...] des Handelns fähig [sind], und nur das Handeln [...] als Tätigkeit überhaupt nicht zum Zuge kommen [kann] ohne die ständige Anwesenheit einer Mitwelt.« (VA 33–34)

Auf der Grundlage ihrer phänomenologischen Analysen und damit einhergehenden Unterscheidungen grenzt Arendt das Handeln eindeutig von anderen wichtigen menschlichen Tätigkeiten, dem Arbeiten und dem Herstellen, im Rahmen ihrer »politischen Handlungstheorie«[102] ab. Als Kontrastfolie zum Handeln sollen das Arbeiten und das Herstellen daher zunächst charakterisiert werden. (vgl.: VA 99–110)

---

101 Meints, W.: *Partei ergreifen im Interesse der Welt.* S. 226; vgl.: Bajohr, H.: *Dimensionen der Öffentlichkeit.* S. 49–50.

102 Arendts politische Handlungstheorie lässt sich Straßenberger zufolge über die folgenden fünf Merkmale charakterisieren: Erstens findet politisches Handeln »topologisch« in einem »Bereich öffentlich-politischen Handelns« statt, der zweitens »normativ« als »Ort politischer Freiheit« zu verstehen ist und der drittens »modal« durch das gemeinsame politische Handeln der Bürger entsteht, das viertens »temporal« gesehen die Macht besitzt, »[...] die Kontinuität von Vergangenheit, Gegenwart und Zukunft aufzusprengen [...]«, so dass der öffentliche Raum der Politik fünftens schließlich die »[...] integrative Austragung von Konflikten [...]« ermöglicht. Straßenberger, G.: *Hannah Arendt.* S. 54–55.

Arbeiten: Das Arbeiten ist vor allem für die biologische Erhaltung des menschlichen Lebens auf der Erde im Kreislauf der Natur notwendig. Es entspringt demnach der Notwendigkeit, dem biologisch-deterministischen und endlos-zyklischen Prozess des Werden-und-Vergehens eine Zeit lang zu widerstehen, d. h. dem Körper und damit der bloßen Existenz zwischen Geburt und Tod eine gewisse zeitliche Beständigkeit zu verleihen. Das Arbeiten stellt folglich die biologischen Mittel zum Existenzerhalt, z. B. die Konsumgüter, her und ist, da diese stetig aufgebraucht und demnach permanent der Natur bzw. der Materie entnommen werden müssen, eine endlose und »destruktiv-verzehrende« Tätigkeit, die wenig »Welthaltiges« erzeugt. Zudem dient die Arbeit dazu, hier ist sie mit dem Herstellen eng verbunden, auch die vom Menschen »erstellte« Welt zu erhalten, d. h. dem Verfall der der Natur abgerungenen Lebensräume, beispielsweise der Häuser oder der Städte, entgegenzutreten. Somit erfordert »[n]icht nur die Erhaltung des Körpers, sondern auch die Erhaltung der Welt [...] die mühevolle, eintönige Verrichtung täglich sich wiederholender Arbeiten.« (VA 118–119) Das Arbeiten als primär erhaltende Tätigkeit ist existenziell insofern von Bedeutung, als dass es wesentliche Voraussetzungen für die Herausbildung von Persönlichkeit erfüllt. Durch die Erhaltung des biologischen Organismus sorgt das Arbeiten nämlich erstens für den Erhalt der an diesen gebundenen menschlichen Eigenschaften und Fähigkeiten, die notwendig für die Persönlichkeitsbildung sind. Durch den Erhalt der »objektiv-gegenständlichen Dingwelt« (VA 225) als Teil der menschlichen Lebenswelt (vgl.: 2. Kapitel, 3. Teil, 2. Abschnitt) macht das Arbeiten zweitens das Erscheinen der Persönlichkeit durch die Erscheinungsformen Handeln und Sprechen mit möglich. (vgl.: VA 114–119)

Herstellen: Für die Erhaltung, aber vor allem für die gestaltende Erzeugung der Lebenswelt der Menschen, in der die Persönlichkeit eines Menschen erscheinen kann, ist das Herstellen besonders bedeutsam. Denn, so Arendt, es »[...] ist offenbar, daß die Herstellungs- und nicht die Arbeitsprodukte die Dauerhaftigkeit und Beständigkeit garantieren, ohne welche eine Welt schlechthin unmöglich wäre.« (VA 112) Arendt bezieht sich hier auf die materiale Seite der durch Menschen geschaffenen »Zwischen-Welt«, also auf die »objektiv-gegenständliche Dingwelt« (VA 225), die quasi als Hinter-grundfolie der immateriellen Seite der Zwischen-Welt angesehen werden kann, dem »Bezugsgewebe menschlicher Angelegenheiten« (VA 225). (vgl.: 2. Kapitel, 3. Teil, 2. Abschnitt) Die Beständigkeit und damit Verlässlichkeit dieser Dingwelt, in der gehandelt und gesprochen werden kann, hängt eminent von ihrer »Dinghaftigkeit« ab, d. h. sie hängt von der Summe der Gegenstände ab, die nicht verbraucht, sondern gebraucht werden, also von den Gebrauchsgegenständen. Da diese weltbildend sind, können sie auch als »Weltdinge« bezeichnet werden. Sie »[...] haben [...] die Aufgabe, menschliches Leben zu stabilisieren, und ihre »Objektivität« liegt darin, daß sie der reißenden Veränderung des natürlichen Lebens [...] eine menschliche Selbigkeit darbieten, eine Identität, die sich daraus herleitet, daß der gleiche Stuhl und der gleiche Tisch den jeden Tag veränderten Menschen mit gleichbleibender Vertrautheit entgegenstehen.« (VA 162) Erzeugt werden Weltdinge durch Prozesse der Verdinglichung, ohne die alles Menschenwerk, besonders die Produkte von Handeln, Sprechen und Denken, keinen Bestand haben würden und ebenso schnell, vielleicht sogar noch schneller, vergehen würden wie die Produkte der Arbeit. Verdinglichung bedeutet handwerkliche Umformung und Umgestaltung der Natur bzw. natürlicher Produkte in möglichst beständig-welthaltige Gegenstände. Welthaltige Gestände zeichnen sich im Gegensatz zu Naturprodukten dadurch aus, dass sie der Erhaltung und Gestaltung einer Welt dienen. Das Herstellen erzeugt also Gegenstände, Dinge, die einem bestimmten Zweck dienen, weswegen der Herstellungsprozess durch die Zweck-Mittel-Kategorie bestimmt ist, folglich im Gegensatz zum Arbeitsprozess einen definitiven Anfang und ein definitives Ende hat und zudem nicht verzehrend-destruktiv, sondern eher entnehmend-konstruktiv ist. Besonders bedeutsame Produkte des Herstellungsprozesses sind nicht die handwerklich hergestellten Gebrauchsgegenstände, sondern die vermeintlich nutzlosen bzw. zwecklosen Kunstwerke, die Produkt der geistigen Tätigkeit des Menschen sind, so Arendt. Denn »Kunstwerke sind die beständigsten und darum weltlichsten aller Dinge.« (VA 202) Sie sind nämlich als Produkte des »sinnenden Denkens« primär »Gedankendinge«, die durch handwerkliche Herstellungsprozesse verdinglicht bzw. materialisiert werden, z. B. in Form eines Buches.[103] Als Gedankendinge unterliegen Kunstwerke weder den zersetzenden Naturprozessen noch dem abnutzenden Gebrauch durch Menschen und sind insofern von enormer quantitativer wie qualitativer Beständigkeit, so Arendt. Allein schon aufgrund der quantitativ wie qualitativ höheren Beständigkeit künstlersicher Produkte kommt den geistigen und künstlerischen Herstellungsprozessen, durch die diese erzeugt werden, besondere existenzielle Bedeutung zu.[104] Diese wird noch verstärkt, denn, so Arendt:

> [...] ohne die Dichter und Geschichtsschreiber, ohne die Kunst des Bildens und die des Erzählens, könnte das Einzige, was redende und handelnde Menschen als Produkt hervorzubringen vermögen, nämlich die Geschichte, in der sie handelnd und sprechend auftraten, bis sie sich so weit gefügt hat, daß einer sie als Geschichte berichten kann, niemals sich so dem Gedächtnis der Menschheit einprägen, daß sie Teil der Welt wird, in der Menschen leben. (VA 212)

---

103 Arendt zufolge ist die Dichtkunst die »[...] menschlichste und unweltlichste der Künste [...]« (VA 205), da ihr »[...] Material die Sprache selbst ist und deren Produkt dem Denken, das es inspirierte, am nächsten bleibt.« (VA 205)
104 Arendt zufolge ist beispielsweise auch das Erkennen, besonders das wissenschaftliche Erkennen, ein Herstellen, das ähnlich wie das handwerkliche Herstellen »Dingprodukte«, nämlich »wissenschaftliche Resultate« erzeugt. (vgl.: VA 207)

Die von Menschen gemeinsam bewohnte Welt besteht also zwar aus der Summe der von Menschen hergestellten Gegenstände, hiervon sind aber nicht die handwerklich hergestellten Gebrauchsgegenstände, sondern die geistig-künstlerisch hergestellten Kunstgegenstände, also die immateriellen Produkte des Handelns, Sprechens und Denkens, vor allem weltbildend und damit existenziell bedeutsam. Diese Produkte sind aus Arendts Sicht vor allem für das existenzielle Erkennen und Verstehen (vgl.: 3. Kapitel, 2. Teil, 6. Abschnitt) unerlässlich. (vgl.: VA 111–114, 161–170, 201–212)

Ist das bloße Leben durch die Arbeit und eine gemeinsame Welt, ein Lebensraum, durch das handwerkliche wie geistig-künstlerische Herstellen gegeben und gestaltet, dann liegen die notwendigen Rahmenbedingungen vor, unter denen die Persönlichkeit eines Menschen durch die Erscheinungsformen Handeln und Sprechen zum Vorschein kommen kann. Erzeugt das Arbeiten vor allem Konsumgüter und das Herstellen Gebrauchsgegenstände, so ist das wichtigste Produkt des Handelns und Sprechens das »Bezugsgewebe menschlicher Angelegenheiten« (VA 225), in dem die Persönlichkeit eines Menschen erscheint. Zu klären ist folglich zum einen, wie durch das Handeln und Sprechen das Bezugsgewebe der menschlichen Angelegenheiten erzeugt wird und zum anderen, wie genau die Persönlichkeit des Menschen durch Handeln und Sprechen in diesem erscheint. Da die erste Frage im nächsten Abschnitt ausführlich beantwortet wird, konzentrieren sich die nachfolgenden Ausführungen ganz auf das Erscheinen der Persönlichkeit durch die Erscheinungsformen Handeln und Sprechen. (vgl.: VA 112–113)

Handeln: Das Handeln[105], aber auch das Sprechen, hängen wesentlich von dem Faktum »Natalität« ab, denn Arendts »[...] Handlungstheorie ist systematisch auf spezifische Weise mit der Natalitätsanalyse verbunden [...].«[106] Relevant für das Handeln und Sprechen ist jedoch auch das Faktum »Pluralität«. Existenziell bedeutsam sind das Handeln und Sprechen, weil sich der Mensch durch diese in seiner Einzigartigkeit als Persönlichkeit präsentiert (vgl.: 3. Kapitel, 2. Teil, 4. Abschnitt). Dies ist gerade die dem Handeln eigentümliche Leistung, so Arendt. Als reiner biologischer Organismus, der zur Gattung Mensch gehört, ist der Mensch, wie jedes andere Sein auch, anders als alles andere Sein. Verschiedenheit im Sinne von Anderssein kommt also allem Sein schlechthin zu. Was den Menschen nach Arendt jedoch vor allem anderen Sein auszeichnet ist, ist, dass er seine Verschiedenheit aktiv in einer Form zum Ausdruck bringen kann, die ihn zu etwas Einzigartigem macht. Hierzu wird er nämlich,

---

105 Benhabib weist darauf hin, dass Arendt »[...] im »praxis«-Begriff von Aristoteles den Schlüssel zu einer Neubeurteilung des menschliche Handelns als Interaktion, die sich im Erscheinungsraum entfaltet [, fand].« Benhabib, S.: *Hannah Arendt. Die melancholische Denkerin der Moderne.* 2. Auflage. Hamburg: Rotbuch 1998 (= *Rotbuch Rationen*). S. 176.

106 Rentsch, T.: *Das Faktum der Natalität. Hannah Arendt: Menschliches Handeln.* In: ZDPE, 1/2017. S. 68.

indem er seinem Drang zur Selbstpräsentation folgt und »sich selbst« zeigt. An bereits mehrfach angeführter, weil entscheidender Stelle, führt Arendt darauf bezogen aus:

> Sprechen und Handeln sind die Tätigkeiten, in denen diese Einzigartigkeit sich darstellt. Sprechend und handelnd unterscheiden Menschen sich aktiv voneinander, anstatt lediglich verschieden zu sein; sie sind die Modi, in denen sich das Menschsein selbst offenbart. Dies aktive In-Erscheinung-Treten eines grundsätzlich einzigartigen Wesens beruht, im Unterschied von dem Erscheinen des Menschen in der Welt durch Geburt, auf einer Initiative, die er selbst ergreift [...]. (VA 214)

Im gleichen Zusammenhang, an etwas späterer Stelle in der *Vita activa*, ergänzt Arendt einen wichtigen, bereits mehrfach thematisierten Aspekt, nämlich den der zweiten Geburt:

> Sprechend und handelnd schalten wir uns in die Welt der Menschen ein, die existierte, bevor wir in sie geboren wurden, und diese Einschaltung ist wie eine zweite Geburt, in der wir die nackte Tatsache des Geborenseins bestätigen, gleichsam die Verantwortung dafür auf uns nehmen. (VA 215)

Aus diesen beiden für Arendts Existenzphilosophie überaus zentralen Textstellen geht hervor, dass das für das Handeln so bedeutsame Faktum »Natalität« zweierlei bedeutet, nämlich einmal, geboren zu werden und das in einem doppelten Sinne, und zwar zum einen physisch, als menschlicher Organismus in die Welt geboren zu werden (= 1. Geburt) und zum anderen als Mensch und hier meint Arendt eigentlich als Persönlichkeit in der Welt aktiv zu erscheinen (= 2. Geburt). (vgl.: 2. Kapitel, 2. Teil, 1. Abschnitt) Natalität bedeutet aber zum anderen in einer anderen, mit dem Geborenwerden eng verbundenen Weise auch, etwas Neues anfangen bzw. initiativ tätig werden, also handeln zu können. Möglich ist das Handeln aufgrund des »Geborenseins« des Menschen im biologischen Sinne, da hierdurch, wie bereits im zweiten Kapitel dargelegt, das göttliche Prinzip des Anfangs und damit die Freiheit in die Welt kommt. Der Mensch ist folglich ein »[...] *initium*, ein Anfang und ein Neuankömmling in der Welt [....].« (VA 215, vgl.: EU 979). Weil der Mensch also als freies Wesen in die Welt geboren wird, kann er handeln, was bedeutet, dass das wollende Ich aus Freiheit initiativ tätig werden kann, also Anfänge setzen und damit Ereignisfolgen initiieren kann.[107] »In diesem ursprünglichsten und allgemeinsten Sinne ist Handeln und etwas Neues Anfangen (sic!) dasselbe [...]« (VA 215) und der Mensch ist, wie bereits dargelegt, als eine prima causa in der Welt zu verstehen. »Handeln können« ist demnach für Arendt gleichbedeutend mit »frei sein«. »Solange man handelt, ist man frei, nicht vorher und nicht nachher, weil Handeln und Frei*sein* ein und dasselbe sind.« (FP 206, vgl.: 217) Unter Freiheit versteht Arendt zum einen Willensfreiheit im Sinne der Freiheit des wollenden Ichs, die darin besteht, Handlungen zu initiieren. Diesbezüglich scheint sie, wie gezeigt, zwischen einer indeterministischen und einer kompatibilistischen Konzeption von Willenfreiheit zu schwanken.[108] Willensfreiheit, die sie auch als philosophische Freiheit bezeichnet, grenzt sie jedoch klar von der politischen bzw. öffentlichen Freiheit, der Handlungsfreiheit ab, da diese »[...] eine Sache des Ich-kann und nicht des Ich-will ist.« (GW 426) Politische Freiheit – für Arendt eindeutig von vorrangigem Interesse – ist nur in der menschlichen Gemeinschaft, in Pluralität möglich und bedarf daher der Regelung durch »[...] Gesetze, Sitten, Gebräuche und Ähnliches [...]« (GW 426) und ist daher »[...] nur unter der Bedingung der Nicht-Souveränität [...]« (FP 214) möglich. Politische Freiheit »[...] bleibt für sie daher so grundsätzlich im Handeln der politischen Sphäre verortet [...].«[109] Da das Handeln der menschlichen Freiheit entspringt, ist es Arendt zufolge nur logisch, dass die Prozesse, die es in Gang setzt, in ihren Folgen unabsehbar, also nicht absolut determiniert sind. In diesem Sinne ist Handeln wesentlich prozesshaft und durch Unsicherheit bzw. Ungewissheit geprägt. Das bedeutet aber auch, dass das Handeln bezogen auf seine Resultate der menschlichen Kontrolle entzogen ist. Dieser Umstand, zusammen mit dem Faktum, dass Handlungsprozesse und -resultate, »Getanes«, also nicht rückgängig zu machen sind, macht das Handeln aus Arendts Sicht zu einer ambivalenten Tätigkeit. Denn zum einen entspringt diesem, der höchsten menschlichen Tätigkeit, sowohl die Persönlichkeit eines Menschen als auch die allen Menschen gemeinsame Welt, zum anderen hat jedoch gerade in den Eigenschaften des Handelns die »Zerbrechlichkeit« aller menschlichen Angelegenheiten, auf die im nachfolgenden Abschnitt noch genauer einzugehen ist, ihren Ursprung. Die Ambivalenz des Handelns wird, so Arendt, allerdings dadurch etwas gemildert, dass ihm zwei Heilmittel inhärent sind, und zwar gegen die »Unabsehbarkeit« menschlichen Handeln das Versprechen und gegen die »Unwiderrufbarkeit« das Verzeihen. »Die Fähigkeiten, zu verzeihen und zu versprechen, sind in dem Vermögen des Handelns verwurzelt; sie sind die

---

107 Han zufolge ist allein durch das Handeln eine »Politik des Schönen« möglich, weil er ganz in Arendts Sinne feststellt, dass politisches Handeln, das frei von jedwedem Zwang und jedweder Notwendigkeit ist, Neues erzeugt und dass gerade diejenigen Dinge schön sind, die weder der Notwendigkeit noch der Nützlichkeit entspringen. Vgl.: Han, B.-C.: *Die Errettung des Schönen*. Frankfurt am Main: Fischer 2015 (*Wissenschaft*). S. 72–77.

108 Vgl.: Fußnoten 82, 83 und 90.

109 Torkler, R.: *Philosophische Bildung und politische Urteilskraft*. S. 221; vgl.: Spiegel, I.: *Die Urteilskraft bei Hannah Arendt*. S. 206.

Modi, durch die der Handelnde von einer Vergangenheit, die ihn auf immer festlegen will, befreit wird und sich einer Zukunft, deren Unabsehbarkeit bedroht, halbwegs versichern kann.« (VA 302–303) Durch das Versprechen und das Verzeihen wird also auf individueller Ebene maßgeblich jene Kontinuität zwischen Vergangenheit und Zukunft erzeugt, die für eine kohärente Persönlichkeitsstruktur typisch ist (vgl.: 3. Kapitel, 2. Teil, 4. Abschnitt). Auf die Handlungsprozesse und deren Resultate sind das Verzeihen und das Versprechen dabei nur indirekt bezogen. Direkt betreffen sie den Menschen sowohl als Subjekt als auch als Objekt des Verzeihens und Versprechens. Genau wie das Handeln selbst, sind also auch das Verzeihen und das Versprechen wesentlich bedingt durch das Faktum »Pluralität«, also durch die Anwesenheit anderer Menschen. (vgl.: FF 22; FP 201, 207, 211 ff.; VA 213–217, 293–317, 221; GW 425–427)

Entscheidend für Arendts Existenzphilosophie ist der bereits angesprochene Umstand, dass es durch das Handeln, also aus Freiheit zu einer zweiten Geburt des Menschen kommt. »[...] [D]ie Erschaffung des Menschen als eines Jemands [fällt] mit der Erschaffung der Freiheit zusammen[...].« (VA 216) Da Arendt, wie bereits gezeigt, den Begriff »Jemand« synonym mit dem Begriff »Charakter« verwendet und für beide synonym der Begriff »Persönlichkeit« verwendet werden kann, ist unter der zweiten Geburt das »In-Erscheinung-Treten« der Persönlichkeit zu verstehen. Hierfür spricht im Übrigen auch, dass Arendt betont, dass »[...] jeder Mensch als etwas einzigartig Neues in der Welt [...]« (VA 217) erscheint. Die hier angesprochene Einzigartigkeit kann sich aber nicht auf den Menschen als biologischer Organismus beziehen, da dieser, wie bereits dargestellt, im Verhältnis zu allem anderen Sein lediglich anders ist und im Verhältnis zu allen anderen menschlichen Organismen relativ gleich geartet ist, weswegen sich Arendt offensichtlich mit Einzigartigkeit auf die Persönlichkeit eines Menschen bezieht, die ja, wie u. a. Quante betont, das ist, was den Menschen einzigartig macht. Arendt spricht daher in der *Vita activa* auch folgerichtig von »personaler Einzigartigkeit«. (vgl.: VA 219)

Nachdem nun klar sein sollte, dass die Persönlichkeit des Menschen durch das Handeln und Sprechen im Sinne einer zweiten Geburt in der Welt erscheint, die, berücksichtigt man die Erkenntnisse zum Prozess des existenziellen Entwerfens, durch das wollende Ich initiiert wird, ist vertiefend zu klären, wie konkret der Mensch als Persönlichkeit in Erscheinung tritt. Da hierbei auch das Sprechen eine entscheidende Rolle spielt, soll die existenzielle Funktion dieser Tätigkeit zuvor in ihrer Beziehung zum Handeln erläutert werden.

Handeln und Sprechen: Das »Wer-einer-ist« als Antwort auf die Frage »Wer bist du?« wird Arendt zufolge zwar sowohl durch das Handeln als auch durch das Sprechen transparent, jedoch macht sie deutlich, dass das Sprechen hierzu wesentlich besser geeignet ist, als das Handeln. Denn Handlungen bzw. Taten werden erst verstehbar, dadurch, dass sie besprochen werden.[110] »Erst durch das gesprochene Wort fügt sich die Tat in einen Bedeutungszusammenhang.« (VA 218) Wichtig ist für Arendt in diesem Zusammenhang, dass die Sprache zunächst dazu dient, den Handelnden als solchen zu identifizieren, also Handlungen verantwortungsrelevant zuschreibbar machen zu können. Darüber hinaus liefert das Sprechen, aber genauso auch das Handeln, eine Fülle von impliziten Informationen über den Sprecher bzw. Täter, die, dies ist für Arendt besonders wichtig, letztlich der Grund dafür sind, dass die Selbstoffenbarung bzw. Selbstpräsentation der Persönlichkeit der Kontrolle des jeweils Handelnden bzw. Sprechenden entzogen ist und, vielmehr noch, dass die Persönlichkeit des Handelnden durch seine Mitmenschen besser und umfassender erkannt und verstanden werden kann, als von diesem selbst.[111] Wie bereits dargelegt, geht Arendt also offensichtlich davon aus, dass Personen untereinander in Erkennungs- und Anerkennungsverhältnissen stehen, da diese notwendig sind, um die Persönlichkeit erscheinen lassen zu können. Voraussetzung für das Erscheinen der Persönlichkeit sind demnach nicht nur die Erscheinungsformen Handeln und Sprechen, sondern, durch diese bedingt, auch die Anwesenheit anderer Menschen. Denn die »[...] Aufschluß-gebende Qualität des Sprechens und Handelns [...] kommt [...] nur da ins Spiel, wo Menschen miteinander, und weder für- noch gegeneinander, sprechen und agieren.« (VA 220) Diese Feststellung streicht ein weiteres Mal die enorme Bedeutung heraus, die für Arendt dem Faktum »Pluralität« zukommt. Wenn die Persönlichkeit erst im gemeinsamen Handeln und Sprechen erscheint, dann bedeutet das nicht nur, dass der einzelne Menschen auf andere Menschen angewiesen ist, sondern auch, dass er sich entschließen muss, unter Mitmenschen zu treten bzw. in einer menschlichen Gemeinschaft zu leben und in dieser aktiv zu werden, wenn er seine Persönlichkeit erscheinen lassen will. Dass der Mensch Arendt zufolge hierzu einen quasi natürlichen Drang hat, wurde bereits dargelegt. Außerdem wird hier, wie ebenfalls schon dargelegt, deutlich, dass Arendt davon ausgeht, dass Personen in einem aktivistischen Selbstverhältnis stehen, d. h. dass sie ihre Persönlichkeit aktiv gestalten und hervorbringen. An einer anderen, ebenfalls das aktivistische Selbstverhältnis thematisierenden Stelle in *Vita activa* macht sie deutlich, wie genau die Persönlichkeit durch Handeln und Sprechen erscheint. Hier hebt sie hervor, dass der Mut zum Handeln und Sprechen gehört, weil er zu der Initiative gehört, »[...] die wir ergreifen müssen, um uns auf irgendeine Weise in die Welt einzuschalten und in ihr die uns eigene Geschichte zu beginnen.« (VA 232,

---

110 Wichtig ist diesbezüglich, dass sowohl Handlungen als auch Worte, damit sie verstanden werden können, zunächst erscheinen müssen, denn »[...] Taten und Worte [...] [sind] dazu da [...], in Erscheinung zu treten, [...] die [nämlich; Zusatz S. G.] ohne solches Erscheinen nicht einmal *sind* [...].« (ÜR 122)

111 Arendt vergleicht diese Tatsache mit der Überzeugung der Griechen, dass jeder Mensch seinen Daimon hat, »[...] der den Menschen zwar sein Leben lang begleitet, ihm aber immer nur von hinten über die Schulter blickt und daher nur denen sichtbar wird, denen der Betreffende begegnet, niemals ihm selbst.« (VA 219–220)

vgl.: FP 208) Für die Beantwortung der Frage, wie die Persönlichkeit erscheint, ist also festzuhalten, dass sie durch ein gemeinsames Handeln und Sprechen in einem Bezugszusammenhang indirekt als Geschichte erscheint. Genaugenommen erscheint die Persönlichkeit also a) immer partiell in der konkreten Interaktion, in actu, also in der Performanz und b) als Ganzes in der Geschichte, die sich aus den vielen Einzelhandlungen und Ereignissen ergibt und die erzählt und damit objektiviert werden kann. Im Gegensatz zur konkreten Performanz, die stets flüchtig ist, ist die Geschichte diejenige Entität, in der das gesamte Handeln und Sprechen eines Menschen in einem persönlichkeitserhellenden Zusammenhang dargestellt werden kann, der, wenn die Geschichte verdinglicht wird, relativ beständig ist. In diesem Sinne steht das Herstellen bzw. Schreiben von Biografien, also Lebensgeschichten, verstanden als sprachliche Kunstwerke, in einem existenziell bedeutsamen Zusammenhang mit dem Handeln. Erst durch die Geschichte, durch das literarische Kunstwerk, werden die persönlichkeitsaufschließenden Taten, gemeint sind alle (Sprach-) Handlungen in einem umfassenden bzw. qualitativ hochwertigen Sinne, kontextualisiert, verbalisiert und, wenn die Geschichte nicht nur erzählt, sondern auch niedergeschrieben wird, materialisiert (vgl.: 3. Kapitel, 6. Teil). Insofern leuchtet es zum einen ein, warum gerade durch Kunstwerke, also Produkte geistig-künstlersicher Herstellungsprozesse, die Lebenswelt des Menschen gestaltet wird und zum andern, warum Arendt dem Sprechen in Form des Erzählens eine große existenzielle Bedeutung beimisst. (vgl.: 3. Kapitel, 2. Teil, 6. Abschnitt, 1. Unterabschnitt) Mit der Geschichte als großem Narrativ und als Produkt des Handelns und Sprechens wird abschließend auch verständlich, wieso Arendt meint, dass Worte besser dazu geeignet sind, das »Wer-einer-ist« zu enthüllen als Taten.[112] (vgl.: VA 217–234)

Um den Prozess des existenziellen Erscheinens vollständig transparent zu machen, muss nachfolgend noch genauer geklärt werden, a) was Arendt unter dem Bezugszusammenhang bzw. dem »Bezugsgewebe menschlicher Angelegenheiten« (VA 225) versteht, b) wie dieses entsteht und c) wie die Persönlichkeit des Menschen in diesem durch handelnd-sprechende Performanz auf der einen und in einer erzählten Geschichte auf der anderen Seite erscheint.

5.2 Prozessstruktur des Erscheinens im Erscheinungsraum

Mit dem »Bezugsgewebe menschlicher Angelegenheiten« spricht Arendt den für das Erscheinen von Persönlichkeit notwendigen »Erscheinungsraum« (ÜR 39, 79, 131, 159) an, der ebenso wie die Erscheinungsformen Handeln und Sprechen wesentlich

---

112 Vgl.: Vowinckel, A.: *Hannah Arendt*. 2. Auflage. Stuttgart: Reclam 2014. S. 49–50.

durch die Fakta »Weltlichkeit« und »Pluralität« bedingt ist. Denn »[e]s gibt kein menschliches Leben, auch nicht das Leben des Einsiedlers in der Wüste, das nicht, sofern es überhaupt etwas tut, in einer Welt lebt, die direkt oder indirekt von der Anwesenheit anderer Menschen zeugt.« (VA 33). Das menschliches Leben und alle typisch menschlichen Tätigkeiten sind also notwendig immer welt- und mitmenschenbezogen. Dies gilt für das Arbeiten und Herstellen, aber besonders für das Handeln, das, wie gezeigt, für das Erscheinen der Persönlichkeit von zentraler Bedeutung ist. Dementsprechend betont Arendt: »[...] [D]as Handeln kann als Tätigkeit überhaupt nicht zum Zuge kommen ohne die ständige Anwesenheit einer Mitwelt.« (VA 34) Es bedarf zum Handeln also eines Raumes, der sich dadurch auszeichnet, dass er eine Welt des Miteinander darstellt, eine Welt, in der viele Menschen miteinander sprechen und die durch dieses Miteinandersprechen permanent erhalten wird, eine Mit-Welt eben. Arendts Konzept des öffentlichen Raumes beschreibt diese Mitwelt als einen Erscheinungsraum, in dem der Mensch als Persönlichkeit erscheint.

Öffentlicher, privater und gesellschaftlicher Raum: Der von Arendt beschriebene öffentliche Raum ist also als Erscheinungsraum zu verstehen, der sich besonders durch eine dramaturgisch-kommunikative Öffentlichkeit auszeichnet, die eine »persönlichkeitsbildende Funktion« hat.[113] Für Arendts politische Theorie und damit auch für ihre Existenzphilosophie von größter Relevanz ist, dass dieser Raum klar zu unterscheiden ist von anderen gemeinsamen Welten, wie dem »Bereich des Haushaltes«, also dem privaten Bereich und der Gesellschaft bzw. dem »gesellschaftlichen Raum«. (vgl.: 1. Kapitel, 3. Teil, 4. Abschnitt) Sowohl der Bereich des Haushaltes als auch der in der Neuzeit entstandene Raum der Gesellschaft schließen nämlich das Handeln aus und begünstigen dagegen eher ein durch Heteronomie und daher (statistische) Berechenbarkeit gekennzeichnetes Sich-Verhalten, das an häusliche oder gesellschaftliche Regeln und Konventionen gebunden ist, so Arendt. Wenn das Handeln als höchste menschliche Fähigkeit im privaten wie gesellschaftlichen Bereich ausgeschlossen ist und sich der gesellschaftliche Bereich dadurch auszeichnet, dass in ihm Tätigkeiten öffentlich werden, die dem privaten Bereich entspringen, dann gilt für beide Bereiche, jedoch besonders für den privaten Bereich, dass der Mensch in diesem der höchsten bzw. »[...] wesentlicher menschlicher Möglichkeiten beraubt ist [...]« (VA 74), wie beispielsweise dem »Erinnertwerden« sowie dem »Gesehen- und Gehörtwerden« (VA 73) durch andere Menschen und dem damit verbundenen gemeinsamen Handeln.[114]

---

113 Obwohl Arendt die Begriffe »öffentlicher Raum« bzw. »Öffentlichkeit« und »Erscheinungsraum« nicht genau klärt, insbesondere das Verhältnis zwischen diesen, ist aufgrund der »Textevidenz« davon auszugehen, dass der öffentliche Raum und der Erscheinungsraum identisch sind. Vgl.: Bajohr, H.: *Dimensionen der Öffentlichkeit.* S. 88; ÜR 39, 79, 131, 159.

114 Arendt spricht in *Über die Revolution* auch von »[...] dem Licht der Öffentlichkeit [...], in dem allein das Ausgezeichnete und Außerordentliche aufleuchten kann.« (ÜR 86)

Dieses bedarf nämlich eines öffentlichen Raumes, der sich durch Freiheit, Gleichheit und Zwecklosigkeit auszeichnet, so Arendt mit Bezug auf die Aristotelische Charakterisierung der Polis. Neben diesen Eigenschaften weist Arendts öffentlicher Raum weitere Besonderheiten auf. So zeichnet er sich Straßenberger zufolge durch eine »agonal-expressive«, eine »kommunikativ-assoziative« und eine »narrativ-mnemotische Dimension« aus. Mit Bajohr, Benhabib und durchaus auch mit Gerhardt lässt sich diesbezüglich ergänzen, dass Arendts öffentlicher Raum auch eine »epistemologisch-holistische Dimension« aufweist. Zudem, dies werden die nachfolgenden Ausführungen zeigen, ist dem öffentlichen Raum auch eine sozial-ontologische Dimension eigen. Die »Physiognomie« des so gekennzeichneten öffentlichen Raumes wird entscheidend durch die Tätigkeit geprägt, die in ihm ausgeübt und damit öffentlich wird, so Arendt. Diesbezüglich ist für sie entscheidend, dass nicht jede Tätigkeit öffentlich ausgeübt werden kann, was sie u. a. am Beispiel der Güte exemplifiziert. Ist der gesellschaftliche Raum, in dem die zum Leben notwendigen Tätigkeiten, vor allem das Arbeiten, aber auch das Herstellen, ausgeübt werden, also eher ein durch Determination geprägter öffentlicher Raum, so ist der öffentliche Raum der Politik, in dem gehandelt und gesprochen wird, durch Freiheit geprägt. Arendt zufolge ist daher der gesellschaftliche Raum tendenziell durch die Herrschaft des Niemand (bspw. die Bürokratie) gekennzeichnet, wohingegen der öffentliche Raum der Politik in den handelnden Händen derjenigen Menschen ist, die als Persönlichkeiten in Erscheinung treten. Aus Arendts phänomenologischen Analysen zum öffentlichen Raum geht somit erstens hervor, dass das Handeln und der öffentliche Raum in einer Weise miteinander korrespondieren, die gegenseitiges Verzerren bzw. Degenerieren und Verunmöglichen ausschließt. Der öffentliche Raum, verstanden als Erscheinungsraum, in dem gehandelt wird, stellt demnach eine Mitwelt dar, die sich in einem essenziellen Gleichgewicht befindet. Zudem zeigt Arendt, die klar zwischen Menschsein und Personsein (vgl.: Fußnote 54) unterscheidet, zweitens, dass der Mensch nur im öffentlichen Raum sein Potenzial zur Entwicklung einer Persönlichkeit verwirklichen kann, da nur in diesem das persönlichkeitsbildende Handeln und Sprechen möglich sind. Das bedeutet schließlich drittens, dass der öffentliche, durch Handeln und Sprechen bestimmte Raum, absolut notwendig für die Bildung von Persönlichkeit ist und dass, ist dieser nicht gegeben, z. B. aufgrund ungünstiger politischer Verhältnisse, man denke nur an eine totalitäre Diktatur, menschliches Leben auf der Schwundstufe des Nur-Menschseins verharrt.[115] (vgl.: ÜR 39, 79, 131, 135–136; VA 38–97)

---

115 Vgl.: Bajohr, H.: *Dimensionen der Öffentlichkeit.* S. 79–80, 91–93, 122–123; Benhabib, S.: *Hannah Arendt.* S. 312–313; Bluhm, H.: *Von Weimarer Existenzphilosophie zum politischen Denken. Hannah Arendts Krisenkonzept und ihre Auffassung politischer Erfahrung.* In: Thaa, W. und Probst, L. (Hrsg.): *Die Entdeckung der Freiheit. Amerika im Denken Hannah Arendts.* Berlin/Wien: Philo 2003. S. 82–87; Gerhardt, V.: *Öffentlichkeit.* S. 73–76, 88–91; Meints, W.: *Partei ergreifen im Interesse der Welt.* S. 227–228; Straßenberger, G.: *Hannah Arendt.* S. 95, 100.

Handeln, Sprechen, öffentlicher Raum und die Bildung der Persönlichkeit hängen also essenziell zusammen. Genauer zu klären ist diesbezüglich nun, wie der öffentliche Raum auf der einen und wie die Persönlichkeit auf der anderen Seite durch das Handeln und Sprechen gebildet werden. Diesbezüglich sind vor allem die kommunikativ-assoziative, sozial-ontologische und epistemologisch-holistische Dimension des öffentlichen Raumes als Erscheinungsraum zu betrachten, denn es wird sich zeigen, dass der öffentliche Raum als soziale Entität selber durch soziale Entitäten konstituiert wird und dass die Persönlichkeit eines Menschen Arendt zufolge ebenfalls vornehmlich eine soziale Entität ist.

Bildung sozialer Entitäten: Der öffentliche Raum bezeichnet Arendt zufolge durch das Attribut »öffentlich« erstens einen »spatial konkreten«, primär auf Präsenz ausgerichteten Raum, in dem den in ihm erscheinenden Entitäten durch das »Gehört- und Gesehenwerden« durch andere Menschen eine intersubjektiv geteilte und damit objektive Wirklichkeit zukommt.[116] »Die Wirklichkeit dessen, was ich wahrnehme, wird durch seinen welthaften Zusammenhang gewährleistet, zu dem einerseits andere gehören, die wie ich wahrnehmen, und andererseits das Zusammenspiel meiner fünf Sinne.« (GD 59) Die Anwesenheit anderer Menschen, der für jeden Menschen gleiche Erscheinungskontext und der jedem Menschen zukommende »Gemeinsinn« sind demnach im öffentlichen Raum wirklichkeitskonstitutiv. Entitäten, die im öffentlichen Raum erscheinen, haben in diesem Sinne also eine gewissere, weil objektivere Realität als die Entitäten, denen Menschen sich nur subjektiv-innerlich bewusst sind. Arendt schreibt dazu in *Über die Revolution*: »[...] [U]nser Wirklichkeitssinn [ist] so sehr an die Anwesenheit anderer, die sehen, was wir sehen, und hören, was wir hören, gebunden [...], daß wir dessen, was nur wir selbst und niemand sonst weiß, nie absolut sicher sein können.« (ÜR 123) Dies gilt insbesondere für die Persönlichkeit eines Menschen, denn Arendt schreibt im *Denktagebuch*: »Meine Identität ist an meine Erscheinung und damit an die Anderen, denen ich erscheine, gebunden. Mein »Selbst« qua Identität gerade empfange ich von Andern.« (DTB2 734) In *Über die Revolution* führt sie passend hierzu aus, »[d]aß das private Individuum mit der Persönlichkeit, **die dann in der Öffentlichkeit erscheint** [Herv. S. G.], so wenig identisch ist wie mit der »juristischen Person«, die es von Natur nicht besitzt, sondern dem Gesetz verdankt und der politischen Gemeinschaft, der es zugehört [...].« (ÜR 137) Die Persönlichkeit und der Status »juristische Person« sind also bedingt durch das öffentliche Wahrgenommenwerden durch andere Menschen. Insofern wird hier eine auch auf die Persönlichkeit eines Menschen bezogene sozial-ontologische Dimension des öffentlichen Raumes deutlich, die diesen neben den bereits beschriebenen

---

116 Der öffentliche Raum ist Arendt zufolge, so Bajohr, primär ein Raum der physischen Präsenz, der möglicherweise jedoch auch einen Spielraum für mediierte Präsenz offen lässt. Vgl.: Bajohr, H.: *Dimensionen der Öffentlichkeit.* S. 142–143.

Dimensionen auszeichnet. Denn Persönlichkeit kann es Arendt zufolge offensichtlich nur im öffentlichen Raum geben, weshalb das Vorhandensein derselben nicht nur, aber wesentlich auch, von diesem abhängt. Damit zusammenhängend kennzeichnet den öffentlichen Raum zweitens, dass er eine gemeinsame Welt darstellt, die sich als soziale Wirklichkeit beschreiben lässt, die allen Menschen, die diese erzeugt haben und permanent erzeugen, gemeinsam ist, die also objektiv zwischen allen Menschen steht, wie »[...] ein Tisch zwischen denen steht, die um ihn herum sitzen [....]« (VA 66) und folglich sowohl von der Erde als auch von der Natur als ebenfalls gemeinsame Welten klar zu unterscheiden ist. Besonders kennzeichnend für den öffentlichen Raum als wirklichkeitskonstitutiver, gemeinsamer Welt ist demnach, dass er von Menschen gemacht wird und somit selber auch eine soziale Entität darstellt, die sich aus einer Fülle sozialer Tatsachen bildet, die wiederum der gemeinsamen Interaktion und der Intersubjektivität der Menschen entspringen. Charakteristisch für den öffentlichen Raum ist folglich erstens, dass in ihm »[...] Objekte[...] in eine Dingwelt [verwandelt werden], die Menschen versammelt und miteinander verbindet [...]« (VA 68), dass in ihm also solche Entitäten erzeugt werden, die Menschen miteinander verbinden. Dies sind sicherlich Dinge bzw. Gebrauchsgegenstände, jedoch vor allem soziale Entitäten, wie beispielsweise Verträge, Gesetze, Institutionen oder eben auch Kunstwerke. Denn gerade diese bedürfen »[...] der Öffentlichkeit [...], um zur Geltung zu kommen [...].« (KUP 290; vgl.: 296) Öffentlichkeit ist daher, so Bajohr, folgerichtig als institutionalisierte Öffentlichkeit zu verstehen bzw. als materialisierte Macht. (vgl.: dazu nächster Abschnitt) Daher kennzeichnet es den öffentlichen Raum zweitens, dass er selber eine soziale Entität ist. Drittens wird erst im öffentlichen Raum die Persönlichkeit vollumfänglich gebildet, weswegen auch die Persönlichkeit als soziale Entität aufzufassen ist. Bezüglich der Persönlichkeit, aber auch der anderen in ihm gebildeten sozialen Entitäten, ist es viertens dem öffentlichen Raum eigen, dass trotz der »Vielfalt von Perspektiven« auf die in ihm enthaltenden Entitäten eine allgemeine Übereinstimmung oder schwächer, eine Konvergenz hinsichtlich der Identität bzw. des Gehaltes derselben besteht, was die epistemisch-holistische Dimension des öffentlichen Raumes unterstreicht. Der öffentliche Raum ist also in sozialontologischer Hinsicht durch Vielfalt, in epistemischer Hinsicht dagegen durch relative Stabilität geprägt. Da er sich wesentlich aus sozialen Tatsachen konstituiert, die der menschlichen Interaktion entspringen, ist für sein Vorhandensein das »Gesehen- und Gehörtwerden«, das »Erinnertwerden« sowie besonders das gemeinsame Handeln und Sprechen und, damit verbunden, besonders das Versprechen die notwendige Voraussetzung. Besonders für das gemeinsame Handeln und Sprechen ist, dass es »[...] sich in dem Bezugsgewebe zwischen den Menschen, das seinerseits aus Gehandeltem und Gesprochenem entstanden ist [vollzieht], und [...] mit ihm in ständigem Kontakt bleiben [muß].« (VA 234) Handeln, Sprechen und der öffentliche Raum sind in diesem

Sinne gleich ursprünglich, d. h. befinden sich in einer konstitutiven Wechselbeziehung und sind dementsprechend existenziell voneinander anhängig. Denn das der Freiheit entspringende Handeln und Sprechen, also die Freiheit, bedarf eines Raumes, in dem sie realisiert werden kann; eben dieser Raum entsteht aber überhaupt erst durch Handeln und Sprechen. Hier, wie auch im Zusammenhang der Bildung von Persönlichkeit, wird die kommunikative Dimension des öffentlichen Raumes deutlich. Folglich kann der öffentliche Raum, »[...] das Bezugsgewebe mit dem ihm eigenen Konstellationen, oft durch ein einziges Wort oder eine einzige Geste radikal geändert werden [...].« (VA 237–238) Der öffentliche Raum ist somit nach Arendts Verständnis extrem zerbrechlich bzw. instabil, weswegen von Menschen immer versucht wird, ihn z. B. durch Gesetze und »[...] die bindende Kraft gegenseitiger Versprechen [...]« (VA 313) zu stabilisieren. Gesetze und Versprechen, die sich in Verträge niederschlagen, haben jedoch als den öffentlichen Raum mitkonstituierende soziale Entitäten an seiner Instabilität teil, weswegen nur eine zeitlich begrenzte, jedoch keine absolute Stabilisierung des öffentlichen Raumes möglich ist.[117] Die von Arendt konstatierte Instabilität des öffentlichen Raumes wird durch ihren Hinweis unterstrichen, dass der öffentliche Raum »[...] in jeder Ansammlung von Menschen potenziell vor[liegt], aber eben nur potenziell; er ist in ihr weder notwendigerweise aktualisiert, noch für immer oder auch nur für eine bestimmte Zeitspanne gesichert.« (VA 251) Da wo Menschen zusammenkommen, muss der öffentliche Raum also immer erst realisiert werden, er ist, um mit Bajohr zu sprechen, »spontan-emergent«. Von der Möglichkeit zur Wirklichkeit gelangt der öffentliche Raum durch das spontane gemeinsame Handeln und Sprechen und die Macht, die hieraus entsteht. Daher ist »Macht [...], was den öffentlichen Bereich, den potenziellen Erscheinungsraum zwischen Handelnden und Sprechenden, überhaupt ins Dasein ruft und am Dasein erhält.« (VA 252) Genauso wie der öffentliche Raum liegt aber auch Macht nur potenziell vor, kann also, muss aber nicht zwingend aktualisiert werden und ist in diesem Sinne ein »flüchtiges« Phänomen.[118] (vgl.: GD 59–60; ÜR, 20, 37; VA 62–73, 113, 201–212, 234–241, 251–263, 312–313)

»Kommunikative Handlungsmacht«: Politiktheoretisch ist Macht für Arendt besonders bedeutsam. Phänomenal ist Macht nämlich vom Handeln klar zu unterscheiden, weil »*Macht* der menschlichen Fähigkeit [entspricht], nicht nur zu handeln oder etwas zu tun, sondern sich mit anderen zusammenzuschließen und

---

117 Die Instabilität des öffentlichen Raumes ist Arendt zufolge vor allem dem Faktum »Natalität« geschuldet, denn jeder neue Mensch muss seine Persönlichkeit, durch Tat und Wort zur Geltung, also zum Erscheinen bringen, was wiederum bedeutet, dass er aktiv handelnd im öffentlichen Raum auftritt und durch sein Handeln, dessen Folgen nie gewiss sind, diesen Raum in seinem bisherigen Bestand immer potenziell gefährdet bzw. verändert. (vgl.: VA 238)

118 Vgl.: Bajohr, H.: *Dimensionen der Öffentlichkeit.* S. 60–63, 65–71, 128–129, 138–143; Benhabib, S.: *Hannah Arendt.* S. 312–313; Bluhm, H.: *Von Weimarer Existenzphilosophie zum politischen Denken.* S. 84; Straßenberger, G.: *Hannah Arendt.* S. 69.

im Einvernehmen mit ihnen zu handeln.« (MG1 45) Macht ist demnach wesentlich bedingt durch das Faktum »Pluralität« und setzt öffentliche Kommunikation sowie einen interpersonalen Konsens bzw. kollektive Intentionalität voraus. Straßenberger attestiert Arendt daher, genauso wie im Übrigen auch Meints, folgerichtig einen »assoziativ-kommunikativen Machtbegriff«, der die »kommunikativ-assoziative Dimension« des öffentlichen Raumes konstituiert. Arendts an das Handeln zurückgebundene Definition des Begriffs »Macht« impliziert demnach, wie bereits dargelegt, dass Personen über die Fähigkeit zur Bildung von propositionalen Einstellungen verfügen können müssen, da diese zusammen mit der Fähigkeit sowohl Subjekt als auch Objekt einer verstehenden Einstellung sein zu können und kommunizieren zu können, die Voraussetzung dafür ist, den für eine kollektive Intention notwendigen Konsens zwischen Personen zu ermöglichen. Wenn Macht also kollektive Intentionalität und damit verbunden kommunikative Abstimmungsprozesse voraussetzt, dann hat Arendt mit ihrer Feststellung recht, wonach »[ü]ber Macht [...] niemals ein Einzelner [verfügt]; sie ist im Besitz einer Gruppe und bleibt nur solange existent, als die Gruppe zusammenhält.« (MG1 45) Für Arendt ist Macht also »kommunikative Handlungsmacht«, so Straßenberger, die folglich auch teilbar und daher »[...] nicht ein Korrelat des Willens [...]« (DTB1 244) ist, der unteilbar ist. Insofern ist folglich auch die politische Freiheit (Handlungsfreiheit), im Gegensatz zur philosophischen Freiheit (Willensfreiheit), stets begrenzt, »[...] da Macht und Freiheit in der Sphäre der menschlichen Pluralität [...] synonym sind [...].« (GW 427) Macht bzw. politische Freiheit entsteht also nur dann, wenn sich Menschen um einer gemeinsamen Intention willen zusammenschließen bzw. eine Gemeinschaft bilden, weswegen Macht »[...] allen menschlichen Gemeinschaften immer schon inhärent ist.« (MG1 53). Macht wird Arendt zufolge zu »realisierter Macht«, geht also von ihrer Potenzialität in ihre Aktualität über, wenn Worte und Taten wechselseitig aufeinander bezogen sind und dies dazu dient, »Wirklichkeiten zu enthüllen« und »neue Realitäten zu schaffen.« (VA 252) Macht hat also in einem doppelten Sinn einen wirklichkeitskonstitutiven Charakter bzw. ein kreativ-schöpferisches Potenzial, wie Straßenberger betont. Für den öffentlichen Raum und seine institutionelle Struktur ist Macht in diesem realitätskonstitutiven Sinne zentral, denn »[a]lle politischen Institutionen sind Manifestationen von Macht; sie erstarren und verfallen, sobald die lebendige Macht des Volkes nicht mehr hinter ihnen steht und sie stützt.« (MG1 42) Arendt unterscheidet daher genau genommen zwischen »lebendiger Macht«, gemeint ist das gemeinsame Handeln und Sprechen, und »materialisierter Macht«, gemeint sind die geschaffenen Institutionen, worauf Meints ausdrücklich hinweist. Der öffentliche Raum als soziale Entität wird also durch »kommunikative Handlungsmacht« geschaffen, die sich u. a. in Gesetzen und Verträgen, die einen gemeinsamen Willen zum Ausdruck bringen, niederschlägt. Arendts Konzept der »kommunikativen Handlungsmacht« scheint dem

Phänomen zu entsprechen, das Searle als »deontische Macht« beschreibt. Macht ist demnach ein sprachlich realisierbares Vermögen, das dazu befähigt, andere Menschen durch Handlungsgründe zu bestimmten Handlungen zu bewegen, um so die soziale Wirklichkeit als allen gemeinsame Mitwelt zu gestalten.[119] In diesem Sinne ist Macht, besonders ihr Spezialfall, die Staatsmacht, für Arendt das zentrale politische Phänomen und von anderen politisch relevanten Phänomenen wie Stärke, Kraft, Autorität und insbesondere von Gewalt phänomenal klar zu unterscheiden. Im Gegensatz zur Gewalt bedarf Macht beispielsweise keiner Rechtfertigung durch angestrebte Ziele und Zwecke, sondern lediglich der Legitimität, die ihr aus der kollektiven Intentionalität der Gruppe zuteil wird. Bezogen auf das Handeln ist Macht im Gegensatz zu Gewalt daher niemals Zweck sondern immer Selbstzweck. Sie ist es, durch die das Handeln und Sprechen wirklichkeitskonstitutiv wird, wodurch der für das Erscheinen der Persönlichkeit entscheidende öffentliche Raum zuallererst entsteht, weswegen Macht nicht nur politiktheoretisch, sondern auch existenziell bedeutsam ist.[120] (vgl.: EU 957; GW 427; MG1 36–58; MG2 145–208; ÜR 226–227; VA 251–263, 312–313)

Aus dem Vorherigen folgt nun sowohl für die Frage nach der Konstitution des öffentlichen Raumes als auch für die nach der Bildung der Persönlichkeit, dass für beide offensichtlich »kommunikative Handlungsmacht« eine besonders notwendige, wenn auch allein nicht hinreichende Bedingung ist. Bis hierhin sollte bezüglich der Bildung der Persönlichkeit zudem einsichtig geworden sein, dass Persönlichkeit als soziale Entität erst im öffentlichen Raum gebildet werden kann, weil ihr erst in diesem intersubjektive bzw. objektive Wirklichkeit zukommt und weil erst der öffentliche Raum das initiative Erscheinen eines Menschen als Persönlichkeit möglich macht, da er die »[…] Bühne für Handeln und Sprechen bereitstellt […].« (VA 258).

»Zweites Zwischen«: Um die Bildung der Persönlichkeit eines Menschen im öffentlichen Raum noch genauer zu erklären, nimmt Arendt bezüglich des öffentlichen Raumes eine wichtige Unterscheidung vor. So stellt dieser für sie zuvorderst den

---

119 Searle und Arendt scheinen nicht nur darin übereinzustimmen, dass Macht vor allem deontische Macht ist, sondern auch, dass sich diese von anderen, ähnlichen Phänomenen, wie beispielsweise Gewalt klar unterscheidet, durch Sprache, genauer durch Sprechakte vollzogen wird, absichtlich ausgeübt wird und dennoch unabsichtliche Folgen haben kann (vgl.: Handeln, Folgen, Schuld, Verzeihen). Vgl.: Searle, J.: *Wie wir die soziale Welt machen. Die Struktur der menschlichen Zivilisation.* Berlin: Suhrkamp 2012. S. 244–256. Hier wird zudem deutlich, dass Benhabib zumindest teilweise, u. a. auch mit Bajohrs Erkenntnissen, zu widersprechen ist, wenn sie behauptet, dass Arendt Sprechen nicht als eine Handlungsform im Sinne der Sprechakttheorie von Searle oder Austin auffasst. Den hier dargestellten Erkenntnissen und auch Bajhor zufolge ist dies zumindest teilweise der Fall, auch wenn das Sprechen, wie Benhabib richtig feststellt, bei Arendt vor allem der Beschreibung und Kommentierung des Handelns dient. Vgl.: Bajohr, H.: *Dimensionen der Öffentlichkeit.* S. 51; Benhabib, S.: *Hannah Arendt.* S. 310–311.

120 Vgl.: Brunkhorst, H.: Hannah Arendt. S. 130–131; Meints, W.: *Partei ergreifen im Interesse der Welt.* S. 214; Searle, J.: *Wie wir die soziale Welt machen.* S. 244–256; Straßenberger, G.: *Hannah Arendt.* S. 66–72, 100; Schönherr-Mann, H.-M.: *Hannah Arendt.* S. 140.

durch kommunikative Handlungsmacht erzeugten »objektiven Zwischenraum«[121] des »Miteinanderseins« dar, ist aber darüber hinaus von einem »zweiten Zwischen« durchzogen, dem bereits mehrfach angesprochenen »Bezugsgewebe menschlicher Angelegenheiten«, das innerhalb des öffentlichen Raumes den immateriellen Raum darstellt, »[...] in dem Menschen sich direkt [...] aneinander richten und sich gegenseitig ansprechen.« (VA 225) Dieses »ungreifbare«, nicht objektivierbare und dennoch höchst reale Bezugsgewebe, das sich Arendt zufolge nur metaphorisch beschreiben lässt, ist der eigentliche Erscheinungsraum der Persönlichkeit eines Menschen. Denn in das »Bezugsgewebe menschlicher Angelegenheiten« flicht sich das jeweilige Handeln der Menschen ein, wie Fäden »[...] die in ein bereits vorgewebtes Muster geschlagen werden [...].« (VA 226) Dabei werden das Handeln eines Menschen und die mit diesem verbundenen Lebensereignisse zu einem »Lebensfaden« verbunden, der zum einen das Gesamtgeflecht der menschlichen Angelegenheiten verändert, weil er nicht alle, aber einige der Lebensfäden, aus denen dieses Geflecht besteht, »affiziert« und der sich zum anderen in diesem Gesamtgeflecht, trotz seiner vielfältigen Verknüpfungen, deutlich erkennen lässt. Letzteres ist jedoch erst möglich, wenn erstens das individuelle Handeln »zu einem Ende gekommen ist« und dies zweites auch bezüglich des Handeln der anderen Menschen der Fall ist, denn erst dann »[...] ergeben sie [die einzelnen Handlungsfäden und damit verbundenen Lebensereignisse; S. G.] wieder klar erkennbare Muster bzw. sind als *Lebensgeschichten* erzählbar.« (VA 226) Dies berücksichtigend, ergeben sich für die Frage nach dem konkreten Erscheinen und der Bildung der Persönlichkeit im öffentlichen Raum die folgenden wichtigen Erkenntnisse. Erstens, wenn Arendt metaphorisch von einem Lebensfaden spricht, der in das Bezugsgewebe menschlicher Angelegenheiten eingesponnen wird und zu dem sich die Einzelhandlungen und damit verbundenen Lebensereignisse eines Menschen verdichten, dann erscheint die Persönlichkeit eines Menschen im öffentlichen Raum als Gesamtstruktur der Einzelhandlungen dieses Menschen. Mit dem Begriff »Lebensfaden« macht Arendt zweitens metaphorisch deutlich, dass sich die zu diesem verbundenen Einzelhandlungen in einer georderten Struktur befinden, also nicht lose und unzusammenhängend nebeneinanderliegen, wie beispielsweise nicht versponnene Fäden. Da sie auch an anderer Stelle in *Vita activa* betont, dass die Lebensgeschichte eines Menschen genug Kohärenz aufweisen muss, um erzählt werden zu können, ist bezüglich dieser Struktur und des dafür von ihre verwendeten Begriffs

---

121 Arendt erklärt im Übrigen in *Vita activa* und viel deutlicher noch in *Vom Leben des Geistes*, dass dieses »objektive Zwischen« je nach Gemeinschaft unterschiedliche Erscheinungsformen annehmen kann, weil jede Gemeinschaft, Arendt spricht auch von »Teilgemeinschaft«, unterschiedliche Sitten, Gebräuche, Gesetze und dergleichen hat, die dem »objektiven Zwischen«, dem öffentlichen Raum, sein ihm eigentümliches Gepräge geben. Vgl.: VA 224; GW 427–428.

»Lebensfaden« folglich der Schluss berechtigt, dass Arendt hiermit die biografische Kohärenz meint, die dem Leben einer Person einen Sinn verleiht und von anderen Personen als Lebensgeschichte bzw. die Biografie erkannt und erzählt werden kann. Der Lebensfaden ist demnach drittens das erkenn- und verstehbare Produkt des aktivistischen und evaluativen Selbstverhältnisses, in dem Personen stehen. Die erzählbare »Bio-graphie« eines Menschen ist dagegen die Verdinglichung des Lebensfadens, die die Lebensgeschichte eines Menschen zu einem »Weltding« und damit konstitutiven Teil der menschlichen Lebens macht. Außerdem ermöglicht es die Biografie etwas so ungreifbares wie die Persönlichkeit eines Menschen materiell greifbar zu machen. Dies leistet die Biografie, weil sie ein Kunstwerk ist, das dazu dient, »[...] das Ungreifbare – Ereignisse und Taten und Worte und Geschichten – gewissermaßen dingfest zu machen, es zu verdinglichen.« (KUP 290) Da Arendt zufolge die Kunst wesentlich durch Mnemosyne, der Mutter der Musen und des Gedächtnisses, gefördert wird, wird hier besonders die »narrativ-mnemotische Dimension« des öffentlichen Raumes deutlich. Durch den Verweis darauf, dass der Lebensfaden in das Bezugsgewebe menschlicher Angelegenheiten eingesponnen wird und dieses dadurch in seinem Erscheinungsbild und folglich in seiner Struktur verändert wird, wird viertens deutlich, dass das aktive und evaluative Selbstverhältnis, dem der Lebensfaden entspringt, nicht kontextlos besteht. Das Bezugsgewebe ist daher Benhabib zufolge der »[...] Horizont menschlicher Angelegenheiten im phänomenologischen Sinne.«[122] Persönlichkeit, so Arendts Annahme, bildet sich also immer in Auseinandersetzung mit der sie umgebenden Welt, der Mitwelt, die sich im öffentlichen Raum bildet, und erscheint in dieser. Diese persönlichkeitsbildende Auseinandersetzung innerhalb der Mitwelt betrifft besonders die Interaktion mit den Mitmenschen, die wechselseitig von Übereinstimmung und Abgrenzung geprägt ist. Insofern besitzt der öffentliche Raum die von Straßenberger beschriebene und bereits benannte »[...] agonal-expressive Dimension der öffentlich sichtbaren Darstellung von Differenz [...].«[123] Arendts Ausführungen machen fünftens auch deutlich, dass die Persönlichkeit eines Menschen im öffentlichen Raum erst durch ihre Einbindung in das Bezugsgewebe der menschlichen Angelegenheiten vollständig gebildet wird, was u. a. durch die narrativen Berichte über die Handlungen der Persönlichkeit geschieht. Denn erst durch das Verknüpfen des Lebensfadens mit anderen Lebensfäden, erhält das zu diesem verdichtete Handeln einer Person eine deutliche, d. h. erkenn- und nachvollziehbare Kontur, was die Rede von einem konstituierenden Erscheinen der Persönlichkeit im öffentlichen Raum rechtfertigt. Einem Erscheinen also, das zur Bildung der Persönlichkeit einen wesentlichen Beitrag leistet. Insofern hat Meints Recht, wenn sie feststellt, dass »Arendt [...] die Konstituierung des Selbst an ein intersubjektives Bezugsgewebe menschlicher Angelegenheiten [bindet], das sich

---

122 Benhabib, S.: *Hannah Arendt.* S. 183.
123 Straßenberger, G.: *Hannah Arendt.* S. 100.

durch Handeln und Sprechen entfaltet.«[124] Die Kontur des Handelns einer Person, und das ist für Arendt entscheidend, die sich trotz aller Verknüpfungen als einheitlicher Lebensfaden deutlich abzeichnet, ist sechstens für andere Personen erkenn- und verstehbar und damit in Form einer »Bio-graphie« objektivierbar. Insofern kommt siebtens erst durch dieses Erkennen und Verstehen durch andere der Persönlichkeit eines Menschen objektive Wirklichkeit zu. Dies spricht erneut dafür, dass auch Arendt davon ausgeht, dass die Bildung von Persönlichkeit wesentlich von intersubjektiven Erkennungs- und Anerkennungsverhältnissen im öffentlichen Raum abhängt und das Persönlichkeit vor allem eine soziale Entität ist. Das Erkennen und Verstehen der Persönlichkeit vollzieht sich allerdings achtens vor allem im Modus der Narration. Die Struktur dieses epistemisch-hermeneutischen Prozesses gilt es nachfolgend noch deutlich herauszuarbeiten (vgl.: 3. Kapitel, 2. Teil, 6. Abschnitt) Schließlich ist neuntens ein vollständiges Erkennen der Persönlichkeit eines Menschen erst dann möglich, wenn nicht mehr gehandelt wird, wenn also der Lebensfaden nicht mehr weiter gesponnen wird, wenn also die Person, deren Persönlichkeit erscheint, nicht mehr existiert, sei es, weil sie zusammen mit ihrem Körper aufgehört hat zu existieren, sei es, weil die biologischen Voraussetzungen für Persönlichkeit nicht mehr gegeben sind, z. B. aufgrund einer degenerativen Erkrankung wie Demenz. Das menschliche Leben im Allgemeinen und das personale Leben im Besonderen ist also eindeutig begrenzt, durch Geburt und Tod bzw. Entstehen und Vergehen. Indem Arendt die Limitierung des menschlichen Lebens durch die Fakta »Natalität« und »Mortalität« immer wieder hervorhebt, macht sie zehntens klar, dass die Persönlichkeit eines Menschen nicht unwesentlich durch ihre zeitliche Ausgedehntheit strukturiert wird. Hierauf verweist im Übrigen schon Arendts Bezug zu Kafkas Parabel *Er.* (vgl.: 2. Kapitel, 2. Teil, 2. Abschnitt) Man kann daher erstens mit Straßenberger feststellen:

> [...] Arendt [verknüpft] anthropologisch-existenzialphilosophische Motive mit einer dramaturgischen Konzeption des öffentlichen Raumes. Danach erfährt der Mensch als einzigartiges Wesen seine individuelle Besonderheit erst in kommunikativer Unterscheidung von Anderen, ja erst in der öffentlichen Inszenierung vor und in der Interaktion mit dem Publikum.[125]

Darüber hinaus scheint Arendt zweitens der Gedanke nahegelegen zu haben, die Einheit der Person im Sinne der von Quante hierfür vorausgesetzten biologischen Persistenz zu denken und drittens die Einheit der Persönlichkeit als Erzählung aufzufassen. Denn, wenn MacIntyre annimmt, dass »[...] die Einheit eines individuellen Lebens [...] in der

---

124 Meints, W.: *Partei ergreifen im Interesse der Welt.* S. 229.
125 Straßenberger, G.: *Hannah Arendt.* S. 95.

Einheit einer in einem einzigen Leben verkörperten Erzählung besteht [...]«[126], dann scheint diese Annahme mit Arendts u. a. in *Vita activa* angestellten diesbezüglichen Überlegungen übereinzustimmen.[127] (vgl.: KUP 290; VA 116, 224–226)

Die bisherigen Erkenntnisse zum Prozess des existenziellen Erscheinens zusammenfassend kann man feststellen, dass die Persönlichkeit als soziale Entität durch die Erscheinungsformen Handeln und Sprechen innerhalb des im öffentlichen Raum verortbaren Bezugssystems menschlicher Angelegenheiten erscheint, weshalb der öffentliche Raum im Rahmen der Existenzphilosophie Arendts zu Recht als existenzieller Erscheinungsraum bezeichnet werden kann. Da die Persönlichkeit eines Menschen durch die zuvor explizierte fünfdimensionale Struktur des Erscheinungsraumes wesentlich geprägt wird, leistet dieser einen nicht außer Acht zu lassenden Beitrag zur Bildung der Persönlichkeit. Bajohr stellt daher richtig fest, dass »[...] der Öffentlichkeit eine *persönlichkeitskonstitutive* Funktion zu [kommt] [...]«[128] Das daher mit dem Attribut »konstituierend« zu versehende Erscheinen der Persönlichkeit innerhalb dieses Erscheinungsraumes ist durch diesen selbst und durch die Erscheinungsformen Handeln und Sprechen notwendig an die Fakta »Natalität«, »Mortalität«, »Pluralität« und »Weltlichkeit« gebunden und dokumentiert sich in einer von anderen Menschen erkenn-, erzähl- und verstehbaren Lebensgeschichte bzw. Biografie.

Gerade wegen der Bedeutung des öffentlichen Raumes für die Persönlichkeitsbildung und der damit verbundenen Feststellung, dass Persönlichkeit eine soziale Entität ist, ist an dieser Stelle daran zu erinnern, dass das Erscheinen der Persönlichkeit im öffentlichen Raum den Prozess des existenziellen Entwickelns zur Voraussetzung hat, weil es ohne diesen keine Handlungsinitiative des einzelnen Menschen im öffentlichen Raum geben würde. Berücksichtig man die dargelegten Erkenntnisse zum Prozess des existenziellen Entwickelns, dann ist einsichtig, dass der Prozess des existenziellen Erscheinens reflexiv an diesen zurückgebundenen ist. Existenzielles Entwickeln und existenzielles Erscheinen sind daher eng miteinander verbundene, parallel ablaufende und sich gegenseitig bedingende existenzielle Prozesse, die das Vorhandensein von Persönlichkeit jedoch nicht vollständig einsichtig machen. Denn bisher wurde noch nicht hinreichend expliziert, wie genau der Prozess abläuft, durch den die Persönlichkeit eines Menschen von anderen Menschen erkannt und verstanden wird. Dieser Prozess ist jedoch besonders wichtig für die Einsicht, dass Persönlichkeit eine soziale Entität ist, die sich final erst aus der zwischenmenschlichen Interaktion ergibt bzw. durch diese gebildet wird, und eben nicht das kognitive

---

126 MacIntyre, A.: *Der Verlust der Tugend.* S. 292;

127 Vgl.: Benhabib, S.: *Hannah Arendt.* S. 184; Straßenberger, G.: *Hannah Arendt.* S. 68, 100.

128 Bajohr, H.: *Dimensionen der Öffentlichkeit.* S. 92; vgl.: Torkler, R.: *Philosophische Bildung und politische Urteilskraft.* S. 265.

Produkt des zurückgezogenen, reflexiven Denkens. Um dies zu erklären, muss der Prozess des existenziellen Erkennens und Verstehens genauer expliziert werden, der direkt auf das existenzielle Erscheinen ausgerichtet ist, nämlich die erkenn- und verstehbare Lebensgeschichte eines Menschen, und derart ebenfalls wiederum an das existenzielle Entwickeln zurückgebenden ist.

6. Existenzielles Erkennen und Verstehen

Der Prozess des existenziellen Erkennens und Verstehens spielt sich maßgeblich im zuvor charakterisierten öffentlichen Raum bzw. Erscheinungsraum ab, da in diesem alle zum Erfassen und Verstehen der Persönlichkeit eines Menschen notwendigen Akteure versammelt sind, nämlich die Handelnden genauso wie die Beobachter bzw. Zuschauer. Er hebt besonders die epistemische und narrativ-mnemotische Dimension des öffentlichen Raumes hervor. Dieser dritte Teilprozess der existenziell-performativen Hermeneutik Arendts setzt jedoch auch das zurückgezogene Denken voraus, dass seinen Ort nicht im öffentlichen Raum hat.

Ebenso wie der Prozess des existenziellen Entwickelns und der des existenziellen Erscheinens, wird auch der Prozess des existenziellen Erkennens und Verstehens wesentlich durch die Fakta »Natalität«, »Mortalität«, »Pluralität« und »Weltlichkeit« bedingt. Besonders bedeutsam ist für das existenzielle Erkennen und Verstehen jedoch das Faktum »Pluralität«, da es quasi die Bedingung der Möglichkeit für das Urteilen und Erzählen und damit für das existenzielle Erkennen und Verstehen darstellt, wie die nachfolgenden Ausführungen zeigen werden.

Ausgehend von der bereits dargelegten Trichotomie des Ich (vgl.: 3. Kapitel, 2. Teil, 4. Abschnitt), ist zunächst darauf hinzuweisen, dass das existenzielle Erkennen und Verstehen Aufgabe und Anliegen des denkenden Ichs ist und den notwendigen dritten Teilprozess der existenziell-performativen Hermeneutik Arendts bildet, durch dessen Explikation die Beschreibung des Gesamtprozesses der Persönlichkeitsbildung abgeschlossen wird. Nachfolgend geht es daher darum, die Prozessstruktur des existenziellen Erkennens und Verstehens zu verdeutlichen, indem u. a. aufgezeigt wird, welche Tätigkeiten diesen Prozess durch ihr Zusammenwirken konstituieren.

6.1 Phänomenologische, epistemologische und hermeneutische Tätigkeiten

Die Persönlichkeitsbildung im Sinne des Erfassens und Verstehens einer Persönlichkeit hängt wesentlich von phänomenologischen, epistemologischen und hermeneutischen Tätigkeiten ab. Bei diesen handelt es sich zuvorderst um das Beobachten als epistemisch-phänomenologische Tätigkeit, aber auch um das Denken als epistemologischer

Tätigkeit. Beim Denken muss allerdings genau zwischen dem reflexiven Denken und dem repräsentativen Denken, also dem Urteilen verstanden als epistemisch-hermeneutische Tätigkeit, klar unterschieden werden. Ferner sind das Erzählen und das Verstehen als hermeneutische Tätigkeiten bedeutsam. Um ihr funktionales Zusammenwirken im Prozess des existenziellen Erkennens und Verstehens genau darlegen zu können, ist es auch hier zunächst wieder notwendig, die genannten Tätigkeiten genau zu beschreiben, wobei im Falle des Denkens auf die vorherigen Ausführungen (vgl.: 3.Kapitel, 2. Teil, 4. Abschnitt, 1. Unterabschnitt) zurückgegriffen werden kann.

Beobachten und Urteilen: Der Prozess des existenziellen Erkennens und Verstehens setzt wesentlich das Beobachten der Handlungen einer Person im öffentlichen Raum durch einen unbeteiligten Zuschauer und damit verbunden die von Arendt unterstellte Zuschreibbarkeit von Handlungen und Taten voraus. Arendt geht diesbezüglich von einem »Primat der Erscheinungen« aus, das heißt von der Annahme, dass alles, was wirklich ist, erscheint und dass alle Erkenntnisse, ja selbst die durch Abstraktion gewonnene Wahrheit immer auf Erscheinungen zurückbezogen ist. Sie stellt daher fest: »Unsere geistigen Werkzeuge können sich zwar von den *jeweiligen* Erscheinungen loslösen, doch sie bleiben auf die Erscheinungen als solche eingestellt.« (GD 33) Folglich ist für Arendt, wie bereits dargelegt, der öffentliche Raum verstanden als Erscheinungsraum der Persönlichkeit von zentraler Bedeutung, wenn es um das Erkennen und Verstehen einer Persönlichkeit geht. Erstaunlicherweise erklärt Arendt jedoch, dass dieser Raum nicht so sehr durch die Akteure, also die Handelnden, sondern wesentlich durch die Zuschauer konstituiert wird. Nicht nur damit die Persönlichkeit erscheinen kann, sondern vor allem, damit sie erkannt und verstanden werden kann, ist es also erforderlich, dass es im Erscheinungsraum andere Menschen gibt, die die Rolle von unbeteiligten, aber kritischen Zuschauern einnehmen. Wichtig dabei ist, dass Arendt davon ausgeht, dass es keine strenge Dichotomie zwischen den Handelnden auf der einen und den Zuschauern auf der anderen Seite gibt, wie die Aristotelische Dichotomie von Vita activa und Vita contemplativa, an der sich Arendt orientiert, nahezulegen scheint, sondern dass die Menschen im Erscheinungsraum zwischen der Rolle des Handelnden und der des Zuschauers beliebig wechseln können. Sie schreibt daher:

> Der öffentliche Bereich wird durch die Kritiker und Zuschauer konstituiert, nicht durch die Akteure oder die schöpferisch Tätigen. Und dieser Kritiker und Zuschauer befindet sich in jedem Akteur und Hersteller; ohne dieses kritische, urteilende Vermögen wäre der Handelnde oder Schaffende so losgelöst vom Zuschauer, daß er nicht einmal wahrgenommen würde. (U 98)

Der Handelnde wie der Zuschauer befindet sich also der Potenz nach in jedem Menschen und kann von diesem beliebig realisiert werden, was letztlich die Verbindung zwischen Handeln und Zuschauen herstellt. Dennoch ist der Zuschauer für die Konstitution des Erscheinungsraumes, der wie bereits dargelegt eine wirklichkeitskonstitutive Funktion hat, insofern besonders wichtig, als dass der Zuschauer qua seiner menschlichen Natur über den Gemeinsinn verfügt, den Arendt, Torkler zufolge, auch als Weltsinn auffasst, weil dieser zum einen für die Synthese der Sinneseindrücke und zum anderen für eine intersubjektiv geteilte Wahrnehmung der Welt und damit für eine als objektiv und wirklich empfundene Weltwahrnehmung sorgt.[129] Arendt bringt dies treffend wie folgt auf den Punkt:

> In einer Erscheinungswelt voller Irrtum und Schein wird Wirklichkeit durch diese dreifache Gemeinsamkeit gewährleistet: die fünf Sinne – voneinander höchst verschieden – haben denselben gemeinsamen Gegenstand; die Vertreter einer Art haben einen gemeinsamen Kontext, der jedem einzelnen Gegenstand seine besondere Bedeutung verleiht; und alle anderen mit Sinnen begabten Wesen nehmen zwar diesen Gegenstand aus völlig verschiedenen Perspektiven wahr, sind sich aber über seine Identität einig. Aus dieser dreifachen Gemeinsamkeit erwächst die Wirklichkeit*empfindung*. (GD 59–60)

Der Gemeinsinn ist für Arendt als Weltsinn also zum einen »[...] die einheitsstiftende Instanz für die sinnliche Wahrnehmung [...]«[130], zum anderen jedoch auch die einheitsstiftende Instanz der durch eine Pluralität von Menschen erzeugten pluriperspektivischen Weltwahrnehmung und er erzeugt als solche eine »Wirklichkeitsempfindung«. Der Einheit der pluriperspektivischen Weltwahrnehmung liegt bei Arendt die folgende sokratische Annahme zugrunde:

> [...] die Welt [eröffnet sich] jedem Menschen verschieden [...], je nach seiner Stellung in ihr, und dass die »Gleichheit« der Welt, ihre Gemeinsamkeit [...] sich daraus ergibt, dass sich ein und dieselbe Welt jedem anders eröffnet und dass trotz aller Unterschiede zwischen den Menschen und ihren Stellungen in der Welt – und insofern ihren *doxai*, ihren Meinungen – »du und ich beide Menschen sind«. (S 47–48)

---

129 Bajohr weist darauf hin, dass Arendt den Begriff »Gemeinsinn« in *Vita activa* zwar bereits verwendet, jedoch nicht seine Funktion erklärt, was sie dann vor allem in *Vom Leben des Geistes* nachholt, indem Sie diesem eine zentrale Funktion innerhalb des Prozesses der Urteilsbildung zuweist. Vgl.: Bajohr, H.: *Dimensionen der Öffentlichkeit.* S. 93–94.
130 Torkler, R.: *Philosophische Bildung und politische Urteilskraft.* S. 329.

Das Menschsein impliziert nämlich das Gemeinsinn-haben und dieser synthetisiert die Weltwahrnehmung offensichtlich nicht nur intrasubjektiv, sondern auch intersubjektiv, wie Torkler betont, und macht die Welt dadurch erst zu einem objektiv vorhandenen bzw. realen Phänomen oder wie Bajohr betont: Erst »[i]n der Summe der Perspektiven entsteht ein stabiles Bild der Welt.«[131] Der Gemeinsinn ist jedoch auch in einem darüber hinaus gehenden Sinne weltstiftend, denn er integriert nicht nur die verschiedenen Weltwahrnehmungen der Menschen zu einem einheitlichen Zusammenhang bzw. zu einer einheitlichen Weltwahrnehmung, sondern integriert die Menschen auch in eine (Urteils-) Gemeinschaft.[132] Denn der Gemeinsinn ist das, »[...] an was das Urteil in jedem von uns appelliert, und es ist dieser mögliche Appell, der den Urteilen ihre spezifische Gültigkeit gibt.« (U 112) Der Gemeinsinn fordert uns Menschen also auf, beim Urteilen die Urteile der anderen Menschen zu antizipieren und mitzuberücksichtigen, sie in unser erwägendes Denken zu integrieren und damit unsere »Denkungsart« zu erweitern, um so unserem Urteil eine Gültigkeit zu verleihen, die zwar nicht so objektiv ist wie wissenschaftliche Aussagen, aber auch nicht völlig subjektiv wie die Urteile des »sensus privatus«, so dass wir berechtigt sind, sie anderen als repräsentativ bzw. wahr »anzusinnen«. Denn Arendt, die u. a. in ihrem Aufsatz *Wahrheit und Politik* zwischen Tatsachen- und Vernunftwahrheiten unterscheidet, geht offenbar davon aus, dass die Anerkennung ersterer und die Erzeugung letzterer wesentlich von der Öffentlichkeit abhängig ist. Vernunftwahrheiten werden folglich, so Bajohr, nach dem durchaus problematischen Kriterium der Richtigkeit, womit Arendt Widerspruchsfreiheit meint, im öffentlichen Diskurs gebildet. Bajohr meint daher, dass Arendts »[...] Wahrheitsauffassung [...] auf eine unausgesprochene Kohärenz-theorie hin[deutet] [...]«[133]; eine Vermutung, die durch die bei der Rekonstruktion des ersten Teilprozesses der existenziell-performativen Hermeneutik festgestellte Bedeutung der inneren Kohärenz als Beurteilungskriterium des inneren Dialoges des denkenden Ichs durchaus gestützt wird. Dass die anderen Menschen sogar in einem wahrheitskonstitutiven Sinne beim Urteilen durch den Gemeinsinn mitberücksichtigt werden, bedeutet also, »[...] dass der Gemeinsinn *Öffentlichkeit* sowohl möglich macht als auch voraussetzt [...].«[134] Die Gemeinschaft, durch die diese wahrheitskonstitutive Öffentlichkeit konstituiert und erhalten wird, »[...] ist nicht eine zwingend faktische, aber schon als Fiktion begründet sie die Idee einer Menschheit als ganzer, aus der wiederum Normen des Handelns folgen.«[135] Nicht zuletzt wegen seiner essenziellen

---

131 Bajohr, H.: *Dimensionen der Öffentlichkeit.* S. 91.

132 Wenn der Gemeinsinn in diesem Sinne weltstiftend ist, dann wird verständlich, warum der Verlust desselben für Arendt gleichbedeutend ist mit dem Verlust der gemeinsamen Welt und damit dem essenziellen Bezugspunkt menschlichen Lebens. Vgl.: Torkler, R.: *Philosophische Bildung und politische Urteilskraft.* S. 338–345.

133 Bajohr, H.: *Dimensionen der Öffentlichkeit.* S. 112.

134 Ebd. S. 101.

135 Ebd. S. 104.

Bezogenheit auf andere Menschen ist der Gemeinsinn Arendt zufolge daher der eigentliche Grund für die Notwendigkeit von Sprache, denn nur über diese vermittelt sind uns die Urteile unserer Mitmenschen zugänglich. Wenn es also auf das Hören und Gehörtwerden durch andere Menschen beim Urteilen besonders ankommt, dann spielt gerade das Kriterium der Mitteilbarkeit beim Urteilen eine besondere, noch genauer zu erläuternde Rolle. Bevor diese geklärt wird, ist jedoch zunächst festzuhalten, dass »[m]an [...] immer als Mitglied einer Gemeinschaft [urteilt], geleitet von seinem gemeinschaftlichen Sinn, seinem sensus communis [...]« (U 117) und dass man derart urteilend Mitglied einer »Weltgemeinschaft« wird. Der Urteilende ist Arendt zufolge aber immer der Beobachter bzw. Zuschauer.[136] (vgl.: GD 33 ff., 59–61; U 104–106, 108–117; VA 230, 359)

Um die Persönlichkeit eines Menschen erkennen, anerkennen und verstehen zu können, bedarf es also des urteilenden Zuschauers, weil dieser qua Gemeinsinn einen zweifach-integrativen und damit wirklichkeitskonstitutiven Blick besitzt und weil er zudem »[...] eine Position hat, die es ihm erlaubt, das Ganze zu sehen; der Handelnde [...] muß seine Rolle spielen; er ist per definitionem parteilich. Der Zuschauer ist per definitionem unparteilich; [...]. Also ist der Rückzug aus der direkten Beteiligung auf einen Standpunkt außerhalb des Spiels eine conditio sine qua non allen Urteils.« (U 87) Allein der beobachtende und urteilende Zuschauer, der aus der Vita activa in die Vita contemplativa wechselt, ist daher in der Lage, sowohl den Sinn der einzelnen Handlungen und Ereignisse, als auch, hiervon ausgehend, die Persönlichkeit eines Menschen und das gesellschaftliche Ganze, in dem diese erscheint, zu erkennen und beurteilend zu verstehen. Denn der Zuschauer ist offensichtlich in der privilegierten Lage, urteilend mithilfe seines Gemeinsinns und seiner Einbildungskraft komplexe und umfassende Strukturzusammenhänge zu erfassen und zu verstehen, was Arendt in *Vom Leben des Geistes* wie folgt ausdrückt:

> [...] [D]er Akteur ist von allen möglichen dringenden Angelegenheiten in Anspruch genommen und kann nicht erkennen, wie alle Einzelheiten in der Welt und jede einzelne Handlung der Menschen harmonisch zusammenstimmen, was aber nicht sinnlich wahrnehmbar ist, und dieses Unsichtbare im Sichtbaren bliebe auf immer unerkannt, wenn kein Betrachter danach Ausschau hielte, es bewunderte, die Geschichten zurechtrückte und in Worte faßte. (GD 134)

Besonders deutlich wird hier, »[d]aß die Erscheinung stets Zuschauer erfordert und damit eine zumindest potentielle Erkennung und Anerkennung mir ihr verbunden ist [...]« (GD 55), was auf die wirklichkeitskonstitutive Funktion des Gemeinsinns verweist und zudem unterstreicht, dass Arendt von Erkennungs- und Anerkennungsverhält-

---

136 Vgl.: Ebd. S. 95–117; Spiegel, I.: *Die Urteilskraft bei Hannah Arendt.* S. 204; Torkler, R.: *Philosophische Bildung und politische Urteilskraft.* S. 327–338, 356–363.

nissen zwischen den Menschen ausgeht. Außerdem wird hier offensichtlich, dass die Sprache, vor allem in Form des Erzählens, für das Verstehen eine wichtige Rolle spielt, weswegen folglich auch das Erzählen eine wichtige Komponente im Prozess des existenziellen Erkennens und Verstehens darstellt. (vgl.: GD 34, 97–102, 133–134, 141; U 82–92, 110, 112)

Urteilen: Weil er in einem doppelten Sinne wirklichkeitskonstitutiv ist, ist der Gemeinsinn eine essenzielle Voraussetzung für das Urteilen bzw. das repräsentative Denken, als das sich das Urteilen auch bezeichnen lässt. Denn das Urteilen ist für Arendt eine bestimmte Form des Denkens, nämlich »[...] das Denken des Zusammenseins, das gegenseitige Sich-kontrollieren [...]« (DTB1 287) und die Urteilskraft stellt für sie die »Grundfähigkeit« des Menschen dar, sich »[...] in der gemeinsamen Welt zu orientieren [...].« (KUP 299) Nicht nur das Handeln, sondern auch das Urteilen ist daher für Arendt eine politische Tätigkeit par excellence. Insofern überrascht es nicht, dass »[...] ihr Werk von der lebenslangen Beschäftigung mit dem Problem des Urteilens tief geprägt [ist] [...]«[137], die gerade im Eichmann-Prozess für Arendt besonders virulent wurde, da sich »[...] bei diesem Gerichtsverfahren [das philosophische Problem des Urteilens] in aller Dringlichkeit gestellt [hatte].«[138] Sie gewinnt ihren Urteilsbegriff maßgeblich in der Auseinandersetzung mit Kants *Kritik der Urteilskraft*, die Arendt zufolge Kants politische Philosophie enthält, und hier insbesondere mit dem Paragrafen 40. Mit Kant unterscheidet sie zwischen der bestimmenden Urteilskraft, die Gegebenes unter bestehende Begriffe subsumiert und der reflektierenden Urteilskraft, die für das gegebene Besondere neue Begriffe findet und daher erkenntniserweiternd ist. Besonders die reflektierende Urteilskraft interpretiert Arendt als ein politisches Vermögen, »[...] welches [...] nicht in erster Linie die Phänomene *unter* Begriffe bringt, sondern in *Auseinandersetzung* mit der phänomenalen Wirklichkeit der Welt zu Begriffen gelangt, die dieser adäquat sind.«[139] Zudem setzt die reflektierende Urteilskraft Arendt zufolge die Anwesenheit anderer Menschen essenziell voraus. Das Urteilen ist daher ein auf Öffentlichkeit ausgerichtetes repräsentatives Denken, das als solches vom weltabgewandten reflexiven Denken der Philosophen klar abzugrenzen ist, obwohl es ebenso wie dieses in einem zurückgezogenen Zustand der Kontemplation vollzogen wird, da es die Sache des distanzierten Zuschauers ist, der sich vom einsamen philosophischen Denker nur durch seinen nach außen gekehrten Blick auf das konkrete Besondere, das Phänomen, unterscheidet. Im Gegensatz zum entsinnlichenden und abstrahierenden reflexiven Denken ist das Urteilen als repräsentatives Denken also auf das sinnlich Gegebene, das konkrete

---

137 Zerilli, L. M. G.: *Urteilen/Einbildungskraft.* In: Heuer, W. et al. (Hrsg.): *Arendt-Handbuch. Leben – Werk – Wirkung.* Stuttgart/Weimar: Metzler 2011. S. 323.
138 Benhabib, S.: *Hannah Arendt.* S. 291.
139 Torkler, R.: *Philosophische Bildung und politische Urteilskraft.* S. 414.

Einzelne bezogen. Die Gegenstände des Urteilens sind folglich »[...] die Worte und Taten, die den Raum der Erscheinungen erhellen.«[140] Während es beim reflexiven Denken zuvorderst um das Allgemeine geht, steht im Mittelpunkt des repräsentativen Denkens also das je individuell Besondere. »Urteilen erweist sich in Arendts Denken [daher; Zusatz S. G.] als ein Vermögen des differenzierten und differenzierenden Umgangs mit weltlicher Wirklichkeit.«[141] Diesbezüglich besteht die Funktion des Urteilens vor allem darin, Sinn zu verstehen und Bedeutung zu erzeugen. Breier stellt daher richtig fest: »Den Geschehnissen, die sich zwischen Menschen zutragen, kommt durch ihr Urteilen Bedeutung und Sinn zu.«[142] Insofern ist das Urteilen eng mit dem Verstehen verbunden, denn der gemeinsame vordergründige Gegenstand beider sind die Worte und die Taten der Menschen, der entscheidende gemeinsame hintergründige und eigentliche Gegenstand ist jedoch der Sinn, der durch Worte und Taten vernehmbar wird. Folglich kommt dem Urteilen im Gesamtprozess von Arendts existenziell-performativer Hermeneutik als wesentliches Element des Teilprozesses des existenziellen Erkennens und Verstehens eine zentrale Funktion zu, da erst durch dasselbe die Persönlichkeit eines Menschen als konkretes Besonderes, das durch Worte und Taten sichtbar wird, begrifflich gefasst und als etwas sinnhaftes Ganzes verstanden werden kann. Die Bedingungen für die Möglichkeit des Urteilens lassen sich einteilen in externe und interne Bedingungen. Zur Gruppe der ersten gehört erstens und zuvorderst die bereits erwähnte Anwesenheit anderer Menschen in einem öffentlichen Raum, die Arendt mit dem Faktum »Pluralität« zu einem Grundbaustein ihres Denkens macht, zweitens Öffentlichkeit im Sinne von »Kommunikabilität« und Meinungsfreiheit sowie drittens die grundsätzliche Gleichheit aller Menschen. Diese zeichnen sich nämlich wiederum durch eine Reihe von Eigenschaften bzw. Vermögen aus, die zu den internen Bedingungen für die Möglichkeit des Urteilens zählen. Hierbei handelt es sich zum einen um die Einbildungskraft und den Gemeinsinn, der Arendt zufolge ein wesentlicher Teil der »biologischen Ausstattung« (GD 61) des Menschen ist. Die Einbildungskraft dient beim Urteilen, genauso wie übrigens auch beim reflexiven Denken, zuvorderst der Entsinnlichung und damit der Ermöglichung von abstrakter Reflexion. Sie ist jedoch nicht nur an der Aufbereitung der Sinngehalte zu Gegenständen für die geistigen Tätigkeiten, das Denken, das Wollen und das Urteilen beteiligt, sondern stellt besonders für das Urteilen Denkgehalte bereit, so ermöglicht die Einbildungskraft beispielsweise das für Arendt so bedeutsame Erinnern. Folglich ist »[d]ie Einbildungskraft [...] zum Urteilen nötig, weil ohne sie keine Alternativen vorliegen würden. Sie re-präsentiert, was gerade nicht vorliegt, nämlich Beispiele und Vorbilder. Ohne Einbildung ist das

---

140 Beiner, R.: *Hannah Arendt über das Urteilen*. In: Arendt, H.: *Das Urteilen. Texte zu Kants Politischer Philosophie. Dritter Teil zu »Vom Leben des Geistes«*. München/Zürich: Piper 2012. S. 136.

141 Torkler, R.: *Philosophische Bildung und politische Urteilskraft*. S. 393.

142 Breier, K.-H.: *Hannah Arendt zur Einführung*. 4. Auflage. Hamburg: Junius 2001 (= *Zur Einführung*, Bd. 245). S. 15.

Urteil blind, ohne Urteil ist die Einbildung leer!« (DTB2 680) Besonders die produktive Einbildungskraft, Arendt unterscheidet mit Kant zwischen einer produktiven und einer reproduktiven Form der Einbildungskraft, ist als Voraussetzung für das reflexive Urteil daher von entscheidender Bedeutung, weil sie es uns »[...] ermöglicht [...], neue Zusammenhänge zwischen schon gegebenen Dingen zu sehen und sie dabei anders zu betrachten [...]. Nicht zuletzt ermöglicht uns die Einbildungskraft, aus anderen Perspektiven als der unseren die Dinge neu zu betrachten und damit unsere Wahrnehmung der Welt zu erweitern.«[143] Spiegel spricht daher von der dem Menschen gegebenen Möglichkeit »[...] »Besuche zu machen«, die anderen Standpunkte, Sichtweisen, Meinungen und Anschauungen zu unterscheiden, zu vergleichen, zu lernen und zu beurteilen.«[144] Zu den internen Bedingungen für die Möglichkeit des Urteilens gehört zum anderen aber auch die Fähigkeit zum Sprechen und schließlich eine kritische Haltung, die in der Bereitschaft zur »konsequenten Denkungsart« besteht. Diese für das Urteilen ganz zentrale Bereitschaft zum kritischen Denken expliziert Arendt wie so oft am Beispiel des Sokrates, der ihr Gewährsmann für die Eigenschaften des Denkens ist. Das kritische Denken zeichnet sich durch die von Kant in seinen Schriften *Anthropologie in pragmatischer Hinsicht* und *Kritik der Urteilskraft* beschriebenen drei Maximen für Denker aus. Diese lauten: »Selbst denken.«[145] »Sich (in der Mittheilung mit Menschen) in die Stelle jedes Anderen zu denken.«[146] »Jederzeit mit sich selbst einstimmig zu denken.«[147] Diese drei Maximen sind daher auch für Arendt »[...] die Maximen des sensus communis [...].« (GU 458, vgl.: U 110–111) Betont die dritte Maxime die besonders im Rahmen der Erläuterung des ersten Teilprozesses von Arendts existenziell-performativer Hermeneutik hervorgehobene Bedeutung der inneren Kohärenz, so wird durch die zweite Maxime besonders deutlich, dass sich »[k]ritisches Denken [...] laut Kant und Sokrates [...] »der Überprüfung durch die freie und offene Untersuchung« aus[setzt] [...].« (U 62) Urteilen ist also nur da möglich, wo die innere Bereitschaft zum kritischen Denken zusammen mit einem durch den Gemeinsinn und die Einbildungskraft erweiterten Denkhorizont auf äußere Rahmenbedingungen trifft, die den öffentlichen Gerbrauch der Vernunft, also den freien Austausch von Meinungen in Rede und Gegenrede, gemeint ist das gegenseitigen Rechenschaftgeben durch das Geben und Nehmen von Gründen, ermöglichen. Denn: »Kritisches Denken ist nur möglich, wo die Standpunkte aller anderen sich überprüfen lassen.« (U 68) Insofern stimmt Arendt mit Kant darin überein, dass das kritische Denken, also das Urteilen, die anderen Menschen und ihre Standpunkte essenziell

---

143 Zerilli, L. M. G. (2011): *Urteilen/Einbildungskraft.* S. 324.

144 Spiegel, I.: *Die Urteilskraft bei Hannah Arendt.* S. 100.

145 Anth, AA VII: 228, 31.

146 Ebd.: 228, 32–33.

147 Ebd.: 228, 34.

voraussetzt und um so gehaltvoller ist, »[j]e mehr Leute sich daran beteiligen [...].« (U 62) Nicht nur das philosophisch-reflexive, sondern besonders das repräsentativ-kritische Denken bedarf also der Sprache und zudem der Möglichkeit der Anrede, sei es im inneren Dialog mit sich selbst oder fiktiven Anderen oder im äußeren Dialog mit realen Anderen. Insofern überrascht es nicht, wenn Arendt in der »Mitteilbarkeit oder Öffentlichkeit« (GU 456) bzw. im »Prinzip der Publizität« das oberste Urteilkriterium sieht. »Das Kriterium ist demnach die Mitteilbarkeit, und der Maßstab, mit dem darüber entschieden wird, ist der Gemeinsinn.« (U 108)[148] Mitteilbarkeit bedeutet also, mithilfe des Gemeinsinns den Gehalt des eigenen Urteils dahingehend zu überprüfen, ob es auch noch nach der kritischen Überprüfung durch andere Geltung beanspruchen kann, weil es richtig bzw. widerspruchsfrei ist und ihm daher intersubjektive Gültigkeit zukommt, die klar abzugrenzen ist, von der objektiven oder universellen Gültigkeit, die »[...] Erkenntnis- oder wissenschaftliche[...] Aussagen [...]« (U 112, vgl.: KUP 298–299) für sich beanspruchen.[149] Das wiederum erfordert vom jeweils Urteilenden, dass er sein Denken erweitert und die möglichen Urteile aller anderen Menschen bei der eigenen Urteilsbildung mitberücksichtigt, wozu ihm gerade der Gemeinsinn und die Einbildungskraft dienen, nicht jedoch das Empathievermögen, denn zu urteilen »[...] sei weder mit Empathie gleichzusetzen noch mit der Vorstellung zu verwechseln, man wisse, was in den Köpfen anderer vor sich gehe [...]«[150], so Meints mit Bezug auf Arendt. Das Einbeziehen der Urteile der anderen führt also erst zur Entsubjektivierung und Verobjektivierung des eigenen Urteils und macht es damit zum einen bezogen auf seinen Gehalt nachvollziehbarer und zum anderen bezogen auf seinen veridischen Status für andere annehmbarer. Insofern gilt: »Je weniger subjektiv jemandes Sinn [Urteil; Anm. S. G.], desto besser ist er mitteilbar [...]« (GU 459) und je mitteilbarer er ist, desto besser kann er an andere mit dem Appell herangetragen werden, ihn als gültig zu erkennen und anzuerkennen. Hierbei spielt dann wieder Gemeinsinn eine wichtige Rolle, denn »[d]ieser sensus communis ist das, an was das Urteil in jedem von uns appelliert, und es ist dieser mögliche Appell, der den Urteilen ihre spezifische Gültigkeit gibt.« (U 112) Über seine intersubjektive Gültigkeit hinaus kann das Urteil mit exemplarischer Gültigkeit versehen werden, wenn es durch ein treffend gewähltes Beispiel exemplifiziert wird. »Das Urteil hat exemplarische Gültigkeit in dem Maße, in dem das Beispiel richtig gewählt wird.« (U

---

148 Das Arendt mit dem Gemeinsinn hier den gesunden Menschenverstand meint, wird deutlich, wenn man eine ähnliche Textstelle aus dem Anhang ihrer Schrift *Vom Leben des Geistes* hinzuzieht, in der es heißt: »Das Kriterium ist die Mitteilbarkeit, und der Maßstab, nach dem man darüber entscheidet, ist der gesunde Menschneverstand.« (GU 457)

149 Das Kriterium der Mitteilbarkeit ist insofern auch in moralischer Hinsicht relevant, wie Arendt mit Bezug auf Kant deutlich macht, weil anhand desselben überprüft werden kann, ob eine private Maxime mit intersubjektiver Zustimmung rechnen kann. (vgl.: U 78–79)

150 Meints, W.: *Partei ergreifen im Interesse der Welt.* S. 61.

128) Solche Beispiele werden durch die Einbildungskraft bereitgestellt und dienen auch dazu, das Urteil kommunizierbarer und damit für andere verständlicher zu machen. Insofern ist Urteilen für Arendt immer auch ein veranschaulichendes Denken in Beispielen – »Wer urteilt, denkt in Beispielen [...].« (DTB2 680) –, was nochmals verdeutlicht, wieso »[...] die Urteilskraft, das Nebenprodukt der befreienden Wirkung des Denkens, [...] das Denken [realisiert], [...] es in der Erscheinungswelt zur Geltung [bringt] [...]« (GD 192) und für das menschliche Miteinander von großer Bedeutung ist.[151] (vgl.: E 122, 126, 128; GU 458–462; KUP 298–301; S 53; U 27, 88, 33–34, 45–46, 60–73, 76–79, 94, 106–117; VA 18)

Zur Geltung kommt das kontemplativ gebildete Urteil in der Welt, indem dieses im öffentlichen Raum kommuniziert wird. Die umfassendste sprachliche Form, in die das Urteil einfließen und durch die es kommuniziert werden kann, ist die der sinnstiftenden Erzählung. Dies gilt insbesondere für das Urteil über eine Persönlichkeit. Bedeutsam ist diesbezüglich, dass der urteilende Zuschauer als Erzähler wieder zum Handelnden wird, nämlich zum erzählenden Akteur, der vor allem durch seine Worte in Erscheinung tritt. Die Erzählung bzw. das Erzählen ist also das verbindende Element zwischen Zuschauer und Akteur und demnach »[...] die Brücke zwischen *vita activa* und *vita contemplativa* [...].«[152]

Erzählen: Das Erzählen ist bei Arendt die vorrangige Form, in der das reflektierte Urteil seinen Ausdruck findet.[153] Dem Erzählen kommt für das Urteilen daher eine hohe Bedeutung zu.[154] Das in Form einer Erzählung zum Ausdruck gebrachte Urteil, z. B. über die Persönlichkeit eines Menschen, ist in hohem Maße sinnkonstitutiv. Denn, so Arendt, »[w]er es unternimmt zu sagen, was ist [...], kann nicht umhin, eine *Geschichte* zu erzählen, und in dieser Geschichte verlieren die Fakten bereits ihre ursprüngliche Beliebigkeit und erlangen eine Bedeutung, die menschlich sinnvoll ist.« (WL 89) Breier weist daher zu Recht darauf hin, dass »[d]er Status eines Ereignisses [...] ersichtlich [wird], wenn es zum Anlass genommen wird, über den Handelnden

---

151 Vgl.: Bajohr, H.: *Dimensionen der Öffentlichkeit.* S. 104. Beiner, R.: *Hannah Arendt über das Urteilen.* S. 130–230; KU, AA V: 179–180. 19–17; KU, AA V: 294. 14–18; Meints, W.: *Partei ergreifen im Interesse der Welt.* S. 76–77, 83–85, 363; Spiegel, I.: *Die Urteilskraft bei Hannah Arendt.* S. 84–86; Torkler, R.: *Philosophische Bildung und politische Urteilskraft.* S. 411–419; Zerilli, L. M. G.: *Urteilen/Einbildungskraft.* S. 323–325.

152 Torkler, R.: *Philosophische Bildung und politische Urteilskraft.* S. 409.

153 Benhabib geht davon aus, dass Arendt bei dem Versuch, »methodologische Dilemmata« der »Geschichtsschreibung des Totalitarismus« zu lösen, »[...] eine Auffassung von politischer Theorie als »Geschichten erzählen« entwickelte.« Benhabib, S.: *Hannah Arendt.* S. 147. Folglich hat Arendt sich, so Benhabib, auch als Geschichtenerzählerin verstanden. Vgl. Ebd. S. 153. Das für Arendt offensichtlich politiktheoretisch sehr bedeutsame Geschichtenerzählen ist folglich auch innerhalb der existenziell-performativen Hermeneutik Arendts besonders relevant.

154 Weil das Erzählen für das Urteilen so bedeutsam ist, fordert z. B. Stangneth, dass es ein Recht auf das Erzählen geben muss. Sie schreibt: »Dass jeder das Recht haben muss, seine Geschichte zu erzählen, bevor wir über ihn richten, folgt aus der Erkenntnis, dass menschliche Angelegenheiten immer mehrere Seiten haben.« Stangneth, B.: *Böses Denken.* S. 210.

und das Geschehene zu sprechen.«[155] Dies gilt insbesondere für die Persönlichkeit eines Menschen. Somit ist das Erzählen von (Lebens-) Geschichten, die im Erscheinungsraum, dem öffentlichen Raum, durch die Erscheinungsformen Handeln und Sprechen entstehen und damit erkennbar und erzählbar werden, für das existenzielle Erkennen und Verstehen ebenso bedeutsam wie das repräsentative Denken bzw. das Urteilen. Denn das Handeln der Menschen erzeugt »[...] nicht intendierte Geschichten [...]« (VA 226), die erzählt werden müssen, um sowohl das ereignisbezogene Handeln und seine Resultate sowie die durch das Handeln erscheinende Persönlichkeit verstehen zu können, so Arendt. Diese gleichsam persönlichkeitsbildenden Geschichten sind jedoch »[...] nicht eigentlich Produkte eines Autors.« (VA 227) Denn »[k]ein Mensch kann sein Leben »gestalten« oder seine Lebensgeschichte hervorbringen, obwohl ein jeder sie selbst begann, als er sprechend und handelnd sich in die Menschenwelt einschaltete.« (VA 227) Die Lebensgeschichte als eigentliches Produkt des Handelns und Sprechens hat also keinen Verfasser. »Jemand hat sie begonnen, hat sie handelnd dargestellt und erlitten, aber niemand hat sie ersonnen.« (VA 227) Der Sinn einer Lebensgeschichte und damit der Sinn eines Lebens wird also nicht durch den Autor derselben vorgegeben, einfach weil es diesen so nicht gibt. Insofern macht es im Kontext der Existenzphilosophie Arendts keinen Sinn, z. B. in Anlehnung an Sartre, von einem existenziellen Entwurf zu sprechen. Gerade bezogen auf den ersten Teilprozess der existenziell-performativen Hermeneutik muss viel eher festgestellt werden, dass sich ein Leben kontinuierlich in der Zeitspanne zwischen Geburt und Tod entwickelt und formiert, so dass es erst am Ende als Lebensgeschichte vollumfänglich und abschließend dargestellt und erzählt werden kann. In gleicher Weise, dies hat hoffentlich die Explikation des Prozesses des existenziellen Entwickelns deutlich gemacht, bildet sich die Persönlichkeit eines Menschen im Laufe seines Lebens im Spannungsfeld zwischen dem kohärenzerzeugenden Bemühen des denkenden Ichs und dem in sich widerstreitenden Handlungsdrang des wollenden Ichs. Insofern gibt es zu Beginn eines Lebens in der Tat keinen »Autor«, der eine Lebensgeschichte und eine damit verbundene Persönlichkeit ersinnt und diese anschließend handelnd realisiert, so dass sie von anderen erzählt werden kann. Daher gibt es in Arendts Existenzphilosophie nicht die Annahme eines präformierten Selbst bzw. einer präformierten Persönlichkeit, die durch das Handeln und Sprechen enthüllt wird. Arendt stellt daher folgerichtig fest:

> Der einzige Jemand, den sie [die Geschichte; Anm. S. G.] enthüllt, ist und bleibt der Held der Geschichte, dessen Wer sich nur im Medium des Erzählbaren und daher ex post facto in einer Greifbarkeit und Bedeutungsfülle darstellt, die der ungreifbar

---

155 Breier, K.-H.: *Hannah Arendt zur Einführung.* S. 25.

flüchtigen und doch unverwechselbar einzigartigen Manifestation entspricht, in der die Person durch Handeln und Sprechen einer Mitwelt gegenwärtig ist. *Wer* jemand ist oder war, können wir nur erfahren, wenn wir die Geschichte hören, deren Held er selbst ist, also seine Biographie; was immer wir sonst von ihm wissen mögen und von den Werken, deren Verfasser er ist, kann uns höchstens darüber belehren, *was* er ist oder war. (VA 231–232)

In den Geschichten und im Geschichtenerzählen offenbart sich also erst vollends die narrative Identität einer Person als Persönlichkeit. (vgl.: 3. Kapitel, 2. Teil, 2. Abschnitt) Die »Kunst handelnder Personen« ist daher in Arendts Augen vor allem die Schauspielkunst, da »[d]ie Bühne des Theaters [...] die Bühne der Welt nach[ahmt] [...].« (VA 233) Durch die Kunst wird das Leben einer Person und damit auch ihre Persönlichkeit verdinglicht und konserviert, d. h. erinnerbar. Die erzählende und darstellende Kunst ist es daher, die den öffentlichen Raum um seine narrativ-mnemotische Dimension bereichert. Das erinnernde Besinnen auf ein Menschenleben und das Erzählen der Lebensgeschichte desselben ist jedoch erst nach dessen Ende möglich, denn der Sinn bzw. »[...] die Bedeutung einer jeden Geschichte [enthüllt] sich voll erst dann [...] wenn die Geschichte an ihr Ende gekommen ist [...].« (VA 239; vgl.: ÜR 64). Dies hat für Arendt die bedeutende Konsequenz, dass »[...] die volle Bedeutung dessen, was sich handelnd jeweils ereignete, nicht diejenigen [kennen], die in das Handeln verstrickt waren und direkt von ihm betroffen, sondern derjenige, der schließlich die Geschichte überblickt und sie erzählt.« (VA 240) Einzig und allein der beobachtende und urteilende Zuschauer, der »Geschichtsschreiber und Geschichtserzähler«, vermag also die Bedeutung eines Lebens zu verstehen und die Person, die dieses Leben gelebt hat, entsprechend zu würdigen.[156] Denn die tatsächlichen Absichten, Motive und Gefühle des Handelnden zeigen sich Arendt zufolge erst, wenn zu Ende gehandelt wurde, nämlich dann, »[...] wenn das Gesamtgewebe, in das sie schlugen, halbwegs bekannt ist.« (VA 240). Weil also allein der Zuschauer die »Relevanz« und »Glaubwürdigkeit« der ihm überlieferten Handlungsberichte prüfen kann, »[...] können es die von den Handelnden selbst erstatteten Rechenschaftsberichte an Bedeutungsfülle kaum je mit der Geschichte aufnehmen, die sich dem rückwärts gekehrten Blick des Geschichtsschreibers und Geschichtenerzählers enthüllt.« (VA 240) Wenn dem Erzählen und damit dem Erzähler Arendt zufolge das Verdienst zukommt, die Bedeutung und damit den Sinn des Handelns und Sprechens zu erfassen, dann steht, wie Beiner richtig feststellt, ebenso wie das Urteilen auch »[...] das Erzählen von

---

156 Hier scheint sich im Übrigen in Arendts Denken die folgende Erkenntnis Kierkegaards zu dokumentieren: »Es ist ganz wahr, was die Philosophie sagt, daß das Leben rückwärts verstanden werden muß. Aber darüber vergißt man den andern Satz, daß vorwärts gelebt werden muß.« Kierkegaard, S.: *Die Tagebücher. Deutsch von Theodor Haecker.* Innsbruck: Brenner 1923. S. 203.

außergewöhnlichen Taten in einer Geschichte [...] im Dienste des menschlichen Verstehens [...].«[157] In ähnlicher Weise betont auch MacIntyre, dass »[...] sich die Form der Erzählung dazu [eignet], die Handlungen anderer zu verstehen.«[158] Das Erzählen dient also dazu, hier stimmen Arendt und Nussbaum eindeutig überein, »[...] über die Identität des Menschen nachzudenken [...]«[159] Dies gilt nicht nur für andere Menschen, sondern das Erzählen dient auch dazu, sich selber besser zu verstehen; so geht aus Torklers Ausführungen hervor, dass auch das innere Zwiegespräch des denkenden Ichs mit sich selbst durchaus aus Erzählungen besteht, die dazu dienen, Geschehenes, Erinnertes so aufzubereiten, dass es verstanden und anderen mitgeteilt werden kann. Torkler schreibt diesbezüglich: »Geschehenes kann im Denken, dem inneren Dialog, als Geschichte erzählt und dadurch mittelbar gemacht werden.«[160] Insofern spielt das Erzählen Arendt zufolge sowohl im biografischen wie autobiografischen Sinne als Medium des Verstehens der fremden bzw. eigenen Persönlichkeit eine besondere Rolle. In diesem Sinne scheint auch Arendts existenzphilosophisches Denken davon auszugehen, dass das Erzählen »[...] eine *anthropologische Universalie* [...]«[161] und »[d]er Mensch [...] im wesentlichen ein Geschichten erzählendes Tier [ist] [...]«[162], wie MacIntyre feststellt, so dass das Erzählen »[...] eine grundlegende menschliche Tätigkeit [...]«[163] ist, wie sich mit Benhabib ergänzen lässt. Dies leuchtet gerade deswegen besonders ein, weil aus Arendts Erläuterungen zur Bedeutung des Erzählens einsichtig wird, dass das Erzählen für das menschliche Zusammenleben kulturübergreifend gerade wegen seines hermeneutischen Potenzials schlichtweg unverzichtbar ist.[164] (vgl.: FP 224–225; VA 226–234, 239–241)

Erzählen und Sprechen: Die Bedeutung des Erzählens als hermeneutischer Tätigkeit hat ihren Grund selber wiederum in der Bedeutung, die das Sprechen aus Arendts Sicht für das Denken hat. Da das Erzählen eine besonders kultivierte Spielart des Sprechens ist, teilt es wesentliche Merkmale desselben. Laut Arendt dient das Sprechen dazu, das Unsichtbare, das Denken zu offenbaren und weil dies für den Menschen besonders wichtig ist, besitzt er neben dem Drang zum Erscheinen bzw. den Drang zur Selbstdarstellung und Selbstpräsentation, auch einen Drang zum Sprechen und folglich auch einen Drang zum Erzählen. Für Arendts existenziell-performative

---

157 Beiner, R.: *Hannah Arendt über das Urteilen.* S. 146.

158 MacIntyre, A.: *Der Verlust der Tugend.* S. 283.

159 Kallhoff, A.: *Martha C. Nussbaums Theorie des guten Lebens.* In: ZDPE, 1/2001. S. 15.

160 Torkler, R.: *Philosophische Bildung und politische Urteilskraft.* S. 175; vgl.: Young-Bruehl, E.: *Hannah Arendt.* S. 622.

161 Köppe, T. und Kindt, T.: *Erzähltheorie. Eine Einführung.* Stuttgart: Reclam 2014 (= *Reclams Universal-Bibliothek*, Bd. 17683). S. 13.

162 MacIntyre, A.: *Der Verlust der Tugend.* S. 288.

163 Benhabib, S.: *Hannah Arendt und die erlösende Kraft des Erzählens.* In: Diner, D. (Hrsg.): *Zivilisationsbruch. Denken nach Auschwitz.* Frankfurt am Main: Fischer 1988. S. 155.

164 Vgl.: Breier, K.-H.: *Hannah Arendt zur Einführung.* S. 36.

Hermeneutik ist diesbezüglich besonders wichtig, dass in diesem »[...] Drang zum Sprechen [...] das Streben nach Sinn beschlossen [ist], aber nicht notwendig das Streben nach Wahrheit.« (GD 104) Durch Sprache vermitteltes und strukturiertes Denken ist insofern sinnträchtig, als dass Wörter, genauso wie Gendanken, Arendt zufolge Sinnträger sind. So kann man aus einzelnen Wörtern einen sinnvollen Satz und aus mehreren Sätzen eine sinnvolle Erzählung bilden. Das Sprechen im Allgemeinen und das Erzählen im Besonderen zielen also Arendt zufolge auf Sinnerzeugung und Sinnverstehen ab. Dieses wird wiederum nicht durch die Sprache allein, sondern durch das sich der Sprache, also der sinnhaften Worte als seine Ermöglichungsbedingung bedienenden, diskursiven oder repräsentativen Denkens möglich. Denn, so Arendt, »[...] diskursives Denken ist unvorstellbar ohne Wörter, die schon sinnträchtig sind, ehe ein Geist gewissermaßen durch sie hindurchgeht [...].« (GD 104) Dieses diskursive Denken der Gedanken hängt jedoch wesentlich von seiner sprachlichen Artikulation ab, da »Gedanken [...] nicht mitgeteilt zu werden [brauchen], um stattfinden zu können, aber [...] nicht stattfinden [können], ohne ausgesprochen zu werden – stumm oder hörbar im Gespräch, je nach den Umständen.« (GD 104) Das diskursive Denken bedarf also notwendig der Worte, nicht jedoch der konkreten Zuhörer, wohl aber der anderen Menschen, auch wenn diese nur als Mitgedachte, an die sich das innere Gespräch richtet, also abstrakt präsent sind. Vom diskursiven Denken ist Arendt zufolge jedoch das konkrete »Denken in Bildern« abzugrenzen, weil es immer im Konkreten verhaftet bleibt und niemals den Modus abstrakter Diskursivität annehmen kann. Dies gilt allerdings nicht für das Denken in Sprachbildern bzw. sprachlich dargestellten Analogien, also für das metaphorische Denken. Denn da »[...] die gesamte philosophische und der größte Teil der dichterischen Sprache [...] metaphorisch [ist] [...].« (GD 107), wäre philosophisches Denken, das wesentlich diskursiv ist, unmöglich, wenn Metaphorik Diskursivität ausschließen würde. Die Metaphorik ermöglicht es vielmehr, das Denken zu erweitern und das »[...] zu verdeutlichen, was man nicht sehen, aber sagen kann.« (GD 113) Der metaphorische Sprachgebrauch dient also dazu, die Begrenzung des Denkens durch den konventionellen Sprachgebrauch zu durchbrechen und das an Sprache gebundene Denken zu erweitern und zu veranschaulichen, weil mit Metaphern das artikulierbar und sinnbildlich gemacht werden kann, was man zwar denken, aber nicht sehen kann. Insofern sind »Analogien, Metaphern und Sinnbilder [...] die Fäden, mit denen der Geist mit der Welt in Verbindung bleibt [...] und sie gewährleisten die Einheit der menschlichen Erfahrung.« (GD 113) Wenn also das Denken durch das Sprechen und insbesondere durch das Erzählen »hörbar in Erscheinung« tritt und »in Gang« kommt[165], ermöglicht das Sprechen nicht nur allgemein das Denken, sondern ausdrücklich auch das repräsentative Denken, also das Urteilen, womit das Sprechen bzw. Erzählen wesentlich zum Verstehen beiträgt. Der urteilende Zuschauer, besonders aber der urteilende Biograf bedient sich demnach vor allem eines verstehenden Erzählens und erzeugt »Repräsentationserzählungen«[166], die Produkte seines repräsentativen Denkens sind. Diese zielen, wenn der Zuschauer ein Historiker ist, darauf ab, die Vergangenheit zu verstehen. Ist der Zuschauer dagegen ein Biograf oder Autobiograf, dann geht es bei der entsprechenden (auto-) biografischen Repräsentationserzählung darum, das Handeln einer Person als Teil einer kohärenten Lebensgeschichte zu verstehen. Da es bei derartigem Verstehen immer auch um ein moralisches Bewerten geht, muss »[d]ie Sprache der Erzählung [...] der moralischen Qualität des erzählten Gegenstandes entsprechen.«[167] Aufgrund der von Arendt herausgestellten Inadäquatheit des konventionellen Sprachgebrauchs für das auf Erkenntnis und Sinnverstehen abzielende Denken, macht dies oftmals metaphorisches Erzählen notwendig, womit das in epistemisch-hermeneutischer Absicht vollzogene verstehende Erzählen in die Nähe der Dichtung rückt. Insofern ist es nicht überraschend, wenn Arendt bezogen auf Heidegger feststellt, dass »[...] Dichtung und Denken enge Nachbarn [...]« (GD 113) sind.[168] (vgl.: GD 18, 103–129)

Limitierung sprachlichen Erfassens und Verstehens: Wenn durch das verstehende Erzählen bzw. durch Repräsentationserzählungen die menschlichen Handlungen in ihrem Gesamtzusammenhang sinnhaft verstanden werden können und diese, die Persönlichkeit eines Menschen enthüllen und daher das Erzählen zum Verstehen der Persönlichkeit eines Menschen wesentlich beiträgt, dann hat man Arendt zufolge diesbezüglich jedoch immer gegenwärtig zu haben, dass sich »[d]as unverwechselbar einmalige des Wer-einer-ist, das sich so handgreiflich im Sprechen und Handeln manifestiert, [...] jedem Versuch [entzieht], es eindeutig in Worte zu fassen.« (VA 222) Aufgrund der Allgemeinheit, die allen sprachlichen Ausdrücken notwendig eigen ist, eignet sich die Sprache nämlich nicht, die Einzigartigkeit eines Menschen,

---

165 In Arendts Erkenntnissen zum Zusammenhang von Denken und Sprechen finden sich damit offensichtlich von Kleists diesbezüglich ähnliche Überlegungen wieder, die er in seiner Abhandlung *Über die allmähliche Verfertigung der Gedanken beim Reden* darlegt und wonach die Sprache beim Denken hilft und die sprachliche Artikulation einen nicht unwesentlichen Beitrag zur Erkenntnis leistet. von Kleist bemerkt nämlich beispielsweise: »[...] [W]eil ich doch irgend eine dunkle Vorstellung habe, die mit dem, was ich suche, von fern her in einiger Verbindung steht, so prägt, wenn ich nur dreist damit den Anfang mache, das Gemüt, während die Rede fortschreitet, in der Notwendigkeit, dem Anfang nun auch ein Ende zu finden, jene verworrene Vorstellung zur völligen Deutlichkeit aus, dergestalt, daß die Erkenntnis, zu meinem Erstaunen, mit der Periode fertig ist.« von Kleist, H.: *Sämtliche Erzählungen und andere Prosa.* Stuttgart: Reclam 2011. S. 341.

166 Benhabib, S.: *Hannah Arendt und die erlösende Kraft des Erzählens.* S. 164.

167 Ebd. S. 166.

168 Vgl.: Benhabib, S.: *Hannah Arendt.* S. 153–159; Benhabib, S.: *Hannah Arendt und die erlösende Kraft des Erzählens.* S. 164, 168; Knott, M. L.: *Verlernen. Denkwege bei Hannah Arendt.* Berlin: Matthes & Seitz 2017. S. 46–52.

also seine Persönlichkeit zu beschreiben. Hierzu fehlen dem Menschen, so Arendt, die Worte – »Keine Sprache besitzt einen fertigen Wortschatz für die Bedürfnisse des Geistes [...].« (GD 107) – so dass die sprachliche Beschreibung der Persönlichkeit immer »höchstens« die Beschreibung von »Charaktertypen« als Resultat hat. Die Persönlichkeit in ihrer Einzigartigkeit entzieht sich also durch ihre sprachliche Nichtfassbarkeit dem verdinglichenden Zugriff; wie bereits erwähnt, stellt Arendt bezogen auf das Wesen des Menschen folgerichtig fest, dass dieses nicht definierbar ist. Das Versagen der Sprache bei der Beschreibung der Persönlichkeit eines Menschen ist für Arendt eine der »unlösbaren Aporien« (VA 224) mit der der Mensch im täglichen Miteinander umgehen muss. Daraus folgt die für Arendts existenziell-performative Hermeneutik wichtige Einsicht, dass die wirkliche Erkenntnis der Persönlichkeit eines Menschen immer nur in aktuellen Bezügen und konkreten Interaktionen, also in der Performanz möglich und daher stets flüchtig ist. (vgl.: VA 222–224)

Verstehen: Das Verstehen[169] ist Arendt zufolge ein »merkwürdiges Unternehmen« und »[...] ein komplizierter Prozeß, der niemals zu eindeutigen Ergebnissen führt. Es ist eine nicht endende Tätigkeit, durch die wir Wirklichkeit, in ständigem Abwandeln und Verändern, begreifen und uns mit ihr versöhnen, das heißt durch die wir versuchen, in der Welt zu Hause zu sein.« (VP 110) Limitiert ist das Verstehen als nie endende Tätigkeit bezogen auf den einzelnen Menschen nur durch dessen Geburt und Tod; die gesamte Lebensspanne des Menschen stellt demnach einen permanenten Verstehensprozess dar. Das Verstehen ist daher für Arendt, wie Torkler richtig herausstellt, genau wie das Denken auch, eine spezifische »Lebensweise« des Menschen. Dies korrespondiert im Übrigen mit Strumas Erkenntnis, wonach Personen eine »spezifisch konstituierte Lebensweise« führen. (vgl.: 3. Kapitel, 1. Teil) Diese ist bei Arendt wesentlich durch das Verstehen gekennzeichnet, das darüber hinaus jedoch auch eine existenziell notwendige und tief greifende Lebensweise ist, denn das Verstehen dient der Verwurzelung und Beheimatung des Menschen in der Welt, in der er qua Geburt als Fremder erscheint. »Arendts Verstehensversuche sind [daher immer auch als; Zusatz S. G.] Ansiedlungsversuche [...]«[170] zu verstehen. Wenn das Verstehen daher auf die Versöhnung mit der Wirklichkeit und die damit verbundene Beheimatung in der Welt abzielt und die Wirklichkeit für den Menschen wiederum vor allem die von ihm geschaffene Dingwelt ist, dann sind die Objekte des Verstehens grundsätzlich und in einem weiten Sinne alle menschlichen Artefakte, also sowohl einzelne Gegenstände,

---

169 Obwohl dem Verstehen ein zentraler Stellenwert in der politischen Theorie, Philosophie und politisch-philosophischen Praxis Arendts und damit auch in ihrer Existenzphilosophie und existenzphilosophischen Praxis zukommt, hat Arendt ihren Verstehensbegriff bzw. ihr Verstehenskonzept nie systematisch geklärt. Vgl.: Straßenberger, G.: *Hannah Arendt.* S. 144; Torkler, R.: *Philosophische Bildung und politische Urteilskraft.* S. 126.

170 Thürmer-Rohr, C.: *Verstehen.* In: Heuer, W. et al. (Hrsg.): *Arendt-Handbuch. Leben – Werk – Wirkung.* Stuttgart/ Weimar: Metzler 2011. S. 329.

wie beispielsweise ein Hammer, aber auch komplexe und noch komplexere Zusammenhänge, wie einerseits Texte und Kunstwerke und andererseits politische oder historische Ereignisse und schließlich, darüber hinaus, auch höchst komplexe Phänomene, wie die Persönlichkeit eines Menschen[171], die ja, wie die Erläuterung des Prozesses des existenziellen Entwickelns und der des existenziellen Erscheinens gezeigt hat, vom jeweiligen Menschen in Interaktion mit anderen Menschen erschaffen wird und daher in letzter Konsequenz als soziale Entität aufzufassen ist. Egal ob auf die Persönlichkeit selbst oder auf menschliche Artefakte ausgerichtet, immer geht es beim Verstehen darum, Von-Menschen-Geschaffenes zu verstehen. Insofern ist das Verstehen »[...] in erster Linie ein Prozeß des Selbst-Verstehens [...]« (VP 113), da sich der Mensch selbst über das Verständnis seiner Ausdrucksformen versteht bzw. zu verstehen sucht. Da gerade sowohl politische und historische Ereignisse als auch die Persönlichkeit eines Menschen Produkte des Handelns sind, das der menschlichen Spontaneität entspringt, ist das »[...] Verstehen die andere Seite des Handelns, nämlich jene Form der Erkenntnis, durch welche [...] die handelnden Menschen [...] das, was unwiderruflich passiert ist, schließlich begreifen können und sich mit dem, was unvermeidlich existiert, versöhnen.« (VP 125–126). Verstehen und Handeln hängen also aufs engste zusammen, so Arendts Analyse. Das Verstehen als existenziell notwendige Lebensweise bzw. als Habitus des Menschen ist Arendt zufolge zudem klar von Wissen und dem Drang nach Wissen, dem Wissen-wollen, abzugrenzen. Arendt konstatiert: »Wissen und Verstehen sind nicht dasselbe, aber sie sind miteinander verbunden. Verstehen ist auf Wissen gegründet, und Wissen kann nicht ohne ein vorausgehendes, unartikuliertes Verstehen vor sich gehen.« (VP 113) Hier klingt Arendts wichtige Unterscheidung zwischen einem »vorgängigen Verstehen« und einem »wahren Verstehen« an, die beide auf Sinn abzielen, denn »[...] [s]ie verleihen dem Wissen Sinn [...]« (VP 113), auf das sie bezogen sind. Obwohl das vorgängig und das wahre Verstehen beide auf Sinn abzielen, teleologisch also gleich ausgerichtet sind, sind sie in funktionaler Hinsicht klar voneinander zu unterscheiden, so Arendt. Denn das vorgängige Verstehen dient der Ermöglichung von Wissen bzw. liegt diesem zugrunde, wohingegen das wahre Verstehen das Wissen überschreitet bzw. erweitert. Trotz dieser unterschiedlichen Funktionen, sind das vorgängige Verstehen und das wahre Verstehen wiederum durch die hermeneutisch-zirkuläre Struktur des Verstehensprozesses verbunden, was Trorkler treffend herausarbeitet, da das wahre Verstehen immer dialektisch-dialogisch

---

171 Hier ist mit Torkler einschränkend darauf hinzuweisen, dass es Arendt zufolge in der Politik nicht um das Verstehen von Texten oder des Anderen bzw. seiner Persönlichkeit geht, sondern um das Verstehen politischer Ereignisse bzw. »[...] der gemeinsame[n] Welt [...], wie sie dem Anderen erscheint.« (DTB 1 451), da erst dies das gemeinsame politische Handeln ermöglicht, indem ein gemeinsamer »Bezugsrahmen« für das Handeln durch Anerkennung geschaffen wird. Das Arendt'sche Verstehen ist daher Torkler zufolge auch klar von der Hermeneutik Gadamers abzugrenzen. Vgl.: Torkler, R.: *Philosophische Bildung und politische Urteilskraft.* S. 132–133, 136.

an das vorgängige Verstehen zurückgebunden ist. Arendt drückt dies folgendermaßen aus: »Wahres Verstehen kehrt immer zu den Urteilen und Vorurteilen zurück, welche der streng wissenschaftlichen Untersuchung vorausgingen und sie leiteten.« (VP 114) Bezogen auf diesen dialogisch-dialektisch-hermeneutischen Prozess, der Wissen Sinn verleiht, indem es verstehend transzendiert wird, kann man daher mit Arendt von einem »Verstehensdialog« sprechen, der zwischen konkreter Erfahrung und abstraktem Wissen vermittelt und dem Wissen dabei Sinn verleiht. Bezüglich dieser teleologischen Ausrichtung des Verstehens auf Sinn, macht Arendt allerdings eine wichtige, jedoch diffizile Unterscheidung. So stellt Thürmer-Rohr mit Bezug auf die nachfolgende Feststellung Arendts im Denktagebuch fest, dass Verstehen nicht auf Sinnstiftung abzielt. Denn Arendt schreibt: »Verstehen versteht nicht Sinn und erzeugt auch nicht Sinn. Dies tut nur Sinnen.« (DTB1 331–332) Paradoxerweise ist das Verstehen offensichtlich auf Sinn ausgerichtet, erzeugt diesen jedoch nicht und versteht ihn offensichtlich auch nicht. Vielmehr stellt Arendt fest: »Verstehen erzeugt Tiefe, nicht Sinn.« (DTB1 332) Arendts Behauptung, dass Verstehen keinen Sinn erzeugt, erhellt sich ein wenig, wenn man einen späteren Denktagebucheintrag hinzuzieht, in dem sie feststellt: »Der Gegenstand des Verstehens ist: Sinn. Und von Sinn zeugt erst die Geschichte, die sich aus allem Möglichen – Gefühlen, Leidenschaften, Denken, Zufällen – ergibt und dann erzählt wird. Wir verstehen nur Geäussertes, Gesprochenes, Erzähltes.« (DTB2 721) Nachvollziehbar ist also, dass nicht das Verstehen, sondern das Handeln und besonders das Sprechen Sinn erzeugt und dass dieser Sinn erst in der Narration bzw. im Erzählen für das Verstehen fassbar wird. Das wahre Verstehen vermittelt also zwischen Erfahrung und Wissen und verleiht diesem Sinn, indem es den Sinn dessen findet bzw. erfasst, über das Wissen erzeugt wird. Dazu bedarf es aber offensichtlich des Erzählens, zu dem es daher in enger funktionaler Verbindung steht, weswegen es richtig ist, von einem verstehenden Erzählen zu sprechen. Das verstehende Erzählen erfasst den Sinn des jeweiligen Erzählgegenstandes, erzeugt diesen aber nicht, weil Sinn allein durch die Menschen und ihr Handeln erzeugt wird, indem sie politische Ereignisse hervorrufen oder sich selbst durch Handeln und Sprechen zu einer Persönlichkeit bilden. Um also eine Persönlichkeit sinnhaft verstehen zu können, muss von ihr erzählt oder berichtet werden. Das Erzählen setzt jedoch wiederum mindestens einen anderen Menschen voraus, dem etwas erzählt wird, auch, wenn es sich hierbei nur um einen imaginierten Anderen handelt. Zum Verstehen bedarf es also des Anderen, weswegen auch das Verstehen wesentlich durch das Faktum »Pluralität« bedingt ist. Der Erzähler muss zudem besonders erzählkompetent sein. Im Falle historischer Ereignisse bedarf es daher des Historikers, weil nur dieser in der Lage ist, »[...] die volle Kraft seiner [gemeint ist das Neue, das z. B. ein politisches Ereignis darstellt; Anm. S. G.] Bedeutung herauszuarbeiten.« (VP 123). Ebenso verhält es sich bei der Persönlichkeit eines Menschen; der Biograf muss eine hinreichende Erzählkompetenz haben, um den Sinn der Lebensgeschichte und damit den der Persönlichkeit eines Menschen narrativ herauszustellen und so für das Verstehen seiner Zuhörer fassbar zu machen. Arendt geht bezüglich des Verstehens der Persönlichkeit eines Menschen sogar soweit, dass sie behauptet, dass dieses vollumfänglich nur unter Freunden möglich sei, weil es als »Ein-Verständnis« von Freunden abhängig ist. Liebe beschreibt Arendt sogar als den Zustand eines direkten Verstehens. Sie schreibt: »Wenn wir einander direkt, unvermittelt, ohne Bezug auf ein zwischen uns liegendes Gemeinsames verstehen, lieben wir.« (DTB1 428) Das Verstehen einer Persönlichkeit setzt also immer zwei Menschen voraus. Dies wird bei Arendt besonders deutlich, wenn es um das Selbst-Verstehen, also um das Verständnis der eigenen Persönlichkeit geht. Denn auch dieses bedarf des Anderen, z. B. des Freundes, durch dessen Blick man sich selbst auf die Schliche kommt und versteht, wer man ist. Exemplifiziert hat Arendt diesen Verstehensprozess bezogen auf sich selbst mit ihrem Varnhagen-Projekt, worauf daher noch genauer einzugehen ist. (vgl.: 3. Kapitel, 3. Teil, 2. Abschnitt, 1. Unterabschnitt) Die Artikulation des Verstehens der Persönlichkeit als sinnhaftes Ganzes ist jedoch, wie bereits herausgearbeitet, aufgrund seiner Bindung an das Erzählen und des begrenzten Ausdruckspotenzials der Sprache nur bedingt möglich. Wirkliches Verstehen einer Persönlichkeit ist trotz seiner narrativen Beschränktheit also nur unter zwei Bedingungen möglich: Erstens unter der Bedingung der Freundschaft oder der der Liebe und zweitens unter der Bedingung des aktiven Mit-Erlebens und Interagierens mit dem Freund bzw. der geliebten Person. Egal ob eingeschränkt oder umfassend, ist das narrativ strukturierte Fremd- oder Selbstverstehen schließlich eine wichtige Ermöglichungsbedingung für ein persönlichkeitsbezogenes Urteil. Ein solches Urteil ist damit das Resultat des repräsentativen Denkens, das den narrativ strukturierten Verstehensprozess zur Voraussetzung hat. Für das politische Verstehen stellt Torkler diesbezüglich beispielsweise fest: »Das Verstehen ereignet sich in der aktiven Auseinandersetzung mit der Welt und zielt dabei auf »Sinn, aber kein objektivierbares Resultat«, da wir uns im Verstehen in der Absicht auf ein Urteil mit den Meinungen anderer auseinandersetzen.«[172] Analog richtet sich das existenzielle Verstehen auf die sinnhaften Handlungen und Äußerungen eines Menschen, um in einem ersten Schritt dem Wissen über die Persönlichkeit desselben Sinn zu verleihen, indem diese als sinnhaftes Ganzes narrativ erfasst wird, und um schließlich in einem zweiten, darauf aufbauenden, Schritt ein Urteil über diese Persönlichkeit fällen zu können. Da das Verstehen einen zum Urteilen wichtigen, weil es ermöglichenden Beitrag leistet, überrascht es nicht, dass sich Verstehen und Urteilen Arendt zufolge recht ähnlich sind, trotz ihrer grundsätzlichen Verschiedenheit, die aus dem Umstand entspringt, dass wir uns, wenn wir verstehen, nach Kategorein und

---

172 Ebd. S. 64–65.

wenn wir Urteilen nach Maßstäben richten.[173] Dennoch sind das Verstehen und das Urteilen über das »Vermögen der Einbildungskraft«[174] miteinander verwandtschaftlich verbunden. Denn diese spielt sowohl für das Urteilen, als auch für das Verstehen eine zentrale funktionale Rolle. Im Falle des Verstehens »[...] befähigt [die Einbildungskraft] uns, Dinge in ihrer richtigen Perspektive zu sehen, das, was zu nahe ist, in eine gewisse Distanz zu rücken, so daß wir es ohne vorgefaßte Meinung und Vorurteil sehen und verstehen können [...].« (VP 127) Die Einbildungskraft ist folgerichtig »[...] der einzige innere Kompaß, den wir haben [...]« (VP 127), um uns in der Welt zu orientieren, so Arendt.[175] (vgl.: VP 110, 112–115, 125–127)

Aus dem Vorherigen sollte deutlich hervorgegangen sein, dass das Erzählen, verstanden als epistemisch-hermeneutische Tätigkeit, das Verstehen, als hermeneutische Tätigkeit und das Urteilen, als epistemisch-hermeneutische Tätigkeit, im Prozess des existenziellen Erkennens und Verstehens der Persönlichkeit eines Menschen aufs engste miteinander verbunden sind, weil sie sich gegenseitig ermöglichen und darauf abzielen, die Persönlichkeit eines Menschen als sinnhaftes Ganzes zu erfassen und als solches (moralisch) zu beurteilen. Dies gilt besonders für das Verstehen und Urteilen, beides kognitive Tätigkeiten, die sie wechselseitig ermöglich und im Idealfall zum wirklichen bzw. wahren Verstehen einer Persönlichkeit führen. Materielles Produkt des durch das Erzählen, Verstehen und Urteilen strukturierten und bedingten Verstehensprozesses ist die (auto-) biografische Repräsentationserzählung (Erzählung als Produkt), die sich von der (auto-) biografische Erzählung (Erzählung als Vollzug) als Vollzugsform innerhalb des Prozesses des existenziellen Erkennens und Verstehens dahingehend unterscheidet, dass durch sie das das repräsentative Urteil über die untersuchte Persönlichkeit zum Ausdruck kommt.

6.2 Prozessstruktur des existenziellen Erkennens und Verstehens

Auf der Grundlage der zuvor erläuterten Erkenntnisse gilt es nun, den dritten Teilprozess innerhalb der komplexen Prozessstruktur von Arendts existenziell-performativer Hermeneutik klar herauszuarbeiten und zu erläutern. Dieser Prozess ist der des existenziellen Erkennens und Verstehens, der sowohl auf das Fremd- als auch auf das Selbstverstehen der Persönlichkeit eines Menschen abzielt. Er wird

---

173 Der Totalitarismus ist diesbezüglich Arendt zufolge ein Phänomen, das für sie insofern von Interesse ist, als dass es alle »Denkkategorien« und »Urteilsmaßstäbe« zerstört und zu einem Traditionsbruch geführt hat, so dass es keinen Rahmen mehr für Verstehen und Urteilen gibt. (vgl.: VP 119–122).

174 Die Einbildungskraft tritt Arendt zufolge in der säkularen Welt an die Stelle des sich von König Salomon gewünschten »verstehenden Herzens«. (vgl.: VP 126 und Epilog dieser Forschungsarbeit)

175 Vgl.: Thürmer-Rohr, C.: *Verstehen.* S. 328–329; Torkler, R.: *Philosophische Bildung und politische Urteilskraft.* S. 133–134, 137–138, 141–142.

maßgeblich strukturiert durch das epistemische Erfassen, bei dem vor allem die Tätigkeiten Beobachten, Denken, Erkennen und Erzählen eine bedeutende funktionale Rolle spielen und zum anderen durch das sinnvernehmende Verstehen[176], für das die Tätigkeiten Urteilen, Erzählen und Verstehen funktional höchst bedeutsam sind. Miteinander verknüpft sind beide Teilprozesse, also das epistemische Erfassen und das sinnvernehmende Verstehen, durch das Urteilen. Wesentliche Voraussetzung für den Vollzug der beiden Teilprozesse ist zum einen das Faktum »Pluralität«, da die Erläuterung der persönlichkeitsbildenden phänomenologischen, epistemischen und hermeneutisch Tätigkeiten hinreichend einsichtig gemacht haben sollte, dass diese immer eine Mehrzahl von Menschen voraussetzen, um realisiert werden zu können. Zum anderen hängt sowohl das epistemische Erfassen als auch das sinnvernehmende Verstehen wesentlich vom Wollen ab, da, wie bereits herausgearbeitet (vgl.: 3. Kapitel, 2. Teil, 4. Abschnitt), das Wollen alle geistigen Vermögen und damit einhergehenden Prozesse steuert und folglich von Arendt als Prinzip der Synthese der geistigen und körperlichen Tätigkeiten des Menschen anzusehen ist.

Epistemisches Erfassen: Das epistemische Erfassen beginnt mit dem Erscheinen und dem Beobachten bzw. dem »Gesehen- und Gehörtwerden« der Worte und Taten einer Person im Erscheinungsraum durch mindestens einen anderen Menschen, also durch einen Zuschauer. Das Beobachten dient zuvorderst dazu, die Worte und Taten, durch die die Persönlichkeit eines Menschen erscheint, sinnlich zu erfassen (wahrzunehmen), um auf der Grundlage der so gewonnenen Sinnesdaten ein einheitliches Vorstellungsbild von der Persönlichkeit zu bekommen, das der Gegenstand des sinnstiftenden Verstehens ist. Damit dies möglich ist, müssen zu dem Beobachten jedoch die geistigen Tätigkeiten Denken und Erkennen hinzutreten, die allerdings, wie Arendt immer wieder betont, klar voneinander zu unterscheiden sind, weil das Denken zweckfrei, das Erkennen dagegen zweckgereichtet ist und »[...] nicht weniger ein Welt-Herstellen als das Bauen von Häusern [ist].« (GD 66). Typisch für das Erkennen ist es daher, dass es »[...] Wissen vermittelt und Gewußtes ansammelt und ordnet [...].« (VA 206) Voraussetzung für das Erkennen ist also die Genese von Wissen. Dieses wird durch das raum-zeitlich gebundene Beobachten im Zusammenspiel mit dem Denken erzeugt, indem die Vielzahl der sinnlichen Erscheinungen einer Persönlichkeit – jede singuläre sinnliche Erscheinung ist das Produkt eines Beobachtungsaktes – durch den wirklichkeitskonstitutiven Gemeinsinn gemäß seiner ersten Funktionen als Weltsinn – Synthese der einzelnen Sinneseindrücke – in einen Strukturzusammenhang gebracht wird. (vgl.: Abbildung 3) So wird in jedem Beobachtungsakt eine konkrete, räumlich und temporär begrenzte, sinnliche Erscheinung der Persönlichkeit erfasst, die dann

---

176   Wie bereits im vorherigen Abschnitt erläutert, erzeugt das Verstehen Arendt zufolge keinen Sinn, dies tun nur die Worte und Taten der Menschen, sondern es erfasst bzw. ermittelt diesen, im Zusammenspiel mit dem Erzählen und Urteilen.

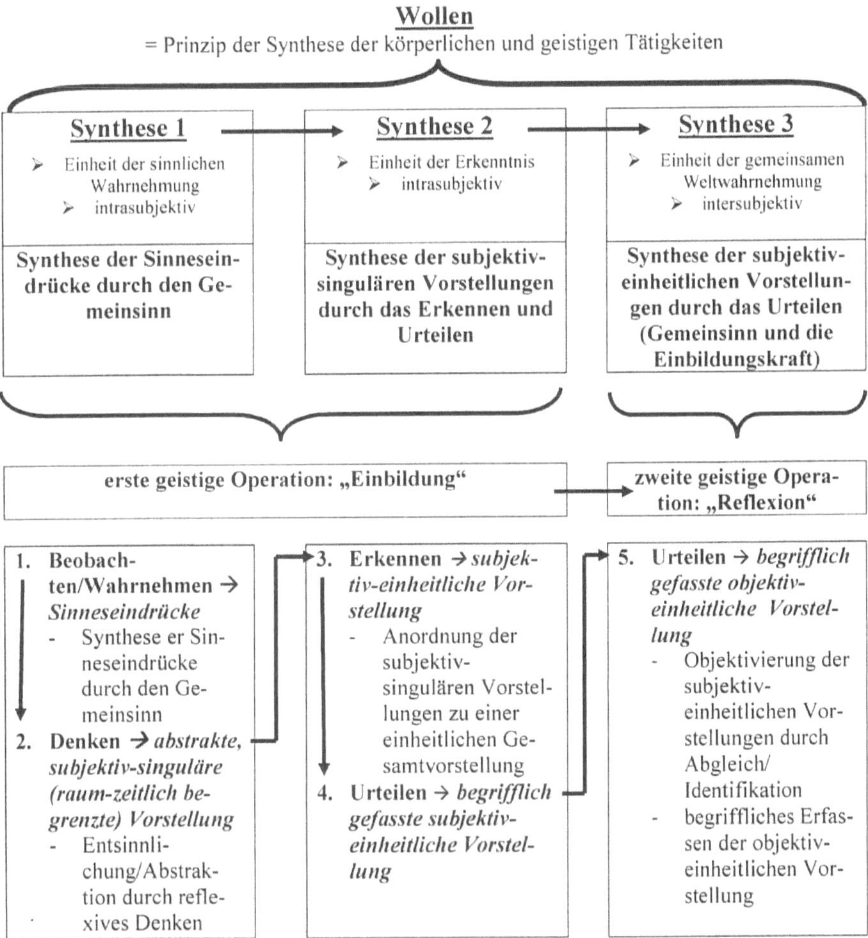

Abbildung 3: *Drei Synthesen*

durch das reflexive Denken entsinnlicht und zu einer abstrakten, subjektiv-singuläre Vorstellung wird. (vgl.: Synthese 1, Abbildung 3) Da die Persönlichkeit eines Menschen bzw. das Handeln und Sprechen, in dem sich diese manifestiert, in der Regel von ein und demselben Beobachter oftmals beobachtet wird, entsteht durch das Beobachten und Denken eine enorme Vielzahl an abstrakten, rein subjektiv-singulären Vorstellungen von dieser Persönlichkeit. Diese müssen als »Gewusstes« bzw. als Wissen auf der intrasubjektiven Ebene, also auf der Ebene des jeweiligen Beobachters, fortlaufend zu einer subjektiv-einheitlichen Vorstellung synthetisiert werden, was Aufgabe des Erkennens ist, das als zweckgerichtete epistemologische Tätigkeit Arendt zufolge alles

»Gewußte« sammelt und zu einer einheitlichen Gesamtvorstellung anordnet, die dann durch das Urteilen begrifflich gefasst wird. (vgl.: Synthese 2, Abbildung 3)

»Insofern Realität [...] von Wahrnehmung abhängt und das Wahrgenommene mit seinem Sein identisch ist, gibt es keine singuläre »Wirklichkeit«, sondern so viele, wie es Wahrnehmungsapparate gibt.«[177] Dies bedeutet bezogen auf das Erkennen der Persönlichkeit eines Menschen, dass aufgrund der Vielzahl von Beobachtern, offensichtlich nicht nur eine, sondern eine Vielzahl von narrativ strukturierten und auf den Begriff gebrachten subjektiv-einheitlichen Vorstellungen von der Persönlichkeit vorliegt. Diese müssen mithilfe des repräsentativen Denkens, gemeint ist das reflektierende Urteilen, das »[...] eine Fähigkeit des Abgleichs zwischen Partikularem, Verschiedenem [impliziert] [...]«[178] und das sich hierzu des Gemeinsinns und der Einbildungskraft bedient, miteinander in Beziehung gesetzt werden, so dass trotz der perspektivischen Vielfalt an subjektiv-einheitlichen Vorstellungen von der Persönlichkeit auf intersubjektiver Ebene eine Übereinstimmung über die Identität der beobachteten Persönlichkeit erzeugt werden kann, so dass dieser Realitätsstatus in der Wirklichkeit zukommt. Dies wird erreicht, indem aus der »Summe der Perspektiven«[179] eine objektiv-einheitliche Vorstellung von der Persönlichkeit eines Menschen urteilend erzeugt wird (vgl.: Synthese 3, Abbildung 3). Voraussetzung hierfür ist die für Personen typische verstehende bzw. interpretierende Einstellung, die diese Quante zufolge wechselseitig gegeneinander einnehmen und die darauf abzielt, den jeweils anderen als Inhaber propositionaler Einstellungen, hier bezogen auf die Persönlichkeit eines Menschen, zu erkennen und anzuerkennen. Der Urteilsprozess, in dem die narrative Identität bzw. Persönlichkeit ausgehend von den subjektiv-einheitlichen Vorstellungen derselben erfasst wird, vollzieht sich auf intrasubjektiver Ebene als ein aus »zwei geistigen Operationen« (U 106) bestehender Prozess, gemeint ist die Operation der »Einbildung« und die der »Reflexion«. Ist die Operation der »Einbildung« eher die Anwendung des sich der Einbildungskraft bedienenden reflexiven Denkens, so wie es im Rahmen des ersten Teilprozesses der existenziell-performativen Hermeneutik charakterisiert wurde, so ist »[...] die Operation der Reflexion [...] die eigentliche Tätigkeit des Etwas-Beurteilens.« (U 106) Mit der Erzeugung einer subjektiv-einheitlichen Vorstellung, die sich durch ihre Abstraktion auszeichnet, ist die Operation der »Einbildung« mit der zweiten Synthese abgeschlossen. Die Operation der »Reflexion« ist dagegen erst mit der dritten Synthese beendet. Diese wird durch die Erweiterung des Denkens erreicht, indem dieses vom Urteilsmodus des »sensus privatus« oder »sensus communis logicus« in den des »sensus communis« bzw. »sensus communis aestheticus«, der sich erst in der Kommunikation entfaltet, wechselt und so die unter-

---

177 Bajohr, H.: *Dimensionen der Öffentlichkeit*. S. 82.
178 Torkler, R.: *Philosophische Bildung und politische Urteilskraft*. S. 412.
179 Bajohr, H.: *Dimensionen der Öffentlichkeit*. S. 91.

schiedlichen Perspektiven, also die unterschiedlichen begrifflich gefassten subjektiv-einheitlichen Vorstellungen aller anderen Urteilenden, beim eigenen Urteil mitberücksichtigt werden, so dass eine begrifflich gefasste, objektiv-einheitliche Vorstellung von der Persönlichkeit im urteilenden Subjekt entsteht, die zwar auf intrasubjektiver Ebene gebildet wird, diese aber um eine intersubjektive Dimension erweitert. Der entscheidende Schritt beim Erfassen der Persönlichkeit eines Menschen ist also, dass die subjektiv-einheitliche Vorstellung von derselben zumindest hypothetisch dahingehend überprüft wird, ob sie mit den subjektiv-einheitlichen Vorstellungen aller anderen Urteilenden übereinstimmt und daher von diesen als richtig anerkannt wird. Hier wird die Parallele zum Kant'schen Geschmacksurteil deutlich, die darin besteht, dass das in diesem ausgedrückte Gefallen oder Missfallen selbst wiederum dahingehend reflektiert wird, ob es bei anderen Gefallen oder Missfallen hervorruft. In diesem Abgleich mit den Urteilen der anderen dokumentiert sich die zweite Funktion, die der Gemeinsinn Arendt zufolge besitzt.[180]

Beim epistemischen Erfassen als Teilprozess des existenziellen Verstehens werden also drei große Syntheseleistungen vollbracht (siehe Abbildung 3: *Der Synthesen*), an denen neben dem Beobachten und Erkennen vor allem die geistigen Tätigkeiten Denken und Urteilen maßgeblich beteiligt sind. Das Erfassen bzw. Erkennen der Persönlichkeit in Form einer objektiv-einheitlichen Vorstellung unterstreicht nochmals die von Bajohr unterstellte epistemische Dimension des öffentlichen Raumes, denn dieser macht Ersteres erst möglich.

Bezogen auf den herausgearbeiteten Personenbegriff Arendts (3. Kapitel, 2. Teil, 2. Abschnitt) unterstreichen die erste und zweite Synthese die begründete Annahme, wonach Personen Arendt zufolge Propositionen über die Welt und über die in ihr vorkommenden Entitäten, insbesondere der Persönlichkeit eines Menschen bilden. Dies sind nicht zuletzt die sprachlich manifestierten, subjektiven Vorstellungen von der Persönlichkeit eines Menschen. Die dritte Synthese untermauert zusammen mit der zweiten zudem die Richtigkeit der Annahme, wonach auch Arendt implizit annimmt, dass Personen erstens propositionale Einstellungen haben, z. B. die Überzeugung, wonach die Persönlichkeit eines Menschen tatsächlich so ist, wie sie allen »Beobachtern« trotz perspektivischer Verzerrungen erschienen ist, und zum anderen, dass Menschen bezüglich der von ihnen gebildeten Propositionen wechselseitig zueinander eine verstehende bzw. interpretierende Einstellung einnehmen, die beinhaltet, das sie sich gegenseitig als Träger propositionaler Einstellungen erkennen und anerkennen. Denn nichts anderes als die subjektiven Propositionen, hier die subjektiv-einheitlichen Vorstellungen von der Persönlichkeit eines Menschen, werden im Rahmen der dritten

---

180 Vgl.: Meints, W.: *Partei ergreifen im Interesse der Welt.* S. 83; Quante, M.: *Person.* S. 27.

Synthese, vornehmlich durch den Gemeinsinn, wechselseitig anerkannt und urteilend zueinander in Beziehung gesetzt.[181]

Was die Möglichkeit und den Grad insbesondere der zweiten und dritten Synthese angeht, ist festzuhalten, dass beide ganz wesentlich von der Kohärenz der Erscheinungen der jeweiligen Persönlichkeit abhängen. Denn nur wenn die Erscheinungen einer Persönlichkeit in einem minimalen Grad kohärent zueinander sind, lassen sie sich bzw. die aus ihnen durch Abstraktion gewonnen Vorstellungen durch das Erkennen zu einem kohärenten Ganzen, zu einer Einheit, synthetisieren und nur wenn dies auf intrasubjektiver Ebene möglich ist, ist es auch möglich, auf intersubjektiver Ebene eine objektiv-einheitliche Vorstellung von der Persönlichkeit eines Menschen zu bilden. Insofern wird bereits an dieser Stelle nochmals deutlich, dass narrative Identität bzw. Persönlichkeit wesentlich von biografischer Kohärenz abhängig ist, was, wie bereits dargelegt, u. a. Quante betont und was von Arendt in ihren Schriften zwar nicht explizit dargelegt wird, jedoch implizit von ihr angenommen zu werden scheint. Doch nicht nur minimale Kohärenz ist für das Erkennen und Verstehen der Persönlichkeit eines Menschen eine wesentliche Voraussetzung, sondern erstaunlicherweise auch dessen Tod. Denn sowohl die intra- als auch die intersubjektive Synthese ist abschließend erst unter der Bedingung des Todes des jeweils betrachten Menschen möglich. So betont Arendt zum einen wiederholt, dass erst am Ende eines Lebens das »Wer-einer-ist« vollständig erkannt werden kann, weil keine neuen Erscheinungen der Persönlichkeit erzeugt werden, und zum anderen weist sie darauf hin, dass das Erkennen und Verstehen eines Menschen als Persönlichkeit nicht nur durch dessen sinnliche Abwesenheit, die durch das abstrahie-rende Denken erzeugt wird, sondern auch durch dessen räumliche Abwesenheit, die erst mit dem Tod definitiv gegeben ist, ermöglicht wird. (vgl.: 3. Kapitel, 5. Teil)

Sinnvernehmendes Verstehen: Maßgeblich durch das Urteilen entsteht also im Prozess des epistemischen Erfassens eine objektiv-einheitliche Vorstellung von der Persönlichkeit eines Menschen, die im hieran anschließenden Prozess des sinnver-nehmenden Verstehens, in dem das Urteilen, das Verstehen und das Erzählen auf noch näher zu erläuternde Weise zusammenwirken, um eine semantisch-evaluative Dimension erweitert wird, denn die objektiv-einheitliche Vorstellung von einer Persön-lichkeit eines Menschen, die durch das Handeln und Sprechen indirekt erscheint, ist, wie dieses, »[...] nicht einfach bedeutungslos [...], sondern eine neue Quelle des Sinns und Verstehens.«[182] Bezogen auf diesen Sinn ist, im Kontext der existenziell-perfor-mativen Hermeneutik Arendts, jedem persönlichkeitsbezogenen Urteil eine Billigung oder Missbilligung inhärent. (vgl.: U 108)

Da Arendt zufolge alle menschlichen Artefakte zum Gegenstand des Verstehens werden können, gilt dies auch für die Persönlichkeit eines Menschen, die in gewisser

---

181 Vgl.: Quante, M.: *Person.* S. 27.
182 Zerilli, L. M. G.: *Urteilen/Einbildungskraft.* S. 325.

Weise auch ein menschliches Artefakt ist, da sie von einem Menschen im Verlauf seines jeweiligen Lebens bis zu seinem Tod aktiv erzeugt wird und durch Worte und Taten indirekt erscheint. (vgl.: 3. Kapitel, 2. Teil, 5. Abschnitt) Wird die Persönlichkeit von anderen Menschen mit der Intention erfasst, sie zu verstehen, weil es sich bei dieser beispielsweise um eine bedeutende Persönlichkeit handelt, dann wird zunächst, wie dargelegt, urteilend eine objektiv-einheitliche Vorstellung von derselben erzeugt (vgl.: Synthese 3, Abbildung 3). Durch das Erzeugen einer objektiv-einheitlichen Vorstellung von der Persönlichkeit liegt folglich ein intersubjektiv geteiltes Wissen von dieser Persönlichkeit vor, das in dieser Form in Arendts Worten sicherlich zunächst treffend als ein Wissen von dem »Was-einer-ist« bezeichnet werden kann, jedoch noch nicht als ein Wissen bzw. Verstehen des »Wer-einer-ist«. Dieses entsteht erst, wenn das Wissen von einer Persönlichkeit durch das »wahre« Verstehen transzendiert und der Sinn derselben erfasst wird.

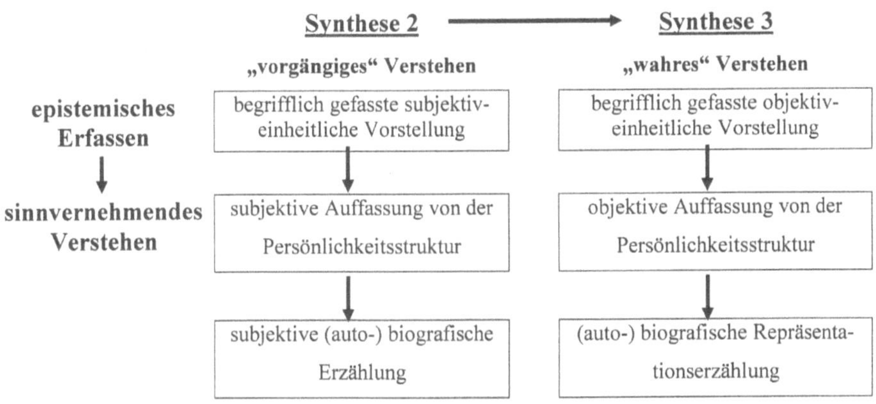

Abbildung 4: *„vorgängiges" und „wahres" Verstehen*

Das Verstehen ist, wie bereits gezeigt, Arendt zufolge ein diskursives Denken, das sich ebenso wie das repräsentative Denken, das Urteilen, essenziell im Medium der Sprache vollzieht und sich in einem hermeneutisch-dialektischen Prozess entwickelt. Entscheidend beim Verstehen der Persönlichkeit eines Menschen ist, dass das »vorgängige« Verstehen der Persönlichkeit, von dem der Verstehensprozess seinen Ausgang nimmt, durch das repräsentative Denken in ein »wahres« Verstehen umgewandelt wird, indem dieses diskursiv vorgehend verborgene Strukturzusammenhänge erfasst. Beim Verstehen spielt das Urteilen zudem eine wichtige Rolle, weil erst durch dessen Mithilfe »wahres« Verstehen möglich wird. Bezogen auf das Verstehen der Persönlichkeit eines Menschen bedeutet das Entdecken verborgener

Strukturzusammenhänge durch das repräsentative Denken, dass die durch das Zusammenspiel des denkenden und des wollenden Ichs erzeugte Persönlichkeitsstruktur desselben, die sich vor allem aus den persönlichkeitsbildenden Eigenschaften der Person zusammensetzt (vgl.: 3. Kapitel, 4. Teil), urteilend erfasst wird, indem sie mithilfe der Einbildungskraft rekonstruiert wird, die hierzu im Zusammenspiel mit dem synthetisierenden Gemeinsinn sowohl reproduktiv-erinnernd als auch produktiv-entwerfend verfährt. Meints weist diesbezüglich darauf hin, dass die Einbildungskraft Kant zufolge dann produktiv ist, wenn »[...] sie einen Gegenstand [produziert], den es vorher in dieser Form noch nicht gegeben hat.«[183] Auf diese Weise wird auf intrasubjektiver Ebene zunächst ausgehend von der subjektiv-einheitlichen Vorstellung von der Persönlichkeit des jeweiligen Menschen eine subjektive Auffassung von der Persönlichkeitsstruktur erzeugt, die ein erstens Urteil, quasi ein Vorurteil darstellt, das dann beim repräsentativen Denken mit den möglichen und wirklichen (Vor-) Urteilen, gemeint sind die subjektiv-einheitlichen Vorstellungen aller anderen mit der Persönlichkeit dieses Menschen befassten Menschen, abgeglichen wird, so dass eine objektive Auffassung von der Persönlichkeitsstruktur gebildet werden kann. Auf intrasubjektiver Ebene wird also beim Verstehen immer wieder auf das erste Urteil zurückkommend in einem diskursiv-repräsentativ verfahrenden Denkprozess eine objektive Auffassung von der Persönlichkeitsstruktur eines Menschen erzeugt, die als solche den Anspruch auf intersubjektive Gültigkeit bzw. in Arendts Terminologie auf Richtigkeit erheben kann. Beachtenswert ist hierbei zum einen, dass im Prozess des sinnvernehmenden Verstehens sowohl die Vorstellung von der Persönlichkeit eines Menschen um eine Auffassung von dessen Persönlichkeitsstruktur erweitert bzw. vertieft wird und zum anderen, dass hierbei offensichtlich das diskursive und das repräsentative Denken, also das Verstehen und das Urteilen auf eine eigentümlich Weise miteinander verschränkt interagieren. Diese Interaktion (siehe Abbildung 4: *»vorgängiges« und »wahres« Verstehen*) hat Arendt jedoch nicht weiter aufgeklärt, da sie, wie bereits erwähnt, weder ihr Verstehenskonzept noch ihre Urteilstheorie abschließend ausgearbeitet hat.

Durch die Bildung einer Auffassung von der Persönlichkeitsstruktur eines Menschen, die den Anspruch erheben kann, objektiv bzw. richtig zu sein und die daher allen anderen Menschen »angesonnen« werden kann, wird der Sinn eines individuellen menschlichen Lebens jedoch erst dann voll erkannt und sinnhaft verstanden, wenn diese im Rahmen einer sinnverstehenden Narration kontextualisiert und so im Gesamtzusammenhang des jeweiligen Lebens dargestellt wird. Denn wenn es richtig ist, wovon Arendt ausgeht, dass nur der Geschichtenerzähler in der Lage ist, die Relevanz und die Bedeutung von einzelnen Handlungen und Ereignissen

---

183 Meints, W.: *Partei ergreifen im Interesse der Welt.* S. 76.

sowie deren Folgen zu erfassen und einzuschätzen, dann ist nur dieser in der Lage, diese als Fakten narrativ so anzuordnen, dass sie eine Bedeutung haben bzw. aus ihnen ihr Sinn erschlossen werden kann. Bezogen auf das Verstehen der Persönlichkeit eines Menschen bedeutet dies, dass nur der Geschichtenerzähler, der urteilende Zuschauer, nachdem er die Persönlichkeitsstruktur eines Menschen erfasst hat, die Worte und Taten und die damit verbundenen Ereignisse gewichten, auswählen und anschließend bezogen auf die erkannte Persönlichkeitsstruktur narrativ so strukturieren kann, dass durch die derart erzeugte Erzählung die Persönlichkeit eines Menschen auf besondere Weise hindurchscheint und so für andere erkenn- und verstehbar wird. Dass der urteilende Geschichtenerzähler dabei die Persönlichkeit eines Menschen auch in verschiedenen Hinsichten, insbesondere in moralischer Hinsicht bewertet, also quasi eine Evaluation des Lebens der betreffenden Persönlichkeit vornimmt, spiegelt sich in dem bereits erläuterten Umstand wieder, der darin besteht, dass Arendt davon ausgeht, dass mit der sprachlichen Darstellung, also mit dem Erzählen, auch ein moralisches Bewerten verbunden ist und dass die Sprache die moralische Qualität des erzählten Gegenstandes wiederspiegelt. Am Rande sei hier bemerkt, dass der urteilende Geschichtenerzähler durch diese Form der Bewertung natürlich auch Auskunft über sich selbst und seine Sicht auf die Welt gibt, da seine Erzählung im öffentlichen Raum in der Form seiner Worte erscheint, die wiederum Rückschlüsse auf seine Persönlichkeit, sein »So-und-nicht-anders-Sein« erlauben. Wenn das Verstehen der Persönlichkeit eines Menschen nun derart narrativ abgerundet wird, dann geht folglich mit der subjektiven Auffassung von der Persönlichkeit eines Menschen die Erzeugung einer subjektiven (auto-) biografischen[184] Erzählung und mit der objektiven Auffassung von der Persönlichkeit eine (auto-) biografische Repräsentationserzählung einher. Wichtig anzumerken ist hier, dass es sich im Fall des Fremdverstehens bei der entsprechenden Repräsentationserzählung um eine Biografie und im Fall des Selbstverstehens um eine Autobiografie handelt, daher kann der Erzähler der persönlichkeitsbezogenen Repräsentationserzählung entweder ein anderer Mensch oder die Person selbst sein, die Objekt der Repräsentationserzählung ist. In letzterem Fall sind Erzählsubjekt und -objekt identisch, wobei das Erzählsubjekt zu sich in eine kritische Distanz tritt, um sich selber besser zu verstehen. Da die (auto-) biografische Repräsentationserzählung im öffentlichen Raum veröffentlicht wird, unterstreicht dies nochmals die narrativ-mnemotische Dimension desselben.

---

184 Arendts vor allem in *Vita activa* entwickelte Erzähltheorie schließt die Autobiografie als Form der Selbst-Erzählung streng genommen grundsätzlich aus. Dennoch exemplifiziert Arendt mit ihrem Varnhagen Projekt einen paradoxen, aber höchst interessanten erzähltheoretischen Ansatz, der die Möglichkeit des Selbst-Erzählens, also der Autobiografie, aufzeigt. (vgl.: 3. Kapitel, 3. Teil, 2. Abschnitt, 1. Unterabschnitt). Deswegen soll schon an dieser Stelle durch die Bezeichnung »(auto-) biografisch« auf die zwei aus Arendts Sicht möglichen Formen biografischen Erzählens hingewiesen werden.

Zudem wird durch die Bedeutung, die die (auto-) biografische Repräsentationserzählung für das Verstehen einer Persönlichkeit hat, einsichtig, weswegen es sinnvoll ist, die Frage nach der Persönlichkeit eines Menschen als Frage nach der narrativen Identität einer Person auszuweisen, wie Quante dies tut. Die (auto-) biografische Repräsentationserzählung kann vom urteilenden Geschichtenerzähler zudem mit exemplarscher Gültigkeit versehen werden, wenn es diesem gelingt, die dargstellte Persönlichkeit durch treffende Beispiele zu veranschaulichen. So hat Arendt ihren Bericht und ihr darin narrativ ausgedrücktes Urteil über Eichmann u. a. dadurch mit exemplarischer Gültigkeit versehen, indem sie Eichmann verständlich-anschaulich mit der sich im deutschen Sprachraum einer breiten Bekanntschaft erfreuenden Figur des »Hanswurst«[185] verglichen hat. Für die im Idealfall derart mit exemplarischer Gültigkeit versehene und veröffentlichte (auto-) biografische Repräsentationserzählung gilt, dass erst sie es anderen Menschen, die sich nicht direkt mit der jeweiligen Persönlichkeit befasst haben, möglich macht, den Sinn und die Bedeutung der Persönlichkeit und des damit verbundenen individuellen Lebens zu verstehen. Denn in der erzählten Lebensgeschichte wird die biografische Kohärenz des Lebens eines Menschen sichtbar. Diese wird ausgehend von einem rechtfertigungsfähigen (vernünftigen) Lebensplan und dem entsprechenden Handeln und Sprechen von einem Menschen erzeugt und lässt sich daher als Ausdruck »[...] der Wunsch- und Wertvorstellungen des jeweiligen Individuums [...] begreifen [...]«[186], weswegen die biografische Kohärenz des Lebens dem je individuellen Leben Sinn verleiht, wie die Ausführungen im nachfolgenden achten Abschnitt zeigen werden. (vgl.: 3. Kapitel, 2. Teil, 8. Abschnitt) Insofern wird auch hier noch einmal deutlich, dass nicht nur die Erscheinung einer Persönlichkeit, sondern auch die dieser zugrunde liegende Persönlichkeitsstruktur minimal kohärent sein muss, um erzählt und verstanden zu werden. Vorheriges berücksichtigend, kann man zudem sagen, dass die von anderen Menschen erzeugte biografische Repräsentationserzählung, quasi ein stellvertretend von diesen angefertigter Rechenschaftsbericht über das Leben der jeweils beobachteten Person darstellt, der als Produkt des veranschaulichenden Denkens das Leben einer Person veranschaulicht und nachvollziehbar macht, indem er die Worte und Taten derselben in einen Begründungszusammenhang stellt. Also ist das eigentliche Produkt des sinnvernehmenden Verstehens eine biografische Repräsentationserzählung, die den verstanden Lebenssinn und folglich die Bedeutung einer Persönlichkeit und damit die

---

185 Laut Brockhaus ist der Hanswurst der deutsche »[...] Prototyp der kom[ischen] Figur oder lustigen Person.« Brockhaus GmbH (Hrsg.): *Der Brockhaus in fünfzehen Bänden. Bd. 6. Gu-Ir.* Leipzig/Mannheim: Brockhaus 1997. S. 104.
186 Quante, M.: *Person.* S. 161.

Bedeutung eines individuellen Lebens zum Ausdruck bringt und für andere Menschen fassbar macht.[187] (vgl.: KUP 301)

Begrenzt wird das sinnstiftende Verstehen allerdings gleich durch zwei Faktoren. Zum einen durch die eingeschränkten Möglichkeiten der sprachlichen Darstellung des urteilend und verstehend im Rahmen einer biografischen Repräsentationserzählung Erfassten und zum anderen durch den Umstand, auf den Arendt selbst immer wieder ausdrücklich hinweist, dass wirkliches Verstehen, also »Ein-Verständnis«, nur unter Freunden möglich ist. Ist der erste das Verstehen limitierende Faktor sowohl beim Fremd- als auch beim Selbstverstehen absolut unumgänglich und notwendig, so ist der zweite limitierende Faktor dagegen nur relativ bzw. kontingent und verweist auf eine bestimmte Personengruppe, die besonders prädestiniert für das Verstehen der Persönlichkeit eines Menschen ist. Die von diesen Personen erzeugte biografische Repräsentationserzählung hat folglich den begründetsten Anspruch auf Repräsentativität bzw. Richtigkeit. Dies ist allerdings beim Selbstverstehen nicht der Fall, da man zwar mit sich selbst befreundet sein sollte, was Arendt immer wieder betont und was durch die Explikation des ersten Teilprozesses der existenziell-performativen Hermeneutik Arendts besonders deutlich wird, jedoch beim Selbstverstehen den Daimon, der einem Arendt zufolge auf der Schulter sitzt, nicht erkennen kann, weswegen dieses grundsätzlich immer beschränkt ist. Insofern ist die selbst verfasste, also autobiografische Repräsentationserzählung immer weniger aussagekräftig als die von anderen Menschen, bestenfalls Freunden oder Geliebten, über einen angefertigte biografische Repräsentationserzählung, die aus den dargelegten Gründen aus Arendts Sicht jedoch nur dann voll aussagekräftig ist, wenn man gestorben ist.

Notwendige Perspektivwechsel: Bis hierher sollte nun deutlich geworden sein, dass nicht erst das sinnvernehmende Verstehen der Persönlichkeit eines Menschen, sondern schon das epistemische Erfassen derselben, einen hoch komplexen Prozess darstellt, in dem verschiedene geistige wie praktische Tätigkeiten zusammenwirken müssen, damit dieser erfolgreich verläuft. Dies setzt voraus, dass auf intrasubjektiver Ebene besonders das ziellose reflexive Denken, das zweckgerichtete Erkennen und das repräsentative Urteilen störungsfrei miteinander interagieren können. Damit das Zusammenwirken dieser geistigen Tätigkeiten epistemisch und hermeneutisch erfolgreich ist, muss das Erkenntnissubjekt, gemeint ist derjenige, der die Persönlichkeit eines anderen Menschen erkennen und verstehen möchte, seine Rollen wechseln und damit seine Perspektiven verändern, indem er funktional zwischen der Rolle des Handelnden, der des weltzugewandten, jedoch distanzierten, verständnisorientierten Zuschauers, der des weltabgewandten, kontemplativen Denkers und der des weltzugewandten, erkenntnisorientierten Wissenschaftlers gekonnt hin und her changiert.

---

187 Vgl.: Meints, W.: *Partei ergreifen im Interesse der Welt.* S. 224.

Notwendig sind insgesamt vier Perspektivwechsel. Beim epistemischen Erfassen ermöglicht zunächst der Wechsel vom Akteur zum weltzugewandten, verständnisorientierten Zuschauer zum einen das Beobachten und zum anderen die Synthese der Sinnesdaten durch den Gemeinsinn. (vgl.: Synthese 1, Abbildung 3) Der darauf folgende Wechsel in die Rolle des weltabgewandten, kontemplativen Denkers sorgt dafür, dass durch die Abstraktionsleistung des Denkens die sinnlichen Erscheinungen der Persönlichkeit für alle weiteren notwendigen geistigen Operationen wie beispielsweise das Erkennen und Urteilen bereitstellt werden, indem diese entsinnlicht werden. Das Erkennen der Persönlichkeit auf intrasubjektiver Ebene in Form einer subjektiveinheitlichen Vorstellung macht erst der Wechsel aus der Rolle des weltabgewandten, kontemplativen Denkers in die Rolle des weltzugewandten, erkenntnisorientierten Wissenschaftlers möglich. Dieser Wechsel ist zum einen notwendig, um die abstrakten Vorstellungen von der Persönlichkeit eines Menschen zu einem einheitlichen Ganzen, zu einer einheitlichen subjektiven Vorstellung zweckgerichtet so zusammenzustellen, das ein Verstehen derselben möglich wird und zum anderen, um das so Zusammengedachte in einem ersten Schritt narrativ zu strukturieren und zu fixieren. (vgl.: Synthese 2, Abbildungen 3 und 4) Denn »[...] gerade den reinen Denkprozeß, den eigentlichen Gedankengang, muß der Künstler, aber auch der schreibende Philosoph, unterbrechen, wenn er das Gedachte so verwandeln will, daß es sich einer schriftlich-verdinglichenden Darstellung eignet.« (VA 206) Das Ergebnis dieses Prozesses ist die narrativ dargestellte, subjektiv-einheitliche Vorstellung der Persönlichkeit, die durch die Urteilskraft im Rahmen des sinnvernehmenden Verstehens begrifflich gefasst wird, weswegen sich hier bereits der erneute Wechsel in die Rolle des weltzugewandten, verständnisorientierten Zuschauers vollzieht, aus der heraus dann urteilend eine objektiv-einheitliche Vorstellung von der Persönlichkeit gebildet wird, die dann auch der Gegenstand des sinnstiftenden Verstehens ist. (vgl.: Synthese 3, Abbildungen 3 und 4)

    Die zum epistemischen Erfassen und zum sinnvernehmenden Verstehen der Persönlichkeit eines Menschen notwendigen Perspektivwechsel und damit verbundenen geistigen Operationen machen zum einen die Bedeutung des Gemeinsinns und der Einbildungskraft als spezifisch menschliche Vermögen deutlich und zeigen zum anderen auf, inwiefern die beiden Funktionen des Gemeinsinns zusammenwirken. Gemeint ist die als Weltsinn die erste Synthese ermöglichende Verbindung der einzelnen Sinneseindrücke und die als Gemeinsinn die dritte Synthese ermöglichende Repräsentation anderer, im eigenen Urteil mitzuberücksichtigender Urteile. Das ein derartiges Zusammendenken der beiden Funktionen des Gemeinsinns zwar sachlich begründet und daher auch einsichtig, jedoch auch problematisch ist, macht Bajohr deutlich, indem er u. a. darauf hinweist, dass unklar ist, wie Arendt »[...] selbst die Diskrepanz zwischen den beiden Aspekten des Gemeinsinnes aufgelöst hätte [...].«[188] Zum anderen macht die herausgearbeitete notwendige Abfolge von Perspektivwechseln und geistigen Operationen auch nachvollziehbar, warum die Urteilskraft für Arendt das geistige »Zentralvermögen« ist, obwohl sie dem reflexiven Denken, wie die Ausführungen zum ersten Prozess der existenziell-performativen Hermeneutik gezeigt haben, gerade in moralischer Hinsicht einen hohen Stellenwert einräumt und obwohl sie der Auffassung ist, dass das Wollen alle geistigen Tätigkeiten steuert. Denn die Urteilskraft spielt bei der Ermöglichung der zweiten, besonders aber bei der dritten Synthese für das epistemische Erfassen und sinnvernehmende Verstehen einer Persönlichkeit die entscheidende Rolle. Diesbezüglich sollte auch deutlich geworden sein, dass im Prozess des existenziellen Verstehens durch das Urteilen zwei «Produkte» erzeugt werden, nämlich zum einen durch das epistemische Erfassen eine objektiv-einheitliche Vorstellung von der Persönlichkeit eines Menschen, die als ein abstrakter Komplex auf der Grundlage der Worte und Taten desselben zu verstehen ist und zum anderen durch das sinnvernehmende Verstehen eine (auto-) biografische Repräsentationserzählung, durch die der Persönlichkeit ein bestimmter (Lebens-) Sinn und eine damit verbundene Bedeutung zugeschrieben wird. (vgl.: Synthese 3, Abbildungen 3 und 4) Dass das Urteilen, das auch bei der Vorbereitung von Handlungen (vgl.: Prozess 1: existenzielles Entwickeln, 3. Kapitel, 2. Teil, 4. Abschnitt) eine Rolle spielt, verschiedene «Produkte» erzeugt, nämlich Handlungen, wenn der Akteur urteilt und Sinn, wenn der Zuschauer urteilt, wie beispielsweise Beiner behauptet, darf jedoch nicht zu der Annahme führen, wonach es entweder verschiedene Formen der Urteilskraft gibt oder diese ein in sich gespaltenes Vermögen ist.[189] Vielmehr ist diesbezüglich davon auszugehen, dass der Mensch seine Urteilkraft als homogenes geistiges Vermögen in unterschiedlichen Zusammenhängen teils bewusst, teils unbewusst einsetzt, um sich in der Welt zu orientieren, d. h., um in der Welt handelnd in Erscheinung zu treten und um die Welt, sich selbst und andere zu verstehen.[190]

Das Verstehen der Persönlichkeit eines Menschen ist also ein hoch komplexer und durchaus limitierter Prozess, in den nicht nur ein Mensch involviert ist, sondern mindestens zwei, potenziell aber unendlich viele und in dem viele, vorwiegend geistige, Tätigkeiten in einer Art und Weise zusammenwirken, die Arendt durch ihre Erläuterungen der menschlichen Tätigkeiten in ihren zentralen Werken jedoch nur implizit dargestellt hat, weswegen der Prozess des existenziellen Erkennens und Verstehens, genauso wie übrigens der Prozess des existenziellen Entwickelns und

---

188 Bajohr, H.: *Dimensionen der Öffentlichkeit.* S. 105.

189 Die These von zwei Urteilstheorien vertritt u. a. Beiner; sie gilt aber Torkler zufolge als durch die Arendt-Forschung widerlegt. Vgl.: Beiner, R.: *Hannah Arendt über das Urteilen.* S. 134–135; Benhabib, S.: *Hannah Arendt.* S. 275–276; Spiegel, I.: *Die Urteilskraft bei Hannah Arendt.* S. 14; Torkler, R.: *Philosophische Bildung und politische Urteilskraft.* S. 403 ff.

190 Vgl.: Meints, W.: *Partei ergreifen im Interesse der Welt.* S. 91.

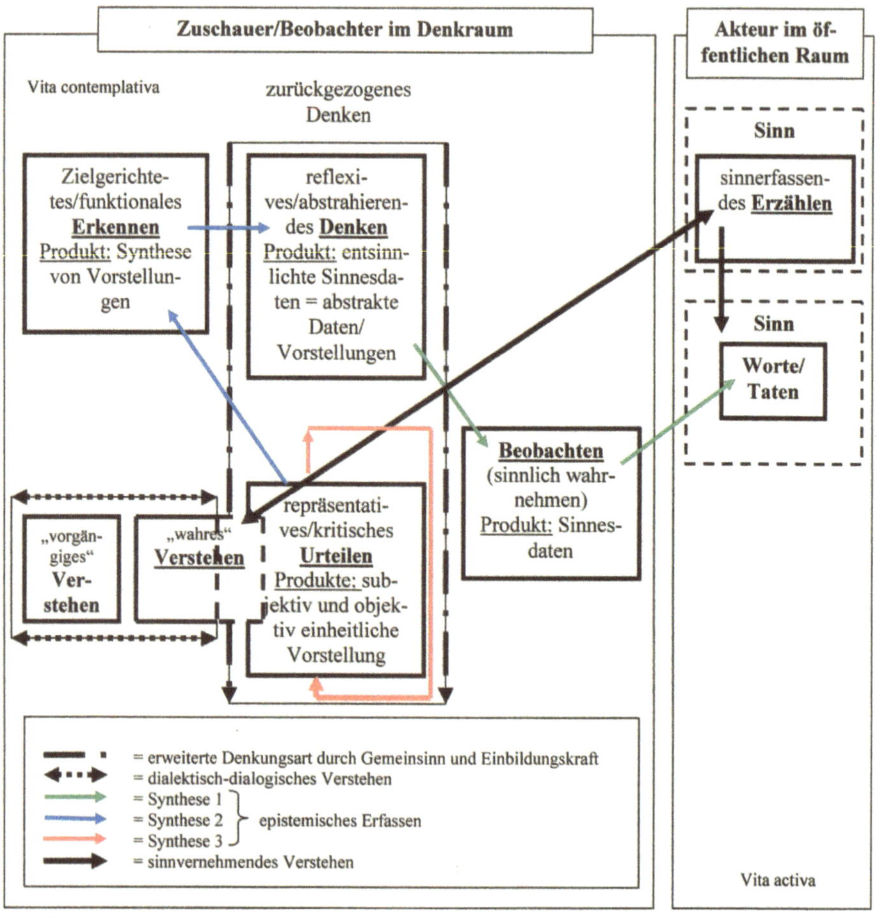

Abbildung 5: *Struktur des existenziellen Erkennens und Verstehens*

der des existenziellen Erscheinens nur auf dem Weg der textnahen und der Autorin wohlwollenden Interpretation expliziert werden konnte, so dass hoffentlich nicht gegen die im ersten Kapitel dieser Forschungsarbeit formulierten Lektüreleitlinien verstoßen wurde. Da die Prozessstruktur des existenziellen Erkennens und Verstehens sehr komplex ist, sei diese in dem obenstehenden, hoffentlich erhellenden Schaubild (Abbildung 5: *Struktur des existenziellen Erkennens und Verstehens)* noch einmal so dargestellt, dass die zum Teil gleichzeitig ablaufenden Prozesse beim existenziellen Erkennen und Verstehen anschaulich und nachvollziehbar werden.

Es sollte einsichtig geworden sein, dass Arendts existenziell-performative Hermeneutik aus drei konstitutiven, eng aufeinander bezogenen Teilprozessen besteht, durch die nachvollziehbar erklärt werden kann, wie die Persönlichkeit eines Menschen gebildet wird. Mithilfe der drei Teilprozesse kann daher bezogen auf die Kernfrage von Arendts Existenzphilosophie erklärt werden, warum es Menschen als Persönlichkeiten überhaupt gibt. (vgl.: 1. Kapitel, 1. Teil; 3. Kapitel, 2. Teil, 1. Abschnitt) Existenziell ist Arendts performative Hermeneutik aus genau diesem Grund, da sie das Vorkommen von Persönlichkeit in der Welt verständlich macht und dem Menschen zudem seine existenzielle Aufgabe aufzeigt, die er zu bewältigen hat, wenn er als Persönlichkeit in Erscheinung treten will. Existenziell gefordert sind: das Denken und das Handeln.

Mit der Explikation der vorherigen, sich aus dem reflexiven Ineinanderwirken der drei Teilprozesse der existenziell-performativen Hermeneutik ergebende Struktur und Dynamik der Persönlichkeitsbildung wird schließlich auch ein bildungsphilosophisches Forschungsdesiderat eingelöst, das Torkler zufolge in der Darlegung und Erläuterung der »Struktur der *Bildung der Person*« besteht.[191] (vgl.: 1. Kapitel, 1. Teil). Diese Struktur wird das dritte Kapitel beschließend in der Übersicht *Prozessstruktur* noch einmal anschaulich dargestellt.

7. Performanz und Identität

Wie bereits angedeutet, kann die zuvor explizierte Prozessstruktur der existenziell-performativen Hermeneutik als Arendts Antwort auf die dritte der von Quante formulierten Identitätsfragen verstanden werden, gemeint ist die Frage nach der narrativen bzw. biografischen Identität einer menschlichen Person. Bezogen auf die »[…] seit geraumer Zeit geführte[…] Debatte um den essenzialistischen respektive performativen Charakter ihrer [gemeint ist Arendt; Anm. S. G.] Theorie […]«[192] legt die herausgearbeitete Prozessstruktur der existenziell-performativen Hermeneutik den Schluss nahe, dass Arendt dezidiert keine essenzialistische Auffassung von narrativer Identität vertritt, da die vorherige Explikation der Prozessstruktur der existenziell-performativen Hermeneutik Arendts gezeigt haben sollte, dass der »Enthüllung« der Persönlichkeit keine »präformierte Persönlichkeitsstruktur« zugrunde liegt. Besonders Arendts Verweis auf die »zweite Geburt« macht deutlich, dass »[d]ie durch das Handeln enthüllte Person […] kein latentes Subjekt [ist], das vor dem Handeln

191 Vgl.: Torkler, R.: *Philosophische Bildung und politische Urteilskraft.* S. 455; Torkler, R.: *Kernkonzept Narrativität – Formen des Erzählens zwischen philosophischer Fachdidaktik und empirischer Bildungsforschung.* In: Kminek, H., Thein. C. und Torkler, R. (Hrsg.): *Zwischen Präskription und Deskription – zum Selbstverständnis der Philosophiedidaktik. Opladen/Berlin/Toronto: Budrich 2018 (= Wissenschaftliche Beiträge zur Philosophiedidaktik und Bildungsphilosophie,* Bd. 1). S. 87–88.
192 Straßenberger, G.: *Hannah Arendt.* S. 166.

schon existiert hätte.«[193] Vielmehr hat die vorhergehende Untersuchung gezeigt, dass die Persönlichkeit in einem durch Agonalität, Rationalität, Performanz, Kohärentismus und Narrativität gekennzeichneten, hoch dynamischen Prozess sukzessive über die gesamte Zeitspanne des je individuellen Lebens hin entwickelt wird und daher der fortwährenden Selbstsorge bedarf. Auch Torkler betont daher diesbezüglich folgerichtig, dass »[...] die Bildung zur Person als ein Vorgang der Offenbarung verstanden werden muss, bei dem wir nicht eine bereits in der Innerlichkeit vorhandene Person in die Welt entlassen, sondern in der Interaktion mit Anderen zur Person *werden* [...].«[194] Da der Prozess der Persönlichkeitsbildung bzw. der »Identitätskonstruktion« hoch komplex ist, wie die vorhergehenden Erläuterungen der drei Teilprozesse gezeigt haben sollten, scheinen zudem einseitige Fokussierungen, die sich beispielsweise entweder auf den agonalen oder diskursiven Aspekt oder entweder auf den expressiven bzw. performativen oder narrativen bzw. kommunikativen Aspekt bei der Erklärung der Persönlichkeitsbildung konzentrieren, zu kurz zu greifen. Vielmehr ist der Prozess der Persönlichkeitsbildung nur unter Einbezug aller dieser Aspekte nachvollziehbar zu erklären, was aus dem Folgenden hervorgehen sollte.[195]

Agonal-performatives Handeln: Die Persönlichkeitsbildung ist Arendt zufolge u. a. durch einen agonalen Prozess geprägt, weil die Persönlichkeit eines Menschen zum einen dem agonalen, inneren und permanenten Kampf des Willens (vgl.: Prozess des existenziellen Entwickelns, 3. Kapitel, 4. Teil) und zum anderen dem Wettstreit der handelnden Personen im öffentlichen Raum, dem Erscheinungsraum, entspringt, durch den sich eine Person als unverwechselbares Individuum in seiner spezifischen Einzigartigkeit zeigt (vgl.: Prozess des existenziellen Erscheinens, 3. Kapitel, 5. Teil). Entscheidend dabei ist das Handeln, denn das Handeln überwindet nicht nur den inneren Antagonismus des Willens, sondern tritt auch zu dem Handeln aller anderen Menschen, die gemäß des Faktums »Pluralität« die gemeinsame Welt der Menschen bevölkern, in einen äußeren Antagonismus. Erst in der agonalen Interaktion im öffentlichen Raum kommt die Persönlichkeit eines Menschen voll zum Erscheinen. Dies sollte die Explikation des Prozesses des existenziellen Erscheinens nachvollziehbar gemacht haben. Da Arendt Sein und Erscheinung für identisch hält, »[...] ist

---

193 Tassin, E.: *Person.* S. 305.

194 Torkler, R.: *Philosophische Bildung und politische Urteilskraft.* S. 264.

195 Vgl.: Bajohr, H.: *Dimensionen der Öffentlichkeit.* S. 129–131; Benhabib, S.: *Hannah Arendt.* S. 200–204, 307–308; Benhabib, S.: *Hannah Arendt und die erlösende Kraft des Erzählens.* S. 167, 172–173; Meints, W.: *Partei ergreifen im Interesse der Welt.* S. 230–233; Orozco, T.: *Zur Renaissance des Unpolitischen. Arendt-Lektüren wiedergelesen.* In: Berliner Debatte Initial, 3/1999. S. 95–110; Straßenberger, G.: *Hannah Arendt.* S. 166–171. Villa, D. R.: *Friedrich Nietzsche.* In: Heuer, W. et al. (Hrsg.): *Arendt-Handbuch. Leben – Werk – Wirkung.* Stuttgart/Weimar: Metzler 2011. S. 228–233; Weißpflug, M. und Förster, J.: *The Human Condition/ Vita activa oder Vom tätigen Leben* In: Heuer, W. et al. (Hrsg.): *Arendt-Handbuch. Leben – Werk – Wirkung.* Stuttgart/Weimar: Metzler 2011. S. 66.

die Person identisch mit ihrer Erscheinung [...].«[196] Bezüglich des agonalen Handelns, das insofern expressiv ist, als dass es die persönlichkeitsbildenden Eigenschaften zum Ausdruck bringt, stellt Straßenberger zu Recht fest, dass dieses »[...] eine performative Dimension [enthält], da die Akteure auf der öffentlichen Bühne ihre personale Identität erst in der Darstellung der Differenz zu Anderen erfahren.«[197] Straßenbergers Feststellung lässt sich mit Vowinckels und Bajohrs ähnlichen Befunden unterstreichen, wonach Arendt zufolge Performanz der Modus des Handelns ist, so dass Arendt dem kommunikativen einen explizit performativen Handlungsbegriff gegenüberstellt. Im gemeinsamen, darstellenden und durch eine antagonistische Spannung angetriebenen Handeln, das dem zweckfreien Spiel ähnelt, erscheint also die Persönlichkeit eines Menschen im öffentlichen Raum. Der Drang zur Selbstpräsentation (vgl.: 3. Kapitel, 4. Teil), den Arendt mit Bezug auf Portmann konstatiert und der sich durch das Handeln realisiert, bedarf also der Anderen, mit denen interagiert und denen etwas, nämlich die eigene Persönlichkeit, präsentiert werden kann. Agonalperformatives Handeln bedarf also zum einen der Anderen, damit es überhaupt zu den die Persönlichkeit bildenden Interaktionen kommen kann und zum anderen, damit die derart gebildete Persönlichkeit wahrgenommen und damit letztlich Wirklichkeitsstatus erhalten kann. Denn, wie erläutert, wird Arendt zufolge erst durch das Erscheinen und Wahrgenommen-werden im öffentlichen Raum objektive Wirklichkeit erzeugt (vgl.: Prozess des existenziellen Erscheinens und Prozess des existenziellen Erkennens und Verstehens, 3. Kapitel, 5. und 6. Teil). Insofern ist sowohl performatives als auch »[...] agonales Handeln durch Reziprozität und Pluralität bestimmt.«[198] Dass diesem die Persönlichkeit eines Menschen entspringt, erhellt noch einmal, warum diese eine soziale Entität ist. Agonal-performatives Handeln ist zwar eine notwendige, jedoch allein keine hinreichende Bedingung für die Persönlichkeitsbildung. Es müssen also noch weitere notwendige Bedingungen erfüllt sein, die zusammen mit dem agonal-performativen Handeln hinreichend für Persönlichkeitsbildung sind. Diese sind zum einen die mnemotische Narration und zum anderen die kohärenzerzeugende Rationalität sowie das sinnvernehmendes Verstehen.[199]

Mnemotische Narration, kohärenzerzeugende Rationalität und sinnvernehmendes Verstehen: Nicht durch das agonal-performative Handeln allein, sondern erst durch die hinzukommende mnemotische Narration am Ende des Lebens wird die Persönlichkeit eines Menschen voll konstituiert, soweit zumindest, wie die Erkenntnis und das

---

196 Vowinckel, A.: *Hannah Arendt.* S. 50.

197 Straßenberger, G.: *Hannah Arendt.* S. 169–170.

198 Marchart, O.: *Das Agonale.* In: Heuer, W. et al. (Hrsg.): *Arendt-Handbuch. Leben – Werk – Wirkung.* Stuttgart/ Weimar: Metzler 2011. S. 263.

199 Vgl.: Bajohr, H.: *Dimensionen der Öffentlichkeit.* S. 45; Villa, D. R.: *Friedrich Nietzsche.* S. 228–233; Vowinckel, A.: *Hannah Arendt.* S. 14, 49–50, 78.

sprachlich vermittelte Verständnis derselben durch andere möglich sind (vgl.: Prozess des existenziellen Erkennens und Verstehens, 3. Kapitel, 6. Teil). Das agonal-performative Handeln, das Benhabib zufolge narrativ strukturiert ist, bedarf also der mnemotischen Narration, damit durch diese die Persönlichkeit wirklich erscheint und verstehbar wird. Denn erst durch die von anderen erzählte Biografie eines Menschen, werden die konkreten Einzelhandlungen in einen kohärenten Gesamtzusammenhang gebracht und so zu eben dem roten Faden verdichtet, als der das Handeln im Bezugsgewebe der menschlichen Angelegenheiten Arendt zufolge aufscheint. Doch nur wenn das Handeln eines Menschen in einem minimal notwendigen Grad kohärent war, lässt sich, wie gezeigt (vgl.: Prozess des existenziellen Erkennens und Verstehens, 3. Kapitel, 6. Teil), durch andere Menschen am Ende des Lebens eines Menschen, wenn nicht mehr weiter-gehandelt werden kann, ein kohärenter biografischer Gesamtzusammenhang herstellen bzw. eine kohärente Biografie erzählen, die die Persönlichkeit, also die narrative Identität eines Menschen vollständig und abschließend sichtbar und verstehbar macht. Deswegen hat Benhabib bezogen auf diesen Aspekt der Bildung von Persönlichkeit durchaus Recht, wenn sie feststellt, dass »[d]as Erzählen [...] konstitutiv für Identität [ist].«[200] Wenn Arendt das erscheinende Selbst, wie im vierten Teil dieses Kapitels bezogen auf die Erkenntnisse Sturmas herausgearbeitet, nicht als ontologisch-objektive Entität auffasst, sondern als selbstreferenziellen bzw. genauer als narrativen Sachverhalt versteht, dann scheint Arendt ähnlich wie MacIntyre »[...] das Selbst als narrative Form zu denken.«[201] Die Biografie ist es daher dann schließlich auch, die der Persönlichkeit über ihr mit dem biologischen Tod des Körpers verbundenes Verschwinden hinaus eine gewisse Beständigkeit verleiht, weil sie im öffentlichen Raum als erinnernde Erzählung präsent bleibt. Die eine Persönlichkeit bildende biografische Kohärenz wird jedoch nicht ausschließlich aus einer Außenperspektive heraus durch die mnemotische Narration anderer Menschen erzeugt, sondern auch, wie im Rahmen der Explikation des Prozesses des existenziellen Entwicklers gezeigt, aus einer Innenperspektive heraus durch das innere Zwiegespräch des denkenden Ichs permanent angestrebt und möglich gemacht, wenn es diesem gelingt, das wollende Ich zu Handlungen zu bewegen, die sich in die bisher erzeugte kohärente Persönlichkeitsstruktur einfügen. Biografische Kohärenz ist also nicht ausschließlich das Produkt mnemotischer Narration, sondern auch, hier stimmt Arendt mit Quante überein, das Produkt eines evaluativen Selbst-verhältnisses bzw. eines inneren Zwiegesprächs, das einen hohen Grad kohärenzer-zeugender Rationalität voraussetzt. Die mnemotische Narration der Biografie eines Menschen ist schließlich der Ausgangspunkt dafür, den Sinn eines menschlichen Lebens verstehen zu können. Wenn Persönlichkeit eine soziale Entität ist, dann rundet dieses gemeinschaftlich organisierte bzw. vollzogene Sinnverstehen den Prozess der Persön-

---

200 Benhabib, S.: *Hannah Arendt und die erlösende Kraft des Erzählens.* S. 167. Vgl.: Benhabib, S.: *Hannah Arendt.* S. 154.
201 MacIntyre, A.: *Der Verlust der Tugend.* S. 275.

lichkeitsbildung ab, weil die Persönlichkeit eines Menschen dadurch abschließend als etwas sinnhaftes Ganzes Wirklichkeitsstatus erhält. Insofern ist auch das sinnvernehmende Verstehen eine Bedingung für die Persönlichkeitsbildung. Ein Umstand, auf den bereits bei der Explikation des Prozesses des existenziellen Erkennens und Verstehens hingewiesen wurde und der im nachfolgenden achten Teil dieses Kapitels, dieses beschließend, eingehender erläutert wird.[202]

Performanz: Obwohl laut Arendts existenziell-performativer Hermeneutik agonal-performatives Handeln, kohärenzerzeugende Rationalität, sinnvernehmendes Verstehen und mnemotische Narration gleichermaßen für die Persönlichkeitsbildung von Bedeutung sind, ist sie dennoch vor allem eine performative Hermeneutik, weil in ihrem Mittelpunkt die Annahme steht, dass die narrative Identität eines Menschen ganz wesentlich durch dessen Performanz erzeugt wird. Das Phänomen der Performanz ist der systematische Mittelpunkt der existenziellen Hermeneutik Arendts, weil der aktive und dynamische Kern des Prozesses der Persönlichkeitsbildung der Prozess des existenziellen Erscheinens ist, das Arendt mit ihrem »performativen Handlungsbegriff« erfasst und beschreibt. Zentraler als die anderen beiden Teilprozesse ist das existenzielle Erscheinen, weil zum einen erst durch das Handeln der Antagonismus des Willens beendet wird und zum anderen, weil die konkreten Handlungen einer Person überhaupt erst das Material für die mnemotische Narration und das darauf aufbauende sinnvernehmende Verstehen bereitstellen. Wenn die Performanz der Dreh- und Angelpunkt der Persönlichkeitsbildung ist, dann ist die Rede von einer existenziell-performativen Hermeneutik Arendts sinnvoll.[203]

Introspektionsillusion: Abschließend ist also festzustellen, dass Arendt annimmt, ganz in Übereinstimmung mit dem hohen Stellenwert, dem sie dem Faktum »Pluralität« in ihrem Denken einräumt, dass sowohl die Persönlichkeitsbildung als auch das Erkennen und Verstehen derselben ganz wesentlich von der Interaktion mit anderen Menschen, vom gemeinsamen «Spiel«, abhängen. Ohne die Anderen kann also kein Mensch eine Persönlichkeit herausbilden und auch nicht zu einem hinreichenden Verständnis derselben gelangen. Damit ist nicht nur klar, dass Arendt nicht von einem ontologisch überhöhten Ich oder Selbst als Kern der Persönlichkeit ausgeht und folglich alle existenzialistisch-essenzialistischen Ansätze der Identitätsbildung zurückweist, sondern sie entgeht auch, mit quasi nachtwandlerischem Gespür, der so genannten Introspektionsillusion, also der falschen Annahme, man könne allein durch Introspektion vollständigen, genauen und irrtumsimmunen Aufschluss über die eigene Persönlichkeit erlagen.[204]

---

202 Vgl.: Benhabib, S.: *Hannah Arendt.* S. 155.

203 Vowinckel, A.: *Hannah Arendt.* S. 50.

204 Vgl.: Pauen, M.: *Die Natur des Geistes.* Frankfurt am Main: Fischer 2016. S. 200, 266–269; Nida-Rümelin, M.: *Einfaches Selbstbewusstsein und der Begriff des Subjekts von Erfahrung.* In: Nida-Rümelin, J. et al. (Hrsg.): *Handbuch Philosophie und Ethik. Band II: Disziplinen und Themen.* Paderborn: Schöningh 2015. S. 126.

Bevor nun nachfolgend die methodischen Grundlagen und die konkrete Praxis von Arendts existenziell-performativer Hermeneutik dargelegt werden, soll, wie bereits mehrfach angekündigt, zuvor noch gezeigt werden, dass Arendts existenziell-performative Hermeneutik auch insofern eine Spielart existenzphilosophischen Denkens ist, als dass sie aufzeigt, wie und unter welchen Bedingungen der Mensch seiner Existenz Sinn verleihen kann.

8. Identität, Sinn und Glück

Wie bereits herausgearbeitet, ist es das Kernanliegen von Arendts existenziell-performativer Hermeneutik, nachvollziehbar zu machen, warum es den einzelnen Menschen als Persönlichkeit gibt. (vgl.: 2. Kapitel, 1.Teil und 3. Kapitel, 2. Teil, 1. Abschnitt) Daher beschreibt und erläutert die existenziell-performative Hermeneutik die Prozesse, die einsichtig machen, wie eine Persönlichkeit gebildet, erhalten, erkannt und verstanden werden kann. Neben der für sie zentralen Identitätsfrage, thematisiert die existenziell-performative Hermeneutik Arendts jedoch auch die Sinn- und damit verbundene Glücksfrage bezüglich des individuellen menschlichen Lebens. So lassen sich interessanterweise aus der Explikation der Prozessstrukturen der existenziell-performativen Hermeneutik eine ganze Reihe von Aussagen ableiten, die Auskunft darüber geben, was ein Mensch tun muss, um ein sinnerfülltes und damit gutes Leben führen zu können. Insofern hat Arendts existenziell-performative Hermeneutik eine deutlich ethische Komponente und kann auch als eine Theorie des sinnerfüllten und zugleich guten menschlichen Lebens gelesen werden. Den Zusammenhang zwischen Sinn und Glück arbeitet u. a. Fenner in ihrer Studie *Das gute Leben* heraus.[205] Der Nachweis, dass es diesen Zusammenhang auch in Arendts existenziell-performativer Hermeneutik gibt, ist Ziel der nachfolgenden Ausführungen.

Subjektive Theorie des sinnerfüllt-guten Lebens: Arendts existenziell-performative Hermeneutik kann als eine subjektive Theorie des sinnerfüllt-guten Lebens gelesen werden, weil in ihrem Mittelpunkt das Individuum, also der konkrete Mensch als Persönlichkeit, steht, der nicht mit sich selbst in Zwiespalt geraten möchte und daher lieber mit der Welt uneins ist, als mit sich selbst. Das denkende bzw. »stumme Zwiegespräch« (GD 41) mit sich selbst, dass, wie bereits dargelegt, der Verdoppelung des Ich im Denken entspringt, ist daher vor allem um die innere Kohärenz und Kontinuität der Persönlichkeit im stetigen Wandel der Ereignisse, der sich im Kontinuum der Zeit vollzieht, bemüht. Das innere Zwiegespräch des denkenden Ichs zielt daher darauf ab, die Persönlichkeit als ein sich über Vergangenheit, Gegenwart und Zukunft

---

205 Vgl.: Fenner, D.: *Das gute Leben.*

erstreckendes, in sich stimmiges und vor allem sinnhaftes Ganzes zu bewahren, stetig weiterzuentwickeln und zu verstehen. Wobei zu beachten ist, dass gerade für das sinnvernehmende Verstehen nicht nur kohärenzerzeugende Rationalität, sondern auch Performanz und mnemotische Narration notwendig sind. Beim denkenden Zwiegespräch geht es um die kohärente Verbindung von vergangenem, gegenwärtigen und zukünftigen Selbstbild, das sich, wie bereits gezeigt (vgl.: 3. Kapitel, 2. Teil, 4. Abschnitt, 2. Unterabschnitt) aus der Reflexion der Persönlichkeitsstruktur durch das denkende Ich ergibt. Da es dem denkenden Ich hierbei, so Arendt mit dem Verweis auf Sokrates, besonders auf moralische Stimmigkeit ankommt, beschreibt ihre existenziell-performative Hermeneutik nicht einfach nur, wie ein sinnvolles, sondern auch wie ein moralisches beziehungsweise wertorientiertes Leben geführt werden kann, in dessen Mittelpunkt die Persönlichkeit eines Menschen steht. Fenner, mit deren Forschungsergebnissen zum guten Leben dieser Zusammenhang ausgehend von den zuvor explizierten Grundlagen der existenziell-performativen Hermeneutik hier vertiefend dargelegt werden soll, schreibt dazu: »Wer sein Leben aufgrund der in ihm realisierten einheitsstiftenden Grundwerte affektiv, voluntativ und auch kognitiv bejahen kann, wird sein Leben nicht nur als ein sinnvolles, sondern auch als ein gutes bewerten. Ein sinnvolles Leben ist folglich immer auch ein gutes Leben.«[206] Fenner macht hiermit einsichtig, inwiefern ein sinnerfülltes Leben ein gutes bzw. glückliches Leben ist.[207]

Das sinnerfüllt-gute Leben: Vor allem der erste Teilprozess der existenziell-performative Hermeneutik enthält eine ganze Reihe an Hinweisen beziehungsweise Aussagen darüber, was die Voraussetzungen für ein sinnerfüllt-gutes Leben sind. Dieses zeichnet sich Fenner zufolge sowohl durch eine ausgewogene »zeitliche Reichweite« der mit ihm verbundenen Lebensziele als auch durch einen angemessenen »Regelungsumfang« derselben aus. Ein sinnerfüllt-gutes Leben besteht daher aus einer je individuell verschiedenen Anzahl möglichst realistischer, unterschiedlich konkreter wie abstrakter sowie unterschiedlich anspruchsvoller, intrinsischer oder extrinsischer und letztlich möglichst kontrollierbarer Lebensziele, die sich idealerweise spektral über alle Lebensphasen verteilen und untereinander in einer hierarchischen Wert-Ordnung stehen. Interpretiert man Arendt richtig, dann ist eine solche vernünftige Wert-Ordnung das Resultat des ständigen Bemühens des denkenden Ichs. Wobei nochmal daran zu erinnern ist, dass Arendt zufolge das denkende Ich selber keine Werte schafft. Den Lebenszielen einer solchen Wert-Ordnung entspringen in den jeweiligen Lebensphasen konkrete Handlungspläne, die allerdings, genauso wie der Versuch der Umsetzung derselben mittels konkreter Handlungen Arendt zufolge Resultate des wollenden Ichs sind. Diesem Verständnis nach erarbeitet bzw. entwickelt das denkende

---

206 Ebd. S. 84.
207 Vgl.: Ebd. S. 103.

Ich einen aus hierarchisch geordneten Lebenzielen bestehenden Lebensplan, der im Idealfall durch das wollende Ich handlungsleitend wird. »Das gesamte Netzwerk von Plänen, zu dem verschiedene zentrale berufliche, familiäre und soziale Lebensziele uns gleichsam nötigen, wäre [...] ein »Lebensplan« [...]«[208], so Fenner. Ähnlich wie Sturma betont sie, dass dieser zu einem »vernünftigen Lebensplan« wird, wenn er sich an rationalen und moralischen Gründen orientiert und auf entsprechende Lebenziele hin ausgerichtet ist. Diese Orientierung wird auch in Arendts existenziell-performativer Hermeneutik beschrieben, der zufolge es dem denkenden Ich im inneren Zwiegespräch um moralische Stimmigkeit geht. Ein solcher vernünftiger Lebensplan, der durch die Willensfreiheit des ihn entwickelnden Individuums zuallererst möglich ist, ist der Grund dafür, warum dieses ein vernünftiges, selbstbestimmtes und vor allem sinnhaft-gutes Leben führen kann. Der vernünftige Lebensplan macht es nämlich dem einzelnen Menschen wie auch anderen Menschen möglich, »[...] sein Leben als eine kohärente Geschichte zu erzählen [...]«[209], wodurch das Leben verständlich und in »sprachlich-semantischer« Hinsicht als sinnvoll erscheint. Genau herauf zielt der Prozess des existenziellen Erkennens und Verstehens als Teilprozess der existenziell-performativen Hermeneutik Arendts ab. (vgl.: 3. Kapitel, 6. Teil) Außerdem erweist sich ein Leben, das nach einem vernünftigen Lebensplan geführt wird, auch in »normativ-wertender« Hinsicht als sinnvoll, weil es auf wertvolle Lebenziele hin ausgerichtet ist, so Fenner. Wie im Rahmen der Explikation des ersten Teilprozesses von Arendts existenziell-performativer Hermeneutik gezeigt, scheint einiges dafür zu sprechen, dass auch Arendt davon ausgeht, dass das denkende Ich versucht, auf der Grundlage seines inneren Zwiegesprächs, ausgehend von den Antizipationen des wollenden Ichs, einen Lebensplan zu entwerfen, um das Leben auf moralisch wertvolle, sich zueinander in einer kohärenten Struktur befindliche Lebens- und Handlungsziele hin und nach moralisch relevanten Handlungskriterien auszurichten. An der Spitze eines solchen Lebensplanes stehen Fenner zufolge Lebensziele, die sich auch als Ideale und »Seinsvorstellungen« verstehen lassen und das normative Selbstkonzept bzw. den normativen Selbstentwurf eines Menschen darstellen, so dass man den Lebensplan »[...] als konkretere Ausdeutung dieses normativen Selbstentwurfs [...]«[210] verstehen kann. Arendts Beschreibung des Sokrates als allgemeiner »Charaktertypus« bzw. »Modellfall eines Denkers« legt diesbezüglich den Schluss nahe, dass sie davon auszugehen scheint, dass dieser normative Selbstentwurf bzw. dieses normative Selbstbild bei jedem denkenden, also sich zur Persönlichkeit bildenden Menschen zumindest das Ideal der Selbstaufrichtigkeit und das des Mit-sich-selbst-befreundet-seins enthalten muss. Insbesondere »[...] die Lüge [hat] [...] [daher; Zusatz S. G.]

---

208 Ebd. S. 81.
209 Ebd. S. 83.
210 Ebd. S. 99.

Folgen für den inneren Dialog von mir mit mir selber. Denn wenn ich lüge, muss ich wissen, dass ich von nun an mit einem Lügner zusammenleben werde.«[211] Sowohl der normative Selbstentwurf als auch der diesen konkretisierende vernünftige Lebensplan wird Arendt zufolge nicht nur durch die Interaktion von denkendem und wollendem Ich erzeugt, sondern im Idealfall auch durch diese beiden mentalen Instanzen realisiert, so dass die Persönlichkeit eines Menschen durch das Handeln und Sprechen gebildet und als erscheinendes Ich für sich und andere sichtbar wird, indem der jeweilige »Lebensfaden« in das »Bezugsgewebe menschlicher Angelegenheiten« eingewoben wird. Dies ist schließlich wiederum die Voraussetzung dafür, dass die Lebensgeschichte eines Menschen von anderen erkannt, erzählt und somit als sinnvolles Ganzes verstanden und beurteilt werden kann.[212]

Aspiration-fulfillment-Konzept: Wenn die vorherigen Erläuterungen bezogen auf Arendts existenziell-performative Hermeneutik legitim und begründet sind, weil sie den im ersten Kapitel angegeben Lektüreleitlinien nicht widersprechen, dann scheint in Arendts existenziell-performativer Hermeneutik das »aspiration-fulfillment«-Konzept der Selbstverwirklichung identifizierbar zu sein. Denn auch Arendt geht, wie gezeigt, offensichtlich davon aus, dass die Persönlichkeitsbildung ein wunsch- und zielbezogenes Handeln voraussetzt, dessen Grundlage durch das denkende Ich im inneren Zwiegespräch herausgebildete Wünsche höherer Ordnung und besonders Volitionen sein sollten, die durch das wollende Ich handlungswirksam werden. Die Verwirklichung eines sinnerfüllten, aber besonders eines guten Lebens, auf das es Arendt, dokumentiert durch ihre vielfachen Verweise auf Sokrates, offensichtlich ankommt, ist also an die »Selbstkontrolle« des denkenden Ichs und dessen Versuch gebunden, das wollende Ich erfolgreich zu beeinflussen, so dass vor allem Handlungen initiiert und ausgeführt werden, die den konkreten Zielen und abstrakten Idealen eines vernünftigen Lebensplanes entsprechen. Da das denkende Ich jedoch keine direkte Handlungskontrolle besitzt, kann die Verwirklichung des im inneren Zwiegespräch entworfenen Lebensplans grundsätzlich immer auch scheitern. Denn das wollende Ich ist, wie Arendt nachdrücklich betont, nicht an die Weisungen des denkenden Ichs gebunden und muss demnach weder den (moralischen) Handlungskriterien noch den durch einzelne Handlungen zu realisierenden konkreten Lebenszielen und abstrakten Idealen genügen. Ein Handeln entgegen den Zielvorgaben des vernünftigen Lebensplanes ist jederzeit möglich und genau dann der Fall, wenn sich im permanenten inneren Antagonismus des wollenden Ichs der Gegenwille gegen den Willen durchsetzt, wie Arendts historisch-phänomenologische Analysen der geistigen Tätigkeiten nahelegen. Da also die erfolgreiche Verwirklichung des vernünftigen

211 Perrone-Moises, C.: *Wahrheit/Meinung/Lüge.* Heuer, W. et al. (Hrsg.): *Arendt-Handbuch. Leben – Werk – Wirkung.* Stuttgart/Weimar: Metzler 2011. S. 332.
212 Vgl.: Fenner, D.: *Das gute Leben.* S. 69–80, 91–102.

Lebensplanes sowie die damit einhergehende Persönlichkeitsbildung und Verwirklichung eines sinnerfüllt-guten Lebens jederzeit durch die kontingente Offenheit der Willensbestimmung des wollenden Ichs gefährdet ist bzw. scheitern kann, ist die gewohnheitsmäßige Selbstreflexion und der permanente Versuch des denkenden Ichs, das wollende Ich im Sinne der Ziele dieses Lebensplanes zu beeinflussen, eine umso dringlichere Aufgabe, die jedem Menschen qua seines Person- und darauf basierenden Persönlichkeitsseins obliegt. Das Motto des Sokrates, wonach »[...] ein Leben ohne Selbsterforschung [...] nicht verdient, gelebt zu werden [...]«[213], kann daher zu Recht über Arendts existenziell-performativer Hermeneutik als subjektiver Theorie des sinnerfüllt-guten Lebens stehen.[214]

Capacity-fulfillment-Konzept: Da Arendt für die Verwirklichung eines sinnerfülltguten Lebens nicht nur die Realisierung von Lebenszielen und die permanente Selbstreflexion durch das denkende Ich als notwendige Bedingungen voraussetzt, sondern auch die Realisierung typisch menschlicher Fähigkeiten, geistige wie praktische, scheint sich auch der Grundgedanke des »capacity-fulfillment«-Konzepts in ihrer existenziell-performativen Hermeneutik wiederzufinden, was aufgrund von Arendts Nähe zu und der Orientierung ihres Denkens an dem des Aristoteles', der Fenner zufolge als der »Urvater« dieses Konzepts anzusehen ist, nicht verwundert. Aus der vorherigen Beschreibung der drei Teilprozesse der existenziell-performativen Hermeneutik geht diesbezüglich hoffentlich deutlich hervor, dass es zur Persönlichkeitsbildung Arendt zufolge vor allem der Freiheit in einem umfassenden und substanziellen Sinn bedarf, nämlich zur Realisierung der Fähigkeit zum reflexiven Denken und zum (kommunikativen) Handeln im öffentlichen Raum, der daher als »[...] Handlungs-, Urteils- und Erinnerungsraum zu gründen und zu bewahren [...]«[215] ist. Wenn für die Persönlichkeitsbildung und ein sinnerfüllt-gutes Leben bestimmte Fähigkeiten realisiert werden müssen, die in bestimmte Tätigkeiten münden, dann folgt daraus, dass »Hannah Arendt uns Menschen über unser Tätigsein [begreift] [...]«[216], vor allem über das reflexive Denken, das Miteinandersprechen und das (kommunikative) Handeln. Gerade die Bedeutung des Denkens hebt Arendt neben der des (kommunikativen) Handelns immer wieder hervor, denn, weigert sich jemand zu denken, dann weigert er sich damit auch, »[...] sich als Jemand zu konstituieren.« (ÜB 101) und wird womöglich, im schlimmsten Fall, zum Verbrecher, was Arendt am Beispiel von Adolf Eichmann exemplifiziert, der sich gerade nicht durch Dummheit, sondern durch »[...] eine merkwürdige, durchaus authentische Unfähigkeit zu denken [...]« (DM 128) auszeichnete. Ähnlich wie gegenwärtig Nussbaum, scheint Arendt also davon auszugehen, dass die Fähigkeit

---

213   Apol. 38a–38b.
214   Fenner, D.: *Das gute Leben.* S. 91–102.
215   Breier, K.-H.: *Hannah Arendt zur Einführung.* S. 81.
216   Ebd. S. 9; vgl.: Torkler, R.: *Philosophische Bildung und politische Urteilskraft.* S. 225–229.

zur »[...] Ausübung der praktischen Vernunft [...]«[217] eine Eigenschaft ist, die allen Menschen gemeinsam haben bzw. die zusammen mit der Fähigkeit zur »Soziabilität« »[...] dem menschlichen Leben [...] seine Architektur [verleiht; grammatisch verändert durch S. G.], da sie [die Fähigkeit zur Ausübung der praktischen Vernunft und zur Soziabilität; Anm. S. G.] alle anderen Fähigkeiten strukturieren und durchdringen [...].«[218] Doch nicht nur die Weigerung zu denken verhindert die Realisierung der von Arendt angenommenen typisch menschlichen Fähigkeiten und damit verbundenen Tätigkeiten, sondern auch die schlechten Umstände, unter denen jemand möglicherweise sein Leben führen muss. So kann es sein, dass ein Mensch aufgrund seiner Lebensumstände schlichtweg nicht in der Lage ist, reflexiv denken und kommunikativ handeln zu können. Dies kann dann der Fall sein, wenn er beispielsweise entweder aufgrund mangelnder Bildungsangebote nicht die entsprechenden in ihm angelegten Fähigkeiten kultivieren konnte oder durch die gesellschaftlich-politischen oder ökonomischen Umstände daran gehindert wird, zu denken und kommunikativ im öffentlichen Raum zu handeln. Wie Arendt immer wieder, aber besonders in ihrem politiktheoretischen Hauptwerk *Elemente und Ursprünge totaler Herrschaft* darlegt, verhindern gerade totalitäre Systeme das gemeinsame Handeln und werfen den Einzelnen auf sich selbst zurück. Menschen, die sich aufgrund ihrer »[...] Eigenart als handelnde Wesen [...]«[219] wesentlich durch die Realisierung ihrer Fähigkeit initiativ tätig werden zu können zu Persönlichkeiten bilden, verbleiben in diesem Fall auf einer Schwundstufe des Menschseins als »[...] Exemplare der menschlichen Tierart [...]« (EU 934). Arendt ist hier Nussbaums Einsicht auf der Spur, wonach es bezogen auf die menschliche Lebensform zwei signifikante Schwellen gibt, die nicht unterschritten werden dürfen:

> [...] eine Schwelle der Fähigkeit zur Ausübung von Tätigkeiten, unterhalb deren ein Leben so verarmt wäre, daß es überhaupt nicht mehr als menschliches Leben gelten könnte; und eine etwas höher anzusetzende Schwelle, unterhalb deren die für den Menschen charakteristischen Tätigkeiten so reduziert ausgeübt werden, daß wir das entsprechende Leben zwar als ein menschliches, nicht aber als ein *gutes* menschliches Leben bezeichnen würden.[220]

Diese Schwellen werden besonders von totalitären Systemen unterschritten, da totalitäre Systeme besonders darauf abzielen, die Persönlichkeit von Menschen zu zerstören, sie zu »Reaktionsbündeln« (EU 913), zu »lebendigen Leichnamen« (EU 921)

---

217 Nussbaum, M. C.: *Gerechtigkeit oder Das gute Leben.* S. 124; vgl.: Ebd. S. 124–130, 193–194, 233, 261–262.
218 Ebd. S. 261.
219 Breier, K.-H.: *Hannah Arendt zur Einführung.* S. 46.
220 Nussbaum, M. C.: *Gerechtigkeit oder Das gute Leben.* S. 197.

zu machen, indem sie nicht nur die »juristische Person« (EU 922), sondern auch die »moralische Person« (EU 929) und schließlich die »individuelle Differenziertheit der eigentümlichen Identität« (EU 931) gezielt zerstören.[221] (vgl.: EU 928–929, 931)

Anthropologische und konstitutive Grundgüter: Da totalitäre Systeme wiederum besonders der »Gedankenlosigkeit« einerseits und der Unfähigkeit zu denken und zu handeln andererseits entspringen, müssen Arendt zufolge gerade die Fähigkeit zum reflexiven Denken, aber auch die Fähigkeit zum Sprechen und gemeinsamen (kommunikativen) Handeln als menschliche Potenziale z. B. durch besondere Bildungsbemühungen, insbesondere durch »Übungen im politischen Denken« kultiviert und durch politische sowie juristische Rahmenbedingungen, wie beispielsweise das »[...] Recht, Rechte zu haben [...]« (EU 614; vgl.: MR 760 ff.), abgesichert und ermöglicht werden. Arendt setzt also bestimmte »anthropologische Grundgüter«, wie die Realisierung der Fähigkeit zu denken und zu handeln, genauso wie bestimmte »konstitutive Grundgüter«, wie Freiheit und Bildung, als objektive, also für alle Menschen existenziell notwendige Grundlage für die Bildung der Persönlichkeit und der damit verbundenen Realisierung eines sinnerfüllt-guten Lebens voraus. Arendts existenziell-performative Hermeneutik weist daher interessanterweise auch zentrale Elemente einer objektiven Theorie des sinnerfüllt-guten Lebens auf. Wenn laut Arendt für die Persönlichkeitsbildung besonders die Realisierung der Fähigkeit zu denken und zu handeln, also substanzielle Freiheit und praktischer Vernunftgebrauch, entscheidend sind und wenn man berücksichtigt, wie Arendt das Denken und das Handeln charakterisiert, dann scheint sie damit von einer ähnlichen Liste von konstitutiven Grundgütern für das gute und sinnerfüllte Leben auszugehen, wie Nussbaum, die u. a. die Fähigkeit sein Denkvermögen (zu denken und zu urteilen) zu gebrauchen, die Fähigkeit zur sozialen Interaktion (Beziehungen herstellen, gegenseitiges Verstehen, Freundschaften) und die Fähigkeit zur Selbstbestimmung in ihrem Werk *Gerechtigkeit oder das gute Leben* auflistet. Diesbezüglich sollte erwähnt werden, dass, wie bereits dargelegt (vgl.: 3. Kapitel, 1. Teil), auch Sturma davon ausgeht, dass es bestimmte Grundbedingungen für das Führen eines Lebens als Person gibt, die er daher zur Begründung der Menschenrechte heranzieht.[222]

Produktive Konzept- und Theoriesynthese: Selbstverwirklichung im Sinne der Bildung einer Persönlichkeit und der erfolgreichen Verwirklichung eines sinnerfülltguten Lebens setzt also Arendt zufolge sowohl die erfolgreiche Realisierung von höherrangigen Wünschen und Zielen voraus als auch die Kultivierung und Aktualisierung der von ihr als typisch menschlich angenommenen Fähigkeiten, wie beispielsweise das reflexive Denken oder das kommunikative Handeln im gesellschaftlichen

---

221 Vgl.: Sen, A.: *Die Idee der Gerechtigkeit.* München: dtv 2012. S. 262, 279
222 Vgl.: Breier, K.-H.: *Hannah Arendt zur Einführung.* S. 44–48; Fenner, D.: *Das gute Leben.* S. 91–105, 123–133; Nussbaum, M. C.: *Gerechtigkeit oder Das gute Leben.* S. 200–202; Sturma, D.: *Person und Menschenrechte.* S. 342–343, 347–352.

Kontext. Insofern verschränkt sie in ihrem Ansatz, der darauf abzielt, das Vorhandensein und die Bildung von Persönlichkeit zu erklären, das »aspiration-fulfillment«-Konzept mit dem »capacity-fulfillment«-Konzept und entwickelt damit eine Theorie, die nicht nur die subjektiven, sondern auch auf die objektiven Bedingungen eines sinnerfüllt-guten menschlichen Lebens beschreibt und daher als produktive Synthese zentraler Elemente der subjektiven und objektiven Theorien des guten Lebens angesehen werden kann.[223]

9. Persönlichkeitsbildung und Ethik

Die Bildung der eigenen Persönlichkeit und die Realisierung eines sinnerfüllt-guten Lebens hängen, wie dargelegt, Arendt zufolge wesentlich vom einzelnen Subjekt ab, verlangen jedoch auch bestimmte objektive Rahmenbedingungen. So bedarf das Handlungssubjekt wesentlich einer Um- und Mitwelt im Sinne der Arendt'schen Fakta »Pluralität« und »Weltlichkeit«. Dies sollte aus den vorherigen Erläuterungen, insbesondere aus der Explikation der drei Teilprozesse der existenziell-performativen Hermeneutik, ersichtlich geworden sein. Die Hinwendung zu den anderen Menschen ist Arendt zufolge notwendig und geboten, weil sie ähnlich wie Aristoteles davon ausgeht, dass der Mensch ein soziales Wesen ist, das seine spezifisch menschlichen Fähigkeiten und damit verbundenen Tätigkeiten nur zusammen mit anderen realisieren kann. Besonders das gemeinschaftsorientierte Urteilen, das Erzählen, aber nicht zuletzt auch das (kommunikative) Handeln im gesellschaftlichen Kontext verweisen somit nachdrücklich auch darauf, dass eine Persönlichkeit und ein damit verbundenes sinnerfüllt-gutes Leben nur im Zusammenspiel mit anderen Menschen, in einer gemeinsam bewohnten und gestalteten Welt, möglich ist. Gerade die Welt in Form der von Menschen hergestellten und gestalteten »Dingwelt« und in Form des von Menschen durch soziale Interaktion erzeugten »Bezugsgewebes menschlicher Angelegenheiten« ist auch für Arendt im Sinne der existenziell bedeutsamen dreistelligen Relation zwischen Introspektion, Welterfahrung und Spiegelung im Anderen (vgl.: 2. Kapitel, 3. Teil) der Möglichkeitsraum für die Persönlichkeitsbildung und die Realisierung eines sinnerfüllt-guten Lebens. Insofern kommt Arendt zufolge jedem Menschen ein starkes individualethisches Interesse an der Gestaltung und Erhaltung einer gemeinsamen Welt zu.[224]

Individualethisches Interesse an einer gemeinsamen Welt: Das individualethische Interesse des Einzelnen wird konkret an der Bedeutung deutlich, die Arendt dem Diskurs im öffentlichen Raum für die Persönlichkeitsbildung beimisst. Da, wie erläutert, das denkende Ich keine Werte schafft, muss man Arendt zufolge folglich »[i]

---

223 Vgl.: Fenner, D.: *Das gute Leben.* S. 91–105.
224 Vgl.: Ebd. S. 8–14.

n der Öffentlichkeit [...] über die Vorstellungen vom Guten diskutieren [...]«[225], was Schönherr-Mann herausstellt, der auch darauf hinweist, dass Arendt kritisiert, »[...] daß die Politik seit Hobbes die Frage nach dem guten Leben zunehmend ausklammert bzw. auf die Sicherung von Leben und Eigentum reduziert [...].«[226] Die gerade für Persönlichkeitsbildung relevante Frage nach dem moralisch Guten, insbesondere die nach dem guten Leben, ist demnach expliziter Gegenstand der öffentlichen Beratungen. Diese sind wiederum für den ersten Prozess der existenziell-performativen Hermeneutik von Bedeutung, denn wenn das denkende Ich dem wollenden Ich zur Vermeidung des kohärenzgefährdenden Selbstwiderspruchs Handlungskriterien vorgibt, die jedoch nur negativ sein können, weil das Denken keine positiven Werte schafft, dann müssen alle positiven Handlungskriterien im Sinne positiver Werte einer anderen Quelle, nämlich dem öffentlichem Diskurs, entspringen.[227] Der wertgenerative öffentliche Diskurs ist gerade für das repräsentative Denken bzw. gemeinwohlorientierte Urteilen eine wichtige Voraussetzung, da sich dieses in Arendts Konzeption wesentlich dadurch auszeichnet, dass man die Standpunkte der anderen beim Urteilen miteinbezieht. Das ist jedoch nur möglich, wenn man zumindest eine Ahnung von den Standpunkten der anderen Menschen hat, die man jedoch wiederum nur im konkreten öffentlichen Diskurs, im Miteinandersprechen, erhält. Nur im öffentlichen Diskurs, im »Hin und Her der Gründe«[228], können also die Standpunkte der Anderen vernommen werden, an denen sich dann das eigene Denken reflexiv abarbeiten kann, um zu einem möglichst repräsentativen Urteil zu gelangen. Doch nicht nur für das repräsentative Urteilen, sondern ganz besonders auch für die kritische Reflexion der eigenen Wünsche und Lebensziele durch das denkende Ich im Rahmen des Prozesses des existenziellen Entwickelns ist der öffentliche Diskurs eine wichtige Voraussetzung, denn erst durch den Austausch mit anderen Menschen können die eigenen Wünsche und lebensplankonstitutiven Lebensziele kritisch hinterfragt und ggf. als nicht adäquat oder problematisch ausgeschlossen werden. Ausschlaggebend für die Persönlichkeitsbildung und das entsprechende (moralische) Handeln ist somit nicht nur das in vornehmlich moralischer Hinsicht geführte innere Zwiegespräch, das, wie dargelegt, essenziell öffentlich ist, sondern auch der öffentliche Diskurs, an dessen Resultate sich das innere Zwiegespräch bezogen auf die eignen Wünsche, Ziele und Werte orientiert.

---

225 Schönherr-Mann, H.-M.: *Hannah Arendt.* S. 131; vgl.: Benhabib, S.: *Hannah Arendt.* S. 217.

226 Schönherr-Mann, H.-M.: *Hannah Arendt.* S. 131.

227 Das Arendt bezüglich der Unfähigkeit des Denkens positive Werte schaffen zu können richtig liegt (vgl.: ZU 291), wird durch Fenners Ausführungen zur Möglichkeit der Begründung intersubjektiv geteilter Werte deutlich, die nämlich bezogen auf Wittgensteins Privatsprachenargument anführt, dass es prinzipiell keine privaten Werte geben könne, weil diese sinnlos wären, so dass hieraus die Notwendigkeit einer sozialethische Hinwendung zu den anderen Menschen und die damit verbundene Einigung auf intersubjektiv geteilte Werte entstünde. Vgl.: Fenner, D.: *Das gute Leben.* S. 156.

228 Brunkhorst, H.: *Hannah Arendt.* S. 78.

Die Weigerung sich zu einer Persönlichkeit zu bilden und das möglicherweise damit einhergehende Böse ist also Arendt zufolge zwar zuvorderst eine Folge der Gedankenlosigkeit und der damit einhergehenden Gewissenlosigkeit, in weiterer Hinsicht ist es jedoch auch eine Folge der Weigerung am öffentlichen Diskurs und den Beratungen über das Gute teilzunehmen. Diesen ermöglicht, wie Arendt immer wieder deutlich macht, zuallererst eine gemeinsame Welt, bestehend aus einer gemeinsamen Kultur, verbindenden Traditionen, konstitutiven Regeln und verbindlichen Werten. Für die Persönlichkeitsbildung und die Realisierung eines sinnerfüllt-guten Lebens sind also die anderen Menschen, ist also die gemeinsame Welt, bestehend aus Kultur und Tradition, essenziell notwendig und ihre Erhaltung daher existenziell geboten. Hieraus wird zum einen ersichtlich, inwiefern der vom Nationalsozialismus erzeugte und von Arendt konstatierte Traditionsbruch eine existenzielle, d. h. persönlichkeitsgefährdende Dimension hat. Darüber hinaus deckt sich diese Einsicht mit dem bereits dargelegten Befund, wonach die Persönlichkeit eines Menschen in Arendts Konzeption eine soziale Entität darstellt, was zusätzlich nachvollziehbar machen sollte, wieso der Einzelne Arendt zufolge ein individualethisches Interesse an der Gestaltung und Erhaltung einer gemeinsamen Welt haben muss. Diesen Gedanken kann man zudem weiter konturieren. MacIntyre zufolge, so Fenner, sei »[d]as Streben nach einem guten Leben [...] eine Suche nach einer narrativen Form des individuellen Lebens, die sich nur in einem überindividuellen Erzählhorizont finden lasse. Die Geschichte eines Lebens, von der sich die Identität einer Person ableite, sei notwendig eingebettet in die Geschichte der Gemeinschaft, in die man hineingeboren wurde.«[229] Sinnbildlich dargestellt wird genau dieser Gedanke auch von Arendt durch ihre Lebensfaden-Metapher ausgedrückt, der Teil ihrer zentralen Einspinn-Metapher ist. Denn nichts anders als die Persönlichkeitsbildung durch Eigeninitiative und mithilfe der Anderen im Kontext einer menschlichen Gemeinschaft meint Arendt, wenn sie davon spricht, dass der Lebensfaden eines Menschen in das Bezugsgewebe der menschlichen Angelegenheiten eingesponnen und so mit den Lebensfäden der anderen Menschen verbunden wird. Hieraus folgt zum einen, dass bezogen auf die Persönlichkeitsbildung besonders den Fakta »Weltlichkeit« und »Pluralität« sowohl ein »hermeneutischer« als auch ein »praxeologischer« Vorrang zukommt. Zum anderen bestätigt dies die bereits dargelegte Erkenntnis, dass Arendt Persönlichkeit und die Bildung derselben im Sinne der von Quante dargelegten Form der narrativen bzw. biografischen Identität denkt.[230]

Fehlende politische Ethik: Vorheriges scheint nun die Annahme zu bestätigen, dass in Arendts Denken die »[...] notwendige Hinwendung zu Um- und Mitwelt [...] individualethisch grundsätzlich nur geboten [ist], solange sie im Dienst des Selbstverwirklichungs-

---

229 Fenner, D.: *Das gute Leben.* S. 154.
230 Vgl.: Ebd. S. 102, 147–158; MacIntyre, A.: *Der Verlust der Tugend.* S. 273–300; Thürmer-Rohr, C.: *Das Böse.* In: Heuer, W. et al. (Hrsg.): *Arendt-Handbuch. Leben – Werk – Wirkung.* Stuttgart/Weimar: Metzler 2011. S. 271.

strebens des Einzelnen steht.«[231] Oder anders ausgedrückt: Im Rahmen von Arendts existenziell-performativer Hermeneutik wird aus der Explikation der Bedingungen der Möglichkeit von Persönlichkeitsbildung die Notwendigkeit eines individualethischen Interesses an der Gestaltung und am Erhalt einer gemeinsamen Welt nachvollziehbar dargelegt, es wird jedoch nicht darauf eingegangen, ob und inwiefern der Einzelne den Ansprüchen eines »sozialethischen Sollens« zu genügen hat. Aussagen über die Grundzüge und damit verbundenen Ansprüche einer politischen Ethik fehlen also in Arendts politik-theoretischen wie existenzphilosophischen Überlegungen und Konzeptionen, was umso erstaunlicher ist, da diese gerade durch die Fakta »Pluralität« und »Weltlichkeit« und dem damit verbundenen hohen Stellenwert der Öffentlichkeit bzw. der gemeinsamen Welt, die diese innerhalb des politiktheoretischen wie existenzphilosophischen Werks Arendts haben, mehr als nur impliziert werden. Es gibt in Arendts Denken also eine große Kluft zwischen dem individualethischen Sollen auf der einen und sozialethischen Sollen auf der anderen Seite. Erklärbar ist diese »[...] grundsätzliche Differenz von Moral und Politik [...]«[232] in Arendts Werk damit, dass Arendt, so Spiegel, »[...] versucht [...] das Politische ohne Rekurs auf Moralität [...] und Teleologie als öffentliche Interaktion und Kommunikation der Bürger in der Welt zu begründen.«[233] Folglich »[begreift Arendt] Moral [...] primär als Selbstrelation des Individuums, die Politik dagegen versteht sie primär als Relation zum Anderen. [...] In der Interpretation des kategorischen Imperativs verschiebt sich bei Arendt [daher; Zusatz S. G.] das Gewicht von der Allgemeinheit auf das »Mit-sich-selbst-einstimmig-Denken«.«[234] Da u. a. aus diesen Gründen eine ausge-arbeitete politische Ethik fehlt, konstatiert Bajohr völlig zu Recht, dass zwar »[...] bei Arendt alles aus der Kategorie der Öffentlichkeit abgeleitet [sei], [...] diese Öffent-lichkeit [jedoch; Zusatz S. G.] ihre Grenzen [hat]: Sie kann selbst keine wirkliche Ethik zur Verfügung stellen und auch als Garant der Wahrheit ist sie fragwürdig.«[235] Insofern ist auch Benhabibs Befund stimmig, die behauptet, dass »Arendts Überlegungen zur Moral [...] nur flüchtig [sind] und [...] kaum überzeugen [können] [...]«[236] und dass »[...] ihrem Werk [...] auch eine Rechtfertigung der normativen Dimension des Politischen [fehlt], d. h., sie übergeht die Frage nach sozialer und politischer Gerechtigkeit [...]«[237] und damit wesentlicher Komponenten einer politischen Ethik, der es im engeren Sinne darum geht, »[...] eine angemessene, gerechte Grundordnung der Gesellschaft [zu; Zusatz S. G.] bestimmen [...]«[238] und im weiteren Sinne, damit verbunden, darum, die gesell-

---

231 Fenner, D.: *Das gute Leben.* S. 102.
232 Spiegel, I.: *Die Urteilskraft bei Hannah Arendt.* S. 45.
233 Ebd. S. 21–22.
234 Ebd. S. 42.
235 Bajohr, H.: *Dimensionen der Öffentlichkeit.* S. 121.
236 Benhabib, S.: *Hannah Arendt.* S. 303.
237 Ebd. S. 303.
238 Fenner, D.: *Das gute Leben.* S. 11.

schaftlichen Bedingungen für die Realisierung eines sinnerfüllt-guten menschlichen Lebens zu definieren. Bezogen auf das Letztere ist jedoch anzuführen, dass Arendt in ihrer Existenzphilosophie immer wieder die notwendigen sozialen Voraussetzungen für die Persönlichkeitsbildung und das damit verbundene sinnerfüllt-gute Leben beschreibt und erläutert und dass sie diesbezüglich sogar einige zentrale Gedanken entwickelt, die beispielsweise in Nussbaums Überlegungen zur philosophischen Begründung und politischen Realisierung eines guten menschlichen Lebens eine große Rolle spielen, wie z. B. die Notwendigkeit von substanzieller Freiheit und Bildung. (vgl.: 3. Kapitel, 2. Teil, 8. Abschnitt) Insofern finden sich in Arendts Werk, insbesondere in ihrem Eichmann-Bericht, durchaus erste Grundlagen für eine politische Ethik, diese sind von Arendt jedoch nicht zur vollen konzeptionellen Reife weiterentwickelt worden. Dies lag möglicherweise zum einen an dem Verlauf und dem intellektuellen Gehalt der Eichmann-Kontroverse, die Arendt u. a. neben dem Vietnamkrieg einerseits von der Notwendigkeit einer politischen Ethik überzeugte und dazu anregte, eine solche zu schreiben, in der sie andererseits jedoch »[...] nicht den Frieden für die anhaltende philosophische Reflexion [fand], die ihre »politische Ethik« erforderte.«[239] Zum anderen mag Arendt sich aus selbst in die Quere gekommen sein, denn ihrer Biografin Young-Bruehl zufolge war »[...] das Schreiben einer *moralia* [...] nicht ihre Art.«[240] So zeichnet sich Arendts existenziell-performative Hermeneutik, die ihrem politiktheoretischen Werk inhärent ist, vor allem durch einen starken individualethische Zug aus, was insofern folgerichtig ist, als dass im Mittelpunkt derselben das Individuum, der konkrete Mensch bzw. die einzigartige Persönlichkeit steht.[241]

Im Hinblick auf die angestrebte Transformation des Konzepts »Selbst-Er-forschend Philosophieren« soll nachfolgend nun die Methodik samt zwei exemplarischen Anwendungsbeispielen der existenziell-performativen Hermeneutik dargelegt werden.

III. Existenzphilosophische Praxis

Laut Benhabib »[...] machen Hannah Arendts rückhaltlose Ehrlichkeit und ihre kompromißlose Kraft zu moralischem und politischem Urteil sie immer noch zu unserer Zeitgenossin [...]«[242], weswegen es nicht überrascht, wenn auch Vowinckel konstatiert, dass Arendt eine »[...] unabhängige und originelle Denkerin [...]«[243] ist, die sowohl

---

239 Young-Bruehl, E.: *Hannah Arendt.* S. 503; vgl.: ebd. S. 497, 514–515; vgl.: Benhabib, S.: *Hannah Arendt.* S. 273–274.
240 Young-Bruehl, E.: *Hannah Arendt.* S. 514.
241 Vgl.: Fenner, D.: *Das gute Leben.* S. 8–14.
242 Benhabib, S.: *Hannah Arendt und die erlösende Kraft des Erzählens.* S. 174.
243 Vowinckel, A.: *Hannah Arendt.* S. 105.

wegen der »Unabhängigkeit ihres Denkens« als auch wegen der »[...] Konsequenz, mit der sie sich auf reale Erfahrungen und Ereignisse bezog [...]«[244] heute noch aktuell ist. Diese Aktualität gilt besonders für Arendts Existenzphilosophie und ihre existenzphilosophische Praxis.

Als »originelle Denkerin« geht es Arendt vor allem darum, dies macht sie im berühmten Gaus-Interview bezogen auf den Kerngendanken ihrer politischen Theorie besonders deutlich, die Wirklichkeit zu verstehen. Ihr Imperativ lautet daher: »Ich muß verstehen [...]« (GG, 48). Dass diese Verstehensintention nicht nur politiktheoretischen, sondern auch existenzphilosophischen Ursprungs ist, sich also auch auf das Phänomen »Persönlichkeit« bezieht, sollte deutlich geworden sein. (vgl.: 2. Kapitel, 1. Teil) Bezüglich ihrer Verstehensintention betont Arendt: »Worauf es mir ankommt, ist der Denkprozeß selber [...]« (GG, 48). Wenn es also im Folgenden um Arendts existenzphilosophische Praxis geht, dann muss dabei ein starker Fokus auf Arendts Art zu Denken liegen.

> So ist das Denken für Arendt das genaue Gegenteil dessen, was in unserer Angestelltenwelt als das erstrebenswert Normale gilt: die leidenschaftslose Intellektualität mit ihrer kraftlosen, verdinglichten Sprache. Denken heißt für sie Kopf und Herz zu benutzen, Vernunft und Leidenschaft zu verbinden – und gelegentlich auch zu übertreiben [...].[245]

Sie selbst hat diese Form des Denkens in einem Gespräch mit Freunden und Kollegen als »Denken ohne Geländer« bezeichnet:

> Ich nenne das »thinking without banister«, auf deutsch: »Denken ohne Geländer«. Das heißt, wenn Sie Treppen hinauf- oder heruntersteigen, dann gibt es immer das Geländer, so daß Sie nicht fallen. Dieses Geländer ist uns jedoch abhanden gekommen [durch den nationalsozialistischen Traditionsbruch; Anm. S. G.]. So verständige ich mich mit mir selbst. (DFT 113)

Arendt geht es also um ein freies, leidenschaftlich-kritisches, experimentierendes und erfahrungsgesättigtes Denken, das sich nicht von vorgegebenen und ggf. überholten starren Wertordnungen, Kategorien und Maßstäben leiten lässt und sich vor allem selbst nicht unnötig überhöht. Arendts Freundin McCarthy beschreibt ihre Art zu denken und zu philosophieren daher zum einen als konstruktiven Prozess und zum anderen als faszinierendes, ganzheitliches oder leibgebundenes Philosophieren mit

---

244 Ebd. S. 106.
245 Heuer, W.: *Hannah Arendt – eine Einführung.* In: ZDPE 2/1994. S. 81.

Haut und Haar, aber auch als theatralische Praxis auf der einen und Kontemplation auf der anderen Seite.[246]

1. Methodologie und Methodik

Wenn es nun im Folgenden darum geht, die Methodik und Praxis der existenziell-performativen Hermeneutik herauszuarbeiten, dann ist die Voraussetzung dafür, sich sowohl über Arendts allgemeine Methodik als auch über die Merkmale ihres Denkens zu verständigen. Arendts allgemeine Methodik erschließt sich dabei besonders über die Merkmale ihres Denkens und Arbeitens.

Arendts Denken: Ausgehend von der vorherigen Darstellung von Arendts existenziell-performativer Hermeneutik und der Auffassungen verschiedener Interpreten über Arendts Methodik, kann man die folgenden Merkmale als typisch für Arendts Denken feststellen: (1) Problemorientierung, (2) Exemplarizität, (3) Perspektivität, (4) Diskursivität, (5) Analytizität, (6) Wirklichkeitssensitivität, (7) Selektivität/Fragmentarität, (8) Prozedualität, (9) Narrativitität, (10) Historizität und (11) Metaphorizität. Diese Merkmale hängen teilweise eng miteinander zusammen, weswegen sie nachfolgend in Merkmalskomplexen kurz erläutert werden.[247]

Problemorientierung, Exemplarizität, Perspektivität, Diskursivität und Prozedualität: In Arendts Denken und Arbeiten wird Straßenberger zufolge eine »[...] Präferenz für das perspektivische Denken und die Vielfalt politischer Meinungen, die Arendt gegen die philosophische Wahrheitssuche setzt [...]«[248], deutlich. Bezogen auf gesellschaftliche, politische oder philosophische Probleme sind es, trotz des durch den Totalitarismus erzeugten Traditionsbruchs, die Stimmen der kulturellen Tradition (bspw. Sokrates, Platon, Augustinus, Kant, etc.), besonders aber die antizipierten und konkret geäußerten Meinungen anderer Menschen und die eigene Meinung, die Arendt zufolge im kritischen Diskurs, im »Hin und Her der Gründe«, auf ihre Repräsentativität und Exemplarizität hin zu prüfen sind, um da, wo keine Tatsachenwahrheiten oder logischen Wahrheiten vorliegen, der Wahrheit durch intersubjektive Übereinstimmung so nahe wie möglich zu kommen bzw. ein repräsentatives Urteil zu fällen, das, im Idealfall, auch den Anspruch auf Exemplarizität und der damit verbundenen

---

246 Vgl.: McCarthy, M.: *Hannah Arendt, meine schöne Freundin. Ein postumes Porträt.* In: Die Zeit 3/1978. http://www.zeit.de/1978/03/hannah-arendt-meine-schoene-freundin/komplettansicht?print (27. 02. 2018); Nordmann, I.: *Hannah Arendt.* Frankfurt am Main: Campus 1994 (= *Reihe Campus Einführungen,* Bd. 1081). S. 48, 82; Torkler, R.: *Philosophische Bildung und politische Urteilskraft.* S. 48–55.

247 Vgl. Benhabib, S.: *Hannah Arendt und die erlösende Kraft des Erzählens.* S. 170; Straßenberger, G.: *Hannah Arendt.* S. 11–13, 17, 20–21; Torkler, R.: *Philosophische Bildung und politische Urteilskraft.* S. 427–433; Vowinckel, A.: *Hannah Arendt.* S. 7, 11, 19, 23, 77, 85.

248 Straßenberger, G.: *Hannah Arendt.* S. 11.

Anschaulichkeit, erheben kann, weswegen Arendts Denken schließlich immer auch ein Denken in (treffenden) Beispielen ist. Für Torkler, ebenso wie für Knott, ist Arendts Denken daher wie »[...] eine Art kommunikativer Raum (»living room«, Wohnzimmer), in dem die verschiedenen Perspektiven der Tradition zu einem Gespräch zusammengeführt, *versammelt* werden.«[249] Manifest wird dieser Raum in Arendts Wohnzimmer, ihrem living room, in dem vor allem ihre und ihres Ehemanns, Heinrich Blücher, Freunde zusammenkommen, um ihre Meinungen über gesellschaftliche oder politische Ereignisse und Probleme sowie zu Fragen der Kunst und philosophischen Problemen austauschen, sprich, um gemeinsam um die Wahrheit in Form eines repräsentativen Urteils zu ringen. Voraussetzung hierfür ist jedoch die zurückgezogene Kontemplation und das innere Zwiegespräch mit sich selbst im »Denkraum«, in den sich Arendt vor allem in ihren späten Jahren zurückzog. Die auf diese Weise in zurückgezogener Kontemplation und kommunikativer Gemeinschaft erzeugten repräsentativen Urteile und darin enthaltenden Begriffe stehen jedoch immer der Revision offen, weswegen Arendts Denken auch wesentlich prozesshaft ist. So revidiert bzw. überdenkt sie beispielsweise den von ihr, ausgehend von Kants entsprechender Begriffsbildung, in ihrem Totalitarismusbuch, *Elemente und Ursprünge totaler Herrschaft*, neu geprägten Begriff vom »radikalen Bösen« im Zuge ihrer Berichterstattung vom Eichmann-Prozess und prägt den höchst kontroversen Begriff von der »Banalität des Bösen«.[250]

Analytizität, Historizität, Wirklichkeitssensitivität: Der beispielhafte Verweis auf Arendts Auseinandersetzung mit dem Begriff des Bösen macht deutlich, dass es typisch für Arendts Denken ist, dass es um Begriffe und die hierdurch ausgedrückten Erfahrungen kreist. So attestiert Nordmann Arendt eine besondere »Aufmerksamkeit für Erfahrungen«, von denen insbesondere die politischen Erfahrungen theoretisch klärungsbedürftig sind. Dies versucht Arendt vor allem mithilfe analytischer Begriffsarbeit. Weswegen Young-Bruehl zufolge Arendts Methode vor allem aus der Begriffsanalyse besteht, denn »[...] ihr Ziel war, herauszufinden, »woher Begriffe kommen«. Mit Hilfe der Philologie oder der Sprachanalyse verfolgte sie politische Begriffe zurück zu den konkreten historischen und allgemeinen politischen Erfahrungen, aus denen diese Begriffe hervorgingen. [...] Sie trieb eine Art Phänomenologie [...]«[251], bei der es ihr besonders um die »aufschließende Qualität« eines Begriffs ging, um hiervon ausgehend wiederum die von Arendt als epistemisch zugänglich vorausgesetzten, wesentlichen Eigenschaften des untersuchten Phänomens zu erfassen. Ganz in Sokratischer

---

249 Torkler, R.: *Philosophische Bildung und politische Urteilskraft*. S. 431; Vgl.: Hahn, B.: *Dichtung/Narrativität*. In: Heuer, W. et al. (Hrsg.): *Arendt-Handbuch. Leben – Werk – Wirkung*. Stuttgart/Weimar: Metzler 2011. S. 353; Young-Bruehl, E.: *Hannah Arendt*. S. 534; Knott, M. L.: *Verlernen*. S. 106–108.

250 Vgl.: Kohn, J.: *Tradition*. In: Heuer, W. et al. (Hrsg.): *Arendt-Handbuch. Leben – Werk – Wirkung*. Stuttgart/Weimar: Metzler 2011. S. 320–322; Young-Bruehl, E.: *Hannah Arendt*. S. 522.

251 Ebd. S. 439.

Manier geht es Arendt also darum, die zu Begriffen erstarrten Denkresultate wieder diskursiv zu verflüssigen und »[...] in ihren ursprünglichen Sinn auf[zu]lösen [...]« (GD 178). Infolge ihrer phänomenologischen und kontextsensitiven Begriffsanalysen differenziert sie daher beispielsweise in *Vita activa* zwischen den Begriffen und damit verbundenen Phänomenen »Arbeiten«, »Herstellen« und »Handeln«, in *Vom Leben des Geistes* zwischen den Begriffen »Denken«, »Wollen« und »Urteilen« und in ihrem Essay *Macht und Gewalt* zwischen den Begriffen »Gewalt«, »Macht«, »Autorität«, »Kraft« und »Stärke«. Damit weist dieser Teil von Arendts Denken und methodischen Arbeitens einige Parallelen zu dem von Nussbaum auf, die beispielsweise ausgehend von Geschichten und Mythen Aufschluss über die zentralen menschlichen Fähigkeiten und Tätigkeiten oder ausgehend von zentralen menschlichen Lebensbereichen in Anlehnung an Aristoteles' Methode universell gültige Tugenden etablieren will.[252] (vgl.: ÜGP 97–98)

Selektivität/Fragmentarizität: Bereits mehrfach darauf hingewiesen worden ist, dass sich Arendt in sehr selektiver bzw. fragmentarischer Weise der Werke anderer Denker, beispielsweise der Platons oder der Kants bedient, um ihre zentralen philosophischen und politischen Begriffe zu gewinnen. Arendts selektiver Zugriff auf die Gehalte der kulturellen Tradition wird insbesondere an ihrer Kant-Rezeption deutlich, wie Torkler feststellt. »Die Kritik der Urteilskraft von Kant ist für Arendt [...] eine Perle [...]. In ihr entdeckt sie [...] etwas, was von der Tradition nicht überliefert wurde: eine Philosophie des Politischen.«[253]

Narrativität und Metaphorizität: Im Gaus-Interview erklärt Arendt auf Nachfrage, dass das Schreiben, das bei ihr auf das vorherige Durchdenken folgt, für sie ein wesentlicher Teil des Erkennens ist. Geschrieben hat Arendt neben ihren großen philosophischen und politiktheoretischen Werken vor allem Briefe (vgl.: IV, WZ), Gedichte (vgl.: G), Berichte, (biografische, politische, philosophische) Essays (vgl.: MIFZ) und eine Biografie, nämlich die über Rahel Varnhagen (vgl.: RV).[254] In diesem breiten Œuvre wird besonders der narrative und metaphorische Zug des Arendt'schen Denkens deutlich. Spiegel stellt beispielsweise fest: »Sobald Arendt in ihren Texten nicht politisch urteilt, reflektiert und philosophiert sie in Analogien und erzählt (philosophische) Geschichten.«[255] Besonders Arendts Werke *Vita activa* und *Vom Leben des Geistes* sind eine wahre Fundgrube für Metaphern, von denen beispielsweise »Wind des Denkens« oder »Lebensfaden« nur zwei exemplarische sind. Dies sollte nicht verwundern, da aus

---

252 Vgl.: Nordmann, I.: *Hannah Arendt.* S. 17, 77; Nussbaum, M. C.: *Gerechtigkeit oder Das gute Leben.* S. 188, 227–264; Young-Bruehl, E.: *Hannah Arendt.* S. 552.

253 Meints, W.: *Partei ergreifen im Interesse der Welt.* S. 57–58.

254 Arendts Werk, aber interessanterweise auch ihre Persönlichkeit wurden besonders auch von Schriftstellern breit und kreativ rezipiert. So sind Arendt zahlreiche Gedichte gewidmet und sie diente mehrmals als Vorbild für Romanfiguren. Vgl.: Hahn, B.: *Dichtung/Narrativität.* S. 352–356.

255 Spiegel, I.: *Die Urteilskraft bei Hannah Arendt.* S. 23.

der Explikation von Arendts existenziell-performativer Hermeneutik hervorgeht, dass Arendt den metaphorischen Sprachgebrauch und das damit einhergehende Denken in Bildern – wie gezeigt geht Arendt davon aus, dass Denken ohne Sprechen nicht möglich ist – deswegen besonders schätzt, weil es der Erweiterung und Veranschaulichung des Denkens dient, was die Voraussetzung dafür ist, ein repräsentatives und exemplarisches Urteil fällen zu können. Solche Urteile, die wesentlich zum Sinnverstehen beitragen, machen daher oftmals metaphorisches Erzählen notwendig, wenn ihr Gehalt anderen vermittelt und nachhaltig einsichtig gemacht werden soll. Der hohe hermeneutische Stellenwert, den Arendt dem Erzählen beimisst, wird jedoch besonders da deutlich, wo es darum geht, das Leben und die Menschen zu verstehen und dieses zu erinnern. In einem Kommentar zu dem Buch *Birds of America*, das von ihrer Freundin Mary McCarthy geschrieben wurde, sagt sie diesbezüglich: »Man kann nicht sagen, wie das Leben ist, wie Zufall oder Schicksal die Menschen behandeln, es sei denn, man erzählt die Geschichte.« (IV 426) Die Erzählung ist nämlich, so gibt Nordmann eine zentrale Annahme Arendts wieder, ein »konfigurierter Zusammenhang«. Es überrascht also nicht, wenn Arendt, wie bereits dargelegt, von einer konstruktiven Nachbarschaft zwischen Dichtung und Denken ausgeht und diese Nachbarschaft nicht nur in ihrem Denken, sondern auch in aktiver Interaktion mit Dichtern gepflegt hat. So »[...] arbeitete [Hannah Arendt] viele Jahre lang intensiv mit Lyrikern zusammen [...]«[256] und auch ihre Werke weisen in unterschiedlichen Stärkegraden narrative Züge auf. So wird beispielsweise bezogen auf ihr Werk *Elemente und Ursprünge totaler Herrschaft* von Benhabib darauf hingewiesen, dass dieses »[...] vom Standpunkt der etablierten Fachmethodologien [aus; Zusatz S. G.] [...] zu anekdotisch, narrativ und idiographisch [ist] [...].«[257] Doch Benhabib stellt diesbezüglich auch heraus, dass gerade das Phänomen des Totalitarismus Arendt zufolge eine »neue Erzählweise« erfordert, um es zu verstehen. Der Theoretiker ist daher für Arendt auch immer ein Geschichtenerzähler.[258] (vgl.: GG 48–49)

Arendts Methode: Aus Arendts Selbstzeugnissen und ihrem Werk Auskunft über die Merkmale ihres Denkens zu bekommen ist wesentlich leichter, als über ihre Methode, denn hierzu hat sich Arendt »[...] selbst niemals ausführlich [...] geäußert [...].«[259] Dies mag vor allem daran gelegen haben, dass Arendt an methodologischen Fragen wenig interessiert war, wie ihre Biografin Young-Bruehl immer wieder feststellt. So hatte Arendt beispielsweise große Schwierigkeiten die Methode zu benennen, die dem Werk *Elemente und Ursprünge totaler Herrschaft* zugrunde liegt und Benhabib stellt diesbezüglich sogar fest, dass Arendt durch die von ihr angestellten methodologischen Überlegungen eher Verwirrung als Klarheit erzeugt hat. Auch ihre Studie

---

256 Hahn, B.: *Dichtung/Narrativität.* S. 352.
257 Benhabib, S.: *Hannah Arendt und die erlösende Kraft des Erzählens.* S. 157.
258 Vgl.: Ebd. S. 162–164, 166–170; Nordmann, I.: *Hannah Arendt.* S. 36–37
259 Torkler, R.: *Philosophische Bildung und politische Urteilskraft.* S. 269.

Über die Revolution (ÜR) wurde u. a. wegen der ihr zugrunde liegenden Methode kritisiert, so Young-Bruehl. Folglich verwundert es nicht, dass »Arendt [...] ihre eigene Methode nicht selbst aus[formuliert], sondern [...] sie in ihrer Deutung Benjamins und Heideggers [»findet«].«[260] Allgemein lässt sich ihre Methodik als »Demontage« oder »Perlentauchen« beschreiben. Das »Demontieren«, besonders aber das »Perlentauchen« geht davon aus, dass die nach dem durch den Nationalsozialismus erzeugten Traditionsbruch fragwürdig gewordene Tradition nur noch in Teilen, in »Denkbruchstücken« (WB 258) dazu dienen kann, dass man sich urteilend in der Wirklichkeit orientieren und diese erneuern kann. Folglich geht es Arendt nicht um ein destruktives Denken, was der Begriff »Demontage« möglicherweise suggeriert, sondern um ein »kreatives Neudurchdenken« der kulturell-tradierten Gehalte des Denkens, das neue »Denkwege eröffnet«.[261] Dies wird besonders durch den Begriff »Perlentauchen« suggeriert, was sicherlich die Intention dieser Begriffsverwendung ist, weswegen dieser Begriff fortan zur Beschreibung von Arendts allgemeiner Methode verwendet wird. Die Methode des Perlentauchens, verstanden als kreatives Neudurchdenken der kulturellen Gehalte lässt sich mithilfe der zuvor explizierten Merkmale des Arendt'schen Denkens konkretisieren, so dass sich drei methodische Ansätze ergeben, aus denen die Methode des Perlentauchens besteht: (1) eine phänomenologisch-analytische, (2) eine diskursiv-kritische und (3) eine hermeneutisch-narrative Methodik. Die auf Begriffsbildung ausgerichtete phänomenologisch-analytische Methode vereinigt in sich vor allem die Merkmale Analytizität, Historizität und Wirklichkeitssensitivität, wohingegen die auf Urteilsbildung abzielende diskursiv-kritische Methode besonders die Merkmale Problemorientierung, Exemplarizität, Perspektivität, Diskursivität und Prozedualität umfasst und die auf das Verstehen ausgerichtete hermeneutisch-narrative Methode die Merkmale Narrativität und Metaphorizität in sich vereinigt. Alle drei Methoden und damit alle Merkmale des Arendt'schen Denkens wirken in Arendts allgemeiner Methode des Perlentauchens integrativ zusammen.[262]

---

260 Ebd. S. 142–143; vgl.: Benhabib, S.: *Hannah Arendt*. S. 272–273.

261 Mit Bezug auf die kreativen und narrativen Anteile in Arendts Denken und Arbeiten argumentiert Spiegel dafür, dass Arendt u. a. in *Vom Leben des Geistes* nicht nur eine narrative, sondern auch »[...] eine poetische Methode [anwendet; Zusatz S. G.], die sich in der Demontage und kristallinen Konfiguration zeigt.« (Spiegel, I.: *Die Urteilskraft bei Hannah Arendt*. S. 130.) Wie Spiegel herausarbeitet, setzt diese Methode ein »poetisches Urteilsvermögen« voraus. Vgl.: Ebd. S. 128, 165–185.

262 Vgl.: Benhabib, S.: *Hannah Arendt*. S. 113, 158; Nordmann, I.: *Hannah Arendt*. S. 18, 28, 39–40, 56–57; Straßenberger, G.: *Hannah Arendt*. S. 20–21; Torkler, R.: *Philosophische Bildung und politische Urteilskraft*. S. 142–145; Young-Bruehl, E.: *Hannah Arendt*. S. 151, 286, 354, 365, 552.

2. Anwendungen der existenziell-performativen Hermeneutik

Ausgehend von den zuvor erläuterten Merkmalen des Arendt'schen Denkens und ihrer allgemeinen Methodik soll es nun um die Erläuterung und Explikation der Methodik der existenziell-performativen Hermeneutik gehen. Angenommen wird dabei, dass diese einen Spezialfall bzw. eine spezielle Anwendung ihrer allgemeinen Methodik darstellt.

Wenn das »Perlentauchen« als Arendts allgemeine Methode verstanden werden kann, in der sich die Merkmale und Besonderheiten ihres Denkens zu drei zentralen methodischen Ansätzen vereinen, die Arendt jedoch selbst nie hinreichend expliziert hat, und wenn die existenzphilosophische Interpretation der Philosophie und politischen Theorie Arendts gemäß der im ersten Teil aufgestellten Lektüreleitlinien richtig war, wenn also die Prozessstruktur der existenziell-performativen Hermeneutik richtig herausgearbeitet worden ist, und es zudem richtig ist, dass Arendt ihre existenziell-performativen Hermeneutik auch tatsächlich angewandt hat, dann müssten sich die wesentlichen Elemente ihrer allgemeinen Methode in der Methodik wiederfinden, der Arendt im Rahmen der Anwendung ihrer existenziell-performativen Hermeneutik gefolgt ist, so dass diese als ein Spezialfall bzw. eine spezielle Anwendung der Methode des Perlentauchens gelten kann.

Beweislasten: Im Folgenden ist daher zu zeigen, dass a) Arendt die in ihrem Werk enthaltene existenziell-performative Hermeneutik tatsächlich angewandt hat und b) dass die damit einhergehende Methodik alle wesentlichen Elemente von Arendts allgemeiner Methode enthält. Zunächst soll nachfolgend gezeigt werden, dass Arendts allgemeine Methodik und die Methode der existenziell-performativen Hermeneutik konvergieren, bevor anschließend am Beispiel von Arendts Varnhagen-Projekt und ihrem Eichmann-Bericht exemplifiziert wird, dass Arendt ihre existenziell-performative Hermeneutik praktisch angewandt hat.

Methodische Schritte der existenziell-performativen Hermeneutik: Um die Konvergenz von Arendts allgemeiner Methodik und der Methode der existenziell-performativen Hermeneutik zeigen zu können, ist es notwendig, ihre Methode aus der Prozessstruktur der existenziell-performativen Hermeneutik begründet zu rekonstruieren. Wesentlicher Bezugspunkt hierfür ist der dritte Teilprozess, der des existenziellen Erkennens und Verstehens, da die Explikation desselben hoffentlich erhellt hat, wie die Persönlichkeit eines Menschen durch einen oder mehrere andere Menschen erkannt und verstanden werden kann, was Arendt zufolge ein wesentlicher Beitrag zur Persönlichkeitsbildung des betreffenden Menschen ist. Die entsprechende Rekonstruktion ergibt eine methodische Prozessstruktur, die sich in zwei Teile und sechs Teilschritte gliedert. Jedem Teilschritt und damit jedem Teil dieser Prozessstruktur lässt sich eine der allgemeinen Methoden und die damit verbundenen Merkmale des Arendt'schen Denkens zuordnen, was die nachfolgende Übersicht (siehe Abbildung 6: *Methodenkonvergenz*) darstellt. Hierdurch kann hoffentlich überzeugend gezeigt werden, dass Arendts allgemeine Methode und die Methode der existenziell-performativen Hermeneutik konvergieren.

Abbildung 6: *Methodenkonvergenz*

Auf die einzelnen Teilschritte der Methode muss, da die zu ihrer Umsetzung wesentlichen Tätigkeiten bereits im Rahmen der Explikation des dritten Teilprozesses der existenziell-performativen Hermeneutik ausführlich dargelegt wurden, nur insofern eingegangen werden, als dass dargelegt werden sollte, was die Ausführung dieser Tätigkeiten konkret bedeutet, um hiervon ausgehend zeigen zu können, dass Arendt diese Methode angewendet hat. Dies wird nachfolgend am Beispiel von Arendts Varnhagen-Projekt und ihren Eichmann-Bericht geleistet, wodurch schließlich auch gezeigt werden soll, dass Arendt die zuvor dargestellte Methode der existenziell-performativen Hermeneutik richtig rekonstruiert wurde und dass diese in ihren überwiegenden Teilen auch von Arendt praktiziert worden ist. Hierbei ist zu beachten, dass die Teilschritte 1b und 1c sowie die Teilschritte 2d und 2e (vgl.: Abbildung 6) innere, primär mentale Vorgänge beschreiben, die folglich nicht direkt, sondern nur indirekt und zudem sehr schwer festzustellen sind, woraus folgt, dass die Umsetzung dieser Teilschritte nur anhand bestimmter Indizien nachgewiesen, also nicht zweifelsfrei bewiesen werden kann.

2.1 Sinnstiftendes Erzählen – Das Varnhagen-Projekt

Arendts Varnhagen-Biografie, in der es ihr darum geht, das Leben bzw. die Lebensgeschichte von Rahel Varnhagen, geborene Levin, aus der Sicht Rahels mit einem hohen Authentizitätsgrad nachzuerzählen und so sinnhaft zu verstehen, ist Arendts zweites Buch, das sie 1929 als Habilitationsprojekt begonnen, 1933 bis auf zwei Kapitel fertiggestellt und 1938 in Paris endgültig abgeschlossen, jedoch erst 1958 in den USA und 1959 in Deutschland publiziert hat. Die Entstehung ihrer Varnhagen-Biografie fällt also in die durch die nationalsozialistische Diktatur in Deutschland ausgelösten weltgeschichtlich wirren Zeiten, die auch für Arendt von existenzieller Bedrohung (bspw. Arendts Internierung im Lager Gurs), Verlust (bspw. Selbstmord Walter Benjamins in Portbou an der französisch-spanischen Grenze) und Vertreibung (Pariser Exil, später Emigration in die USA) geprägt waren. Insofern überrascht es nicht, wenn die nachfolgende Darstellung zeigt, dass Arendts Varnhagen-Biografie durchaus autobiografisch geprägt ist. Interessanter ist jedoch Volkenings Befund, wonach Arendts Varnhagen-Biografie eine komplexe bzw. stellvertretende Autobiografie ist, die erst vor dem Hintergrund der von Arendt implizit in *Vita activa* mitentwickelten »Theorie biografischen Erzählens« voll verständlich wird. Ziel der nachfolgenden Darstellung ist es jedoch nicht, die Entstehungsgeschichte der Varnhagen-Biografie nachzuzeichnen oder die Frage zu diskutieren, ob Arendts Werk eine »[...] komplexe Montage aus narrativen, philosophischen, politischen und historischen Diskursen [...]«[263], eine Biografie, eine Autobiografie oder gar eine »autobiographische Biographie« ist, sondern zuvorderst prägnant aufzuzeigen, welche methodischen Schritte der existenziell-performativen Hermeneutik Arendt bereits entwickelt und beim Verfassen ihrer Varnhagen-Biografie umgesetzt hat und welche der drei zuvor genannten zentralen Methoden Arendts hierbei von ihr jeweils konkret angewendet wurden. Ein wichtiger Ausgangspunkt hierfür sind Volkenings Forschungsergebnisse zu Arendts Varnhagen-Biografie, weil hierdurch der genaue diegetische Rahmen deutlich wird, in dem Arendt ihre existenziell-performative Hermeneutik beim Erarbeiten und Niederschreiben ihrer Varnhagen-Biografie angewendet hat.[264]

Stellvertretende Autobiografie: Das zentrale Ziel, das Arendt mit ihrer Varnhagen-Biografie verfolgt, ist, »[...] Rahels Lebensgeschichte so nachzuerzählen, wie sie selbst sie hätte erzählen können.« (RV 12) Ganz wichtig ist Arendt dabei zuvorderst, eine

---

263 Nordmann, I.: *Hannah Arendt.* S. 33.

264 Vgl.: Benhabib, S.: *Hannah Arendt.* S. 31–32, 35–36; Christophersen, C.: »*...es ist mit dem Leben etwas gemeint« Hannah Arendt über Rahel Varnhagen.* Königsstein: Helmer 2002. S. 7–75; Hahn, B.: *Jüdische Existenzen.* In: Heuer, W. et al. (Hrsg.): *Arendt-Handbuch. Leben – Werk – Wirkung.* Stuttgart/Weimar: Metzler 2011. S. 23–24; Kristeva, J.: *Das weibliche Genie.* S. 87, 96–97; Volkening, H.: *Am Rand der Autobiographie. Ghostwriting – Signatur – Geschlecht.* Bielefeld: transcript 2006. S. 174, 175–179, 237; Young-Bruehl, E.: *Hannah Arendt.* S. 79, 139, 146–147.

möglichst authentische, klar perspektivierte und damit eindeutig subjektivierte Biografie zu schreiben, die folglich explizit aus der Sicht Rahels verfasst ist und daher kein Buch »über« Rahel Varnhargen darstellt (vgl.: RV 12). Dieser methodische Ansatz führt Volkening zufolge jedoch dazu, dass Arendts Varnhagen-Biografie »[...] in einer Weise von der biographischen Literatur abweicht, die sie für [...] autobiographische[...] Lesarten prädestiniert.«[265] Denn Arendts methodologische Bemerkungen im Vorwort ihrer Varnhagen-Biografie und ihre von Augustinus her entwickelten erzähltheoretischen Grundannahmen, die wichtige Grundlagen ihres politiktheoretischen Werkes *Vita activa* sind, verwickeln sie in ein paradoxes methodologisches Problem, dass sie nur in einer aporetischen Weise löst, was wiederum dazu führt, dass ihre Varnhagen-Biografie nicht eindeutig als Biografie oder Autobiografie zu kategorisieren ist. Vielmehr ist Arendts Biografie, folgt man Volkenings Erkenntnissen, eher als eine Art stellvertretende Autobiografie zu bezeichnen, weil in dieser zwei von Arendt entwickelte, sich jedoch gegenseitig ausschließende Modelle biografischen Erzählens miteinander verbunden werden. Arendt kombiniert nämlich den im Vorwort ihrer Varnhagen-Biografie explizierten methodischen Grundsatz des subjektiv-authentischen Selbst-Erzählens, also die für eine Autobiografie typische Perspektive von innen nach außen, mit dem in *Vita activa* entwickelten objektiv-wahrhaftigen Modell des Nach-Erzählens, also der typisch biografischen Perspektive von außen nach innen. Obwohl sich diese beiden biografischen Ansätze gegenseitig ausschließen, verschränkt Arendt beide Biografie-Modelle in ihrer Varnhagen-Biografie miteinander, indem sie das authentische Selbst-Erzählen, u. a. durch dokumentierendes Zitieren aus den Briefen Rahels, immer wieder durch Elemente des klassischen biografischen Nach-Erzählens unterbricht. Hierdurch entsteht das in sich paradoxe Konstrukt eines stellvertretenden autobiografischen Selbst-Erzählens. Dass dieses Erzählmodell eindeutig intendiert ist, wird aus der im Konjunktiv stehenden Formulierung »wie sie selbst sie hätte erzählen können« deutlich. Arendt will also stellvertretend für Rahel deren Lebensgeschichte erzählen. Die dazu entwickelte stellvertretende Autobiografie ermöglicht es Arendt, kontinuierlich zwischen den sich ausschließenden Rollen des undistanzierten, weil sich einfühlenden Autobiografen auf der einen und des distanzierten, weil abstrahierenden und zusammenschauenden sowie kommentierenden Biografen auf der anderen Seite zu wechseln. Mit dem hieraus entstehenden paradoxen Konstrukt einer stellvertretenden Autobiografie entspricht Arendt zum einen ihrer später in *Vita activa* explizit vertreten These, wonach wahres »Ein-Verständnis« nur unter Freunden bzw. Seelenverwandten möglich ist, also eine gewisse Ähnlichkeit, Einfühlungsvermögen und Verständnis voraussetzt. Ein Umstand übrigens, der u. a. auch für Arendts Luxemburg-Biografie bedeutsam ist, denn Arendt selbst hatte offenbar einen »[...] besseren Zugang

---

265 Volkening, H.: *Am Rand der Autobiographie.* S. 184.

[als andere Biografen bspw. wie Peter Nettel; Anm. S. G.] zu einem Geist [...], dem sie sich so verwandt fühlte.«[266] Zum anderen entspricht sie mit ihrem kombinierten methodischen Vorgehen der ebenfalls in *Vita activa* gewonnenen Einsicht, wonach die Persönlichkeit eines Menschen und dessen Verbindung zu seiner Um- und Mitwelt, dem Bezugsgewebe menschlicher Angelegenheiten, nicht von diesem selbst, sondern nur von einem beobachtenden Erzähler, also von einem Biografen, erkannt, verstanden und erzählt werden kann, weil allein dieser in der Lage ist, den auf der Schulter sitzenden und das individuelle menschliche Schicksal verkörpernden Daimon zu erkennen. Dieser Arendt'schen Einsicht zufolge, so Volkening, ist die »Autobiographie [...] nur möglich als Autobiographie der Anderen.«[267] Von dieser Annahme aus ergibt dann auch der paradoxe Erzählansatz der Varnhagen-Biografie einen Sinn. Denn stellvertretendes autobiografisches Selbst-Erzählen macht genau dann Sinn, wenn die konventionelle Autobiografie unmöglich ist, weil »[d]as »Auto-« der Autobiographe [...] dem Betroffenen selbst wesentlich unverfügbar [ist].«[268] Folglich schreibt Arendt als Ghostwriterin die Autobiografie Rahel Varnhagens und erschafft damit eine Autobiografie, in der die beschränkte Innenperspektive des autobiografischen Objekts, Rahels, mit der überblickenden, einordnenden und kommentierenden Außenperspektive der klassischen Biografin, gemeint ist Arendt, widersprüchlich verschränkt sind. Dies konfrontiert Arendt mit dem bereits genannten methodologischen Problem, ermöglicht es ihr jedoch, nicht nur Rahels Leben und ihre Lebensgeschichte in authentischer Weise darzustellen, sondern zugleich auch den Sinn bzw. die exemplarische Bedeutung dieses Lebens zu erkennen und herauszuarbeiten.

Für den Nachweis der Anwendung der existenziell-performativen Hermeneutik Arendts interessiert der dem Varnhagen-Projekt zugrunde liegende Grundsatz des subjektiv-authentischen stellvertretenden Selbst-Erzählens nur insoweit, als dass er Arendt zur »[...] (Re-)Konstruktion einer Person [dient], die so noch nicht in der Öffentlichkeit aufgetaucht war.«[269] Deutlich wird also, dass es Arendt darum ging, die Persönlichkeit Rahels vor allem im Medium der Narration zu erkennen und zu verstehen. Bezogen auf ihr paradoxes objektiv-wahrhaftiges Modell autobiografischer Diegese lässt sich dagegen die Umsetzung wesentlicher Elemente der existenziell-performativen Hermeneutik nachweisen. Und tatsächlich beginnt Arendt ihre bipolare Varnhagen-Biografie folgerichtig mit dem Lebensende Rahels, d. h. mit den letzten Worten, die Rahel ihrem Ehemann zufolge auf dem Sterbebett geäußert haben soll und die, bezogen auf die von Arendt in *Vita activa* entwickelte Theorie

---

266 Young-Bruehl, E.: *Hannah Arendt.* S. 544.
267 Volkening, H.: *Am Rand der Autobiographie.* S. 174.
268 Ebd. S. 206.
269 Ebd. S. 195.

eines biografischen Erzählens, auch noch passender Weise mit dem Ausruf »»Welche Geschichte!«« (RV 17) beginnen.[270]

Epistemisches Erfassen – Beobachten: »Die *Lebensgeschichte einer deutschen Jüdin aus der Romantik* ist gleichermaßen von der Darstellung der *Identität*sproblematik Rahel Varnhagens wie von der Frage der *Darstellbarkeit* eines Lebens geprägt.«[271] Um zunächst Rahel Varnhagens Lebensgeschichte zu rekonstruieren und entsprechend darstellen zu können, sich also eine möglichst objektive Vorstellung von ihrer Lebensgeschichte und ihrer darin zum Ausdruck kommenden Persönlichkeit machen zu können, wendet sich Arendt den in der *Sammlung Varnhagen* erhaltenden, Briefen und Tagebucheinträgen Rahels sowie dem Manuskript *Rahel. Ein Buch des Andenkens für ihre Freunde*[272] zu. Diese Quellen gelten ihr als authentische Selbstzeugnisse und sind folglich aus Arendts Sicht geeignet, als Grundlage zur Rekonstruktion des Lebens und der Persönlichkeit Rahels zu dienen. Notwendig ist die Beschränkung auf Rahels Selbstzeugnisse, da Arendt die ihrer existenziell-performativen Hermeneutik zufolge entscheidende Quelle, das unmittelbare Beobachten Rahels, ihres Handelns und Sprechens, aus dem trivialen Grund ihrer späteren Geburt nicht möglich war. Arendt konnte also nicht in die Rolle des weltzugewandten, verständnisorientierten Zuschauers wechseln, aus der heraus sie das Erscheinen von Rahel in dem von ihr selbst erschaffenen Erscheinungsraum, ihrer Dachstube in der Jägerstraße in Berlin, hätte beobachten können. Diese Dachstube ist Rahels Erscheinungsraum, denn sie ist ihr Salon, der von Konventionen befreite öffentliche Raum, in dem »[s]ie […] sich selbst zeigen [möchte] wie ein »Spektakel«.« (RV 72) Ihre Dachstube ist daher der Raum, in dem ihre Persönlichkeit anderen Menschen, ihren »wenigen wirklichen Freunden« und den vielen Gästen, erscheint und hierdurch wesentlich gebildet wird. Hier trifft Rahel beispielsweise den preußischen Kronprinzen Louis Ferdinand, dem sie ihre »Dachstuben-Wahrheiten« (RV 69) verkündet, die Brüder Humboldt, Friedrich Schlegel oder Jean Paul, um nur einige zu nennen. Folglich sind Arendt zufolge Rahel Varnhagens Leben und ihre Persönlichkeit nicht zu verstehen, ohne die Bedeutung des jüdischen Salons zu erfassen, über den Arendt schreibt: »Der jüdische Salon in Berlin war der soziale Raum außerhalb der Gesellschaft, und Rahels Dachstube stand noch einmal außerhalb der Konventionen und Gepflogenheiten auch des jüdischen Salons.« (RV 71) Arendts Wissen über Rahel und ihre sich daraus verdichtende subjektive Vorstellung von Rahels Persönlichkeit basiert daher nicht auf direkter Beobachtung, sondern auf materialisierten und bereits selbstreflexiv durchdrungenen Lebenszeugnissen. Diese haben ihren Ursprung in der verzweifelten Identitätssuche Rahels. Denn, um sich selbst zugänglich zu werden und die eigene Identitätskrise zu verstehen und ggf.

---

270 Vgl.: Ebd. S. 174, 182–186, 193, 196, 219–220, 223, 237–238.
271 Ebd. S. 237.
272 Hahn, B. (Hrsg.): *Rahel. Ein Buch des Andenkens für ihre Freunde*. Bd. 1–6. Göttingen: Wallenstein 2011.

lösen zu können, wendet Rahel sich der autobiografischen Narration zu. In der »[...] spielerischen Distanz und der verzweifelten Isoliertheit sieht sie die Kontur ihres Lebens so klar und so undeutbar zugleich, daß sie es nur in aller Nacktheit referieren kann. Ihr Leben wird ihr zu einer Erzählung.« (RV 116) Rahel erkennt ihr Leben also im Modus des Erzählens. Um verstanden zu werden, »[...] erzählt [Rahel] ihr Leben einer gewissen Rebecca Friedländer [...].« (RV 119), die sich in einer ähnlichen Situation befindet und mit der Rahel »innig« befreundet ist. Dabei »[...] behält [sie] im Erzählen nichts für sich, verschweigt nichts, verrät sich und alle anderen.« (RV 120) Rahel tut dies, weil sie ihre Situation und die dieser ähnelnde Situation ihrer Freundin »[...] verstehen und erzählen kann, was die andere nicht vermag [...]« (RV 120) Auch ihrem Ehemann, August Varnhagen, versucht Rahel sich zu verstehen zu geben, indem »[s]ie [...] ihm [...] ihr Leben [...] als die verstehbare Lebensgeschichte eines Menschen [gibt] [...].« (RV 167) Indem Arendt gemäß ihrer phänomenologisch-analytischen Methode Rahels derart entstandene narrative Selbstzeugnisse wirklichkeitssensitiv analysiert, um sich so das Leben, die Lebensbedingungen und die Persönlichkeit Rahels zu erschließen, setzt sie, den historischen Zeitenabstand berücksichtigend, den ersten Teilschritt der methodischen Prozessstruktur der existenziell-performativen Hermeneutik um und kommt zu einem Wissen, dass sie mithilfe weiterer methodischer Schritte zu einer möglichst objektiven Vorstellung von der Persönlichkeit Rahels verdichten kann. (vgl.: RV 9–11, 30–31, 33–34, 69, 71–72, 116–120)[273]

Epistemisches Erfassen und sinnvernehmendes Verstehen – Denken, Erkennen und Be-Urteilen: Bei dem Versuch, sich eine möglichst objektive Vorstellung von der Persönlichkeit Rahels zu machen, wechselt Arendt zuerst aus der Rolle des weltzugewandten, verständnisorientierten Zuschauers in die Rolle des weltabgewandten, kontemplativen Denkers und anschließend in die des weltzugewandten, erkenntnisorientierten Wissenschaftlers. In den Kontexten dieser epistemischen Rollen bringt Arendt vor allem die phänomenologisch-analytische und die diskursiv-kritische Methode zur Anwendung, denn zum einen sichtet Arendt die zahlreichen Lebenszeugnisse Varnhagens mit großer Sensibilität für die konkreten Lebens- und Zeitumstände Varnhagens, der deutschen Jüdin aus der Romantik, zum anderen prägt sie wichtige für das Verständnis der Lebensgeschichte und der sich darin dokumentierenden Persönlichkeit Varnhagens begriffliche Unterscheidungen, wie beispielsweise die zwischen dem Begriffen »Paria« und »Parvenu«, in der Rahels, und sicherlich auch Arendts eigenes Lebensdilemma begrifflich gefasst ist, da beide nur ein Leben als Paria führen konnten, weil man, »[u]m ein Parvenu zu werden, [...] mit der Wahrheit bezahlen [muß] [...]« (RV 215), was weder Rahel noch Arendt wollten. Kritisch-diskursiv verfährt Arendt bei der Erfassung der Persönlichkeit Rahels nicht nur, weil sie hierbei prägende

---

273   Vgl.: Benhabib, S.: *Hannah Arendt.* S. 45–56; Hahn, B.: *Jüdische Existenzen.* S. 23.

Personen aus dem Leben Varnhagens, deren Auskünfte über Rahel einiges zum Erfassen der wesentlichen Merkmale ihrer Persönlichkeit beitragen, zu Wort kommen lässt, sondern auch, weil Arendt ihre subjektive Vorstellung von Rahels Persönlichkeit zu objektivieren versucht, indem sie u. a. die autobiografischen Zeugnisse Rahels, vor allem ihre Briefe und Tagebucheinträge, überwiegend, jedoch nicht immer unproblematisch und fehlerfrei, quellenkritisch untersucht, d. h. beispielsweise die entsprechenden authentifizierenden Referenzen zu dokumentieren sucht und die nachgelassenen Briefe etc. kategorisiert, ergänzt und korrigiert. So gewinnt Arendt vor allem auf der Grundlage ihrer Arbeit mit Rahels *Buch des Andenkens* durch denkende Abstraktion und epistemische Konstruktion eine in Teilen zu Recht objektivierbare bzw. repräsentative Vorstellung von der Persönlichkeit Rahels, was der Umsetzung des zweiten Schritts innerhalb des Teilschrittes des epistemischen Erfassens und sinnvernehmenden Verstehens entspricht. Zudem zeichnet sich Arendts stellvertretende Autobiografie auch durch das für die phänomenologisch-analytische Methode typische Merkmal der Selektivität aus, denn »[d]er Text Arendts schneidet aus, wählt aus dem ungeheuren Umfang des Archivs nach bestimmten Kriterien aus und stellt eine Konzentration her, die in der Figur der »Rahel« als Paria mündet.«[274] Nach Arendts eigenem Bekunden wird beispielsweise »[...] kaum ein Autor erwähnt, von dem es nicht sicher oder zumindest wahrscheinlich ist, daß sie [Rahel, Anm. S. G.] ihn gekannt und daß das, was er geschrieben hat, von Bedeutung für ihre eigene Reflexion geworden ist.« (RV 13) Indem Arendt hierbei auch die diskursiv-kritische Methode anwendet tut sie genau das, was der Biograf ihrer in *Vita activa* entwickelten biografischen Erzähltheorie zufolge zu leisten hat, nämlich aufgrund seines Überblicks die Fakten eines individuellen Lebens zu sichten, zu bewerten und schließlich so auszuwählen, dass das kohärente Erzählen der Lebensgeschichte und das damit verbundene Erkennen und Verstehen der Persönlichkeit möglich sind.[275] (vgl.: RV 9, 209–225)

Vertieftes sinnvernehmendes Verstehen – Analysieren und Be-Urteilen: Vor allem aus Rahels autobiografischen Selbstzeugnissen gewinnt Arendt also durch Rekonstruktion eine Vorstellung von Rahels Leben und Persönlichkeit, von der sie aufgrund ihrer Quellenkritik davon ausgeht, jedoch nicht immer berechtigt, dass sie in einem hinreichenden Maß repräsentativ ist. Dies ist für Arendts Arbeit eine entscheidende Voraussetzung, denn es geht ihr in dieser vor allem darum, aus der Rolle des weltzugewandten, verständnisorientierten Zuschauers heraus Rahels Leben und ihre Persönlichkeit zu verstehen, weswegen sie folglich ihre durch phänomenologisch-literarische Analysen gewonnene und objektivierte Vorstellung von Rahel eingehend analysiert und vor dem zeitgeschichtlichen Hintergrund, der geschichtlich-kulturellen Epoche der

---

274 Volkening, H.: *Am Rand der Autobiographie.* S. 229–230.
275 Vgl.: Christophersen, C.: »*...es ist mit dem Leben etwas gemeint*«. S. 118–146; Kristeva, J.: *Das weibliche Genie.* S. 97; Volkening, H.: *Am Rand der Autobiographie.* S. 195.

Romantik, kritisch beurteilt. Dies tut Arendt teilweise so deutlich, dass beispielsweise Kristeva zuweilen den Eindruck hat, das »[...] Arendt eher mit ihr [Rahel; Anm. S. G.] abzurechnen [scheint] [...].«[276] Für die Art ihrer Analyse ist jedoch entscheidend, dass es Arendt dabei, und auch beim späteren Nacherzählen der Lebensgeschichte Rahels, ausdrücklich darum geht, »[...] nicht mehr wissen zu wollen, als was Rahel selbst gewußt hat, und ihr kein anderes Schicksal aus vermeintlich überlegenen Beobachtungen anzudichten, als sie bewußt gehabt und erlebt hat.« (RV 15) Obwohl Arendt folglich phänomenologisch behutsam die Gedankenwelt Rahels analysiert und sich dazu immer wieder in sie hineinversetzt, geht es ihr also nicht darum, mit psychologischen, literarischen oder geschichtlichen Kategorien, die zum Zweck der tiefgreifenden Analyse von außen an Varnhagens Persönlichkeit herangetragen werden, zu arbeiten, und folglich werden »[...] Beobachtungen psychologischer Art [...] kaum erwähnt und überhaupt nicht kommentiert [...].« (RV 14) Dass Arendt dies nicht immer gelingt bzw. dass das Anliegen nicht aus der Rolle eines überlegenen Beobachters zu analysieren und zu beurteilen notwendig fehlgeht, überrascht nicht, da es in der bereits beschriebenen Verschränkung zweier konträrer Modelle biografischen Erzählens bei der Konzeption und Niederschrift der Varnhagen-Biografie schon von vorneherein begründet liegt. Interessanterweise wird gerade das persönlichkeitsbildende überlegene Beobachten, das Arendt als Autobiografin Rahels unter Berücksichtigung der bereits genannten Einschränkungen bzw. Modifikationen selbst praktiziert, sinnbildlich durch die Selbstbeschreibung August Varnhagens zum Ausdruck gebracht, der sich als ein »Bettler am Wege« beschreibt, der beobachtet und versteht, was vorübergeht. Diesbezüglich erläutert Arendt, dass Rahel August Varnhagens Fähigkeit nutzt »[...] mehr zu sehen, mehr zu erfahren als die anderen [...]« (RV 159), denn »[w]er weiß besser, was vorgeht, was vorüberzieht als der, der am Wege niemals selbst verstrickt ist?« (RV 158) Varnhagen ist also der unbeteiligte Zuschauer, den Arendt später in *Vita activa* u. a. als den unbeteiligten Zuschauer der olympischen Spiele oder des Theaters beschreibt, der von überlegener Warte aus das Geschehen beobachten, erfassen, beurteilen und verstehen kann. Gerade deshalb, um verstanden zu werden, gibt »Rahel [...] Varnhagen alles, was sie hat, alle Tagebücher, alle Briefe [...]« (RV 160), also genau die autobiografischen Selbstzeugnisse, die auch Arendt als Grundlage für ihre Varnhagen-Biografie nutzt und wodurch sie schließlich dem »Bettler am Wege« eigentümlich gleicht. Nicht zuletzt auch deswegen, weil sie als Autorin aufgrund ihres im Vorwort erläuterten autobiografischen Grundsatzes des stellvertretenden, subjektiv-authentischen Selbst-Erzählens ähnlich wie der »Bettler am Wege« namen-, gesichts- und identitätslos wird. Denn: »»Der »Bettler am Wege« ist niemand; er ist ohne Namen, ohne Geschichte und ohne Gesicht. Er ist der Unbekannte schlechthin.« (RV 159) Als »Bettler am Wege« gewinnt Arendt aus der Analyse der Selbst-

---

276 Kristeva, J.: *Das weibliche Genie.* S. 88.

zeugnisse Rahels schließlich einige bedeutende Erkenntnisse über deren Persönlichkeit. So stellt Arendt u. a. fest, dass Rahel verständig und klug, jedoch auch unsicher und nicht immer der Vernunft zugänglich ist; sie ist jemand, der in besonderer Weise unter seiner jüdischen Existenz leidet, dieser und seinem damit verbundenen Selbst daher u. a. durch Assimilation zu entkommen sucht und verzweifelt um einen Platz in der Welt ringt, was sich in dem Bemühen dokumentiert, sich selbst zu verstehen und ein Jemand mit einer erzählbaren Geschichte zu werden, was vor allem das Geliebt- und Verstanden-werden durch Andere voraussetzt. Ihr Urteil über das Leben und die Persönlichkeit Rahels, das durchaus die Exemplarizität der Persönlichkeit Rahels hervorhebt, formuliert Arendt im letzten Kapitel ihrer Biografie. Dort stellt sie zunächst fest, dass Rahel ihre »infame Geburt« (RV 231), ihr Judentum, zum individuellen Lebensschicksal wird, was bedeutet, dass eine »politisch-gesellschaftliche Gegebenheit« (RV 231) ihr zu einem »individuell-privaten Problem« (RV 231) wird, an dem alle Lösungsversuche, d. h. alle Versuche, sich selbst zu entrinnen, scheitern. Arendt urteilt, dass Rahels Lebensgeschichte von dem permanenten Versuch geprägt ist, nichts Besonderes, sondern ein normaler Mensch zu sein und dass die hierzu unternommenen Anstrengungen wesentliche Züge ihrer Persönlichkeit prägen. Doch Arendt stellt am Beispiel Rahels auch fest, dass man sich selbst nicht entkommen kann – »Sich selbst wird man nicht los.« (RV 109) – und die Lösung des entsprechenden Identitätskonflikts nur in der Akzeptanz, in der Versöhnung mit dem Gegebenen liegt. Folglich urteilt Arendt abschließend über Rahel: »Rahel ist Jüdin und Paria geblieben. Nur weil sie an beidem festgehalten hat, hat sie einen Platz gefunden in der Geschichte der europäischen Menschheit.« (RV 237) Rahels Lebensgeschichte und die sich darin manifestierende Persönlichkeit steht damit exemplarisch für das Drama der Suche nach der eigenen Identität; für den verzweifelten Versuch, sich selbst bzw. seiner »Geworfenheit« zu entkommen und am Ende doch wieder bei sich anzukommen, d. h. sich mit sich selbst zu versöhnen. Und so wird Rahel schließlich in Arendts Beurteilung das, was sie immer auch sein wollte, ein Exempel, also ganz im Kantischen Sinne etwas Besonders, in dem sich etwas Allgemeines zeigt, von dem andere Menschen folglich lernen können.[277] (vgl.: RV 12–15, 22, 26–28, 37, 39, 41, 46–47, 57, 103 ff., 109, 121–122, 125, 133 ff., 158, 165, 227–237; U 127–128)

Vertieftes sinnvernehmendes Verstehen – Erzählen: Um am Beispiel von Rahel lernen zu können und um dazu schließlich auch anderen zu zeigen, »Wer« Rahel wirklich war, um also zu beschreiben, wie der Daimon aussieht, der Rahel zeitlebens auf der Schulter saß und um zu zeigen, wie sich Rahels Lebensfaden mit dem Bezugsgewebe der menschlichen Angelegenheiten verwoben hat, wechselt Arendt schließlich wieder in die Rolle des weltzugewandten, verständnisorientierten nun jedoch geschichtenerzählenden Zuschauers, der mit dem »Abstand von 100 Jahren«[278] einen kritisch-

---

277 Vgl.: Ebd. S. 90, 95–96, 101, 112; Young-Bruehl, E.: *Hannah Arendt.* S. 139.
278 Benhabib, S.: *Hannah Arendt.* S. 35.

distanzierten Blick auf das Leben hat. Dies ermöglicht es Arendt, ihre hermeneutisch-narrative Methode anzuwenden und Varnhagens Lebensgeschichte als stellvertretende Autobiografie im zuvor dargelegten Sinne, also im steten Wechsel zwischen detailgetreuer, jedoch selektierender und fokussierender Narration und verdichtender Reflexion nachzuerzählen. Ob Arendts Blick auf das Leben Rahels dabei jedoch immer objektiv-distanziert ist, ist fraglich, vor allem dann, wenn man davon ausgeht, dass Arendt das Leben von Rahel auch deshalb erzählt, um ihr eigenes Leben besser zu verstehen. Dass Arendts Varnhagen-Biografie dennoch eine biografische Repräsentationserzählung ist, die zu Recht den Anspruch auf Exemplarizität erheben kann, wird an dem Umstand deutlich, dass sie, am Beispiel Rahels, den existenziellen Grundkonflikt vieler (deutscher) Juden, insbesondere den von sich selbst, klar herausarbeitet und einer Lösung zuzuführen versucht, die sie in der positiven Anerkennung der eigenen Identität als Jude/Jüdin sieht. Das Arendt diesen Konflikt und seine Lösung als einen exemplarischen verstanden hat, zeigt sich u. a. auch in ihrem wenig gelungenen Versuch, die entsprechende Begrifflichkeit und den entsprechenden Lösungsansatz auf den gesellschaftlich-politischen Konflikt um die gleichberechtigte Partizipation der afrikanisch-stämmigen Amerikaner, insbesondere bezüglich des Schulbesuchs, Ende der 1950er Jahre in den USA zu übertragen, den sie u. a. in ihrem Essay *Little Rock* durchaus kontrovers reflektiert.[279]

Existenzphilosophische Einsichten: Bis hierhin konnte hoffentlich überzeugend gezeigt werden, dass das Varnhagen-Projekt dokumentiert, dass Arendt schon sehr früh im Prinzip alle wesentlichen Elemente ihrer existenziell-performativen Hermeneutik entwickelt und die entsprechende Methodik, soweit diese in diesem Stadium ihres Denkens bereits vorhanden ist, praktiziert hat. Besonders interessant ist diesbezüglich, dass Arendt in ihrer Varnhagen-Biografie parallel zur Anwendung ihrer existenziell-performativen Hermeneutik eine Reihe von Einsichten formuliert, die zu den später, vor allem in *Vita activa* und *Vom Leben des Geistes* ausgearbeiteten Grundlagen ihrer existenziell-performativen Hermeneutik gehören. So macht sie zum einen u. a. durch die Figur des »Bettlers am Wege«, mit der sich August Varnhagen selbst beschreibt, und der Bedeutung, die Rahel dem Erzählen für das Verstehen beimisst, einsichtig, dass eine gewissen Distanz für das Verstehen der Persönlichkeit eines Menschen und die dadurch mögliche narrative Reflexion notwendig sind. Zum anderen formuliert sie schon zu Beginn ihrer Biografie eine weitere für ihre existenziell-performative Hermeneutik zentrale Einsicht, nämlich die, das wirklich nur das ist, was im öffentlichen Raum erscheint und von anderen Menschen als wirklich bestätigt wird. So schreibt Arendt beispielsweise:

---

279 Vgl.: Hahn, B.: *Jüdische Existenzen.* S. 24; Kristeva, J.: *Das weibliche Genie.* S. 87–88.

Verstanden werden ist das eigentliche Glück des Gesprächs. Je imaginärer eine Existenz ist, je imaginärer ein Leiden, desto süchtiger nach Zuhörern, nach Bestätigung. [...] In der verstehenden Antwort der Menschen liegt ein Stückchen Realität verborgen. [...] Das eigene Leben wird ihm [dem Hypochonder, gemeint ist Rahel; Anm. S. G.] überhaupt erst in der Beichte zur Wirklichkeit [...]. (RV 33–34)

Später betont Arendt diesbezüglich erneut: »Denn für und in der Welt hat nur das Bestand, was mitteilbar ist.« (RV 117) Schließlich exemplifiziert Arendts Varnhangen-Projekt auch den für ihre existenziell-performative Hermeneutik nicht unwichtigen Aspekt der Selbsterkundung durch Fremderkundung. Arendts Varnhagen-Projekt zielt nämlich auch darauf ab, »[...] die konkreten Erfahrungen eines anderen [zu; Zusatz S. G.] studieren [...]«[280], um sich selbst auf die Schliche zu kommen und Halt in der Lebensgeschichte eines anderen zu finden, der einem in Lebens- und Leidensweg ähnelt. Deswegen schreibt Arendt auch nicht einfach nur eine Biografie »über« (RV 12) Varnhagen, sondern »[e]s geht ihr um eine bestimmte Weise des Erzählens, die darin besteht, den Standpunkt von Rahel zu übernehmen, auch unter Einbeziehung von Kritik. Der Hintergrund des Interesses von Arendt liegt sicher in den [...] Parallelen der Lebensläufe.«[281] Arendts Varnhagen-Biografie ist daher auch eine Repräsentationserzählung mit »Spiegelungseffekt«, weil »[d]ie Person, von der erzählt wird, [...] zum Spiegel [wird], in dem sich die Erzählerin zu verstehen und zu interpretieren trachtet.«[282] Benhabib liest daher, ähnlich wie auch Kristeva, Arendts Varnhagen-Biografie als indirekte Autobiografie, bei der »[...] das heimliche Subjekt der biographischen Rekonstruktion Hannah Arendt selbst gewesen ein soll.«[283] Ein Umstand, der durch die Erkenntnisse Volkenings nicht grundsätzlich ausgeschlossen wird. Und so ist es durchaus plausibel, anzunehmen, dass Arendt beim Verfassen ihrer Varnhagen-Biografie zu der auch für sie persönlich bedeutsamen Erkenntnis kommt, dass der »[...] Weg zu sich selber weder durch eine innere Selbsterforschung noch durch eine äußere Anpassung, sondern nur durch die Hinwendung zu den Anderen zu finden [...]«[284] ist. Denn, wie hoffentlich gezeigt wurde, ist es Rahel selbst, die sich über die verstehende Hinwendung zu anderen, über das Erzählen der eigenen Geschichte, zu erkennen und zu verstehen sucht. Von der Arendt schreibt, dass »[s]ie [...] das Beispiel eines anderen Lebens [braucht und benutzt] und [...] an ihm [lernt]; lernt, daß Liebe, Angst, Hoffnung, Glück und Unglück nicht nur der blinde Schreck sind, sondern daß

---

280 Heuer, W.: *Hannah Arendt.* S. 80.

281 Fischer-Sabrow, G.: *Was ist ein Leben? Eine Unterrichtseinheit zu Hannah Arendts Lebensgeschichte der Rahel Varnhagen.* In: ZDPE 2/1994. S. 104.

282 Benhabib, S.: *Hannah Arendt.* S. 39.

283 Hahn, B.: Jüdische Existenzen. S. 25; vgl.: Benhabib, S.: *Hannah Arendt.* S. 35–36; Kristeva, J.: *Das weibliche Genie.* S. 87–118; Young-Bruehl, E.: *Hannah Arendt.* S. 139–147.

284 Heuer, W.: *Hannah Arendt.* S. 81.

sie an einer bestimmten Stelle, aus einer bestimmten Vergangenheit her, mit einer bestimmten Zukunft etwas bedeuten, was dem Menschen einsichtig ist.« (RV 125) Am Beispiel Rahels eröffnet sich daher Arendt ein Weg, der aufzeigt, wie man über das Verständnis der Persönlichkeit eines anderen Menschen, auch sich selbst besser verstehen kann; ein Gedanke, der insofern plausibel ist, als dass Arendt immer wieder betont hat, dass man am besten diejenigen Menschen verstehen kann, mit denen man befreundet ist bzw. die einem in ihrer Persönlichkeit ähneln, weil mit diesen »echtes Einverständnis« möglich ist. (vgl.: RV 9–16, 86)

Wenn jedoch bezogen auf die Umsetzung von Arendts existenziell-performativer Hermeneutik im Varnhagen-Projekt auch zu konstatieren ist, dass Arendt die entsprechende Methodik nicht immer in Reinform, sondern mit Variationen einzelner methodischer Schritte umgesetzt hat, ist zu berücksichtigen, dass Arendts Biografie über Rahel Varnhagen das erste größere Werk nach ihrer Dissertation über den Liebesbegriff bei Augustinus ist, ihr Denken über existenzphilosophische und politik-theoretische Probleme und damit auch die Entfaltung ihrer in ihren diesbezüglichen Lösungen enthaltenden existenziell-performativen Hermeneutik also erst am Anfang steht und sich erst in der späten politischen Theorie und Philosophie Arendts zu einer reifen Form entfaltet.

2.2 Verstehendes Berichten – Der Eichmann-Bericht

1961 nahm Arendt als Prozessberichterstatterin für die *New York Times* am Prozess gegen den ehemaligen SS-Obersturmbannführer Otto Adolf Eichmann teil, der vor einem Jerusalemer Gericht, nicht vor einem internationalen Gerichtshof, in fünfzehn Punkten wegen Verbrechen gegen die Menschheit und Kriegsverbrechen angeklagt wurde. Die Berichterstattung, die Arendt ihrer Biografin zufolge als »cura posterior« bezeichnete und die Niederschrift des entsprechenden Berichts, den sie nach eigenem Bekunden »[...] in einen merkwürdigen Zustand der Euphorie schrieb [...]« (WZ 310), löste eine mehrere Jahre und z. T. heute noch andauernde Kontroverse aus, die zu heftigen Anfeindungen[285] gegen Arendt selbst, Verwerfungen mit Freunden – Blumenfeld, Jonas –, aber auch zahlrechen Publikationen und weiteren Forschungen führte, und seither als die so genannte Eichmann-Kontroverse oder nur kurz, die Kontroverse bezeichnet

---

285 Kontrovers waren vor allem die folgenden Punkte: a) Arendts Beschreibung und Darstellung der Persönlichkeit und des Verhaltens von Eichmann, b) der damit einhergehende Untertitel des Berichts und schließlich und besonders c) Arendts Äußerungen über die Rolle der Judenräte und deren mögliche moralische Verwicklungen in die Verbrechen der Nationalsozialisten. Vgl.: Assy, B.: *Politik und Verantwortung.* In: Heuer, W. et al. (Hrsg.): *Arendt-Handbuch. Leben – Werk – Wirkung.* Stuttgart/Weimar: Metzler 2011.. S. 93; Benhabib, S.: *Hannah Arendt.* S. 277; Meints, W.: *Partei ergreifen im Interesse der Welt.* S. 143–144; Mommsen, H.: *Hannah Arendt und der Prozeß gegen Adolf Eichmann.* In: Arendt, H.: *Eichmann in Jerusalem. Ein Bericht von der Banalität des Bösen.* 15. Auflage. München/Zürich: Piper 2006. S. 18.

wird.[286] Wie bereits erwähnt, regte Arendt der Eichmann-Prozess vor allem dazu an, sich mit Fragen der politischen Moral zu beschäftigten und ihren in *Elemente und Ursprünge totaler Herrschaft* geprägten Begriff vom »radikalen Bösen« zu revidieren sowie, eng damit verbunden, sich den Tätigkeiten des Geistes, insbesondere der des Urteilens, zuzuwenden, die sie in ihrem Alterswerk *Vom Leben des Geistes* analysiert und philosophisch reflektiert, und so waren besonders »[d]ie Unfähigkeit und die Weigerung zu urteilen [...] ihre Themen in *Eichmann in Jerusalem*.«[287] (vgl.: GD 13–16; WZ 246, 255)

Eichmann verstehen: Eine wesentliche mit ihrer Prozessteilnahme und dem entsprechenden Bericht verbundene Intention Arendts war es, die Persönlichkeit und die mit dieser zusammenhängenden Taten Eichmanns, also die völlig neue Wirklichkeit eines bis dahin nie dagewesenen Verbrechens, zu verstehen, was für Arendt mit der Notwendigkeit verbunden war, »[...] im Falle Adolf Eichmanns ein Urteil zu sprechen.«[288] Ihrem Freund Scholem schreibt Sie daher beispielsweise: »[...] [S]o glaube ich, dass wir mit dieser Vergangenheit nur fertig werden können, wenn wir anfangen zu urteilen, und zwar kräftig.« (WZ 281–282) Insofern ist davon auszugehen, dass neben dem Varnhagen-Projekt auch Arendts Eichmann-Bericht die Anwendung der existenziell-performativen Hermeneutik dokumentiert. Folglich soll auch bezogen auf den Eichmann-Bericht aufgezeigt werden, inwieweit Arendt ihre existenziell-performative Hermeneutik umgesetzt und welche Methoden sie dabei konkret angewendet hat. Das bedeutet aber auch, dass auf weitere zentrale Aspekte ihres Berichts, wie beispielsweise ihre Kritik an dem Gerichtsverfahren und der mit diesem Verfahren verbundenen juristischen Probleme oder ihre Diskussion der Rolle der Judenräte, nicht eingegangen wird. (vgl.: EJ 372–404; GD 14)

Epistemisches Erfassen und sinnvernehmendes Verstehen – Beobachten, Denken, Erkennen und Be-Urteilen: Als Teilnehmerin am Prozessgeschehen, ist es Arendt, im Gegensatz zu ihrer epistemischen Situation beim Verfassen ihrer Varnhagen-Biografie, möglich, die Rolle des weltzugewandten, verständnisorientierten Zuschauers einzunehmen und Adolf Eichmann, besonders dessen Selbstauskünfte, direkt zu beobachten. Das Beobachten der Handlungen Eichmanns als Obersturmbannführer und »[...] Leiter des Büros IV/B/4 des Reichssicherheitshauptamtes [...]«[289] war ihr jedoch nicht möglich. Ähnlich wie bei ihrer Varnhagen-Biografie,

<hr>

286 Eine übersichtliche Sammlung von Gesprächen, Briefen und Rezensionen zur Eichmann-Kontroverse findet sich in: Arendt, H. und Fest, J.: *Eichmann war von empörender Dummheit. Gespräche und Briefe.* München: Piper 2013.

287 Young-Bruehl, E.: *Hannah Arendt.* S. 465; vgl.: Assy, B.: *Politik und Verantwortung.* S. 92–94, Benhabib, S.: *Hannah Arendt.* S. 276–277; Beiner, R.: *Hannah Arendt über das Urteilen.* S. 142–145; Henke, R. W.: *Was ist das Böse? Hannah Arendts Beitrag zu einem alten Problem.* In: ZDPE, 23/1994. S. 97–98; Meints, W.: *Partei ergreifen im Interesse der Welt.* S. 139, 140–146, 157, 184; Nordmann, I.: *Hannah Arendt.* S. 82 ff.; Young-Bruehl, E.: *Hannah Arendt.* S. 452, 466.

288 Beiner, R.: *Hannah Arendt über das Urteilen.* S. 142.

289 Kristeva, J.: *Das weibliche Genie.* S. 232.

beginnt Arendt auch im Kontext der Anfertigung ihres Prozessberichts damit, die Persönlichkeit bzw. die Lebensgeschichte Eichmanns epistemisch zu erfassen bzw. eine Vorstellung von derselben zu erzeugen, die berechtigterweise den Anspruch auf Repräsentativität erheben kann. Nicht in den »[...] unzähligen Bücher[n], Artikel[n] und vor allem [...] [dem; Zusatz S. G.] umfangreiche[n] Zeitungsmaterial [...]« (EJ 50), das Arendt »[...] im Laufe der zwei Jahre zwischen der Entführung Eichmanns bis zur Vollstreckung des Urteils gelesen und gesammelt [...]« (EJ 50–51) hat, besteht jedoch die »Hauptquelle« hierfür, sondern »[...] in dem Prozeßmaterial, das in Jerusalem an die Presse ausgehändigt wurde [...].« (EJ 49) und das Arendt, bezogen auf seinen Wahrheitswert, einer (quellen-) kritischen Beurteilung unterzieht, wodurch sie u. a. sicherzustellen versucht, dass die Vorstellung, die sie von Eichmanns Persönlichkeit gewinnt und ihr darauf aufbauendes Urteil repräsentativ sind.[290] Arendt geht bei der Informationsbeschaffung und -aufbereitung zwecks Gewinnung eines soliden Wissens sehr selektiv und kritisch vor, was auf die Anwendung der kritisch-diskursiven und der phänomenologisch-analytischen Methode hindeutet. Gerade für die Anwendung letzterer spricht, dass Arendt das ihr vorliegende Material kontextsensitiv analysiert und zu ihren Beobachtungen im Gerichtssaal in Beziehung setzt. Folglich wird im ersten Kapitel des als Buch veröffentlichten Eichmann-Berichts nicht nur der Gerichtshof genau beschrieben, sondern es befassen sich auch ganze drei Kapitel, nämlich die Kapitel zwei, drei und acht des Berichts, mit der Beschreibung der biografischen Daten, der Persönlichkeit und der Art der Amtsführung Eichmanns. Arendt gewinnt also zunächst aus der Rolle des weltzugewandten, verständnisorientierten Beobachters wichtige Fakten über Eichmann, die sie aus der Rolle des weltabgewandten, kontemplativen Denkers zu abstraktem Wissen verdichten kann, um dieses schließlich als weltzugewandte und erkenntnisorientierte Wissenschaftlerin zueinander in Beziehung zu setzen und hiervon ausgehend zu einer möglichst objektiven Vorstellung von der Persönlichkeit Eichmanns modellieren zu können.[291] (vgl.: EJ 49–50, 331–347)

Vertieftes sinnvernehmendes Verstehen – Analysieren: Arendt ist Mommsen zufolge bestrebt, »[...] eine sachliche und möglichst objektive Beurteilung der Beweggründe des Angeklagten vorzunehmen [...].«[292] Wesentlicher, weil wie Mommsen

---

290 Mommsen merkt diesbezüglich jedoch an, dass »[e]ine abgesicherte historische Darlegung [...] weder in der Absicht noch in der Fachkompetenz der Autorin [Hannah Arendt; Anm. S. G.] [lag].« Mommsen, H.: *Hannah Arendt und der Prozeß gegen Adolf Eichmann.* S. 11. Tatsächlich hat Arendt sich wohl in Eichmann getäuscht, worauf vor allem Stangneth hinweist, die diesen »[...] als perfekte[n] Rollespieler entlarvt, der seine Macht bereits sehr früh auf eine bewusste Imagepflege stützte [...]«. Möller, C.: *Von der »Banalität des Bösen«: Wie weiter mit einem umstrittenen Werk?* In: ZDPE, 1/2017. S. 40; vgl.: Stangneth, B. und Newmark, C.: *Er hat alle getäuscht.* In: Philosophie Magazin. Sonderausgabe, 6/2016. S. 114–120.

291 Vgl.: Stangneth, B.: *Eichmann vor Jerusalem. Das unbehelligte Leben eines Massenmörders.* 2. Auflage. Zürich/ Hamburg: Arche 2011. S. 504, 508.

292 Mommsen, H.: *Hannah Arendt und der Prozeß gegen Adolf Eichmann.* S. 25.

herausstellt, zu weiteren erschreckenden Einsichten führender Bestandteil des Berichts ist daher die Analyse der Persönlichkeit, d. h. der Psyche und des Charakters von Eichmann. Was wiederum folgerichtig ist, weil »[i]m Mittelpunkt jedes Prozesses [...] die Person des Angeklagten [steht], ein Mensch aus Fleisch und Blut mit einer individuellen Geschichte, einem immer einmaligen Gemisch von Eigenschaften, Besonderheiten, Verhaltensweisen und Lebensumständen.« (EJ 54) Als weltzugewandte, verständnisorientierte Zuschauerin analysiert Arendt also, ausgehend von ihrer Anspruch auf Repräsentativität erhebenden Vorstellung von Eichmanns Persönlichkeit, »[...] mit eigenen Mitteln, wie das Gewissen des Mannes [Eichmann; Anm. S. G.] »zu funktionieren aufhörte« [...]«[293] Hierbei setzt sie sich kritisch-diskursiv und phänomenologisch-analytisch mit den Dokumenten und ihren Eindrücken vom Prozess, aber auch der moralphilosophischen Tradition, insbesondere mit dem Begriff des Bösen und seiner traditionellen philosophischen Definition auseinander und revidiert in der Folge ihre in ihrem Werk *Elemente und Ursprünge totaler Herrschaft* vertretene Auffassung von der Radikalität des Bösen hin zu der Annahme, »[...] der furchtbaren *Banalität des Bösen*, vor der das Wort versagt und an der das Denken scheitert.« (EJ 371) Arendt revidiert ihre Auffassung vom Phänomen des Bösen[294], weil sie bei dem Versuch, die Persönlichkeit und die Lebensgeschichte Eichmanns zu verstehen, den der Ankläger Hausner vergeblich als Exempel des radikalen Bösen darzustellen versucht, feststellt, dass dessen Persönlichkeitsstruktur vor allem durch die bürokratischen Strukturen seines Amts geprägt war, was sich auch in seiner Sprache manifestierte.[295] Ihrem Interviewpartner Joachim Fest erklärt sie beispielsweise: »Nun, die Banalität war ein Phänomen, das sich gar nicht übersehen ließ. Das Phänomen äußerte sich in diesen geradezu fantastischen Klischees und Redensarten, die uns da dauernd entgegentönten.« (ED 43) Darüber hinaus konstatiert sie, dass sich Eichmann durch

293 Young-Bruehl, E.: *Hannah Arendt.* S. 471; vgl.: Williams, G.: *Gewissen/Moral.* In: Heuer, W. et al. (Hrsg.): *Arendt-Handbuch. Leben – Werk – Wirkung.* Stuttgart/Weimar: Metzler 2011. S. 284.

294 Ihrem Freund Scholem schreibt Arendt am 20.. Juli 1963 diesbezüglich: »Ich bin in der Tat heute der Meinung, dass das Böse immer nur extrem ist, aber niemals radikal, es hat keine Tiefe, auch keine Dämonie. Es kann die ganze Welt verwüsten, gerade weil es wie ein Pilz an der Oberfläche weiterwuchert. Tief aber, und radikal ist immer nur das Gute.« (WZ 284) In ihrem Brief an Scholem vom 14.. September 1963 ergänzt sie diese Erläuterung wie folgt: »Es handelt sich darum, dass das Böse ein Oberflächenphänomen ist und nicht darum, dass es ›banalisiert‹ wird oder verharmlost. Das Gegenteil ist der Fall. Entscheidend ist, dass vollkommen durchschnittliche Leute, die von Natur weder böse noch gut waren, ein so ungeheuerliches Unheil anrichten konnten.« (WZ 291)

295 Stangneth weist allerdings darauf hin, dass Arendt sich hier geirrt hat, da Eichmann durchaus zu systematischen Ausführung vor dem Hintergrund eines eigenen Gedankengebäudes fähig war, was ihrer Ansicht nach u. a. Eichmanns Äußerungen in Argentinien belegen. Vgl.: Stangneth, B.: *Eichmann vor Jerusalem.* S. 346–347.

»Wichtigtuerei« (EJ 122), Gesetzestreue und Pflichterfüllung[296] und besonders einen »[...] absoluten Mangel an Vorstellungsraft [...]« (EJ 126), also »[...] nicht [durch; Zusatz S. G.] Dummheit, sondern *Gedankenlosigkeit* [...]« (GD 14) auszeichnete. Sie folgt zudem der Einschätzung der Psychiater, die Eichmann untersuchten und die Arendt zufolge feststellten, »[...] daß Eichmanns ganzer psychologischer Habitus, seine Einstellung zu Frau und Kindern, Mutter und Vater, zu Geschwistern und Freunden, »nicht nur normal, sondern höchst vorbildlich« sei.« (EJ 99) Besonders aus Eichmanns Motivstruktur, die Arendt analysiert, arbeitet sie heraus, dass Eichmann keine persönlichen Gründe für die Ermordung der Juden hatte und sich folglich keiner persönlichen Schuld bewusst war.[297] (vgl.: EJ 90, 95, 98–99, 231–235, 247, 400–402, 363, 365; GD 13–15)

Vertieftes sinnvernehmendes Verstehen – Be-Urteilen: Ausgehend von ihrer Analyse der Persönlichkeitsstruktur Eichmanns kommt Arendt zu ihrer ersten wichtigen Schlussfolgerung, nämlich, dass Eichmanns »[...] Unfähigkeit, sich auszudrücken, aufs engste mit einer Unfähigkeit zu *denken* verknüpft war.« (EJ 126) Hieraus gewinnt Arendt die für ihr weiteres Werk, insbesondere für ihr Spätwerk *Vom Leben des Geistes* wichtige Erkenntnis, dass mit Eichmanns Unfähigkeit zu denken ein Mangel an Urteilskraft verbunden war, der der eigentliche Grund für seine zur Unmenschlichkeit gesteigerten verbrecherischen Taten war, für die er Arendt zufolge zu Recht vor Gericht stand und bezogen auf die Arendt ihr eigenes Urteil über Eichmann fällt (vgl.: EJ 402–404) Der Grund für Eichmanns verbrecherische Taten war also nicht ein »moralischer Defekt« (GD 15), sondern die Unfähigkeit zu denken. Der Fall »Eichmann« exemplifiziert daher die von Arendt immer wieder betonte Tatsache, dass man die »zweite Geburt« auch unterlassen kann, d. h. sich weigern kann, eine identifizierbare Persönlichkeit herauszubilden und als solche in Erscheinung zu treten, weil man sich, wie Eichmann, weigert zu denken und folglich nicht in ein evaluatives Selbstverhältnis zu sich eintritt. (vgl.: Fußnote 75) Diese Erkenntnis ist für Arendt nicht nur für die Beurteilung der Persönlichkeit Eichmanns zentral, sondern sie wird auch zu dem von Arendt geprägten Begriff von der »Banalität des Bösen« führen. Fernerhin erkennt Arendt, dass Menschen vom Typ Eichmann, dass also die von ihr herausgearbeitete Persönlichkeitsstruktur, im Dritten Reich »keine Ausnahme« war und Eichmann daher als exemplarisches Beispiel für die Mentalität der meisten Menschen dienen kann, die in Deutschland

---

296 Eichmann gab an, sein Leben lang dem Pflichtbegriff Kants gefolgt zu sein und konnte folglich »[...] eine ziemlich genaue Definition des kategorischen Imperativs vortragen [...]«. (EJ 232). Allerdings wurde deutlich, dass er über ein pervertiertes Verständnis desselben verfügte. Vgl.: EJ 232–233; Mommsen, H.: *Hannah Arendt und der Prozeß gegen Adolf Eichmann*. S. 25. Stangneth zufolge waren Eichmann jedoch »[...] philosophische Ideen vertraut, die man keineswegs zur Allgemeinbildung rechnet [...]« (Stangneth, B.: *Eichmann vor Jerusalem*. S. 288.) und er hat sich durchaus intensiv mit Kant beschäftigt und sogar sein ursprüngliches Schlusswort für die Gerichtsverhandlung in Orientierung an Kant formuliert. Vgl.: Ebd. S. 286–289.

297 Vgl.: Meints, W.: *Partei ergreifen im Interesse der Welt*. S. 179–185; Mommsen, H.: *Hannah Arendt und der Prozeß gegen Adolf Eichmann*. S. 11.

zur Zeit des Dritten Reichs lebten. Folglich waren viele Deutsche im dritten Reich wie »Schlafwandler« (vgl.: Fußnote 75) Darüber hinaus wird ihr aber auch bewusst, dass Eichmann vor allem ein typischer Vertreter der vielen Menschen war und ist, die in modernen, anonym-technokratisch strukturierten Gesellschaften leben. Sie schreibt daher: »Das beunruhigende (sic!) an der Person Eichmanns war doch gerade, daß er war wie viele und daß diese vielen weder pervers noch sadistisch, sondern schrecklich und erschreckend normal waren und sind.« (EJ 400) Hierin erkennt Arendt schließlich auch das eigentliche »moralische Problem«, dass sich in der Persönlichkeitsstruktur Eichmanns dokumentiert. Folglich beschreibt Arendt Eichmann nicht als unmenschliches Ungeheuer bzw. als Exemplifikation des radikalen Bösen, sondern als Exempel des banalen Bösen, das sich vor allem durch die Unfähigkeit zu denken und den Mangel an Urteilskraft auszeichnet. Der Begriff »Hanswurst«, mit dem Arendt Eichmann bezeichnet, beschreibt dann auch ziemlich genau die moralische Qualität des Charaktertyps, der in Eichmanns Persönlichkeit deutlich zutage tritt und unterstreicht zudem die exemplarische Gültigkeit des »unmißverstänlichen«, »mutigen und klaren« Arendt'schen Urteils über die Persönlichkeit Eichmanns. Die von Arendt konstatierte Banalität der Persönlichkeit Eichmanns und des sich in dieser exemplifizierenden Bösen geht jedoch nicht mit einer Verharmlosung der Verbrechen Eichmanns im Besonderen und der des Nationalsozialismus im Allgemeinen einher und ist auch nicht als Akt des Verzeihens zu verstehen. Im Gegenteil: Arendt »[...] verzeiht keineswegs diesem Verbrecher, eben weil sie bei Betrachtung der Person eine Nicht-Person entdeckt, das Fehlen eines »*Wer*« oder »Jemanden«, einen Beamtenautomat, der unfähig ist, über seine Taten zu urteilen und sich dadurch selber aus der Sphäre des Vergebens ausschließt.«[298] Dennoch ist Arendts Urteil über Eichmanns Persönlichkeit bzw. gerade die konstatierte Banalität Eichmanns äußerst kontrovers aufgenommen worden, was entweder dafür spricht, dass ihr Urteil nicht repräsentativ war, sie also die Urteile der anderen Menschen, die Eichmanns Persönlichkeit beurteilten, nicht in einem hinreichenden Maße berücksichtigt oder ernst genommen hat oder, dass das genaue Gegenteil der Fall ist, dass also Arendt sehr wohl repräsentativ gedacht und geurteilt hat, weil sie sich u. a. von subjektiven Einflüssen befreit und somit eine kritisch-distanzierte Position eingenommen hat. Scholem, der über ihren Eichmann-Bericht äußert irritiert ist, schreibt sie beispielsweise:

Was Sie [...] verwirrt, ist, dass meine Argumente und meine Denkweise nicht vorgesehen sind. Oder mit anderen Worten, dass ich unabhängig bin. Und damit meine ich einerseits, dass ich keiner Organisation angehöre und immer nur im eigenen Namen spreche; und andererseits, dass nur Selber-Denken fett macht und

---

298 Kristeva, J.: *Das weibliche Genie.* S. 362.

dass, was immer Sie gegen die Resultate einzuwenden haben, Sie selbige nicht verstehen werden, wenn Ihnen nicht klar ist, dass sie auf meinem Mist gewachsen sind und niemandes sonst. (WZ 283–284)

Nicht nur selbst und unabhängig zu denken ist für Arendt also eine eminente Obliegenheit, sondern für sie gilt auch, so Beiner, dass »[f]ehlende Übereinstimmung [...] uns nicht von der Pflicht [entbindet], das, was wir ablehnen, zu verstehen; sie steigert diese Pflicht sogar eher.«[299] Insofern könnte es sein, dass sich die Vielen, die mit Arendts Urteil nicht übereinstimmten, wie beispielsweise der Staatsanwalt Hausner oder ihr Freund Scholem, von subjektiven Einflüssen angesichts des weltgeschichtlich neuen Verbrechertypus, den Eichmann repräsentiert, nicht freimachen konnten oder wollten und somit zu einem Urteil über Eichmann kamen, das im Gegensatz zu dem von Arendt eben nicht repräsentativ war, also mit dem sensus privatus gefällt wurde und die Subjektivität daher nicht hin zur möglichen Objektivität transzendiert. Doch egal wie man diesen Punkt letztlich entscheidet, entscheidend hierbei ist, dass Arendt mit ihrem kontroversen Urteil über Eichmann und ihrer beharrlichen Verteidigung desselben in der sich lange hinziehenden Eichmann-Kontroverse deutlich macht, »[...] daß man sich nicht um die Verpflichtung, Urteile abzugeben, drücken kann, selbst dann nicht, wenn Pflichten und Bindungen familiärer oder nationaler Art sich störend dazwischenzuschieben scheinen.«[300] Auch dies berücksichtigend, kann man also sicherlich zu Recht feststellen, dass Arendt als Berichterstatterin des Eichmann-Prozesses vor allem die Rolle des weltzugewandten, verständnisorientierten Zuschauers einnimmt und bei ihrer Urteilsbildung kritisch-diskursiv verfährt.[301] (vgl.: EJ 100, 132)

Vertieftes sinnvernehmendes Verstehen – Berichten: Um die Lebensgeschichte Eichmanns und seine Persönlichkeit und das damit zusammenhängende, von ihm mitbegangene weltgeschichtlich neue Verbrechen zu verstehen, muss gemäß der existenziell-performativen Hermeneutik auch die Geschichte Eichmanns kontextsensitiv erzählt werden, d. h. die hermeneutisch-narrative Methode muss zur Anwendung kommen. Denn erst hierdurch wird zum einen das durch das über Eichmann gefällte Urteil erzeugte Verständnis desselben vervollständigt und zum anderen werden erst so die einzelnen Fakten und Einsichten über Eichmanns Persönlichkeit und Lebensgeschichte im Kontext seiner Lebensumstände miteinander kohärent verknüpft und entsprechend dargestellt. Die so entstehende »[...] Reportage des Prozeßverlaufs wird untrennbar vom historischen Bericht über das im Prozeß Aufgerollte. Rechts-

---

299 Beiner, R.: *Hannah Arendt über das Urteilen.* S. 146.

300 Ebd. S. 147.

301 Vgl.: Henke, R. W.: *Was ist das Böse?* S. 100; McCarthy, M.: *Ein Dokument ethischer Verantwortung: Zu Hannah Arendts Bericht »Eichmann in Jerusalem«.* In: Arendt, H. und Fest, J.: *Eichmann war von empörender Dummheit. Gespräche und Briefe.* München: Piper 2013. S. 135; Stangneth, B.: *Eichmann vor Jerusalem.* S. 22.

philosophische Diskussionen und Musterung des positiven Rechts, psychologische, moralphilosophische und politische Überlegungen greifen ineinander, werden nahezu ununterscheidbar.«[302] Schließlich ermöglicht es das Berichten anderen Menschen, den Lesern des entsprechenden Berichts, sowohl das Leben und die Lebensgeschichte als auch die Persönlichkeit Eichmanns in Verbindung mit dem über diesen gefällte repräsentative Urteil nachzuvollziehen, zu verstehen und schließlich als intersubjektiv gültig anzuerkennen. Daher macht sich Arendt im Anschluss an ihre Prozessteilnahme »[…] erneut zur Erzählerin […]«[303], die in ihrem Prozessbericht folglich nicht nur über Fakten, Abläufe und Prozessereignisse berichtet und diese kommentiert sowie beurteilt, sondern auch, ganz im Sinne der in *Vita activa* entwickelten Überlegung zum biografischen Erzählen, Eichmanns Biografie erzählt. Und so konstatiert McCarthy 1964:

> »Das Buch erzählt in der Tat eine Geschichte. Vielleicht ist es für Juden noch zu früh, das Geschehen schon als Geschichte zu sehen, mit dem Sinn, der Handlung und der Lektion, die alle Geschichten haben, wenn sie erzählt werden.«[304]

Abschließend kann man also feststellen, dass Arendt als Prozessberichterstatterin ihre existenziell-performative Hermeneutik samt der darin enthaltenen Methoden anwendet, um im Kontext des Eichmann-Prozesses u. a. die Persönlichkeit Eichmanns zu verstehen, was zur Folge hat, dass dieser den Lesern ihres Berichts, der kritischen Öffentlichkeit, »[…] als ein Beispiel mit exemplarischer Gültigkeit vorgestellt [wird].«[305] Einschränkend ist jedoch anzumerken, dass Arendt, da sie erst nach ihrem Eichmann-Bericht und der entsprechenden, sich über mehrere Jahre hinziehenden Kontroverse damit begonnen hat, dem u. a. durch den Fall »Eichmann« aufgeworfenen zentralen moralisch-politischen Problem, nämlich die Frage, ob »[…] vielleicht das Problem von Gut und Böse, unsere Fähigkeit, Recht und Unrecht zu unterscheiden, mit unserem Denkvermögen zusammen[hängt] […]« (GD 15), erst im Rahmen ihres großem Alterswerkes *Vom Leben des Geistes* und der damit verbundenen Vorlesung *Über das Böse* systematisch auf den Grund geht. Hierbei rundet sie bereits bestehende Elemente ihrer existenziell-performativen Hermeneutik ab und entwickelt weitere zentrale Komponenten. Da Arendt jedoch über der Arbeit an *Vom Leben des Geistes* verstorben ist, also weder ihre existenziell-performative Hermeneutik endgültig ausarbeiten, noch eine weitere nennenswerte biografische Studie in Angriff nehmen konnte, ist es nicht möglich, an einer solchen Studie abschließend aufzuzeigen, dass Arendt die

---

302 Baumgart, R.: *Mit Mördern leben? Ein Nachwort zu Hannah Arendts Eichmann-Buch*. In: Arendt, H. und Fest, J.: *Eichmann war von empörender Dummheit. Gespräche und Briefe*. München: Piper 2013. S. 149.
303 Kristeva, J.: *Das weibliche Genie*. S. 236.
304 McCarthy, M.: *Ein Dokument ethischer Verantwortung*. S. 139.
305 Meints, W.: *Partei ergreifen im Interesse der Welt*. S. 185.

der abschließend ausgearbeiteten existenziell-performativen Hermeneutik eigenen Methodik praktisch umgesetzt hat. Insofern müssen Arendts Varnhagen-Projekt und ihr Eichmann-Bericht als Belege sowohl für die Richtigkeit der existenzphilosophischen Lesart gemäß der Lektüreleitlinie L4, entlang der Arendts existenziell-performative Hermeneutik herausgearbeitet wurde, als auch für die Richtigkeit der These, dass Arendt die mit ihrer existenziell-performativen Hermeneutik verbundene Methodik praktiziert hat, ausreichen.

Mit der Darstellung der wesentlichen Merkmale der existenzphilosophisch rezipierten politischen Theorie, Philosophie und politisch-philosophischen Praxis Arendts bzw. der existenziell-performativen Hermeneutik Arendts ist nun das erste zentrale Ziel dieses Forschungsprojekts erreicht, womit gleichzeitig die Voraussetzungen für die Transformation des Unterrichtskonzepts »Selbst-Er-forschend Philosophieren« gegeben sind.

Übersicht: Prozessstruktur der existenziell-performativen Hermeneutik

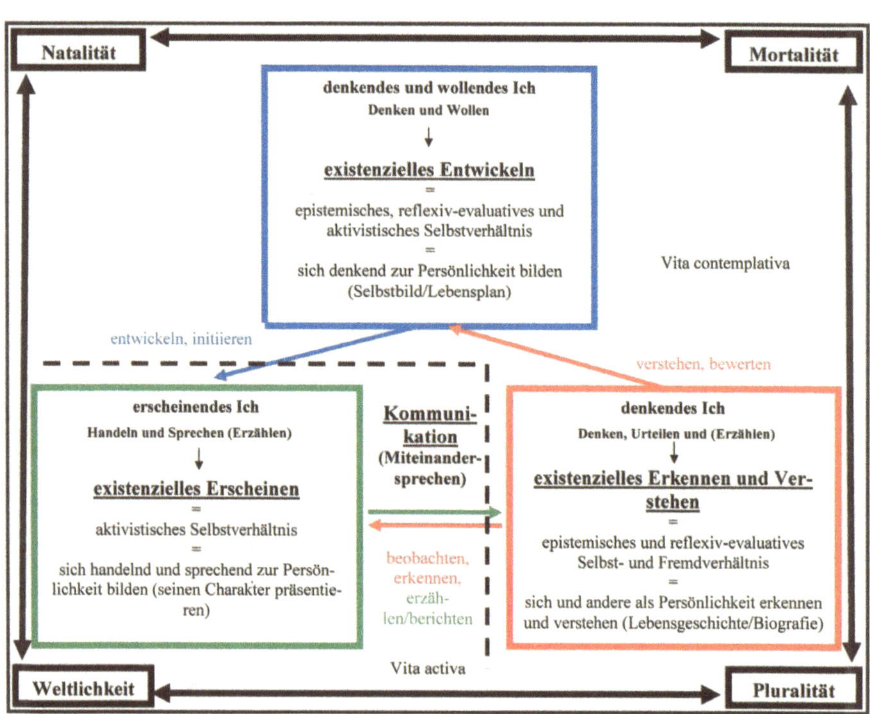

Viertes Kapitel: »Selbst-Er-forschend Philosophieren«

Nachdem zuvor Arendts existenziell-performative Hermeneutik hinreichend expliziert und philosophisch begründet wurde, womit das erste zentrale Ziel dieser Forschungsarbeit erreicht worden ist, folgt nun die Transformation des Konzepts »Selbst-Er-forschend Philosophieren« aus der existenziell-performativen Hermeneutik Arendts, das, wie im ersten Kapitel dargelegt, für die Planung, Weiterentwicklung und Durchführung von Philosophieunterricht praktisch-präskriptiv gehaltvoll sein soll, weswegen sich die Transformation an einem nichtreduzierten Bildungsbegriff orientiert. (vgl.: 1. Kapitel, 1. und 3. Teil; 5. Kapitel, 1, Teil, 1. Abschnitt) Die diesbezüglich angestrebte Transformation vollzieht sich in insgesamt sechs Schritten die, gemäß den im ersten Teil dieser Arbeit angestellten methodologischen Überlegungen, das Gesamtkonzept des Selbst-Er-forschenden Philosophierens ausmachen, womit das zweite zentrale Ziel dieses Forschungsprojekts erreicht sein wird. (vgl.: 1. Kapitel, 1. Teil und 3. Teil, 3. Abschnitt) Die Notwendigkeit der vorzunehmenden fünf Transformationen ergibt sich im Wesentlichen aus Meyers im ersten Kapitel dieser Forschungsarbeit dargelegten Bestimmung des Begriffs »Unterrichtskonzept«. Daher sei hier noch einmal daran erinnert, dass dieser Bestimmung folgend ein Unterrichtskonzept aus fünf konstitutiven Komponenten besteht, und zwar a) den Zielentscheidungen, b) den Inhaltsentscheidungen, c) den Methodenentscheidungen, d) den vorausgesetzten Unterrichtsprinzipien sowie e) den Empfehlungen für die organisatorisch-institutionelle Gestaltung des Unterrichts. Wie ebenfalls bereits im ersten Kapitel dargelegt, wird die fünfte Komponente unberücksichtigt gelassen, so dass der Schwerpunkt bei der Entwicklung eines Unterrichtskonzepts aus der Existenzphilosophie bzw. existenzphilosophischen Praxis Arendts vor allem auf dem Komponenten-Quartett, bestehend aus der Ziel-, Inhalts-, Methoden- und Prinzipien-Komponente eines Unterrichtskonzepts liegt, wobei die Methodik den Kern des Konzepts »Selbst-Er-forschend Philosophieren« ausmacht. Da zu den Methoden auf der Ebene der Mesomethodik, auf der sich die vorzunehmende Transformation des Konzepts schwerpunktmäßig bewegt, auch die Verlaufsformen und Raumstrukturen des Unterrichts gehören, wird das Komponenten-Quartett noch um eine Verlaufsform- und eine Raum-Komponente ergänzt, was der genaueren Ausdifferenzierung des Konzepts dient und woraus sich schließlich die nachfolgenden sieben Konzept-Komponenten ergeben.[1]

Konzept-Komponenten: Die insgesamt sieben Konzept-Komponenten werden durch fünf vorzunehmende Einzeltransformationen entwickelt, die sich jedoch zwei unterschiedlichen didaktischen Feldern zuordnen lassen. Zum einen das Feld der präskriptiven Zielvorgaben, in das die folgenden drei Konzept-Komponenten gehören:

K.1: Unterrichtsprinzipien

K.2: Unterrichtsziele (insbesondere Haltungen)

K.3: Unterrichtsinhalte

Zum anderen das Feld der präskriptiven Entscheidungen bezüglich der Organisation des Unterrichts im engeren (Methodenentscheidungen) und im weiteren (Verlaufsformen) Sinn, die sich auf die obigen Zielvorgaben beziehen und die die Mesomethodik des Unterrichts betreffen:

K.4: Verlaufsformen

K.5: Unterrichtsmethoden

K.6: Unterrichtsmedien

K.7: Raumstrukturen

Normative Leitplanken: Übergeordnet normativ leitend für die nachfolgenden Transformationen ist zuvorderst die Forderung, dass durch die Transformationen keine Abbilddidaktik erzeugt werden darf. Weiterhin normativ leitend sind die im ersten Kapitel etablierten Transformationskriterien, die daher auch als Gelingensbedingungen für die Transformationen fungieren und bei der abschließenden Reflexion des Konzepts im sechsten Kapitel unbedingt berücksichtigt werden müssen. (vgl.: 6. Kapitel, 1. Teil) Da mit dem Konzept »Selbst-Er-forschend-Philosophieren« ein innovativer Beitrag zur Unterrichtsentwicklung im Fach »Philosophie« geleistet werden soll, müssen bei der abschließenden Beurteilung des Konzepts auch die von Meyer etablierten zehn Standards der Unterrichtsentwicklung mit bedacht werden, so dass diese, zusammen mit den Transformationskriterien, die normative Hintergrundfolie für die Transformation des Konzepts »Selbst-Er-forschend Philosophieren« bilden.[2]

Praktisch anleitend für die Transformation der Komponenten des Konzepts ist dagegen das didaktische Sechseck von Meyer, das dieser als geeignetes Instrumentarium für die Unterrichtsentwicklung empfiehlt, weil es wie ein Kompass Orientierung über die sechs grundlegenden Dimensionen des Unterrichts ermöglicht und daher

---

1   Vgl.: Jank, W. und Meyer, H.: *Didaktische Modelle*. 7. Auflage. Berlin: Cornelsen Scriptor 2005. S. 305.

2   Vgl.: Meyer, H.: *Unterrichtsentwicklung*. Berlin: Cornelsen 2015. S. 20–33.

ein geeigneter Planungsrahmen für das zu transformierende Konzept »Selbst-Er-forschend Philosophieren« ist. Außerdem sensibilisiert das didaktische Sechseck besonders für eine zentrale Gelingensbedingung der Transformation des Gesamtkonzepts, nämlich die der Stimmigkeit, da die »[...] in den sechs Grunddimensionen getroffenen Entscheidungen einander ergänzen [...]«[3] sollten.[4]

I. Vorgaben

1.   Transformation Nr. 1: Prinzipien

Eine erste wesentliche Komponente des Konzepts »Selbst-Er-forschend Philosophieren« sind konstitutive und methodische Unterrichtsprinzipien. Diese sind wichtig, da »Unterrichtsprinzipien [...] zusammenfassende Chiffren für die didaktisch-methodische Akzentuierung eines Unterrichtskonzepts [sind].«[5] Außerdem dienen sie als orientierende Grundsätze der stimmigen Entwicklung und Reflexion der einzelnen Komponenten des Konzepts »Selbst-Er-forschend Philosophieren«, sollen darüber hinaus aber besonders bei der konkreten Planung und Durchführung des Konzepts in der Praxis leitend sein. Angenommen wird mit Wiater dabei, dass sich, wenn die angegebenen didaktischen Prinzipien bei der konkrete Planung und Durchführung des Philosophieunterrichts eingehalten werden, »[...] die Wahrscheinlichkeit [vergrößert], dass Unterricht gelingt, nach didaktischen Gütekriterien qualitätsvoll ist und die Schülerinnen und Schüler an den vorgeplanten Unterrichtsinhalten mit Hilfe der verwendeten Unterrichtsmethoden und Unterrichtsmedien die angestrebten Unterrichtsziele auch tatsächlich erreichen.«[6] Die transformierten Unterrichtsprinzipien sind also als grundsätzliche Gelingensbedingungen für den Philosophieunterricht zu verstehen, der sich aus dem Konzept »Selbst-Er-forschend Philosophieren« ergibt.

Tranformationsquellen: Die für das Konzept »Selbst-Er-forschend Philosophieren« leitenden Unterrichtsprinzipien ergeben sich in erster Linie aus der Transformation, also aus der gezielten und daher begründeten Auswahl, Modifikation und Ergänzung der typischen Merkmale des existenzphilosophischen Denkens und der existenzphilosophischen Praxis Arendts. Die einschlägige und vorrangige Transformationsquelle ist daher der im dritten Teil des vorherigen dritten Kapitels zu

3   Ebd. S. 80.
4   Vgl.: Ebd. S. 79–80.
5   Jank, W. und Meyer, H.: *Didaktische Modelle.* S. 307.
6   Wiater, W.: *Unterrichtsprinzipien.* Donauwörth: Auer 2001 (= *Prüfungswissen – Basiswissen Schulpädagogik*). S. 4.

A) übergreifende und konstitutive Prinzipien des Unterrichts

   1. Subjektorientierung

   2. Handlungsorientierung

   3. Wahrheitsorientierung

B) unterrichtsbezogene, methodische Prinzipien des Denkens, Sprechens und Handelns

B1) Denkprinzipien	**B2) Interaktionsprinzipien**
1. Souveränität	1. Performanz
2. Repräsentativität	2. Kontemplation

Abbildung 7: *Unterrichtsprinzipien*

finden, der sich mit Arendts Methodik und der Anwendung der existenziell-performativen Hermeneutik befasst. Da Arendts Denken in ihrer existenziell-performativen Hermeneutik zum Ausdruck kommt und diese wiederum Arendts methodisches Arbeiten stark beeinflusst hat, sind auch die folgenden Aspekte der existenziell-performativen Hermeneutik als konkrete Transformationsquellen für die Unterrichtsprinzipien zu benennen: Arendts Personenbegriff, ihr Handlungs- und Verstehenskonzept, insbesondere ihre Charakterisierung der geistigen Tätigkeiten Denken und Urteilen.

Notwendige Differenzierung: Bevor die transformierten Prinzipien des Konzepts dargelegt und erläutert werden können, muss bezüglich derselben zunächst grundsätzlich unterschieden werden zwischen a) den übergreifenden konstitutiven Prinzipien des Unterrichts, verstanden als allgemein leitende Grundsätze für die Unterrichtsgestaltung und b) den konkret unterrichtsbezogenen, methodischen Prinzipien des Denkens, Sprechens und Handelns, verstanden als Grundsätze für die Ausgestaltung der methodisch-inhaltlichen Arbeit im Unterricht. Zu beachten ist bezüglich dieser Prinzipien zudem vor allem zweierlei: Zum einen fundieren die konstitutiven Prinzipien die methodischen Prinzipien und zum anderen sollen beide Prinzipien dadurch, dass sich die Lehrkräfte bei ihrer Unterrichtsplanung und -durchführung an ihnen orientieren, für guten, im Sinne von qualitativ hochwertigen, und effektiven Unterricht sorgen. Gut ist Unterricht Wiater zufolge, wenn er »[...] der Sachstruktur des Lerninhalts, den persönlichkeitsfördernden Zielsetzungen, der Ausgangslage und den Besonderheiten der Lerngruppe sowie den sich daraus ergebenden Methodenimplikationen gerecht wird und in einer lernfördernden, die Individualität des Schülers akzeptierenden Atmosphäre verläuft.«[7] Effektiv ist Unterricht dagegen, »[...] wenn er bei den Schülerinnen/Schülern zum erwarteten Lernzuwachs führt, diese also die

---

7   Ebd. S. 6.

Lehrziele des Unterrichts zu Zielen ihres Lernenwollens machen [...].«[8] Eben guter und effektiver Unterricht wird mit dem Konzept »Selbst-Er-forschend Philosophieren« explizit angestrebt.[9] (vgl.: 6. Kapitel, 1. Teil)

Für das Konzept »Selbst-Er-forschend Philosophieren« ergeben sich durch Transformation daher die in der Abbildung 7 dargestellten Unterrichtsprinzipien, bei denen bezüglich der konkreten, unterrichtsbezogenen, methodischen Prinzipien noch zwischen Denkprinzipien auf der einen und Interaktionsprinzipien auf der anderen Seite unterschieden wird.

1.1   Konstitutive Unterrichtsprinzipien

Konstitutiv für das Selbst-Er-forschende Philosophieren sind die Prinzipien »Subjektorientierung«, »Handlungsorientierung« und »Wahrheitsorientierung«.

»Subjektorientierung«: Das erste für das Konzept »Selbst-Er-forschend Philosophieren« konstitutive Prinzip lautet »Subjektorientierung«. Dieses Prinzip ergibt sich erstens aus dem starken Erfahrungs- und Lebensweltbezug der existenziell-performativen Hermeneutik Arendts bzw. dem das menschliche Leben wesentlich bedingenden Faktum »Weltlichkeit«. Seine theoretische Grundlage hat der Erfahrungs- und Lebensweltbezug in dem von Arendt angenommenen Primat der Erscheinungen. Er erfordert daher ein wirklichkeitssensitives Denken und methodisches Arbeiten, das sich darin ausdrückt, dass Arendt im Rahmen ihrer existenziell-performativen Hermeneutik individuelles Sein, sprich das Phänomen »Persönlichkeit«, untersucht und sich diesbezüglich vor allem mit existenziellen (Problem-) Erfahrungen bzw. problematischen Phänomenen auseinandersetzt, die ihren Ursprung in der Lebenswelt haben und im Kontext bestimmter gesellschaftlich-politischer, kultureller oder historischer Ereignisse sichtbar werden. So untersucht sie beispielsweise zum einen ganz konkrete singuläre gesellschaftlich-politische Phänomene, wie z. B. den Prozess gegen Adolf Eichmann in Jerusalem, weil sie ganz allgemein das Phänomen des Bösen und besonders die Persönlichkeit Eichmanns verstehen will. Zum anderen nimmt Arendt aber auch auf abstrakterer Ebene existenziell bedeutsame historische Phänomene in den Blick, wie beispielsweise das Phänomen »Judentum« oder das Phänomen »Totalitarismus«, und untersucht diese eingehend mithilfe historischer Recherchen und politiktheoretisch-philosophischer Begriffe und Konzepte, um die

---

8   Ebd. S. 6.

9   Vgl.: Ebd. S. 5–6. Eine gute Übersicht über die u. a. von Meyer und Helmke ausgewiesenen Kriterien für guten Unterricht findet sich in: Becker, G. et al. (Hrsg.) *Guter Unterricht. Maßstäbe und Merkmale. Wege und Werkzeuge.* Seelze: Friedrich (= *Friedrich Jahresheft* XXV). S. 64. Für den Philosophieunterricht konkretisiert worden sind diese durch Rohbdeck. Vgl.: Breitenstein, P., Rohbeck, J.: *Philosophie. Geschichte. Disziplinen. Kompetenzen.* Stuttgart/Weimar: Metzler 2011. S. 445.

existenziellen Dimensionen derselben, d. h. die für die Persönlichkeit und Persönlichkeitsbildung einzelner Menschen relevanten Aspekte zu verstehen. Schließlich setzt sie sich mit ganz grundsätzlichen Phänomenen des menschlichen Lebens auf der Erde auseinander, wie beispielsweise mit den Fakta »Pluralität«, »Natalität«, »Mortalität« und »Weltlichkeit« (hier insbesondere mit der Weltlosigkeit, dem Wertverlust und der Verlassenheit), den menschlichen Tätigkeiten Arbeiten, Herstellen und Handeln auf der einen und den geistigen Tätigkeiten Denken, Wollen und Urteilen auf der anderen Seite, um die menschlich Existenz bzw. das Vorhandensein von Persönlichkeit grundsätzlich zu verstehen. Besonders bei diesen erfahrungs- und lebensweltbezogenen Phänomenanalysen ist, dass Arendt von den konkreten lebensweltlich kontextualisierten, sinnlichen, historischen, politischen und kulturellen Fakten und damit verbundenen existenziell relevanten Erfahrungen abstrahierend zu allgemeinen, mit den Anspruch auf intersubjektive Objektivität verbundenen Erkenntnissen, Einsichten und Urteilen bezüglich der untersuchten Phänomene und ihrer existenziellen Bedeutung gelangt.

Eng mit dem Lebenswelt- und Erfahrungsbezug verbunden ist auch die Problemorientierung der existenziell-performativen Hermeneutik Arendts und des damit verbundenen Denkens und Arbeitens. Diese ist damit die zweite Transformationsquelle der Subjektorientierung als ersten konstitutiven Prinzips des Konzepts »Selbst-Er-forschend Philosophieren«. Denn Arendt nimmt im Rahmen ihrer existenziell-performativen Hermeneutik lebensweltliche Phänomene und die damit verbundenen Erfahrungen nicht um ihrer selbst willen in den Blick, sondern dann und besonders dann, wenn diese in existenzieller Hinsicht problematisch (geworden) sind und im Sinne ihrer grundsätzlichen Verstehensintention neu oder allererst verstanden werden müssen. So interessiert sich Arendt für das Phänomen »Eichmann«, aber auch für das Phänomen des »Totalitarismus«, weil mit diesen beiden Phänomenen starke Gefährdungen für die Möglichkeit von Personalität verbunden sind und weitergehend, weil ihre Analyse viele aufschlussreiche Erkenntnisse über die Grenzen und Möglichkeiten der Ausbildung und des Erhalts einer Persönlichkeit verspricht.

Für die konkrete Planung und Durchführung des Selbst-Er-forschenden Philosophierens bedeutet das konstitutive Prinzip »Subjektorientierung« daher, dass Fragen und Probleme bezüglich der des Phänomens »Persönlichkeit« bzw. der narrativen Identität im Mittelpunkt des Unterrichts stehen sollten und dass es diesbezüglich geboten ist, einen Erfahrungs- und Lebensweltbezug herzustellen, der seinen Ausgangs- und ständigen Rückbezugspunkt in existenziell relevanten lebensweltlichen Phänomenen und Ereignissen und den damit verbundenen existenziellen Erfahrungen der Schülerinnen und Schüler hat. Personales Sein soll also ausgehend von den eigenen Erfahrungen der Schülerinnen und Schüler untersucht werden. Dies dient dazu, vorgenommene Abstraktionen und damit verbundene philosophische Reflexionen immer wieder veranschaulichen und plausibilisieren zu können, um gewonnene existenzielle Einsichten so, an den konkreten Erscheinungen des jeweils untersuchten Phänomens, auf ihre Richtigkeit hin überprüfen zu können. Der Unterricht fordert daher vor allem ein biografisches Philosophieren und ermöglicht insofern eine starke Subjektorientierung und dies besonders dann, wenn hierbei die Alters- und Entwicklungsstufe der Schülerinnen und Schüler und bei der Auswahl der zu untersuchenden Phänomene die existenziellen Erfahrungen, Interessen und Betroffenheiten der Schülerinnen und Schüler berücksichtigt werden. Bezogen auf die Problemorientierung des existenzphilosophischen Denkens und methodischen Arbeitens Arendts bedeutet Subjektorientierung im Rahmen des Selbst-Er-forschenden Philosophierens aber auch, dass besonders die lebensweltbezogenen existenziellen Problemerfahrungen, also die ereignisbezogenen, zu Irritationen und kognitiven Dissonanzen führenden Erfahrungen und die damit verbundenen Emotionen der Schülerinnen und Schüler, thematisiert werden.[10]

»Handlungsorientierung«: Mit dem Prinzip »Subjektorientierung« ist das zweite konstitutive Prinzip des Konzepts »Selbst-Er-forschend Philosophieren« eng verbunden, nämlich das der »Handlungsorientierung«. Dieses ergibt sich vor allem aus der auf die Fakta »Natalität« und »Pluralität« bezogenen existenziellen Bedeutung, die Arendt im Rahmen ihrer existenziell-performativen Hermeneutik dem gemeinsamen Handeln und Sprechen, insbesondere dem Sprechhandeln, also der sprachlichen Performanz beimisst. Performanz ist aus der Sicht der Arendt'schen Existenzphilosophie entscheidend, denn Performanz bedeutet gemeinsames Handeln. Dies ist besonders wichtig, weil nur durch das gemeinsame Handeln und Sprechen die Persönlichkeit im öffentlichen Raum erscheint, der ebenfalls durch das Handeln und Sprechen zu allererst konstituiert wird. Arendt untersucht daher im Rahmen ihrer existenziell-performativen Hermeneutik besonders die Grenzen und Möglichkeiten, sprich Voraussetzungen gemeinsamen Handelns und Sprechens und interessiert sich dabei stark für das Handeln von exemplarischen Persönlichkeiten in Grenzsituationen bzw. in »finsteren Zeiten«, da dieses besonders aufschlussreich für die Erkenntnis und das Verstehen einer Persönlichkeit ist. Grenzsituationen sind für sie auch insofern relevant, weil in ihnen die existenziell bedeutsame Selbstständigkeit im Sinne von Autonomie und die ebenfalls existenziell bedeutsame, weil für die Persönlichkeitsbildung besonders relevante, Eigeninitiative im Sinne der Bereitschaft etwas anzufangen und Handlungsprozesse anzustoßen, ohne zu wissen, was daraus wird, in Frage stehen. Wenn Performanz also bedeutet, gemeinsam zu Handeln, zu Sprechen und Erfahrungen zu machen und wenn diese Form der Performanz zudem, wie Arendt betont, immer zurückgebunden ist an das (gemeinsinnorientierte) Denken, also die kognitive Verarbeitung von Erfahrungen, die dem gemeinsamen Handeln und Sprechen

---

10   Vgl.: Wiater, W.: *Unterrichtsprinzipien.* S. 7–8.

entspringen, um derart Denkerfahrungen zu machen, dann ist Performanz wesentlich von einer Ganzheitlichkeit geprägt, die Kognition und Affektion miteinander verbindet. Eine Ganzheitlichkeit, die in Arendts eigener Performanz exemplarisch zum Ausdruck kommt, nämlich durch ihr faszinierendes Philosophieren, das vor allem geprägt ist durch ihr leidenschaftliches (Sprach-) Handeln auf der einen und ihre nüchternen Kontemplation auf der anderen Seite.

Für das Selbst-Er-forschende Philosophieren bedeutet das Prinzip »Handlungsorientierung« daher, dass den Schülerinnen und Schülern ein Raum eröffnet werden sollte, in dem sie selbstständig und eigeninitiativ tätig werden können, sprich gemeinsam handeln können, um Erfahrungen zu machen, die Gegenstand von Denkprozessen werden können und somit ihrerseits intensive Denkerfahrungen ermöglichen. Es geht dabei also um die Realisierung der dreistelligen Relation zwischen a) Denkerfahrungen, gewonnen durch Introspektion, b) lebensweltlichen Interaktionserfahrungen, erzeugt durch gemeinsames Handeln in der Welt, und c) Spiegelung im Anderen, vollzogen durch den Austausch mit anderen, weil all dies existenziell bedeutsame Erfahrungen ermöglicht, die dann eingehend zu reflektieren sind. Die genannte dreistellige Relation legt bereits nahe, dass die »[...] Ganzheit der Person des Schülers/der Schülerin [...]«[11] berücksichtigt werden soll, also die »[...] Einheit von Denken, Fühlen und Handeln [...]«[12].Verbunden mit dem Prinzip »Subjektorientierung« bedeutet dies, existenzielle Problemsituationen, also Grenzsituationen, in denen sich Menschen befanden, befinden oder befinden können, so zu thematisieren, dass ein »mehrperspektivischer« Zugang zu diesen möglich ist. Das bedeutet konkret, erstens, dass die Unterrichtsthemen und -gegenstände für die Schülerinnen und Schüler existenziell bedeutsam sein sollten, weil sie die Möglichkeit zu existenziellen Erfahrungen bieten, zweitens, »[...] dass die Lehrerdominanz zugunsten von möglichst viel Schülerselbsttätigkeit beim Lernen reduziert wird [...]«[13], drittens, »[...] dass handelnde Lernformen wie Spiel, Erkundung, Erforschung, Entdeckung, Herstellen, Ausprobieren, Nachprüfen, Experimentieren, Phantasieren usw. verstärkt berücksichtigt werden [...]«[14], viertens, »[...] dass die Schüler zum Fragenstellen, zu Ideenproduktion, zur Hypothesenbildung und zur Handlungsplanung mit anschließender Ausführung und Überprüfung ihrer Vorstellungen durch sie selbst ermutigt werden [...]«[15] und, damit eng verbunden, fünftens, »[...] dass soziales, kooperatives und kommunikatives Handeln systematisch eingeübt und analysiert werden [...]«[16] kann.[17]

---

11   Ebd. S. 60.
12   Ebd. S. 62.
13   Ebd. S. 12.
14   Ebd. S. 12.
15   Ebd. S. 12–13.
16   Ebd. S. 13.
17   Vgl.: Ebd. S. 60–61.

»**Wahrheitsbezug**«: Schließlich ist für das Konzept »Selbst-Er-forschend Philosophieren« das Prinzip »Wahrheitsbezug« konstitutiv, weil es Arendt zeitlebens im Kontext ihrer Verstehensintention darum ging, Wahrheit, insbesondere existenzielle Wahrheiten zu erkennen, zwar nicht im Sinne der universellen Gültigkeit, die wissenschaftliche Aussagen beanspruchen, aber doch Wahrheit im Sinne von intersubjektiver Gültigkeit, die durch die gegebene oder potenzielle intersubjektive Zustimmung aller anderen denkenden Wesen erzeugt wird. Insofern fordert das konstitutive Prinzip »Wahrheitsbezug« erstens, ein sachgerechtes Denken, zweitens, ein logisch folgerichtiges bzw. widerspruchsfreies Denken und drittens, ein repräsentatives Denken. Wenn man beispielsweise Arendts Anwendung ihrer existenziell-performativen Hermeneutik bei der Berichterstattung über den Eichmann-Prozess betrachtet und den damit verbundenen Versuch, die Persönlichkeit Eichmanns zu erfassen und zu verstehen, dann war Arendt zum einen besonders darauf bedacht, die Fakten zu sichten und möglichst objektiv zu erfassen, also ohne diese einer vorschnellen Beurteilung zu unterziehen, die sich z. B. womöglich aus dem Umstand ihres eigenen Jüdischseins ergeben hätte. Die reflexive Durchdringung dieser Fakten – inklusive der eigenen Prozessbeobachtungen – und besonders die entsprechenden Denkresultate hatten dem Anspruch der Folgerichtigkeit und damit Widerspruchsfreiheit zu genügen. Schließlich kam es ihr darauf an, ein Urteil über Eichmann und dessen Persönlichkeit zu fällen, das in dem Sinne wahr sein sollte, als dass es von allen ebenfalls Urteilenden als gültig hätte anerkannt werden können.

Gemäß dem Prinzip »Wahrheitsbezug« sollte das konkrete Selbst-Er-forschende Philosophieren, auch oder vielleicht gerade dann, wenn in seinem Mittelpunkt existenzielle Problemsituationen stehen, den »Sachverstand« der Schülerinnen und Schüler einfordern und fördern. Das bedeutet erstens, die zu untersuchende Sache bzw. das zu untersuchende Phänomen unter Berücksichtigung aller zur Verfügung stehenden (wissenschaftlichen) Erkenntnisse konkret zu sichern, d. h. zu erschließen und darzustellen, um dieses so für weitere Reflexionsprozesse aufzubereiten. Dies sollte zweitens in einer Haltung der »Sachlichkeit« geschehen, d. h. das zu untersuchende Phänomen sollte ohne einen durch Vorurteile und starke Emotionen getrübten Blick möglichst objektiv untersucht werden, um so zu allererst sachverständig zu werden, d. h. mit der Sache vertraut zu sein, sich auszukennen und Bescheid zu wissen, um derart schließlich ein Urteil fällen zu können, das mit hoher Wahrscheinlichkeit repräsentativ ist, weil ihm nicht eine subjektiv begrenzte, sondern eine intersubjektiv geweitete Perspektive zugrunde liegt. Der Unterricht muss also die deskriptiv-analytische Durchdringung ebenso ermöglichen, wie die distanzierte Beurteilung und den Einbezug der verschiedenen Perspektiven auf das zu untersuchende Phänomen, setzt aber aufseiten der Schülerinnen und Schüler auch die Bereitschaft zum kritischen, folgerichtigen und repräsentativen Denken voraus.[18]

1.2   Methodische Unterrichtsprinzipien

Wie bereits erwähnt, fundieren die zuvor erläuterten drei konstitutiven Unterrichtsprinzipien des Konzepts »Selbst-Er-forschend Philosophieren« insgesamt vier methodische Prinzipien, von denen es sich jeweils bei zweien um Denk- und jeweils bei zweien um Interaktionsprinzipien handelt.

»Souveränität«[19]: Das erste methodische Denkprinzip ist das der Souveränität im Denken. Dieses wird besonders durch die konstitutiven Prinzipien »Handlungsorientierung« und »Wahrheitsbezug« fundiert. Das Prinzip »Souveränität« konkretisiert dabei den kognitiven Aspekt der geforderten Handlungsorientierung und unterstreicht die Bedeutung des konstitutiven Prinzips »Wahrheitsbezug«. Doch zunächst zu Arendt selbst, deren eigenes Denken vor allem von großem Mut sowie großer Selbstständigkeit und Autonomie geprägt war, wofür sie die metaphorisch treffende Bezeichnung vom »Denken ohne Geländer« geprägt hat. Arendts eigenes Denken war daher, wie bereits herausgearbeitet, ein leidenschaftlich-kritisches, experimentierendes und erfahrungsgesättigtes Denken, das sich nicht von vorgegebenen und ggf. überholten starren Wertordnungen, Kategorien und Maßstäben hat leiten lassen. Arendt selbst hat mit ihrer Praxis des Denkens ohne Geländer daher nicht zuletzt die Merkmale des Denkens exemplifiziert, die sie selber in akribischen Analysen des Phänomens »Denken« herausgearbeitet hat und die sie in der »historischen Figur« des Sokrates, der für sie ein »Modellfall eines nichtprofessionellen Denkers« war, exemplarisch verwirklicht gesehen hat. Dieses Denken ist für Arendt zu allererst mit einem Rückzug aus der sinnlichen Wirklichkeit verbunden, es kommt einem Innehalten gleich und ermöglicht ein stummes inneres Zwiegespräch, das auf verstehen und Sinngebung abzielt, dabei aber oder gerade deswegen nicht vor Kritik und Zweifel zurückschreckt.

Für das Selbst-Er-forschende Philosophieren bedeutet das Denkprinzip »Souveränität« daher, dass es so angelegt sein sollte, dass es den Schülerinnen und Schülern den Raum eröffnet, selbstständig zu denken. Diese Forderung verliert ihre scheinbare Trivialität, wenn man die hierzu notwendigen Bedingungen in den Blick nimmt und feststellt, dass diese in der Schule oft nicht erfüllt sind, es zum Denken im Arendt'schen Sinne also nur selten kommt. Zurückgezogenes, kritisches und im wahrsten Sinne des Wortes selbstständiges Denken setzt nämlich voraus, dass es Unterrichtsmodi und Orte in der Schule bzw. im Unterricht gibt, die es ermöglichen,

---

18   Vgl.: Ebd. S. 10–11

19   Die Denkprinzipien »Souveränität« und »Repräsentativität« setzen Übung im Denken voraus und fordern daher zu entsprechenden Übungen im souveränen und repräsentativen Denken auf.

dass man sich von allen das Denken störenden Faktoren zurückziehen kann, um sich nur auf die zu bedenkende Sache, die existenzielle Problemerfahrung und den entsprechenden Denkprozess selber konzentrieren zu können. Es bedarf zum souveränen Denken zuvorderst des Zutrauens in die eigenen Denk-Fähigkeiten und der Bereitschaft, diese zu realisieren; es bedarf aber auch der Ruhe und Abgeschiedenheit (keine Ablenkungen durch den Lehrer/in, Mitschüler/innen oder störende Geräusche etc.), einer entspannten Atmosphäre (kein Leistungs- oder Zeitdruck etc.) und der Freiheit von Vorgaben (Anleitungen durch den Lehrer/in, vorgegebene Gelingenskriterien etc.) damit ein Schüler bzw. eine Schülerin ihre eigene Art zu denken voll entfalten und damit erproben und erfahren kann. Souveränität im Denken führt also dazu, dass die Schülerinnen und Schüler Denk-Erfahrungen machen. Diese sind die kognitive Seite der geforderten Handlungsorientierung, denn die Beschäftigung mit den zu behandelnden existenziell bedeutsamen Problemsituationen, in denen sich Personen befinden können, führt nicht nur zu sinnlichen Erfahrungen, sondern oder immer zugleich auch zu entsprechenden kognitiv realisierten Denk-Erfahrungen. Durch das Prinzip »Handlungsorientierung« und das Prinzip »Souveränität« wird also eine Form der Selbsttätigkeit gefordert, die Wiater zufolge »[...] nicht nur praktisches, manuelles Tun, sondern auch geistige (kognitive), sinnliche, emotionale, volitionale, schöpferische, rezeptive, produktive und meditative Aktivität des Schülers/der Schülerin [...]«[20] ist.

Souveränität im Denken beutet, im Zweifelsfall ohne Geländer, also ohne vorgegebene Kriterien und Maßstäbe zu denken. Dieses Denken ist deshalb jedoch nicht beliebig, denn, für Arendt genauso wie für den Philosophieunterricht, gilt das konstitutive Prinzip »Wahrheitsbezug«. Folglich stellt Wahrheit den unverbrüchlichen Denkmaßstab dar, an dem sich das Denken zu bewähren hat.

»Repräsentativität«: Durch seinen Wahrheitsbezug ist das Denkprinzip »Souveränität« eng mit dem methodischen Denkprinzip »Repräsentativität« verbunden und beide werden wesentlich durch das konstitutive Prinzip »Wahrheitsbezug« fundiert. Für Arendt ist repräsentatives Denken gleicherweise durch Abstraktion wie Anschaulichkeit geprägt. Denn, wie im dritten Kapitel dargelegt, ist es eine wesentliche Eigenschaft des Denkens, dass es von allem Sinnlichen abstrahiert und allgemein-abstrakte Vorstellungsbilder bzw. Denkgegenstände erzeugt und diese allen möglichen Denkmodi, wie beispielsweise dem repräsentativen Denken, zur Verfügung stellt. Zum anderen ist aber gerade das repräsentative Denken in seinem Wesen immer auch anschaulich, da seine Resultate den Anspruch auf Exemplarizität erheben, der, so Arendt, durch eine gelungen Veranschaulichung wesentlich mitbefördert wird, weswegen Arendt die große Bedeutung der Metaphorik für das Denken hervorhebt.

---

20 Ebd, S. 14.

Zentral für die Exemplarizität, die die Resultate des repräsentativen Denkens haben sollen, ist jedoch vor allem die durch das Prinzip »Öffentlichkeit« herzustellende Widerspruchsfreiheit, zwar auch im Sinne einer logischen Folgerichtigkeit, besonders aber im Sinne der intersubjektiven Gültigkeit des erzielten Denkresultats.

Das Prinzip der »Repräsentativität« fordert für das Selbst-Er-forschende Philosophieren also, die bei der Untersuchung von Grenzsituationen gemachten existenziellen Problemerfahrungen zunächst zu entsinnlichen und damit zu verallgemeinern, was sie bereits in gewisser Weise anschaulicher macht, worauf z. B. auch Hegel verweist, und dann die darauf bezogen Denkresultate so zu veranschaulichen, dass sie auf ihre intersubjektive Gültigkeit hin überprüft werden können. Für den konkreten Unterricht bedeutet Veranschaulichung also, dafür zu sorgen, »[...] über die äußere Anschauung von Lerngegenständen beim Schüler/bei der Schülerin eine innere Anschauung anzubahnen.«[21] Dies kann mediengestützt auf vielfältige Weise geschehen (Körpersprache, reale Objekte, Modelle, Abbildungen, Symbole etc.) meistens jedoch mithilfe einer anschaulichen Sprache, also symbolisch. Haben die Schülerinnen und Schüler eine innere Anschauung von dem erarbeiteten Denkresultat gewonnen, kann dieses umso besser intersubjektiv auf seine Gültigkeit hin geprüft werden, was bedeutet, gemeinsam in einen kritischen Diskurs einzutreten. Damit dieser möglich ist, muss im Unterricht ein öffentlicher Lernraum geschaffen werden, in dem alle Behauptungen, darauf bezogene Einwände und Argumente ohne Restriktionen ausgestaucht und gemeinsam erwogen werden können.[22]

»Performanz«: Im Gegensatz zum Denkprinzip »Repräsentativität« konkretisiert das erste methodische Interaktionsprinzip »Performanz« besonders den affektiven Aspekt des konstitutiven Prinzips »Handlungsorientierung«, durch das es fundiert ist. Durch seine Verbindung zum Prinzip »Handlungsorientierung« steht es auch in enger Verbindung zu dem Denkprinzip »Repräsentativität«, da Performanz u. a. wesentlich auch der Veranschaulichung dient. Im Rahmen der Arendt'schen existenziell-performativen Hermeneutik umfasst Performanz alle Tätigkeiten eines Menschen, die dem gemeinsamen Handeln und Sprechen zuzuordnen sind und ist daher klar abzugrenzen vom Arbeiten und Herstellen. Die Performanz bedarf der Öffentlichkeit bzw. des Öffentlichen Raumes, in dem allein das gemeinsame Handeln und Sprechen realisiert werden kann. Unter diesen Bedingungen haben Handeln und Sprechen eine sozialontologische, weil wirklichkeitskonstitutive, und eine epistemische, weil erkenntnisermöglichende Funktion, da Arendt zufolge erst das, was in der Öffentlichkeit erscheint, wirklich ist und durch Handeln und Sprechen die Persönlichkeit eines Menschen erscheint, die so ihren Wirklichkeitsstatus erhält und für andere sichtbar wird. Folglich

---

21   Ebd. S. 40.
22   Vgl. Ebd. S. 46.

wurde im dritten Kapitel dafür argumentiert, dass die Persönlichkeit Arendt zufolge eine soziale Entität darstellt. (vgl.: 3. Kapitel, 2. Teil, 5. Abschnitt)

Ebenso wie die Denkprinzipien »Souveränität« und »Repräsentativität« erfordert ein Philosophieren, das sich am Prinzip »Performanz« orientiert, einen Raum bzw. die Möglichkeit, dass Schülerinnen und Schüler sich aktiv handelnd zum Ausdruck bringen bzw. etwas performen können, denn Performanz bedeutet darstellende Interaktion mit anderen. Im Mittelpunkt stehen dabei existenzielle Problemerfahrungen. Es ist also ein Lernraum und ein methodisches Vorgehen notwendig, dass sowohl körpersprachliche Artikulation im Sinne eines Vorführens, Aufführens, Darstellens oder auch Spielens, aber auch symbolsprachliche Artikulation im Sinne von Diskursivität und Narrativität ermöglicht. Über die beiden letzteren Artikulationsformen, gerade über die der Diskursivität, ist das Interaktionsprinzip »Performanz« und der von diesem erforderte Lernraum mit dem Denkprinzip »Repräsentativität« verbunden, weil repräsentatives Denken nicht nur die gedanklich-diskursive, sondern auch die praktisch-diskursive Auseinandersetzung mit anderen zur Voraussetzung hat. Performanz ist also da möglich, wo gemeinsam etwas dargestellt oder vorgestellt, kontrovers diskutiert und von etwas berichtet oder etwas erzählt wird. Besonders der Performanz im Sinne von Berichten und Erzählen kommt ein hoher Stellenwert zu, weil sich hierdurch sehr gut existenzielle Erfahrungen mitteilen und anschließend reflektieren lassen. Sprachliche Performanz beim Philosophieren entspricht daher dem Anliegen von Arendt, wie auch dem ihres Doktorvaters Jaspers, kommunikativ die eigene Existenz zu erhellen. (vgl.: 2. Kapitel, 3. Teil, 2. Abschnitt) Dies bedeutet aber auch, dass die Schülerinnen und Schüler nicht nur in der Lage sind, sprachlich etwas darzustellen, sondern auch, aktiv zuhörend am Unterricht teilzunehmen.

»Kontemplation«: Verstanden als zweites methodisches Interaktionsprinzip, ist die Kontemplation eng verbunden mit dem methodischen Denkprinzip »Repräsentativität« und konkretisiert auf der Ebene der konkreten Unterrichtsinteraktion ebenfalls den kognitiven Aspekt der durch das zweite konstitutive Prinzip geforderten Handlungsorientierung. Das Interaktionsprinzip »Kontemplation« wird daher vor allem durch das konstitutive Prinzip »Handlungsorientierung«, aber auch durch das konstitutive Prinzip »Wahrheitsbezug« fundiert. Denn die Kontemplation ist auch eine wesentliche Voraussetzung für wahrheitsorientiertes repräsentatives Denken. Arendt zufolge gibt es für den Menschen vor allem zwei wesentliche Modi des Tätigseins, zum einen den Modus des ins Handeln involvierten Akteurs und zum anderen den des sich aus dem Handeln zurückgezogen Beobachters und Denkers. Das zurückgezogene Beobachten und Denken sind im Rahmen von Arendts existenziell-performativer Hermeneutik besonders bedeutsame Tätigkeiten, weil es diejenigen Tätigkeiten sind, die wesentlich zum Erkennen und Verstehen der Persönlichkeit eines Menschen beitragen bzw. dieses erst ermöglichen. Zurückgezogenes

Beobachten bedeutet nämlich nicht involviert zu sein und deswegen das Handeln der anderen und den Kontext desselben, also das Ganze von einem externen Standpunkt überschauen und daher voll erfassen zu können. Zurückgezogenes, kontemplatives Denken wiederum bedeutet, in das innere Zwiegespräch mit sich selbst einzutreten, sich auf die Denkdiagonale zu begeben und sich von allem Sinnlichen zu entfernen, also »außer der Ordnung« zu sein, um so alles kritisch denkend durchdringen und abstrakt erfassen zu können.

Für ein an dem Interaktionsprinzip »Kontemplation« ausgerichtetes Philosophieren ist es daher notwendig, dass dieses zum einen das distanzierte Betrachten und zum anderen die Einkehr und Vertiefung in das eigene Denken ermöglicht. Da es sich beim Denken um eine Interaktion mit sich selbst handelt, ist für das Prinzip »Kontemplation« eigentlich die Bezeichnung »Intraaktionsprinzip« angemessen. Das Intraaktionsprinzip »Kontemplation« macht damit Arendts Einsicht unterrichtswirksam, wonach auch das zurückgezogene Denken, das stille Verharren, die scheinbare Teilnahms- und Tätigkeitslosigkeit ein Tätigsein, und zwar ein sehr intensives Tätigsein ist. Auch hierzu bedarf es entsprechend geeigneter Methoden und Lernräume. Vor allem bedarf es eines ungestörten Lernortes, eines Ortes der Ruhe, an dem man, ohne von Mitschülern/innen, Lehrern/innen und anderem abgelenkt zu werden, über ein existenzielles Problem bzw. eine existenzielle Erfahrung nachdenken kann. Zu diesem Denken muss man allerdings befähigt sein, man muss die hierzu notwendige Konzentration und das Denken selbst üben, weswegen das Intraaktionsprinzip »Kontemplation«, genauso wie die Denkprinzipien »Souveränität« und »Repräsentativität«, Übungen im Denken voraussetzen.

Aus den vorhergehen Erläuterungen sollte deutlich geworden sein, welche der drei konstitutiven Unterrichtsprinzipien die Denkprinzipien und welche die Interaktionsprinzipien konstituieren und inwiefern alle Prinzipien eng miteinander zusammenhängen. Wenn nun Jank und Meyer Recht damit haben, dass Unterrichtsprinzipien Chiffren für Unterrichtskonzepte sind, also Aussagen über die grundsätzliche Ausrichtung von Unterrichtskonzepten tätigen, dann kann bezüglich der grundsätzlichen didaktischen Ausrichtung des Konzepts »Selbst-Er-forschend Philosophieren« an dieser Stelle festgehalten werden, dass es sich bei einem Philosophieunterricht, der gemäß des Konzepts geplant und durchgeführt wird, um eine Form des problemorientieren und erfahrungsbezogenen Unterrichts handelt, in dem gemeinsamen Handeln der gleiche Stellenwert zukommt, wie dem zurückgezogenen Denken.[23]

---

23 Vgl.: Meyer, H.: *Unterrichtsmethoden. Theorieband.* 10. Auflage. Berlin: Cornelsen Scriptor 2003, S. 334–338.

2. Transformation Nr. 2: Ziele und Inhalte

Für das Konzept »Selbst-Er-forschend Philosophieren« muss zuallererst ein normativer Zielhorizont angegeben werden, der sowohl eine konkrete Unterrichtsmethodik als auch bestimmte Unterrichtsinhalte impliziert. Unterrichtsbezogene Zielentscheidungen sind nämlich ein wesentlicher Bestandteil eines jeden gelungenen Unterrichtskonzepts. Dies ergibt sich bereits aus dem inhärenten Zielbezug der Unterrichtmethoden, die im Rahmen eines Unterrichtskonzepts verwendet werden sollen. Es gibt also einen »Implikationszusammenhang« zwischen den Konzeptzielen und den zentralen Methoden des Konzepts. Dieser besteht jedoch auch zwischen den Konzeptzielen und den zu erarbeitenden Inhalten, denn »[d]ie Lernziele selbst (und die damit einhergehenden Kompetenzen) beziehen sich immer auch auf inhaltliche Vorgaben.«[24] Die Inhalte erfüllen dabei vor allem die Funktion eines Mittels zum Erreichen der Lernziele. Ein Unterrichtsinhalt ist, nimmt man Meyers diesbezüglich unterschiedlich akzentuierte Definitionen zusammen, die fixierbare »[...] Vergegenständlichung von Sach-, Sinn- oder Problemzusammenhängen [...]«[25], die sich aus der aktualisierenden Auseinandersetzung mit gesellschaftlichen Wissensbeständen ergibt. Ein Unterrichtsinhalt ist also zuvorderst ein Lernprodukt, das dem Unterrichtsprozess, also dem Lehrer- und Schülerhandeln entspringt. Insofern ähneln sich Unterrichtsinhalte und -ziele, weil sie als angestrebte Produkte bzw. Ergebnisse des Unterrichtsprozesses von vorneherein diesen maßgeblich beeinflussen. Der Unterrichtsinhalt wird dabei an einem konkreten oder abstrakten Gegenstand bezogen auf ein Unterrichtsziel erarbeitet. Die gegenstands- und zielbezogenen Unterrichtsinhalte des Konzepts »Selbst-Er-forschend Philosophieren« lassen sich mit einer Inhalts-Matrix, die zwischen subjekt- und objektbezogenen Inhalten auf der einen und theoretischen und praktischen Inhalten auf der anderen Seite unterscheidet, in der nachfolgenden Synopse der Konzeptziele und -inhalte (siehe Abbildung 8: *Unterrichtsziele*) gut darstellen, in der auch die Unterrichtsgegenstände aufgeführt werden, an denen die Ziele und Inhalte erarbeitet werden sollen.[26]

Zieldifferenzierung: Bezüglich der zu transformierenden Ziele des Selbst-Erforschenden Philosophierens, die über die Erarbeitung der ausgewiesenen Inhalte erreicht werden sollen, ist zunächst zu berücksichtigen, dass diese Fähigkeiten beschreiben und insofern in Zusammenhang zu bestimmten Kompetenzbereichen stehen. Diese sind a) die Sachkompetenz, b) die Methodenkompetenz, c) die Kommu

---

24 Kliebisch, U. W. und Meloefski, R.: *LehrerSein. Erfolgreich handeln in der Praxis. Grundlagen der Pädagogik und Didaktik. Kompetenzen. Unterrichtsentwurf.* Bd. 1. 4. Auflage. Baltmannsweiler: Schneider 2009. S. 130.

25 Meyer, H.: *Leitfaden Unterrichtsvorbereitung.* Berlin: Cornelsen Scriptor 2007. S. 197.

26 Vgl.: Meyer, H.: *Leitfaden Unterrichtsvorbereitung.* S. 197; Meyer, H.: *Unterrichtsmethoden. Theorieband.* S. 77–80; Kliebisch, U. W. und Meloefski, R.: *LehrerSein.* S. 130–131.

nikationskompetenz und d) die Urteilskompetenz. Außerdem ist darauf hinzuweisen, dass es sich bei den angegebenen Zielen nicht um Prozessziele, sondern um die Endziele des Unterrichtsprozesses handelt, die also den zu erreichenden Soll-Zustand angeben, denn »[e]in Ziel ist die Beschreibung des gewünschten Ergebnisses eines Lehr-Lern-Prozesses.«[27] Die transformierten Ziele »[...] formulieren demnach den Zuwachs an Kompetenzen, den der Schüler gewinnt, wenn er den Lernprozess erfolgreich durchläuft.«[28] Der Erfolg dieses Zuwachses kann grundsätzlich orientiert an drei verschiedenen Anforderungsniveaus bestimmt werden, wonach der Lernzuwachs einem Mindest-, Regel- und Maximalmaß entspricht. Ausgehend von einem übergreifenden Konzeptziel lassen sich also die einzelnen Zielkomponenten desselben explizieren, indem sie den unterschiedlichen Kompetenzbereichen und zudem den unterschiedlichen Lernzielbereichen zugeordnet werden. Die unterschiedlichen Lernzielbereiche orientieren sich an der Bloom'schen Taxonomie. Folglich ist zwischen kognitiven, affektiven und psychomotorischen Zielkomponenten zu unterscheiden. Bezüglich dieser Unterscheidungen ist besonders zu beachten, dass »Lernen [...] stets ein ganzheitlicher Prozess [ist]: Daher kann ein Mensch kognitive Lernziele nur erreichen, wenn gleichzeitig auch personale, emotionale und handlungsorientierende Fähigkeiten aktiviert werden.«[29] Dies berücksichtigend, spiegeln sich in der nachfolgenden Lernzieltaxonomie die durch das erste konstitutive Prinzip geforderte Personenorientierung und die durch das zweite konstitutive Prinzip postulierte Ganzheitlichkeit des Unterrichts wieder.[30]

Tranformationsquellen: Bezüglich der Transformation der Konzeptziele und zentralen Inhalte ist zu beachten, dass die zuvor etablierten Prinzipien des Konzepts »Selbst-Er-forschend Philosophieren« als Hinweise auf die Akzente eines Unterrichtskonzepts und als leitende Grundsätze für den konkreten Unterricht lediglich ein Orientierungsrahmen für die Entwicklung von allgemeinen und konkreten Unterrichtzielen und entsprechenden Inhalten sind, denn Meyer und Jank zufolge ist es »[...] unmöglich, konkrete Ziel-, Inhalts- und Methodenentscheidungen durch logische Deduktion aus übergeordneten Normen herzuleiten.«[31] Vielmehr müssen »vage Zielformeln« konkretisiert werden. Dies soll nachfolgend im Hinblick auf das im ersten Kapitel dargelegte grundsätzliche Ziel des Konzepts »Selbst-Er-forschend Philosophieren« geschehen. Die Quellen für die Transformation der nachfolgenden Unterrichtsziele und damit verbundenen Unterrichtsinhalte sind daher nicht die bereits transformierten Prinzipien, sondern zentrale Elemente der existenziell-performativen

---

27 Jank, W. und Meyer, H.: *Didaktische Modelle.* S. 51.
28 Kliebisch, U. W. und Meloefski, R.: *LehrerSein.* S. 108–108.
29 Ebd. S. 110.
30 Vgl.: Ebd. S. 81–84, 108–114.
31 Jank, W. und Meyer, H.: *Didaktische Modelle.* S. 125.

Hermeneutik, so vor allem Arendts Antwort auf die von ihr politiktheoretisch und, wie dargelegt, existenzphilosophisch modifizierte Grundfrage der Metaphysik, die hierauf bezogene Explikation der Relation von denkendem, wollendem und erscheinendem Ich (Trichotomie des Ich), die damit verbundene Erläuterung der Prozesse der Persönlichkeitsbildung und -erkenntnis (existenzielles Entwickeln, Erscheinen und Verstehen) und die hierauf bezogenen und daher in Arendts existenziell-performativer Hermeneutik enthaltenden Konzepte bezüglich des sinnerfüllt-guten Lebens einer Person, das »aspiration-fulfillment«- und »capacity-fulfillment«-Konzept. Schließlich dient auch Arendts Methodik bzw. ihre Anwendung der existenziell-performativen Hermeneutik bei der Transformation der Konzeptziele als Transformationsquelle eine wichtige Rolle.[32]

Ziel- und Inhaltsmatrix: Die nachfolgende Matrix (Abbildung 8: *Unterrichtsziele*) stellt die Lernzielziel- und Unterrichtsinhaltstaxonomie dar, die für das Konzept »Selbst-Er-forschend Philosophieren« leitend sein soll. Diese besteht aus einem übergreifenden Konzeptziel, dass sich in drei Zielbereiche ausfächern lässt, von denen der erste drei, der zweite zwei und der letzte Zielbereich ein Teilkonzeptziel enthält. Alle Zielbereiche korrespondieren mit bestimmten Inhalten und spiegeln zudem die zuvor transformierten Prinzipien wieder. Spiegelt sich durch das übergreifende Konzeptziel beispielsweise die geforderte Subjektorientierung wieder, so wird der geforderten Handlungsorientierung in ihrer kognitiven wie praktischen Dimension durch die Teilkonzeptziele eins bis vier entsprochen, ebenso wie dem geforderten Wahrheitsbezug durch die Teilkonzeptziele eins und drei entsprochen wird. Für den affektiven Zielbereich, bei dem es um Grundhaltungen und konkrete Bereitschaften geht, ist abschließend noch eine Ausnahme zu benennen, denn dieser ist der einzige Zielbereich, der nicht mit konkreten Inhalten in Verbindung zu bringen ist, weil sich die angestrebten Grundhaltungen und Bereitschaften nicht direkt, sondern im Idealfall nur indirekt in der ziel- und inhaltsbezogenen Auseinandersetzung mit den angegebenen Unterrichtsgegenständen bei den Schülerinnen und Schülern entwickeln lassen.

Weil die obigen Ziele des Konzepts »Selbst-Er-forschend Philosophieren« für die Transformation aller weiteren Komponenten des Konzepts maßgeblich sind, gemeint sind insbesondere die zu transformierenden Methoden, werden diese nun nachfolgend unter Angabe der Transformationsquellen genauer erläutert. Zudem werden hierbei immer auch die entsprechenden Unterrichtsgegenstände und -inhalte angegeben, da die Konzeptziele, wie bereits erwähnt, in einem »Implikationszusammenhang« mit den zu erarbeitenden Inhalten stehen.

---

32   Vgl.: Ebd. S. 125–126.

<u>Konzeptziele und Kompetenzen</u>	<u>Gegenstände und Inhalte</u>
Übergreifendes Konzeptziel:	**objekt-/subjektbezogen und theoretisch/praktisch**
➢ **Sinn:** Die Schülerinnen und Schüler sind in der Lage, eine Persönlichkeit in ihrem lebensweltlichen Kontext sinngebend zu verstehen, hinsichtlich der Kriterien eines sinnerfüllt-guten Lebens zu beurteilen und diesbezüglich ggf. notwendige Maßnahmen zur Persönlichkeitsentwicklung aufzuzeigen.	➢ **Gegenstand:** biografische Fakten eines konkreten Menschen ➢ **Inhalt (Sinnzusammenhang):** Die Persönlichkeitsstruktur eines Menschen
A) Kognitiver Zielbereich:	**A) subjekt- oder objektbezogener theoretischer Inhalt**
1. **Erkennen/Wissen → Methoden- und Sachkompetenz:** Die Schülerinnen und Schüler können sich eine Persönlichkeit kognitiv erschließen, indem sie relevante biografische Fakten analytisch durchdringen, um die wesentlichen persönlichkeitsbildenden Eigenschaften der untersuchten Persönlichkeit zu erkennen, um nachfolgend sowohl den inneren Zusammenhang zwischen diesen Eigenschaften also auch die damit verbundene Erscheinung der Persönlichkeit in ihrer Lebenswelt zu verstehen.	1. **Gegenstand:** biografische Fakten, insbesondere existenzielle Erfahrungen **Inhalt (= Sach-/Problemzusammenhang):** Eigenschaften der Persönlichkeit, verstanden als Wunsch- und Wertvorstellungen, (Lebens-) Ziele und Überzeugungen etc.
2. **Rekonstruieren, Prüfen, Identifizieren und Verstehen → Methoden-, Sach- und Urteilskompetenz:** Die Schülerinnen und Schüler können eine Persönlichkeit tief greifend analysieren und verstehen, indem sie ausgehend von ihrem Wissen über deren persönlichkeitsbildende Eigenschaften den Strukturzusammenhang derselben erkennen und kritisch hinterfragen, d. h. auf seine Kohärenz hin prüfen und ggf. Ansatzpunkte für notwendige Veränderungen in der Persönlichkeitsstruktur identifizieren.	2. **Gegenstand:** Eigenschaften der Persönlichkeit, verstanden als Wunsch- und Wertvorstellungen, (Lebens-) Ziele und Überzeugungen etc. **Inhalt (= Sach-/Problemzusammenhang):** Die Persönlichkeitsstruktur eines Menschen
3. **Entwickeln und Prüfen → Methoden- Sach- und Urteilskompetenz:** Die Schülerinnen und Schüler entwickeln Ansätze, um die in der Persönlichkeitsstruktur identifizierten Inkohärenzen zu beheben und erwägen, welche Konsequenzen dies für das konkrete lebensweltliche Handeln des betreffenden Menschen hat.	3. **Gegenstand:** Die in der Persönlichkeitsstruktur erkennbaren Inkohärenzen **Inhalt (Problem- und Sachzusammenhag):** modifizierte/neue persönlichkeitsbildende Eigenschaften
B) Kognitiv-psychomotorischer Zielbereich:	**B) subjekt- oder objektbezogener praktischer Inhalt**
4. **Darstellen, Erörtern und Beurteilen → Kommunikations- und Methodenkompetenz:** Die Schülerinnen und Schüler können sich Persönlichkeitsstrukturen kommunikativ erschließen, indem sie sich persönlichkeitsbildende Eigenschaften und deren Strukturzusammenhänge im gemeinsamen Gespräch vergegenwärtigen, diese kritisch analysieren und ihre diesbezüglichen Erkenntnisse im Diskurs überprüfen und beurteilen.	4. **Gegenstand:** Die Persönlichkeitsstruktur eines Menschen **Inhalt (= Sinnzusammenhang):** Darstellung, Erörterung und Beurteilung der analysierten Persönlichkeitsstruktur
5. **Erzählen und Verstehen → Kommunikations- und Methodenkompetenz:** Die Schülerinnen und Schüler können ihre Erkenntnisse zur Persönlichkeitsstruktur eines Menschen in eine sinnstiftende Erzählung einbetten bzw. im Rahmen einer (auto-) biografischen Narration darstellen und damit ihr Verständnis der untersuchten Persönlichkeit vertiefen.	5. **Gegenstand:** Alle relevanten biografischen Fakten und die hierdurch erschließbare Persönlichkeitsstruktur **Inhalt (= Sinnzusammenhang):** Narrative Darstellung der Erkenntnisse zur Persönlichkeitsstruktur eines Menschen in Form einer mündlichen/schriftlichen Erzählung
C) Affektiver Zielbereich:	
6. **Grundhaltungen und konkrete Bereitschaften:** Die Schülerinnen und Schüler sind existenziell entschlossen, eine unverwechselbare Persönlichkeit herauszubilden und untersuchen dazu aus einer Haltung der existenziellen Ernsthaftigkeit heraus u. a. auch fremde Persönlichkeitsstrukturen. Sie sind diesbezüglich bereit, existenzielle (Denk-) Erfahrungen zu machen bzw. solche nachzuvollziehen, über die persönlichkeitsrelevanten Dimensionen derselben nachzudenken und hierüber miteinander in einen sinnstiftenden Gedankenaustausch zu treten.	

Abbildung 8: *Unterrichtsziele*

2.1   Übergreifendes Konzeptziel

Wie bereits im zweiten Kapitel dargelegt, ist Arendts existenziell-performative Hermeneutik darauf ausgerichtet, die ins existenzielle gewendete Grundfrage der Politik, »Warum ist überhaupt jemand und nicht vielmehr niemand?«, zu beantworten, und zwar, indem sie Auskunft darüber gibt, wieso es überhaupt so etwas wie Persönlichkeit gibt und wie sich diese zu allererst entwickelt. Wie im dritten Kapitel gezeigt, steht im Mittelpunkt von Arendts existenziell-performativer Hermeneutik daher die Frage nach der narrativen Identität eines Menschen. Diesbezüglich geht es ihr zum einen darum, zu klären, was die essenziellen Voraussetzungen für Persönlichkeitsbildung sind und zum anderen, wie Persönlichkeit von anderen erkannt und verstanden werden kann. Insofern nimmt Arendts existenziell-performative Hermeneutik vor allem die dreistellige Relation bestehend zwischen der individueller Existenz, dem menschlichen Beziehungsgeflecht und den Bedingungen menschlicher Existenz existenzphilosophisch in den Blick, um die genannte Kernfrage hinreichend zu beantworten. Durch ihre existenziell-performative Hermeneutik gibt Arendt dann sehr genaue Antworten auf den folgenden Fragenkomplex: 1. Unter welchen Bedingungen findet das menschliche Leben auf der Erde statt und welche davon müssen im Sinne von essenziellen Voraussetzungen für die Entwicklung von Persönlichkeit gegeben sein? (objektive Voraussetzungen), 2. Was muss ein Mensch unbedingt tun, um eine Persönlichkeit unter den gegebenen Bedingungen der menschlichen Existenz auf Erden entwickeln zu können? (subjektive Voraussetzungen), 3. Unter welchen Bedingungen kann ein Mensch über die von ihm entwickelte Persönlichkeit (welches) Wissen erlangen und inwiefern kann er sich selbst und damit den Sinn seiner Existenz verstehen? 4. Wird, und wenn ja, wie wird die entwickelte Persönlichkeit eines Menschen für andere Menschen sicht- bzw. erkennbar? und 5. Was können andere Menschen über die Persönlichkeit eines Menschen wissen und wie können sie den Sinn der Existenz eines Menschen verstehen? Da Arendt bei der Beantwortung dieser Fragen durch die von ihr entwickelte existenziell-performative Hermeneutik auch wichtige Auskünfte darüber gibt, wie ein sinnerfüllt-gutes Leben möglich ist, beantwortet sie schließlich 6. auch die folgende axiologische Frage: Unter welchen Bedingungen kann ein Mensch davon sprechen, dass sein Leben ein sinnerfüllt-gutes Leben ist?

Zu begründen ist nun, warum sich gerade die zuvor aufgeführten Ziele für das Konzept »Selbst-Er-forschend Philosophieren« aus Arendts mit ihrer existenziell-performativen Hermeneutik gegebenen Antworten auf die vorherigen Fragen transformieren lassen. Bezogen auf die im ersten Kapitel dargelegte leitende Fragestellung für die Konzeptentwicklung lässt sich an dieser Stelle bereits vorab festhalten, dass diese vorgibt, dass das übergreifende Ziel des Konzepts »Selbst-Er-forschend Philosophieren« auf Persönlichkeitsbildung und individuelle Sinngebung ausgerichtet sein soll. Zu klären ist also, was in diesem Zusammenhang erstens mit Persönlichkeitsbildung und zweitens mit Sinngebung gemeint ist und drittens, wie beides miteinander zusammenhängt.

Akte der Sinngebung: Wie bereits im dritten Kapitel herausgearbeitet, beschäftigt sich Arendts existenziell-performative Hermeneutik primär damit, die Frage zu klären, wieso es so etwas wie Persönlichkeit überhaupt gibt. Im Zentrum der existenziell-performativen Hermeneutik steht daher die Frage nach der Persönlichkeitsbildung. Beantwortet wird diese Frage von Arendt, indem sie einsichtig macht, dass die Persönlichkeit eines Menschen vor allem das Resultat von Sinngebungsprozessen ist, die sich sowohl auf intrasubjektiver als auch auf intersubjektiver Ebene vollziehen. Thies zufolge kann man nun zwischen zwei grundsätzlich möglichen Akten der Sinngebung unterscheiden. Denn dem Leben kann man zum einen durch einen kognitiven Akt Sinn »verleihen«, indem wir Sinnzuschreibungen vornehmen und zum anderen kann das Leben und damit auch sein Sinn durch praktische Handlungen aktiv hervorgebracht und gestaltet werden. Wenn Arendt von Persönlichkeitsbildung qua Sinngebung ausgeht, dann, dies sollte ebenfalls aus dem dritten Kapitel hervorgegangen sein, ist die diesbezügliche Grundannahme ihrer existenziell-performativen Hermeneutik die, dass die Sinngebung in einem Wechselspiel von kognitiven und kreativen Akten erfolgt, nämlich aus dem Wechselspiel von Denken und Handeln oder anders ausgedrückt, aus dem Wechsel von innerem Zwiegespräch und gemeinsamen Sprechen und Handeln mit anderen Menschen. Beide Akte sind für Arendt bei der Persönlichkeitsbildung also höchst bedeutsam. Bezüglich des kognitiven Sinngebungsaktes wurde zudem herausgearbeitet, dass sie davon ausgeht, dass ein Mensch von anderen Menschen zum Objekt einer verstehenden Einstellung gemacht werden kann, aber auch zu sich selbst in das gleiche Verhältnis treten kann. Insofern geht Arendt davon aus, dass wir das Leben eines Menschen im Allgemeinen und die Persönlichkeit desselben im Besonderen verstehen können. Dies ist genau dann möglich, wenn die Persönlichkeit etwas ist, dass einen Sinn hat und »Sinn [...] etwas [ist], das wir verstehen können.«[33] Unsere Verstehens-Intention kann diesbezüglich jedoch durchaus verschieden ausgerichtet sein, wie Thies richtig feststellt. Man kann nämlich erstens versuchen, den »Sinn des Lebens« aus hermeneutischer Perspektive zu verstehen zu suchen, was darauf abzielt, die Bedeutung eines Lebens zu erfassen. Das jeweilige Menschenleben wird in diesem Fall quasi wie ein Text gelesen und interpretiert. Wie herausgearbeitet, spricht Arendt diesbezüglich bekanntlich von der Bio-Grafie eines Lebens, also von der Verschriftlichung der Lebensgeschichte eines Menschen durch einen Erzähler. Es kann bei dem Versuch den Sinn des Lebens zu verstehen allerdings auch zweitens darum gehen, so

---

33 Thies, C.: *Kann ich meinem Leben einen Sinn geben?* In: ZDPE, 4/2002. S. 266.

Thies, das Leben als einen komplexen Zusammenhang zu verstehen, der möglichst stimmig sein, d. h. eine kohärente Struktur aufweisen sollte. Schließlich, so Thies, kann das Sinnverstehen im Fall des Lebens drittens auch darauf ausgerichtet sein, den Wert des Lebens zu bestimmen, also darüber zu urteilen – meist mit moralischen Kriterien – ob ein Leben ein sinnerfüllt gutes oder schlechtes Leben ist bzw. war. Hier rückt also die axiologische Frage nach dem extrinsischen oder intrinsischen Wert des Lebens in den Vordergrund. Im dritten Kapitel konnte diesbezüglich hoffentlich plausibel aufgezeigt werden, dass Arendts existenziell-performative Hermeneutik einen stark holistischen Ansatz verfolgt, weil ihr eine dreifache Intention zugrunde liegt, nämlich sowohl, quasi in die Breite gehend, die Bedeutung eines Lebens als abgeschlossenes Ganzes zu erfassen als auch, quasi in die Tiefe gehend, die Persönlichkeit eines Menschen als komplexen Strukturzusammenhang zu erkennen, zu verstehen und diese, darüber hinaus auch einer moralischen Bewertung zu unterziehen.[34]

Die fremde Persönlichkeit als zu entschlüsselnder Sinnzusammenhang: Berücksichtigt man bei der Transformation eines übergreifenden Konzeptziels auf der einen Seite die Grundannahmen von Arendts existenziell-performativer Hermeneutik und auf der anderen Seite Thies' Erkenntnis, dass »[...] es keinen Sinn *des* Lebens gibt [...]«[35], so dass wir angehalten sind, »[...] den Sinn *im* Leben zu finden und zu fördern [...]«[36], dann folgt daraus, dass sich die Schülerinnen und Schüler, ähnlich wie Arendt selbst, beim Philosophieren mit dem Phänomen »Persönlichkeit« bzw. der narrativen Identität eines Menschen auseinandersetzen sollen, da sich deren Struktur vorwiegend als ein Sinnzusammenhang »im« Leben beschreiben lässt. Für die weitere Konkretion des übergreifenden Konzeptziels ist diesbezüglich zu berücksichtigen, dass, wie im dritten Kapitel gezeigt, eine Persönlichkeitsstruktur dann sinnvoll ist, wenn die persönlichkeitsbildenden Eigenschaften, gemeint sind Wunsch- und Wertvorstellungen, (Lebens-) Ziele und Überzeugungen etc., in einem hinreichend kohärenten Strukturzusammenhang stehen, dessen Kohärenz wesentlich nach moralischen und damit vernünftigen Kriterien beurteilt wird. Mit Arendts Worten formuliert bedeutet das, dass ein Menschenleben dann sinnvoll und damit gleichzeitig auch (moralisch) wertvoll ist, wenn sich ein Mensch nicht im Widerspruch zu sich selbst befindet, also mit sich selbst befreundet ist und in seiner Lebenswelt folglich nicht als in sich widersprüchlich erscheint. Die spezifische Persönlichkeitsstruktur eines Menschen stellt also einen komplexen Strukturzusammenhang dar, der als Sinnzusammenhang Gegenstand einer Verstehensintention sein kann. Die angestrebte Persönlichkeitsbildung und Sinngebung beim Philosophieren sollte sich also, einer von den Schülerinnen und Schülern geteilten Verstehensintention folgend, in Ausei-

---

34 Vgl.: Ebd. S. 266–268.
35 Ebd. S. 272.
36 Ebd.

nandersetzung mit dem Phänomen »Persönlichkeit« vollziehen. Folglich wird beim Selbst-Er-forschenden Philosophieren Persönlichkeitsbildung durch Sinngebung im Modus des Verstehens intendiert. Der intendierte Modus Operandi dieses Philosophierens ist also die kognitive Sinngebung. Dies auch deswegen, weil es im Unterricht schon aus Gründen der praktischen Begrenzung nicht darum gehen kann, Persönlichkeit bzw. eine komplexe Persönlichkeitsstruktur aktiv handelnd hervorzubringen, um so «Sinn zu geben». Bezüglich der zu veranlassenden kognitiven Sinngebungsprozesse muss zudem einschränkend darauf hingewiesen werden, dass es sicherlich nicht möglich ist, die Persönlichkeit eines Menschen definitiv, d. h. endgültig und absolut sinngebend zu verstehen. Dies vor allem deswegen, weil sie sich zeitlebens in der Entwicklung befindet. Hierauf verweisen nicht zuletzt Arendts Erkenntnisse zum Phänomen »Persönlichkeit«, die wesentlicher Bestandteil ihrer existenziell-performativen Hermeneutik sind. Im Unterricht kann es jedoch darum gehen, aus einer verstehenden Einstellung heraus, sich die Persönlichkeit eines Menschen über einen klar definierten raum-zeitlichen Lebensausschnitt, d. h. situationsbezogen, zu erschließen. Das bedeutet konkret, dass z. B. das Handeln und Verhalten eines Menschen in einer bestimmten Situation untersucht wird, um hiervon ausgehend aussagekräftige Aufschlüsse über die persönlichkeitsbildenden Eigenschaften desselben zu gewinnen und die sich aus diesen zusammensetzende spezifische Struktur seiner Persönlichkeit (interner Zusammenhang) und deren lebensweltliche Bezüge (externen Zusammenhang) erarbeiten zu können. Auf diese Weise kann die Persönlichkeit, in Übereinstimmung mit den Grundannahmen von Arendts existenziell-performativer Hermeneutik, als ein sinnvolles Ganzes erkannt werden. In diesem Zusammenhang kann und soll Sinngebung auch dahingehend vollzogen werden, dass von den Schülerinnen und Schülern Ansätze entwickelt werden, die aufzeigen, wie sich eine Persönlichleit entwickeln sollte, um als ein sinnvolles Ganzes zu erscheinen. Dies kann vor allem dann für die Schülerinnen und Schüler gewinnbringend und aufschlussreich sein, wenn sich die untersuchte Persönlichkeit nicht als ein sinnvolles Ganzes erweist, weil beispielsweise Inkohärenzen entdeckt werden, die es gerade hinsichtlich eines sinnerfüllt-guten Lebens zu vermeiden gilt. Das übergreifende Konzeptziel lautet also: *Die Schülerinnen und Schüler sind in der Lage, eine Persönlichkeit in ihrem lebensweltlichen Kontext sinngebend zu verstehen, hinsichtlich der Kriterien eines sinnerfüllt-guten Lebens zu beurteilen und diesbezüglich ggf. notwendige Maßnahmen zur Persönlichkeitsentwicklung aufzuzeigen.* Der mit diesem Ziel korrespondierende Unterrichtsgegenstand ist folglich die in ihrer Lebenswelt erscheinende Persönlichkeit, die im Allgemeinen in der Biografie und im Besonderen im konkreten, situationsbezogenen Handeln eines Menschen fassbar wird. Der an diesem Gegenstand zu erarbeitenden Inhalt ist die Persönlichkeitsstruktur eines Menschen.

Die eigene Persönlichkeit als zu entschlüsselnder Sinnzusammenhang:
Bezüglich der im Titel »Selbst-Er-forschend Philosophieren« ausgedrückten Absicht, mit dem Konzept zur Persönlichkeitsbildung und -entwicklung der Schülerinnen und Schüler beizutragen, sei abschließend angemerkt, dass aus Arendts existenziell-performativer Hermeneutik diesbezüglich folgt, dies dokumentieren Arendts eigene Anwendungen derselben beispielsweise auf Rahel Varnhagen und Adolf Eichmann, dass die Analyse einer Persönlichkeit sich immer auch auf die Entwicklung der eigenen Persönlichkeit auswirkt bzw. immer auch im Kontext des Versuchs steht, Aufschlüsse über die eigene Persönlichkeit zu gewinnen. Es geht bei der Untersuchung von Persönlichkeitsstrukturen beim Selbst-Er-forschenden Philosophieren also auch darum, aus den Erkenntnissen von Persönlichkeitsanalysen, also aus vorgenommenen Sinngebungen, Konsequenzen für die eigene Persönlichkeitsentwicklung abzuleiten. Wenn schließlich die Entwicklung und der Erhalt einer kohärenten Persönlichkeitsstruktur eine wesentliche Voraussetzung für ein sinnerfüllt-gutes Leben ist, dann zielt ein Philosophieren, das auf Persönlichkeitsbildung und Sinngebung ausgerichtet ist, auch auf die Beschäftigung mit der axiologischen Frage ab, d. h. es will die Schülerinnen und Schüler, zumindest indirekt, dazu befähigen, ihr Leben so zu gestalten, dass es berechtigterweise als ein sinnerfüllt-gutes Leben bezeichnet werden kann.

2.2 Kognitiver und kognitiv-psychomotorischer Zielbereich

Arendt zufolge entsteht die Persönlichkeit eines Menschen aus einer doppelten Interaktion, nämlich zum einen auf intrasubjektiver Ebene aus der Interaktion von denkendem, wollenden und erscheinendem Ich und zum anderen aus der Interaktion des erscheinenden Ichs mit anderen Menschen im Beziehungsgeflecht menschlicher Angelegenheiten, also durch die Interaktion auf der intersubjektiven Ebene. Bezüglich der Frage, unter welchen Bedingungen ein Mensch seine Persönlichkeit entwickeln kann, geht Arendt im Rahmen ihrer existenziell-performativen Hermeneutik offensichtlich davon aus, dass ihm dies durch ein wunsch- und zielbezogenes Handeln auf der Grundlage des inneren Zwiegesprächs des denkenden Ichs gelingt (»aspiration-fulfillment«-Konzept) und dass dazu, unter der Voraussetzung von Freiheit, bestimmte Fähigkeiten, gemeint ist das reflexive Denken, Sprechen und (kommunikative) Handeln, realisiert werden müssen (»capacity-fulfillment«-Konzept). Der Mensch muss also zum einen in der Lage sein zu denken, um eine kohärente Persönlichkeitsstruktur erzeugen zu können und zum anderen fähig und willens sein, um handelnd und sprechend in Erscheinung zu treten. Bezüglich der Frage, ob und wie der Mensch Wissen über seine Persönlichkeit erlangen und den Sinn seiner Existenz verstehen kann, den er ihr selber durch sein Handeln gibt, macht Arendt deutlich, dass dies nur möglich ist, wenn er sich selber zum Gegenstand seines Denkens macht, sich also selber zu analysieren und zu verstehen sucht und, dies ist aus Arendts Sicht eine ganz essenzielle Voraussetzung für Selbsterkenntnis, dass er sich zu anderen Menschen hinwendet bzw. sich in diesen spiegelt. Für Arendt gibt es daher zwei Formen der persönlichkeitserschließenden Hinwendung zu den anderen Menschen, nämlich zum einen die Interaktion mit anderen Menschen, also das gemeinsame Handeln und Sprechen, durch das ein Mensch anderen Menschen erscheint, so dass diese ihn als Persönlichkeit erkennen, diese verstehen und ihm folglich Auskunft über seine Persönlichkeit geben können. Zum andern kann ein Mensch durch Hinwendung zu den anderen Menschen Wissen über sich selbst erlangen, wenn er versucht, andere Menschen (besonders Freunde), die ihm ähnlich sind, zu verstehen. (vgl.: 3. Kapitel, 3. Teil, 2. Abschnitt, 1. Unterabschnitt) Denn Arendt zufolge kann sich ein Mensch selber nur dann auf die Schliche kommen, wenn er über sich von Anderen Auskunft erhält oder sich in Anderen wiedererkennt. Die letzgenannte Hinwendung zu Anderen hat Arendt selber ganz exemplarisch in ihrer Hinwendung zu Rahel Varnhagen praktiziert. Ein vollständiges Wissen über die eigene Persönlichkeit und ein abschließendes Verstehen des Sinns der eigenen Existenz hält Arendt jedoch nicht für möglich, weil sie feststellt, dass beides erst möglich ist, wenn nicht mehr gehandelt und gesprochen werden kann, wenn also der betreffende Mensch nicht mehr existent ist. Folglich können immer nur die anderen Menschen ein vollständiges Wissen über die Persönlichkeit eines Menschen erwerben und diese abschließend verstehen und beurteilen.

Kognitiver Zielbereich: Transformiert man diese Annahmen Arendts zur Persönlichkeitsbildung und -erkenntnis, dann bedeutet das für das Erreichen des übergreifenden Konzeptziels, dass es voraussetzt, dass die Schülerinnen und Schüler in der Lage sind, a) Persönlichkeitsstrukturen tief greifend analysieren und verstehen zu können, b) diese auf ihre Kohärenz hin kritisch überprüfen und c) persönlichkeitsbildende Eigenschaften identifizieren sowie Ansätze zu deren Veränderung entwickeln zu können. Dies setzt vor allem voraus, dass die Schülerinnen und Schüler ihre Denkfähigkeiten entwickeln und einsetzen, und zwar geleichermaßen die Fähigkeit zum kritisch-reflexiven Denken wie die zum repräsentativ-dialogischen Denken. Somit lautet das erste Teilkonzeptziel: *Die Schülerinnen und Schüler können sich eine Persönlichkeit kognitiv erschließen, indem sie relevante biografische Fakten analytisch durchdringen, um die wesentlichen persönlichkeitsbildenden Eigenschaften der untersuchten Persönlichkeit zu erkennen und um nachfolgend sowohl den inneren Zusammenhang zwischen diesen Eigenschaften also auch die damit verbundene Erscheinung der Persönlichkeit in ihrer Lebenswelt zu verstehen.* Dieses Teilkonzeptziel wird also in der Erarbeitung der persönlichkeitsbildenden Eigenschaften, gemeint sind die handlungsleitenden Gründe, Wunsch- und Wertvorstellungen, (Lebens-) Ziele, und Überzeugungen etc., eines Menschen, erreicht. Der Unterrichtsgegenstand, an dem dies möglich ist, sind daher vor allem die biografischen Fakten, die über eine Persönlichkeit in Erfahrung

gebracht werden können und die hinreichenden Aufschluss über deren persönlichkeitsbildende Eigenschaften geben. Da das erste Teilkonzeptziel also auf eine
analytische Durchdringung relevanter biografischen Fakten und damit auf den Erwerb
bestimmter biografischer Kenntnisse und intellektuelle Fähigkeiten ausgerichtet ist,
handelt es sich folglich eindeutig um ein kognitives Ziel. So geht es vor allem darum,
biografisches Wissen über eine bestimmte Persönlichkeit zu erwerben, indem man
ausgehend von den jeweiligen biografischen Fakten die wesentlichen persönlichkeitsbildenden Eigenschaften derselben und deren lebensweltliche Strukturzusammenhänge erkennt und versteht. Es müssen also vor allem Sach- und Problemzusammen-
hänge erkannt werden. Dies erfordert und befördert folglich die Sachkompetenz der
Schülerinnen und Schüler. Die Erzeugung des sich in derartigen Sachzusammenhängen
ausdrückenden biografischen Wissens setzt jedoch auch bestimmte intellektuelle
Fähigkeiten voraus, nämlich nicht nur zu wissen wie man denkt, sondern auch denken
zu können, und zwar im Sinne eines strukturierten zielbezogenen Prozesses. Insofern
erfordert das erste Teilkonzeptziel auch die Methodenkompetenz der Schülerinnen
und Schüler und ist auf deren Förderung ausgerichtet. Die Methodenkompetenz wird
maßgeblich dadurch geschult, dass sich die Schülerinnen und Schüler, in Arendts
Worten, auf die Denkdiagonale begeben und Erfahrungen damit machen, wie man
kritisch-reflexiv und repräsentativ-dialogisch denkt, was im Fall der Erfahrungen mit
dem repräsentativ-dialogischen Denken u. a. bedeutet, zu erfahren und zu lernen, wie
man seine Einbildungskraft nicht nur reproduktiv, sondern auch produktiv benutzt,
um Zusammenhänge zu erkennen und möglichst objektive Urteile fällen zu können.

Da es jedoch nicht nur um Persönlichkeitserkenntnis, sondern auch um deren
tiefreifendes Verständnis geht, müssen die Schülerinnen und Schüler die identifizierten persönlichkeitsbildenden Eigenschaften nicht nur hinsichtlich ihres externen
lebensweltlichen Zusammenhanges, sondern auch hinsichtlich ihres internen Zusammenhanges analysieren und beurteilen. Es kommt also wesentlich darauf an, den Strukturzusammenhang, in dem die erkannten persönlichkeitsbildenden Eigenschaften
stehen, zu erkennen, zu verstehen und einer Kohärenzprüfung zu unterziehen, um
ggf. die die Persönlichkeit destabilisierenden Inkohärenzen in der Persönlichkeitsstruktur auszumachen und damit Ansatzpunkte für notwendige Veränderungen
zu identifizieren. Folglich lautet das zweite Teilkonzeptziel: *Die Schülerinnen und
Schüler können eine Persönlichkeit tief greifend analysieren und verstehen, indem
sie ausgehend von ihrem Wissen über deren persönlichkeitsbildende Eigenschaften
den Strukturzusammenhang derselben erkennen und kritisch hinterfragen, d. h. auf
seine Kohärenz hin prüfen und ggf. Ansatzpunkte für notwendige Veränderungen in
der Persönlichkeitsstruktur identifizieren.* Das zweite Teilkonzeptziel wird folglich
durch die Rekonstruktion der Persönlichkeitsstruktur eines Menschen erreicht.
Das bedeutet, dass es im Kontext des zweiten Teilkonzeptziels für die Schülerinnen

und Schüler darum geht, sich einen Sachzusammenhang zu erschließen, diesen zu hinterfragen und als mögliche Folge davon, wenn Inkohärenzen identifiziert werden, auch einen Problemzusammenhang zu erkennen. Materielle Voraussetzung hierfür sind die persönlichkeitsbildenden Eigenschaften des jeweiligen Menschen, die folglich den Untersuchungs- bzw. Unterrichtsgegenstand darstellen. Da es bei dem zweiten Teilkonzeptziel darum geht, einen Sach- bzw. Problemzusammenhang, genauer den möglicherweise inkohärenten internen Strukturzusammenhang der persönlichkeitsbildenden Eigenschaften zu analysieren und zu beurteilen, handelt es sich auch bei diesem eindeutig um ein kognitives Ziel, bei dem es vorwiegend darum geht, Sachkompetenz zu erwerben. Weil die Schülerinnen und Schüler hierzu auch in der Lage sein müssen, Kritik zu üben und Kohärenzprüfungen vornehmen zu können, ist wiederum die Methodenkompetenz der Schülerinnen und Schüler gefragt. Da die Kohärenzprüfung der Persönlichkeitsstruktur es jedoch auch erforderlich macht, zu beurteilen, ob bestimmte persönlichkeitsbildenden Eigenschaften in dieser Struktur die Kohärenz derselben gefährden bzw. die Ursachen für die Inkohärenz der Persönlichkeitsstruktur sind, ist aufseiten der Schülerinnen und Schüler auch die Urteilskraft gefragt, weswegen das erste Teilkonzeptziel diese voraussetzt bzw. dazu beiträgt, die Urteilskompetenz der Schülerinnen und Schüler zu entwickeln.

Sollten die Schülerinnen und Schüler feststellen, dass der Strukturzusammenhang, in dem die erkannten persönlichkeitsbildenden Eigenschaften eines Menschen stehen, Inkohärenzen aufweist, die die Persönlichkeit destabilisieren, und sollten diese genau zu identifizieren sein, dann geht es gerade bezogen auf das übergreifende Konzeptziel auch darum, zu erwägen, ob und wie diese Inkohärenzen beseitigt werden können und was das für das konkrete Handeln des betroffenen Menschen in seiner Lebenswelt bedeutet. Von den Schülerinnen und Schülern sollte also beurteilt werden, welche persönlichkeitsbildenden Eigenschaften eine Person ggf. aufgeben oder verändern muss, um nicht in Widerspruch mit sich selbst zu geraten. Das dritte Teilkonzeptziel lautet also: *Die Schülerinnen und Schüler entwickeln Ansätze, um die in der Persönlichkeitsstruktur identifizierten Inkohärenzen zu beheben und erwägen, welche Konsequenzen dies für das konkrete lebensweltliche Handeln des betreffenden Menschen hat.* Inhaltlich geht es also darum, an den persönlichkeitsbildenden Eigenschaften und den damit verbundenen Inkohärenzen zu arbeiten. Da die persönlichkeitsbildenden Eigenschaften zur Vermeidung der identifizierten Inkohärenzen in der analysierten Persönlichkeitsstruktur eines Menschen reflektiert und ggf. modifiziert oder verändert werden sollen, sind die identifizierten Inkohärenzen als eigentlicher Untersuchungs- bzw. Unterrichtsgegenstand auszuweisen. Im Rahmen der Verfolgung des dritten Teilkonzeptziels geht es folglich eindeutig darum, einen Problemzusammenhang aufzulösen. Dies erfordert die Sachkompetenz der Schülerinnen und Schüler, weil Wissen vonnöten ist, aber vorwiegend ist die Methoden- und Urteilskompetenz der

Schülerinnen und Schüler gefragt, weil sie in der Lage sein müssen, z. B. alternative Lebensziele etc. zu entwickeln, deren kohärente Passung in die Persönlichkeitsstruktur zu beurteilen und die handlungspraktischen Konsequenzen derselben zu erwägen.

Kognitiv-psychomotorischer Zielbereich: Persönlichkeitserkenntnis und -verständnis setzen Arendt zufolge jedoch nicht nur die Realisierung intellektueller Fähigkeiten voraus, sondern erfordern auch ein konkretes praktisches Tun, nämlich gemeinsam zu handeln und zu sprechen. Denn, wie im dritten Kapitel dargelegt, zum einen erscheint erst durch das Handeln und Sprechen die Persönlichkeit eines Menschen und zum anderen wird der zwischenmenschliche Beziehungsraum, das Beziehungsgeflecht menschlicher Angelegenheiten, erst durch das gemeinsame Handeln und Sprechen geschaffen. Gemeinsames Handeln und Sprechen bedeutet für Arendt vor allem Sprachhandeln bzw. das Miteinandersprechen, ist also vor allem sprachliche Performanz bzw., wenn diese persönlichkeitsbezogen ist, kommunikative Existenzerhellung.

Für das Selbst-Er-forschende Philosophieren folgt daraus, dass die Schülerinnen und Schüler in der Lage sein müssen, verständlich und sinnstiftend zu kommunizieren, also sich phänomenbezogen klar und deutlich artikulieren zu können, wozu die Schülerinnen und Schüler ein entsprechendes Vokabular entwickeln müssen, um sinnhaltige Sprachbeiträge leisten zu können, indem sie beispielsweise etwas beschreiben, explizieren oder erörtern und beurteilen. Hierzu muss zum einen ganz basal die sprachliche Ausdrucksfähigkeit der Schülerinnen und Schüler geschult werden und zum anderen muss ihnen die Fähigkeit vermittelt werden, ihre Sprache zielgereichtet zur sinnstiftende Kommunikation mit anderen einzusetzen, was bedeutet, dass die Schülerinnen und Schüler erkenntnisfördernde bzw. -vertiefende adressaten- und themenadäquate Sprachbeiträge leisten können. Das vierte Teilkonzeptziel lautet daher: *Die Schülerinnen und Schüler können sich Persönlichkeitsstrukturen kommunikativ erschließen, indem sie sich persönlichkeitsbildende Eigenschaften und deren Strukturzusammenhänge im gemeinsamen Gespräch vergegenwärtigen, diese kritisch analysieren und ihre diesbezüglichen Erkenntnisse im Diskurs überprüfen und beurteilen.* Dieses Ziel wird erreicht, indem die gewonnen Erkenntnisse zur Persönlichkeitsstruktur präsentiert und eingehend diskursiv erörtert werden. Konkretes, wenn auch nicht materialisierbares Ergebnis der entsprechenden Unterrichtsphase ist also sowohl die sprachliche Performanz als auch der diskursiv-handelnde Umgang mit den erarbeiteten Erkenntnissen und ggf. die Gewinnung neuer Erkenntnisse. Der Gegenstand, um den das entsprechende Gespräch bzw. der kritische Diskurs kreist, sind daher die erarbeiteten persönlichkeitsbildenden Eigenschaften und deren Strukturzusammenhang. Derartiges diskursives Miteinandersprechen erfordert die Realisierung praktischer Fähigkeiten, nämlich vor allem sprachlicher Artikulations- und Darstellungsfähigkeiten, setzt damit aber auch die Realisierung bestimmter kognitiver Fähigkeiten in gleicher Weise voraus, weswegen das dritte Teilkonzeptziel daher eine klar kognitive und eine eindeutig psychomotorische Seite hat. Insofern handelt es sich bei dem vierten Teilkonzeptziel um ein kognitiv-psychomotorisches Ziel, dass vor allem auf die Kommunikationskompetenz abzielt, da es hier besonders um die Fähigkeit zur gemeinschaftsorientierten Gesprächsführung geht, die die Schülerinnen und Schüler beherrschen sollten. Dennoch müssen die Schülerinnen und Schüler auch über Methodenkompetenzen verfügen, da vor allem die diskursive Prüfung der erarbeiteten Erkenntnisse nicht unstrukturiert, sondern methodisch geleitet erfolgen muss, wenn sie gewinnbringend, d. h. erkenntnisfördernd sein soll.

Performanz im Sinne von sprachlichem Handeln zum Zweck der Existenzerhellung erschöpft sich für Arendt jedoch nicht im ereignisbezogenen Miteinandersprechen, sondern bedeutet auch wechselseitiges Berichten von Ereignissen und gemeinsames Erzählen von (Lebens-) Geschichten. Denn diese sind wesentlicher Teil des öffentlichen Raumes bzw. der gemeinsamen, von Menschen gestalteten Welt, die daher nicht nur aus materiellen Artefakten besteht. Schon allein deswegen kommt dem Erzählen ein hohes Sinngebungspotenzial zu. Für Arendts existenziell-performative Hermeneutik ist das Erzählen jedoch vor allem deswegen zentral, weil es wesentlich zum Erkennen und Verstehen, nicht nur, aber besonders auch der Persönlichkeit eines Menschen beiträgt, was bereits hinreichend dargelegt wurde. (vgl.: 3. Kapitel, 2. Teil, 6. Abschnitt und 3. Teil, 2. Abschnitt) Denn in der Erzählung, also sowohl im Prozess des Erzählens wie auch in der Erzählung als sprachlich fixiertes Erzählprodukt dieses Prozesses, werden relevante biografische Fakten in einen sinnvollen Zusammenhang gestellt und damit für andere erkenn- und verstehbar. So zeigt sich Arendt zufolge gerade im narrativen Zusammenhang besonders deutlich der Sinn von Absichten, Motiven und Gefühlen eines Handelnden, die folglich durch das Erzählen besser verstehbar werden. Im dritten Kapitel wurde daher zu Recht festgestellt, dass dem Erzählen ein hohes hermeneutisches Potenzial zu eigen ist. Besonders die erzählende und darstellende Kunst offenbart Arendt zufolge daher vollends die narrative Identität einer Person und bereichert den öffentlichen Raum um seine narrativ-mnemotische Dimension. Von den erzählenden und darstellenden Künsten hebt Arendt diesbezüglich vor allem die Schauspielkunst hervor, was nochmals den explizit performativen Aspekt des Erzählens unterstreicht.

Transformiert man Arendts Erzähltheorie für das Konzept »Selbst-Er-forschend Philosophieren«, dann folgt für dieses daraus, dass es ganz wichtig ist, dass die Schülerinnen und Schüler zum Zwecke des Erkennens und Verstehens das Erzählen lernen. Bezogen auf das übergreifende Konzeptziel lässt sich dies dahingehend konkretisieren, dass die Schülerinnen und Schüler lernen, biografische Fakten und andere persönlichkeitsbezogenen Erkenntnisse sich und anderen in einem narrativen Zusammenhang darzustellen, um eine Persönlichkeit in ihrer Tiefe wie Breite verstehen zu können. »Erzählen-können« bedeutet in diesem Zusammenhang, durch Narration Sinn zu erkennen und Sinn zu erzeugen. Erzählen ist also wesentlicher Bestandteil von Sinngebung. Folglich kann als fünftes Teilkonzeptziel angegeben werden: *Die Schülerinnen und Schüler können ihre Erkenntnisse zur Persönlichkeitsstruktur eines Menschen in eine sinnstiftende Erzählung einbetten bzw. im Rahmen einer (auto-) biografischen Narration darstellen und damit ihr Verständnis der untersuchten Persönlichkeit vertiefen.* Dieses Ziel wird erreicht, indem die herausgearbeiteten Erkenntnisse zur Persönlichkeitsstruktur durch die Erstellung einer schriftlich fixierten und mündlich präsentierten (auto-) biografische Narration lebensweltlich und biografisch kontextualisiert werden. Hierdurch wird ein Sinnzusammenhang erzeugt, der ein in die intrapersonale Tiefe und lebensweltlich-biografische Breite gehendes Verständnis der Persönlichkeit eines Menschen ermöglicht. Der Gegenstand, an dem eine derartige biografische Narration erarbeitet werden kann, sind daher zuvorderst die gewonnenen Erkenntnisse zur Persönlichkeitsstruktur, aber auch alle explorierten relevanten biografische Fakten zum Leben eines Menschen. Da das fünfte Teilkonzeptziel vor allem auf das Erzählen ausgerichtet ist, das Erzählen wiederum ein konkretes Tun ist, es also eindeutig praktischer Fähigkeiten zu seiner Realisierung bedarf, zudem jedoch auch intellektuelle Leistungen voraussetzt, handelt es sich auch bei dem fünften Teilkonzeptziel um ein kognitiv-psychomotorisches Ziel. Da Erzählen außerdem, nicht zuletzt auch in Arendts existenziell-performativer Hermeneutik, vor allem als ein Kommunikationsgeschehen aufgefasst wird, zielt das fünfte Teilkonzeptziel besonders auf die Förderung der Kommunikationskompetenz der Schülerinnen und Schüler, setzt aber auch methodisches Können voraus, weil diese z. B. in der Lage sein müssen, (auto-) biografische Erzählstrategien zielgerichtet anwenden zu können. Wenn man zudem berücksichtigt, dass das Erzählen, das primär sprachbasiert ist, auch durch nicht-sprachliche Darstellungsformen, z. B. Bilder oder körpersprachliche Elemente ergänzt bzw. unterstützt werden kann – dies legen im Übrigen auch Arendts Überlegungen zur Rolle der darstellenden Künste nahe –, dann können beim Erzählen durchaus auch künstlerisch-theatrale Praktiken eine Rolle spielen. Wenn Letzteres wiederum der Fall ist, dann unterstreicht dies den Befund, wonach das fünfte Teilkonzeptziel zu den psychomotorischen Zielen des Konzepts gehört, denn gerade theatrale Praktiken erfordern zu ihrer Realisierung ein konkretes körperliches Handeln, was wiederum der Bedeutung entspricht, die Arendt dem gemeinsamen Handeln im Rahmen ihrer existenziell-performativen Hermeneutik beimisst.

2.3   Affektiver Zielbereich

Im Rahmen ihrer existenziell-performativen Hermeneutik macht Arendt bezüglich der Voraussetzungen für die Bildung bzw. Entwicklung einer Persönlichkeit immer wieder deutlich, dass dies beim jeweiligen Menschen die grundsätzliche Haltung der existenziellen Entschlossenheit voraussetzt, und zwar im Sinne der Bereitschaft, von einem Niemand im Niemand (der Welt/Erde) zu einem Jemand im Niemand, also zu einer Persönlichkeit in der Welt bzw. auf der Erde zu werden.

Existenzielle Entschlossenheit: Die hierzu notwendige existenzielle Entschlossenheit beinhaltet zuvorderst die Bereitschaft zum kritischen und selbstreflexivem Denken, weil eben dieses Denken, wie im dritten Kapitel gezeigt, notwendig für die Herausbildung einer kohärenten Persönlichkeitsstruktur ist, die wiederum eine Persönlichkeit essenziell auszeichnet. Unbedingt zu vermeiden ist also Gedankenlosigkeit, weil man sonst, so Arendt, zu einem Schlafwandler und damit zu einem Niemand wird, wie z. B. Adolf Eichmann einer war. Da der intrasubjektive Konflikt zwischen denkendem und wollendem Ich, der der Persönlichkeitsstruktur eines jeden Menschen zugrunde liegt, jedoch nur durch das Handeln aufgelöst werden kann, so Arendt, ist die Bereitschaft zu handeln bzw. mit etwas anzufangen, also Handlungs- und Kommunikationsprozesse in Gang zu setzen, ebenso wie das Denken ein weiterer wesentlicher Bestandteil der für die Persönlichkeitsentwicklung notwendigen existenziellen Entschlossenheit.

Existenzielle Ernsthaftigkeit: Die Hinwendung zu anderen Menschen ist also zum Zweck des gemeinsamen Handelns notwendig, ist aber nur aus einer Grundhaltung der existenziellen Ernsthaftigkeit heraus möglich, die sich in der aufrichtigen Absicht ausdrückt, andere Menschen und die gemeinsam geteilte Wirklichkeit verstehen zu wollen, denn diese Verstehensintention setzt voraus, bereit dazu zu sein, mit anderen Menschen handelnd zu interagieren und insbesondere mit ihnen über ihr Handeln und ihre dahinterstehenden Absichten zu kommunizieren. Das Verstehenwollen ist daher völlig zu Recht nicht nur Arendts persönliches Credo gewesen, sondern steht auch als Chiffre über ihrer existenziell-performativen Hermeneutik.

Wenn es gemäß des übergreifenden Konzeptziels bei dem Konzept »Selbst-Er-forschend Philosophieren« um Persönlichkeitsbildung geht, dann hat der entsprechende Unterricht bei den Schülerinnen und Schüler zuallererst zur Voraussetzung, dass diese bereit sind, in der von Arendt beschriebenen Haltung der existenziellen Entschlossenheit sowohl fremdes als auch ihr eigenes individuelles Sein reflexiv in den Blick zu nehmen, um es denkend, aber auch handelnd (weiter-) entwickeln zu können, weswegen sie auch dazu bereit sein müssen, sich aus einer Haltung der existenziellen Ernsthaftigkeit heraus, anderen Menschen und der gemeinsamen Wirklichkeit zuzuwenden, um diese Phänomene zu verstehen und sich insbesondere in der Wirklichkeit zu beheimaten, was bedeutet, seine eigene Lebenswelt zu gestalten. Existenzielle Entschlossenheit setzt also voraus, dass die Schülerinnen und Schüler verstehen wollen und deswegen bereit sind, zu denken, d. h. sich mit sich und der sie umgebenden Wirklichkeit kritisch-reflexiv auseinanderzusetzen, weil sie etwas über sich, andere und die Wirklichkeit, in der sie leben, wissen und beides verstehen wollen. Dies setzt wiederum voraus, dass die Schülerinnen und Schüler bereit dazu sind, sich dem Phänomen »Persönlichkeit«, insbesondere der eigenen, und der diese bedingenden Lebenswelt sachlich, vorbehaltlos und konsequent denkend auseinanderzusetzen, um Denkerfahrungen zu machen, die für sie insofern existenziell bedeutsam sind, als dass sie aufschlussgebende Qualität haben. Existenzielle Entschlossenheit bedeutet also, bereit zu sein, existenzielle, durchaus auch unliebsame, Erfahrungen mit dem eigenen Denken zu machen. Existenzielle Entschlossenheit bedeutet aber auch, Erfahrungen mit dem eigenen, aber auch dem fremden Handeln zu machen, sich also den andern zuzuwenden, was von den Schülerinnen und Schülern die Bereitschaft verlangt, gemeinsam über sich und ihre Lebenswelt, aber auch über andere Menschen und deren Lebenswelten, zu kommunizieren, um beides zu durchdringen und zu verstehen. Sowohl das geforderte existenzielle Denken als auch das gemeinsame Handeln setzt die Haltung der existenziellen Ernsthaftigkeit voraus, erfordert von den Schülerinnen und Schülern also, dass sie mit dem notwendigen Ernst bei der Sache sind, d. h., dass sie sich u. a. mit einem aufrichtigen Erkenntnisinteresse den untersuchten Phänomenen zuwenden, verantwortungsbewusst mit den über sich und andere gewonnene Informationen und Erkenntnissen umgehen und im wechselseitigen Austausch wertschätzend und freundschaftlich mit den anderen Mitschülern/innen umgehen. Gerade der freundschaftliche Umgang miteinander ist in einem Unterrichtskonzept zentral, dass aus der existenziellperformativen Hermeneutik Arendts transformiert wurde, also von den Denkresultaten einer Denkerin herkommt, die der Freundschaft einen enorm hohen Wert beigemessen hat. Bezogen auf die vorherigen Bestimmungen lautet das sechste Teilkonzeptziel daher: *Die Schülerinnen und Schüler sind existenziell entschlossen, eine unverwechselbare Persönlichkeit herauszubilden und untersuchen dazu aus einer Haltung der existenziellen Ernsthaftigkeit heraus u. a. auch fremde Persönlichkeitsstrukturen. Sie sind diesbezüglich bereit, existenzielle (Denk-) Erfahrungen zu machen bzw. solche nachzuvollziehen, über die persönlichkeitsrelevanten Dimensionen derselben nachzudenken und hierüber miteinander in einen sinnstiftenden Gedankenaustausch zu treten.* Bei diesem Teilkonzeptziel handelt es sich um ein affektives Ziel, weil es auf die Herausbildung bestimmter Einstellungen bzw. Haltungen abzielt. Das dritte Teilkonzeptziel fällt damit eher in den Bereich der langfristig anzustrebenden Erziehungsziele für die weder konkrete Unterrichtsinhalte und -gegenstände noch Kompetenzen angegeben werden können.[37]

Bezogen auf die grundsätzliche Ausrichtung des Konzepts »Selbst-Er-forschend Philosophieren« kann an dieser Stelle festgehalten werden, dass das Konzept einen Philosophieunterricht prädisponiert, in dem bezogen auf das Ziel der (eigenen) Persönlichkeitsbildung aus einer grundsätzlichen Haltung der existenziellen Entschlossenheit und Ernsthaftigkeit heraus individuelles Sein bzw. die Persönlichkeit von konkreten Menschen kontextsensitiv und tiefenhermeneutisch untersucht wird, wobei der

---

37 Vgl.: Kliebisch, U. W. und Meloefski, R.: *LehrerSein.* S. 109.

Hinwendung zu anderen Menschen, also dem gemeinsamen Handeln, insbesondere im Sinne eines gemeinschaftsorientierten und sinnstiftenden Sprachhandelns, ein ähnlicher Stellenwert zukommt, wie dem zurückgezogenen kritisch-reflexiven und dem repräsentativ-dialogischen Denken.

Die vorgesehen Hinwendung zu anderen Menschen, mit dem Ziel sich selber zu erkennen und besser zu verstehen, erklärt nun hoffentlich hinreichend die durchgehend verwendete Konzeptbezeichnung »Selbst-Er-forschend Philosophieren«. Dieser Titel ergibt sich aus dem Umstand, dass es dem Unterrichtskonzept wesentlich um die Befähigung zur Persönlichkeitserforschung und Persönlichkeitsentwicklung geht und es den Schülerinnen und Schülern daher die Möglichkeit eröffnen möchte, die eigene Persönlichkeit bzw. das eigene **Selbst**, durch die kommunikativ vermittelte Hinwendung zu einem Anderen, einem **Er,** zu er**forschen** und sowohl sinngebend zu verstehen als auch im Hinblick auf die Möglichkeiten zukünftiger Existenzweisen im Sinne der eigen Persönlichkeitsentwicklung auszuloten und zu entwickeln. (vgl.: 1. Kapitel, 1. Teil)

Für die weitere Konzeptentwicklung kann zudem festgestellt werden, dass die angegebenen Konzeptziele philosophische Unterrichtsmethoden erforderlich machen, durch die die angestrebten Sach-, Methoden-, Kommunikations- und Urteilskompetenzen gefördert werden können. Insofern sind nun die Prozessstrukturen des Selbst-Er-forschenden Philosophierens darzulegen.

II. Prozessstrukturen

Wie im ersten Kapitel herausgearbeitet, beschreiben Methoden die Prozessstruktur des Unterrichts. Unterricht ist jedoch ein pluriprozessuales Geschehen, d. h. Unterricht entsteht, indem Prozesse auf unterschiedlichen Handlungsebenen zusammenwirken. Wenn diese Prozesse stimmig und funktional zusammenwirken, dann trägt das wesentlich dazu bei, dass der entsprechende Unterricht gut und effizient ist. Um die verschiedenen Prozesse, die im Unterricht ablaufen, klar identifizieren und beschreiben zu können, hat Meyer die bereits im ersten Kapitel erläuterte Unterscheidung zwischen Mikro-, Meso- und Makromethodik eingeführt. Wie ebenfalls bereits dargelegt, bewegt sich die Transformation der Unterrichtsmethoden für das Konzept »Selbst-Er-forschend Philosophieren« vorwiegend auf der Ebene der Mesomethodik, deren Ergebnisse jedoch auch Auswirkungen auf die Ebene der Mikro- und Makromethodik haben, da durch die transformierten Mesomethoden auf der Mikroebene bestimmte konkrete operationalisierbare Handlungen initiiert werden und der Unterricht auf Makroebene eine bestimmtes Gepräge erhält, dass es möglich macht, ihn klar einer methodischen Großform zuzuordnen. Eine entsprechende allgemeindidaktische Einordnung wird im dritten Teil dieses Kapitels vorgenommen.[38]

Bezüglich der zu transformierenden Mesomethik ist zunächst noch einmal Meyers Erkenntnis zu wiederholen, wonach »Ziele, Inhalte und Methoden [...] in Wechselwirkung miteinander [stehen] [...]«[39], so dass zwischen ihnen ein »Implikationszusammenhang« besteht, aus dem folgt, dass sie nicht beliebig miteinander kombinierbar sind. Folglich müssen Ziele, Inhalte und Methoden stimmig miteinander kombiniert werden, so dass aus ihrem Zusammenwirken guter und effektiver Unterricht resultiert. Im vorherigen Teil wurden bereits die Konzeptziele dargelegt und hinsichtlich stimmiger Inhalte konkretisiert. Es ist daher nun die Angabe derjenigen Methoden notwendig, durch deren Einsatz die Konzeptziele und die mit ihnen korrespondierenden Inhalte im Unterricht im Sinne eines Kompetenzzuwachses bei den Schülerinnen und Schülern bestmöglich erreicht werden können.[40]

Wie bereits im ersten Kapitel dargelegt, lässt sich bezüglich der gesuchten Methoden zwischen Handlungsmustern, Verlaufsformen sowie Raum- und Zeitstrukturen differenzieren. Die angegebenen Konzeptziele müssen folglich in ein stimmiges Verhältnis zu diesen drei Elementen der Mesomethodik gesetzt werden. Insofern sind für das Selbst-Er-forschende Philosophieren nachfolgend die transformierten Handlungsmuster im Sinne philosophischer Unterrichtsmethoden zu explizieren, die Verlaufsformen und Zeitstrukturen des Philosophierens, in denen die Anwendung der philosophischen Unterrichtsmethoden eingebettet ist und es sind die Raumstrukturen anzugeben, in denen sich das durch die philosophischen Unterrichtsmethoden und die Verlaufsformen bedingte Philosophieren entfaltet.

Zuallererst bedarf es allerdings einer genauen Klärung der Prozessstruktur des Selbst-Er-forschenden Philosophierens, um zu zeigen, wie das übergreifende Konzeptziel grundsätzlich erreicht wird. Erst hieran anschließend werden zur Konkretion des Verlaufs des Selbst-Er-forschenden Philosophierens die hierzu geeigneten, aus der existenziell-performativen Hermeneutik Arendts transformierten philosophischen Unterrichtsmethoden und Raumstrukturen dargelegt.

1. Transformation Nr. 3: Verlaufsform

Soll der Philosophieunterricht, der sich aus dem Konzept »Selbst-Er-forschend Philosophieren« ergibt, gut und effizient sein, wie bereits im Zusammenhang der Erläuterung der Prinzipien des Konzepts gefordert, dann ist es notwendig, diesem

---

38 Vgl.: Meyer, H.: *Was ist guter Unterricht?* Berlin: Cornelsen Scriptor 2004. S. 74–80.
39 Jank, W. und Meyer, H.: *Didaktische Modelle.* S. 55.
40 Vgl.: Ebd. S. 55–60.

eine Struktur zu geben, die den Modus Procedendi beschreibt und damit dazu beiträgt, dass die angegebenen Konzeptziele im Sinne eines entsprechenden Lernzuwachses bei den Schülerinnen und Schülern erreicht werden. Die gesuchte Unterrichtsstruktur wird in der Regel als methodischer Gang des Unterrichts bezeichnet. Denn dieser ...

> [...] beschreibt die Prozeßstruktur des Unterrichts. Er ergibt sich aus der Wechselwirkung zwischen dem methodischen Handeln des Lehrers und dem der Schüler. Der methodische Gang hat eine äußere, in der zeitlichen Abfolge der Unterrichtsschritte vorliegende und eine innere, aus der Folgerichtigkeit dieser Schritte zu erschließende Seite.[41]

Ein allgemeingültiges Muster bzw. allgemeingültige Regeln für den methodischen Gang konnte die Unterrichtsforschung bisher nicht ermitteln, so Meyer. Ursächlich hierfür ist sicherlich, dass der methodische Gang des Unterrichts je nach Ausprägung der ihn gestaltenden Faktoren eine andere Form aufweist. In den unterschiedlichen Formen des Unterrichtsganges findet sich aber oft der »[...] *methodische[...] Grundrhythmus* schulisch institutionalisierter Lehre [...]«[42] wieder, der aus dem Dreischritt »Einstieg«, »Erarbeitung« und »Ergebnissicherung« besteht. Aus der zuvor zitierten Definition des methodischen Ganges des Unterrichts geht hervor, dass die ihn beeinflussenden Faktoren a) das Lehrerhandeln, b) das Schülerhandeln und c) die innere Folgerichtigkeit der Behandlung der zentralen thematischen Aspekte sind. Konkretisiert man diese drei Faktoren, dann wird der methodische Gang des Unterrichts durch die eingesetzten Methoden und Sozialformen, verstanden als das Lehrer- und Schülerhandeln strukturierende Handlungsmuster, und durch die angestrebten Ziele und damit verbundenen Inhalte wesentlich beeinflusst. Gerade den Zielen kommt dabei eine übergeordnete Steuerungsfunktion zu, weil zu ihrer Erreichung, also von ihnen her, alle zentralen Methodenentscheidungen zu treffen sind. Für den methodischen Gang des Selbst-Er-forschenden Philosophierens bedeutet das, dass vor allem die Konzeptziele diejenigen Faktoren sind, die diesen maßgeblich bestimmen. Es bedeutet aber auch, dass der methodische Gang des Selbst-Er-forschenden Philosophierens von den nachfolgend zu transformierenden Methoden des Konzepts abhängt. Insofern ist auf den methodischen Gang an späterer Stelle noch einmal einzugehen. Im Folgenden soll nun jedoch nicht mehr von dem methodischen Gang, sondern mit Meyer von der Verlaufsform des Unterrichts gesprochen werden, also von der Unterteilung desselben in verschiedene Unterrichtsphasen. Diesbezüglich stellt Meyer nämlich fest: »Verlaufsformen strukturieren den zeitlichen Ablauf des Unterrichts. Sie verknüpfen die

---

41 Meyer, H.: *Unterrichtsmethoden. Praxisband.* 10. Auflage. Berlin: Cornelsen Scriptor 2003. S. 110.
42 Ebd. S. 104.

einzelnen Unterrichtsschritte zu einem Ganzen.«[43] Die in diesem Sinne nachfolgend dargelegte Verlaufsform (siehe Abbildung 9: *Verlaufsform*) gibt also Auskunft über die Prozess- und Zeitstruktur des Selbst-Er-forschenden Philosophierens.[44]

Tranformationsquellen: Als Quellen für die Transformation der spezifischen Verlaufsform des Selbst-Er-forschenden Philosophierens dient vor allem die im dritten Kapitel herausgearbeitete Prozessstruktur und die damit verbundenen methodischen Schritte von Arendts existenziell-performativer Hermeneutik. (vgl.: 3. Kapitel, 2. Teil, 6. Abschnitt, 2. Unterabschnitt und 3. Teil, 2. Abschnitt) Besonders in ihrer Anwendung der existenziell-performativen Hermeneutik macht Arendt deutlich, wie die von ihr verwendeten Methoden in einen Gesamtprozess integriert werden müssen, um die Persönlichkeit eines Menschen erkennen und verstehen zu können.

Das Ergebnis der Transformation aus diesen Quellen ist ein problemorientierter philosophischer Forschungsprozess, dessen Verlaufsform aus fünf Unterrichtsphasen und siebzehn Arbeitsschritten besteht, die nun nachfolgend genauer erläutert werden sollen. Anzumerken ist bezüglich der transformierten Verlaufsform zuvor noch, dass sie den Prozess des Selbst-Er-forschenden Philosophierens zwar grundsätzlich zeitlich strukturiert, dass aber hier keine genauen Zeitangaben gemacht werden können, weil die tatsächlich notwendige Zeit für das Durchlaufen der einzelnen Phasen von vielen Faktoren abhängt, von denen nicht zuletzt das Leistungspotenzial und die Leistungsbereitschaft der Schülerinnen und Schüler die entscheidenden sind.

Rhythmus	Phasen	Arbeitsschritte	Tätigkeiten	Ziele/Inhalte
Einstieg	1. Problemetablierung	1. Existenzielle Erfahrungen sammeln und artikulieren	Berichten und Beschreiben	6
		2. Existenzielle Probleme benennen, Fragen formulieren	Analysieren, Fokussieren und Fragen	
		3. Untersuchungsgegenstand auswählen, Leitfrage formulieren	Recherchieren, Darstellen und Auswählen	
		4. Arbeitsplan erstellen	Vereinbaren und Festlegen	
Erarbeitung	2. Phänomenexploration	5. biografische Fakten sammeln und aufbereiten	Beobachten, Recherchieren, Berichten, Analysieren, Besprechen und Beurteilen	1, 6
	3. Problemkonsolidierung	6. Strukturen erfassen und Zusammenhänge verstehen, Kohärenz prüfen	Analysieren, Darstellen, Beurteilen und Verstehen	2, 3, 6
	1. Cut	7. Strukturen verändern, Inkohärenzen vermeiden	Modifizieren, Darstellen	
	2. Cut	8. Strukturen und Zusammenhänge kritisch beurteilen	Beurteilen und Verstehen	4, 6
		9. Strukturen und Zusammenhänge tief greifend verstehen	Erzählen, Darstellen und Verstehen	5, 6
	3. Cut			
	4. Erkenntnistransfer	10. modifizierte Form von Schritt 5	Analysieren, Beurteilen, Vergleichen und Verstehen, Modifizieren, (Darstellen, Diskutieren)	1, 2, 3, (4, 5), 6
		11. modifizierte Form von Schritt 6		
		12. Strukturen vergleichen, Inkohärenzen vermeiden		
		13. + 14. modifizierte Form von Schritt 8 + 9		
Ergebnissicherung	5. Ergebnis- und Prozessreflexion	15. Ergebnisse präsentieren und reflektieren	Darstellen, Analysieren, Beurteilen	6
		16. neue Probleme und Forschungsvorhaben thematisieren	Fokussieren, Problematisieren, Fragen, Skizzieren	
		17. Prozess reflektieren	Analysieren, Beurteilen, Vereinbaren	

Abbildung 9: *Verlaufsform*

43 Meyer, H. (2003): *Unterrichtsmethoden. Theorieband.* S. 133.
44 Vgl.: Meyer, H.: *Unterrichtsmethoden. Praxisband.* S. 104–114; Meyer, H.: *Unterrichtsmethoden. Theorieband.* S. 129–135.

1.1   Problemetablierung

Wie bereits dargelegt, besteht das übergreifenden Konzeptziel darin, dass die Schülerinnen und Schüler in der Lage sind, eine Persönlichkeitsstruktur in ihrem lebensweltlichen Kontext tief greifend zu verstehen und hinsichtlich der Kriterien eines sinnerfüllt-guten Lebens zu beurteilen und diesbezüglich ggf. notwendige Maßnahmen zur Persönlichkeitsentwicklungen aufzuzeigen. In der ersten Phase des Selbst-Er-forschenden Philosophierens kommt es folglich zum einen darauf an, einen konkreten Anlass zu finden, sich überhaupt mit dem Phänomen »Persönlichkeit« auseinanderzusetzen und zum anderen, eine konkrete Persönlichkeit als Untersuchungsgenstand auszuwählen. Leitend hierfür soll, gemäß des ersten konstitutiven Unterrichtsprinzips, ein in der Lebenswelt verankertes existenzielles Problem bzw. eine existenzielle Problemerfahrung der Schülerinnen und Schüler sein, dies kann z. B. ein moralischer Konflikt sein, in dem es zu Erfahrungen der Schuld o. Ä. gekommen ist. In der ersten Phase des Selbst-Er-forschenden Philosophierens soll also ein existenzielles Problem etabliert werden, mit dem sich die Schülerinnen und Schüler auseinandersetzen wollen, weil sie von diesem unmittelbar selbst betroffen sind. Insofern ist die erste Phase sehr schüler- und problemorientiert. Um ein existenzielles Ausgangsproblem zu etablieren, ist es notwendig und gemäß des ersten konstitutiven Unterrichtsprinzips geboten, die Schülerinnen und Schüler zunächst alle diejenigen existenziellen Erfahrungen benennen und beschreiben zu lassen, die sie persönlich betreffen – die Gründe hierfür können dabei durchaus unterschiedlich sein – und die sie genauer erforschen wollen. Es kann also von Erfahrungen der Schuld genauso berichtet werden, wie von Erfahrungen der Angst, des Verlusts oder des Leids, um aus dem bereiten Spektrum existenzieller Erfahrungen nur einige zu nennen. In einem zweiten Arbeitsschritt müssen dann die persönlichkeitsrelevanten Probleme, die mit diesen Erfahrungen verbunden sind, ermittelt werden. So kann z. B. hinsichtlich des in der Regel allen Menschen gemeinsamen Wunsches, ein glückliches Leben zu führen, problematisiert werden, wie ein solches Leben angesichts von Verlust, Schuld oder Angst noch möglich ist, was also getan werden kann, um derartige Erfahrungen einzuhegen oder bestenfalls erfolgreich zu bewältigen. Indem von den persönlichen Erfahrungen der Schülerinnen und Schüler ausgehend ein allgemeines existenzielles Problem identifiziert und fixiert wird, findet bereits hier ein erster, wichtiger Abstraktionsschritt statt. Dies geschieht, indem nach einer Adäquatheitsprüfung und Erläuterung der von den Schülerinnen und Schülern genannten existenziellen Probleme ein existenzielles Problem oder ein Komplex von eng zusammenhängenden Problemen ausgewählt wird, dem weiter nachgegangen bzw. der gemeinsam erforscht werden soll. Die entsprechende Erforschung soll durch eine leitende Fragestellung strukturiert werden, die daher zunächst prägnant zu formulieren ist. Da es für Arendts existenziell-performative Hermeneutik typisch ist, sich mit existenziellen Problemen durch die Hinwendung zu anderen Menschen zu befassen – Arendt selbst hat sich höchstwahrscheinlich auch deswegen Rahel Varnhagen zugewandt, um das mit ihrem eigenen Jüdischsein verbundene existenzielle Problem der eigenen Identität zu klären (vgl.: 3. Kapitel, 3. Teil, 2. Abschnitt, 1. Unterabschnitt) – soll hiervon ausgehend dann nach Persönlichkeiten gesucht werden, die sich mit dem in der Leitfrage kondensierten existenziellen Problem konfrontiert sehen bzw. gesehen haben. Dabei ist es wichtig, darauf zu achten, dass die entsprechenden Persönlichkeiten in einer hinreichenden lebensweltlichen Nähe zu den Schülerinnen und Schülern stehen. Denn eine oder mehrere dieser Persönlichkeiten sollen im weiteren Er-forschungs-Prozess nicht nur als Untersuchungsgegenstand dienen, sondern die an diesen gewonnenen Erkenntnisse sollen ggf. auch in den Bereich der eigenen existenziellen Betroffenheit der Schülerinnen und Schüler übertragen werden (siehe Phase Erkenntnistransfer). Die Auswahl der zu untersuchenden Persönlichkeit muss also mit gebührender Sorgfalt geschehen und gut begründet sein. Folglich müssen alle in Frage kommenden Persönlichkeiten vorgestellt werden und hinsichtlich ihrer Relevanz für die Schülerinnen und Schüler und das zu untersuchende existenzielle Problem beurteilt werden. Erst dann kann eine gut begründete Auswahl vorgenommen werden. Mit dem Fokus auf eine konkrete Persönlichkeit oder einen engeren Kreis von Persönlichkeiten ist es schließlich möglich, die bereits formulierte Leitfrage persönlichkeitsbezogen zu konkretisieren. Ist eine solche, ganz konkrete Leitfrage formuliert worden und ist zudem auch geklärt worden, wie die oft nicht eindeutigen Interrogativadverbien (wie, wo, warum etc.) im jeweiligen Fragekontext zu verstehen sind, dann kann gemeinsam das weitere Vorgehen besprochen werden, indem z. B. geklärt wird, was alles erarbeitet werden muss und wer dabei mit wem wie zusammenarbeitet. Es sollte klar sein, dass es in dieser ersten Phase des Selbst-Er-forschenden Philosophierens vor allem darauf ankommt, dass die Schülerinnen und Schüler sich gemäß des sechsten Konzeptziels ernsthaft auf den Problematisierungsprozess einlassen und entschlossen an die Arbeit gehen. Außerdem wird von ihnen gerade für die Darstellung und Erörterung sowohl der eigenen existenziellen Erfahrungen als auch der möglicherweise in den Blick zu nehmenden Persönlichkeiten ein hohes Maß an Kommunikations- und Methodenkompetenz benötigt. Denn die Schülerinnen und Schüler müssen die zunächst wesentlich intuitiv geleitete Vorstellung und Auswahl relevanter Persönlichkeiten vor allem im erörternden Gespräch vornehmen. Im Sinne des zweiten konstitutiven Unterrichtsprinzips wird also zu Beginn des Selbst-Er-forschenden Philosophierens bereits ein hohes Maß an Selbstständigkeit und Eigeninitiative von den Schülerinnen und Schülern verlangt. Zudem wird im Sinne der geforderten Subjektorientierung ein klarer Lebenswelt- und Problembezug hergestellt.

1.2 Phänomenexploration

Ausgehend von der konkretisierten Leitfrage und auf der Grundlage des gemeinsam erstellten Arbeitsplanes kann nach der Phase der Problemetablierung mit der Phänomenexploration begonnen werden. Diese stellt die zweite Phase des Selbst-Er-forschenden Philosophierens dar. In dieser Phase geht es, wie auch in der nachfolgenden dritten Phase, darum, die für Arendts existenziell-performative Hermeneutik typische Hinwendung zum Anderen zu vollziehen, indem eine andere Persönlichkeit, ein »Er«, erforschend in den Blick genommen wird. Die Schülerinnen und Schüler sollen sich also einer anderen Persönlichkeit in verstehender Einstellung zuwenden. Das bedeutet, dass die Schülerinnen und Schüler hier vorwiegend das erste Konzeptziel entschlossen und mit großer Ernsthaftigkeit verfolgen sollen. Die zweite Phase zielt daher vorrangig auf eine hinreichende Phänomenerkundung ab und dient als solche der Vorbereitung der dritten Phase, der Problemkonsolidierung. Die zweite Phase ist daher von vorwiegend epistemischen Zielsetzungen geprägt. Die vorgesehene Phänomener-kundung bedeutet konkret, dass bezogen auf die ausgewählte existenzielle Erfahrung bzw. das sich darin dokumentierende existenzielle Problem und die mit diesem in Verbindung gebrachte Persönlichkeit von den Schülerinnen und Schülern herausge-funden werden soll, wie die ausgewählte Persönlichkeit mit der gemachten existen-ziellen Erfahrung umgegangen ist. Hierzu sind wesentliche Fakten über den lebens-weltlichen Kontext und die Biografie der ausgewählten Persönlichkeit zu erarbeiten. Es ist also zunächst erforderlich, dass die Schülerinnen und Schüler alle relevanten biografischen Fakten zusammentragen. Dazu müssen zuallererst umfassende und ergiebige Recherchen vorgenommen werden. Dieses Recherchieren ist die eigentliche biografische Erkundung, die sich, wie noch zu zeigen sein wird, vor allem auf (auto-) biografische Medien konzentriert. An die biografische Erkundung anschließend, müssen die recherchierten biografischen Fakten so kommuniziert werden, dass alle Schülerinnen und Schüler über die gleichen Informationen verfügen. Denn erst hierauf folgend können die ermittelten biografischen Fakten in einem ersten Schritt aufbereitet werden, d. h. die Schülerinnen und Schüler müssen sie analysieren und ihre Analyseergebnisse gemeinsam besprechen, um so beurteilen und festlegen zu können, welche von den gesammelten biografischen Fakten wirklich relevant sind, weil es sich bei ihnen erstens um wahre Sachverhalte handelt und weil sie zweitens das Potenzial haben, sowohl die persönlichkeitsbildenden Eigenschaften als auch die relevanten Zusammenhänge zwischen der ausgewählten Persönlichkeit und der in den Blick genommenen existenziellen Erfahrung in einer Weise zu erhellen, die ein tiefgreifendes Verständnis der ausgewählten Persönlichkeit über ihr Handeln bezogen auf die in den Blick genommene existenzielle Erfahrung ermöglicht. Die Schülerinnen und Schüler müssen demnach bei der Phänomenexploration eine doppelte Analyse vornehmen, denn zunächst sind aus den biografischen Fakten alle diejenigen herauszufiltern, von denen berechtigterweise angenommen werden kann, dass sie hinreichenden Aufschluss über die persönlichkeitsbildenden Eigenschaften der ausgewählten Person geben können, so dass sie daher auch dazu geeignet sind, zu zeigen, wie die Persönlichkeit in ihrer Lebenswelt erscheint. Die notwendige zweite Analyse zielt dann darauf ab, dass die Schülerinnen und Schüler die persönlichkeitsbildenden Eigenschaften durch die analytische Durchdringung aller relevanten biografischen Fakten möglichst genau erkennen. Insofern sollte unstrittig sein, dass die Phase der Phänomenexploration das zurückgezogene Nachdenken notwendig macht. Doch auch das gemeinsame Gespräch ist in der zweiten Phase wichtig, in dem die Schülerinnen und Schüler zwar noch nicht die Persönlichkeitsstruktur der ausgewählten Persönlichkeit darstellen und erörtern sollen, jedoch, ausgehend von den als relevant erachteten biografischen Fakten, die persönlichkeitsbildenden Eigenschaften und lebensweltlichen Kontexte erörtern, was eine Vorstufe zur Erörterung der Persönlichkeitsstruktur darstellt. Es sollte ersichtlich sein, dass die zweite Phase des Selbst-Er-forschenden Philosophierens von den zuvor etablierten Unterrichtsprinzipien, besonders den konstitutiven Prinzipien »Subjektorientierung« und »Wahrheitsbezug« sowie den Interaktionsprinzipien »Performanz« und »Kontemplation« genügt.

1.3   Problemkonsolidierung

Sind in der Phase der Phänomenerkundung alle relevanten biografischen Fakten recherchiert und zwischen den Schülerinnen und Schülern kommuniziert worden und konnten die relevanten persönlichkeitsbildenden Eigenschaften identifiziert werden, dann kann die dritte Phase des Selbst-Er-forschenden Philosophieren eingeleitet werden, d. h. es kann damit begonnen werden, das in der ersten Phase etablierte existenzielle Problem persönlichkeitsbezogen zu konsolidieren. Das bedeutet konkret, dass bezogen auf die ausgewählte existenzielle Erfahrung bzw. das sich darin dokumentierende existenzielle Problem und die mit diesem in Verbindung gebrachte Persönlichkeit herausgefunden werden soll, warum die ausgewählte Persönlichkeit mit der gemachten existenziellen Erfahrung erstens so und nicht anders handelnd umgegangen ist und zweitens, was das über sie selbst, also die hinter diesem Handeln stehende Persönlichkeitsstruktur aussagt. Es geht also darum, dass die Schülerinnen und Schüler die Struktur der jeweils in den Fokus genommenen existenziellen Erfahrung, die Struktur der ausgewählten Persönlichkeit sowie das Handeln bzw. Verhalten derselben erkennen und den Zusammenhang verstehen, in dem diese drei Faktoren zueinander stehen. In der Phase der Problemkonsolidierung werden daher die Konzeptziele zwei, drei, vier, fünf und sechs verfolgt, indem die entsprechenden Inhalte von den Schülerinnen und Schülern erarbeitet werden. Die dritte Phase ist daher sowohl in ihrem Verlauf als auch bezüglich der zu erarbeitenden Inhalte überaus komplex und damit auch entsprechend störungsanfällig.

Erster, möglicher Cut (siehe Abbildung 9: *Verlaufsform*): Zunächst sollen die Schülerinnen und Schüler im Sinne des zweiten Konzeptziels, die ermittelten persönlichkeitsbildenden Eigenschaften weiter, d. h. tief greifender analysieren, um zwischen diesen Strukturzusammenhänge zu erkennen. Konnte ein Strukturzusammenhang der persönlichkeitsbildenden Eigenschaften erfolgreich rekonstruiert werden, dann ist dieser als nächstes von den Schülerinnen und Schülern auf den Grad seiner Kohärenz hin zu überprüfen, um mögliche Inkohärenzen ausfindig zu machen. Das bedeutet, die Schülerinnen und Schüler sollen zum einen überprüfen, ob die Persönlichkeitsstruktur in sich stimmig, sprich kohärent ist und zum anderen, ob das auf die ausgewählte existenzielle Erfahrung bezogene Handeln und Verhalten der untersuchten Persönlichkeit kohärent ist. Es ist also eine doppelte Kohärenzprüfung vorgesehen, die für die Schülerinnen und Schüler sicherlich einen der schwierigsten Erarbeitungsschritte darstellt. Sowohl hierfür als auch für die vorhergehende Rekonstruktion der Persönlichkeitsstruktur ist ein Wechselspiel von zurückgezogenem Nachdenken und gemeinsamen, erörterndem Gespräch in Sinne des vierten Konzeptziels notwendig, da die jeweiligen Denkresultate den anderen Schülerinnen und Schülern vorgestellt und eingehend erörtert werden müssen, um Erkenntnisse zu gewinnen, die berechtigterweise den Anspruch auf intersubjektive Gültigkeit erheben können (vgl.: Prinzip »Wahrheitsbezug«). Die Notwendigkeit von sprachlicher Interaktion ergibt sich auch aus dem Umstand, dass die Schülerinnen und Schüler im Sinne des fünften Konzeptziels ihre gewonnenen Erkenntnisse in einer biografischen Narration darstellen sollen, um den Zusammenhang der Zusammenhänge darzustellen, d. h. den Zusammenhang zwischen der ermittelten Persönlichkeitsstruktur und dem lebensweltlich situierten, auf die existenzielle Erfahrung bezogenen Handeln und Verhalten, um so ein tieferes Verständnis der untersuchten Persönlichkeit zu gewinnen. Diese Narrationen können natürlich ebenfalls nochmals eigens untersucht und erörtert werden, um darin zum Ausdruck kommende neue, jedoch implizit vorhandene Erkenntnisse explizit zu machen. Bezogen auf die in der ersten Phase etablierte Leitfrage stellen die von den Schülerinnen und Schülern erarbeitete Persönlichkeitsstruktur und das damit verbundene kohärente oder inkohärente Handeln und Verhalten den gesuchten Erklärungs- bzw. Antwortansatz dar. Da die Schülerinnen und Schüler jedoch sicherlich zu unterschiedlichen Erklärungsansätzen gelangen, muss der beste derselben ermittelt werden. Es muss also wiederum intensiv kommuniziert werden, indem die Schülerinnen und Schüler ihren jeweiligen Ansatz vorstellen, diesen kritisch durchdenken und kritisch diskutieren. Denn erst hierdurch werden die verschiedenen Erklärungsansätze einer gemeinsamen Beurteilung hinsichtlich ihrer Repräsentativität unterzogen, deren Ergebnis die Auswahl des Erklärungsansatzes sein sollte, von dem die Schülerinnen und Schüler überzeugt sind, dass er das höchste Erklärungspotenzial für das Handeln und Verhalten der untersuchten Persönlichkeit hat. Ist ein solcher Erklärungsansatz gefunden, kann das in der ersten Phase aufgeworfene und in der Leitfrage kondensierte existenzielle Problem bezogen auf das ebenfalls in der Leitfrage mit ausgedrückte Erkenntnisziel als konsolidiert gelten. Insofern könnte der Er-forschungs-Prozess an dieser Stelle abgeschlossen werden. Die erste rotgestrichelte Linie in Abbildung 9 macht dies deutlich. Eine Beendigung des Er-Forschungsprozesses an dieser Stelle ist vor allem dann sinnvoll, wenn keine Inkohärenzen identifiziert worden sind.

Zweiter, möglicher Cut (siehe Abbildung 9: *Verlaufsform*): Sollten jedoch Inkohärenzen offensichtlich geworden sein, dann sollte ein weiterer Erarbeitungsschritt eingefügt und eingeleitet werden, dessen Gegenstand die Ergebnisse aus dem vorherigen Erarbeitungsschritt sind, also die rekonstruierte Persönlichkeitsstruktur und das bezogen auf die existenzielle Erfahrung inkohärente Handeln. Zu beachten ist, dass dieser Arbeitsschritt nur folgt, wenn Inkohärenzen ermittelt wurden, was im Verlaufsplan die zweite rotgestrichelte Linie verdeutlichen soll. Im Sinne des dritten Konzeptziels geht es in diesem Erarbeitungsschritt darum, entweder notwendige Korrekturen an der Persönlichkeitsstruktur oder alternative Handlungsmöglichkeiten zu entwickeln, die dafür sorgen, dass die identifizierten Inkohärenzen vermieden werden. Klar ist, dass die entsprechenden Erkenntnisse keine Praxisrelevanz mehr haben, da von der untersuchten Persönlichkeit bereits gehandelt worden ist. Sie sollen jedoch nachträglich alternative Handlungsmöglichkeiten aufzeigen und für ähnliche existenzielle Situationen Handlungsperspektiven eröffnen, um damit ggf. auch für die vierte Phase, den Erkenntnistransfer, gewinnbringend zu sein.

Auch in den vier Arbeitsschritten der Problemkonsolidierungsphase sind neben Phasen des zurückgezogenen Nachdenkens, Phasen der intensiven Kommunikation notwendig, zum einen in Form des erörternden Gesprächs (vgl.: Konzeptziel vier) und zum anderen im Sinne der biografischen Narration (vgl.: Konzeptziel fünf). Es sollte also mehr als offensichtlich sein, dass, ähnlich wie in der Phase der Phänomenexploration, auch in der Phase der Problemkonsolidierung das zurückgezogene Nachdenken und das gemeinsame Gespräch notwendig sind um die jeweiligen Inhalte zu erarbeiten und darüber die angestrebten Konzeptziele zu erreichen. Von den genannten Unterrichtsprinzipien, die für das Konzept »Selbst-Er-forschend Philosophieren« leitend sind, wird in der dritten Phase sowohl beiden Interaktions- als auch beiden Denkprinzipien vollends entsprochen.

1.4   Erkenntnistransfer

Mit der Problemkonsolidierung ist der Prozess des Selbst-Er-forschenden Philosophierens jedoch nicht beendet, da mit dem Abschluss der dritten Phase bislang nur eine andere Persönlichkeit, also ein »Er« erforscht wurde. Das sich im Titel des Konzepts dokumentierende Kernanliegen desselben ist jedoch, es den Schülerinnen und Schülern möglich zu machen, dass eigene Selbst zu erforschen. Im Sinne des ersten Konzeptziels folgt daher auf die Problemkonsolidierung der Transfer der gewonnenen Erkenntnisse in den Bereich der eigenen existenziellen Betroffenheit der Schülerinnen und Schüler.

Dritter, möglicher Cut (siehe Abbildung 9: *Verlaufsform*): Die Phase des Erkenntnistransfers ist daher neben den ersten Arbeitsschritten in der ersten Phase die persönlichste und damit auch sensibelste Phase innerhalb des Selbst-Er-forschenden Philosophierens. Es kann also je nach Lerngruppe etc. geboten sein, diese Phase zwecks Persönlichkeitsschutz auszulassen, auch wenn dies der Konzeptintention widerspricht. Die dritte rotgestrichelte Linie in Abbildung 9 macht dies deutlich. Die vierte Phase des Konzepts »Selbst-Er-forschend Philosophieren« greift hinter die in der ersten Phase etablierte Problem- bzw. Leitfrage zurück, indem sie an die individuellen existenziellen Problemerfahrungen und -fragen der Schülerinnen und Schüler anknüpft, die der gemeinsam etablierten und bezüglich einer bestimmten Persönlichkeit konkretisierten Leitfrage zugrunde liegen. In der vierten Phase geht es damit darum, den letzten Schritt in der für Arendts existenziell-performativer Hermeneutik typischen Hinwendung zum Anderen zu praktizieren, nämlich die existenzerhellende Rückwendung zum eigenen Selbst zu vollziehen.

Bezogen auf die bereits erläuterten Konzeptziele geht es in der Erkenntnistransferphase also darum, ebenfalls entschlossen und mit großer Ernsthaftigkeit, vor allem das erste, das zweite und das dritte Konzeptziel zu verfolgen, d. h., zu versuchen, ausgehend von den in der zweiten und dritten Phase gewonnenen Erkenntnissen über eine andere Persönlichkeit, seine eigene Persönlichkeit besser zu verstehen und Möglichkeiten zur Weiterentwicklung derselben zu erkennen und kritisch zu überprüfen. Im Sinne des ersten Konzeptziels geht es daher in der Erkenntnistransferphase zunächst darum, dass sich die Schülerinnen und Schüler, ausgehend von ihren dann autobiografischen Fakten, ihrer persönlichkeitsbildenden Eigenschaften bewusst werden. Um anschließend auf dieser Grundlage, in Übereinstimmung mit dem zweiten Konzeptziel, ihre Persönlichkeitsstruktur zu rekonstruieren und ihr dazu in Beziehung stehendes Selbstbild zu reflektieren. Wenn die in der zweiten und dritten Phase ausgewählte Persönlichkeit eine große lebensweltliche Nähe zu den Schülerinnen und Schülern hat, was, wie bereits gesagt, der Fall sein sollte, dann sind als Leitfaden für die Selbst-Exploration die Erkenntnisse aus der dritten Phase besonders geeignet, weil die Schülerinnen und Schüler mit diesen abgleichen können, ob sie ähnliche oder die gleichen persönlichkeitsbildenden Eigenschaften haben. An dieser Stelle findet also bereits ein erster Erkenntnistransfer statt bzw. das gewonnene

Verständnis einer anderen Persönlichkeit dient dem Verstehen der eigenen Persönlichkeit. Mit der so vollzogen Selbst-Erkundung und -Rekonstruktion ist ein weiterer, sehr entscheidender Schritt verbunden, denn die Schülerinnen und Schüler sollen ihre eigene Persönlichkeitsstruktur (ihr Selbstbild) kritisch auf ihre Kohärenz hin prüfen, indem sie sich im stummen inneren Zwiegespräch aufrichtig und ernsthaft mit der Frage konfrontieren, wie sie selbst mit der in der ersten Phase ausgewählten existenziellen Erfahrung von beispielsweise Schuld, Verlust oder Angst umgegangen sind bzw. voraussichtlich umgehen würden. Es soll also festgestellt oder ausgelotet werden, ob es zu Brucherfahrungen kommen könnte bzw. gekommen ist. Gegenstand der Reflexion können diesbezüglich zum einen tatsächliche, zum anderen aber auch fiktive Handlungen und Erfahrungen sein. Die Schülerinnen und Schüler sollen sich hierzu vor allem klarmachen, womit bzw. wie sie ihr jeweiliges Handeln sich selbst und anderen gegenüber erklären würden. Das setzt natürlich voraus, dass die Schülerinnen und Schüler in ein evaluatives Selbstverhältnis zu sich treten bzw. die Bereitschaft dazu mitbringen.

Die Schülerinnen und Schüler müssen sich also in der Phase des Erkenntnistransfers zunächst selbst zum Objekt sowohl einer autobiografischen Erkundung als auch einer auf die Erkenntnisse derselben bezogenen verstehenden Einstellung machen, d. h. sie müssen zu sich in ein epistemisches Selbstverhältnis treten, um sowohl über ihr Handeln und Verhalten als auch über die diesem zugrunde liegenden persönlichkeitsbildenden Eigenschaften Auskunft zu erhalten, um so ihre Persönlichkeitsstruktur rekonstruieren und hinsichtlich ihrer Kohärenz kritisch überprüfen zu können. Fällt diese Kohärenzprüfung negativ aus, dann sind von den Schülerinnen und Schülern, aus den im dritten Kapitel explizierten Gründen (vgl.: 3. Kapitel, 1. Teil, 2. Abschnitt) und im Sinne des dritten Konzeptziels, in einem nächsten Schritt Modifikationen zu erwägen und zu erarbeiten. Das bedeutet konkret, dass ggf. andere Handlungen und eine andere Begründungsstruktur avisiert werden müssen oder, wenn schon gehandelt wurde, überlegt werden muss, wie das eigene Selbstbild und damit die Persönlichkeitsstruktur modifiziert werden muss, damit die festgestellte Brucherfahrung beseitigt werden kann. Leitend bei allen Modifikationsanstrengungen der Schülerinnen und Schüler ist das übergeordnete Ziel eines in sich stimmigen Selbstbildes bzw. die Kohärenz der eigenen Biografie. Es kommt also darauf an, dafür zu sorgen, dass man, ganz in Arendts Sinne, mit sich selbst befreundet ist bzw. bleiben kann, wofür jedoch zuweilen die harte und unangenehme Arbeit am eignen Selbst vonnöten ist. Für die hierzu ggf. notwendigen Modifikationen der antizipierten Handlungen oder des eigenen Selbstbildes können ebenfalls die Ergebnisse aus der dritten Phase hilfreich sein, weil, im Falle antizipierter Handlungen, bereits kennengelernte Gründe etc. ggf. übernommen werden können bzw. zur Orientierung für die Entwicklung passenderer Handlungsalternativen dienen können oder weil, im Falle von schon vollzogener Handlungen, am Beispiel der untersuchten Persönlichkeit möglicherweise deutlich wird, wie man Brüche im eigenen Selbstbild erfolgreich beheben kann. Da diese Form der Arbeit am eigenen Selbst immer die Kohärenz der eigenen Biografie als Ganzes mit im Blick hat, sollte es den Schülerinnen und Schülern in der vierten Phase des Selbst-Er-forschenden Philosophierens möglich sein, zumindest Teile des eigenen Selbstbildes zu erkennen und in seiner Tragweite einschätzen zu lernen, weil besonders das Handeln in Grenzsituationen, also der Umgang mit existenziellen Erfahrungen dieses nachhaltig auf die Probe stellt. Hieraus ergeben sich dann womöglich auch Impulse für die konkrete weitere Gestaltung des eigenen Lebens bzw. für ein reflektierteres Handeln in zukünftigen Grenzsituationen, die letztlich kein Mensch ganz vermeiden kann.

Da die Phase des Erkenntnistransfers eine sehr persönliche Phase des Nachdenkens über sich selbst ist, sollte es nicht überraschen, wenn es in dieser Phase ganz besonders auf existenzielle Ernsthaftigkeit im Sinne des sechsten Konzeptziels ankommt und darüber hinaus besonders dem zurückgezogenen Nachdenken viel Raum gegeben werden muss, auch wenn es möglich ist, gerade in den Phasen der Kohärenzprüfung und der Narration mit einem/einer Mitschüler/in, vielleicht einem, mit dem man eng befreundet ist, zusammenzuarbeiten, was auch der Hinwendung zum Anderen zum Zweck der eigenen Persönlichkeitserkundung im Arendt'schen Sinne entspräche. Folglich werden die kognitiv-psychomotorischen Konzeptziele vier und fünf eher im Sinne des von Arendt explizierten Selbstdialoges realisiert, also in Form eines erörternden Selbstgesprächs und einer synthetisierenden Selbst-Narration. Die in Abbildung 9 eingeklammerten Zielziffern 4 und 5 sollen dies verdeutlichen. Das bedeutet aber schließlich auch, dass in der vierten Phase des Selbst-Er-forschenden Philosophierens von den genannten Unterrichtsprinzipien den Denkprinzipien »Souveränität« und »Repräsentativität«, besonders aber dem Interaktionsprinzip »Kontemplation« entsprochen wird.

1.5 Ergebnis- und Prozessreflexion

Mit dem Erkenntnistransfer ist das eigentliche Ziel des Selbst-Er-forschenden Philosophierens erreicht. Weil es möglich ist, dass die Schülerinnen und Schüler sowohl in der zweiten und dritten Phase als auch – wenn auch nicht so wahrscheinlich – in der vierten Phase in kleineren Gruppen oder Teams arbeiten, genauere Ausführungen hierzu folgen im Kontext der Methodenexplikation, ist es wichtig und sinnvoll, den in der ersten Phase gemeinsam geplanten und konstituierten Selbst-Er-forschungs-Prozess mit einer Präsentation der erarbeiteten Ergebnisse abzuschließen, um eine Synopse der Ergebnisse herzustellen und um hiervon ausgehend die einzelnen Ergebnisse kritisch zu würdigen und ggf. nicht nur Querverbindungen zwischen den einzelnen Ergebnisse erkennen zu können, sondern möglicherweise auch neue Probleme, die dazu einladen, im Rahmen eines weiteren Selbst-Er-forschungs-Vorhabens behandelt zu werden. Wenn solche Probleme identifiziert wurden und damit verbundene mögliche Anschlussfragen formuliert und fixiert worden sind, können hiervon ausgehend neue Selbst-Er-forschungs-Vorhaben gemeinsam skizziert werden, so dass die Phase der Problemreflexion in eine neue Phase der Problemetablierung übergeht. Zuvor sollte jedoch das jeweils aktuelle Selbst-Er-forschungs-Vorhaben durch eine eingehende Reflexion abgeschlossen werden, was bedeutet, dass vor allem die Umsetzung des gesamten in der ersten Phase geplanten Arbeitsprozesses hinsichtlich seiner gelungenen oder misslungenen Aspekte zu reflektieren ist. Gerade um dafür zu sorgen, dass zukünftige Selbst-Er-forschungs-Vorhaben erfolgreicher sind, weil sie besser, d. h. effizienter und sinnstiftender verlaufen, sind für die gemeinsam diagnostizierten Probleme Lösungen zu finden und verbindliche Vereinbarungen zur treffen. Nicht nur deswegen, sondern aufgrund des gebotenen offenen und kritischen Ergebnissaustausches sollte es offensichtlich sein, dass in der Phase der Prozessreflexion vor allem das gemeinsame, themenbezogene Gespräch vorherrschend ist, also vor allem die Kommunikationskompetenz der Schülerinnen und Schüler vorausgesetzt und geschult wird.

Zu beachten ist, dass die durch den zuvor erläuterten Verlauf explizierte Variante des Selbst-Er-forschenden Philosophierens die Standardvariante desselben darstellt. Neben dieser ist allerdings auch eine noch viel persönlichere, daher sehr sensible und deswegen möglicherweise im Schulunterricht nicht praktizierbare Variante möglich. Diese zeichnet sich dadurch aus, dass hierbei ein Schüler bzw. eine Schülerin anstelle einer anderen Person zum Gegenstand des Selbst-Er-forschenden Philosophierens in der Problemkonsolidierungsphase gemacht wird. Die Schülerinnen und Schüler versuchen also, zunächst diese ihre Mitschülerin bzw. diesen ihren Mitschüler und ihr/sein grenzsituationsbezogenes Handeln zu verstehen, um anschließend, in der Phase des Erkenntnistransfers, sich selbst zum Gegenstand des Selbst-Er-forschenden Philosophierens zu machen. Der größte Vorteil dieser Variante ist gerade für den Erkenntnistransfer die enorme lebensweltliche Nähe, der größte Nachteil ist jedoch der intensive Zugriff auf die Privatsphäre des Schülers bzw. der Schülerin, der in dieser Form in der Schule zu unterlassen ist. Deswegen konzentriert sich die Explikation des Selbst-Er-forschenden Philosophierens, insbesondere die der Methoden, auf die Standardvariante.

Die bisher gemachten Feststellungen zur grundsätzlichen Ausrichtung des Konzepts »Selbst-Er-forschend Philosophieren« können nun weiter konkretisiert werden. Wie bereits festgestellt, prädisponiert das Konzept einen Philosophieunterricht, in dem das Ziel der (eigenen) Persönlichkeitsentwicklung aus einer grundsätzlichen Haltung der existenziellen Entschlossenheit und Ernsthaftigkeit heraus angestrebt wird, indem individuelles Sein bzw. die Persönlichkeit von konkreten Menschen kontextsensitiv und tiefenhermeneutisch untersucht wird, wobei der Hinwendung zu anderen Menschen, also dem gemeinsamen Handeln, insbesondere im Sinne eines gemeinschaftsorientierten und sinnstiften Sprachhandelns, ein ähnlicher Stellenwert zukommt, wie dem zurückgezogenen kritisch-reflexiven und dem repräsentativ-dialogischen Denken. Dies vollzieht sich in einem fünfphasigen philosophischen Forschungsprozess, in dessen Kernphasen, gemeint ist die Phänomenexploration, die Problemkonsolidierung sowie der Erkenntnistransfer, sich das gemeinsame, themenbezogene Gespräch und das zurückgezogene Beobachten und Denken immer wieder abwechseln.

Da die erläuterte Verlaufsform an vielen Stellen, insbesondere bezüglich der konkreten Tätigkeiten der Schülerinnen und Schüler noch recht vage ist, muss für die weitere Konzeptentwicklung geklärt werden, wie genau in den fünf Phasen des Selbst-Er-forschenden Philosophierens philosophiert wird, d. h. wie sich das gemeinsame Sprechen und das zurückgezogene Beobachten und Denken konkret vollzieht. Dies ist auch insofern notwendig, als dass gezeigt werden muss, dass und wie die bereits den Phasen zugeordneten Teilkonzeptziele erreicht werden können. Es müssen also nachfolgend die zentralen philosophischen Unterrichtsmethoden transformiert und expliziert werden.

2. Transformation Nr. 4: Methoden und Medien

Sehr allgemein ausgedrückt und weit gefasst sind »[...] Unterrichtsmethoden [...] die Formen und Verfahren, in und mit denen sich Lehrer und Schüler die sie umgebende natürliche und gesellschaftliche Wirklichkeit unter institutionellen Rahmenbedingungen aneignen.«[45] Bezogen auf das übergreifende Konzeptziel des Selbst-Er-forschenden Philosophierens bedeutet dies, dass die zu transformierenden philosophischen Unterrichtsmethoden diejenigen Verfahren sind, durch die sich die Schülerinnen und Schüler sowohl ein Wissen über (ihre) Persönlichkeit und die Möglichkeit zu deren Weiterentwicklung aneignen als auch die dazu notwendigen Kompetenzen erwerben. In diesem Sinne sind die zu transformierenden philosophischen Unterrichtsmethoden also immer auf das übergreifende Konzeptziel und die Teilzeile, in die sich dieses ausfächern lässt, bezogen, was wiederum dem jeder Methode inhärenten Zielbezug entspricht. Die nachfolgend zu transformierenden philosophischen Unterrichtsmethoden stehen jedoch auch in Wechselwirkung

---

45 Meyer, H.: *Unterrichtsmethoden. Theorieband.* S. 45.

zu den im Unterricht zu behandelnden Inhalten bzw. müssen insofern auf diese optimal abgestimmt sein, als dass sie zur erfolgreichen Erschließung der jeweiligen Inhalte beitragen sollen. Daher gilt: »Der Inhalt bestimmt die Methode(n).«[46] Effektiver und guter Unterricht zeichnet sich demnach durch gut aufeinander abgestimmte Ziele, Inhalte und Methoden aus. Mattes weist jedoch darauf hin, »[...] dass längst nicht alles, was mit dem Etikett Methode versehen wird, diesen Ansprüchen [gemeint sind die Kriterien und Leistungserwartungen an Methoden; Anm. S. G.] genügt.«[47] Ihm zufolge ist beispielsweise zwischen kleineren Aktionsformen und »kriteriendefinierten Lehr-Lernmethoden« klar zu unterscheiden, weil deren »[...] Anspruch [...] darin [besteht], nachhaltige Kompetenzentwicklung zu fördern. Dies wird erreicht, weil die so definierten Methoden für die kontinuierliche Mehrfachanwendung geeignet sind.«[48]

Um konzeptzielbezogene und damit kriteriendefinierte, kontinuierlich anwendbare philosophische Unterrichtsmethoden für das Selbst-Er-forschende Philosophieren zu gewinnen, sollen aus der existenziell-performativen Hermeneutik Arendts spezifisch philosophische Arbeitsformen transformiert werden, die dann der Kernbestandteil von entsprechenden philosophischen Unterrichtsmethoden sind.[49]

Methodenkomponenten: Im ersten Kapitel wurde herausgearbeitet, dass philosophische Unterrichtsmethoden[50] aus vier eng miteinader verbunden bzw. sich wechselseitig bedingenden Komponenten bestehen, nämlich aus der Kombination von philosophischen Arbeitsformen mit den Medien des Philosophierens, allgemeinen Unterrichtsmethoden und bestimmten Sozialformen. (vgl.: 1. Kapitel, 3. Teil, 2. Abschnitt) Es wurde ebenfalls gezeigt, dass es in dieser Kombination besonders auf die spezifisch philosophische Arbeitsformen ankommt, wenn die entsprechende Methode eine spezifisch philosophische Unterrichtsmethode sein soll. Berücksichtigt man zudem die zuvor erläuterten allgemeinen Bedingungen für den Methodeneinsatz und die Methodengenese, also die Interdependenz von Zielen, Inhalten und Methoden, dann kann man feststellen, dass sich bei der Methodentransformation letztlich die folgenden Komponenten

---

46 Ebd. S. 72.

47 Mattes, W.: Methoden für den Unterricht. Kompakte Übersichten für Lehrende und Lernende. Paderborn: Schöningh 2011. S. 11.

48 Ebd.

49 Vgl.: Jank, W. und Meyer, H.: *Didaktische Modelle.* S. 55-60; Meyer, H.: *Unterrichtsmethoden. Theorieband.* S. 72-77.

50 Wie schon im ersten Kapitel angemerkt, wird der Begriff »allgemeine Unterrichtsmethode« im Rahmen dieser Arbeit vor allem in Abgrenzung zu dem Begriff »(fach-) spezifische Unterrichtsmethode« verwendet. Letzterer umfasst dabei alle diejenigen Unterrichtsmethoden, die überwiegend, jedoch nicht ausschließlich, in einem bestimmten Fach zur Anwen-dung kommen und daher für die Arbeit in diesem Fach typisch sind, weil sie zur fachspezifisch Wissensvermittlung, Erkenntnisgewinnung und Kompetenzvermittlung besonders geeignet sind, wohingegen Ersterer alle unterrichtsmethodi-schen Klein- und Großformen umfasst, die grundsätzlich in jedem Fach verwendet werden, wie z. B. die Fishbowl-Diskussion.

wechselseitig bedingen und zur Ausprägung einer spezifischen philosophischen Unterrichtmethode führen:

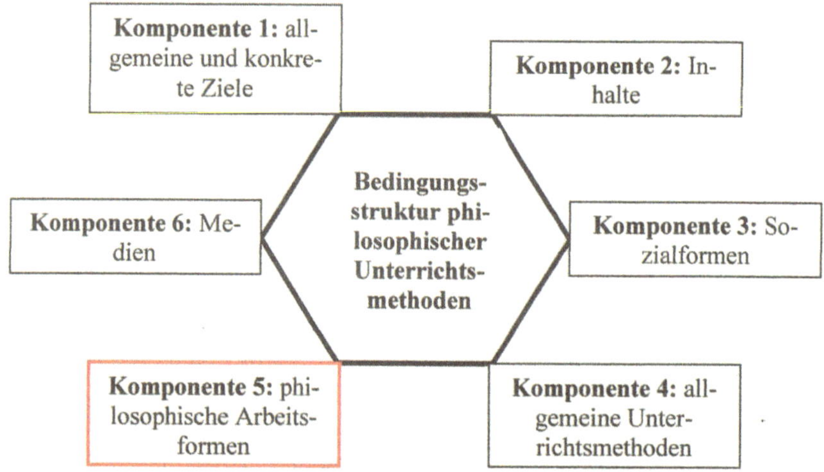

Abbildung 10: *Methoden- Komponenten*

Da von den in Abbildung 10 aufgeführten Methoden-Komponenten bereits die Ziele und Inhalte transformiert worden sind, von den üblichen Sozialformen auszugehen ist und allgemeine Unterrichtsmethoden in einem großen Spektrum vorliegen, sind nachfolgend noch die für das Selbst-Er-forschende Philosophieren spezifischen Medien und philosophischen Arbeitsformen zu transformieren, um dann als Komponenten der nachfolgenden fünf philosophischen Unterrichtsmethoden zu fungieren:

1. phänomenologisch-analytische Methode
2. kontemplativ-kritische Methode
3. diskursiv-dialektische Methode
4. narrativ-hermeneutische Methode
5. narrativ-performative Methode

2.1 Primärmedien

Bevor die bereits genannten fünf philosophischen Unterrichtsmethoden entwickelt werden, die essenzielle Komponenten des Konzepts »Selbst-Er-forschend Philosophieren« sind, sollen zum besseren Verständnis zunächst diejenigen Medien angegeben und erläutert werden, mit denen die aus Arendts existenziell-performativer Hermeneutik transformierten philosophischen Arbeitsformen zu effektiven philosophischen Unterrichtsmethoden kombiniert werden können.

Medien als »Vermittler«: Meyer zufolge erfüllen Medien im Unterricht die Funktion eines »Vermittlers«, weil sie »[...] den Lernstoff an die Schülerinnen und Schüler [vermitteln].«[51] Das bedeutet, dass die Unterrichtsmedien den Unterrichtsgegenstand in den Horizont der Schülerinnen und Schüler bringen und folglich vor allem der Informationsaufnahme und -verarbeitung dienen. Folglich ist die Medienauswahl für den Unterrichtserfolg von großer Bedeutung. Daher zeichnen sich gute Unterrichtsmethoden auch gerade dadurch aus, dass in ihnen fachspezifische Arbeitsformen mit passenden Medien optimal kombiniert zur Anwendung kommen. Da es eine große, z. T. schon unübersichtliche Vielfalt an geeigneten Unterrichtsmedien gibt, ist es sinnvoll, innerhalb dieser Vielfalt genauer zu differenzieren, beispielsweise, indem man die Informationsvermittlungsprozesse und -verarbeitungsprozesse, die durch die unterschiedlichen Medien angeregt bzw. ausgelöst werden, genauer in den Blick nimmt. Denn je nach eingesetztem Medium vollzieht sich im Unterricht die Informationsvermittlung und -verarbeitung anders. Dohnicht zufolge kann man daher zwischen Medien unterscheiden, die die Informationsvermittlung und -verarbeitung a) über verschiedene Sinnesmodalitäten, b) über unterschiedliche Kommunikationscodes und c) über verschiedene Informationsträger ermöglichen. Quer dazu liegt Brünings Unterscheidung zwischen symbolisch-verbalen, visuellen und interaktiven Medien des Philosophieunterrichts, die ebenfalls sehr hilfreich ist, um die im Unterricht eingesetzten Medien genauer zu bestimmen.[52]

Für das Konzept »Selbst-Er-forschend Philosophieren« sind vor allem die folgenden drei Medien zentral:

1. (auto-) biografische Texte
2. Denktagebuch
3. themenzentriertes Schülergespräch

2.1.1   (Auto-) biografischer Text

Das für das Konzept »Selbst-Er-forschend Philosophieren« erste zentrale Medium ist der (auto-) biografische Text. Denn er dient als Informationsträger besonders der Infor-

---

51   Meyer, H.: *Leitfaden Unterrichtsvorbereitung.* S. 43.

52   Vgl.: Brüning, B.: *Philosophieren in der Sekundarstufe. Methoden und Medien.* Weinheim/Basel/Berlin: Beltz 2003. S. 114; Dohnicht, J.: *Medien im Unterricht.* In: Bovet, G. und Huwendiek, V. (Hrsg.): *Leitfaden Schulpraxis. Pädagogik und Psychologie für den Lehrerberuf.* 5. Auflage. Berlin: Cornelsen 2008. S. 171; Jank, W. und Meyer, H.: *Didaktische Modelle.* S. 267–268.

mationsvermittlung, z. B. von (auto-) biografischen Fakten, weswegen er besonders zur Erreichung des ersten Konzeptziels relevant ist. Der Kommunikationscode des (auto-) biografischen Textes ist die Sprache in Schrift- bzw. Textform, weswegen vor allem über den Sehsinn, also visuell, Informationen vermittelt und zur weiteren Verarbeitung zugänglich gemacht werden. Der Brüning'schen Taxonomie zufolge, handelt es sich bei dem (auto-) biografischen Text vorwiegend um ein präsentatives, symbolisch-verbales Medium, das jedoch durchaus auch diskursiv ausgerichtet sein kann, wie z. B. die Lebens- und Werk-Biografien berühmter Philosophen (bspw. Schopenhauer, Nietzsche, Heidegger) von Safranski zeigen.

Transformationsquellen: In Arendts existenziell-performativer Hermeneutik spielen (auto-) biografische Texte eine große Rolle, da diese gerade dort, wo man Persönlichkeiten verstehen will, die nicht mehr leben, die notwendigen Informationen für den Erkenntnis- und Verstehensprozess bereitstellen. So hat sich Arendt bei dem Versuch die Persönlichkeit von Rahel Varnhagen zu verstehen, vor allem mit deren autobiografischen Selbstzeugnissen, also Rahels Briefen und ihrem »Buch des Andenkens« auseinandergesetzt, um so möglichst authentische Informationen über Rahel zu bekommen. Wie im dritten Kapitel gezeigt, schreibt Arendt auf der Grundlage dieser Informationen eine stellvertretende Autobiografie, bei der sie das für eine Autobiografie typische subjektiv-authentische Selbst-Erzählen mit dem für eine Biografie typischen objektiv-wahrhaftigen Nach-Erzählen kombiniert. Insofern sind die diegetischen Strategien sowohl der Biografie als auch der Autobiografie für Arendt und ihr Denken nicht nur in rezeptiver, sondern auch in produktiver Hinsicht besonders relevant, gerade dann, wenn es darum geht, Repräsentationserzählungen über aus Arendts Sicht bedeutende Persönlichkeiten zu schreiben. (vgl.: 3. Kapitel, 3. Teil, 2. Abschnitt, 1. Unterabschnitt)

Biografie: Wenn der (auto-) biografische Text in diesem Sinne ein Leitmedium innerhalb des Konzepts »Selbst-Er-forschend Philosophieren« ist, dann ist für den zielbezogenen Unterrichtseinsatz desselben dennoch zwischen dem biografischen und dem autobiografischen Text klar zu unterschieden. Denn obwohl sich beide Textsorten ähneln, bestehen gerade in der Erzähl- bzw. Schreibperspektive substanzielle Unterschiede zwischen beiden. Die Biografie ist »[...] die individuelle Lebensge-schichte bzw. ihre Darstellung; (lit.) Erzählung eines Lebens.«[53] Sie »[...] nimmt [...] eine Zwischenstellung zwischen Geschichtsschreibung und Dichtung [...]«[54] ein, was sich mit Arendts diesbezüglichen Erkenntnissen deckt. Denn, dient biografisches Erzählen dem Erkennen und Verstehen, dann besteht aus ihrer Sicht zwischen diesem und der Dichtung eine enge Beziehung, wobei die Dichtung selbst wiederum, in enger

---

53 Schwalm, H.: *Biographie.* In: Burdorf, D. et al. (Hrsg.): *Metzler Lexikon Literatur. Begriffe und Definitionen.* 3. Auflage. Stuttgart/Weimar: Metzler 2007. S. 89.
54 Ebd. S. 89.

Verbindung zum philosophischen Denken steht. (vgl.: 3. Kapitel, 2. Teil, 6. Abschnitt) Obwohl sich die Biografie bzw. die von einem Subjekt, das nicht mit dem biografischen Objekt identisch ist, vorgenommene biografische Erzählung durch das Bemühen um eine möglichst kohärente Darstellung des »faktualen Stoffs« aus dem Leben einer Persönlichkeit, des biografischen Objekts, bemüht, also eine objektive Darstellung des Lebens einer Persönlichkeit anstrebt, ist die Grenze zwischen Biografie und Fiktion aufgrund des Kohärenzstrebens des biografischen Erzählens fließend, so Schwalm. Als ein zwischen Faktizität und Fiktion changierendes Medium ist die Biografie, vor allem die philosophisch gefärbte Biografie, sowohl in rezeptiver wie in produktiver Hinsicht insofern ein geeignetes Leitmedium innerhalb des Konzepts »Selbst-Er-forschend Philosophieren«, als dass sich in ihm die Potenziale der kohärenzbildenden Narration, der veranschaulichenden Dichtung und des analytischen philosophischen Denkens in dem epistemisch-hermeneutischen Bemühen vereinen, ein Leben objektiv darzustellen bzw. eine Persönlichkeit zu verstehen. Insofern ist die Biografie als Informationsträger in allen Arbeitsprozessen, die auf das erste Konzeptziel ausgerichtet sind ein wichtiges Medium und bezogen auf die ihr zugrunde liegende diegetische Strategie auch bei der Verfolgung des fünften Konzeptziels höchst relevant, was die Erläuterung der narrativ-hermeneutischen Methode zeigen wird.[55]

Autobiografie: Die Autobiografie ist im Gegensatz zur Biografie die von einem Subjekt vorgenommene »[...] Erzählung des eigenen Lebens oder eines größeren Teils daraus und der Geschichte der eigenen Persönlichkeit [...]«[56] Letzteres ist jedoch Arendt zufolge nicht möglich. (vgl.: 3. Kapitel, 3. Teil, 2. Abschnitt, 1. Unterabschnitt) Bei der Autobiografie macht sich ein Subjekt also selbst zum biografischen Objekt seines Erzählens. Typisch für die Autobiografie ist, dass sie »[...] eine Form der nicht-fiktionalen, rückblickenden Ich-Erzählung [ist; Zusatz S. G.], die auf die Rekonstruktion der persönlichen Entwicklung unter bestimmten historischen, sozialen und kulturellen Bedingungen zielt.«[57] Insofern ist die Autobiografie ein geeignetes Informationsmedium für Unterrichtsprozesse, die darauf abzielen, Persönlichkeit bzw. Persönlichkeitsstrukturen tief greifend zu verstehen. Daher ist sie neben der Biografie ein weiteres Leitmedium innerhalb des Konzepts »Selbst-Er-forschend Philosophieren«, das ebenfalls als Informationsmedium besonders bei der Verfolgung des ersten und dessen Diegesestrategie bei der Umsetzung des fünften Konzeptziels dienlich ist.

Philosophische, (auto-) biografische Texte: Aus dem Vorherigen geht bereits hervor, dass man bezüglich der Unterscheidung zwischen Biografie und Autobiografie auch zwischen philosophischen und nicht-philosophischen (auto-) biografischen

---

55   Vgl.: Ebd. S. 90.
56   Schwalm, H.: *Autobiographie.* In: Burdorf, D. et al. (Hrsg.): *Metzler Lexikon Literatur. Begriffe und Definitionen.* 3. Auflage. Stuttgart/Weimar: Metzler 2007. S. 57.
57   Ebd. S. 57–58.

Texten differenzieren sollte. Denn besonders die Arbeit mit philosophisch-(auto-) biografischen Texten, insbesondere »[...] die Erarbeitung von Autobiographien aus der philosophischen Tradition mit den [...] Verfahren des biographischen Philosophierens [steht; Zusatz S. G.] in Einklang und unter dem Signum der **Persönlichkeitsbildung** [Herv. S. G.] [...].«[58] Albus zufolge kann man daher gerade (auto-) biografische Texte aus der philosophischen Tradition sehr gut »[...] in der Vermittlung von verschiedenen Teildisziplinen der Philosophie nutzbar machen.«[59] Insofern eignen sich besonders philosophische (Auto-) Biografien dazu, in den Prozess des Selbst-Er-forschenden Philosophierens ggf. die tradierten Gehalte der Philosophie zu integrieren und diesem damit, über die ohnehin schon vorhandene, noch eine zusätzliche philosophische Tiefe zu geben.[60]

Wenn es im Konzept »Selbst-Er-forschend Philosophieren« um das Verständnis und die (Weiter-) Entwicklung von Persönlichkeit geht, dann ist der (auto-) biografische Text, vor allem der philosophisch gefärbte, in rezeptiver und die entsprechende diegetische Strategie in produktiver Hinsicht ein erstes zentrales Medium, das vor allem auf das erste und fünfte Konzeptziel zugeschnitten ist und daher wesentlicher Teil der phänomenologisch-analytischen, aber auch der narrativ-hermeneutischen Methode sein wird, in deren Kontext die Schülerinnen und Schüler eine (auto-) biografische Repräsentationserzählung verfassen sollen, was jedoch nachfolgend noch genauer zu erläutern ist.

2.1.2 Denktagebuch

Vor allem für die Informationsverarbeitung, aber durchaus auch für die Informationsvermittlung, ist ein weiteres Medium für das Konzept »Selbst-Er-forschend Philosophieren« zentral, nämlich das philosophische Tagebuch. Dieses ist ein textbasierter Informationsträger, bei dem als Kommunikationscode die Sprache in Schrift- bzw. Textform verwendet wird und das daher vor allem über den Sehsinn, also visuell, Informationen vermittelt und zu deren Verarbeitung beiträgt. Das philosophische Tagebuch changiert je nach Eintrag innerhalb der Kategorie »symbolisch-verbales Medium« zwischen der Gruppe der diskursiven symbolisch-verbalen und der der repräsentativ symbolisch-verbalen Medien, da es sowohl diskursive, logisch konsistente Beiträge im Sinne von Denkresultaten, als auch erfahrungsbezogene und

---

58 Albus, V.: *Methoden und Medien des autobiographischen Philosophierens*. In: ZDPE 2/2012. S. 99.

59 Ebd.

60 Dieser Weg des Philosophierens wird in der vorliegenden Ausarbeitung des Konzepts »Selbst-Er-forschend Philosophieren« allerdings nicht weiter beschrieben. Dies könnte jedoch im Rahmen späterer Modifikationen und Ergänzungen des Konzepts, die nach dessen empirischer Erprobung sicherlich notwendig werden, geschehen. (vgl.: 6. Kapitel, 2. Teil)

damit subjektiv-anschaulich Beiträge enthalten kann. Bezogen auf die bereits transformierten Konzeptziele und die entsprechend zu erarbeitenden Inhalte ist es vor allem bei der Realisierung des ersten, zweiten, dritten und fünften Konzeptziels relevant.[61]

Transformationsquelle: Arendt selbst hat von 1950 bis 1973 ein philosophisches Tagebuch geführt, das sie als »Denktagebuch« bezeichnet hat, weil es ihr vor allem als Reflexionsmedium u. a. dazu gedient hat, Phänomene genau zu erfassen, hierzu passende Begriffe zu finden und zu definieren, Ideen festzuhalten und Konzepte zu entwickeln. Arendt brauchte zum konzentrierten Nachdenken bzw. zum inneren Zwiegespräch »Inseln der Ruhe und Reflexion«[62], um sich allein auf das Denken konzentrieren bzw. die Denkdiagonale beschreiten zu können. »Ihr Denktagebuch war so eine Insel der Nachdenklichkeit; darin notierte sie einmal im Monat wichtige philosophische Gedanken. Viele davon hat sie später ausführlich in ihren Schriften und Vorlesungen verarbeitet.«[63] Insofern war das Denktagebuch für Arendt als philosophisches Reflexionsmedium besonders wichtig.

Philosophisches Tagebuch: Wenn es beim Selbst-Er-forschenden Philosophieren darum geht, über Persönlichkeit(en) nachzudenken, um diese tief greifend zu verstehen und weiterzuentwickeln, dann ist das Denktagebuch hierfür das prädestinierte Unterrichtsmedium, denn Thies zufolge »[...] dient gerade das Schreiben eines Tagebuchs der Selbstvergewisserung und Identitätsfindung.«[64] Außerdem weist Brüning darauf hin, dass »[d]as Wesentliche an einem Philosophischen Tagebuch [...] darin [besteht], dass es einen *individuellen Stil zum Ausdruck bringt*. Ein solches Tagebuch soll dazu beitragen, **eigene Sinnsetzungen zu entwickeln** [Herv. S. G.], die bestimmte philosophische Neigungen, Problempräferenzen und Ausdrucksformen enthalten.«[65] Das Denktagebuch ist also vor allem aufgrund seines Potenzials zur Sinnstiftung, jedoch auch in weiteren, eng damit verbundenen Hinsichten, ein besonders geeignetes Unterrichtsmedium für das Selbst-Er-forschende Philosophieren, denn erstens ermöglicht es sowohl das Sammeln, Sichern und Reflektieren relevanter biografischer Fakten als auch die Dokumentation und Reflexion philosophisch relevanter Erfahrungen aus der eigenen Lebenswelt (vgl.: erstes und zweites Konzeptziel), zweitens unterstützt es durch die Kultivierung des philosophischen Schreibens[66] das sprachbasierte Denken – Arendt selbst konstatiert, wie in Kapitel drei gezeigt, eine enge Verbindung zwischen Sprechen und Denken –, das der reflexiven Durchdringung der eignen Erfahrungen und der untersuchten lebensweltlichen Phänomene dient (vgl.: zweites

---

61 Vgl.: Brüning, B.: *Philosophieren in der Sekundarstufe.* S. 113–114.
62 Brüning, B.: *Hannah Arendt: »Über etwas nachdenken ...«.* In: ZDPE, 1/2017. S. 103.
63 Ebd.
64 Thies, C.: *Das Philosophische Tagebuch.* In: ZDP, 1/1990. S. 28.
65 Brüning, B.: *Philosophieren in der Sekundarstufe.* S. 101.
66 Thies bemängelt bereits 1990 zu Recht, dass das Schreiben im Philosophieunterricht trotz seiner Potenziale vernachlässigt wird. Vgl.: Thies, C.: *Das Philosophische Tagebuch.* S. 26.

Konzeptziel), drittens können in ihm sinnstiftende Narrative ersonnen und fixiert werden, die heuristische Funktion haben (vgl.: fünftes Konzeptziel) und viertens, dient es insgesamt der Förderung der individuellen sprachlichen Ausdrucksfähigkeit, die Arendt aufgrund ihres persönlichkeitserhellenden Effekts sehr am Herzen lag und die gemäß der Prinzipien und Ziele des Konzepts »Selbst-Er-forschend Philosophieren« explizit zu fördern ist. Außerdem ermöglicht das Denktagebuch fünftens, den Brückenschlag zwischen individuellem philosophischen Denken und den tradierten Gehalten der Philosophie, denn in ihm verbindet sich das »Subjektiv-Besondere« mit dem »Objektiv-Allgemeinen«; im Denktagebuch können also z. B. »Gedankensplitter [...] mit herkömmlichen philosophischen Begriffen kombiniert und an philosophischen Theorien abgearbeitet [werden]. Dabei wird das Individuelle zum Allgemein-Abstrakten in Beziehung gesetzt.«[67] Somit dient das Denktagebuch auch dazu, das von Arendt praktizierte Perlentauchen umzusetzen, gemeint ist die neue Denkwege eröffnende Verbindung von Gehalten der philosophischen Tradition mit dem gegenwarts- und phänomenbezogen philosophischen Denken, also das kreative Neudurchdenken tradierter philosophischer Gehalte. Das Denktagebuch ist also auch das Medium, mit dem und in dem auf persönliche Erfahrungen bezogene philosophische Gehalte zum Zweck der »[...] reflexiven Selbstvergewisserung und Identitätsfindung [...]«[68] verarbeitet werden können und in dem die entsprechenden Denkresultate festgehalten werden können, um Ausgangspunkt für weitere Reflexionen und Sinnerzeugungen zu sein. Zudem, dies hebt Pfister hervor, hat es eine quasi synoptische Funktion, was es für den Einsatz im Rahmen des Konzepts »Selbst-Er-forschend Philosophieren« zusätzlich attraktiv macht.[69]

Ähnlich wie schon im Kontext der Erläuterung der Verlaufsform des Selbst-Er-forschenden Philosophierens muss an dieser Stelle erstens zur Arbeit mit dem Denktagebuch angemerkt werden, dass »[o]hne die eigenständige Mitwirkung der Schüler [...] bei dieser Arbeitsform gar nichts [läuft]!«[70] Zweites ist darauf hinzuweisen, dass das Denktagebuch analog, also z. B. als Kladde, oder digital, z. B. als Word-Dokument auf dem PC, Notebook oder Tablet, geführt werden kann. Letzteres erhöht vielleicht die Attraktivität dieses Mediums und damit die Bereitschaft auf Seiten der Schülerinnen und Schüler, mit diesem Medium intensiv zu arbeiten.

Da die Arbeit mit dem Denktagebuch sehr stark die persönlichen Erfahrungen der

---

67 Brüning, B.: *Hannah Arendt*. S. 104.

68 Pfister, J.: *Schreiben*. In: Pfister, J. und Zimmermann, P. (Hrsg.): *Neues Handbuch des Philosophieunterrichts*. Bern: Haupt 2016. S. 278.

69 Vgl.: Ebd. S. 279; Thies, C.: *Das Philosophische Tagebuch*. S. 26; Torkler, R.: *Verstehen-lernen mit Hannah Arendt. Perlentaucher und »living-room« als Denkfiguren einer didaktisch transformierten Hermeneutik*. In: Münstersches Informations- und Archivsystem multimedialer Inhalte (MIAMI). https://core.ac.uk/download/pdf/56475711.pdf (28. 02. 2018). S. 4–6.

70 Thies, C.: *Das Philosophische Tagebuch*. S. 28.

Schülerinnen und Schüler in den Prozess des Philosophierens einbindet und zudem ganz wesentlich ihr Selbstdenken fördert, entspricht es besonders dem für das Selbst-Er-forschende Philosophieren konstitutiven Prinzip »Subjektorientierung« und zudem dem Denkprinzip »Souveränität«. Wie sich noch zeigen wird, spielt das Denktagebuch als derart verstandenes Reflexionsmedium vor allem im Kontext der Realisierung des ersten, zweiten, dritten und fünften Konzeptziels eine besondere Rolle, weil es Teil der narrativ-hermenutischen und kritisch-kontemplativen Methode ist, die wesentlich auf diese Ziele ausgerichtet sind. Das Denktagebuch wird aber auch im Zusammenhang der anderen Methoden verwendet, was nachfolgend noch genauer erläutert wird.

2.1.3 Themenzentriertes Schülergespräch

Das für das Konzept »Selbst-Er-forschend Philosophieren« dritte zentrale Medium dient sowohl der Informationsvermittlung als auch der Informationsverarbeitung. Es ist wesentlich sprachbasiert, weswegen der zentrale Kommunikationscode die gesprochene Sprache ist. Folglich werden alle Informationen auditiv vermittelt und verarbeitet. Gemeint ist das themenzentrierte Schülergespräch, das vor allem der Kategorie »interaktive Medien« zuzuordnen ist. Als Leitmedium ist es besonders bezogen auf das vierte Konzeptziel, aber auch bezogen auf das erste und in Teilen auch bezogen auf das fünfte Konzeptziel relevant.

Transformationsquelle: Das gemeinsame Gespräch ist für Arendt zuallererst und vor allem persönlich immer besonders bedeutsam gewesen. In ihrem Wohnzimmer, ihrem living room, hat sie sich beispielsweise regelmäßig mit Freunden und Bekannten – dem Stamm – getroffen, um in entspannter Atmosphäre zu diskutieren und zu reflektieren. Der living room als »lebendiger Raum« des gemeinsamen Gesprächs bedeutet für Arendt im übertragenen Sinn aber auch das Gespräch mit den großen Denkern der Tradition. Arendts Denken ist also wesentlich dialogisch geprägt und gleicht daher einem Wohnzimmer, so ihr Doktorvater Jaspers. Daher überrascht es nicht, wenn das Gespräch auch in Arendts existenziell-performativer Hermeneutik von zentraler Bedeutung ist. Denn sprechend offenbart der Mensch anderen Menschen seine Persönlichkeit, so Arendt. Das gemeinsame Gespräch bzw. das Miteinander-sprechen hat, wie im dritten Kapitel gezeigt, daher im Rahmen von Arendts existen-ziell-performativer Hermeneutik sowohl eine persönlichkeitsbildende als auch eine epistemisch-hermeneutische Funktion. Sei es beim Denken, also im inneren Zwiegespräch mit sich selbst, im öffentlichen, themenbezogen und handlungsvorbe-reitenden sowie -reflektierenden Gespräch mit anderen Menschen, beim Erzählen von (Lebens-) Geschichten oder beim Urteilen als virtuelles Gespräch mit anderen Menschen, in allen drei Prozessen der existenziell-performativen Hermeneutik spielt das Miteinandersprechen eine zentrale Rolle, was insofern nicht überrascht, als dass es essenziell an das Faktum »Pluralität« gebunden ist. Die Pluralität selbst bzw. »[...] der Begriff der Pluralität [bildet wiederum; Zusatz S. G.] den zentralen Dreh- und Angelpunkt von Arendts politischen Denken; Pluralität ist für sie in allen politischen Begriffen auf eine unhintergehbare Weise mitgedacht [...]«[71] und muss daher entsprechend berücksichtigt werden.[72]

Themenzentriertes Schülergespräch: Um der Bedeutung gerecht zu werden, die das gemeinsame Gespräch für Arendt in persönlicher wie theoretischer Hinsicht hatte, vor allem aber aufgrund seines fachlichen Potenzials zur Erreichung der ausgewiesenen Konzeptziele, muss diesem als Leitmedium zur Erschließung von Persönlichkeitsstrukturen im Konzept »Selbst-Er-forschend Philosophieren« ein entsprechender Stellenwert eingeräumt werden. Die wesentlichen Aspekte des Miteinandersprechens, beispielsweise Anschaulichkeit, Authentizität, Diskursivität und Wahrheits- sowie Lebensweltbezug, finden sich fast durchgehend in dem von Pfeifer beschriebenen themenzentrierten Schülergespräch wieder, weswegen dieses quasi als Transformation des Miteinandersprechens im living room in ein unterrichtspraktisches Medium angesehen werden kann. Denn Pfeifer zufolge ...

> [greift] [b]eim themenzentrierten Schülergespräch [...] die Lehrperson ganz explizit auf die Erfahrungen, das Vorwissen oder die Phantasien der Schüler zurück. Sie werden vergleichsweise ausführlich und präzise verbalisiert und problemorientiert analysiert. Das Bewusstmachen eigener Erfahrungen und ihre weitere Reflexion sind allgemeine Zielmarken dieser Gesprächsform.[73]

Besonders wichtig ist beim themenzentrierten Schülergespräch, das sich Pfeifer zufolge in vier Prozessschritte untergliedern lässt, auf die noch einzugehen ist, dass sich der Lehrer bzw. die Lehrerin weitestgehend zurückhält und sich nur impulsgebend einmischt. Beim themen- bzw. problembezogenen Schülergespräch, verstanden als »[...] philosophische[s] Bildungsgespräch[,] werden Lehrer wie Schüler *Teil eines gemeinsamen Kommunikationsgeschehens* und eines sozialen Verhältnisses, indem sie sich in den »Sog eines Problems« begeben.«[74] Bezogen auf das übergreifende Ziel des Konzepts »Selbst-Er-forschend Philosophieren« ist das themenzentrierte Schülergespräch insofern besonders geeignet, als dass es diese Gesprächsform möglich macht, problem- und erfahrungsbezogen, kontextsensitiv und gleichzeitig analytisch tief

---

71 Torkler, R.: *Die Menschen, die Politik und das Böse. Pluralität als menschliche Seinsweise im Denken Hannah Arendts.* In: ZDPE, 1/2017. S. 8.

72 Vgl.: Steenblock, V.: *Der lebendige Raum der Didaktik und er »Sinn« des Philosophieunterrichts.* In: ZDPE, 4/2016. S. 63–64; Torkler, R.: *Verstehen-lernen mit Hannah Arendt.* S. 6–7.

73 Pfeifer, V.: *Didaktik des Ethikunterrichts. Bausteine einer integrativen Wertevermittlung.* 3. Auflage. Stuttgart: Kohlhammer 2013. S. 129.

74 Steenblock, V.: *Der lebendige Raum der Didaktik.* S. 65.

greifend zu Philosophieren, was wiederum dann notwendig ist, wenn es darum geht, eine fremde oder die eigene Persönlichkeit bzw. Persönlichkeitsstruktur zu verstehen, aber ganz besonders dann, wenn das Ziel auch in der (Weiter-) Entwicklung der Persönlichkeit besteht. Denn hierzu müssen die zu einem Selbstbild geronnenen Erfahrungen, Einstellungen, Vorurteile etc. und die den, mit dem Selbstbild eng verbundenen, Lebensplan strukturierenden Wünsche und Volitionen nicht nur erkannt und analysiert, sondern ggf. auch modifiziert, ergänzt oder ersetzt werden.[75]

Das themenbezogene Schülergespräch ist also das dritte zentrale Medium innerhalb des Konzepts »Selbst-Erforschend-Philosophieren« und als solches ist es vor allem ein elementarer Bestandteil sowohl der phänomenologisch-analytischen als auch der dialektisch-dialogischen Methode, da die erstgenannte Methode vor allem auf das erste Konzeptziel und die zweitgenannte Methode auf das vierte Konzeptziel ausgerichtet ist, was jedoch ebenfalls noch zu zeigen ist. Es spielt aber, verstanden als inneres themenbezogenes Zwiegespräch auch im Rahmen der kritisch-kontemplativen Methode eine besondere Rolle.

Bevor nun die philosophischen Unterrichtsmethoden des Konzepts dargestellt werden, ist noch darauf hinzuweisen, dass die philosophischen bzw. nicht-philosophischen (auto-) biografischen Texte, das Denktagebuch und das themenzentrierte Schülergespräch nicht die einzigen Medien sind, die im Rahmen des Konzepts »Selbst-Er-forschend Philosophieren« zum Einsatz kommen, aber sie sind aus den zuvor genannten Gründen als die primären Medien des Konzepts anzusehen.

2.2 Philosophische Unterrichtsmethoden

Wie bereits mehrfach betont, ist der wesentliche Bestandteil einer philosophischen Unterrichtsmethode die spezifisch philosophische Arbeitsform, die durch die Kombination mit der geeignetsten Sozialform, der geeignetsten allgemeinen Unterrichtsmethode und dem geeignetsten Medium bezogen auf ein konkretes Unterrichtsziel und einen zu erarbeitenden Inhalt unterrichtspraktisch anwendbar wird. Die spezifischen philosophischen Arbeitsformen, hierüber besteht, wie im ersten Kapitel gezeigt, weitestgehender Konsens in der Philosophiefachdidaktik, können aus den Denkrichtungen der Philosophie oder, wie im Rahmen des Konzepts »Selbst-Erforschend Philosophieren«, aus der existenziell-performativen Hermeneutik Arendts transformiert werden. (vgl.: 1. Kapitel, 3. Teil, 2. und 3. Abschnitt)

Anzumerken ist diesbezüglich, dass die philosophischen Arbeitsformen zwar durch Transformation aus Arendts existenziell-performativer Hermeneutik gewonnen

---

75 Vgl.: Pfeifer, V.: *Didaktik des Ethikunterrichts.* S. 129.

werden, dass sich die Methodenkonkretion, also die Kombination der jeweiligen Arbeitsform mit den anderen fünf notwendigen Methodenkomponenten jedoch explizit an Martens Überlegungen zur Methodengenese orientiert.[76]

Transformationsquellen: Als Quellen für die Transformation der für das Konzept notwendigen spezifisch philosophischen Arbeitsformen kommen vor allem die folgenden Elemente der existenziell-performativen Hermeneutik in Betracht: Arendts Erkenntnisse zur Persönlichkeitsbildung durch das je individuelle Denken, Sprechen und Handeln, letzteres insbesondere in Grenzsituationen. Die Bedeutung des öffentlichen Raumes für die Persönlichkeitserkenntnis und -bildung sowie die Charakterisierung der funktionalen Rollen, die in diesem Raum von den Menschen eingenommen werden können. Damit eng verbunden, die Charakterisierung des Sprechens, Handelns und Denkens, insbesondere des Denkens als Reflektieren und Urteilen und des Sprechens als gemeinsames Diskutieren und Erzählen.

Das Ergebnis der Transformation aus diesen Quellen sind vier spezifisch philosophische Arbeitsformen, dargestellt in der nachfolgenden Übersicht (siehe Abbildung 11: *spezifisch philosophische Arbeitsformen*), die zum einen bestimmte Sozialformen und Medien notwendig machen und zum anderen mit bestimmten allgemeinen Unterrichtsmethoden kombiniert werden und auf bestimmte Ziele und Inhalte ausgerichtet sein müssen, wenn sie im Philosophieunterricht bzw. im Rahmen des Konzepts »Selbst-Er-forschend Philosophieren« eingesetzt werden sollen.

Es sei an dieser Stelle noch angemerkt, dass sich alle vier Arbeitsformen sicherlich nicht exklusiv (!) aus Arendts existenziell-performativer Hermeneutik sowie ihrem individuellen Denken und Arbeiten transformieren lassen.

Zu beachten ist bezüglich der vier transformierten spezifisch philosophischen Arbeitsformen, dass sich aus der hermeneutischen Narration zwei philosophische Unterrichtsmethoden entwickeln lassen.

epistemisches Ziel	philosophische Arbeitsform	Tätigkeit
Erfahren/Erkennen/Wissen	„phänomenologische Analyse"	Beobachten, Analysieren
Erkennen/Verstehen/Darstellen	„kontemplativ-kritische Reflexion"	Analysieren, Urteilen
	„hermeneutische Narration"	Erzählen, Berichten, Verstehen
	„dialektische Erörterung"	Diskutieren/Erörtern

Abbildung 11: *spezifisch philosophische Arbeitsformen*

76 Vgl.: Martens, E.: *Methodik des Ethik- und Philosophieunterrichts. Philosophieren als elementare Kulturtechnik.* Hannover: Siebert 2003. S. 96.

Die sich aus diesen Arbeitsformen ergebenden fünf philosophischen Unterrichtsmethoden können vor allem aufgrund ihrer Zielpassgenauigkeit den einzelnen Phasen des Selbst-Er-forschenden Philosophierens begründet zugeordnet werden, womit der zuvor eingegangenen Verpflichtung nachgekommen wird, die darin bestand, zu zeigen, wie in den einzelnen Phasen des Selbst-Er-forschenden Philosophierens ganz konkret philosophiert wird.

Phasenzuordnung: Als Orientierung für die Methodenzuordnung kann die nachfolgende Übersicht (siehe Abbildung 12: *Methoden-Phasen-Zuordnung*) dienen, aus der bereits hervorgeht, dass selten nur eine, sondern meistens mehrere Methoden in der jeweiligen Phase des Selbst-Er-forschenden Philosophierens dazu eingesetzt werden müssen, um das Erreichen der Konzeptziele wahrscheinlich zu machen. Hiervon sind besonders die Kernphasen des Selbst-Er-forschenden Philosophierens, also die Phänomenerkundung, die Problemkonsolidierung und der Erkenntnistransfer betroffen. Dies dürfte insofern nicht überraschen, als dass sich Arendts eigenes Philosophieren, aus dem die den Methoden inhärenten Arbeitsformen transformiert wurden, ebenfalls methodenpluralistisch war. Mit diesem Methodenpluralismus findet vor allem in den Kernphasen des Selbst-Er-forschenden Philosophierens eine Methodentriangulation statt, die der durch das Martens'sche Methodenparadigma geforderten Methodenintegration, aber auch den diesem entsprechenden Forderungen von Rohbeck und Steenblock entspricht.[77]

Obwohl die entwickelten fünf philosophischen Methoden des Selbst-Er-forschenden Philosophierens zeigen, wie dieses konkret vollzogen werden soll, kann an dieser Stelle nicht gezeigt werden, wie der Vollzug des Selbst-Er-forschenden Philosophieren ganz konkret aussieht. Die konkrete Umsetzung des Konzepts hängt nämlich von den jeweiligen schulischen Rahmenbedingungen (bspw. Zusammensetzung der Lerngruppe, örtliche Besonderheiten, Zeitressourcen etc.) ab, die möglicherweise z. B. Modifikationen am Verlauf oder beim Methodeneinsatz notwendig machen. Im abschließenden sechsten Kapitel werden jedoch ein paar Hinweise und Hilfsmittel zur ganz konkreten Umsetzung des Konzepts angegeben. (vgl.: 6. Kapitel, 3. Teil, 2. Abschnitt)

---

77 Vgl.: Ebd. S. 54–58; Rohbeck, J.: *Didaktik der Philosophie und Ethik.* 3. Auflage, Dresden: Thelem 2013. S. 73, 75; Steenblock, V.: *Philosophische Bildung. Einführung in die Philosophiedidaktik und Handbuch: Praktische Philosophie.* 7. Auflage. Münster: Lit 2013 (= *Münsteraner Einführungen – Münsteraner Philosophische Arbeitsbücher*, Bd. 1). S. 141.

Methoden-Phasen-Zuordnung

Methoden: **Phase:**

1. phänomenologisch-analytische Methode
2. diskursiv-dialektische Methode   **1. Problemetablierung**

1. phänomenologisch-analytische Methode
2. kontemplativ-kritische Methode   **2. Phänomenexploration**
3. narrativ-hermeneutische Methode   **3. Problemkonsolidierung**
4. narrativ-performative Methode   **4. Erkenntnistransfer**
5. diskursiv-dialetische Methode

- diskursiv-dialetische Methode   **5. Prozessreflexion**

Abbildung 12: *Methoden-Phasen-Zuordnung*

Nachfolgend werden nun die einzelnen philosophischen Unterrichtsmethoden erläutert, und zwar jeweils, indem zuerst die Kernkomponenten der Methode übersichtlich dargestellt werden, woran sich dann die Explikation der jeweiligen spezifisch philosophischen Arbeitsform anschließt, so dass hierauf folgend das Grundmuster der philosophischen Unterrichtsmethode erläutert werden kann, was es schließlich möglich macht, die Methode phasenbezogen konkretisiert darzustellen.

2.2.1 Phänomenologisch-analytische Methode

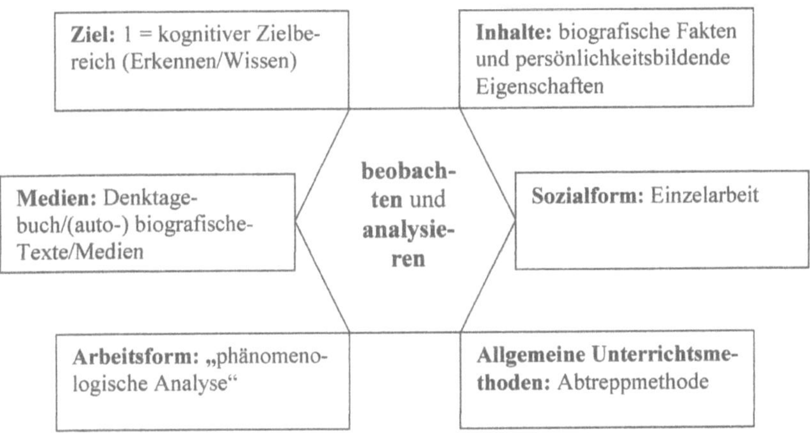

Abbildung 13: *Komponenten der phänomenologisch-analytischen Methode*

Die vorangestellte Übersicht stellt die Kernkomponenten dar, aus denen sich die phänomenologisch-analytische Methode zusammensetzt. Wie bereits erläutert, erhält die phänomenologisch-analytische Methode ihre philosophische Färbung durch die spezifisch philosophische Arbeitsform »phänomenologische Analyse«, die daher die zentrale Teilkomponente der Methode ist.

Transformierte Arbeitsform: Die »phänomenologische Analyse« lässt sich als spezifisch philosophische Arbeitsform aus dem von Arendt im Rahmen ihrer existenziell-performativen Hermeneutik angenommenen Primat der Erscheinungen und ihren damit verbundenen theoretischen und methodischen Konzepten transformieren. Diese sind vor allem ihre Handlungstheorie und ihr damit eng verbundenes Konzept des öffentlichen Raumes, der neben den Handelnden ganz wesentlich auch durch die Zuschauer bzw. Beobachter bevölkert wird. Letztere sind für Arendt gerade in theoretischer Hinsicht besonders wichtig, da dem Primat der Erscheinungen zufolge allein das, was erscheint und von Menschen wahrgenommen wird, wirklich ist. Folglich sind die Phänomene, hier nicht im Husserl'schen Sinne verstanden als Bewusstseinsgegebenheiten bzw. intentionale Gegenstände des Bewusstseins, sondern als konkrete Erscheinungsweisen von Dingen und Menschen in der Welt der epistemische Ausgangs- bzw. Zugriffspunkt beispielsweise der im dritten Kapitel erläuterten phänomenologisch-hermeneutische Tätigkeiten, dem Beobachten, Denken, Urteilen,

Erzählen und Verstehen und folglich auch der aus dem Beobachten und Denken transformierten Arbeitsform »phänomenologische Analyse«. Neben dem Erscheinungsprimat ist für die konkrete Transformation der »phänomenologischen Analyse« außerdem die in den Fakta »Weltlichkeit« und »Pluralität« aufgehobene Annahme Arendts entscheidend, wonach Menschen sich auf der Erde eine gemeinsame Welt bzw. eine Heimat schaffen, indem sie innerhalb der natürlichen Umwelt eine künstliche Dingewelt herstellen und eine zwischenmenschliche Mitwelt durch Handeln und Sprechen hervorbringen. Weiterhin relevant für die Transformation ist Arendts Annahme, dass sich diese Welten dadurch auszeichnen, dass sie selbst, aber auch die in ihnen enthaltenden Entitäten, vielfältig in Erscheinung treten. Außerdem nimmt Arendt wie im zweiten und dritten Kapitel gezeigt auch an, dass der Mensch für sich genommen eine Welt ist. Hieraus folgt die für die Transformation der »phänomenologischen Analyse« weitere wichtige Annahme Arendts, dass sich der Mensch in einer Kombination aus Introspektion und Welterfahrung erkennt. Beides, also sowohl die Introspektion als auch die Welterfahrung setzt nämlich als zentrale philosophische Tätigkeiten das Beobachten und das Analysieren voraus, weswegen diese Tätigkeiten die zentralen Arbeitsschritte innerhalb der phänomenologischen Analyse ausmachen. Welterfahrung entsteht vor allem durch Handeln und Sprechen, aber eben auch durch das Beobachten des Handelns und Sprechens anderer Menschen ebenso wie des eigenen Handelns und Sprechens und darüber hinaus auch durch das Beobachten all der Entitäten, die Teil der gemeinsamen Menschenwelt sind. Introspektion wiederum ist der durch Selbstbeobachtung gewonnene Zugang zu sich selbst, der prägende Erfahrungen, Überzeugungen, Wünsche, Absichten etc. freilegt. Hierbei spielt, wie ebenfalls bereits gezeigt, für Arendt gerade auch das Erinnern eine wichtige Rolle. Die so gewonnenen konkreten bzw. sinnlichen Beobachtungsdaten werden dann, wie ebenfalls im dritten Kapitel dargelegt, durch die für das reflexive Denken typische entsinnlichende Abstraktion zu Denkgegenständen (Begriffe, Ideen oder Kategorien) aufbereitet, was eine weitere, jedoch auf abstrakteren Niveau stattfindende Arbeit mit diesen Daten ermöglicht. Für die Transformation der »phänomenologischen Analyse« ist an dieser Stelle jedoch wichtig, dass das Sein des Menschen von Arendt immer und zuvorderst vom einzelnen Menschen her, von seinem Handeln und seinen damit verbundenden konkreten Erfahrungen in der Welt aus analysiert wird, was für sie ein stark phänomenologisch-analytisches Arbeiten notwendig macht.[78]

Das Ziel der »phänomenologischen Analyse« als philosophischer Arbeitsform besteht folglich darin, konkrete Phänomenerfahrungen zu Denkgegenständen aufzubereiten, mit denen abstrakt-kognitiv, also durch das Denken, umgegangen werden kann, um z. B. Erkenntnisse über die Persönlichkeit eines Menschen zu

---

78 Vgl.: Danner, H.: *Methoden geisteswissenschaftlicher Pädagogik. Einführung in die Hermeneutik, Phänomenologie und Dialektik.* 5. Auflage. München/Basel: Reinhardt 2006. S. 118.

gewinnen und diese verstehen zu können. Die Denkbewegung der phänomenologischen Analyse ist daher der Weg vom Konkreten zum Abstrakten.

Diese Denkbewegung wird realisiert, indem drei Arbeitsschritte umgesetzt werden. Deren erster das genaue »Beobachten« ist, weswegen sich der erste Arbeitsschritt durch eine hohe Wirklichkeitssensitivität auszeichnet. Beim ersten Arbeitsschritt geht es darum, möglichst vielfältige und genaue Beobachtungsdaten, d. h. empirisch-sinnliche Daten über das zu untersuchende Phänomen zu gewinnen. Als Untersuchungsphänomene ergeben sich aus Arendts existenziell-performativer Hermeneutik beispielsweise Personen, deren Tätigkeiten (vgl. Arbeiten, Herstellen, Handeln), insbesondere deren Handlungen und die hieraus folgenden Ereignisse im Sinne eines beobachtbaren Geschehens. Als Beobachtungsgegenstände kommen aber auch Erfahrungen, Erinnerungen etc. in Frage. Hierzu muss sich die nach außen gerichtete Beobachtung jedoch nach innen wenden und zur Introspektion werden. In diesem Fall nähert sich die »phänomenologische Analyse« dann auch einem der Husserl'schen Phänomenologie ähnlichen Phänomenbegriff an. Mit dem »Beobachten« eng einher geht auch der zweite Arbeitsschritt, das »Erfassen und Beschreiben« der wesentlichen Eigenschaften des beobachteten Phänomens, was eine genaue Analyse desselben und ein entsprechendes Vokabular bzw. eine präzise Sprache notwendig macht. Sind die wesentlichen Eigenschaften des beobachteten Phänomens erfasst, folgt als letzter Arbeitsschritt das »Definieren und Kategorisieren« des beobachteten Phänomens. Dieser letzte Schritt ist sicherlich derjenige, der am eindeutigsten von analytischen Arbeitstechniken wie beispielsweise dem Aufstellen von intensionalen und extensionalen Definitionen oder der Definition über Gattung und Artunterschied sowie dem Etablieren von geeigneten (ontologischen) Kategorien als »Einteilungsbegriffe« zur abstrakten Beschreibung und Klassifikation des untersuchten Phänomens geprägt ist. Insofern erfordert der dritte Arbeitsschritt ein Philosophieren auf einem besonders hohen abstrakten Niveau.[79]

Da die aus den zuvor beschriebenen drei Arbeitsschritten bestehende »phänomenologische Analyse« aus wesentlichen Annahmen und Elementen von Arendts existenziell-performativer Hermeneutik transformiert wurde, weist sie einige typische Merkmale des Arendt'schen Denkens auf, wie das der Wirklichkeitssensitivität, der Perspektivität und Problemorientierung sowie das der Analytizität.

Wird die »phänomenologische Analyse« als philosophische Arbeitsform angewendet, nimmt der mit ihr Philosophierende, gemäß Arendts existenziell-performativer Hermeneutik, die Rolle des weltzugewandten Zuschauers bzw. Beobachters und damit eine epistemische Einstellung ein, die zu einem epistemischen Selbstver-

---

79 Vgl.: Meixner, U.: *Einführung in die Ontologie.* 2. Auflage. Darmstadt: WBG 2011 (= *Einführung Philosophie*). S. 18–21.

hältnis werden kann, wenn das Objekt der Beobachtung und Analyse der Philosophierende selbst ist.

Phänomenologisch-analytische Methode: Die transformierte Arbeitsform »phänomenologische Analyse« bildet den philosophischen Kern der für das Konzept »Selbst-Er-forschend Philosophieren« konstitutiven phänomenologisch-analytischen Methode. Das Ziel dieser Unterrichtsmethode besteht darin, die konkreten Erscheinungsweisen einer Persönlichkeit hinsichtlich der über ihre Persönlichkeit aufschlussgebenden biografischen Fakten zu analysieren und diese Fakten so aufzubereiten, dass sie als Datengrundlage für den weiteren Prozess des Selbst-Er-forschenden Philosophierens zur Verfügung stehen. Der phänomenologisch-analytischen Methode liegen dabei die Annahmen zugrunde, dass die Persönlichkeit eines Menschen vor allem durch ihr Handeln und Sprechen für andere Menschen erkennbar ist, weil aus dem Handeln und Sprechen eines Menschen Rückschlüsse auf dessen persönlichkeitsbildende Eigenschaften gezogen werden können, die wiederum das Verständnis der Persönlichkeit und ihres Handelns z. B. in Grenzsituationen ermöglichen. Mit der phänomenologisch-analytischen Methode sollen also von den Schülerinnen und Schülern die persönlichkeitsbildenden Eigenschaften eines Menschen erarbeitet werden, die in der Regel die zentralen Beweggründe für ihr Handeln darstellen. Insofern bewegt sich das durch diese Methode strukturierte Denken von den konkreten, vielfältigen Erscheinungen der Persönlichkeit eines Menschen hin zu den durch Abstraktion von diesen gewonnenen persönlichkeitsbildenden Eigenschaften desselben. Die phänomenologisch-analytische Methode korrespondiert daher vor allem mit dem übergreifenden Konzeptprinzip »Subjektorientierung«, da durch sie ein starker Erfahrungs- und Lebensweltbezug hergestellt wird. Da es diesbezüglich im Kontext der Methode auch darum geht, begrifflich gefasste, wahre biografische Fakten zu ermitteln, besteht ebenfalls eine Korrespondenz mit dem übergreifenden Konzeptprinzip »Wahrheitsbezug« und dem Denkprinzip »Souveränität«.

Die phänomenologisch-analytische Methode besteht grundsätzlich aus drei Arbeitschritten, die sich vor allem aus der ihr als spezifisch philosophischer Arbeitsform inhärenten »phänomenologische Analyse« ergeben. So besteht der erste Schritt in der »Beobachtung«, der zweite in der »Analyse« und der dritte in der genauen, jedoch abstrakteren »Beschreibung« des zu untersuchenden Phänomens, welches im Kontext des Selbst-Er-forschenden Philosophierens primär die Persönlichkeit eines Menschen ist. Die konkrete Struktur der phänomenologisch-analytischen Methode ergibt sich aus der Kombination der Arbeitsschritte der »phänomenologischen Analyse« mit der Abtreppmethode, einer allgemeinen Unterrichtsmethode, die dazu dient, die Kerninformationen von Texten schrittweise abstrahierend zu ermitteln.[80]

---

80 Vgl.: Mattes, W.: *Methoden für den Unterricht.* S. 142–143.

1. Arbeitsschritt: Für den ersten Arbeitsschritt der Methode ist zuerst wichtig zu bemerken, dass es für die Beobachtung einen Unterschied macht, wessen Handeln und Sprechen zwecks Erkenntnis und Verständnis der Persönlichkeit im Fokus der Beobachtung steht. So handelt es sich um eine Fremd-Beobachtung, wenn eine andere Persönlichkeit untersucht wird, jedoch um eine Selbst-Beobachtung, wenn biografische Fakten über die eigene Persönlichkeit eruiert werden sollen. Da die Selbst-Beobachtung also auch den Blick nach Innen wendet, hat sie starke Familienähnlichkeiten mit der Introspektion. Beobachtet werden soll dennoch, wie bereits festgestellt, eigentlich im Allgemeinen das Handeln und Sprechen der zu untersuchenden Persönlichkeit und im Besonderen das Handeln derselben in Grenzsituationen. Da die Schülerinnen und Schüler jedoch in der Regel das Handeln und Sprechen nicht ständig und vor allem nicht in stark persönlichkeitserschließenden Grenzsituationen beobachten können, muss von einer direkten Beobachtung abgesehen und auf eine indirekte Beobachtung ausgewichen werden. Das bedeutet, dass die Schülerinnen und Schüler vor allem biografische Artefakte, insbesondere biografische Medien wie Fotos, Briefe etc. und von diesen bevorzugt, im Fall von Personen des öffentlichen Lebens, autobiografische oder biografische Texte in den Blick nehmen müssen, die Aufschluss über das Handeln der ausgesuchten Persönlichkeit in einer bestimmten Grenzsituation geben. Dass es sich gerade bei biografischen Texten um die Produkte der Beobachtungen Dritter und damit um bereits gefilterte Informationen handelt, ist grundsätzlich nicht problematisch, sollte aber von den Schülerinnen und Schülern mit bedacht und ggf. problematisiert werden. Nehmen die Schülerinnen und Schüler einen (auto-) biografischen Text in den Blick, dann sollten Sie in einem ersten Schritt in demselben alle Textstellen, die wichtige biografische Fakten enthalten, markieren, um diese dann einer genaueren Analyse zu unterziehen.

2. Arbeitsschritt: Die Analyse der markierten Textstellen stellt folglich den zweiten, wichtigen Arbeitsschritt innerhalb der phänomenologisch-analytischen Methode dar. Hierbei geht es darum, dass die Schülerinnen und Schüler in den zuvor markierten Textstellen persönlichkeitsbildende Eigenschaften indizierende Wörter, Phrasen, Erklärungen/Erläuterungen etc. finden und diese in einem weiteren Schritt begrifflich genau erfassen. Dies erfordert eine sehr genaue, kontextsensitive und gewissenhafte Analyse, um zu vermeiden, dass falsche Fakten in den Blick genommen werden und falsche abstrahierende Schlüsse gezogen werden (vgl.: Denkprinzip »Wahrheitsorientierung«). Arbeiten die Schüler entsprechend diesbezüglich noch genauer zu bestimmenden Kriterien, gewinnen sie aus konkreten Auskünften bzw. Fakten über das Leben eines Menschen erste abstraktere Fakten über dessen Persönlichkeit in Form der identifizierten persönlichkeitsbildenden Eigenschaften. Die sich möglicherweise ergebende Vielzahl an derartigen Fakten muss geordnet werden. Daher legen die Schülerinnen und Schüler in einem weiteren Schritt eine Tabelle an, in die die begrifflich gefassten persönlichkeitsbildenden Eigenschaften eingeordnet und somit kategorisiert werden. Hier kann z. B. zwischen Wünschen, Zielen, Überzeugungen etc. unterschieden werden. Die Schülerinnen und Schüler müssen allerdings, falls erforderlich, auch neue Kategorien bilden. (vgl.: Denkprinzip »Souveränität«). Die begrifflich gefassten und kategorisierten persönlichkeitsbildenden Eigenschaften sind dann das Datenmaterial, das notwendig vorliegen muss, um weiter Selbst-Er-forschend philosophieren zu können. Daher sollten gerade diese Daten im Denktagebuch notiert werden, um für den weiteren Selbst-Er-forschungs-Prozess jederzeit zur Verfügung zu stehen.

3. Arbeitsschritt: Ausgehend von den durch die Analyse gewonnenen abstrakteren biografischen Fakten über eine Persönlichkeit, den ermittelten persönlichkeitsbildenden Eigenschaften, geht es im letzten Arbeitsschritt der phänomenologisch-analytischen Methode dann darum, die Persönlichkeit auf einem abstrakteren Niveau zu beschreiben. Dazu sollen die Schülerinnen und Schüler mithilfe der gewonnen Fakten einen neuen biografischen Text erstellen, indem sie eine Personenbeschreibung der Persönlichkeit mithilfe der ermittelten persönlichkeitsbildenden Eigenschaften verfassen. Beim Verfassen derselben können sie sich an den Vorgaben für eine Personenbeschreibung, die sie beispielsweise aus dem Deutschunterricht kennen müssten, orientieren. Die verfasste Beschreibung sollte zur weiteren Verwendung ebenfalls im Denktagebuch stehen.

Das zuvor beschriebene dreischrittige Vorgehen, dass die phänomenologisch-analytische Methode vorgibt, zeigt hoffentlich deutlich auf, wie schrittweise, also Stufe für Stufe, konkrete Daten zu immer abstrakteren phänomenbezogenen Daten verarbeitet werden. Damit dieses Verfahren allerdings erfolgreich angewandt werden kann, benötigen die Schülerinnen und Schüler u. a. einen Lehr-Lernraum, in dem sie vor allem ungestört arbeiten, d. h. beobachten bzw. recherchieren, denken und schreiben können.

Phasenbezogene Modifikation: Die phänomenologisch-analytische Methode kommt im Prozess des Selbst-Er-forschenden Philosophierens in der Phase der Problemetablierung, der Phänomenexploration und in der Phase des Erkenntnistransfers zur Anwendung. Für die Phase der Phänomenexploration sind keine Modifikationen der Methode notwendig.

Für die Phase der Problemetablierung ist dagegen zu beachten, dass die Schülerinnen hier zunächst selbstbezogen philosophieren, d. h. eigene existenzielle Erfahrungen benennen und hinsichtlich darin zum Ausdruck kommender persönlichkeitsrelevanter Probleme analysieren und von diesen ausgehend wiederum ein gemeinsam in den Blick zu nehmendes existenzielles Problem festlegen. Im Prinzip kann hier die phänomenologisch-analytische Methode auch in der zuvor beschriebenen Form umgesetzt werden, allerdings werden vor allem verbal artikulierte Erfahrungen beschrieben und analysiert und der Fokus liegt hierbei nicht auf den persönlichkeitsbildenden Eigenschaften, sondern auf persönlichkeitsrelevanten bzw. existenziellen Problemen. Nichtsdestotrotz müssen diese aus den Erfahrungen heraus analysiert, auf den Begriff gebracht und kategorisiert werden. Insofern können in der Phase der Problemetablierung die ersten beiden Schritte umgesetzt werden, der dritte Arbeitsschritt, die Beschreibung, muss jedoch weggelassen werden, da er in der Phase der Problemetablierung nicht funktional ist.

Für die Phase des Erkenntnistransfers ist schließlich zu beachten, dass die phänomenologisch-analytische Methode auch hier in ihrer Grundstruktur umgesetzt werden kann, dass aber wahrscheinlich keine (auto-) biografischen Texte über die Schülerinnen und Schüler vorliegen, so dass von ihnen vor allem auf andere biografische Medien wie Bilder, Briefe, Tagebucheinträge etc. zurückgegriffen werden muss. Hierbei handelt es sich um sehr persönliche Medien, deren Verwendung aber insofern unproblematisch ist, da in der Phase des Erkenntnistransfers primär zurückgezogen und alleine philosophiert wird und die Zusammenarbeit mit engen Freunden nur die Ausnahme ist, so dass die Privatsphäre der Schülerinnen und Schüler hinreichend geschützt ist. Bilder lassen sich im Übrigen mit der zuvor beschriebenen phänomenologisch-analytischen Methode genauso wie (auto-) biografische Texte bearbeiten, wenn aussagekräftige Bildausschnitte im Arbeitsschritt »Beobachtung« in den Blick genommen werden.

2.2.2 Kontemplativ-kritische Methode

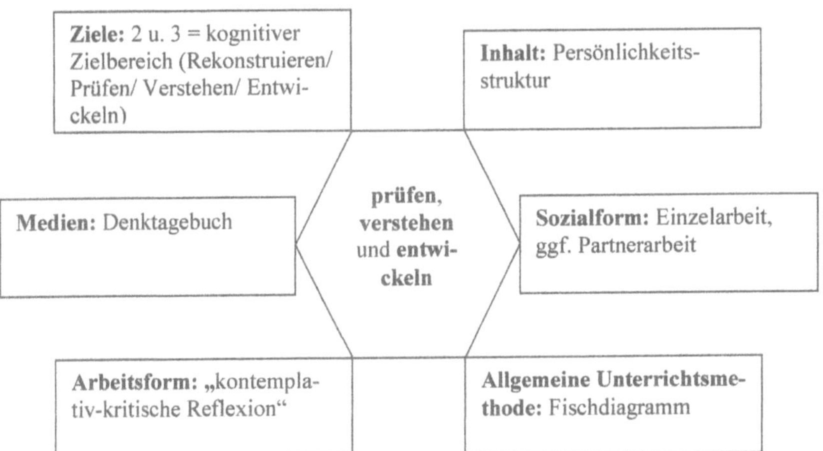

Abbildung 14: *Komponenten der kontemplativ-kritischen Methode*

Ebenso wie bei der phänomenologisch-analytischen Methode, sollen zur Explikation der kontemplativ-kritischen Methode zunächst die Kernkomponenten derselben in der vorangestellten Übersicht dargestellt werden. Diesbezüglich ist besonders hervorzuheben, dass die kontemplativ-kritische Methode dazu beiträgt, zwei der im zweiten Abschnitt es ersten Teils dieses Kapitels angegebenen Konzeptziele im Unterricht zu erreichen.

Transformierte Arbeitsform: Die »kontemplativ-kritische Reflexion« ist diejenige philosophische Arbeitsform, die den philosophischen Kern der nachfolgend erläuterten kontemplativ-kritischen Methode des Selbst-Er-forschenden Philosophierens ausmacht. Die »kontemplativ-kritische Reflexion« lässt sich aus Arendts Urteilstheorie, vor allem aber aus ihrer Charakterisierung des Denkens, insbesondere ihrer Annahme, wonach das Denken als ein inneres Zwiegespräch aufzufassen ist, transformieren. Beide Transformationsquellen sind ganz wesentliche Elemente von Arendts existenziell-performativer Hermeneutik. Die »kontemplativ-kritische Reflexion« zielt darauf ab, persönlichkeitsrelevante Strukturzusammenhänge und in diesen möglicherweise vorliegende (Denk-) Widersprüche, die sich u. a. als moralische Widersprüche manifestieren, zu erkennen, um so möglichst repräsentative Wert-Urteile bezüglich der untersuchten Strukturzusammenhänge zu ermöglichen. Hierbei spielen folglich die identifizierten persönlichkeitsbildenden Eigenschaften einer Person eine wichtige Rolle.

Entscheidend für die »kontemplativ-kritische Reflexion« ist zunächst Arendts Annahme, dass insbesondere das reflexiv-philosophische Denken einen Rückzug aus der Welt, die Kontemplation, notwendig macht, um bewusst innezuhalten und (selbst-) kritisch-diskursiv über Sachverhalte nachzudenken. Im Kontext der existenziell-performativen Hermeneutik Arendts handelt es sich bei den zu bedenkenden Sachverhalten um das tatsächlich realisierte oder antizipierte Handeln des Menschen in bestimmten Handlungszusammenhängen, insbesondere in Grenzsituationen. Hierbei geht es darum, vorausblickend wie zurückschauend kritisch zu prüfen, ob das beabsichtigte oder schon realisierte Handeln potenziell kohärenz- und damit persönlichkeitsgefährdend ist. Dies macht es zum einen erforderlich, die Beweggründe für das jeweilige Handeln zu ermitteln und diese in einen Zusammenhang mit der jeweiligen Persönlichkeitsstruktur und der diese konstituierenden persönlichkeitsbildenden Eigenschaften zu stellen. Zum andern müssen die ermittelten Handlungsgründe nicht nur im Hinblick auf ihre kohärente Passung in die jeweilige Persönlichkeitsstruktur beurteilt werden, sondern auch hinsichtlich ihres rationalen und moralischen Gehaltes, was u. a. eine moralische Bewertung derselben notwendig macht, in die wiederum die tatsächlichen oder antizipierbaren Urteile der anderen Menschen mit einfließen müssen, damit die vorzunehmende Bewertung einen legitimen Anspruch auf Repräsentativität erheben kann. Erst dieses dem philosophisch-diskursiven wie repräsentativen Denken entspringende prüfend-beurteilende Vorgehen macht es letztlich möglich, das Handeln und damit die Persönlichkeit eines Menschen aus bestimmten Handlungszusammenhängen heraus zu verstehen, moralisch zu bewerten und ggf. alternative Handlungsmöglichkeiten oder notwendige Umstrukturierungen auf der Ebene der persönlichkeitsbildenden Eigenschaften erkennen zu können. Damit all dies möglich ist, ist es notwendig, dass derjenige, der mithilfe der kontemplativ-kritischen Reflexion kritisch-evaluativ über sich oder andere nachdenkt, zu dem, was er bedenkt, in hinreichender Distanz steht.

Aus dem Vorherigen folgt, dass die Denkbewegung der kontemplativ-kritischen Reflexion das kritisch-evaluative Hin- und Herschreiten vom Einzelnen zum Ganzen ist. Dieses vollzieht sich, wenn man es konkretisiert, in drei Prozess- bzw. Arbeitsschritten, die daher den Kern der »kontemplativ-kritische Reflexion« ausmachen. Dabei handelt es sich um das zusammenhangherstellende »Verbinden« als ersten, das kritische »Prüfen und Beurteilen« als zweiten und das strukturverändernde »Modifizieren« als dritten Schritt.

Sind die persönlichkeitsbildenden Eigenschaften einer Person erkannt und benannt, dann kommt es im Rahmen der kritisch-kontemplativen Reflexion in einem ersten Zugriff auf diese darauf an, diese zu einem zusammenhängenden Ganzen zu verbinden, was bedeutet, aufzuzeigen und nachvollziehbar zu machen, in welchen Wechselbeziehungen und hierarchischen Verhältnissen die eine Persönlichkeit charakterisierenden Ziele, Werte, Überzeugungen etc. zueinander stehen. Es geht also darum, Ordnung und Struktur in ihre Vielfalt zu bringen, um das zu erkennen, was wesentlich für die untersuchte Persönlichkeit ist bzw. sie von anderen unterscheidbar macht und um hiervon ausgehend das bewusste Handeln und Sprechen derselben retrospektiv zu verstehen und ggf. prospektiv zu antizipieren.

Mit dem Verbinden der persönlichkeitsbildenden Eigenschaften zu einem Strukturzusammenhang geht einher bzw. auf dieses folgt unmittelbar das Prüfen desselben hinsichtlich möglicher Inkohärenzen, die zwischen einzelnen der ermittelten persönlichkeitsbildenden Eigenschaften bestehen können und das Beurteilen der Beweggründe für das jeweils mit in den Blick genommene konkrete Handeln der untersuchten Persönlichkeit in einer Grenzsituation hinsichtlich ihrer Rationalität und Moralität und kohärenten Passung in das Gesamtgefüge der persönlichkeitsbildenden Eigenschaften.

Sollte die Kohärenzprüfung negativ ausfallen und/oder die Beurteilung der Handlungsgründe zu der Erkenntnis führen, dass diese nicht rational oder unmoralisch sind, ist in einem dritten Schritt darüber nachzudenken, inwiefern jeweils Änderungen notwendig sind, d. h. inwiefern bestimmte persönlichkeitskonstitutive Ziele, Werte, oder Überzeugungen verändert oder aufgegeben werden sollten oder inwiefern ein anderes Handeln, dem andere Beweggründe zugrunde liegen, möglich und geboten ist, so dass die Kohärenz der Persönlichkeitsstruktur und damit die Persönlichkeit als solche nicht gefährdet ist. Denn laut Arendts existenziell-performativer Hermeneutik, die die Transformationsquelle der kontemplativ-kritischen Reflexion ist, hängt sowohl das Persönlichkeitssein als auch der damit verbundenen Lebenssinn davon ab, dass es innerhalb der Persönlichkeitsstruktur keine gravierenden Widersprüche gibt, oder in Arendts Worten, dass man mit sich selbst befreundet sein kann.[81]

Es sollte deutlich geworden sein, dass, ähnlich wie bei der phänomenologischen Analyse, auch derjenige, der die »kontemplativ-kritische Reflexion« im vorher beschriebenen Sinne anwendet, ein Denken realisiert, das Merkmale aufweist, die auch für Arendts Denken und Arbeiten typisch waren. Im Fall der kritisch-kontemplativen Reflexion sind das die Problemorientierung, die Analytizität, die Prozedualität und die Diskursivität sowie die Perspektivität.

Wer in dieser Weise kritisch-kontemplativ denkt, befindet sich daher in einem problemorientierten inneren Zwiegespräch mit sich selber, das heißt, er befindet sich mit Arendt bildlich gesprochen auf der raum- und zeitenthobenen Denkdiagonalen. Denkt er dabei über sich selbst nach, dann nimmt er zu sich selbst eine verstehende Einstellung ein und befindet sich in einem kritisch-evaluativen Selbstverhältnis. Denkt er jedoch über andere Menschen oder Sachverhalte nach, dann nimmt er zu diesen eine verstehende Einstellung ein, die ebenfalls mit einer kritischen Evaluation einhergehen kann.

Kontemplativ-kritische Methode: Die kontemplativ-kitische Methode besteht im Kern aus den zuvor erläuterten drei Arbeitschritten, die die philosophische Arbeitsform »kontemplativ-kritische Reflexion« ausmachen. Das Ziel der kontemplativ-kritischen Methode besteht in der Rekonstruktion, Prüfung und ggf. in der Reflexion über notwendige Modifikation der Persönlichkeitsstruktur eines Menschen, ausgehend von dessen Handeln in bestimmten Grenzsituationen. Diesem Ziel liegen vor allem zwei Annahmen zugrunde, die sich aus der existenziell-performativen Hermeneutik Arendts ergeben: Erstens wird davon ausgegangen, dass jeder Mensch durch das innere Zwiegespräch mit sich selber, also durch das selbstbezogene Denken, persönlichkeitsbildende Eigenschaften herausbildet, die sein Handeln und Sprechen wesentlich bestimmen, sich folglich in diesem dokumentieren und besonders deutlich in solchen Situationen in Erscheinung treten, in denen «unter Druck« oder unter starker existenzieller Betroffenheit entschieden und gehandelt werden muss. Außerdem wird mit Arendt zweitens angenommen, dass es sowohl für die im Leben herauszubildende unverwechselbare Persönlichkeit als auch für ein gelingendes und gutes Leben eine notwendige Voraussetzung ist, dass man nicht im Konflikt mit sich

---

81 Anzumerken ist diesbezüglich, dass im dritten Kapitel gezeigt wurde, dass das System der persönlichkeitsbildenden Eigenschaften nicht absolut widerspruchsfrei bzw. kohärent sein muss, sondern eine bestimmte Kohärenzschwelle nicht unterschreiten darf. (vgl.: 3. Kapitel, 1. Teil, 2. Abschnitt)

selber steht, dass heißt, einverstanden ist mit demjenigen, den man darstellt, dass man also mit sich selbst befreundet ist, wie Arendt es ausdrücken würde. Gegenstand der kontemplativ-kritischen Methode sind daher die durch die phänomenologisch-analytische Methode ermittelten und begrifflich gefassten persönlichkeitsbildenden Eigenschaften, da es, was die Erläuterung der »kontemplativ-kritischen Reflexion« bereits nahelegt, im Rahmen der Methode darum geht, den Strukturzusammenhang derselben zu rekonstruieren und einer Kohärenzprüfung zu unterziehen, die wiederum Aufschluss über mögliche innere Konflikte einer Persönlichkeit geben kann. Insofern ist auch der kontemplativ-kritischen Methode die pendelnde Denkbewegung vom Einzelnen zum Ganzen zu eigen. Bezogen auf die eingangs etablierten Konzeptprinzipien sollte zudem offensichtlich sein, dass die Methode vor allem dem Interaktionsprinzip »Kontemplation«, daneben aber auch den Denkprinzipien »Souveränität« und »Repräsentativität« sowie dem übergreifenden Konzeptprinzipien »Subjektorientierung« und »Wahrheitsbezug« entspricht, was sicherlich durch die nachfolgende Erläuterung der Arbeitsschritte dieser Methode noch deutlicher wird.

Konkret realisiert wird die kontemplativ-kritische Methode nämlich, indem fünf Arbeitsschritte umgesetzt werden, die sich als konkrete Ausfaltungen aus den drei Arbeitsschritten der kontemplativ-kritischen Reflexion ergeben. Dabei handelt es sich um den Schritt »Verbinden und Veranschaulichen«, um die darauffolgenden Schritte »Vermutungen anstellen«, »Handlungsründe identifizieren«, »Kohärenz prüfen« und den letzten Schritt »Modifikationen entwickeln«. Bezogen auf das zuvor erläuterte Ziel der Methode soll im Vollzug der genannten Arbeitsschritte ein Kohärenzdiagramm erstellt werden, dass sich in seiner Struktur an allgemeindidaktischen Visualisierungsmethoden, insbesondere dem Fischgräten-Diagramm, orientiert.[82] Das Kohärenzdiagramm ist insofern für den durch die kontemplativ-kritische Methode initiierten Lernprozess wichtig, da es die Schülerinnen und Schüler bei der Rekonstruktion der Persönlichkeitsstruktur darin unterstützt, diese anschaulich darzustellen und kritisch zu prüfen. Bevor nun die einzelnen Arbeitsschritte der Methode erläutert werden, sei darauf hingewiesen, dass mithilfe des Kohärenzdiagramms die Beziehung antizipierter genauso wie die bereits vollzogener Handlungen zur Persönlichkeitsstruktur auf ihre Kohärenz hin geprüft werden kann.

1. Arbeitsschritt: Der erste Arbeitsschritt, »Verbinden und Veranschaulichen«, sieht vor, dass die Schülerinnen und Schüler die zuvor mittels der phänomenologisch-analytischen Methode ermittelten und kategorisierten persönlichkeitsbildenden Eigenschaften in ein entsprechendes Fischgrätendiagramm übertragen. Dies sollte insofern gut möglich sein, als dass die Schülerinnen und Schüler die im Rahmen der phänomenologisch-analytischen Methode zur übersichtlichen Darstellung der persön-

---

82 Vgl.: Brüning, L. und Saum, T.: *Erfolgreich unterrichten durch Visualisieren. Grafisches Strukturieren mit Strategien des Kooperativen Lernens.* Essen: NDS 2007. S. 65–69.

lichkeitsbildenden Eigenschaften gebildeten Kategorien den einzelnen Gräten des Fischgräten-Diagramms problemlos zuordnen können. Wichtig ist dabei jedoch, dies erfordert jeweils ein erstes wohlüberlegtes Urteil der Schülerinnen und Schüler, dass sie die einzelnen einzutragenden Eigenschaften auf der jeweiligen Gräte hierarchisch nach Relevanz anordnen. (siehe Abbildung 15: *Kohärenzdiagramm*) Als Hierarchisierungskriterien können die Schülerinnen und Schüler sich an verschiedenen Gegensatzpaaren orientieren, wie z. B. »abstrakt/konkret«, »realistisch/unrealistisch«, »intrinsisch/extrinsisch«, »moralisch/unmoralisch« etc. In den Kopf der Fischgräte wird dann die jeweilige Handlung der untersuchten Persönlichkeit in der jeweiligen Grenzsituation notiert, die Ausgangspunkt für die Persönlichkeitsanalyse ist und daher im Mittelpunkt des Selbst-Er-Forschungsprozesses steht. (siehe Abbildung 15: *Kohärenzdiagramm*) Das Fischgrätendiagramm wird so zum Kohärenzdiagramm. Fixiert wird dieses im Denktagebuch, wie im Übrigen auch alle anderen im Rahmen der Methode erarbeiteten Prozess- und Endergebnisse.

2. Arbeitsschritt: Ausgehend von den als besonders relevant eingestuften persönlichkeitsbildenden Eigenschaften, sollen die Schülerinnen und Schüler dann, im Rahmen des zweiten Arbeitsschritts, Vermutungen darüber anstellen und schriftlich fixieren, wie sich die untersuchte Persönlichkeit wohl selbst sieht, was also ihr Selbstbild ist. Hierzu kann beispielsweise eine entsprechende prägnante Erläuterung verfasst werden, die ggf. durch andere Medien, z. B. ein aussagekräftiges Foto o. Ä., zusätzlich veranschaulicht wird.

3. Arbeitsschritt: Anschließend erfolgt im dritten Arbeitsschritt der Versuch, die Beweggründe für die in der Grenzsituation vollzogene Handlung zu rekonstruieren, indem kontextsensitiv von den Schülerinnen und Schülern ermittelt wird, welche der herausgearbeiteten persönlichkeitsbildenden Eigenschaften handlungsleitend waren. Hierbei ist sicherlich ein erneuter Rückgriff auf (auto-) biografische Medien zur untersuchten Persönlichkeit notwendig. Die identifizierten handlungsrelevanten Eigenschaften werden farbig markiert und durch eine Linie mit dem Kopf der Fischgräte verbunden. (siehe Abbildung 15: *Kohärenzdiagramm*) So kann von den Schülerinnen und Schülern mithilfe des Kohärenzidagramms im bestmöglichen Fall ein aufschlussreicher Ursache-Wirkungszusammenhang rekonstruiert werden, der erklärt, wieso die Person in der jeweiligen Grenzsituation so und nicht anders gehandelt hat.[83]

4. Arbeitsschritt: Die Ergebnisse der ersten drei Arbeitsschritte sind dann wiederum die entscheidende Grundlage für den vierten Arbeitsschritt, der die Prüfung der durch das Kohärenzdiagramm veranschaulichten Persönlichkeitsstruktur vorsieht, und zwar a) im Hinblick auf ihre lokale Kohärenz, d. h. erstens auf die Kohärenz der persönlichkeitsbildenden Eigenschaften in der jeweiligen Kategorie untereinander, zweitens bezogen

---

83   Vgl.: Ebd. S. 67.

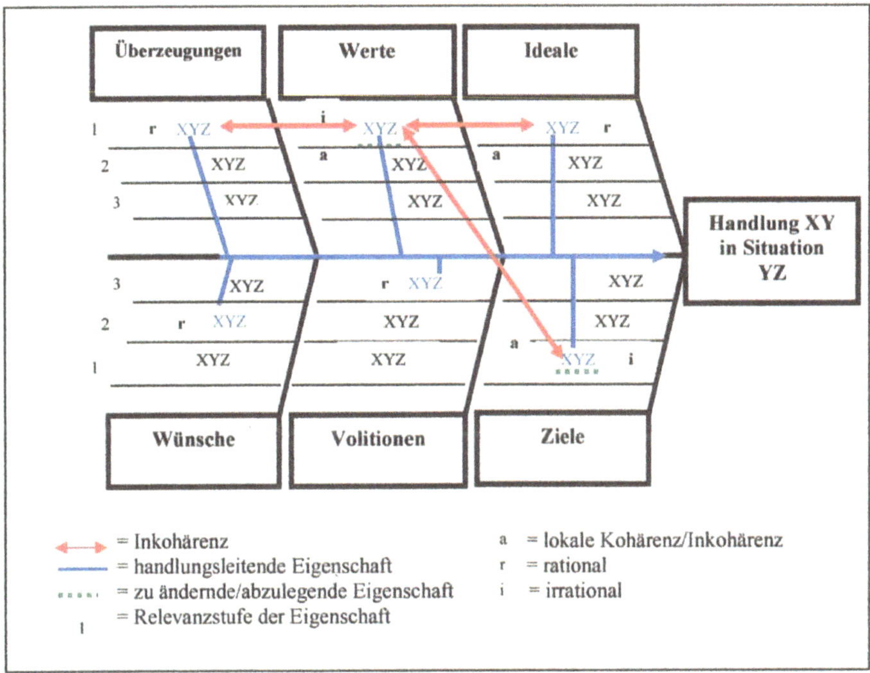

Abbildung 15: *Kohärenzdiagramm*

auf die Kohärenz aller persönlichkeitsbildenden Eigenschaften in ihrem Gesamtgefüge und drittens mit Blick auf die Kohärenz der persönlichkeitsbildenden Eigenschaften, die für die Handlung in der jeweiligen Grenzsituation als handlungsleitend ermittelt wurden. (siehe Abbildung 15: *Kohärenzdiagramm*) Darüber hinaus kann, muss aber nicht zwingend b) die globale Kohärenz in den Blick genommen werden, indem die Schülerinnen und Schüler überprüfen, ob sich die ermittelten und zueinander in Beziehung gesetzten persönlichkeitsbildenden Eigenschaften biografisch durchhalten oder ob es zu Wechseln und Brüchen gekommen ist. Bei dieser Form der Kohärenzprüfung geht es daher im Arendt'schen Sinne darum, den roten Faden im Leben einer Person zu erkennen und damit dem Sinn des Lebens derselben etwas mehr auf die Schliche zu kommen. Bezüglich möglicher in diesem Kontext ermittelter biografischer Brüche böte sich dann in einem Exkurs ein vertiefendes Erforschen ihrer Gründe an.

5. Arbeitsschritt: Sollte die Kohärenzprüfung Inkohärenzen offenlegen, beschließt der fünfte Arbeitsschritt das methodische Prozedere, ansonsten, wenn es sich um eine kohärente Persönlichkeitsstruktur und ein dazu passendes Handeln in der Grenzsituation handelt, ist das methodische Prozedere nach dem vierten Schritt beendet. Sollte er eingeleitet werden, dann geht es beim fünften Arbeitsschritt »Modifikationen entwickeln« entweder darum, dass die Schülerinnen und Schüler überlegen, wie das Handeln der Person in der Grenzsituation aussehen sollte bzw. hätte aussehen sollen, um nicht im Widerspruch zu ihrer Persönlichkeitsstruktur zu stehen. Diese Reflexion ist vor allem dann geboten, wenn die Schülerinnen und Schüler herausgefunden haben, dass sich die antizipierte oder vollzogene Handlung und die rekonstruierte Persönlichkeitsstruktur bzw. wesentliche Elemente derselben inkohärent zueinander verhalten. Es kann aber beim Schritt »Modifikationen entwickeln« auch darum gehen, dass die Schülerinnen und Schüler überlegen, welche Elemente der Persönlichkeitsstruktur verändert werden müssen, um einen persönlichkeitsgefährdenden Widerspruch zwischen den handlungsrelevanten persönlichkeitsbildenden Eigenschaften und dem antizipierten oder tatsächlichen Handeln der Person zu vermeiden. (siehe Abbildung 15: *Kohärenzdiagramm*). In diesem Fall macht es z. B. Sinn, dass die Schülerinnen und Schüler überlegen, welche der in einem inkohärenten Gefüge stehenden persönlichkeitsbildenden Eigenschaften rational und welche irrational sind. Letztere sind nämlich die bevorzugten Kandidaten für eine Modifikation. Diese Überlegungen sind dann angebracht, wenn das Handeln der Person in der Grenzsituation an sich (moralisch) richtig wäre bzw. war und trotzdem Inkohärenzen zwischen Handlung und Persönlichkeitsstruktur bestehen.

Wie aus der Erläuterung der Arbeitsform »kontemplativ-kritische Reflexion« bereits ersichtlich geworden sein sollte, wenden sich die Schülerinnen und Schüler sich selbst oder anderen Menschen in einer verstehenden Einstellung zu und treten insbesondere zu sich bzw. anderen in ein kritisch-evaluatives Selbstverhältnis, je nachdem, auf wen bezogen sie die kritisch-kontemplative Unterrichtsmethode anwenden. Um dies zu realisieren, ist ein Lehr-Lernraum notwendig, der das ungestörte Nachdenken ermöglicht.

Phasenbezogene Modifikationen: Die kritisch-kontemplative Methode kommt im Prozess des Selbst-Er-forschenden Philosophierens in der Phase der Problemkonsolidierung und in der Phase des Erkenntnistransfers zum Einsatz. Für den Einsatz der Methode in der Phase des Erkenntnistransfers ist eine kleine Modifikation im Sinne einer Ergänzung der Methode vorzunehmen. Denn für den Vergleich der eigenen Persönlichkeitsstruktur mit der der untersuchten fremden Person, muss zwischen dem vierten und fünften Arbeitsschritt ein weiterer Arbeitsschritt eingefügt werden, indem es darum geht, die Unterschiede und Gemeinsamkeiten in Persönlichkeitsstrukturen in den beiden Kohärenzdiagrammen zu markieren. Für den Einsatz der Methode in der Phase des Erkenntnistransfers ist außerdem darauf hinzuweisen, dass in diesem Fall von den Schülern bzw. Schülerinnen in hohem Maße die Fähigkeit zur Selbstreflexion und Selbstkritik verlangt wird, die sicherlich nicht bei jedem der Schülerinnen und Schüler, vielleicht sogar bei keiner Schülerin und keinem Schüler vorliegt, was ein weitere Grund dafür sein könnte, dass die Methode und damit auch die Phase des Erkenntnistransfers womöglich nicht umgesetzt werden kann.

2.2.3 Diskursiv-dialektische Methode

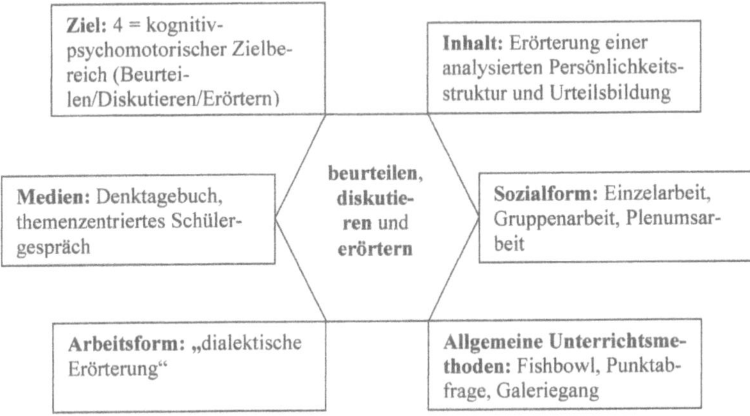

Abbildung 16: *Komponenten der diskursiv-dialektischen Methode*

Genauso wie bei der phänomenologisch-analytischen und kontemplativ-kritischen Methode, sind auch die Kernkomponenten der diskursiv-dialektischen Methode zunächst der vorangestellten Übersicht zu entnehmen, bevor die sich aus diesen Komponenten zusammensetzende Methode genauer erläutert wird.

Transformierte Arbeitsform: Die aus Arendts existenziell-performativer Hermeneutik, speziell aus ihrem Konzept des öffentlichen Raumes und ihrer Urteilstheorie, transformierte philosophische Arbeitsform »dialektische Erörterung« zielt allgemein darauf ab, zu einem möglichst repräsentativen Urteil über einen beliebigen Sachverhalt zu gelangen, wobei sich allerdings aus der Transformationsquelle der Arbeitsform ergibt, dass das Ziel derselben besonders darin besteht, ein möglichst repräsentatives Urteil über eine Person und deren Persönlichkeit zu fällen. Diesem Ziel liegt die Annahme zugrunde, dass absolute Wahrheit beim Urteilen prinzipiell nicht zu erreichen ist, sondern lediglich Objektivität im Sinne größtmöglicher intersubjektiver Übereinstimmung, sprich Repräsentativität.

Die konkrete Urteilsbildung ist für Arendt in ihrer politischen Theorie und Philosophie und damit folgerichtig auch in ihrer existenziell-performativen Hermeneutik eine »(Re) Konstruktionsleistung«[84], bei der es auf die Interpretation der durch das Denken reflektierten und im öffentlichen Raum mitgeteilten Fakten

---

84 Straßenberger, G.: *Hannah Arendt. Zur Einführung.* Hamburg: Junius 2015. S. 147.

ankommt. Die Urteilsbildung ist daher ein elementarer Bestandteil des Verstehensprozesses, in dem es darum geht, vorgängiges Verstehen in wahres Verstehen zu überführen. Dieser Prozess ist im Kontext der existenziell-performativen Hermeneutik auf das Verstehen der Persönlichkeit eines Menschen und damit auf das Erfassen von Sinn ausgerichtet. Als Bestandteil des Verstehensprozesses bedarf die Urteilsbildung in dreifacher Weise des Gesprächs und setzt damit essenziell Pluralität voraus.

So ist Urteilsbildung zuallererst das Denken als »inneres Zwiegespräch«, ist der Prozess des »Denkens ohne Geländer«, des grenzüberschreitenden, perspektivisch-prozesshaften und experimentierendes Denkens. Bei der Urteilsbildung verbinden sich jedoch auch die durch das innere Zwiegespräch zustande kommenden individuellen Denkresultate mit der Ereignis- und Ideengeschichte, da deren Resultate interpretierend in die Urteilsbildung mit einbezogen werden. Ideengeschichtlich relevant sind gerade bei dem Versuch die Persönlichkeit eines Menschen zu verstehen, alle Erzählungen (politische, poetische oder auch philosophische Narrationen), in denen sich Erfahrungen niedergeschlagen haben, die für das Selbstverständnis von Individuen konstitutiv geworden sind. Insofern ist Urteilsbildung zweitens auch zu verstehen als ein Denken im Sinne eines Gesprächs mit der überlieferten Kultur. Die Urteilsbildung ist aber drittens ganz wesentlich auch das Gespräch mit anderen Menschen im Öffentlichen Raum, der für Arendt wesentlich ein kommunikativer Raum ist, da erst durch das Miteinandersprechen Meinungen und konträre Beurteilungen eines Sachverhaltes ausgetauscht und öffentlich gemacht werden können. Zur Urteilsbildung gehört daher auch der kritische und leidenschaftlich geführte Diskurs mit anderen. Das Öffentlich- und damit Sichtbarmachen ist wiederum im Kontext der existenziell-performativen Hermeneutik Arendts nicht nur wirklichkeits-, sondern gemäß Arendts Prinzip der Publizität auch wahrheitskonstitutiv. Der öffentliche Raum ist daher nicht nur der Raum von Interpretations-, sondern auch von Anerkennungsrelationen. Urteilsbildung vollzieht sich essenziell im Medium der Sprache und ist aufgrund ihres Einbezugs der Meinung anderer Menschen sowie der überlieferten Kultur ein öffentliches-agonales und dialektisches Denken, das sowohl auf intra- als auch auf intersubjektiver Ebene Gesprächsform annimmt, nämlich auf Ersterer als inneres Zwiegespräch mit sich selbst und auf Letzterer als beratender und erörternder öffentlicher Diskurs mit anderen.[85]

Die Denkbewegung der »dialektischen Erörterung« ist also der Weg von der eigenen Subjektivität hin zur intersubjektiven Objektivität bzw. Repräsentativität des Denkens. Realisiert wird diese Denkbewegung bei der »dialektischen Erörterung«, indem drei Arbeitsschritte vollzogen werden, nämlich zum einen der erste Schritt, das »Urteilen«, bei dem es darum geht, dass man sein eigenes, subjektives Vorurteil in ein repräsentatives Urteil umwandelt, indem man erstens seine Perspektive erweitert

---

85 Vgl.: Ebd. S. 62, 155.

und die tatsächlichen und möglichen Urteile aller anderen Personen, die den gleichen Sachverhalt bzw. die gleiche Person und ihre Persönlichkeit beurteilen, bei seinem Urteil mit berücksichtigt und reflexiv überprüft, ob das eigene Urteil die Zustimmung aller anderen Urteilenden finden würde. Außerdem findet bei diesem Schritt eine Repräsentativität begünstigende Perspektiverweiterung auch insofern statt, als dass man relevante kulturellen Gehalte zum jeweils zu beurteilen Sachverhalt bzw. zur beurteilenden Persönlichkeit in den Urteilsprozess mit einbeziehen sollte. Dieser virtuelle Prozess des Urteilens, der sich im zurückgezogenen Denken vollzieht, wird im zweiten Arbeitsschritt, dem »Erörtern« real, indem sich der Urteilende in einen das Urteil kritisch prüfenden Diskurs mit anderen begibt, die ebenfalls über den gleichen Sachverhalt bzw. die gleiche Person und ihre Persönlichkeit geurteilt haben. Hierzu müssen das eigene Urteil und alle anderen, möglicherwiese hierzu konträren Urteile begründet und verteidigt werden. In der sich so entfaltenden argumentativen Erörterung geht es somit darum, zum einen auszuloten, inwiefern das eigene Urteil intersubjektive Zustimmung findet und zum anderen, diese Zustimmung aktiv zu erzeugen, indem die anderen Urteilenden von der Richtigkeit des eigenen Urteils überzeugt werden. Durch die so erzeugte kritische Intersubjektivität stellt sich dann ganz konkret heraus, ob das Urteil breite Zustimmung findet, d. h. überzeugt und von anderen anerkannt werden kann oder ob es verworfen werden muss. Ist Letzteres der Fall, dann muss erneut geurteilt werden (Schritt eins), wobei die Erkenntnisse aus dem zuvor geführten Diskurs in das neue Urteil einfließen sollten. Es kann aber auch sein, dass der kritische Diskurs ergibt, dass das Urteil im Kern akzeptabel ist, also grundsätzlich intersubjektive Zustimmung erfährt, dass es jedoch zu einer vollen Zustimmung bestimmter Revisionen bedarf. Das eigene Urteil in diesem Sinne ausgehend von der Kritik der anderen Urteilenden noch einmal zu überprüfen und umzugestalten, ist Bestandteil des dritten Arbeitsschritts, dem »Modifizieren«. Hieran kann sich eine erneute Erörterung des modifizierten Urteils anschließen.

Die vorherige Erläuterung der drei für die Arbeitsform »dialektische Erörterung« konstitutiven Schritte macht hoffentlich plausibel, dass diese Arbeitsform vor allem den Merkmalen »Perspektivität«, »Diskursivität«, »Prozeduralität«, »Exemplarizität« und auch dem der »Problemorientierung« des Arendt'schen Denkens entspricht und von dem Philosophierenden verlangt, sowohl die Rolle des zurückgezogenen Denkers (beim Urteilen) als auch die des kritischen Zuschauers und Handelnden (bei der Erörterung) einzunehmen.

Diskursiv-dialektische Methode: Die diskursiv-dialektische Methode ist wesentlich geprägt durch die zuvor transformierte philosophische Arbeitsform »dialektische Erörterung«, da sie die zentrale Komponente der Methode ist. Das Ziel der diskursiv-dialektischen Methode, das sie zu einem wichtigen Element innerhalb des Konzepts »Selbst-Er-forschend Philosophieren« macht, ist die möglichst repräsentative Beurteilung der Persönlichkeit eines Menschen, ausgehend von dessen Handeln in einer bestimmten Grenzsituation. Im Mittelpunkt der Beurteilung steht dabei die Frage nach der (moralischen) Stimmigkeit und damit nach dem Grad der Sinnhaftigkeit der Persönlichkeitsstruktur und des dieser entspringenden Handelns. Der diskursiv-dialektischen Methode liegt diesbezüglich ebenfalls die Annahme zugrunde, dass beim Urteilen nicht absolute Wahrheit erreicht werden kann, sondern nur ein größtmögliches Maß an Repräsentativität im Sinne intersubjektiver Übereinstimmung. Insofern ist der diskursiv-dialektischen Methode auch die gleiche Denkbewegung wie der ihr inhärenten philosophischen Arbeitsform »dialektische Erörterung« zu eigen, also der Weg vom rein subjektiven zum intersubjektiv-objektiven Urteil. Ausgangspunkt der Methode ist die durch die phänomenologisch-analytische und besonders durch die kritisch-kontemplative Methode rekonstruierte Persönlichkeitsstruktur eines Menschen. Die nachfolgende Erläuterung der Struktur der Methode macht hoffentlich plausibel, dass die diskursiv-dialektische Methode besonders mit den konstitutiven Unterrichtsprinzipien »Handlungsorientierung« und »Wahrheitsbezug« sowie mit den Denkprinzipien »Souveränität« und »Repräsentativität« und schließlich auch mit dem Interaktionsprinzip »Performanz« korrespondiert.

Die drei Arbeitsschritte der »dialektischen Erörterung« werden in der diskursiv-dialektischen Methode um einen Arbeitsschritt erweitert, was vor allem ihre von den übrigen Methoden autonome Anwendung ermöglicht (vgl. 6. Kapitel, 3. Teil, 1. Abschnitt). Im Kern werden also die drei Arbeitsschritte der »dialektischen Erörterung« beibehalten und durch die Kombination mit den in der Übersicht dargestellten allgemeinen Unterrichtsmethoden unterrichtspraktisch konkretisiert. So besteht die Methode folglich aus vier Arbeitsschritten, dem »Erfassen«, dem »Urteilen«, dem »Erörtern« und dem »Modifizieren oder Neuformulieren«.

1. Arbeitsschritt: Der erste Arbeitsschritt der Methode, das »Erfassen«, ist im Rahmen des Konzepts »Selbst-Er-forschend Philosophieren« weitgehend überflüssig, da er durch die phänomenologisch-analytische und die kritisch-kontemplative Methode abgedeckt wird. Bei diesem Schritt geht es nämlich darum, die wesentlichen Aspekte der spezifischen Grenzsituation und des Handelns der ausgewählten Person in derselben genau zu erfassen. Insofern korrespondiert und konkretisiert dieser Schritt mit dem ersten Schritt, der »Fixierung eines Gesprächsgegenstandes«, den das themenzentrierte Schülergespräch vorsieht. Auch wenn dies durch die der diskursiv-dialektische Methode vorgeordnete phänomenologisch-analytische und die kritisch-kontemplative Methode sehr tief greifend schon vorher geschieht, kann es Sinn machen, dass sich die Schülerinnen und Schüler zu Beginn der diskursiv-dialektischen Methode noch einmal auf die wesentlichen Fakten konzentrieren und diese zum Zweck einer profunden Urteilsbildung fokussieren.[86]

2. Arbeitsschritt: An eine derartige Faktenfokussierung schließt dann der zweite Arbeitsschritt an, das »Urteilen«. Da dieser Schritt stark mit dem gleichnamigen Schritt der »dialektischen Erörterung« korrespondiert, überrascht es nicht, wenn es hier vor allem darum geht, ein eigenes, möglichst objektives bzw. intersubjektiv teilbares Urteil über die Persönlichkeit und ihr Handeln zu fällen. Die Schülerinnen und Schüler müssen also erstens ein eigens Urteil fällen und schriftlich fixieren und dann zweitens den Versuch unternehmen, dieses zu entsubjektivieren, d. h., dass sie sich alle subjektiven, das Urteil beeinflussenden Erfahrungen, Vorurteile etc. bewusst machen und dafür Sorge tragen, dass diese nicht die Repräsentativität des Urteils gefährden. Dieser Schritt integriert daher den zweiten Schritt des themenzentrierten Schülergesprächs, das »Bewusstmachen der eigenen Erfahrungen«. Ganz konkret bedeutet dies, dass die Schülerinnen und Schüler zuerst, nachdem sie ihr Urteil gefällt und dieses samt hinreichender Begründung schriftlich fixiert haben, hinsichtlich darin eingeflossener, möglicherweise repräsentativitätsverfälschender Erfahrungen und Vorurteile etc. untersuchen, indem sie alle Meinungen, Erfahrungen, Vorurteile, die sie zu dem Sachverhalt, der Gegenstand der Urteilsbildung ist, haben, aufschreiben und dann den «Urteilstext« (= Urteilsformulierung und Begründung) sprachanalytisch untersuchen, um Begriffe, Phrasen und dergleichen zu identifizieren, die einen den Einfluss ihrer Vorurteile etc. bei der Urteilsbildung indizieren. Diese Begriffe und Phrasen werden im Text deutlich markiert und das durch sie indizierte Vorurteil etc. wird als Schlagwort darüber geschrieben. Dann müssen die Schülerinnen und Schüler überlegen, ob die Repräsentativität des Urteils gefährdet ist, weil die darin eingeflossene subjektiven Meinungen, Vorurteile und Erfahrungen aller Wahrscheinlichkeit nach nicht von anderen Urteilenden geteilt werden. Um die Intensität der Repräsentativitätsprüfung zu erhöhen, können die Schülerinnen und Schüler dann (philosophische) Texte der kulturellen Tradition hinzuziehen, in denen die Auseinandersetzung mit einem ähnlichen, dem gleichen oder in denen zumindest starke Bezüge zu dem beurteilenden Sachverhalt enthalten sind. Ist dies geschehen, sind also möglichst alle die Repräsentativität des Urteils gefährdenden Vorurteile etc. identifiziert worden, dann sollen die Schülerinnen und Schüler ihr Urteil überdenken, umformulieren und auf einem großen DIN-A3-Blatt samt zugehöriger Begründung schriftlich fixieren. Der zweite Arbeitsschritt der diskursiv-dialektischen Methode erfordert also ein stark dialektisch-kritisches, diskursives und auf Öffentlichkeit hin ausgerichtetes Denken von den Schülerinnen und Schülern, also ein virtuelles

---

86 Vgl.: Pfeifer, V.: *Didaktik des Ethikunterrichts.* S. 129.

Gespräch mit anderen im Zustand des zurückgezogenen Denkens. Neben der Arbeit mit Plakaten etc. wird vor allem im Denktagebuch gearbeitet.[87]

3. Arbeitsschritt: Ist ein eigenes, möglichst repräsentatives Urteil von den Schülerinnen und Schülern gefällt und schriftlich fixiert worden, dann folgt der dritte Arbeitsschritt, das »Erörtern« der gefällten Urteile im kritischen Diskurs mit anderen. Dies bedarf natürlich eines geeigneten kommunikativen Raumes, in dem die Schülerinnen und Schüler genug Platz haben, um sich mit den anderen über ihre Urteile auszutauschen und diese kritisch zu bewerten. Letzteres geschieht in einem ersten Schritt, indem die auf DIN-A3-Blättern geschriebenen Urteile der Schülerinnen und Schüler im Raum aufgehängt werden und jeder Schüler und jede Schülerin aufgefordert wird, die Urteile der anderen im Rahmen eines Galerieganges zur Kenntnis zu nehmen und durch das Aufkleben eines Punktes auf eines der DIN-A3-Blätter jeweils das Urteil zu kennzeichnen, dass am ehesten ihre/seine volle Zustimmung findet. Hierdurch werden nicht nur die Urteile der Schülerinnen und Schüler publiziert, sondern es wird auch das Meinungsspektrum innerhalb des Kurses deutlich. Im Idealfall kristallisiert sich zudem eine Handvoll Urteile heraus, die jeweils gute Aspiranten dafür sind, als repräsentativstes Urteil ausgewählt zu werden. Um von diesen Urteilen dasjenige auszuwählen, bei dem dies der Fall ist, wird das Punktabfrage-Verfahren um eine Fishbowl-Diskussion[88] erweitert. Diese ermöglicht gemeinsames Handeln im Sinne eines agonalen Philosophierens im Diskurs. Durch die hierdurch mögliche kritische Erörterung der vorausgewählten Urteile kann festgestellt werden, ob entweder eines von diesen Urteilen eine hinreichend große und begründete Zustimmung im Kurs erfährt oder ob dies nur der Fall ist, wenn es modifiziert wird oder ob vielleicht sogar alle Urteile als nicht hinreichend repräsentativ verworfen werden müssen. Explizit dialektisch kann das Erörtern im Übrigen dann werden, wenn zwei Urteile eine große Zustimmung im Kurs finden, denn dann müssen die Thesen und Begründungen der Urteile kontrastiv gegeneinander diskutiert werden, was vielleicht sogar im Sinne einer Hegel'schen Synthese auch dazu führt, dass ein neues Urteil von den Schülerinnen und Schülern gefällt und formuliert wird.[89]

4. Arbeitsschritt: Der letzte Arbeitsschritt besteht im »Modifizieren oder Neuformulieren«, weil die Schülerinnen und Schüler nach der Fishbowl-Diskussion, falls dies nötig ist, aufgefordert werden, das von ihnen aufgrund seiner hohen Repräsentativität

---

87 Vgl.: Ebd.

88 Dieses Diskussionsverfahren entspricht im Übrigen insofern sehr gut dem Arendt'schen Philosophieren und ihrer existenziell-performativen Hermeneutik, als dass es das Zusammenspiel von sprachhandelnden Akteuren und kritischen Zuschauern im öffentlichen bzw. kommunikativen Raum realisiert und zudem aufzeigt, wie der jederzeit mögliche Wechsel von der Rolle des Akteurs in die des Zuschauers und andersherum möglich ist.

89 Vgl.: Brüning, L. und Saum, T.: *Erfolgreich unterrichten durch Kooperatives Lernen. Strategien zur Schüleraktivierung.* 3. Auflage. Essen: NDS 2007. S. 48–49; Mattes, W.: *Methoden für den Unterricht.* S. 112–113, 114–115, 124–125.

ausgewählte Urteil sowohl hinsichtlich der Urteilsformulierung als auch hinsichtlich des Begründungstextes zu modifizieren, d. h. ggf. Aspekte aufzunehmen, die in der Diskussion als ergänzenswert herausgestellt wurden. Es kann aber auch sein, dass die Schülerinnen und Schüler im Rahmen des letzten Schritts ein Urteil gemeinsam neu formulieren und schriftlich fixieren müssen, weil keines der in der Diskussion erörterten Urteile sich letztlich als hinreichend repräsentativ erwiesen hat. Der letzte und vorletzte, also dritte und vierte Arbeitsschritt der diskursiv-dialektischen Methode entsprechen im Übrigen in gewissen Hinsichten dem dritten und vierten Schritt des themenzentrierten Schülergesprächs.[90]

Abschließend sei, wie bei den vorherigen genauso wie bei den nachfolgenden Methodenerläuterungen auch, noch angemerkt, dass die diskursiv-dialektische Methode einen Lehr-Lernraum erfordert, der sowohl das eigenständige und ungestörte Urteilen als auch die gemeinsame, kritische Erörterung ermöglicht, also dem öffentlichen Agieren genauso einen Raum gibt, wie dem zurückgezogenen Nachdenken.

Phasenbezogene Modifikationen: Die diskursiv-dialektische Methode ist für den Prozess des Selbst-Er-forschenden Philosophierens insofern besonders wichtig, als dass sie mit Ausnahme der Phase der Problemexploration in allen anderen Phase desselben zum Einsatz kommt. Einschränkend ist diesbezüglich jedoch zu bemerken, dass nur in der Problemkonsolidierungsphase alle Schritte der Methode umgesetzt werden.

So werden in der Phase der Problemetablierung lediglich die ersten drei Schritt der Methode umgesetzt, um ausgehend von den Erfahrungen und Interessen der Schülerinnen und Schüler eine gemeinsame Leitfrage für den Prozess des Selbst-Er-forschenden Philosophierens zu finden.

In der Phase der Problemkonsolidierung werden dagegen alle vier Schritte der diskursiv-dialektischen Methode umgesetzt, da es hier schwerpunktmäßig darum geht, die durch die phänomenologisch-analytische und die kritisch-kontemplative Methode erarbeiteten Ergebnisse zu erörtern und auf der Grundlage derselben zu einem wohlbegründeten und repräsentativen Urteil über die untersuchte Persönlichkeit bzw. Persönlichkeitsstruktur zu kommen, das wiederum mittels der narrativ-kontemplativen und narrativ-performativen Methode weiterverarbeitet werden kann, um schließlich zu einem tief greifenden Verständnis der untersuchten Persönlichkeit zu gelangen.

Da die Phase des Erkenntnistransfers, wie bereits mehrfach erwähnt, eine sehr persönliche Phase des Philosophierens ist und daher vorwiegend in Einzelarbeit stattfinden sollte, entfällt hier der dritte und vierte Schritt der diskursiv-dialektischen Methode. Allerdings könnten beide Schritte durchaus auch umgesetzt werden,

---

90 Vgl.: Pfeifer, V.: *Didaktik des Ethikunterrichts.* S. 129.

wenn der/die jeweilige Schülerin bzw. Schüler mit einem oder zwei engen Freunden/innen in dieser Phase zusammenarbeitet. Auf diese Weise würde dann auch wieder Arendts Annahme entsprochen, wonach man sich vor allem mithilfe des Umwegs über die Anderen, vornehmlich mit der Hilfe von guten Freunden, selber auf die Schliche kommen kann.

2.2.4   Narrativ-hermeneutische Methode

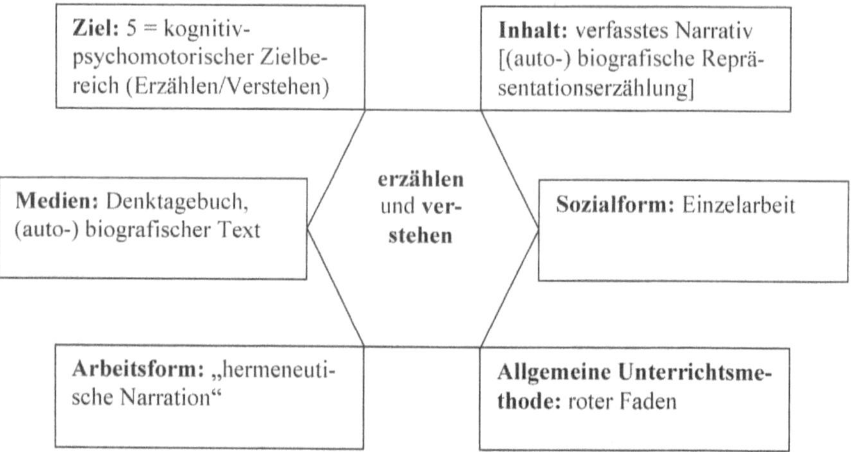

Abbildung 17: *Komponenten der narrativ-hermeneutischen Methode*

Die narrativ-hermeneutische Methode enthält als zentrale Kernkomponente die aus der existenziell-performativen Hermeneutik transformierte Arbeitsform »hermeneutische Narration«. Diesbezüglich sei bereits an dieser Stelle angemerkt, dass sich aus der »hermeneutischen Narration« zwei für das Konzept »Selbst-Er-forschend Philosophieren« zentrale Unterrichtsmethoden entwickeln lassen, nämlich die narrativ-hermeneutische und die narrativ-performative Methode. Dies liegt darin begründet, dass die »hermeneutische Narration« als Arbeitsform zwei gleichermaßen zentrale Arbeitsschritte enthält, die im Unterricht besser durch zwei klar voneinander getrennte Methoden realisiert werden. Die weiteren Kernkomponenten der narrativ-hermeneutischen Methode sind der obigen Übersicht zu entnehmen.

Transformierte Arbeitsform: Die »hermeneutische Narration« zielt als philosophische Arbeitsform darauf ab, die durch das Handeln und Sprechen erscheinende Persönlichkeit eines Menschen im Medium der biografischen Erzählung, genauer einer Repräsentationserzählung, zu erfassen und zu verstehen. Die »hermeneutische Narration« lässt sich zum einen aus dem narrativ-metaphorischen Zug des Arendt'schen Denkens und zum anderen aus der epistemischen und besonders aus der hermeneutischen Funktion des Erzählens als Tätigkeit im Rahmen von Arendts existenziell-performativer Hermeneutik transformieren. Die »hermeneutische Narration« hat demnach eine erkenntniskonstitutive und verständnisermöglichende Funktion. Im Medium der Sprache realisiert, dient sie der kommunikativen Existenzerhellung, also dem Verständnis des In-der-Welt-seins eines konkreten Menschen. Wesentlich für die »hermeneutische Narration« ist die ihr inhärente zentrale Tätigkeit, das Erzählen. Denn dieses ermöglicht es, die einzelnen biografischen Fakten und die anhand derselben gewonnenen Erkenntnisse über eine Persönlichkeit eines Menschen zu konfigurieren und in einen sinnhaltigen Zusammenhang zu bringen. Denn »[d]as Schreiben bildet nicht einfach Denkprozesse ab, sondern zwingt zur Ordnung und Ausarbeitung der Gedanken […].«[91] So ist es gerade in der Erzählung möglich, die Gedanken, Gefühle und Motive einer Person mit ihrem Handeln und den Ereignissen, die diesem vorausgingen und diesem nachfolgten, bezogen auf ein dieses Handeln und die dahinterliegende Persönlichkeits-struktur bewertendes Urteil sinnstiftend zu verbinden und biografisch zu kontextuali-sieren. Das Erzählen zielt also darauf ab, je nach Vorhandensein, biografische Kohärenz oder auch Inkohärenz zwischen Vergangenem, Gegenwärtigem und Zukünftigem anschaulich zu machen. Das Erzählen dient demnach vor allem dem erinnernden Besinnen auf das Wesentliche, doch auch dem antizipierenden Vorausdenken des Zukünftigen. Durch das Erzählen wird so in epistemisch wie hermeneutischer Hinsicht zweierlei geleistet, zum einen wird durch die Erzählung die narrative Identität, also die Persönlichkeit eines Menschen in all ihren lebensweltlichen Bezügen offenbart und verständlich gemacht und zum anderen wird auch das Urteil des Erzählers über diese Persönlichkeit und ihr Handeln veranschaulicht. Das Erzählen generiert daher in hohem Maße Sinn. Da das Erzählen der zentrale Dreh- und Angelpunkt der »hermeneutischen Narration« ist, vollzieht sich die Denkbewegung derselben vom Vielen, den biografischen Fakten und Denkresultaten, zum einheitlichen Ganzen, der erzählten biografischen Geschichte bzw. der biografischen Repräsentationserzählung. Das Erzählen als zentrale Tätigkeit innerhalb der »hermeneutischen Narration« vollzieht sich, wie bereits erwähnt, im Medium der Sprache und kann sich in dieser sowohl im Schreiben, also in Form einer Repräsentationserzählung, als auch im Sprechen, d. h. als erzählte Geschichte, praktisch manifestieren. »Hermeneutische Narration« bedeutet also, entweder eine Repräsenta-tionserzählung schriftsprachlich zu verfassen oder hörbar-anschaulich zu performen. Das Verfassen einer Repräsentationserzählung dient dazu, die Resultate des Denkens durch metaphorischen Sprachgebrauch zu fixieren und anschaulich darzustellen, um sie

---

91 Thies, C.: *Das Philosophische Tagebuch*. S. 27.

so für andere Menschen verfügbar und einsichtig zu machen. Das Erzählen der Repräsentationserzählung als biografischer Geschichte dient dem gleichen Zweck, bringt darüber hinaus aber das Denken bzw. dessen Resultate für andere hör- und sehbar in Erscheinung. Weil beim Erzählen der andere, der Rezipient der Geschichte immer mitgedacht und in der Intention angesprochen wird, das Erzählte zu verstehen und ihm zuzustimmen, ist das Erzeugen einer Erzählung, egal ob schriftlich oder mündlich, der letzte und entscheidende Schritt bei der auf Repräsentativität abzielenden Urteilsbildung. Das Erzählen ist daher die Grundlage für die abschließende, auf ein Ergebnis im Sinne eines Konsenses zielende, diskursive Erörterung der Persönlichkeit eines Menschen mit anderen Menschen.

Aus Obigem folgt, dass die »hermeneutische Narration« im Kern aus zwei zentralen Arbeitsschritten besteht, nämlich zum einen dem Erzählen im Sinne des Verfassens einer Repräsentationserzählung und zum anderen im Sinne des Erzählens derselben vor einem Publikum. Dem Erzählen gehen jedoch mindestens zwei weitere Tätigkeiten voraus, nämlich auf der einen Seite das Beobachten und Recherchieren von biografischen Fakten sowie auf der anderen Seite das Analysieren und Auswählen derselben. Denn erst durch diese Tätigkeiten liegt ein analytisch durchdrungener, auf die wichtigsten Fakten hin selektierter »Erzählstoff« vor, der in einer Erzählung sinnstiftend zu einer Repräsentationserzählung verarbeitet werden kann.

Aus der Charakterisierung der »hermeneutischen Narration« folgt schließlich, dass derjenige, der diese bezogen auf die Persönlichkeit eines Menschen anwendet, vorwiegend die Rolle des Zuschauers bzw. des beobachtenden Schriftstellers einnimmt, der ein Menschenleben oder einen Ausschnitt im Leben eines Menschen überblickt, analytisch durchdringt, beurteilt und alle seine diesbezüglichen Erkenntnisse und Urteile in einer biografischen Repräsentationserzählung verarbeitet. Wird diese Erzählung vorgetragen, wechselt der beobachtende Schriftsteller allerdings in die Rolle des Handelnden, nämlich in die des Geschichtenerzählers, der seine Geschichte über einen anderen Menschen anderen erzählt und dabei auch etwas über sich selbst preisgibt. Auf jeden Fall nimmt der Erzähler zum Erzählten, also der Persönlichkeit, die durch seine Erzählung anschaulich dargestellt werden soll, ein epistemisch-evaluatives Verhältnis ein.

Narrativ-hermeneutische Methode: Die narrativ-hermeneutische Methode ist eine produktionsorientiere Unterrichtsmethode, da sie darauf abzielt, die über eine Persönlichkeit gewonnenen Erkenntnisse und biografischen Fakten in einer biografischen Repräsentationserzählung zusammenzufügen und so darzustellen, dass ein umfassendes Verständnis der Persönlichkeit möglich wird.[92] Dabei geht es darum,

---

92 Noch genauer zu klären ist, inwiefern eine biografische Repräsentationserzählung als eine Spielart der »dichten Beschreibung« gelten kann, die Sikorski der Philosophiefachdidaktik als Methode für die qualitativ-empirische Forschung empfiehlt. Sollte eine starke Korrelation zwischen biografischer Repräsentationserzählung und »dichter Beschreibung« nachweisbar sein, könnte von dieser ausgehend dafür argumentiert werden, dass

die Persönlichkeit eines Menschen ausgehend von ihrem Handeln in einer Grenzsituation so darzustellen, dass alle handlungsrelevanten Gründe und Begründungsstrukturen deutlich, alle relevanten Zusammenhänge zeitlich geordnet dargestellt und alle relevanten Kontexte hinreichend expliziert werden. Der narrativ-hermeneutischen Methode liegt die Annahme zugrunde, dass allein im Geschichtenerzählen durch einen kompetenten Erzähler die Persönlichkeit eines Menschen vollends erkennbar und verstehbar wird, weil alle Fakten und Erkenntnisse zu dieser Persönlichkeit erst dann ihr volles epistemisches und hermeneutisches Potenzial entfalten, wenn sie »[...] in einer Geschichte »sinnvoll« erzählt und das heißt auf spezifische Weise arrangiert, interpretiert und beurteilt werden.«[93] Derart ausgerichtet, entspricht die narrativ-hermeneutische Methode allen drei übergreifenden Konzeptprinzipien, insbesondere der »Subjekt-« und der »Wahrheitsorientierung«. Weil sie zudem lange Phasen des zurückgezogenen Nachdenkens und konzentrierten Schreibens erforderlich macht, entspricht sie auch dem Interaktionsprinzip »Kontemplation«. Außerdem zielt die im Rahmen der Methode zu verfassende biografische Repräsentationserzählung, wie deren Name schon andeutet, vor allem auf Objektivität im Sinne von Repräsentativität ab, weswegen durch die Methode besonders dem Denkprinzip »Repräsentativität« entsprochen wird.

Die narrativ-hermeneutische Methode wird angewendet, indem drei Arbeitsschritte durchlaufen werden. Hierbei handelt es sich als erster Schritt um das »Sammeln und Komponieren«, als zweiter Schritt, um das »Verfassen« einer (auto-) biografischen Repräsentationserzählung und schließlich als dritter Schritt, um das »Präsentieren bzw. Veröffentlichen« der verfassten Repräsentationserzählung.

1. Arbeitsschritt: Der erste Arbeitsschritt zielt vor allem darauf ab, den für den zweiten Arbeitsschritt, dem »Verfassen« der biografischen Repräsentationserzählung[94], notwendigen analytisch durchdrungenen und vorselektierten »Erzählstoff« bereitzustellen. Dies macht es erforderlich, dass die Schülerinnen und Schüler zunächst alle relevanten biografischen Fakten und ihre diesbezüglich gewonnenen Erkenntnisse – hier können sie z. B. auf die Ergebnisse aus der Anwendung der phänomenologisch-analytischen, kontemplativ-kritischen und diskursiv-dialektischen Methode zurückgreifen – von den weniger relevanten trennen, um den Erzählstoff auf das Wesentlichste zu

---

die Schülerinnen und Schüler im Rahmen des Selbst-Er-forschenden Philosophierens empirisch-forschend philosophieren. Vgl.: Sikorski, D.: *Unterrichtsbeobachtung und »Dichte Beschreibung« als empirsicher Forschungsansatz für die Lehrerbildung.* In: Martens, E. (Hrsg.): *Empirie und Erfahrung im Philosophie und Ethikunterricht.* Hannover: Siebert 2017. S. 173–193.

93 Straßenberger, G.: *Hannah Arendt.* S. 37.

94 Die narrativ-hermeneutische Methode kann darauf abzielen, dass die Schülerinnen und Schüler entweder eine biografische oder eine autobiografische Repräsentationserzählung verfassen. Letztere wird jedoch ausschließlich in der Phase des Erkenntnistransfers angefertigt, die, wie dargelegt, nicht zwingend eingeleitet werden muss, weswegen die nachfolgenden Erläuterungen der Methode auf die biografische Repräsentationserzählung fokussieren. Im Abschnitt zur phasenbezogenen Modifikation der Methode wird jedoch auf die Anfertigung der autobiografischen Repräsentationserzählung eingegangen.

reduzieren. Der Arendt'schen Metapher vom roten Faden folgend, wonach die Lebensgeschichte eines Menschen als roter Faden im Beziehungsgeflecht der menschlichen Angelegenheiten zu verstehen ist, sollen dann alle Schülerinnen und Schüler mit der Methode »roter Faden« eine Ordnung in ihren vorselektierten »Erzählstoff« bringen und zugleich eine erste Erzählstruktur schaffen. Dazu können sie beispielsweise alle relevanten biografischen Fakten und die entsprechenden Erkenntnisse auf Karten schreiben und an einen aufgespannten roten Faden in chronologischer Reihenfolge heften. Hierbei kann sich im Übrigen erneut die Notwendigkeit ergeben, Fakten und Erkenntnisse »auszusortieren«, weil sie irrtümlich als relevant eingestuft worden sind.[95]

2. Arbeitsschritt: Sind alle für das Verfassen der Repräsentationserzählung notwendigen Fakten zusammengetragen, liegt also ein vorselektierter, analytisch durchdrungener und geordneter Erzählstoff vor, kann der zweite Arbeitsschritt vollzogen werden, und zwar das »Verfassen« der biografischen Repräsentationserzählung. Insofern, dies werden die nachfolgenden Ausführungen noch genauer zeigen, bewegt sich die narrativ-hermeneutische Methode ganz klar im Rahmen der »produktiven Hermeneutik«[96].

Bezüglich der anzufertigenden Repräsentationserzählung ist zunächst zu klären, um was für eine Textsorte es sich hierbei genau handelt. Die Bezeichnung »biografische Repräsentationserzählung« legt dreierlei nahe: Erstens, darauf verweist das Attribut »biografisch«, handelt es sich bei dem von den Schülerinnen und Schülern zu verfassenden Text um einen Text, der der Textgattung »Sachtext«, und zwar genauer der der »Biografie« zuzuordnen ist und innerhalb dieser Gattung eher zur »Charakteristik« gehört, denn diese Textsorte zielt »[...] v. a. auf Darstellungen des Charakters, der äußeren Erscheinung und des Wesens ihrer Objekte ab [...]«[97], was auch mit der narrativ-hermeneutischen Methode intendiert wird. Das Kompositum »Repräsentationserzählung« weist zweitens darauf hin, dass es sich bei dem zu verfassenden Text um eine Erzählung handelt, also um einen epischen Text in Prosaform, dessen Gehalt drittens repräsentativ sein soll. Letzteres bedeutet bezogen auf Arendts existenziell-performative Hermeneutik, dass mit dem Text intendiert wird, vor allem objektive Fakten und Aussagen bezüglich der Persönlichkeit eines Menschen darzustellen, die berechtigterweise den Anspruch auf intersubjektive Zustimmung erheben können. Insofern ist der zu verfassende Text der wissenschaftlichen Biografik zuzuordnen, weil er sich, wie alle Texte dieser Textsorte,

---

95 Vgl.: Claussen, C.: *Die große Erzählwerkstatt für kleine Geschichtenerfinder. Das Praxispaket zur Entwicklung von Erzählkompetenz und Kreativität.* 3. Auflage. Donauwörth: Auer 2015. S. 45–46.

96 Vgl.: Haase, V.: *Kreatives Schreiben.* In: Nida-Rümelin, J. et al. (Hrsg.): *Handbuch Philosophie und Ethik. Band I: Didaktik und Methodik.* Paderborn: Schöningh 2015. S. 230.

97 Schnicke, F.: *Bestimmungen und Merkmale.* In: Klein, C. (Hrsg.) (2009): *Handbuch Biographie. Methoden. Traditionen. Theorien.* Stuttgart/Weimar: Metzler 2009. S. 5.

»[...] durch einen größeren »Wahrheits-« oder Faktualitätsanspruch aus[zeichnet] [...].«[98] So sollte u. a. auf Fakten verwiesen werden, klar argumentiert werden und eine gewissen Distanz zur dargestellten Persönlichkeit bestehen, was im Übrigen Merkmale sind, die auch Arendts biografische Repräsentationserzählungen über Rahel Varnhagen und Adolf Eichmann auszeichnen. Dies scheint jedoch in Widerspruch zum dritten Merkmal der biografischen Repräsentationserzählung zu stehen, nämlich dem Umstand, dass es sich hierbei um eine Erzählung handelt, die sich vor allem durch Fiktionalität auszeichnet. Runge führt jedoch aus, dass es sich bei Texten der wissenschaftlichen Biografik durchaus um Texthybride handeln kann, die sich durch »fließende Übergänge« zwischen Faktualität und Fiktionalität auszeichnen. Dass ein solcher Texthybrid auch von Arendt intendiert wird, machen zum einen ihre eigenen Repräsentationserzählungen deutlich und zum anderen ihr permanenter Hinweis darauf, z. B. in *Vita activa*, dass das Leben eines Menschen erzählt und eben nicht beschrieben etc. wird. Wenn die biografische Repräsentationserzählung also auch Merkmale der Epik aufweist, dann sind diese für die mit der narrativ-hermeneutischen Methode verfolgten Zwecke genauer zu explizieren. Da es der Methode darum geht, die Persönlichkeit eines Menschen ausgehend von seinem Handeln in einer Grenzsituation darzustellen, eignet sich als episches Erzählmuster besonders das der Kurzgeschichte, da in dieser vor allem »Alltagskrisen und -konflikte, wie sie für zwischenmenschliche Beziehungen charakteristisch sind, [...] thematisiert [werden].«[99] Bei der biografischen Repräsentationserzählung handelt es sich also genau genommen um eine biografische Kurzgeschichte, die sich durch einen hohen Faktualitätsanspruch auszeichnet.[100]

Beim Verfassen der biografischen Repräsentationserzählung arbeiten die Schülerinnen und Schüler wieder mit dem Denktagebuch und mit der Methode »roter Faden«. Da sie eine biografische Kurzgeschichte schreiben sollen, sollen sich die Schülerinnen und Schüler beim Verfassen derselben grundsätzlich nach dem typischen Erzählmuster der Textsorte »Kurzgeschichte« richten, das jedoch so modifiziert werden muss, dass es den Ansprüchen einer biografischen Repräsentationserzählung genügt. Dieses Erzählmuster sollen die Schülerinnen und Schüler mit dem »roten Faden« visualisieren, um sich dann davon beim Verfassen ihrer biografischen Kurzgeschichte leiten zu lassen. Das zu beachtende Erzählmuster zeichnet sich durch folgende Merkmale aus:[101]

---

98 Runge, A.: *Wissenschaftliche Biographik*. In: Klein, C. (Hrsg.): *Handbuch Biographie. Methoden. Traditionen. Theorien*. Stuttgart/Weimar: Metzler 2009. S. 115.

99 Marx, L.: *Die deutsche Kurzgeschichte*. 2. Auflage. Stuttgart/Weimar: Metzler 1997 (= *Sammlung Metzler*, Bd. 216). S. 62.

100 Vgl.: Runge, A.: *Wissenschaftliche Biographik*. S. 115–116.

101 Zu den Vorgaben für die Diegese siehe auch: Vgl.: Kempen, W. und Mutschler, F. (Hrsg.): *deutsch.kompetent. Qualifikationsphase*. Stuttgart/Leipzig: Klett 2015. S. 418–421; Marx, L.: *Die deutsche Kurzgeschichte*. S. 82; Rechenberg-Winter, P. und Haußmann, R.: *Arbeitsbuch Kreatives und biografisches Schreiben. Gruppen leiten*. Göttingen: Vandenhoeck & Ruprecht 2015. S. 220–221.

Die biografische Kurzgeschichte sollte ….	**Kommentar:**
1. … einen geringen Textumfang haben, also maximal 12 Seiten lang sein.	Die Kürze der Erzählung trägt zum einen dazu bei, sich auf das Wesentliche zu konzentrieren und erleichtert zudem die weitere Beschäftigung mit den verfassten Kurzgeschichten im Unterricht.
2. … inhaltlich/thematisch auf eine Person und ihr Handeln in einer außergewöhnlichen Situation (Grenzsituation) fokussiert sein.	Im Mittelpunkt des Selbst-Er-forschenden Philosophierens steht jeweils ein bestimmter Mensch, dessen Persönlichkeit ausgehend von seinem Handeln in einer Grenzsituation erschlossen werden soll.
3. … viel über die zentrale Figur preisgeben.	Normalerweise werden in Kurzgeschichten wenige Fakten über die zentrale Figur preisgegeben. Da es sich bei dem zu verfassenden Text jedoch um eine biografische Kurzgeschichte handelt, die auf Repräsentativität abzielt und sich daher vor allem durch Faktualität auszeichnen sollte und da es beim Selbst-Er-forschenden Philosophieren darum geht, sich eine Persönlichkeit zu erschließen und diese zu verstehen, ist es notwendig, dass alle relevanten Fakten über die untersuchte Persönlichkeit preisgegeben werden.
4. … eine kurze erzählte Zeit umfassen.	Beim Selbst-Er-forschenden Philosophieren steht besonders das Handeln der ausgewählten Persönlichkeit in einer Grenzsituation im Fokus der Untersuchung, um auf diesem Wege Aufschluss über die Persönlichkeit zu bekommen. Insofern greift die zu verfassenden biografische Kurzgeschichte nicht auf das ganze bisherige Leben der ausgewählten Persönlichkeit zu, bindet aber Vergangenes und Zukünftiges durch Retrospektionen, Paralipsen und Prolepsen ein (siehe nachfolgende Vorgaben zur Diegese).
5. … einen offenen Anfang, jedoch ein geschlossenes Ende haben, das zum Nachdenken anregt.	Die biografische Kurzgeschichte kann durchaus mit einem offenen Anfang beginnen, wenn darüber nicht die tief greifende Erklärung des Handelns der in den Mittelpunkt gestellten Persönlichkeit vernachlässigt wird. Der Schluss ist, für Kurzgeschichten eher untypisch, geschlossen anzulegen, indem die weiteren Handlungsfolgen aufgezeigt werden (Prolepse). Er sollte aber auf jeden Fall durch das vom Erzähler gefällte und zum Ausdruck gebrachte Urteil über die Persönlichkeit und ihr Handeln zum Nachdenken anregen.
6. …durch Metaphern und Allegorien verdichtet sein.	Die philosophische Arbeitsform »hermeneutische Narration« zeichnet sich u. a. dadurch aus, dass Denkresultate sprachlich durch Metaphern, Analogien, Allegorien etc. veranschaulicht werden. Da diese Arbeitsform den philosophischen Kern der narrativ-hermeneutischen Methode darstellt, sollten in der zu verfassenden biografische Kurzgeschichte Denkresultate auch durch Metaphern und Allegorien veranschaulicht werden, was die Repräsentativität der Geschichte unterstützt, Arendts Denken und Arbeiten entspricht und vor allem zum Nachdenken anregt.[102]

---

[102] Ausgehend von den in den biografischen Repräsentationserzählungen verwendeten Metaphern können in nachfolgenden oder anderen bzw. parallel laufenden Unterrichtseinheiten, im Sinne des metaphorical turn und einer entsprechenden Metapherndidaktik, die die Metaphern als Möglichkeiten zur Vernetzung des Philosophieunterrichts begreift, philosophische Zusammenhänge hergestellt und vertieft werden, wodurch letztlich eine Anbindung der im Rahmen des Selbst-Er-forschenden Philosophierens gewonnenen Erkenntnisse an den Fachunterricht und die dort zu vermitttelnden Gehalte der philosophischen Tradition

Da es sich bei der biografischen Kurzgeschichte um eine Heterodiegese handelt, ist das obige Erzählmuster folglich um entsprechende zentrale diegetische Vorgaben zu ergänzen, und zwar:

Die Diegese sollte sich auszeichnen durch …	Kommentar:
1. … eine Er-/Sie-Erzählung.	Der Erzähler soll aus der Perspektive der Hauptfigur erzählen, um deren Handeln und die darin zum Ausdruck kommende Persönlichkeit für den Leser besser verständlich zu machen. Deswegen ist ein Er-/Sie-Erzähler notwendig, was sich jedoch ändert, wenn von der Hetero- in die Autodiegese gewechselt wird (siehe nachfolgende Erläuterung), welche einen Ich-Erzähler notwendig macht.
2. … eine Außenperspektive auf die erzählten Ereignisse.	Da der Erzähler nicht Teil des erzählten Geschehens ist und im Sinne der angestrebten Repräsentativität möglichst objektiv von den Ereignissen und Begebenheiten erzählen soll, ist trotz des personalen Erzählers eine Außenperspektive notwendig. Dies ändert sich allerdings, wenn im Rahmen der vierten Phase des Selbst-Erforschenden Philosophierens die Schülerinnen und Schüler selbst zur Hauptfigur ihrer Erzählung werden, was folgerichtige ein autodiegetisches Erzählen notwendig macht
3. … eine auktoriales Erzählverhalten (Nullfokalisierung).	Typisch für wissenschaftliche Biografik ist die Distanz zur Persönlichkeit, von der berichtet bzw. erzählt wird. Außerdem soll sich die Erzählung durch Retrospektiven, Paralipsen und Prolepsen auszeichnen. Gerade letztere machen einen auktorialen Erzähler notwendig.
4. … eine kritisch-bewertende Erzählhaltung. 5. … kommentierende Erzählerrede und die Verwendung der erlebte Rede zur Gestaltung der Figurenrede.	Die Schülerinnen und Schüler sollen durch die von ihnen verfasste biografische Kurzgeschichte auch ihr Urteil über die untersuchte Persönlichkeit und ihr Handeln zum Ausdruck bringen. Daher ist ein Erzähler notwendig, der kommentiert und kritisch bewertet. Da die Erzählung Aufschluss über die Gedanken und Gefühle bzw. persönlichkeitsbildenden Eigenschaften der untersuchten Persönlichkeit geben soll, ist nicht nur der Er-/Sie-Erzähler notwendig (siehe oben), sondern als Figurenrede auch überwiegend die erlebte Rede geboten.
6. … ein zeitdehnendes, chronologisches Erzählen, das geprägt ist von Retrospektionen, Paralipsen und Prolepsen.	Es soll vom Handeln eines Menschen in einer Grenzsituation erzählt werden. Im Mittelpunkt steh also ein kurzer Moment im Leben eines Menschen bzw. eine kurze Zeitspanne. Diese soll jedoch durch Retrospektionen und Prolepsen informativ angereichert werden, so dass, ganz in Arendts Sinne, das Nuc stans, mit dem Vergangenen und dem Zukünftigen verbunden wird. Dies führt zu einer Inkongruenz zwischen erzählter Zeit und Erzählzeit, weswegen ein zeitdehnendes, chronologisches Erzählen notwendig folgt.

möglich wird. Vgl.: Albus, V.: *Metapherndidaktik. Grundlegung und Perspektiven.* In: ZDPE, 2/2014. S. 9–18; Albus, V.: *In den Netzen der Metaphern. Metaphern als Vernetzungsprinzip im Philosophieunterricht.* In: ZDPE, 2/2014. S. 41–47.

Anzumerken ist bezüglich der obigen Ausführungen zur Diegese, dass diese mit Arendts Überlegungen und Vorgaben für ein stellvertretendes autobiografisches Erzählen korrespondieren, also mit der paradoxen Verbindung des subjektiv-authentischen Selbst-Erzählens mit dem objektiv-wahrhaftigen Nach-Erzählen, wodurch die erlebende Innen- und die kommentierende Außenperspektive eigentümlich miteinander verschränkt werden. (vgl.: 3. Kapitel, 3. Teil, 2. Abschnitt, 1. Unterabschnitt)

3. Arbeitsschritt: Wenn die biografische Repräsentationserzählung von den Schülerinnen und Schülerin erstellt worden ist, folgt der dritte Arbeitsschritt, nämlich das »Präsentieren bzw. Veröffentlichen« und das damit verbundene Bewerten der verfassten Geschichten. Die Veröffentlichung soll sich so vollziehen, dass die von den Schülerinnen und Schülern verfassten biografischen Repräsentationserzählungen ausgelegt werden, so dass sie von allen Schülerinnen und Schülern gelesen werden können. Dies erfordert natürlich einen Raum der Ruhe, da viel und lange konzentriert gelesen werden muss. Schließlich sollen die drei repräsentativsten und am besten gestalteten Geschichten ausgewählt werden. Die Schülerinnen und Schüler bewerten daher die Geschichten, indem sie zum einen die obigen Vorgaben als Bewertungskriterien heranziehen. Zum anderen sollen sie das in der jeweilige Geschichte zum Ausdruck kommende Urteil hinsichtlich seiner Repräsentativität bewerten. Konkret bewertet wird mit Klebepunkten. Jeder Schüler bzw. jede Schülerinn hat drei Klebepunkte, die sie entweder auf drei oder zwei für repräsentativ und gut befundene Geschichten verteilen oder alle auf eine Kurzgeschichte, die sie für die Repräsentativste und Beste halten. Zudem sollen die Schülerinnen und Schüler, orientiert an der ESAU-Regel (Ergänzen, Streichen, Austauschen, Umstellen), Anmerkungen am Text machen, die dem jeweiligen Verfasser helfen, diesen ggf. zu überarbeiten. Dies sollten nämlich auf jeden Fall diejenigen Schülerinnen und Schüler tun, deren Geschichte/n ausgewählt wurde/n.[103]

Abschließend sei an dieser Stelle auf zweierlei hingewiesen: Erstens bedarf die narrativ-hermeneutische Methode eines Lehr-Lernraumes, der sowohl zurückgezogenes, d. h. ungestörtes Schreiben als auch ein öffentliches zur Schau stellen der angefertigten biografischen Repräsentationserzählungen[104] ermöglicht. Zweitens wird die von den Schülerinnen und Schülern verfasste Repräsentationserzählung auch durch die nachfolgend vorgestellte narrativ-performative Methode präsentiert. Hierbei liegt der Fokus jedoch auf einem anderen Aspekt, nämlich weniger auf dem Zugänglichmachen der Geschichte und mehr auf der Genese eines zusätzlichen Erkenntnisgewinns.

103　Vgl.: Mattes, W.: *Methoden für den Unterricht.* S. 112–113; Rechenberg-Winter, P. und Haußmann, R.: *Arbeitsbuch Kreatives und biografisches Schreiben.* S. 236–237.

104　Da es sich bei den autobiografischen Repräsentationserzählungen um sehr persönliche und daher besonders sensibel zu handhabende Geschichten handelt, sollten diese, sofern sie überhaupt angefertigt wurden, nicht öffentlich präsentiert werden. (siehe dazu: 6. Kapitel, 3. Teil, 2. Abschnitt, Erläuterungen zur Umsetzung des Konzepts im Rahmen einer Projektwoche)

Phasenbezogene Modifikation: Die narrativ-hermeneutische Methode kommt im Prozess des Selbst-Er-forschenden Philosophierens in der Phase der Problemkonsolidierung und, wenn diese Phase eingeleitet wird, auch in der des Erkenntnistransfers zur Anwendung. Der Einsatz der Methode in beiden Phasen macht grundsätzlich keine relevanten Modifikationen der Methode notwendig. Einzig zu beachten ist, dass in der Phase des Erkenntnistransfers die Schülerinnen und Schüler eine biografische Repräsentationserzählung über sich selber verfassen, weswegen es sich bei dieser streng genommen um eine autobiografische Repräsentationserzählung handelt und von der Hetero- in die Autodiegese gewechselt werden muss, mit den entsprechenden Konsequenzen für die Diegese (siehe oben). Die im Erkenntnistransfer anzufertigende autobiografische Repräsentationserzählung steht allerdings unter einem theoretischen Vorbehalt, da sie Arendt zufolge eigentlich nicht möglich ist. (vgl.: 3. Kapitel, 3. Teil, 2. Abschnitt, 1. Unterabschnitt)

Außerdem ist bezogen auf die nachfolgend anzuwendende narrativ-performative Methode zu beachten, dass die Performance aller von den Schülerinnen und Schülern verfassten biografischen Repräsentationserzählungen allein schon aus zeitlichen Gründen nicht umsetzbar ist, weswegen es dringend geboten ist, dass eine bis maximal drei biografische Repräsentationserzählungen im dritten Arbeitsschritt, dem »Veröffentlichen«, ausgewählt werden, so dass mit diesen dann konzentriert weitergearbeitet werden kann.

2.2.5 Narrativ-performative Methode

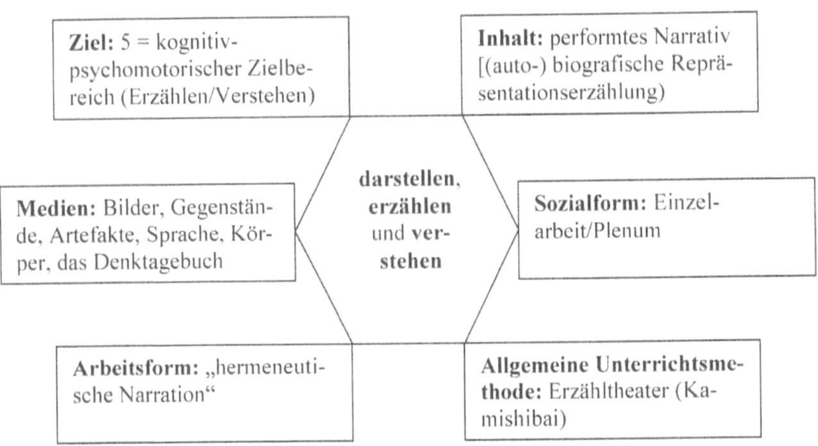

Abbildung 18: *Komponenten der narrativ-performativen Methode*

Die narrativ-performative Methode enthält als zentrale Kernkomponente ebenfalls wie die narrativ-hermeneutische Methode die aus der existenziell-performativen Hermeneutik transformierte Arbeitsform »hermeneutische Narration«, die sie zu einer philosophischen Unterrichtsmethode, genauer zu einer für das Konzept »Selbst-Er-forschend Philosophieren« konstitutiven Unterrichtsmethode macht. Die nachfolgende Methodenerläuterung wird diesbezüglich deutlich machen, dass beide Methoden nicht nur wegen der gleichen ihnen inhärenten philosophischen Arbeitsform eng zusammenhängen, sondern auch, weil die mit diesen Methoden angestrebten Lernprodukte und Unterrichtsziele viele Gemeinsamkeiten aufweisen. Neben der »hermeneutischen Narration« besteht die narrativ-performative Methode noch aus den im vorigen Schaubild (Abbildung 18: *Komponenten der narrativ-performativen Methode)* aufgeführten Komponenten.

Transformierte Arbeitsform: Da der narrativ-performativen Methode die gleiche philosophische Arbeitsform zugrunde liegt wie der narrativ-hermeneutischen Methode, nämlich die »hermeneutische Narration«, und da diese bereits zuvor bei der Darstellung und Erläuterung der narrativ-hermeneutischen Methode expliziert wurde, kann dies an dieser Stelle mit dem Verweis auf die vorherigen Ausführungen entfallen. Allerdings ist darauf hinzuweisen, dass in der narrativ-performativen Methode das der »hermeneutischen Narration« inhärente Moment des oralen Erzählens vor einem Publikum umgesetzt wird.

Narrativ-performative Methode: Die narrativ-performative Methode des Philosophierens ist vor allem eine handlungsorientierte philosophische Unterrichtsmethode. Bezogen auf die im ersten Teil dieses Kapitels erläuterten Konzept-Prinzipien entspricht sie daher vor allem dem übergreifenden und konstitutiven Unterrichtsprinzip »Handlungsorientierung« und außerdem dem konkreten, unterrichtsbezogenen Interaktionsprinzip »Performanz«. Das bedeutet, dass es bei der narrativ-performativen Methode vor allem um das der Eigeninitiative entspringende Handeln geht, das darauf abzielt, vor allem durch eine gelungene sprachliche Darstellung, die über die Persönlichkeit eines Menschen gewonnenen Erkenntnisse so zu performen, dass hieraus ein weiterer Erkenntnisgewinn in Form eines noch tief greifenderen Verständnisses der Persönlichkeit entspringt.

Das Ziel der narrativ-performativen Methode ist daher eine medial unterstützte narrative Performance der zuvor mittels der narrativ-hermeneutischen Methode erarbeiten biografischen Repräsentationserzählung, in der die Erkenntnisse über die untersuchte Persönlichkeit, bezogen auf die ausgewählte existenzielle Grenzsituation, so veranschaulicht werden, dass deutlich wird, in welchen äußeren und inneren Kontexten das ereignisbezogene Handeln der untersuchten Persönlichkeit steht, so dass diese Persönlichkeit über ihr Handeln begreifbar und verstehbar wird. Die Denkbewegung der narrativ-performativen Methode geht also ebenfalls vom abstrakten Ganzen aus, gemeint ist die herausgearbeitete und auf den Begriff gebrachte Persönlichkeitsstruktur eines Menschen, um bei einem anschaulich-fassbaren Ganzen anzugelangen, also der konturierten narrativen Darstellung der Persönlichkeitsstruktur eines bestimmten Menschen und dessen damit verbundenem Handeln in seinem jeweiligen lebensweltlichen Kontext.

Der narrativ-performativen Methode liegt dabei genauso wie der narrativ-herme-neutischen Methode die Annahme zugrunde, dass allein im Geschichtenerzählen durch einen kompetenten Erzähler die Persönlichkeit eines Menschen vollends erkenn- und verstehbar wird. Ergänzt wird diese Annahme jedoch um eine weitere Annahme, nämlich der, dass das Geschichtenerzählen ein kokonstruktiver Prozess ist, dass also das »Erzählen [...] ein Wechselspiel zwischen dem Erzähler, der Geschichte und den Zuhörern [ist].«[105] Verstanden wird eine Persönlichkeit also erst in der gemeinsamen, erzählenden Interaktion von Erzähler und Zuhörer, was wiederum der von Arendt herausgestellten Bedeutung des Faktums »Pluralität« für das menschliche Leben Rechnung trägt.

Die Struktur der Methode besteht aus den folgenden sechs Arbeitsschritten, die nachfolgend genau erläutert werden sollen: 1. »Vorbereitung«: Kriteriengeleitetes Durchgehen der schriftlich fixierten Repräsentationserzählung und Auswahl und Anfertigung geeigneter präsentativer Materialien sowie Einüben der Performance, 2. »Performance I«: Performatives Erzählen der Repräsentationserzählung vor einem Publikum, 3. »Reflexion«: Reflexion der Stärken und Schwächen der performten Reprä-sentationserzählung, 4. »Überarbeitung«: Überarbeitung sowohl der Repräsentations-erzählung als auch ihrer Performance, 5. »Performance II«: Erneutes performatives Erzählen der Repräsentationserzählung vor einem Publikum und 6. »Archivierung«: Aufbewahrung der bei der Performance eingesetzten präsentativen Materialien[106] im

---

105 Schüler, H.: *Sprachkompetenz durch Erzähltheater. Kamishibai.* 3. Auflage. Dortmund: KreaShibai Erzähltheater 2015. S. 49.

106 Hinsichtlich der Verwendung »präsentativer Materialien« im Philosophieunterricht hat es in der jüngeren Vergangenheit eine Kontroverse vor allem zwischen Markus Tiedemann, Roland Henke und Matthias Tichy gegeben, die Hans-Joachim Vogler in seinem Beitrag »Präsentative Materialien und Philosophie – Eine Kontroverse« prägnant nachzeichnet. Vgl.: Vogler, H.-J.: *Präsentative Materialien und Philosophie – Eine Kontroverse.* In: ZDPE, 1/2015. S. 97–103. Unter einem präsentativen Material wird in der Regel ein Medium verstanden, das einen Sachverhalt veranschaulicht, wie z. B. Bilder, Comics oder Filme. Vgl.: Peters, J.: *Bilder und Comics.* In: Nida-Rümelin, J. et al. (Hrsg.): *Handbuch Philosophie und Ethik. Band I: Didaktik und Methodik.* Paderborn: Schöningh 2015. S. 277. Im Kontext der narrativ-performativen Methode wird unter einem »präsentativen Material« in leichter Abwandlung der entsprechenden Bestimmungen in den »Einheitlichen Prüfungsanforderungen in der Abiturprüfung Philosophie« eine Entität verstanden, die »[...] es [ermöglicht; Zusatz S. G.], Bedeutungszusammenhänge in [...] verdichteter Form wahrzunehmen.« Einheitliche Prüfungsan-forderungen in der Abiturprüfung Philosophie (Beschluss der Kultusministerkonferenz vom 01. 12. 1989 i. d. F. vom 16. 11. 2006). http://www.kmk.org/fileadmin/Dateien/veroeffentlichungen_beschluesse/1989/1989_12_01-EPA-Philosophie.pdf (22. 03. 2018). S. 7.

»Erzählregal«[107] Die Struktur der Methode orientiert sich damit an der des Erzähltheaters genauso wie an der Grobstruktur der Praxis des theatralen Philosophierens.[108] Im Gegensatz zu letzterer geht es jedoch nicht um die Performance philosophischer Texte und der darin enthaltenen Argumente und Begriffe durch szenisches Spiel, sondern um die Darstellung von analytisch durchdrungenen, lebensweltlich kontextualisierten Zusammenhängen zwischen einer Persönlichkeit und ihrem Handeln in Form einer performten Erzählung, die durch körpersprachliche Elemente und präsentative Medien unterstützt wird.[109]

1. Arbeitsschritt: Ausgangspunkt der narrativ-performativen Methode ist die von den Schülerinnen und Schülern verfasste biografische Repräsentationserzählung, also das Arbeitsergebnis der narrativ-hermeneutischen Methode. Im ersten Arbeitsschritt, den die narrativ-performative Methode vorsieht, der »Vorbereitung« der Performance, sollen die Schülerinnen und Schüler die von ihnen verfasste biografische Repräsentationserzählung noch einmal genau durchgehen, indem sie für sich, aber auch bezogen auf die Rezipienten ihrer Performance herausarbeiten, was im Hinblick auf das Verständnis der untersuchten Persönlichkeit und ihr Handeln von besonderer Bedeutung ist. Es müssen also alle diejenigen Stellen in der Erzählung ermittelt werden, in denen verständnisrelevante Aussagen über die Persönlichkeit gemacht werden und die daher bei der Performance der biografischen Repräsentationserzählung besonders hervorgehoben werden müssen. Dies gilt insbesondere für die Stellen, in denen die Beurteilung der Persönlichkeit und ihres Handelns zum Ausdruck kommt. Um die Erzählung nachher auch in chronologischer und schlüssiger Reihenfolge performen zu können, macht es Sinn, wenn die Schülerinnen und Schüler ausgehend von ihrer Textdurchsicht einen mit Stichpunkten versehenen Erzählzettel anfertigen, der ihnen beim Erzählen ihrer biografischen Repräsentationserzählung hilft, dies möglichst frei und konzentriert zu tun. Zum Zweck einer ganzheitlichen und anschaulichen Performance ihrer biografischen Repräsentationserzählung sollen die Schülerinnen und Schüler dann geeignete präsentative Materialien auswählen, zusammensuchen und ggf. auch selbst anfertigen, mit denen sie ihre Performance optimal medial unterstützen und besonders die zentralen Stellen und Zusammenhänge ihrer biografischen Repräsentationserzählung veranschaulichen können. Zu diesen Materialien, deren Einsatz sparsam und daher mit Bedacht erfolgen sollte, gehören vor

---

107 Vgl.: Claussen, C.: *Die große Erzählwerkstatt für kleine Geschichtenerfinder.* S. 83–84.

108 Bezüglich des Erzähltheaters ist, ebenso wie im Übrigen bezüglich des theatralen Philosophierens anzumerken, dass es sich hierbei streng genommen nicht um Unterrichtsmethoden, sondern um Unterrichtskonzepte handelt. Was letztendlich jedoch nur zeigt, dass spezifisch philosophische Unterrichtmethoden auch durch die Kombination von philosophischen Arbeitstechniken mit Unterrichtskonzepten generiert werden können.

109 Gefert, C.: *Theatrales Philosophieren – performatives Denken in philosophischen Bildungsprozessen.* In: Nida-Rümelin, J. et al. (Hrsg.): *Handbuch Philosophie und Ethik. Band I: Didaktik und Methodik.* Paderborn: Schöningh 2015. S. 240–244; Schüler, H.: *Sprachkompetenz durch Erzähltheater.* S. 44–47.

allem Fotos oder biografisch relevante Artefakte. Die Darbietung der Erzählung bzw. das Erzählen der Schülerinnen und Schüler wird aber erst dann zu einer vollständigen Performance, wenn die Schülerinnen und Schüler diese auch mit angemessener Gestik, Mimik und der jeweils passenden Modulation ihrer Stimme so unterstützen, dass die Aufmerksamkeit der Zuhörer auf Wesentliches gelenkt wird, so dass dieses durch die Performance weiter erhellt wird. Notizen zum Einsatz der genannten präsentativen Materiealien und körpersprachlichen Elemente können ebenfalls auf dem Erzählzettel vermerkt werden, am besten neben den entsprechenden Erzähl-Stichpunkten. Abgeschlossen wird die Vorbereitungsphase dann, indem die Schülerinnen und Schüler ihre Performance zunächst alleine, später aber auch gemeinsam mit einem oder mehreren anderen Schülern bzw. Schülerinnen einüben, um sich ein erstes Feedback zu holen und um ihre Performance so ausdrucksstark und inhaltlich gehaltvoll wie möglich zu machen. Außerdem zielt die Vorbereitungsphase darauf ab, die Performance im Idealfall so zu verinnerlichen, dass der Erzählzettel überflüssig wird.

2. Arbeitsschritt: Wenn die Performance vorbereitet worden ist, folgt der zweite Arbeitsschritt, der darin besteht, diese auf der Bühne zu realisieren, d. h. vor einem Publikum die selbst verfasste biografische Repräsentationserzählung anschaulich und ausdrucksstark zu performen.[110] Hierbei sind gewisse Regeln zu beachten. So sollte auf jeden Fall Blickkontakt zum Publikum gehalten und in klaren und verständlichen Sätzen gesprochen werden. Außerdem sollte die Performance eine gewisse Maximalzeit, z. B. 20 Minuten, nicht überschreiten. Bei der Performance gibt es folglich einen Handelnden, den jeweils performenden Schüler bzw. die Schülerin auf der Bühne, und eine große Gruppe an Beobachtern bzw. Zuhörern, die aus den restlichen Schülern und Schülerinnen besteht. Aufgabe der Letzteren ist es, sich bei der Performance kriteriengeleitet Notizen in ihrem Denktagebuch zu machen. So sind zum Beispiel in inhaltlicher Hinsicht alle Erkenntnisse, die durch die Performance gewonnen werden, zu notieren, genauso wie unverständliche Aussagen oder unklare Begriffe etc. Bezüglich der Darstellung sind zudem gelungene und misslungene Aspekte der Performance aufzuschreiben.[111]

3. Arbeitsschritt: Die Notizen der Zuhörer dienen im dritten Arbeitsschritt, der »Reflexion«, dazu, ein qualitativ hochwertiges Feedback zu geben. Da es bei der Performance nicht nur um eine gelungene Präsentation der biografischen Repräsentationserzählung geht, sondern auch um die Erzeugung eines tiefergehenden Verständnisses der Zusammenhänge, von denen diese handelt, ist es sinnvoll, dass zunächst Verständnisfragen gestellt werden können. Erst dann sollten gelungene oder misslungene Aspekte der Performance benannt werden. Denn die Einschätzung, ob

---

110 Die Performance kann auch per Videoaufnahme dokumentiert und so für spätere Zugriffe gesichert werden.

111 Vgl.: Schüler, H.: *Sprachkompetenz durch Erzähltheater.* S. 45, 48.

etwas misslungen oder gelungen performt wurde, hängt sicherlich nicht unwesentlich vom richtigen Verständnis der Sache ab. Die Schülerinnen und Schüler schließen die Reflexionsphase ab, indem sie mögliche Verbesserungsvorschläge unterbreiten, die derjenige, der seine biografische Repräsentationserzählung performt hat, dann entweder auf seinem Erzählzettel an der entsprechenden Stelle oder im Denktagebuch notiert.[112]

4. Arbeitsschritt: Dies ist dann wiederum der Ausgangspunkt für den vierten Arbeitsschritt, der »Überarbeitung« der Performance. Hierbei geht es zuvorderst darum, die Performance so zu verbessern, dass die Zusammenhänge verständlicher und erkenntnisgenerativer dargestellt werden. So können z. B. unklare Formulierungen ersetzt werden, Begriffe ausgetauscht oder andere präsentative Materialien ausgewählt werden. Zudem ist die körpersprachliche Performance ggf. zu verändern. Es kann aber auch sein, dass die Performance und das Feedback des Publikums inhaltlich problematische Stellen der biografischen Repräsentationserzählung offenbart haben, was es möglicherweise notwendig macht, diese in Teilen zu überarbeiten.[113]

5. Arbeitsschritt: Ist die Performance zu Genüge überarbeitet und ggf. neu einstudiert worden, sollte eine erneute Performance der biografischen Repräsentationserzählung erfolgen. Dies stellt den fünften Arbeitsschritt der narrativ-performativen Methode dar, der jedoch, je nach den unterrichtspraktischen Erfordernissen, auch ausgelassen werden kann.

6. Arbeitsschritt: Abgeschlossen wird die narrativ-performative Methode mit dem sechsten Arbeitsschritt, der darin besteht, die präsentativen Materialen bzw. alle für die Performance der biografischen Repräsentationserzählung notwendigen Utensilien zu archivieren. Hierzu eignet sich z. B. ein Erzählregal, in das in Kartons oder Kästen alle Materalien sorgfältig verstaut werden können, um ggf. schnell wieder zur Verfügung zu stehen. Insofern erfordert die Methode einen Lehr-Lernraum, in dem ein Erzählregal aufgestellt werden kann und in dem darüber hinaus die Möglichkeit besteht, auf einer Bühne oder einem Podest o. Ä. etwas performen zu können.

Phasenbezogene Modifikation: Ebenso wie die narrativ-hermeneutische Methode ist auch der Einsatz der narrativ-performativen Methode im Prozess des Selbst-Er-forschenden Philosophierens in der Phase der Problemkonsolidierung und in der Phase des Erkenntnistransfers notwendig, wenn die entsprechenden Unterrichtsziele erreicht werden sollen. Auch die narrativ-performative Methode muss, wie alle bisher vorgestellten Methoden, leicht modifiziert werden, um in den beiden genannten Phasen optimal eingesetzt werden zu können.

Bei der phasenbezogenen Modifikation der narrativ-hermeneutischen Methode wurde bereits dargelegt, warum eine Reduktion der Anzahl der zu performenden

---

112 Vgl.: Ebd. S. 45–47.
113 Vgl.: Ebd. S. 46.

biografischen Repräsentationserzählungen notwendig ist und wie diese konkret umgesetzt wird. Da folglich für die anschließende Performance durch die narrativ-performative Methode nur noch zwei bis drei vielversprechende biografische Repräsentationserzählungen übrig sind, kann nicht jeder Schüler bzw. jede Schülerin, wie durch die narrativ-performative Methode eigentlich vorgesehen, eine Performance vorbereiten und durchführen. Diesbezüglich ist also eine Modifikation notwendig. Diese betrifft vor allem die Vorbereitungsphase und die Überarbeitungsphase im narrativ-performativen Verfahren und sieht so aus, dass diejenigen Schüler oder Schülerinnen, deren biografische Repräsentationserzählungen ausgewählt wurde, aufgefordert werden, sich ein Team zusammenzustellen, das ihnen bei der Vorbereitung und Überarbeitung der Performance hilft. So ist sichergestellt, dass alle Schülerinnen und Schüler in dieser Phase einen Arbeitsauftrag haben. Außerdem vollzieht sich sowohl die Vorbereitung als auch die Überarbeitung der Performances schneller und die Schülerinnen und Schüler gewinnen einen weiteren und tieferen Einblick in die jeweilige biografische Repräsentationserzählungen, wenn sie an deren Performance mitarbeiten, was ihnen schließlich auch die Auswahl der besten Performance sicherlich erleichtert.

Da die Phase des Erkenntnistransfers ein sehr persönliches Arbeiten vorsieht, ist auch diesbezüglich eine Modifikation der narrativ-performativen Methode notwendig. Grundsätzlich ist hier nochmals anzumerken, dass die Schülerinnen und Schüler selbst entscheiden, ob sie in diese Phase des Selbst-Er-forschenden Philosophierens eintreten wollen. Fällt diese Entscheidung positiv aus, dann werden die betreffenden Schülerinnen und Schüler aufgefordert, die narrativ-performative Methode bezogen auf die sie selbst betreffende autobiografische Repräsentationserzählung durchzuführen. Dies kann zurückgezogen mit einem oder mehreren Schülern/-innen des Vertrauens oder ggf. sogar alleine geschehen, wobei im letzteren Fall eine Videodokumentation der Performance sinnvoll ist. Die Modifikation der narrativ-performativen Methode in der Phase des Erkenntnistransfers sieht also vor, dass die Performance nicht mehr im öffentlichen Raum, sondern in einem geschützten, eher privaten Raum vollzogen wird.

Wie bereits festgestellt, steht beim Selbst-Er-forschenden Philosophieren das Ziel der Persönlichkeitserkundung und -entwicklung im Vordergrund, das aus einer grundsätzlichen Haltung der existenziellen Entschlossenheit und Ernsthaftigkeit heraus erreicht werden soll, indem ein fünfphasiger philosophischer Forschungsprozess initiiert wird, der wesentlich durch das Wechselspiel von gemeinsamem Gespräch und zurückgezogenem Beobachten und Denken bestimmt ist. In diesem Prozess wird das existenzielle Verstehen und das existenzielle Entwickeln der eigenen Persönlichkeit über die Hinwendung zu anderen Menschen vor allem durch den unterrichtsphasenbezogenen Einsatz einer phänomenologisch-analytischen, kontemplativ-kritischen, narrativ-hermeneutischen, narrativ-performativen und diskursiv-dialektischen

Methode zur kontextsensitiven und tiefenhermeneutischen Untersuchung von Persönlichkeitsstrukturen möglich. Die primären Unterrichtsmedien sind dabei das themenbezogene Schülergespräch, das Denktagebuch und (auto-) biografische Texte.

Da sich Philosophieren nicht im luftleeren Raum vollzieht, überrascht es nicht, wenn nun abschließend die Raumstrukturen angegeben werden müssen, die der Prozess des Selbst-Er-forschenden Philosophierens voraussetzt. Die Notwendigkeit der Transformation eines speziellen Lehr-Lernraumes aus der existenziell-performativen Hermeneutik Arendts, in dem sich das Selbst-Er-forschende Philosophieren optimal entfalten kann, ergibt sich nicht zuletzt aus der Explikation der fünf für das Konzept konstitutiven Unterrichtsmethoden und ihrer jeweiligen phasenbezogenen Modifikationen. Anforderungen an diesen Lehr-Lernraum sind, dass in diesem das Wechselspiel von gemeinsamem Gespräch und zurückgezogenem Beobachten und Denken bestmöglich realisiert werden kann. Der gesuchte Lehr-Lernraum muss es den Schülerinnen und Schülern also ermöglichen, gemeinsam handeln und sprechen, zurückgezogen nachdenken und ungestört beobachten zu können.

3. Transformation Nr. 5: Raumstrukturen

Nachdem zuvor die Prinzipien, Ziele, Inhalte und Medien, die Verlaufsform und die Methoden aus der existenziell-performativen Hermeneutik Arendts als Komponenten des Unterrichtskonzepts »Selbst-Er-forschend Philosophieren« transformiert worden sind, gilt es nun abschließend zu klären, welche Unterrichtsraumstruktur sich aus der existenziell-performativen Hermeneutik Arendts transformieren lässt, die mit den zuvor erarbeiteten Konzeptkomponenten bestmöglich zusammenstimmt.[114]

Die Entwicklung einer geeigneten Raumstruktur ist auch deswegen notwendig, weil Meyer zufolge jedes Unterrichtskonzept auch Aussagen »[...] über die organisatorisch-institutionelle Gestaltung des Unterrichts [...]«[115] machen muss. Teil einer jeden gelungen Unterrichtskonzeption ist daher ein gut durchdachtes Lehr-Lernraum-Konzept, denn »[d]ie Lernumgebung spielt hinsichtlich der Effektivität von Unterricht eine entscheidende Rolle, da der Lernerfolg nicht nur von Vorwissen und Interesse bestimmt wird, sondern ganz maßgeblich auch vom Kontext, in dem der Lernprozess stattfindet.«[116] Diesbezüglich lässt sich aus der existenziell-performativen Hermeneutik Arendts das Sprach-Beobachtungs-Denkraum-Konzept transformieren, das als Lehr-Lernraum-Konzept eine elementare Komponente des Konzepts

---

114　Vgl.: Meyer, H.: *Unterrichtsentwicklung.* S. 79–80.

115　Jank, W. und Meyer, H.: *Didaktische Modelle.* S. 305; vgl.: Meyer, H.: *Unterrichtsmethoden. Theorieband.* S. 208.

116　Reitinger, J.: *Forschendes Lernen. Theorie, Evaluation und Praxis in naturwissenschaftlichen Lernarrangements.* Immenhausen bei Kassel: Prolog 2013 (= *Theorie und Praxis Schulpädagogik,* Bd. 12). S. 69.

»Selbst-Er-forschend Philosophieren« ist, da es die Raumstrukturen und damit z. T. die Organisation desselben definiert und beschreibt.

Transformationsquellen: Die entscheidenden Transformationsquellen des Sprach-Beobachtungs-Denkraum-Konzepts sind Arendts Konzept des öffentlich-politischen Raumes und ihr damit verbundenes, jedoch nicht endgültig ausgearbeitetes, Verstehenskonzept sowie ihr ebenfalls damit verbundenes Konzept zur politischen Urteilsbildung, also drei Konzepte, die für ihre existenziell-performative Hermeneutik besonders relevant sind.

Das aus diesen Quellen transformierte Sprach-Beobachtungs-Denkraum-Konzept definiert drei verschiedene Räume, in denen die zuvor transformierten Ziele durch Orientierung an den erläuterten Prinzipien mithilfe der transformierten Methoden und Medien in der aufgezeigten Prozessstruktur erreicht werden sollen. Das Sprach-Beobachtungs-Denkraum-Konzept beschreibt daher einen dreifach gegliederten Lehr-Lernraum, durch den der Wechsel von lebendiger und gemeinsamer Artikulation, aufmerksamer Beobachtung und zurückgezogener Kontemplation arrangiert wird und so das möglichst von den Schülerinnen und Schülern selbstgesteuerte Selbst-Er-forschende Philosophieren ermöglicht. Der Denk-, der Sprach- und der Beobachtungsraum sind jeder für sich, aber besonders in ihrem Zusammenwirken, da die Unterrichtsmethoden, die sie ermöglichen, wechselseitig aufeinander bezogen sind, eine wesentliche Ermöglichungsbedingung für das Selbst-Er-forschende Philosophieren.

Die für das Sprach-Beobachtungs-Denkraum-Konzept konstitutiven Räume, ihre unterrichtspraktische Funktion sowie ihre Besonderheiten sollen im Folgenden genauer beschrieben und ihre strukturellen Bezüge zu den anderen Konzept-Komponenten erläutert werden. Eine erste Übersicht über das Zusammenwirken der drei Lernräume gibt das nachfolgende Schaubild. (siehe Abbildung 19: *Sprach-Beobachtungs-Denkraum-Konzept 1*)

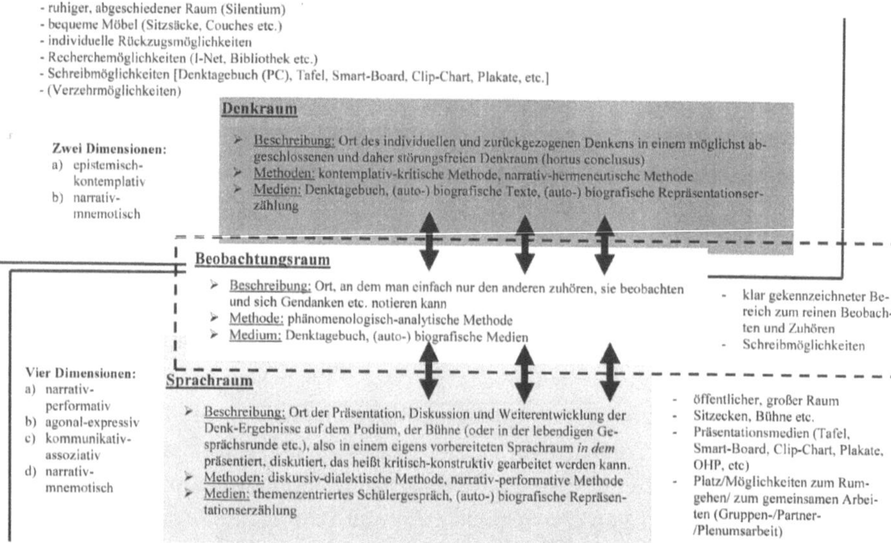

Abbildung 19: *Sprach-Beobachtungs-Denkraum-Konzept 1*

3.1 Sprachraum

Nachfolgend ist zunächst der Sprachraum als konstitutiver Teil des Sprach-Beobachtungs-Denkraum-Konzepts zu erläutern.

Transformationsquelle: Als Teil des Lehr-Lernraum-Konzepts innerhalb des Konzepts »Selbst-Er-forschend Philosophieren« lässt sich vor allem aus Arendts Konzeption des öffentlich-politischen Raumes transformieren, der im Rahmen der Explikation der existenziell-performativen Hermeneutik Arendts als existenzieller Erscheinungsraum rekonstruiert werden konnte. Kennzeichnend für diesen Raum ist daher zuvorderst, dass in ihm die Persönlichkeit eines Menschen in der Interaktion mit anderen in Erscheinung tritt und damit für diese erkennbar wird. Dem liegt die bereits erläuterte Annahme Arendts zugrunde, dass Sein und Erscheinung identisch sind. Handelnd, besonders aber sprechend, unterscheiden sich die Menschen im Erscheinungsraum von einander, weswegen sie ihre Individualität vor allem kommunikativ zum Ausdruck bringen. Die Kommunikation mit anderen entspringt Arendt zufolge dem Drang zur Selbstpräsentation und zielt damit auf die Performanz der Persönlichkeit ab. Derartige Kommunikation mit anderen setzt notwendig Pluralität voraus und bedeutet daher gleichzeitig auch Agonalität, weil der individuelle Drang zur Selbstpräsentation bzw. zur Performanz des eigenen Selbst auf den gleichgearteten Selbstpräsentationsdrang der anderen Menschen stößt. Die anderen Menschen setzten im Erscheinungsraum dem Erscheinen der Persönlichkeit also Grenzen, sie sind für das Erscheinen der Persönlichkeit jedoch ebenso notwendig, denn diese muss von anderen wahrgenommen werden, um Wirklichkeitsstatus zu erhalten. Erst das Wahrgenommenwerden durch andere Menschen ist daher die Grundlage dafür, dass die Persönlichkeit eines Menschen in einer von anderen Menschen erkenn-, erzähl- und verstehbaren Lebensgeschichte bzw. Biografie erfasst und verstanden werden kann. Das bedeutet aber, dass nicht durch das agonal-performative Handeln allein, sondern auch durch die hinzukommende mnemotische Narration durch andere die Persönlichkeit eines Menschen gebildet wird, weswegen im dritten Kapitel dafür argumentiert wurde, dass Persönlichkeit in Arendts Konzeption eine soziale Entität darstellt. (vgl.: 2. Kapitel, 2. Teil, 1. Abschnitt und 3. Kapitel, 2. Teil, 5. und 6. Anschnitt)

Charakterisierung und Methodenbezug: Weil er der Raum der Versammlung, also der gemeinsamen Beratung und Erörterung der alle Schülerinnen und Schüler betreffenden Angelegenheiten ist, ist der Sprachraum der Ausgangs-, End- und Mittelpunkt, also der räumliche Kern des Konzepts »Selbst-Er-forschend Philoso-phieren«. Er entspricht damit strukturell und funktional dem öffentlich-politischen Raum bzw. dem zuvor dargestellten Erscheinungsraum, dem in Arendts existenziell-performativer Hermeneutik eine ebenfalls zentrale Rolle zukommt. Der Sprachraum ist daher der antagonistisch und dramaturgisch konzipierte Ort des Handelns, der gemeinsamen Diskussion sowie der Performanz und Performance, das heißt, er ist vor allem der Ort des Miteinanderredens, der öffentlichen Inszenierung und der Interaktion mit anderen. Als Ort der Interaktion ist der Sprachraum auch der Ort der Erfahrung von Pluralität, in dem der einzelne Schüler bzw. die einzelne Schülerin die vielfältigen und widerstreitenden Sichtweisen bzw. Meinungen der Mitschüler/innen erfährt und erörtert. Da der/die einzelne Schüler/in seine/ihre zum Urteil geronnene Meinung im lebhaften agonalen Diskurs mit anderen im Sprachraum kritisch überprüfen muss, ist dieser der Ort der Urteilsbewährung und damit eine wesentliche Voraussetzung für die individuelle Urteilsbildung und das damit verbundene Sinnverstehen einer fremden oder der eigenen Persönlichkeit. Im Sprachraum gilt vor allem das Kriterium der Mitteilbarkeit, welches gerade auch für die im Sprachraum von den Schülerinnen und Schülern zu performenden biografischen Repräsentationserzählungen von Bedeutung ist. Der Sprachraum ist daher zuallererst ein vorbereiteter Lernraum in dem gemeinsam sprachlich interagiert wird. Im Sprachraum wird somit der diskursiv-dialektische und narrativ-performative Charakter des Selbst-Er-forschenden Philosophierens sichtbar. Zusammengenommen besitzt der Sprachraum daher eine narrativ-performative, eine agonal-expressive, eine kommunikativ-assoziative und eine narrativ-mnemotische Dimension, die alle im Dienst des Verstehens und Urteilens stehen.[117]

Typisch für den Sprachraum als Lehr-Leraum ist also die Pluralität, d. h. die

---

117 Vgl.: Straßenberger, G. : *Hannah Arendt.* S. 100.

Anwesenheit aller Schülerinnen und Schüler. Außerdem sind Performanz und Agonalität kennzeichnend für das gemeinsame Sprach-Handeln der Schülerinnen und Schüler im Sprachraum. Schließlich ist es charakteristisch für den Sprachraum, dass die Schülerinnen und Schüler bei ihrer Arbeit je nach situativer und funktionaler Notwendigkeit zwischen der Rolle des involvierten Akteurs und des distanzierten, verständnisorientierten Zuschauers wechseln. Letzteres macht einen eigenen Bereich innerhalb des Sprachraums notwendig, den Beobachtungsraum, der jedoch erst nachfolgend erläutert wird. Weil er der Ort der Versammlung und Beratung bzw. der Urteilsbewährung und der kommunikativen Existenzerhellung ist, ist der Sprachraum, inklusive des in ihn zum Teil integrierten Beobachtungsraumes, für das Selbst-Er-forschende Philosophieren besonders wichtig.[118]

Aufgrund seiner strukturellen und funktionalen Ausrichtung auf die Ermöglichung der sprachlichen Interaktion zwischen den Schülerinnen und Schülern ist der Sprachraum der prädestinierte Ort für die Realisierung der diskursiv-dialektischen und der narrativ-performativen Methode. Denn um beide Methoden realisieren zu können, müssen die Schülerinnen und Schüler die Rolle des involvierten, sprachhandelnden Akteurs einnehmen und entsprechend interagieren können. So treten sie beispielsweise sowohl als kompetenter Erzähler der von ihnen verfassten biografischen Repräsentationserzählung als auch als urteilender und streitbarer Diskutant auf, der sein persönlichkeitsbezogenes Urteil anderen gegenüber begründet und kritisch erörtert. Im Sprachraum haben die Schülerinnen und Schüler also die Möglichkeit zur erörternden Diskussion ihrer über die Persönlichkeit eines Menschen und ihr Handeln gefällten Urteile und zur narrativen Performance ihrer biografischen Repräsentationserzählung. Im Sprachraum werden aber auch Verfahrensschritte anderer Methoden umgesetzt, nämlich all jene Schritte, die der gemeinsamen Diskussion bzw. des gemeinsamen Gesprächs bedürfen. So findet beispielsweise das im Rahmen der narrativ-hermeneutischen Methode vorgesehene Präsentieren und Auswählen der von den Schülerinnen und Schülern verfassten biografischen Repräsentationserzählungen ebenfalls im Sprachraum statt.

Phasenbezug: Im Sprachraum geht es vor allem in der Problemkonsolidierungs-, aber auch in der Erkenntnistransferphase darum, die im Denkraum gewonnenen Denk-Ergebnisse zu präsentieren, zu diskutieren und weiterzuentwickeln. Auf dem Podium, der Bühne oder in der lebendigen Gesprächsrunde wird also präsentiert, diskutiert, argumentiert und schließlich erzählt, denn, wie gezeigt, ist der Sprachraum nicht nur der Ort der kritisch-prüfenden Diskussion, sondern auch der Ort des sinnvernehmenden Erzählens. Im Sprachraum wird also vorwiegend im Dialog kritisch-konst-

---

118 Vgl.: Marchart, O.: *Das Agonale*. In: Heuer, W. et al. (Hrsg.): *Arendt-Handbuch. Leben – Werk – Wirkung*. Stuttgart/ Weimar: Metzler 2011. S. 263; Straßenberger, G.: *Hannah Arendt*. S. 95–96, 100, 143, 169–170; Vowinckel, A.: *Hannah Arendt*. 2. Auflage. Stuttgart: Reclam 2014. S. 50.

ruktiv gearbeitet. Darüber hinaus spielt der Sprachraum für die Phase der Problemetablierung und für die Phase der Ergebnis- und Prozessreflexion eine wichtige Rolle, da er der Ort ist, an dem die Schülerinnen und Schüler im themenzentrierten Schülergespräch Erfahrungen artikulieren und existenzielle Probleme benennen, ihren Forschungsprozess planen und abschließend auswerten sowie ggf. ausweiten können. Der Sprachraum wird daher tatsächlich in allen Phasen des Selbst-Er-forschenden Philosophierens benötigt und ist daher zentral für dessen Realisierung.

3.2 Beobachtungsraum

Der Beobachtungsraum ist ein weiteres konstitutives Element des Sprach-Beobachtungs-Denkraum-Konzepts, das es zu erläutern gilt.

Transformationsquelle: Arendt zufolge gibt es auf der politischen Bühne, im öffentlichen Raum einen vielstimmigen »Chor« an Beobachtern, die das politische Geschehen kommentieren und beurteilen, was sie u. a. in *Vita activa* genauer erläutert. Vor allem aus der für die existenziell-performative Hermeneutik Arendts zentrale persönlichkeitsbildende phänomenologisch-hermeneutische Tätigkeit des Beobachtens, lässt sich für das Konzept »Selbst-Er-forschend Philosophieren« ein Beobachtungsraum als Teil des konzeptkonstitutiven Lehr-Lernraum-Konzepts transformieren. Die Beobachter sind Arendt zufolge Theoretiker, Berichterstatter, Historiker und letztlich (Geschichten-) Erzähler, die vom eigenen »[…] aktiven Engagement in eine Sonderposition innerhalb der Welt gewechselt […]«[119] haben. Als nicht beteiligte Zuschauer befinden sie sich nahe bei dem politischen Geschehen innerhalb des politischen Bereichs, sind diesem jedoch entzogen und haben damit eine andere Perspektive auf das politische Geschehen. Die Beobachter erzeugen so die Pluriperspektivität des öffentlichen Raumes.

> Während der politisch Handelnde aufgrund seines aktiven Involviertseins in den politischen Prozess nur eine begrenzte, notwendigerweise parteiliche Perspektive auf die zu entscheidende Sache einnimmt, gewinnt der bloße Betrachter in der Distanz zum politischen Geschäft einen allgemeinen Überblick, der ihn befähigt, das Wesentliche zu erkennen.[120]

Dies gilt auch dort, wo es um die Erkenntnis, das Verständnis und die Beurteilung der Persönlichkeit eines Menschen geht. Im Rahmen der existenziell-performativen Hermeneutik Arendts ermöglicht folglich erst die Einnahme der Beobachterposition, den Prozess des existenziellen Erkennens und Verstehens einzuleiten, weil dieser

---

119 Straßenberger, G.: *Hannah Arendt.* S. 143.
120 Ebd. S. 143.

wesentlich das Beobachten der Handlungen einer Person im öffentlichen Raum voraussetzt, da erst hierdurch die notwendigen biografischen Fakten gesammelt und aufbereitet werden können, um anschließend verstanden und beurteilt zu werden. Die Beobachterposition ergibt also erst die notwendige Distanz als Voraussetzung für ein gemeinsinnbasiertes Urteilen. Um jedoch wirklich verstehen und beurteilen zu können, muss der Beobachter die räumlich-zeitliche Distanz zum politischen Geschehen vollständig überwinden, indem er sich in den Raum bzw. an den Ort des Denkens begibt. Mit Arendt metaphorisch gesprochen muss der Beobachter, nun verstanden als Denker, die Diagonale in der Zeit finden und sich in den Raum des Denkens begeben. Im Anschluss an die Erläuterung des Beobachtungsraumes ist daher nachfolgend auch der transformierte Denkraum als Teil des zu beschreibenden Lehr-Lernraum Konzepts zu erläutern.[121] (vgl.: 3. Kapitel, 2. Teil, 5. und 6. Abschnitt)

Charakterisierung und Methodenbezug: Wie bereits erklärt, ist der Beobachtungsraum ein Teilbereich innerhalb des Sprachraums, der aus diesem heraus, in den Denkraum führt. Der Beobachtungsraum ist vom Sprachraum jedoch insofern zu unterscheiden, als dass er nicht der Ort der Performanz und der narrativen Performance ist, sondern der Ort der Phänomenerkundung. Die Schülerinnen und Schüler wechseln also im Beobachtungsraum aus der Rolle des Akteurs in die des Zuschauers. Denn im Beobachtungsraum treten die Schülerinnen und Schüler in Distanz zu dem sich im Sprachraum abspielenden diskursiven und narrativen Geschehen. Diese Distanz ermöglicht es den Schülerinnen und Schülern die Perspektive zu wechseln, jeweils genau zuzuschauen und hinzuhören, um alles Wesentliche der diskursiven und narrativen Interaktion im Sprachraum mitzubekommen. Im Beobachtungsraum machen sich die Schülerinnen und Schüler daher Notizen im Denktagebuch, indem sie wichtige Beiträge fixieren, Einfälle und interessante Gedanken aufschreiben und korrigierende oder ergänzende Bemerkungen an dem zuvor im Denkraum erstellten und im Sprachraum dargestellten Denk-Ergebnissen festhalten. Das Besondere am Beobachtungsraum ist, dass er aufgrund seiner engen Beziehung zum Sprachraum auf der einen und zum Denkraum auf der anderen Seite einen Zwischen- bzw. Transitraum darstellt, den die Schülerinnen und Schüler nicht nur metaphorisch, sondern auch tatsächlich durchschreiten, wenn sie von dem Sprachraum in den Denkraum oder umgekehrt wechseln. Der Beobachtungsraum ist also der Übergangsbereich, in dem die Schülerinnen und Schüler durch zunehmende oder abnehmende Distanz vom Geschehen entweder vom Akteur zum Denker oder andersherum vom Denker zum Akteur werden. Die Übergänge zwischen dem Beobachtungsraum und die an ihn angrenzenden Räume sind daher nicht ganz trennscharf zu ziehen. Dies wird besonders beim Einsatz der phänomenologisch-analytischen sowie der diskursiv-

---

121 Vgl.: Ebd. S. 143–144.

dialektischen und der narrativ-performativen Methode deutlich. So setzt die diskursiv-dialektische, mehr als diese jedoch die narrativ-performative Methode, ein Publikum, d. h. Zuschauer voraus, die der erörternden Diskussion folgen, sich zeitweise in sie einmischen und die vor allem der narrativen Performance der verfassten biografischen Repräsentationserzählungen ihre Aufmerksamkeit schenken, um weitere Erkenntnisse zu gewinnen bzw. diese zu vertiefen. Da sowohl die diskursiv-dialektische als auch die narrativ-performative Methode primär im Sprachraum zu verorten sind, wird hier deutlich, warum eine klare Abtrennung zwischen Sprach- und Beobachtungsraum schon aufgrund von methodischen Notwendigkeiten unmöglich ist. Dass im Beobachtungsraum aber zuvorderst die Realisierung der phänomenologisch-analytischen Methode ihren Ort hat, sollte offensichtlich sein, weil die Schülerinnen und Schüler hier entweder durch direkte Beobachtung – was jedoch weniger der Fall sein sollte – oder durch indirekte Beobachtung, also vor allem durch Recherchen im Internet oder in zuhandenen Büchern bzw. autobiografischen Medien, biografische Fakten über die zu untersuchende Persönlichkeit zusammentragen und diese hinsichtlich ihrer Relevanz analysieren und beurteilen sollen. Außerdem gewinnen die Schülerinnen und Schüler durch die Beobachtung der im Sprachraum stattfindenden Interaktionen weitere Erkenntnisse, die für die Erkenntnis, das Verständnis und die Beurteilung der ausgewählten Persönlichkeit relevant sind. Die so gewonnenen Fakten müssen jedoch aufbereitet, sprich analysiert werden. Wie gezeigt, ist die phänomenologisch-analytische Methode daher auch stark analytisch ausgerichtet, was ein zurückgezogenes Nachdenken erfordert, welches wiederum im Denkraum realisiert werden sollte. Damit sensibilisiert besonders die phänomenologisch-analytische Methode für den methodisch notwendigen, schrittweisen Übergang der Schülerinnen und Schüler vom Beobachtungs- in den Denkraum.

Phasenbezug: Aus dem Vorherigen geht hoffentlich deutlich hervor, dass der Beobachtungsraum ein Ort des Zuhörens, des Aufschreibens und Nachlesens ist. Gesprochen wird dort nicht, was bereits deutlich macht, dass der Beobachtungsraum zu der einen Seite hin den Übergang zum Denkraum vorbereitet. Das zentrale Lernmedium ist der (auto-) biografische Text und das Denktagebuch. Außerdem sollte deutlich geworden sein, dass der Beobachtungsraum besonders in der Problemexplorations- und in Teilen auch in der Problemkonsolidierungsphase bzw. der Erkenntnistransferphase der Ort des Selbst-Er-forschenden Philosophierens ist, weil in ihm einige wichtige Verfahrensschritte derjenigen Methoden umgesetzt werden müssen, die der Problemkonsolidierung und ggf. dem Erkenntnistransfer dienen.

3.3 Denkraum

Ebenso wie ein Sprach- und ein Beobachtungsraum, lässt sich auch ein Denkraum als Teil des bisher vorgestellten Lehr-Lernraum-Konzepts aus Arendts existenziell-performativer Hermeneutik transformieren, von dem daher insbesondere bei der vorherigen Explikation des Beobachtungsraumes bereits die Rede war. Der Denkraum lässt sich vorwiegend aus dem Urteilen, Erzählen und Verstehen als für die existenziell-performative Hermeneutik Arendts zentraler persönlichkeitsbildender, phänomeno-logischer, epistemologischer und hermeneutischer Tätigkeiten transformieren sowie aus Arendts eigener Art zu philosophieren.

Transformationsquelle: Wie bereits dargelegt, beschreibt Torkler Arendts Denken als »[...] eine Art kommunikativer Raum (»living room«, Wohnzimmer), in dem die verschiedenen Perspektiven der Tradition zu einem Gespräch zusammen-geführt, *versammelt* werden.«[122] Dieser Raum wird in Arendts Wohnzimmer, ihrem living room, in dem vor allem Freunde zusammenkommen, um gemeinsam um die Wahrheit in Form eines repräsentativen Urteils zu ringen, manifest, so Torkler. Doch nicht nur in Arendts eigener Denkpraxis, sondern auch innerhalb der Konzeption ihrer existenziell-performativen Hermeneutik repräsentiert der hier eher immateriell vorliegende Denkraum den wichtigen raum- und zeitlosen Ort des Denkens, in dem sich die Vita contemplativa entfaltet. Der Raum des Denkens ist für Arendt daher der Ort der »existenziellen Modi des Alleinseins« (WUP 364), an dem der Jemand die Diagonale in der Zeit betreten und so als altersloser »Er« aus der Aktualität seines Jemandseins denkend heraustreten kann. Dazu muss er aus der Rolle des Handelnden, vermittelt über die Rolle des weltzugewandten, jedoch distanzierten, verständnisorientierten Zuschauers, in die des weltabgewandten, kontemplativen Denkers wechseln. Das Alleinsein des Denkens wird exemplifiziert durch »[...] die Einsamkeit des Philosophen, die Unparteilichkeit des Historikers und des Richters und die Unabhängigkeit dessen, der Fakten aufdeckt, also des Zeugen und des Berichter-statters.« (WUP 364) Der Ort des Denkens ist daher vor allem der Ort der Wahrheit, der philosophischen, wie sie das philosophische Denken erlangt und der Tatsachen-wahrheit, mit der sich beispielsweise der Historiker beschäftigt und die durch den Zeugen bzw. Berichterstatter verbürgt wird. (vgl.: WUP 364) Im Denkraum ereignet sich also ein Wahrheitsgeschehen. (vgl.: WUP 364) Denn nur im Denkraum kann sich das zur qualifizierten Meinungsbildung notwendige reflexive Verstehen und die unparteiliche Urteilsbildung vollziehen, die zwar nicht mit dem despotischen Absolut-heitsanspruch der Wahrheit auftritt, jedoch mit dem Anspruch auf Repräsentativität verbunden ist. (vgl.: WUP 341) Voraussetzung hierfür ist die im Denkraum mögliche zurückgezogene Kontemplation bzw. das innere Zwiegespräch des Denkenden mit

---

122 Torkler, R.: *Philosophische Bildung und politische Urteilskraft. Hannah Arendts Kant-Rezeption und ihre didaktische Bedeutung.* Freiburg/München: Alber 2015 (= *Pädagogik und Philosophie*, Bd. 7). S. 431; Vgl.: Hahn, B.: *Dichtung/ Narrativität.* In: Heuer, W. et al. (Hrsg.): *Arendt-Handbuch. Leben – Werk – Wirkung.* Stuttgart/Weimar: Metzler 2011. S. 353; Young-Bruehl, E.: *Hannah Arendt. Leben, Werk und Zeit.* Frankfurt am Main: Fischer 1996. S. 534.

sich selbst. Dass dieses wiederum in doppelter Hinsicht für die Persönlichkeitsbildung von Bedeutung ist, nämlich für die individuelle Persönlichkeitsentwicklung wie für das Verständnis der Persönlichkeit eines Menschen durch andere, wurde hoffentlich im vorherigen dritten Kapitel deutlich. Für das Verständnis der Persönlichkeit eines Menschen ist das Aufsuchen des Denkraumes daher absolut notwendig. Dies auch deswegen, weil der Denkraum neben der Urteilsbildung darüber hinaus auch der Ort der Sinngebung ist, denn in ihm werden die Narrative erstellt, in denen »[...] die Fakten [...] ihre ursprüngliche Beliebigkeit [verlieren] und [...] eine Bedeutung, die menschlich sinnvoll ist [erlangen] [...]« (WUP 367) (vgl.: 2. Kapitel, 2. Teil, 2. Abschnitt und 3. Kapitel, 2. Teil, 4. und 6. Abschnitt)

Charakterisierung und Methodenbezug: Im aus Arendts immateriell gedachten, persönlich jedoch in ihrem Wohnzimmer materialisierten Raum des Denkens transformierten Denkraum als materialisierten Lehr-Lernraum haben die Schülerinnen und Schüler vor allem die Möglichkeit zum individuellen und zurückgezogenen Denken in einem möglichst abgeschlossenen und daher störungsfreien Raum (hortus conclusus). Der Denkraum ist daher eine »Insel der Ruhe«[123] und damit etwas, was es in der Schule von heute wohl nur noch selten gibt. Im Denkraum erfahren die Schülerrinnen und Schüler das Abenteuer, aber auch die Durststrecken des Denkens. Hier sind sie als individuelle Denker ganz auf sich selbst zurückgeworfen und auf ihre Innerlichkeit verwiesen, wenn es darum geht, die im Sprachraum gemachten Erfahrungen und die Beobachtungsraum gemachten Beobachtungen zu verarbeiten. Dazu treten die Schülerinnen und Schüler im Denkraum in das innere Zwiegespräch mit sich selber ein und binden in dieses ggf. die Beiträge der philosophisch-kulturellen Tradition ein, weswegen im Denkraum auch die Werke der großen Dichter und Denker zuhanden sein sollten, um diese ggf. konsultieren, d. h. zum Sprechen bringen zu können. Im Denkraum vollzieht sich also das Verstehen und das individuelle, auf Repräsentativität abzielende Urteilen. Deshalb ist der Denkraum auch ein Ort des Schreibens, nämlich des schriftlichen Fixierens von Denkresultaten. Schreiben ist zuallererst bei der Analyse der im Beobachtungsraum gewonnenen biografischen Fakten im Denkraum notwendig, da hier die bereits erläuterten Tabellen erstellt werden müssen. Im Denkraum werden aber auch die durch die kontemplativ-kritischen Methode vorgesehenen Kohärenzdiagramme zur Kohärenzprüfung der jeweilig untersuchten Persönlichkeitsstruktur angefertigt. Außerdem werden in ihm die (auto-) biografischen Repräsentationserzählungen von den Schülerinnen und Schülern verfasst. Insofern wird ein wesentlicher Verfahrenschritt der narrativ-hermeneutischen Methode im Denkraum umgesetzt. Darüber hinaus wird, wie schon erwähnt, im Denkraum im Rahmen der diskursiv-dialektischen Methode das individuelle Urteil über die untersuchte Persönlichkeit

---

123 Vgl.: Brüning, B.: *Hannah Arendt.* S. 103; Thies, C.: *Das Philosophische Tagebuch.* S. 29.

gefällt, schriftlich fixiert und ggf. überdacht. Schließlich wird im Denkraum auch die narrative Performance der verfassten Repräsentationserzählung vorbereitet, d. h. der Erzählzettel wird geschrieben und der Ablauf der Performance bzw. der Einsatz der präsentativen Materialien festgelegt. Im Denkraum werden von den Schülerinnen und Schülern also Verfahrensschritte aller fünf transformierten Methoden umgesetzt, was seine große Bedeutung und seinen funktionalen Stellenwert innerhalb des Konzepts »Selbst-Er-forschend Philosophieren« unterstreicht. Trotz der in ihm realisierten Methodenvielfalt, ist der Denkraum jedoch der «Heimatort» der kontemplativ-kritischen und der narrativ-hermeneutischen Methode, da deren zentrale Verfahrensschritte hier realisiert werden. Der Denkraum zeichnet sich daher vorwiegend durch eine epistemisch-kontemplative und eine narrativ-mnemotische Dimension aus.

Phasenbezug: Die in ihm realisierten methodischen Verfahrenschritte berücksichtigend, kann man feststellen, dass der Denkraum vor allem in der Problemkonsolidierungsphase und, wenn diese eingeleitet wird, auch in der Erkenntnistransferphase von den Schülerinnen und Schülern aufgesucht werden muss. Da auch im Denkraum nicht gesprochen wird – mit Ausnahme des inneren Zwiegesprächs –, ist das zentrale Medium, das hier Verwendung findet, das Denktagebuch, in das die Schülerinnen und Schüler die von ihnen zu verfassenden (auto-) biografische Texte und Repräsentationserzählungen niederschreiben.

Da die drei für das Sprach-Beobachtungs-Denkraum-Konzept konstitutiven Lehr-Lernräume eng miteinander verbunden sind bzw. eine optimale Realisierung der fünf transformierten Methoden nur dann ermöglichen, wenn die Schülerinnen und Schüler unkompliziert den von der jeweiligen Methode gebotenen Ort des Philosophierens aufsuchen können, soll durch die nachfolgende Übersicht gezeigt werden, wie das Raumkonzept am besten praktisch umgesetzt wird. Es sollte ersichtlich werden, dass für die Einrichtung der drei Lehr-Lernräume am besten eine Schulbibliothek geeignet ist, die einen Raum hat, den man leicht vom Rest der Bibliothek abtrennen kann.

Alle vorherigen Transformationsergebnisse zusammengenommen kann an dieser Stelle, die Transformationen beschließend, festgehalten werden, dass beim Selbst-Er-forschenden Philosophieren das Ziel der (eigenen) Persönlichkeitserkundung und -entwicklung im Vordergrund steht und daher eine Haltung der existenziellen Entschlossenheit und Ernsthaftigkeit von den Schülerinnen und Schülern eingenommen werden muss. Erreicht wird dieses Ziel durch einen fünfphasigen philosophischen Forschungsprozess, der sich aus dem Wechselspiel von gemeinsamem Gespräch und zurückgezogenem Beobachten und Denken konstituiert. Die Erkundung und Entwicklung der eigenen Persönlichkeit erfordert von den Schülerinnen und Schüler die verstehende Hinwendung zu anderen Menschen. Dabei kommen je nach Unterrichtsphase die phänomenologisch-analytische, die kontemplativ-kritische, die

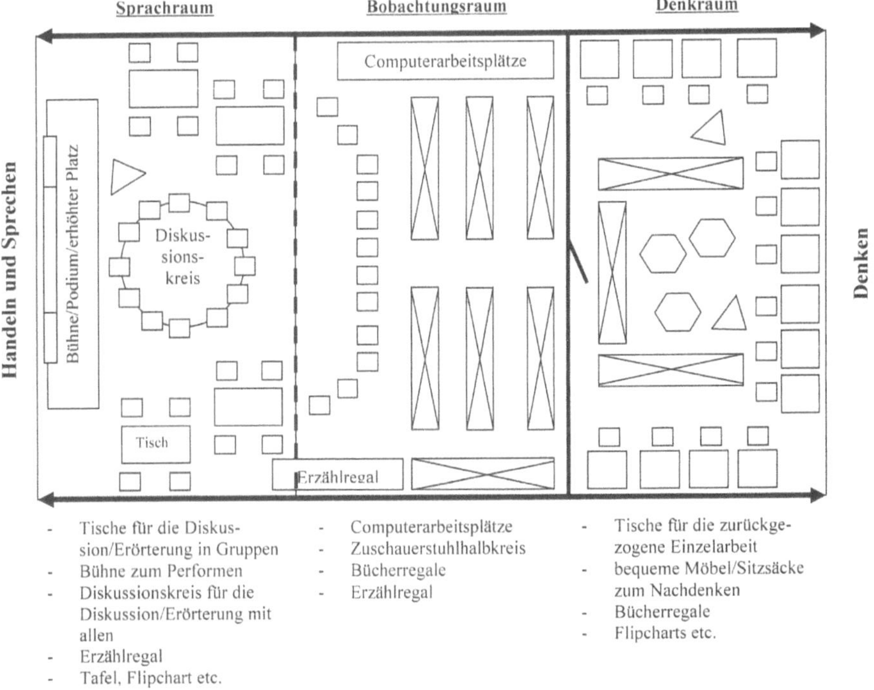

Abbildung 20: *Sprach-Beobachtungs-Denkraum-Konzept 2*

narrativ-hermeneutische, die narrativ-performative und die diskursiv-dialektische Methode zur kontextsensitiven tiefenhermeneutischen Untersuchung von Persönlichkeitsstrukturen zur Anwendung. Die primären Unterrichtsmedien mit denen sich diese Methoden realisieren lassen, sind das themenbezogene Schülergespräch, das Denktagebuch und (auto-) biografische Texte. Die Orte, an denen mit diesen Medien, den jeweiligen methodischen Erfordernissen entsprechend und zielbezogen gearbeitet wird, werden durch das Sprach-Beobachtungs-Denkraum-Konzept beschrieben.

III. Allgemeindidaktische Einordnung des Konzepts

Es sollte deutlich geworden sein, dass es dem zuvor transformierten Unterrichtskonzept »Selbst-Er-forschend Philosophieren« wesentlich um die Befähigung zur Persönlichkeitserforschung und Persönlichkeitsentwicklung geht und es den Schülerinnen und Schülern daher die Möglichkeit eröffnen möchte, die eigene Persönlichkeit bzw. das eigene Selbst durch die vor allem narrativ vermittelte Hinwendung zu einem anderen Menschen, einem Er, zu erforschen und sowohl sinngebend zu verstehen als auch im Hinblick auf die Möglichkeiten zukünftiger Existenzweisen im Sinne der eigen Persönlichkeitsentwicklung auszuloten und zu entwickeln.

Konzeptziele und -titel: Wie bereits erläutert, ergibt sich der Titel des Konzepts aus dieser im gemeinsamen Sprechen und Handeln vollzogenen Hinwendung zu einem anderen Menschen. Denn dieser Hinwendung kommt sowohl im Konzept »Selbst-Er-forschend Philosophieren« als auch in Arendts existenziell-performativer Hermeneutik eine besondere, d. h. persönlichkeitsbildende Funktion zu. Rückbezogen auf die im zweiten Kapitel thematisierte, wesentliche Aspekte von Arendts persönlichkeitsbezogenem Denken verdeutlichende Kafka'sche Parabel »Er«[124] kann der Titel des Konzepts hier abschließend insoweit weiter expliziert werden, als dass mit dem Personalpronomen »Er« nicht nur der andere Mensch als Objekt der verstehenden Hinwendung, sondern auch das sich zu sich selbst hinwendende Individuum gemeint ist, das nämlich, um sein eigenes Selbst verstehen und weiterentwickeln zu können, aus dem Spannungsfeld von Vergangenheit und Zukunft heraustreten muss, um aus dem Verständnis des Vergangenen und mit Blick auf das Zukünftige einen Standpunkt im Gegenwärtigen finden und entsprechend handeln zu können, so dass sein Leben, vom Ende her betrachtet, anderen Menschen als kohärentes, stimmiges und daher sinnvolles Ganzes erscheint. Das Konzept »Selbst-Er-forschend Philosophieren« steht folglich für einen Unterricht, in dem die Schülerinnen und Schüler dazu aufgefordert werden, aus der Gegenwart heraus, bezogen auf ein existenzielles Problem, vermittelt über die Hinwendung zu einem anderen Menschen, sich selbst, d. h. ihre Vergangenheit, zu verstehen und persönliche Perspektiven für die Zukunft zu entwickeln.

Voraussetzungen gelingender Konzeptbildung: Der im Titel des Konzepts ausgedrückte existenzphilosophische Zusammenhang sollte im dritten Kapitel mit der Explikation von Arendts existenziell-performativer Hermeneutik deutlich herausgearbeitet und bis hierhin, also im vierten Kapitel, durch Transformation unterrichtspraktisch ausgearbeitet worden sein. Folglich soll nicht nur der Grundgedanke und Grundzusammenhang des Konzepts im Titel mitklingen, sondern dieser soll auch dafür stehen, dass das Konzept durch seinen durch Transformation hergestellten Bezug zur Existenzphilosophie und existenzphilosophischen Praxis Arendts ein klares philosophisches Fundament hat, womit eine der drei entscheidenden Voraussetzungen

---

124 Der Bezug zu Kafkas Parabel erklärt an dieser Stelle hoffentlich auch, warum die aus gendertheoretischer Perspektive gebotene, bspw. mit Gendersternchen versehene, Schreibweise des Titels, z. B. »Selbst-Er*Sieforschendes Philosophieren«, nicht sinnvoll ist. Denn mit dem Personalpronomen »Er« ist nicht ausschließlich das männliche Geschlecht und damit der andere, männliche Mensch gemeint, sondern der geschlechtsneutrale Titel der Parabel und die darin vorherrschende allgemeine Rede von dem Menschen, welche alle Geschlechter umfasst. Das »Er« bezeichnet also auch den denkenden Menschen, der sich denkend auf der Diagonalen der Zeit bewegt und alters- und geschlechtslos ist. Mit »Er« ist somit inhaltlich wie textreferenziell er, der Mensch im Allgemeinen und kein Geschlecht im Besonderen gemeint.

– philosophische Begründung, bildungstheoretische Passung und bildungspolitische Anschlussfähigkeit – für eine gelingende philosophiefachdidaktische Theorie- bzw. Konzeptbildung erfüllt ist.

Projektunterricht: Durch die aus diesem philosophischen Fundament transformierten mesomethodischen Elemente, die die verschiedenen Teilkomponenten des Konzepts »Selbst-Er-forschend Philosophieren« darstellen, bekommt der aus diesem Konzept folgende Unterricht ein ganz bestimmtes Gepräge, das es möglich macht, ihn auf der Ebene der Makromethodik klar einer methodischen Großform zuzuordnen. Da es hierbei um eine Zuordnung der Unterrichtsform geht, wird hierfür vor allem die transformierte Verlaufsform des Selbst-Er-forschenden Philosophierens in den Blick genommen.

Es ist hoffentlich deutlich geworden, dass die Vorzüge der transformierten Verlaufsform vor allem darin bestehen, dass es mit ihr möglich ist, das themenbezogene Lehrer- und Schülerhandeln, also den Lehr-Lern-Prozess so zu strukturieren, dass, vorausgesetzt alle anderen diesen Prozess bedingenden Faktoren (Zusammensetzung der Lerngruppe, materielle und zeitliche Ressourcen etc.) stimmen, nicht nur den etablierten Konzeptprinzipien vollends entsprochen wird, sondern auch die transformierten Konzeptziele grundsätzlich erreicht werden können. Zudem sollte durch die vorherigen Erläuterungen offenkundig sein, dass der Prozess des Selbst-Er-forschenden Philosophierens wesentlich durch das Wechselspiel von zurückgezogenem Nachdenken und gemeinsamen, themenbezogenen Gespräch geprägt ist, das wesentlich durch den Einsatz der entwickelten fünf Unterrichtsmethoden strukturiert und konkretisiert wird. Die vorgestellte Verlaufsform des Selbst-Er-forschenden Philosophierens beschreibt zudem, so viel ist hoffentlich ebenfalls ersichtlich geworden, einen philosophischen Forschungsprozess, der um das Phänomen »Persönlichkeit« kreist und der einen Unterricht erforderlich macht, der bisher so nicht im gängigen Philosophieunterricht anzutreffen ist, vor allem, weil er aus curricularer Sicht nicht vorgesehen und fachdidaktisch nur wenig ausgearbeitet ist. So gibt z. B. der gültige Lehrplan für den Philosophieunterricht in NRW keinerlei Auskunft oder Anhaltspunkte für die Gestaltung eines solchen Unterrichts und es gibt auch nur wenige fachdidaktische Beiträge, die sich mit dieser Form des Unterrichts befassen. Wenn aber nun Breil Recht damit hat, dass sich »Philosophie [...] nicht in der Rekonstruktion und Anwendung philosophischer Bildungsinhalte [erschöpft], sondern [...] wesentlich philosophische Tätigkeit und denkerischer Vollzug [ist] [...]«[125] und wenn sich das Selbst-Er-forschende Philosophieren in der zuvor erläuterten Verlaufsform entfaltet, dann bietet das Konzept »Selbst-Er-forschend Philosophieren« eine zum bisherigen Philosophieunterricht alternative Unterrichtsform an, die Breils

---

125 Breil, R.: *Projekte als Möglichkeiten des Philosophierens.* In: ZDPE, 1/2014. S. 4.

Feststellung insofern Rechnung trägt, als dass sich in den Kernphasen des Konzepts, ein intensives Wechselspiel zwischen Phasen des zurückgezogenen Nachdenkens und Phasen des interaktiven Philosophierens, vor allem im gemeinsamen Gespräch, vollzieht. Nimmt man die zuvor etablierte Verlaufsform genauer in den Blick, dann ist zudem festzustellen, dass es sich bei dem Unterricht, der durch das Konzept »Selbst-Er-forschend Philosophieren« prädisponiert wird, um eine Form des offenen Unterrichts, und zwar genauer, um eine Spielart des Projektunterrichts handelt, der ganz wesentlich auf den amerikanischen Pragmatiker Dewey zurückgeht. Um offenen Unterricht in der Spielart des Projektunterrichts handelt es sich erstens deswegen, weil sowohl die zuvor erläuterte Verlaufsform als auch die zuvor etablierten Konzeptprinzipien und -ziele deutlich machen, dass beim Selbst-Er-forschend Philosophieren der Schülerorientierung ein zentraler Stellenwert zukommt, da es für dieses Philosophieren konstitutiv ist, dass von den Interessen und Erfahrungen der Schülerinnen und Schüler ausgegangen wird. Insofern kann das Konzept »Selbst-Er-forschenden Philosophieren« auch zu der Gruppe der erfahrungsbezogenen Unterrichtskonzepte gezählt werden, in deren Mittelpunkt das Erfahrungen-machen und Erfahrungenverarbeiten steht. Zweitens entspricht der Verlauf des Selbst-Er-forschenden philosophierens zu großen Teilen den von Frey herausgearbeiteten Merkmalen des Projektunterrichts, wie z. B. der Fokussierung auf Fragen, die die Schülerinnen und Schüler persönlich betreffen, der gemeinsamen Zielformulierung und Prozessplanung oder der gegenseitigen Information. Folglich überrascht es nicht, wenn drittens die bis hierhin vorgenommene konzeptionelle Fassung des Selbst-Er-forschenden Philosophierens mit der Definition der Projektarbeit übereinstimmt, bei der es sich um eine »[...] Form des handlungsorientierten Unterrichts [handelt], bei der eine problemhaltige Sachlage der Beteiligten dazu führt, die Bearbeitung einer Thematik als wichtig anzusehen.«[126] Schließlich korrespondieren viertens die fünf Phasen des Selbst-Er-forschenden Philosophierens mit den fünf Projektschritten, die u. a. Frey zufolge den Projektunterricht wesentlich kennzeichnen.[127] So entspricht die Phase der Problemetablierung zum einen der Phase des Projektunterrichts, in der eine problematische Sachlage ermittelt wird, und zum anderen der Phase, in der ein Projektplan erstellt wird. Die Phasen Phänomenexploration, Problemkonsolidierung und Erkenntnistransfer decken sich mit der für die Projektarbeit typischen Phase des handelnden Umgangs mit dem

---

126 Cyrill, M.: *Projektarbeit im Philosophieunterricht.* In: Pfister, J. und Zimmermann, P. (Hrsg.): *Neues Handbuch des Philosophieunterrichts.* Bern: Haupt 2016. S. 377.

127 Frey zufolge folgt der Projektunterricht den folgenden fünf Schritten: 1. »Projektinitiative«, 2. »Auseinandersetzung mit der Projetinitiative«, 3. »Gemeinsame Entwicklung eines Betätigungsgebietes«, 4. »Projektdurchführung« und 5. »Abschluss des Projekts«. Vgl.: Frey, K.: *Die Projektmethode.* S. 54–61.

ausgewählten Problem und die Phase der Problemreflexion stimmt im Wesentlichen mit der Projektarbeitsphase der Problemvorstellung und -reflexion überein.[128]

Unterrichtshybrid: Dass die durch das Konzept »Selbst-Er-forschend Philosophieren« präfigurierte Unterrichtsform der offene Projektunterricht ist, lässt sich auch bezogen auf die von Meyer vorgenommen Klassifikation von Unterrichtsformen zeigen, da das entwickelte Konzept neben wenigen Phasen der direkten Instruktion vor allem viele und lange Phasen der selbstgesteuerten Einzel-, Partner- und Gruppenarbeit vorsieht. Allerdings ist eine genauere Klassifikation in die von Meyer beschriebenen Unterrichtsformen insofern schwierig, als dass es sich bei dem Philosophieunterricht im Rahmen des Konzepts »Selbst-Er-forschend Philosophieren« vor allem um einen Hybrid bestehend aus moderat individualisierendem Unterricht auf der einen und kooperativen Unterricht auf der anderen Seite handelt. Denn zum einen, wie für den individualiserenden Unterricht typisch, ist die Lehrperson eher Lernprozessberater, die Schülerinnen und Schüler werden tendenziell nach Interessen differenziert, Medien spielen eine besondere Rolle, die Präsentation der Arbeitsergebnisse findet im Plenum bzw. im Sprachraum statt und die direkte Instruktion ist eher nur zu Beginn des Arbeitsprozesses besonders wichtig. Zum anderen, wie im kooperativen Unterricht üblich, sind die Aufgabenstellungen und der Unterrichtsablauf auf ein immaterielles Handlungsprodukt bezogen, nämlich das Erfassen und Verstehen der ausgewählten Persönlichkeit im Hinblick auf eine gemeinsam etablierte Leitfrage. Außerdem findet die Arbeit in einer vorbereiteten Umgebung (vgl.: Sprach-Beobachtungs-Denkraum-Konzept) und in Kleingruppen bzw. eher in Teamarbeit statt und die Arbeitsergebnisse werden im Forum, genauer im Sprachraum präsentiert und gemeinsam reflektiert. »Die Lehrperson bemüht sich [zudem; Zusatz S. G.], nirgendwo zu dominieren, hält aber die Fäden in der Hand.«[129] Man kann daher abschließend feststellen, dass durch das Konzept »Selbst-Er-forschend Philosophieren« eine moderat individualisierende, kooperative auf die individuelle Sinngebung und damit biografisch ausgerichtete Projektarbeit präfiguriert wird.[130]

Bezogen auf die Ziele des Konzepts »Selbst-Er-forschend Philosophieren« ist diese Form der Projektarbeit – in der Philosophiefachdidaktik sicherlich eine umstrittene bzw. mit großer Skepsis verbundene Form des Unterrichts – insofern geboten, weil die Projektarbeit erstens »[z]ur *Persönlichkeitsbildung* im Jugendalter [...] in hohem Maß bei[trägt], da sie aufgrund der erwähnten Gestaltungsspielräume die Schülerinnen und

---

128 Vgl.: Breil, R.: *Projekte als Möglichkeiten des Philosophierens.* S. 13; Cyrill, M.: *Projektarbeit im Philosophieunterricht.* S. 375–378; Frey, K.: *Die Projektmethode.* S. 13, 15–16, 36–37, 44–47; Jank, W. und Meyer, H.: *Didaktische Modelle.* S. 309, 334–338; Meyer, H.: *Unterrichtsentwicklung.* S. 66.

129 Ebd. S. 65.

130 Vgl.: Ebd. S. 40, 42, 54–68. Paradies, L. und Linser, H.-J.: *Differenzieren im Unterricht.* 6. Auflage. Berlin: Cornelsen Scriptor 2012. S. 36–37, 48–51.

Schüler zu Mit- oder Hauptverantwortlichen für ihr Lernen macht und ihnen dadurch die Möglichkeit der Profilbildung bietet.«[131] Nicht unwesentlich ist diesbezüglich, dass gerade hierauf besonders die »Schülergeneration Y« besonderen Wert legt, so Hurrelmann. Außerdem »[...] ermöglicht Projektarbeit [zweitens; Zusatz S. G.] in besonderem Maß die Begegnung der Philosophie mit der Lebenswelt der Schülerinnen und Schüler und der Gesellschaft.«[132] Gerade dieser Lebenswelt- und Gesellschaftsbezug zeichnet nicht zuletzt auch Arendts Philosophieren wesentlich aus.[133]

Wichtige Anmerkungen: Diese allgemeindidaktische Einordnung des Konzepts abschließend muss jedoch auf zweierlei hingewiesen werden, und zwar erstens, dass das »Philosophieren lernen [...] ein Angebot [ist], das aktiv angenommen werden muss, denn es setzt Menschen als *Subjekte* ihre Erlebens, Denkens, Wertens oder Wollens voraus.«[134] Insofern gelingt Projektarbeit nur unter der Bedingung aktiver Anteilnahme seitens der Schülerinnen und Schüler. Diesbezüglich ist jedoch zweitens auch einschränkend festzustellen, dass »[e]ine umfangreiche[...] Projektarbeit [wie sie das Konzept »Selbst-Er-forschend Philosophieren« nahelegt; Anm. S. G.] [...] in aller Regel für eher fortgeschrittene Philosophieschülerinnen und -schüler sinnvoll sein [dürfte].«[135]

Mit der Transformation des Konzepts »Selbst-Er-forschend Philosophieren« aus der existenziell-performativen Hermeneutik Arendts und der Beschreibung und Klassifikation des mit diesem einhergehenden Unterrichts kann das zweite zentrale Ziel dieses Forschungsprojekts als erreicht gelten, nämlich die Entwicklung eines Unterrichtskonzepts aus der Existenzphilosophie und existenzphilosophischen Praxis Hannah Arendts, das das Selbst-Er-forschende Philosophieren ermöglicht. Hiermit wird zudem das zweite im ersten Kapitel benannte philosophiefachdidaktische Forschungsdesiderat eingelöst. (vgl.: 1. Kapitel, 1. Teil) Im Sinne der Erfüllung aller Gelingensbedingungen für eine philosophiefachdidaktische Konzeptbildung bleibt ist nun aufzuzeigen, dass das Konzept »Selbst-Er-forschend Philosophieren« Philosophieren im Sinne der Ziele und Annahmen philosophischer Bildung ermöglicht und bildungspolitisch anschlussfähig ist. Den Fokus hierauf legt das nachfolgende fünfte Kapitel.

---

131 Cyrill, M.: *Projektarbeit im Philosophieunterricht.* S. 378–379.

132 Ebd. S. 389.

133 Vgl.: Ebd. S. 375; Hurrelmann, K. und Albrecht, E.: *Bildungsorientierungen und Wertvorstellungen von Jugendlichen heute. Ergebnisse aktueller Jugendstudien.* In: Seminar, 2/2016. S. 118–119.

134 Breil, R.: *Projekte als Möglichkeiten des Philosophierens.* S. 14.

135 Cyrill, M.: *Projektarbeit im Philosophieunterricht.* S. 388.

Übersicht: Synopse der Konzeptelemente

konstitutive Prinzipien: Subjektorientierung, Handlungsorientierung, Wahrheitsorientierung

Phasen und Arbeitsschritte	Methoden und Medien		Räume
1. Problemetablierung			
a) Existenzielle Erfahrungen sammeln und artikulieren	phänomenologisch-analytische Methode	themenzentriertes Schülergespräch	Sprachraum, Beobachtungsraum
b) Existenzielle Probleme benennen, Fragen formulieren			
c) Untersuchungsgegenstand auswählen, Leitfrage formulieren	diskursiv-dialektische Methode		
d) Arbeitsplan erstellen			
2. Phänomenexploration	phänomenologisch-analytische Methode	(auto-) biografische Texte	Beobachtungsraum
e) Biografische Fakten sammeln und aufbereiten			
3. Problemkonsolidierung	kontemplativ-kritische Methode	Denktagebuch	Denkraum
f) Strukturen erfassen und Zusammenhänge verstehen, Kohärenz prüfen			
g) Strukturen verändern, Inkohärenzen vermeiden	narrativ-hermeneutische Methode		
4. Erkenntnistransfer	narrativ-performative Methode	themenzentriertes Schülergespräch	Sprachraum
h) Strukturen erfassen und Zusammenhänge verstehen, Kohärenz prüfen, Erkenntnisse übertragen			
i) Strukturen verändern, Inkohärenzen vermeiden	diskursiv-dialektische Methode		
5. Ergebnis- und Prozessreflexion	diskursiv-dialektische Methode	themenzentriertes Schülergespräch	Sprachraum
j) Ergebnisse präsentieren und reflektieren			
k) Neue Probleme benennen, Anschlussfragen stellen			
l) Prozess reflektieren, Forschungsvorhaben benennen			

existenzielle Ernsthaftigkeit → **übergeordnetes Ziel: Sinnverstehen einer Persönlichkeit** ← existenzielle Entschlossenheit

Teilziele: biografische Fakten analytisch durchdringen, Persönlichkeitseigenschaften und Strukturzusammenhänge erkennen und hinterfragen, Kohärenzen/Inkohärenzen erkennen und beurteilen, Erkenntnisse diskursiv prüfen sowie narrativ darstellen und vertiefen

(linker Rand:) unterrichtsbezogene Denkprinzipien: Souveränität, Repräsentativität

(rechter Rand:) unterrichtsbezogene Interaktionsprinzipien: Performanz, Kontemplation

Fünftes Kapitel: Bildungstheoretisch-fachdidaktische Verknüpfungen

Die Transformation des Unterrichtskonzepts »Selbst-Er-forschend Philosophieren«
aus der existenziell-performativen Hermeneutik Arendts diente, wie im ersten Kapitel
dargelegt, der philosophischen Begründung des Konzepts, die für eine gelingende fachdidaktische Theorie- bzw. Konzeptbildung eminent notwendig ist. Die methodologischen
Überlegungen im ersten Kapitel sollten jedoch auch deutlich gemacht haben, dass eine
solche Theorie- bzw. Konzeptbildung auch eine bildungstheoretisch-fachdidaktische
Begründung notwendig macht. Die im Folgenden erläuterte bildungstheoretische
Einpassung des Unterrichtskonzepts »Selbst-Er-forschend Philosophieren« ist vor allem
in dreierleich Hinsicht erforderlich: So ist eine bildungstheoretische Einpassung erstens
sachlich folgerichtig, weil eine solche, wie bereits im dritten Kapitel gezeigt, durch Sturmas
Erkenntnisse zu den Bedingungen der Entfaltung von Personalität nahe gelegt wird (vgl.:
3. Kapitel, 1. Teil, 2. Abschnitt), was, da diese Erkenntnisse mit Arendts diesbezüglichen
Erkenntnissen korrelieren, mutatis mutandis auch für Arendts existenziell-performative
Hermeneutik und damit auch für das Konzept »Selbst-Er-forschend Philosophieren« gilt.
Zweitens ist eine bildungstheoretische Einpassung sinnvoll, weil für die Entwicklung
des Konzepts »Selbst-Er-forschend Philosophieren«, das praktisch-präskriptiv sein soll,
ein normativ-reflexiver Entwicklungsansatz leitend ist, dem ein normativ gehaltvoller
Bildungsbegriff zugrunde liegt, der erst durch die bildungstheoretische Einpassung
eine klare Kontur bekommt. Drittens ist eine bildungstheoretische Einpassung auch aus
fachdidaktischer Perspektive geboten, da hierdurch zentrale fachdidaktisch-bildungstheoretische Zusammenhänge des Konzepts »Selbst-Er-forschend Philosophieren« weiter
expliziert werden können. Die nachfolgenden bildungstheoretischen Bestimmungen
und Erläuterungen ermöglichen also einem »theoretisch-analytischen« Blick auf das
Konzept, wodurch diesem eine noch deutlichere fachdidaktisch-bildungstheoretische
Kontur gegebenen werden kann.[1]

Da die bildungstheoretische Einpassung von einem normativen Bildungsbegriff
ausgeht, werden im Rahmen derselben vor allem die normativen fachdidaktischen
Fragen, und zwar besonders die Ziel- und die Methodenfrage in den Blick genommen,

---

[1] Vgl.: Hofer, R.: *Philosophiedidaktische Modelle im Überblick.* In: Pfister, J. und Zimmermann, P. (Hrsg.): *Neues Handbuch des Philosophieunterrichts.* Bern: Haupt 2016. S. 437, 445.

also die Fragen danach, »Wozu?« und »Wie?« im Fach »Philosophie« gelehrt und gelernt werden soll. Es sollte sich diesbezüglich zeigen lassen, dass das Konzept »Selbst-Er-forschend Philosophieren« mit den nachfolgend aufgelisteten zentralen Elementen philosophischer Bildung übereinstimmt bzw. zumindest korrespondiert. Um dies zu zeigen, werden in den folgenden drei Abschnitten des ersten Teils dieses Kapitels immer zuerst die jeweiligen Elemente philosophischer Bildung dargelegt und erläutert, um jeweils anschließend nachzuweisen, inwieweit das Konzept »Selbst-Er-forschend Philosophieren« mit diesen Elementen übereinstimmt oder zumindest korrespondiert. Hieran schließt sich im zweiten Teil dieses Kapitels eine fachdidaktische Verortung des Konzepts an. Abschließend soll dann im dritten Teil der indirekte Nachweis der bildungspolitischen Anschlussfähigkeit des Konzepts »Selbst-Er-forschend Philosophieren« erbracht werden, indem gezeigt wird, dass die zentralen normativen Voraussetzungen philosophischer Bildung bildungspolitisch anschlussfähig sind, weil sie mit der Kompetenzorientierung kompatibel sind.[2]

I. Bildungstheoretische Einpassung

Grundlage des vorgesehenen Nachweises der bildungstheoretischen Passung des »Konzepts Selbst-Er-forschend Philosophieren« ist die Identifikation und Erläuterung der zentralen Elemente philosophischer Bildung, über die entweder ein weitestgehend breiter fachdidaktischer Konsens besteht oder bezüglich derer sich ein solcher prinzipiell erzielen lässt. Diese Elemente werden hier zunächst angezeigt und nachfolgend eingehend erläutert. Im Anschluss hieran wird jeweils aufgezeigt, mit welchen dieser Elemente das Konzept »Selbst-Er-forschend Philoso-phieren« übereinstimmt oder zumindest korrespondiert, bezüglich welcher Elemente alternative Wege eingeschlagen werden und schließlich bezüglich welcher Elemente eine Nichtübereinstimmung bzw. ein Widerspruch besteht.

Zentrale Elemente philosophischer Bildung:

1. **Ziele:**
   →philosophische Orientierungskompetenz
   a) Kenntnisse: philosophisches Wissen und philosophisches Verstehen
   b) Fähigkeiten: Verstehen, Urteilen, Handeln und Erzählen
   c) Haltungen: Wissen- bzw. Verstehenwollen, Urteilenwollen

---

2   Vgl.: Martens, E.: *Philosophie als Kulturtechnik humaner Lebensgestaltung.* In: Nida-Rümelin, J. et al. (Hrsg.): *Handbuch Philosophie und Ethik. Band I: Didaktik und Methodik.* Paderborn: Schöningh 2015. S. 42-43, 45.

2. **Grundprinzipien:**[3]
   a) Kontextsensitivität
   b) Subjektorientierung $\Big\}$ *Lebensweltbezug*
   c) *Problemorientierung*
   d) *Förderung der Urteilsfähigkeit*
   e) Anschaulichkeit und Abstraktion

3. **Methodenfokus:**
   a) philosophisches Verstehen
   b) gemeinsinnorientiertes Urteilen

4. **Themen/Medien:**
   a) lebenswelterschließende Themen
   b) abstrakt-strukturierende und anschaulich-vergegenwärtigende Medien

1.   Ziele philosophischer Bildung

»[D]ie Philosophie [...] [ist die] Anwältin eines nichtreduzierten Begriffs von Bildung [...]«[4] Ein nichtreduzierter und vor allem »zeitgemäßer Bildungsbegriff«[5] hat, so Runtenberg, den »Begriff eines dynamischen Selbst«[6] zur Grundlage. Zentral ist ein solcher Bildungsbegriff, weil er die normative Hindergrundfolie für die Planung, Durchführung und Reflexion philosophischer Bildungsprozesse darstellt, wie z. B. derjenigen, die tagtäglich an deutschen Schulen und Universitäten sowie anderen Lernorten, wie beispielsweise philosophischen Cafés etc. initiiert und gestaltet werden. Philosophiert wird nämlich nicht nur in der Schule oder Universität, sondern überall dort, wo »[...] Diskurse über philosophische Fragen geführt werden.«7 Leitend für die Planung und Reflexion philosophischer Bildungsprozesse sind vor allem die Ziele philosophischer Bildung, da sie alle weiteren Elemente des Bildungsprozesses,

---

3   Diejenigen Grundprinzipien, über die ein breiter fachdidaktischer Konsens besteht sind kursiv gedruckt. Vgl.: Henke, R. W.: *Philosophie-Curricula als Instrumente zur Steuerung des Unterrichts.* In: Pfister, J. und Zimmermann, P. (Hrsg.): *Neues Handbuch des Philosophieunterrichts.* Bern: Haupt 2016. S. 25-26; vgl.: Geiss, P. G.: *Kompetenzorientierung im Unterricht.* In: Brüning, B. (Hrsg.): *Ethik/Philosophie. Didaktik. Praxisbuch für die Sekundarstufe I und II.* Berlin: Cornelsen 2016. S. 40.

4   Steenblock, V.: *Didaktik der Philosophie und Philosophie der Didaktik.* In: Seminar, 2/2016. S. 31.

5   Runtenberg, C.: *Zeitgemäße philosophische Bildung und empirische Unterrichtsforschung.* In: Martens, E. (Hrsg.): *Empirie und Erfahrung im Philosophie und Ethikunterricht.* Hannover: Siebert 2017. S. 47.

6   Ebd. S. 47.

7   Thein, C.: *Verstehen und Urteilen im Philosophieunterricht.* Opladen/Berlin/Toronto: Budrich 2017 (= *Wissenschaftliche Beiträge zur Philosophiedidaktik und Bildungsphilosophie,* Bd. 3). S. 11.

wie beispielsweise die Inhalte, die konkreten Unterrichtsmethoden oder die Verlaufs-formen, bestimmen. Die Ziele philosophischer Bildung können allerdings, je nach konzeptueller Fassung des zugrundegelegten Bildungsbegriffs, inhaltlich variieren, haben in der Regel jedoch einen gemeinsamen normativen Kern, den es nachfolgend darzustellen gilt. Der konstatierte Ausgangspunkt der meisten Reflexionen über die Ziele philosophischer Bildung sind die immer wieder auftretenden, gesellschaft-lichen wie individuellen Orientierungskrisen. Diese sind meistens negativ durch »[...] die Polaritäten von Befreiung und Verunsicherung, Anpassungsforderungen und Verwirrungen, Unterwerfung und Kritik gekennzeichnet [...]«[8], eröffnen jedoch auch positiv »Gestaltungsspielräume« und fordern zur »Bedeutungskonstitution« heraus. Das oberste Ziel der meisten Konzeptionen philosophischer Bildung ist daher philo-sophische Orientierungskompetenz. Dass Menschen gerade auf Orientierung und die Fähigkeit dazu essenziell angewiesen sind, erläutert Stangneth wie folgt sehr treffend:

> Wir fragen nach dem Guten und Bösen. Mit anderen Worten: Uns ist nur zu bewusst, dass wir unseren Weg nicht wissen, dass wir also nicht einfach so zu Hause sind in dieser Welt und in diesem Leben. Wir sind ein Lebewesen, das sich erst eine Orientierung geben muss, weil wir nicht mit einem Wissen davon geboren werden, das aber eine Orientierung braucht, weil es sonst nicht gehen kann.[9]

Philosophische Orientierungskompetenz setzt sich, folgt man einschlägigen Kompe-tenzdefinitionen, wie beispielsweise der mittlerweile paradigmatischen Definition von Weinert, aus drei zentralen Elementen zusammensetzt: erstens **Kenntnissen**, verstanden als explizites deklaratives wie prozedurales Wissen, zweitens **Fertigkeiten**, verstanden als Fähigkeiten, Kenntnisse problemlösend einsetzen zu können und schließlich drittens motivationale, volitionale und soziale **Bereitschaften**, um Kenntnisse und Fähigkeiten in »variablen Situationen« problemlösend einsetzen zu wollen.[10] Da Orientierungskompetenz als Reaktion auf Orientierungskrisen nicht

---

8   Schües, C.: *Aufgaben philosophischer Bildung: Theodor W. Adorno und Hannah Arendt.* In: Rehn, R. und Schües, C. (Hrsg.): *Bildungsphilosophie. Grundlagen. Methoden. Perspektiven.* Freiburg/München: Alber 2008 (= *Pädagogik und Philosophie*, Bd. 1). S. 137.

9   Stangneth, B.: *Böses Denken.* 2. Auflage. Reinbek bei Hamburg: Rowohlt 2016. S. 34.

10   Die Kompetenzdefinition von Weinert, die dem Paradigma der Kompetenzorientierung zugrunde liegt, wird in der Philosophiefachdidaktik besonders kontrovers diskutiert, wobei insbesondere Kritiker der Kompetenzorien-tierung aus der Theorie philosophischer Bildung diese als falsch oder unpassend zurückweisen. (vgl.: 5. Kapitel, 3. Teil). Es scheint daher widersprüchlich oder zumindest problematisch zu sein, diese Definition zur Explikation der Ziele philosophischer Bildung heranzuziehen, was nachfolgend jedoch geschieht. Denn trotz der Kritik an der Kompetenzorientierung besteht in der Philosophiefachdidaktik ein große Übereinstimmung dahingehend, dass das oberste Ziel philosophischer Bildung die Orientierungskompetenz ist. Dies ist daher der Ansatzpunkt für meine These, dass sich die Kompetenzdefinition von Weinert, entgegen aller gegen sie vorgebrachten Kritik, sehr gut zur Explikation der Ziele philosophischer Bildung eignet. Denn die Orientierungskompetenz als oberstes Ziel

nur im Rahmen des Philosophieunterrichts angestrebt wird, ist zu klären, wie Orientierungskompetenz im Kontext philosophischer Bildung verstanden werden muss, so dass sie zu Recht das Prädikat »philosophisch« tragen darf und als spezifischer Beitrag des Philosophieunterrichts im Chor der institutionell organisierten Bildungsbemühungen seinen legitimen Platz erhält. Dazu ist vor allem zu klären, was die zur philosophischen Bildung gehörenden spezifischen Kenntnisse und Fertigkeiten sind, die als wesentliche und konzeptübergreifende Elemente einer zur Überwindung von Orientierungsschwierigkeiten oder -krisen zu aktualisierenden philosophischen Orientierungskompetenz angesehen werden können. Außerdem sind die mit diesen philosophischen Kenntnissen und Fertigkeiten verbundenen motivationalen, volitionalen und sozialen Bereitschaften, verstanden als philosophische Haltungen, zu benennen und zu erläutern, auch wenn »[...] deren Lern- und noch mehr Lehrbarkeit zweifelhaft ist [...]«[11], und zwar in deskriptiver wie normativer Hinsicht. Bezüglich der Kenntnisse und Fertigkeiten kann man in einem ersten abstrakt-differenzierenden Schritt feststellen, dass spezifisch philosophische Kenntnisse in erster Linie in deklarativem wie prozeduralem philosophischen Orientierungswissen bestehen und dass dieses explizit oder implizit sein kann. Philosophisch relevante, jedoch nicht spezifische, Orientierungsfertigkeiten, scheinen dagegen vor allem die Fähigkeit zum Urteilen und zum Handeln zu sein. Es ist mit Pfister zudem davon auszugehen, dass »Kenntnisse und Fertigkeiten [...] eng miteinander verbunden [sind], sodass es kaum Kenntnisse gibt, die nicht auch Fertigkeiten erfordern, und kaum Fertigkeiten, die nicht auch Kenntnisse erfordern würden.«[12] Eine Erkenntnis, die besonders auf das Philosophieren als Tätigkeit zutrifft, wie Tichy betont, denn »[e]ine Trennung von Wissen und Können ist [...] verfehlt, wenn es um komplexe und in mehrfacher Weise auf Wissen bezogene Tätigkeit geht, wie es beim Philosophieren der Fall ist.«[13] Da die Urteils- und Handlungsfähigkeit auch in anderen Fächern als Ziele normativ wirksam sind, ist diesbezüglich zum einen und zuvorderst zu klären, was es bedeutet, philosophisch urteilen und handeln zu können. Zum anderen ist dann jedoch auch zu klären, auf welches Wissen die philosophische Urteils- und Handlungsfähigkeit jeweils bezogen sind. Kontrovers und daher besonders interessant ist zudem die Frage, ob

philosophischer Bildung kann von der Weinert'schen Kompetenzdefinition ausgehend als domänenspezifische Kompetenz beschrieben werden, indem alle in ihr aufgehobenen Ziele philosophischer Bildung in einer Weise expliziert werden, der auch die Kritiker der Definition und der damit verbundenen Kompetenzorientierung zustimmen können, weil sich die von ihnen geltend gemachten besonderen Gehalte philosophischer Bildung in den entsprechenden Zielbeschreibungen in einem starken Sinne wiederfinden. Dies zeigen m. E. überzeugend die nachfolgenden Erläuterungen.

11   Tichy, M.: *Lehrbarkeit der Philosophie und philosophische Kompetenzen.* In: Pfister, J. und Zimmermann, P. (Hrsg.): *Neues Handbuch des Philosophieunterrichts.* Bern: Haupt 2016. S. 44.

12   Pfister, J.: *Fachdidaktik Philosophie.* 2. Auflage. Bern: Haupt 2014.. S. 105.

13   Tichy, M.: *Lehrbarkeit der Philosophie und philosophische Kompetenzen.* S. 44.

das Verstehen als allgemeines Bildungsziel eher in die Kategorie der Kenntnisse oder in die der Fertigkeiten fällt und darüber hinaus, ob es so etwas wie spezifisch philosophisches Verstehen gibt, das durch philosophische Bildungsprozesse angestrebt werden kann. Des Weiteren ist natürlich auch für das Verstehen zu klären, auf welches Wissen es sich bezieht. Die folgenden Überlegungen werden bezüglich seiner kategorialen Einordnung zeigen, dass das Verstehen, verstanden als epistemischer Zustand, der Kategorie der Kenntnisse und verstanden als epistemischer Prozess, den das epistemische Subjekt methodisch organisiert vollziehen kann, der Kategorie der Fertigkeiten zuzuordnen ist.[14]

1.1   Orientierungswissen: Wissen und Verstehen

Koch zufolge ist es das Proprium von Wissen, dass es gelehrt werden kann, weswegen es zentral für Bildung im Allgemeinen wie für philosophische Bildung im Besonderen ist. Für philosophische Bildung ist Nida-Rümelin zufolge besonders das so genannte Orientierungswissen von Bedeutung. Um dieses genauer zu charakterisieren, unterscheidet Nida-Rümelin zwischen dem individuellen und dem kollektiven Wissen auf der einen Seite und zwischen dem wissenschaftlichen Wissen und dem lebensweltlichen Orientierungswissen auf der anderen Seite und stellt fest: »Um sich in einer wissenschaftlich imprägnierten Lebenswelt zu behaupten, ist [...] kollektives wissenschaftliches Wissen erforderlich [...]«[15], das in den Schulen vermittelt bzw. zumindest »vorbereitet« werden soll. »Die lebensweltliche Praxis, das Gelingen existenzieller Autorenschaft verlangt [dagegen jedoch] nach einem Orientierungswissen, für das die wissenschaftlichen Disziplinen entweder irrelevant oder allenfalls indirekt von Bedeutung sind.«[16] Wissen ermöglicht also, je nach Spielart, zum einen eine wissenschaftlich-technisch geprägte Lebenspraxis als Kollektiv (kollektives wissenschaftliches Wissen) und zum anderen gesellschaftliche Teilhabe und »verantwortliche Lebenspraxis« als

---

14   Vgl.: Henke, R. W.: *Ende der Kunst oder Ende der Philosophie? Ein Plädoyer für die »Anstrengung des Begriffs« als didaktischer Kern des Philosophieunterrichts.* In: ZDPE, 1/2012. S. 64; Schües, C.: *Aufgaben philosophischer Bildung.* S. 136–138; Steenblock, V.: *Kompetenzentwicklung zwischen Methodisierung und Lebenswelt. Ditte Fachtagung zur Didaktik der Philosophie und Ethik unter dem Titel »Ethisch-philosophische Basiskompetenz«.* In: ZDPE, 3/2003. S. 298–300; Steenblock, V.: *Philosophische Bildung als Arbeit am Logos.* In: Nida-Rümelin, J. et al. (Hrsg.): *Handbuch Philosophie und Ethik. Band I: Didaktik und Methodik.* Paderborn: Schöningh 2015. S. 60–62; Steenblock, V.: *Philosophische Bildung. Einführung in die Philosophiedidaktik und Handbuch: Praktische Philosophie.* 7. Auflage. Münster: Lit 2013 (= *Münsteraner Einführungen – Münsteraner Philosophische Arbeitsbücher*, Bd. 1). S. 49–57; Tiedemann, M.: *Ethische Orientierung in der Moderne – Was kann philosophische Bildung leisten?* In: Nida-Rümelin, J. et al. (Hrsg.): *Handbuch Philosophie und Ethik. Band I: Didaktik und Methodik.* Paderborn: Schöningh 2015. S. 23–29; Weinert, F. E.: *Vergleichende Leistungsmessung in Schulen – eine umstrittene Selbstverständlichkeit.* In: Weinert, F. E. (Hrsg.) (2014): *Leistungsmessung in Schulen.* 3. Auflage. Weinheim/Basel: Beltz 2014. S. 27–28.
15   Nida-Rümelin, J.: *Philosophie einer humanen Bildung.* Hamburg: Körber-Stiftung 2013. S. 146.
16   Ebd.. S. 146.

Individuum (individuelles lebensweltliches Orientierungswissen), so Nida-Rümelin. »*Wissen* ist [insofern; Zusatz S. G.] ein Erfolgsbegriff [...]«[17], wie Brendel feststellt. Doch bezogen auf die metaphysische Frage nach der Natur des Wissens stellt sie auch fest, »[...] dass eine *Wesensdefinition* von *Wissen*, wie sie etwa Platon beabsichtigte und in der der Wissensbegriff auf seine essenziellen Merkmale reduziert werden soll, zum Scheitern verurteilt ist.«[18] Insofern kann eine derartige Wissensdefinition, die Tichy zufolge als »generell anerkannter Referenzpunkt«[19] gilt, lediglich eine regulative Funktion haben. Zum Zwecke einer Explikation des Wissensbegriffs, der unseren Intuitionen und bestimmten erkenntnistheoretischen Anforderungen genügt, unterscheidet Brendel im Rahmen der von ihr vertretenen »Wissenstheorie der epistemischen Methodensicherheit« vor allem drei Formen des Wissens voneinander, und zwar das interrogative von dem phänomenalen und dieses wiederum von dem propositionalen Wissen. »Unter den interrogativen Wissensformen spielen bestimmte »Wissen-wie«-Konstruktionen, die *praktisches Wissen* des epistemischen Subjekts zum Ausdruck bringen, eine besondere Rolle.«[20] Beim »Wissen-wie« als Spezialfall des interrogativen Wissens, geht es also um prozedurales Wissen bzw. um kognitives Know-how. Beim phänomenalem Wissen, dem »Wissen-wie-es-ist« bzw. »Wissen-wie-es-sich-anfühlt«, geht es dagegen um ein Wissen von phänomenalen Zuständen. Durch das proportionale Wissen, das »Wissen-dass«, bringt ein epistemisches Subjekt schließlich Tatscheninformationen zum Ausruck. Alle diese Formen von Wissen lassen sich, so Brendel, auf propositionales Wissen reduzieren bzw. aus diesem rekonstruieren, worauf im Übrigen auch Ernst hinweist.[21]

Wissen-Matrix: Nida-Rümelin zufolge ist das lebensweltliche Orientierungswissen, bei dem zwischen empirischen und normativen Wissen unterschieden werden kann, das vorrangige Ziel von Bildung, demgegenüber wissenschaftliches Wissen eindeutig nachrangig ist. Nida-Rümelins Unterscheidung ergibt zusammen mit den von Brendel unterschiedenen Formen von Wissen die folgende Matrix, mit der man spezifisch philosophisches Orientierungswissen, das in philosophischen Bildungsprozessen vermittelt werden soll und ein Element philosophischer Orientierungskompetenz ist, näher charakterisieren kann.

Bezüglich dieser Matrix ist zunächst darauf hinzuweisen, dass es offensichtlich kein normativ-phänomenales philosophisches Wissen gibt. Zudem ist bei den verschieden Wissensformen zu beachten, besonders bezüglich des empirisch-phänomenalen philo-

---

17   Brendel, E.: *Wissen*. Berlin/Boston: Walter de Gruyter 2013 (= *Grundthemen der Philosophie*). S. 1.

18   Ebd. S. 2.

19   Tichy, M.: *Lehrbarkeit der Philosophie und philosophische Kompetenzen*. S. 47–48.

20   Brendel, E.: *Wissen*. S. 14.

21   Vgl.: Ebd. S. 14–25, 78, 162; Ernst, G.: *Einführung in die Erkenntnistheorie*. Darmstadt: WBG 2007 (= *Einführung Philosophie*). S. 45–48; Koch, L.: *Lehren und Lernen. Wege zum Wissen*. Paderborn: Schöningh 2015. S. 67, 90–91; Nida-Rümelin, J.: *Philosophie einer humanen Bildung*. S. 137–159.

Elemente philosophischen Orientierungswissens

normativ-propositionales philosophisches Wissen

➢ Beispiele:
- X weiß, dass die Formel des kategorischen Imperativs „[H]andle nur nach derjenigen Maxime, durch die du zugleich wollen kannst, daß sie ein allgemeines Gesetz werde."[22] lautet.
- X weiß, dass es einen Unterschied zwischen normativer Ethik, deskriptiver Ethik und Metaethik gibt.

empirisch-propositionales philosophisches Wissen

➢ Beispiele:
- X weiß, dass die Repräsentation eines Wahrnehmungsobjekts kein mentales Abbild im Gehirn ist.
- X weiß, dass wir durch Introspektion keinen privilegierten Zugang zu unseren mentalen Prozessen haben.[23]

normativ-interrogatives philosophisches Wissen

➢ Beispiele:
- X weiß, wie man Hypothesen falsifiziert/verifiziert.
- X weiß, wie man Handlungsmaximen auf ihre universale Gültigkeit hin überprüft.

empirisch-interrogatives philosophisches Wissen

➢ Beispiele:
- X weiß, wie man eine phänomenologische Beschreibung eines Objekts vornimmt.
- X weiß, wie man ein Objekt hermeneutisch interpretiert.

normativ-phänomenales philosophisches Wissen

empirisch-phänomenales philosophisches Wissen

➢ Beispiele:
- X weiß, wie es ist, Schmerz zu empfinden.
- X weiß, wie es ist, Mitleid zu haben.
- X weiß, wie es ist, einen Gewissenskonflikt zu haben.

Abbildung 21: *Elemente philosophischen Orientierungswissens*

sophischen Wissens, dass es sich oftmals um philosophisches Wissen, aber nicht immer um spezifisch philosophisches Wissen handelt, also nicht um solches Wissen, das ausschließlich im Philosophieunterricht oder philosophischen Bildungsgängen erworben werden kann. Darüber hinaus, dies sollen die eingezeichneten Pfeile (siehe Abbildung 21: *Elemente philosophischen Orientierungswissens*) verdeutlichen, gibt es keine absolut trennscharfen Grenzen zwischen den verschiedenen Wissensformen. Im Gegenteil: Diese sind in der Regel oftmals ineinander verschränkt, was beispielsweise bei dem empirisch-interrogativen philosophischen Wissen deutlich wird, dass immer auch, z. B. im Fall der hermeneutischen Interpretation, mit normativ-interrogativen Wissen, hier den konkreten hermeneutischen Vollzugsregeln, verbunden ist. Außerdem nimmt philosophisches Orientierungswissen in den oben beispielhaft beschriebenen Formen natürlich immer Bezug auf wissenschaftliches Expertenwissen, das in langsamen Transformationsprozessen Teil unseres Lebensweltlichen Orientierungswissens wird. Allgemein kann man außerdem feststellen, dass das philosophisch-propositionale Wissen vor allem in der Kenntnis von philosophiegeschicht-

---

22 GMS, AA IV: 421. 7-8.

23 Vgl.: Pauen, M.: *Die Natur des Geistes*. Frankfurt am Main: Fischer 2016. S. 276, 278.

lichen und systematisch-philosophischen Fakten besteht und deswegen beispiels-weise mit der im Kernlehrplan für das Fach »Philosophie« in Nordrhein-Westfalen ausgewiesenen Sachkompetenz korreliert. Tichy spricht diesbezüglich daher auch vom »historischen Wissen« als Unterkategorie des propositionalen Wissens. Das philoso-phisch-praktische Wissen, als Spezialfall des interrogativen Wissens, scheint dagegen überwiegend in der Kenntnis bestimmter philosophischer Praktiken, gemeint sind hier vor allem Arbeitsmethoden und Verfahrensschritte, zu bestehen und korreliert mit der im nordrhein-westfälischen Kernlehrplan Philosophie ausgewiesenen Metho-denkompetenz. Verstanden als »fachlich konkretisiertes Orientierungswissen«[24] ist sowohl das philosophisch-propositionale Wissen (inhaltliches Orientierungswissen) als auch das philosophisch-interrogative Wissen (methodisches Orientierungswissen) lehrbar, letzteres, Tichy zufolge, jedoch nur indirekt. Das philosophische-phänomenale Wissen entzieht sich dagegen einer direkten Lehr- wie Lernbarkeit und wird daher beispielsweise im nordrhein-westfälischen Kernlehrplan nicht thematisiert.[25]

Wert von Wissen: Wissen in seinen verschiedenen Spielarten ist also ein zentrales Bildungsziel und wird von uns, die wir in einer Wissensgesellschaft bzw. »wissen-schaftlich-technisch imprägnierten Lebenswelt« leben, entsprechend hoch geschätzt. Doch bezogen auf die axiologische Frage nach dem Wert des Wissens stellt Brendel fest, dass insbesondere das proportionale Wissen nur einen instrumentellen und keinen finalen Wert besitzt, obwohl wir ihm diesen intuitiv zuschreiben. Brendel erklärt diesbezüglich, was unter »final wertvoll« zu verstehen ist:

> Etwas, das einen *finalen* epistemischen Wert besitzt, ist ein *fundamentales Gut*, das sich nicht bloß als instrumentell nützlich für die Beförderung weiterer fundamentaler Werte […] erweist, sondern das aus sich selbst heraus epistemisch kostbar ist und um seiner selbst willen geschätzt wird. Final Wertvolles wird im Unterschied zu intrinsisch Wertvollem vor allem aufgrund seiner relationalen Eigenschaften […] geschätzt.[26]

Bezogen auf den Wert von Wissen stellt sie fest:

> Wissen ist insofern epistemisch wertvoll, als es für das epistemische Ziel, wahre Meinungen zu erlangen, förderlich sein kann. In diesem Sinne besitzt Wissen

---

24 Hahn, S.: *Wissenschaftspropädeutik in der gymnasialen Oberstufe.* In: Bosse, D. et al. (Hrsg.): *Standardisierung in der gymnasialen Oberstufe.* Wiesbaden: Springer 2013. S. 167.

25 Vgl.: Qualitäts- und Unterstützungsagentur (QUA-Lis NRW) – Landesinstitut Schule: Kernlehrplan Philosophie. https://www.schulentwicklung.nrw.de/lehrplaene/upload/klp_SII/pl/KLP_GOSt_Philosophie.pdf (03. 03. 2018). S. 15–16; Nida-Rümelin, J.: *Philosophie einer humanen Bildung.* S. 137–159; Steenblock, V.: *Philosophische Bildung.* S. 54–55; Tichy, M.: *Lehrbarkeit der Philosophie und philosophische Kompetenzen.* S. 44, 48, 55.

26 Brendel, E.: *Wissen.* S. 150.

einen *instrumentellen epistemischen* Wert, da es das epistemische Gut der wahren Überzeugung befördert. Wissen kann zudem auch einen instrumentell praktischen Wert besitzen, wenn die wahren Überzeugungen, die es befördert, zu Einsichten führen, Entscheidungshilfen geben oder Handlungen auslösen, die für die Erkenntnissubjekte von Nutzen sind.[27]

Für philosophisches Orientierungswissen als Ziel philosophischer Bildung und als Bestandteil philosophischer Orientierungskompetenz bedeutet dies, dass es nur bezogen auf epistemische oder praktische Zwecke angestrebt wird. Dies ist jedoch insofern kein überraschender Befund, als dass gemäß der Kompetenzdefinition von Weinert Wissen ein instrumenteller Bestandteil neben anderen ist, der dazu dienen soll, Probleme in »variablen Situationen« erfolgreich zu lösen. Und auch in der Philosophiefachdidaktik wird darauf hingewiesen, dass »[e]in wirksamer Philosophie- und Ethikunterricht [...] kein »träges Wissen« über unterschiedliche Antworten auf philosophische Fragen vermitteln [soll], die man als Schüler bestenfalls für eine Klausur lernt, um sie anschließend baldmöglich zu vergessen.«[28] Vielmehr gilt Philosophieunterricht erst dann »[a]ls gelungen und »nachhaltig« [...], [...] wenn die Schüler die philosophischen Probleme und Fragen im Alltag oder in ihrer Lebenswelt entdecken und die erarbeiteten Positionen und Theorieansätze für eigene Antworten auf diese Fragestellungen nutzen.«[29] Philosophisches Wissen wird also nicht um seiner selbst willen benötigt, sondern lediglich instrumentell, um entweder wissenschaftlich-theoretische Probleme oder handlungspraktische Probleme in philosophisch relevanten, lebensweltlich situierten Kontexten zu lösen. Dies kann bezogen auf handlungspraktische Probleme beispielsweise bedeuten, dass Wissen instrumentell insofern wertvoll ist, als das es dabei hilft, moralische Streitfälle oder Dilemmata, die im Alltag auftreten können, zu lösen und damit moralisches Handeln zu ermöglichen. Im problemorientierten Philosophieunterricht steht philosophisches Wissen also im Dienste des

---

27 Ebd. S. 149–150.
28 Henke, R.: *Ende der Kunst oder Ende der Philosophie?* S. 62; vgl.: Tichy, M.: *Lehrbarkeit der Philosophie und philosophische Kompetenzen.* S. 45, 48, 53–54.
29 Henke, R.: *Ende der Kunst oder Ende der Philosophie?* S. 62.

übergeordneten Ziels, der philosophischen Problemreflexion, zu der dieser gemäß des nordrhein-westfälischen Kernlehrplans für Philosophie befähigen soll.[30]

Verstehen: Wenn Wissen zwar nur instrumentell wertvoll ist, von uns aber dennoch intuitiv für final wertvoll gehalten wird, dann liegt das Brendel zufolge daran, dass Wissen und Verstehen, die beide aufgrund signifikanter Unterschiede nicht aufeinander reduziert werden können, systematisch miteinander verbunden sind. Letztlich sind es aber die Eigenschaften des epistemischen Zustandes, den wir Verstehen nennen, die wir final wertschätzen, so Brendel.[31]

> *Verstehen* scheint im Unterschied zu *Wissen* [...] stärker holistisch zu sein. Wer etwas versteht, hat nicht bloß über diesen Gegenstand einzelne isolierte Überzeugungen, sondern Überzeugungen, die in einem bestimmten explanatorischen und inferentiellen Zusammenhang stehen. [...] Wer etwas versteht, kennt darüber hinaus auch die Gründe, warum bestimmte Sachverhalte gelten oder bestimmte Ereignisse eingetreten sind. *Verstehen* scheint somit ein gewisses *Begreifen von Zusammenhängen und Gründen* zu involvieren, das für Wissen nicht generell notwendig ist, das aber offenbar einen hohen Wert besitzt.[32]

Verstehen sorgt dafür, dass derjenige, »[...] der etwas versteht [...] weniger Gefahr [läuft] [...], Wichtiges und Relevantes zu übersehen [...]«[33], zudem führt »[...] es zu einem umfassenden, strukturierten und kohärenten System von Überzeugungen [...], welches explanatorisch und prognostisch relevant [...] [und daher] *final* wertvoll [...]«[34] ist. Wissen muss also verstanden werden, woraus folgt, dass »zum Wissen zu führen« bedeutet, das »Verstehen zu lehren«.[35] Folglich ist, wie Koch treffend feststellt, »Lernen [...] allmähliches Verstehen, ist Suche nach *Verständnis*.«[36]

Im philosophischen Verstehen bzw. den entsprechenden Lernprozessen erfassen

---

30 Vgl.: Brendel, E.: *Wissen.* S. 1–5, 150–163; Qualitäts- und Unterstützungsagentur (QUA-Lis NRW) – Landesinstitut Schule: Kernlehrplan Philosophie. https://www.schulentwicklung.nrw.de/lehrplaene/upload/klp_SII/ pl/KLP_GOSt_Philosophie.pdf (03. 03. 2018). S. 11–13; Henke, R.: *Ende der Kunst oder Ende der Philosophie?.* S. 62. Der Autor bezieht sich in den folgenden Ausführungen immer wieder auf den nordrhein-westfälischen Kernlehrplan für Philosophie, da er Lehrer an einem Gymnasium in Nordrhein-Westfalen ist. Außerdem handelt es sich bei diesem Kernlehrplan Pfister zufolge um »[...] den bislang detailliertesten und anspruchsvollsten kompetenzorientierten Lehrplan im deutschsprachigen Raum [...].« Pfister, J.: *Einige Bemerkungen zum Nutzen der empirischen Unterrichtsforschung für die Philosophiedidaktik.* In: Kminek, H., Thein, C. und Torkler, R. (Hrsg.): *Zwischen Präskription und Deskription – zum Selbstverständnis der Philosophiedidaktik.* Opladen/Berlin/Toronto: Budrich 2018 (= *Wissenschaftliche Beiträge zur Philosophiedidaktik und Bildungsphilosophie,* Bd. 1). S. 130.

31 Vgl.: Brendel, E.: *Wissen.* S. 150–163.

32 Vgl.: Ebd. S. 154–155.

33 Ebd. S. 160.

34 Ebd. S. 160.

35 Vgl.: Koch, L.: *Lehren und Lernen.* S. 17.

36 Ebd. S. 83.

wir also nicht nur einzelnen Fakten, sondern die Zusammenhänge derselben. Philosophisches Verstehen bedeutet daher, dass einem der strukturelle Zusammenhang, in dem die verschiedenen philosophischen Wissensformen stehen, explizit bewusst ist. Wenn man versteht, dass eine Handlung X moralisch falsch ist, dann weiß man beispielsweise nicht einfach nur, dass diese Handlung X moralisch nicht zu rechtfertigen ist, sondern man kann auch die entsprechenden moralphilosophischen Zusammenhänge, hier besonders den engen Zusammenhang von normativ-propositionalem und empirisch-interrogativem Wissen explizieren und daher die Gründe für die moralische Illegitimität der Handlung X angeben bzw. erläutern, die Illegitimität also begründen. Genau diese philosophischen Verstehens-Kompetenz, nicht nur bezogen auf die Fragen und die Probleme der Moralphilosophie, ist es, die eigentlich im Philosophieunterricht explizit angestrebt und als besonders hochwertig eingestuft wird, worauf nicht zuletzt die entsprechenden Operatoren, wie »beurteilen«, »bewerten«, erläutern« oder »begründen«37 hinweisen, die sich alle im höchsten und damit anspruchsvollsten Anforderungsbereich III für mündliche wie schriftliche Leistungen im Philosophieunterricht in Nordrhein-Westfalen bewegen. Es ist sicherlich unstrittig, dass derartiges philosophisches Verstehen, wenn es gezielt und systematisch gefördert wird, auf lange Sicht bei Schülerinnen und Schülern dazu beiträgt, dass sich bei diesen ein kohärentes System von (moralphilosophischen, erkenntnistheoretischen, staatsphilosophischen etc.) Überzeugungen herausbildet.[38]

Der finale Wert des philosophischen Verstehens spricht also dafür, dass dieses, verstanden als epistemischer Zustand, aber konsequenterweise auch als der zu diesem Zustand hinführende epistemische Prozess, nämlich als Lernprozess, eines der zentralen Ziele philosophischer Bildung ist, das im übergreifenden Konzept philosophischer Orientierungskompetenz ganz im Hegel'schen Sinne aufgehoben ist und im problemorientierten Philosophieunterricht angestrebt wird, wie die nachfolgenden Ausführungen zeigen werden.

---

37 Klaus Blesenkemper weist bezüglich des Operators »begründen« darauf hin, dass es sich bei diesem nur um ein illokutionäres und nicht um ein illokutionär-performatives Verb handelt, da es nur benennend und nicht benennend und vollziehend ist. Vgl.: Blesenkemper, K.: *Das Verb »begründen« ist kein performatives Verb – eine überfällige Korrektur.* In: ZDPE, 4/2015. S. 100–105.

38 Vgl.: Brendel, E.: *Wissen.* S. 150–163; Qualitäts- und Unterstützungsagentur (QUA-Lis NRW) – Landesinstitut Schule: Kernlehrplan Philosophie. https://www.schulentwicklung.nrw.de/lehrplaene/upload/klp_SII/pl/ KLP_GOSt_Philosophie.pdf (03. 03. 2018). S. 48–49. Einheitliche Prüfungsanforderungen in der Abiturprüfung Philosophie (Beschluss der Kultusministerkonferenz vom 01. 12. 1989 i. d. F. vom 16. 11. 2006). http://www.kmk. org/fileadmin/Dateien/veroeffentlichungen_beschluesse/1989/1989_12_01-EPA-Philosophie.pdf (22. 03. 2018). S. 10–12, 48–49; Bildungsportal des Landes Nordrhein-Westfalen: Operatoren. https://www.standardsicherung. schulministerium.nrw.de/cms/zentralabitur-gost/faecher/fach.php?fach=21 (03. 03. 2018).

1.2 Orientierungsfähigkeiten: Verstehen, Urteilen, Handeln und Erzählen

Philosophisches Verstehen ist, dies haben die vorherigen Ausführungen deutlich gezeigt, das erste zentrale Element einer philosophischen Orientierungskompetenz, die das übergeordnete Ziel philosophischer Bildung ist. Damit jedoch das im Verstehen aufgehobene holistische philosophische Wissen nicht zum trägen Wissen erstarrt, sondern praktisch wirksam wird, denn genau dies macht ja bekanntlich den eigentlichen, instrumentellen Wert des Wissens aus, bedarf es bestimmter philosophischer Fähigkeiten, durch die das im Verstehen aufgehobene Wissen in »variablen Situationen« problemlösend eingesetzt werden kann. Diese philosophischen Fähigkeiten bilden daher weitere wichtige Elemente der zu charakterisierenden philosophischen Orientierungskompetenz.

Verstehen: Eine der gesuchten Fähigkeiten ist das Verstehen selbst, das, wie bereits erwähnt, nicht nur ein epistemischer Zustand, sondern auch ein epistemischer Prozess ist, der methodisch angeleitet und strukturiert werden kann. Diesen Prozess kann man auch als Lernen bezeichnen, denn, wie bereits angeführt: »Lernen ist allmähliches Verstehen, ist Suche nach *Verständnis*.«[39] Dass das Verstehen in diesem Sinne nicht nur ein epistemischer Zustand, sondern ein hermeneutisch-konstruktiver Lern-Prozess ist, in dem sich einem die Strukturen und Zusammenhänge des zu Verstehenden allmählich und manchmal nur sehr mühevoll enthüllen und in dem »[...] sich **das Neue stimmig in das vorhandene Wissen einfügt** [...]«[40], begründet Koch mit dem Verweis auf Platons Dialoge, besonders den Menon-Dialog, in denen das, was seiner Meinung nach unter Lernen zu verstehen ist, exemplifiziert wird. Zudem weist er darauf hin, dass Lernen in diesem Sinne in seiner vollendetesten Form ein Forschen ist. Verstehen, zu Recht auch verstanden als epistemische Fähigkeit bedeutet also, in der Lage zu sein, den epistemischen Prozess des Verstehens erfolgreich zu vollziehen, indem man den epistemische Zustand des Verstehens erreicht.[41]

Wenn nun das Verstehen, verstanden als epistemische Fähigkeit, zu einen kohärenten System von Überzeugungen führt, dass im Verstehen, verstanden als epistemischer Zustand, im Sinne eines holistischen Wissens repräsentiert wird und wenn wir das Verstehen gerade deshalb final wertschätzen, dann ist Nida-Rümelin zuzustimmen, wenn er behauptet, dass »[d]ie Fähigkeit, vernünftige, wohlbegründete Überzeugungen auszubilden (*Rationalität*) [...]«[42], also die Fähigkeit zu Verstehen, eines der zentralen Ziele philosophischer Bildung ist. Das Verstehen, verstanden als

<hr>

39 Koch, L.: *Lehren und Lernen.* S. 83.

40 Lehner, M.: *Didaktische Reduktion.* Bern/Stuttgart/Wien: Haupt 2012. S. 131.

41 Vgl.: Koch, L.: *Lehren und Lernen.* S. 80–91.

42 Nida-Rümelin, J.: *Bildungsziele des erneuerten Humanismus.* In: Nida-Rümelin, J. et al. (Hrsg.): *Handbuch Philosophie und Ethik. Band I: Didaktik und Methodik.* Paderborn: Schöningh 2015. S. 20.

epistemische Fähigkeit, reicht jedoch für sich allein genommen noch nicht hin, um »vernünftige, wohlbegründete Überzeugungen« auszubilden. Denn Verstehen ist lediglich das »Begreifen von Zusammenhängen und Gründen«, wie Brendel schreibt, »vernünftige, wohlbegründete Überzeugungen« ergeben sich jedoch erst aus der bewussten bzw. vernünftigen Auswahl von Gründen, die wir für eine bestimmte Überzeugung und darüber hinaus für unser System von Überzeugungen haben. Insofern bedarf es neben dem Verstehen auch der Urteilskraft, verstanden als die »dianoetische Tugend« oder Fähigkeit, mit der wir Gründe prüfen, gegeneinander abwägen, akzeptieren oder verwerfen. Erst aus dem Zusammenspiel von Verstehen und Urteilen ergibt sich also das von Nida-Rümelin immer wieder als besonders zentral für die Persönlichkeitsbildung herausgestellte kohärente System von Überzeugungen, das für ihn deshalb so unumgänglich ist, weil die »verantwortliche Persönlichkeit« seiner Meinung nach erkennbar und ausgezeichnet ist, durch die sich durchhaltenden Gründe, die diese für ihre Handlungen und Überzeugungen hat. »Je kohärenter um [sic!] die Praxis, je klarer die Lebensform als Ganze von Gründen strukturiert ist, desto vernünftiger und autonomer ist die betreffende Person.«[43] Bildung ist daher im Sinne »[...] der allmählichen Herausbildung einer kohärenten, einer vernünftigen, einer verantworteten und im günstigsten Fall auch verantwortbaren Lebensform [...]«[44] für Nida-Rümelin »[...] der Weg zur autonomen, zur selbstbestimmten Existenz.«[45] Erkennbar ist die Person, so Nida-Rümelin, also immer an ihrer von Gründen geleiteten Praxis.[46]

Urteilen: Der philosophische Bildungsprozess zielt also zum einen auf philosophisches Verstehen ab, bleibt aber nicht bei diesem stehen, sondern endet erst mit dem wohl begründeten Urteil, wodurch sich entweder eine Überzeugung zu allererst bildet oder eine gebildete Überzeugung in das kohärente System unserer Überzeugungen eingefügt wird, in dem sich unsere Persönlichkeit zeigt. Insofern ist daher Henke Recht zu geben, wenn er schreibt: »Der gesamte philosophische Bildungsprozess findet [...] erst im eigenen argumentativ begründeten Urteil des Schülers seinen Abschluss [...].«[47] Die im Kernlehrplan für das Fach »Philosophie« in Nordrhein-Westfalen beschriebene Urteilskompetenz muss daher in ihrer Bedeutung für den Bildungsprozess als Ganzem und sein Gelingen besonders hervorgehoben werden.[48]

---

43 Nida-Rümelin, J.: *Bildungsziele des erneuerten Humanismus.* S. 21.

44 Ebd. S. 21.

45 Ebd. S. 21.

46 Vgl.: Ebd. S. 20–21; Nida-Rümelin, J.: *Philosophie einer humanen Bildung.* S. 71–73, 81–83, 169–170; Nida-Rümelin, J.: *Strukturelle Rationalität. Ein philosophischer Essay über praktische Vernunft.* Stuttgart: Reclam 2001. S. 151–171.

47 Henke, R.: *Ende der Kunst oder Ende der Philosophie?* S. 64.

48 Vgl.: Qualitäts- und Unterstützungsagentur (QUA-Lis NRW) – Landesinstitut Schule: Kernlehrplan Philosophie. https://www.schulentwicklung.nrw.de/lehrplaene/upload/klp_SII/pl/KLP_GOSt_Philosophie.pdf (03. 03. 2018). S. 16.

Wenn also das Urteilen neben dem Verstehen eine Bedingung der Möglichkeit dafür ist, ein kohärentes System von Überzeugungen zu etablieren und wenn dieses System die Grundlage für unsere Entscheidungsprozesse und daraus resultierenden Handlungen ist und wir in diesen und durch die dahinterstehenden individuellen Gründe als Person sichtbar werden, dann ist die Urteilsfähigkeit neben dem Verstehen als Teilelement philosophischer Orientierungskompetenz ein weiteres zentrales Ziel philosophischer Bildung.[49]

Handeln: Wenn nun die Fähigkeiten Verstehen und Urteilen die Grundlage für Entscheidungen und daraus resultierende Handlungen sind, dann sind das Verstehen und besonders das Urteilen die Voraussetzung für eine weitere, die dritte Fähigkeit, die eminenter Teil einer philosophischen Orientierungskompetenz ist. Gemeint ist die Handlungsfähigkeit, die sich zum einen in der Fähigkeit zur Verantwortungsübernahme und zum anderen in der »[...] Fähigkeit zu einer autonomen und freien Lebensgestaltung (*Freiheit*) [...]«[50] ausdrückt. Beide Fähigkeiten werden von Nida-Rümelin zu Recht als zentrale Ziele philosophischer Bildung ausgewiesen. Bezüglich der Fähigkeit zur autonomen und freien Lebensgestaltung liegt er auf einer Linie mit Steenblock, der hervorhebt:

> Zur Bildung gehört zunächst und ganz grundsätzlich die *Identitätsfindung konkreter Subjekte und ihre »Arbeit an sich selbst«* in Auseinandersetzung mit der kulturellen Konstruktion der Welt. [...] Alles Philosophieren und damit auch jeder Philosophieunterricht, der sich nicht selbst verleugnen will, muss und kann Lernende zur »Arbeit an sich selbst« am »Projekt ihrer Identität« anregen. Die unaufgebbare Zielbestimmung der Ausprägung jeweiliger Ich-Identität ist eine Idee des abendländischen Denkens und der Philosophie.[51]

Die Fähigkeit zur Verantwortungsübernahme, die Freiheit voraussetzt, ist bezüglich der Fähigkeit zur autonomen und freien Lebensgestaltung eine entscheidende Voraussetzung, denn Verantwortung übernehmen wir nicht nur für andere, sondern vor allem und zuvorderst für uns selbst, und dies tun wir in einem doppelten Sinn: nämlich bezogen auf unsere Überzeugungen und Einstellungen, die sich zum einen in unseren auf andere gerichteten Handlungen und zum anderen in den auf unser Selbst gerichteten Handlungen, durch die wir uns zu dem machen, der wir sind, zum

---

49 Vgl.: Nida-Rümelin, J.: *Bildungsziele des erneuerten Humanismus.* S. 21; Nida-Rümelin, J.: *Verantwortung.* Stuttgart: Reclam 2011. S. 76.

50 Nida-Rümelin, J.: *Bildungsziele des erneuerten Humanismus.* S. 20.

51 Steenblock, V.: *Philosophische Bildung.* S. 50.

Ausdruck kommen. Bildung ist in diesem Sinne immer und zuallererst persönlich, wie Huber betont.[52]

> Bildung ist persönlich, weil ihr Ziel der ineffable Einzelne ist [...], d. h. der Einzelne, insofern er jenseits all seiner Verflechtungen mit anderen Menschen und der gemeinsamen Welt *für sich selbst* existiert und zu diesen Verflechtungen noch einmal sich verhält, indem er zu ihnen persönlich Stellung nimmt und die gemeinsame Welt, die sich in ihnen ausdrückt, auf *seine* Weise *versteht* und in ihr die *Sinnerfüllung seines Daseins* zu entdecken bestrebt ist. **Das letzte und oberste Ziel der Bildung ist – so gesehen – nicht das Funktionieren der Systeme der gemeinschaftlich geteilten Welt, sondern die harmonische Synthesis zwischen diesem Funktionieren und dem persönlichen Erleben und Streben des Einzelnen.**[53]

Erzählen: Die Fähigkeit zur auf Sinnerfüllung abzielenden autonomen und freien Lebensgestaltung, die eine harmonische Synthesis zwischen Welt, Gesellschaft und Einzelnem erzeugt bzw. anstrebt, bedeutet, dies hat Bieri sehr ausführlich herausgearbeitet, dass man über eine ganze Reihe an Teilfähigkeiten verfügt. So muss man Bieri zufolge zunächst in der Lage sein, sein Leben, sich selbst zum Thema zu machen, um alsdann damit beginnen zu können, sein Selbst in Einklang mit der inneren und äußeren Welt zu bringen. Dazu muss man sich in sich selbst auskennen, was nur gelingt, wenn wir uns selbst, unsere Überzeugungen, Vorstellungen, Erinnerungen, Wünsche, Gefühle etc. zur Sprache bringen, sie ordnen und zu verstehen suchen. Dies kann uns jedoch nur glücken, wenn wir über Erzählfähigkeiten und -techniken, gemeint sind vor allem das Schreiben der eigenen und das Lesen fremder Geschichten, verfügen, die uns nicht nur helfen, uns zu artikulieren und uns zu verstehen, sondern auch Medien des eigenen Selbst-Entwurfs sind. Endscheidend, so Bieri, ist »[...] das Entwickeln von Erzählungen über uns selbst, die möglichst vieles an unserem Leben in einen stimmigen Zusammenhang bringen, so daß wir uns gegenseitig und vor uns selbst verständlich finden.«[54] Dies unterstreicht auch Breun, wenn er schreibt: »Die Person konstruiert ihr eigenes Erleben und Leben narrativ (erzählend), und sie rekonstruiert das Geschehene und Getane im Erzählen, Berichten, Sich-Erinnern, Rechtfertigen usw. [...].«[55] Bei der erzählenden Selbsterkenntnis spielen Bieri zufolge zudem die

---

52   Vgl.: Huber, H.: *Philosophie und Ethik. Eine Hinführung.* Donauwörth: Auer 2006 (= *Philosophieren – wie und wozu?,* Bd. I). S. 246–250; Nida-Rümelin, J.: *Bildungsziele des erneuerten Humanismus.* S. 21; Nida-Rümelin, J.: *Philosophie einer humanen Bildung.* S. 83–92; Nida-Rümelin, J.: Über menschliche Freiheit. Stuttgart: Reclam 2005. S. 79–105; Nida-Rümelin, J.: *Verantwortung.* S. 19–80.

53   Huber, H.: *Philosophie und Ethik.* S. 248.

54   Bieri, P.: *Wie wollen wir leben?* St. Pölten/Salzburg: Residenz 2011. S. 53–54.

55   Breun, R.: *Identität.* In: E&U, 3/2009. S. 58.

Anderen eine wichtige Rolle, da sie uns positiv wie negativ beeinflussen, letzteres vor allem durch Manipulation. »Sich selbstbestimmt zu entwickeln, kann [daher] nur heißen, dem Blick des Anderen zu begegnen und ihm standzuhalten.«[56] Positiv sind die Anderen, gerade auch als literaische Figuren, dagegen für die Persönlichkeitsbildung, weil sie Vehikel der Selbsterkenntnis sind, da sie u. a. zur Identifikation und Abgrenzung einladen. Außerdem sind es die anderen, die, wie Nida-Rümelin betont, die Praxis einer Person interpretieren bzw. überprüfen, ob diese eine von Gründen sinnvoll geleitete ist. Aus Vorherigem folgt, dass auch das Erzählen als eine Fähigkeit verstanden werden muss, die Teil philosophischer Orientierungskompetenz ist.[57]

Die Fähigkeiten zur Verantwortungsübernahme und zur autonomen und freien Lebensgestaltung korrelieren im Kernlehrplan für das Fach »Philosophie« in Nordrhein-Westfalen vor allem mit den dort beschriebenen Handlungskompetenzen, die Schülerinnen und Schüler erwerben sollen. Allerdings beschränken sich diese vor allem auf die Fähigkeit zur Verantwortungsübernahme für die auf andere bezogenen Handlungen und die eigenen Überzeugungen. Die Fähigkeit zur autonomen und freien Lebensgestaltung wird dagegen nicht erfasst bzw. im Philosophieunterricht laut Kernlehrpanvorgaben nicht explizit angestrebt.[58] Dies ist verwunderlich, denn wenn das oberste Ziel philosophischer Bildung philosophische Orientierungskompetenz ist und wenn deren Kernelemente das Verstehen, das Urteilen, das Handeln und auch das Erzählen[59] sind und wenn alles Urteilen letztlich im Dienste des Verstehens und Verstehen, Urteilen und Erzählen letztlich im Dienste des Handelns im Sinne der Befähigung zur auf Sinnerfüllung abzielenden autonomen und freien Lebensgestaltung stehen, dann geht es philosophischer Bildung letztlich immer um das eigenverantwortliche, sprich identitätskonstituierende und -erhaltende Handeln in der Welt.[60]

---

56   Bieri, P.: *Wie wollen wir leben?* S. 31.

57   Vgl.: Bieri, P.: *Wie wäre es, gebildet zu sein?* In: Lessing, H.-U. und Steenblock, V. (Hrsg.): »Was den Menschen eigentlich zum Menschen macht ...« *Klassische Texte einer Philosophie der Bildung.* Freiburg im Breisgau: Alber 2010. S. 211–212; Bieri, P.: *Wie wollen wir leben?* S. 1–34, 46–55; Nida-Rümelin, J.: *Bildungsziele des erneuerten Humanismus.* S. 21.

58   Auf dieses Defizit wurde in allgemeiner Form bereits im dritten Teil des vierten Kapitels hingewiesen. Seine bildungstheoretische Legitimität bezieht das Konzept »Selbst-Er-forschend Philosophieren« unter anderem daher, eine gut ausgearbeitete konzeptionelle Lösung für dieses Defizit, das in den gegenwärtigen philosophischen Bildungsprozessen zu identifizieren ist, anzubieten.

59   Dem Erzählen als methodisch zu schulender Fähigkeit wird im gegenwärtigen Kernlehrplan für das Fach »Philosophie« in Nordrhein-Westfalen keine nennenswerte Bedeutung beigemessen. Auch hierauf reagiert das Konzept »Selbst-Er-forschend Philosophieren«, indem es den enormen Stellenwert des Erzählens für die philosophische Bildung in der Schule hervorhebt.

60   Vgl.: Qualitäts- und Unterstützungsagentur (QUA-Lis NRW) – Landesinstitut Schule: Kernlehrplan Philosophie. https://www.schulentwicklung.nrw.de/lehrplaene/upload/klp_SII/pl/KLP_GOSt_Philosophie.pdf (03. 03. 2018). S. 16.

1.3   Haltungen: Wissen- bzw. Verstehen- und Urteilenwollen

Wissen und Fertigkeiten sind erlernbar und daher sinnvoller Gegenstand philosophischer Lehr- Lernprozesse im Rahmen philosophischer Bildung. Jedoch wird Pfister zufolge »[z]uweilen [...] die Auffassung vertreten, man könne auch Haltungen (Einstellungen) lernen.«[61] So behauptet beispielsweise Thein, dass »Philosophie [...] darauf ab[zielt], der Welt in einer verstehenden und kritischen Haltung zu begegnen.«[62] Dass derartige Haltungen zu den Zielen des Philosophieunterrichts gehören, wird nicht zuletzt durch die Kompetenzdefinition von Weinert nahe gelegt, die Grundlage der kompetenzorientierten Lehrpläne für Philosophie beispielsweise in Nordrhein-Westfalen ist und in der »motivationale, volitionale und soziale Bereitschaften« als Teilkomponenten einer Kompetenz ausgewiesen werden und folglich Teil der Kompetenzvermittlung im Unterricht sein sollten.

Didaktisch-methodische Zweifel: Es bestehen jedoch nicht nur in deskriptiver, sondern auch in normativer Hinsicht große Zweifel bezüglich der Lehr- und Lernbarkeit von Haltungen. Fraglich ist demnach, ob man Haltungen a) überhaupt zum Gegenstand von schulischen Lehr-Lernprozessen machen kann und weitergehend, wenn diese Frage positiv zu beantworten ist, b) ob man dies auch tatsächlich tun sollte und wenn diese Frage wiederum positiv beantwortbar ist, ist schließlich auch fraglich, c) mit welchem Ziel man Haltungen im Philosophieunterricht vermittelt.[63]

Deskriptiver Zweifel: Haltungen, verstanden als Grundeinstellungen, die das Denken und Handeln prägen bzw. leiten, bedürfen entweder eines Entschlusses im Falle bewusst eingenommener Haltungen oder entwickeln sich unbewusst in der Auseinandersetzung mit lebensweltlichen Erfahrungen, können aber in diesem Fall grundsätzlich bewusst gemacht werden. Was, im Sinne der ersten Frage a), der Lehrbarkeit von Haltungen entgegensteht, ist gerade im Fall der bewusst eingenommenen Haltungen der Fakt, dass es offensichtlich nicht möglich ist, den Entschluss zu einer Haltung mit Gewissheit durch unterrichtliche Einwirkungen herbeizuführen, noch sein Vorhandensein empirisch valide zu überprüfen. So ist Gatzemeier zufolge beispielsweise »[...] der Entschluß für den »Standpunkt der Moral« letzten Endes eine (theoretisch nicht erzwingbare, nicht beweisbare) Sache der *persönlichen Entscheidung* [...].«[64] Und bezüglich der Überprüfbarkeit der erfolgreichen Vermittlung von Haltungen weist beispielsweise Meyer darauf hin,

---

61   Pfister, J.: *Fachdidaktik Philosophie.* S. 105.

62   Thein, C.: *Verstehen und Urteilen im Philosophieunterricht.* S. 9.

63   Runtenberg weist diesbezüglich zudem darauf hin, dass Haltungen sich dem empirisch-messbaren Zugriff verweigern und daher die Grenzen der empirischen Unterrichtsforschung hinsichtlich der Elemente philosophischer Bildung aufzeigen. Vgl.: Runtenberg, C.: *Zeitgemäße philosophische Bildung und empirische Unterrichtsforschung.* S. 57.

64   Gatzemeier, M.: *Sollen (Philosophie-) Lehrer Werthaltungen vermitteln?* In: ZDPE, 3/1981. S. 130.

dass, »[e]s [...] Unterrichtsziele [gibt], deren Erreichen mit quantitativen Methoden kaum überprüft werden kann, wie etwa das Ziel der Beförderung von intellektueller Neugier und der **Bereitschaft** [Herv. S. G.], vermeintlich Selbstverständliches in Frage zu stellen.«[65] Und auch Hilbert Meyer betont, dass Haltungen zu vermitteln »[...] ein sehr anspruchsvolles Ziel [ist]. [Weswegen; Zusatz S. G.] [v]iele Lehrerinnen und Lehrer und auch Fachleute [...] davon aus[gehen], dass es im Unterricht kaum zu erreichen ist.«66 Ist die Herbeiführung und der Nachweis von Haltungen, die auf einer bewussten Entscheidung beruhen, schon fraglich, so gilt dies mutatis mutandis auch für unbewusst erworbene Haltungen. Die gezielte, d. h. direkte methodische Vermittlung von Haltungen im Philosophieunterricht, aber nicht nur in diesem, scheint daher nicht möglich zu sein. Haltungen verschwinden damit jedoch nicht gänzlich aus dem Fokus philosophischer Bildung, denn mit Haltungen kann im Philosophieunterricht gearbeitet werden, was die zahlreichen neueren Ansätze zur Arbeit mit und an Prä-Konzepten im Philosophieunterricht verdeutlichen. Im Rahmen dieser Forschungsarbeit wird diesbezüglich die These vertreten, dass der Begriff »Haltung« und der Begriff »Prä-Konzept« weitestgehend synonym gebraucht werden können. Ein Prä-Konzept ist nämlich nach gängiger Auffassung ein meist unbewusstes, hinreichend kohärentes System von lebensweltlich verankerten, wissenschaftlich und/oder religiös imprägnierten Überzeugungen bezüglich eines Phänomens oder eines Phänomenkomplexes, das die Wahrnehmungen desselben strukturiert und die Beurteilung und damit auch das Verhalten und Handeln diesem gegenüber beeinflusst. In diesem Sinne beeinflussen Prä-Konzepte genauso wie Haltungen und Gesinnungen das Denken und Handeln, weswegen sie zumindest in funktionaler Hinsicht gleich sind und die entsprechenden Begriffe in diesem Sinne synonym gebraucht werden können. Der Befund der Nicht-Lehrbarkeit von Haltungen, Frage a), muss also dahingehend abgeschwächt werden, dass man diese zumindest indirekt zum Unterrichtsgegenstand machen kann.[67]

Normative Zweifel: Diesbezüglich stellt sich dann jedoch die normative Anschlussfrage b), ob die Prä-Konzepte der Schülerinnen und Schüler im Unterricht nicht nur thematisiert, sondern c) auch verändert, erweitert oder ergänzt werden sollen. Den vielen weiteren relevanten Fragen, die diese Frage nach sich zieht, wie z. B. die epistemische Frage nach den Erkenntnismitteln und Kriterien für «falsche» bzw. proble-

---

65 Meyer, K.: *Kompetenzorientierung.* In: Nida-Rümelin et al. (Hrsg.): *Handbuch Philosophie und Ethik. Band I: Didaktik und Methodik.* Paderborn: Schöningh 2015. S. 112.

66 Jank, W. und Meyer, H.: *Didaktische Modelle.* 7. Auflage. Berlin: Cornelsen Scriptor 2005. S. 336.

67 Vgl.: Henke, R. W.: *Die Förderung philosophischer Urteilskompetenz durch kognitive Konflikte.* In: Nida-Rümelin, J. et al. (Hrsg.): *Handbuch Philosophie und Ethik. Band I: Didaktik und Methodik.* Paderborn: Schöningh 2015. S. 86–95; Martens, E.: *Philosophie als Kulturtechnik humaner Lebensgestaltung.* 43; Zimmermann, P.: *Fachliche Klärung und didaktische Rekonstruktion.* In: Pfister, J. und Zimmermann, P. (Hrsg.): *Neues Handbuch des Philosophieunterrichts.* Bern: Haupt 2016. S. 66–67.

matischer Prä-Konzepte oder die ebenfalls epistemische Frage nach den Eigenschaften und damit verbunden nach den Kriterien der Auswahl für «richtige» Prä-Konzepte, kann hier nicht weiter nachgegangen werden. Eine gewisse Legitimierung der auf Veränderung, Ergänzung oder sogar auf den Ersatz von Prä-Konzepten abzielenden unterrichtlichen Bemühungen ergibt sich sicherlich aus dem Erziehungsauftrag der Schule im Allgemeinen und des Philosophieunterrichts im Besonderen. Die Schulrichtlinien beantworten die Fragen b) und c) nämlich in einem gewissen Rahmen positiv. Im Schulgesetz für das Land Nordrhein-Westfalen findet sich beispielsweise unter Paragraf 2 Absatz 2 folgende Bestimmung des Erziehungsauftrages der Schule, an dem auch die Fächer Philosophie und Praktische Philosophie mitzuwirken haben. Diese Bestimmung intendiert die Hervorbringung ganz bestimmter Werthaltungen, wie beispielsweise die der Toleranz.

> Ehrfurcht vor Gott, Achtung vor der Würde des Menschen und Bereitschaft zum sozialen Handeln zu wecken, ist vornehmstes Ziel der Erziehung. Die Jugend soll erzogen werden im Geist der Menschlichkeit, der Demokratie und der Freiheit, zur Duldsamkeit und zur Achtung vor der Überzeugung des anderen, zur Verantwortung für Tiere und die Erhaltung der natürlichen Lebensgrundlagen, in Liebe zu Volk und Heimat, zur Völkergemeinschaft und zur Friedensgesinnung.[68]

Der Legitimitätsfrage soll und kann hier jedoch ebenfalls nicht weiter nachgegangen werden, vielmehr muss an dieser Stelle festgestellt werden, dass im Rahmen philosophischer Bildung Haltungen, verstanden als Bereitschaften, expliziter Gegenstand philosophischer Bildungsprozesse sein können, dass diese durch unterrichtliche Anstrengungen jedoch nicht direkt hervorgerufen, und schon gar nicht überprüft werden können, ihre Ausbildung, Ergänzung und Veränderung wohl aber indirekt intendiert werden kann. Welche Haltungen im Rahmen der durch philosophische Bildung angestrebten Orientierungskompetenz indirekt angestrebt werden sollen, ergibt sich aus den Komponenten derselben. Wenn also, wie gezeigt, wesentliche Komponenten der philosophischen Orientierungskompetenz das Wissen und Verstehen auf der einen Seite und das Verstehenkönnen, das Urteilenkönnen und das Handelnkönnen auf der anderen Seite sind, dann sind intellektuelle Neugier, Kontext- und Konnexsensitivität, also Wissen- bzw. Verstehenwollen sowie Rationalität und Reflexivität, also Urteilenwollen die epistemischen Haltungen, die als Teilkompo-

---

68 Bildungsportal des Landes Nordrhein-Westfalen: Schulgesetz. https://www.schulministerium.nrw.de/docs/ Recht/Schulrecht/Schulgesetz/Schulgesetz.pdf (23. 03. 2018). S. 2.

nenten philosophischer Orientierungskompetenz und damit als philosophisch relevante »motivationale, volitionale und soziale Bereitschaften« zu verstehen sind.[69]

Im Folgenden ist nun zu klären, in welchen Kontexten, Medien und Prozessstrukturen sich die aus den zuvor beschriebenen Elementen bestehende philosophische Orientierungskompetenz entwickeln lässt. Doch zunächst gilt es zu überprüfen, inwiefern die mit dem Konzept »Selbst-Er-forschendes Philosophieren« verbundenen Ziele mit den hier dargestellten Zielen philosophischer Bildung übereinstimmen.

1.4 Übereinstimmungen mit den Zielen philosophischer Bildung

Zuallererst kann festgestellt werden, dass dem Konzept »Selbst-Er-forschend Philosophieren« und dem hierdurch explizierten Begriff philosophischer Bildung, vermittelt über seine Transformationsquelle, der existenziell-performativen-Hermeneutik Arendts, wie von Runtenberg gefordert, der »Begriff eines dynamischen Selbst«, zugrunde liegt. Arendt geht nämlich wie gezeigt von einem Selbst bzw. einem Ich aus, dass insofern eine dynamische Einheit bildet, weil es zu sich in drei Selbstverhältnissen (epistemisch, aktivistisch, evaluativ) steht. (vgl.: 3. Kapitel, 2., 4., 5. und 6. Teil) Außerdem kann festgestellt werden, dass das Konzept »Selbst-Er-forschend Philosophieren« mit den Zielen philosophischer Bildung insofern übereinstimmt, als dass das Selbst-Er-forschende Philosophieren ebenfalls auf die Vermittlung von Orientierungskompetenz abzielt, allerdings »nur« hinsichtlich des Führens eines freien, autonomen und sinnerfüllt-guten Lebens, weswegen beim Selbst-Er-forschenden Philosophieren ebenfalls philosophisches Orientierungswissen angestrebt wird, und zwar explizites deklaratives wie prozedurales Wissen, dass eng mit bestimmten philosophischen Fähigkeiten, wie beispielsweise dem Urteilen verbunden ist. Dass dieses Orientierungswissen zum Gelingen der »Autorenschaft des eigenen Lebens« bzw. zu einer »verantwortbaren Lebensform« beitragen soll, wird besonders durch die übergreifenden, konstitutiven Konzeptprinzipien »Subjektorientierung« und »Handlungsorientierung« deutlich und drückt sich folgerichtig auch im übergreifenden Konzeptziel aus, wonach es darum geht, die Schülerinnen und Schüler in die Lage zu versetzen, eine bzw. ihre eigene Persönlichkeit in ihrem lebensweltlichen Kontext sinngebend zu verstehen, hinsichtlich der Kriterien eines sinnerfüllt-guten Lebens zu beurteilen und diesbezüglich ggf. notwendige Maßnahmen zur Persönlichkeitsentwicklungen aufzuzeigen.[70]

---

69 Vgl.: Meyer, K.: *Kompetenzorientierung.* S. 109–110; Zimmermann, P.: *Fachliche Klärung und didaktische Rekonstruktion.* S. 66–67.

70 Vgl.: Nida-Rümelin, J.: *Bildungsziele des erneuerten Humanismus.* S. 20–22; Nida-Rümelin, J.: *Philosophie einer humanen Bildung.* S. 82.

Wissen: Eine Persönlichkeit zu verstehen, auch die eigene, setzt Wissen voraus, weswegen das Selbst-Er-forschende Philosophieren ganz klar die Intention verfolgt, dieses Wissen zu vermitteln. Hierbei geht es, der zuvor entwickelten Matrix folgend (vgl.: Abbildung 21: *spezifisch philosophisches Orientierungswissen*), zum einen sowohl um normativ- als auch um empirisch-interrogatives philosophisches Wissen. Dies drückt sich besonders in den Konzeptzielen vier und fünf aus, die dem kognitiv-psychomotorischen Zielbereich zuzuordnen sind und bei denen es besonders um die Kommunikations- und Methodenkompetenz der Schülerinnen und Schüler geht, es gilt aber auch für die Konzeptziele eins bis drei, die dem kognitiven Zielbereich zugeordnet wurden, weil auch hier immer die Methodenkompetenz der Schülerinnen und Schüler mitintendiert ist. So werden durch die fünf transformierten Unterrichtsmethoden des Konzepts »Selbst-Er-forschend Philosophieren«, die diese Ziele erreichen helfen sollen, spezifisch philosophische Arbeitstechniken und praktische Verfahrenschritte vermittelt, in deren Anwendung es auch auf normativ-interrogatives philosophisches Wissen ankommt, wie z. B. das praktische Wissen darüber, wie man die Kohärenz einer Persönlichkeitsstruktur richtig prüft und beurteilt. An diesem Beispiel wird auch deutlich, inwiefern das Selbst-Er-forschende Philosophieren zum anderen auch darauf abzielt, normativ- wie empirisch-propositionales philosophisches Wissen zu vermitteln, denn die Schülerinnen und Schüler müssen z. B. wissen, was Kohärenz ist und wann eine Entität zu Recht als kohärent bezeichnet werden darf oder sie müssen wissen, was ein philosophisches Urteil ist und unter welchen Bedingungen es gültig ist. Die Konzeptziele eins bis drei aus dem kognitiven Zielbereich unterstreichen dies mit ihrem Fokus auf die den Schülerinnen und Schülern zu vermittelnde Sachkompetenz. Die zuvor angeführten Beispiele machen aber außerdem auch deutlich, dass es beim Selbst-Er-forschenden Philosophieren mehr darauf ankommt, über systematisch-propositionales philosophisches Wissen zu verfügen und weniger über philosophiegeschichtlich-propositionales philosophisches Wissen. Das empirisch-phänomenale philosophische Wissen steht schließlich nur teilweise im Mittelpunkt des Selbst-Er-forschenden Philosophierens, allerdings intendiert das Konzept, dass die Schülerinnen und Schüler ein Verständnis und Gefühl dafür bekommen, wie es sich anfühlt, sich in bestimmten Grenzsituationen zu befinden und handeln zu müssen, weswegen durchaus die Vermittlung empirisch-phänomenalen Wissens angestrebt wird. Mit Ausnahme des propositionalen philosophischen Wissens im Sinne von philosophiegeschichtlichem Wissen, soll durch das Selbst-Er-forschende Philosophieren also eindeutig das ganze Spektrum spezifisch philosophischen Wissens vermittelt werden, das, dies wird ebenfalls durch das Konzeptprinzip »Handlungsorientierung« deutlich, kein träges, sondern alltagspraktisch relevantes Wissen sein soll, weil es die Schülerinnen und Schüler dazu befähigen soll, die Persönlichkeit anderer und auch ihre eigene zu erforschen und weiterzuentwickeln. Insofern gibt es bezüglich des zu vermittelnden Wissensspecktrums zwischen den Zielen des Selbst-Er-forschenden Philosophierens und den zuvor explizierten Zielen philosophischer Bildung eine große Übereinstimmung.

Fähigkeiten: Mehr noch als auf die Wissensvermittlung zielt das Selbst-Er-forschende Philosophieren jedoch auf das Verstehen ab, und zwar verstanden sowohl als epistemischer Zustand als auch als epistemischer Prozess, was ebenfalls besonders durch das übergreifende Konzeptziel ausgedrückt wird, das auf das Sinnverstehen einer Persönlichkeit in ihrem lebensweltlichen Kontext ausgerichtet ist. Insofern wird auch beim Selbst-Er-forschendem Philosophieren dem Verstehen von Zusammenhängen, hier der Persönlichkeit eines Menschen, und damit der Verstehenskompetenz der Schülerinnen und Schüler ein deutlich höherer Wert beigemessen als dem reinen Wissen, egal, ob es sich dabei um Formen des propositionalen, interrogativen oder phänomenalen Wissen handelt.

Nicht nur Verstehen-, sondern auch Urteilen- und Handelnkönnen sind in der Theorie philosophischer Bildung wie im Konzept »Selbst-Er-forschend Philosophieren« die zentralen, zu vermittelnden philosophischen Fähigkeiten (vgl.: Konzeptprinzipien »Performanz« und »Kontemplation«), was bezogen auf das Selbst-Er-forschende Philosophieren vor allem durch die Konzeptziele zwei und drei, die Urteilskompetenz intendieren, und durch die Konzeptziele vier und fünf, die Kommunikationskompetenz anstreben, die im Arendt'schen Sinne auch als Handlungskompetenz aufzufassen ist, unterstrichen wird. So wird die Urteilskompetenz im Rahmen des Selbst-Er-forschenden Philosophierens gerade als diejenige Fähigkeit aufgefasst, die dazu befähigt, Gründe, sprich die handlungsleitenden sowie die Persönlichkeit strukturierenden persönlichkeitsbildenden Eigenschaften eines Menschen hinsichtlich ihrer Rationalität, Moralität und Kohärenz zu prüfen und zu beurteilen, ob durch eine oder mehrere dieser Eigenschaften die Kohärenz der Persönlichkeit ernsthaft gefährdet wird. Das Urteilen zielt damit auch beim Selbst-Er-forschenden Philosophieren darauf ab, ein vernünftiges System von Überzeugungen, das typisch für eine verantwortliche und verantwortbare Persönlichkeit ist, zu erkennen und durch Weiterentwicklung oder Modifikation aufrechtzuerhalten. Denn nur so ist eine vernünftige Lebensform bzw. selbstbestimmte Existenz möglich, eine ebenfalls von der Theorie philosophischer Bildung wie dem Konzept »Selbst-Er-forschend Philosophieren« gleichermaßen geteilte zentrale Annahme. Dass eine selbstbestimmte Existenz bzw. die Arbeit an sich selbst zwecks Herausbildung von Ich-Identität Handlungsfähigkeit voraussetzt, im Sinne der Fähigkeit zur Verantwortungsübernahme für das eigene Leben und im Sinne der Fähigkeit zur freien und autonomen, auf Sinnerfüllung abzielenden Gestaltung desselben, wird ebenfalls in Übereinstimmung mit der Theorie philosophischer Bildung beim Selbst-Er-forschenden Philosophieren angenommen. Diesbezüglich besteht auch Übereinstimmung darin, dass zur sinnerfüllenden Gestaltung des eigenen Lebens dem Erzählen bzw. der Erzählfähigkeit verstanden als Handlungsfähigkeit ein großer Stellenwert zukommt, weil sie darauf abzielt, sich über die Wünsche, Überzeugungen und Gefühle etc. einer Person klar zu werden, diese zu ordnen und zu verstehen. Dies wird nicht zuletzt durch das fünfte Konzeptziel deutlich unterstrichen. Auch die Übereinstimmung hinsichtlich der hermeneutischen Bedeutung des Erzählens und damit auch hinsichtlich des Angewiesenseins philosophischer Bildung auf den anderen Menschen, der interpretiert und prüft und damit als Vehikel der Selbsterkenntnis fungiert, sollte nicht überraschen, da Arendts existenziell-performativer Hermeneutik ein starker narrativer Zug eigen ist, der sich im Konzept »Selbst-Er-forschend Philosophieren« vor allem in den aus dieser transformierten narrativ-hermeneutischen und narrativ-performativen Methode wiederspiegelt.

Haltungen: Damit aber das zuvor beschriebene philosophische Wissen und die damit eng verbundenen philosophischen Fähigkeiten wirklich in der Lebenswelt der Schülerinnen und Schüler handlungsrelevant werden, bedarf es bestimmter Haltungen bzw. Bereitschaften, bei denen es ebenfalls große Übereinstimmungen zwischen der Theorie philosophischer Bildung und dem Konzept »Selbst-Er-forschend Philoso-phieren« gibt. Denn gemäß der vorherigen Erläuterungen sind das Wissen- und Verste-henwollen sowie das Urteilenwollen diejenigen Haltungen, die als solche notwendiger Teil der Ziele philosophischer Bildung sind und diesen entsprechen wiederum den Kernintentionen der durch das Selbst-Er-forschende Philosophieren zu vermittelnden Haltungen, nämlich der existenziellen Entschlossenheit und der existenziellen Ernst-haftigkeit, die im sechsten Konzeptziel, das dem affektiven Zielbereich zuzuordnen ist, genau beschrieben werden. Existenzielle Entschlossenheit und existenzielle Ernsthaftigkeit setzen demnach nämlich die Bereitschaft zum kritischen, selbstre-flexiven Denken voraus, dass darauf abzielt, zu wissen und zu verstehen. Allerdings ist darauf hinzuweisen, dass die existenzielle Entschlossenheit in Verbund mit der existenziellen Ernsthaftigkeit im Vergleich zu den Haltungen, die Teil der durch die philosophische Bildung angestrebten philosophischen Orientierungskompetenz sind, einen eingeschränkten Gegenstandbereich haben. Denn sie drücken lediglich die Bereitschaft aus, sich selbst oder einen anderen Menschen zum Gegenstand der Wissens- und Verstehens-Intention zu machen. Außerdem ist die Haltung der existen-ziellen Entschlossenheit mit einer klaren Handlungsintention verbunden, also der Bereitschaft, eine Persönlichkeit herauszubilden, zu untersuchen und weiterzuent-wickeln.

Dass die existenzielle Entschlossenheit, genauso wie die existenzielle Ernsthaf-tigkeit nicht direkt im Unterricht vermittelt werden können, sondern zum einen in einem Mindestmaß für das Gelingen des Selbst-Er-forschenden Philosophierens bereits zu Beginn desselben vorliegen müssen, um dann im Prozess desselben, also indirekt, weiter herausgebildet werden zu können, ist eine weitere Annahme, hinsichtlich der Übereinstimmung zwischen der Theorie philosophischer Bildung und dem Konzept »Selbst-Er-forschend Philosophieren« besteht. Außerdem ist anzumerken, dass existenzielle Entschlossenheit und existenzielle Ernsthaftigkeit nicht nur vermittelt werden können, sondern auch vermittelt werden sollen und dass es beim Selbst-Er-forschenden Philosophieren darum geht, Prä-Konzepte zu verändern, besonders dann, wenn diese die Kohärenz der Persönlichkeitsstruktur gefährden. Dieses Ziel weicht aufgrund seiner Eindeutigkeit bezüglich der Frage nach dem Umgang mit Prä-Konzepten im Philosophieunterricht sicherlich deutlich von der Theorie philosophischer Bildung ab, da diese diesbezüglich noch nicht über eine eindeutige und konsensfähige Position verfügt.

Abschließend kann die eingangs gemachte Feststellung wiederholt werden, wonach es große Übereinstimmungen und kaum Widersprüche zwischen den Ziele der Theorie philosophischer Bildung und dem Konzept »Selbst-Er-forschend Philosophieren« gibt. Der erste Einpassungsversuch des Konzepts in die Theorie philosophischer Bildung durch den Vergleich der jeweils verfolgten zentralen Ziele kann also als erfolgreich angesehen werden, was insofern nicht überraschen sollte, da das oberste Ziel philosophischer Bildung das Verstehen ist und das Credo Arendts, aus deren existenziell-performativer Hermeneutik das Konzept »Selbst-Er-forschend Philosophieren« transformiert wurde, bekanntlich lautete: »Ich muß verstehen.« (GG 48)

2.   Kontexte und Medien

Philosophische Bildungsprozesse finden nicht im luftleeren Raum statt, sondern vollziehen sich in bestimmten, meist institutionell organisierten Kontexten – zentral sind hier besonders die Schule und die Universität – und nehmen in diesen Bezug auf vielfältige philosophisch relevante und in der Regel medial vermittelte lebensweltliche Kontexte des Philosophierens. Da der Zusammenhang zwischen philosophischer Bildung und den Kontexten bzw. »Lernorten«, in denen und an denen sich diese vollzieht, von Steenblock an anderer Stelle hinreichend beschrieben wurde, sollen im Folgenden lediglich die Kontexte, die Gegenstand philosophischer Bildung sind, und die diese vermittelnden Medien, beschrieben werden.[71]

---

71 Vgl.: Steenblock, V.: *Orte des Philosophierens.* In: Nida-Rümelin, J. et al. (Hrsg.): *Handbuch Philosophie und Ethik. Band I: Didaktik und Methodik.* Paderborn: Schöningh 2015. S. 30–36; Steenblock, V.: *Philosophische Bildung.* S. 49–57, 59–123; Steenblock, V.: *Philosophische Bildung als Arbeit am Logos.* S. 57–69.

2.1   Intrinsische, extrinsische und universale Kontexte

Huber zufolge sind vor allem drei philosophisch relevante Kontexte voneinander zu unterscheiden, auf die philosophische Bildungsprozesse Bezug nehmen. Diese bezeichnet er als Sachkontexte und unterschiedet zwischen a) den intrinsischen Kontexten, bei denen die Sache bzw. der Untersuchungsgegenstand im Hinblick auf sich selbst, d. h. sein Wesen, betrachtet wird, b) den extrinsischen Kontexten, innerhalb derer die Bedeutung einer Sache für andere Sachen thematisiert wird und schließlich c) den universalen Kontexten, bei denen die Sache in Bezug auf ihren Zusammenhang mit allen tatsächlich vorhandenen und potenziell existierenden Sachen betrachtet wird. Diese drei kategorial verschiedenen Kontexte lassen sich, so Huber, jeweils thematisch weiter spezifizieren. So gibt es als intrinsischen Kontext zum einen den Selbstseins-Kontext, in dem eine Sache als Selbstzweck betrachtet wird, und zum anderen den ästhetischen Kontext, in dem es um das positive, d. h. bejahungswürdige ästhetische Erleben einer Sache, verstanden als Selbstzweck, geht. In intrinsischen Kontexten werden also nicht die Beziehungen einer Sache zu anderen Sachen oder dem Ganzen in den Blick genommen. Dies geschieht erst in den extrinsischen Kontexten, wie den symbolischen Kontexten, in denen eine Sache symbolisch verwendet wird, indem »[...] sie in ihrem Selbstsein Anderes abbildet oder in Anderem abgebildet wird.«[72] In den ebenfalls extrinsischen, interagierenden Kontexten, »[...] in denen sich zeigt, wie *alles mit allem zusammenhängt* in der Welt [...]«[73], geht es vor allem um die Betrachtung der Ursache-Wirkungs-Zusammenhänge, die zwischen den Sachen bestehen. Die instrumentellen Kontexte thematisieren dagegen Zweck-Mittel-Beziehungen. Sie sind die extrinsischen Kontexte, da in ihnen mithilfe der instrumentellen Vernunft eine Sache im Hinblick auf ihre »[...] technische Verwertbarkeit für anderes [...]«[74] untersucht wird. Unter den universellen Kontexten findet sich schließlich zunächst der künstlerische Kontext, in dem die künstlerische Darstellung einer Sache untersucht wird, denn: »Im Kunstwerk wird die Sache »*durchsichtig*« [...] auf das in ihr sich manifestierende Ganze hin.«[75] Auch im religiösen Kontext wird der universelle Zusammenhang, in dem eine Sache steht, in den Blick genommen, jedoch aus der Perspektive einer »universellen Macht«, die sich in den einzelnen Sachen manifestiert, so Huber. Im sittlichen Kontext wiederum wird eine Sache insofern in ihren universalen Zusammenhängen erkundet, als dass die ihre instrumentelle Verwendung limitierenden universell gültigen Handlungsimperative untersucht werden. Im lebensweltlichen Kontext wird eine Sache dagegen hinsichtlich ihrer

---

72   Huber, H.: *Philosophie und Ethik*. S. 139.
73   Ebd. S. 139.
74   Ebd. S. 140.
75   Ebd. S. 141.

subjektiven wie objektiven Bedeutung für das gute Leben untersucht. Universell ist dieser Kontext, weil es in ihm um die Integration einer Sache in den lebensweltlichen Gesamtzusammenhang geht. Der philosophische Kontext schließlich »[...] ist der Gesamtkontext, in den die übrigen Kontexte eingegliedert sind wie in den lebensweltlichen Kontext, jedoch in reflektierter Form.«[76] Der philosophische Kontext ist daher der Ort, an dem der Zusammenhang der Zusammenhänge einer Sache reflexiv thematisiert wird und er ist damit der oberste Bezugspunkt des philosophischen Bildungsprozesses, so Huber.[77]

Lebensweltlicher Kontext: Huber beschreibt also eine eng miteinander verbundene, graduell strukturierte Vielfalt von Kontexten, auf die im Rahmen philosophischer Bildungsprozesse Bezug genommen werden kann und die unterstreicht, dass Kontextsensitivität ein wesentliches didaktisches Gestaltungsprinzip des Philosophieunterrichts sein muss. In letzter Konsequenz ist philosophisches Verstehen, um das es Huber zufolge in philosophischen Bildungsprozessen geht, jedoch immer auf den universal-philosophischen Kontext bezogen, da in diesem alle anderen Verstehens-Kontexte aufgehoben sind. »Eine Sache philosophisch zu begreifen heißt, sie **explizit im Licht des unabschließbaren universalen Ganzen aller Kontexte** zu verstehen.«[78] Entgegen dieser kontextuellen Ausrichtung philosophischer Bildungsprozesse ist dem gegenwärtigen Stand fachdidaktischer Theoriebildung zu entnehmen, dass philosophische Bildungsprozesse vor allen anderen hier dargestellten Kontexten primär auf den lebensweltlichen Kontext fokussieren und von diesem ausgehend die anderen von Huber dargelegten Kontexte einer Sache thematisieren, insbesondere den philosophischen Kontext. Die reflexive Durchdringung einer Sache sollte ihren Ausgangspunkt also im lebensweltlichen Kontext nehmen und immer an diesen zurückgebunden sein; dies legen im Übrigen nicht zuletzt auch die zuvor erläuterten Ziele philosophischer Bildung nahe.[79]

2.2 Lebenswelt und Lebensform

Die Begründung der zuvor behaupteten Vorrangstellung des lebensweltlichen Kontextes für philosophische Bildungsprozesse vor allen anderen philosophisch relevanten Kontexten, besonders dem philosophischen Kontext selbst, ergibt sich aus der nachfolgenden Explikation der Begriffe »Lebenswelt« und »Lebensform« und der Erläuterung des Zusammenhanges, in dem beide stehen.

---

76 Ebd. S. 145.

77 Vgl.: Ebd. S. 134–170.

78 Ebd. S. 145.

79 Vgl.: Ebd. S. 145–146; Stelzer, H.: *Lebensweltbezug.* Nida-Rümelin, J. et al. (Hrsg.): *Handbuch Philosophie und Ethik. Band I: Didaktik und Methodik.* Paderborn: Schöningh 2015. S. 79–86.

»Lebenswelt«: Unter dem Begriff »Lebenswelt« muss man ausgehend von Husserls Bestimmung derselben zunächst die objektiv vorfindbare und vorgegebene Welt verstehen, in der sich das je individuelle Leben in »natürlicher Einstellung« vollzieht. In diesem Sinne ist »Lebenswelt [...] sich vergegenwärtigende vorwissenschaftliche Grundlage allen Forschens, die vom Subjekt als selbstverständlich vorausgesetzte sinnlich erfahrbare Welt, Lebenswelt des Alltags.«[80] Die so beschriebene objektive Lebenswelt kann mit dem Verweis auf ihre Mehrdimensionalität weiter charakterisiert werden. Denn die objektive Lebenswelt ist ein Netz von konkreten Lebenswelten – Welt der Wissenschaft, der Medien etc. –, die eng miteinander verknüpft, jedoch über ihre besonderen Eigenschaften identifizierbar und damit voneinander abgrenzbar sind. Die objektive Lebenswelt ist also ein mehrdimensionaler, jedoch, dies ist ein weiteres Charakteristikum, vortheoretischer und damit vorwissenschaftlicher Bereich, in dem sich das Leben auf sinnlich unmittelbare, sprich naive Weise vollzieht. Die objektiv vorfindbare Lebenswelt ist damit präreflexiv. In dieser objektiven Lebenswelt muss sich das Subjekt orientieren und seinen je individuellen Standort bestimmen. Dazu muss die objektive Lebenswelt vom Subjekt reflexiv durchdrungen werden, um sich derart innerhalb der objektiven Lebenswelt eine subjektive Sphäre des persönlichen Lebens – die subjektive Lebenswelt – zu schaffen, von der aus alle Entitäten der objektiven Lebenswelt einer normativen Bewertung hinsichtlich ihrer Bedeutung für das eigene, möglichst gelingende Leben unterzogen werden. Die Befähigung zu dieser reflexiven Durchdringung ist eine der Aufgaben philosophischer Bildung bzw. der Zweck der von dieser zu befördernden philosophischen Orientierungskompetenz. Die zuvor dargelegten Kontexte philosophischer Bildung stecken den diesbezüglich notwendigen Reflexionsrahmen ab. Philosophische Bildung muss also dazu befähigen, die meist kulturellen Gehalte der objektiven Lebenswelt zu transformieren, um sie als Elemente der subjektiven Lebenswelt in diese zu integrieren und um diese damit schließlich zu allererst zu konstituieren. In diesem Prozess spielt Steenblock zufolge besonders die Hermeneutik eine herausragende Rolle, denn: *»Die Hermeneutik bezeichnet den Modus der Bildung: die Art und Weise überhaupt, in der wir uns zu den kulturellen Sinn- und Sachverhalten in ein Verhältnis setzten, sie uns zu eigen machen und sie durch eigene Beiträge fortzuführen suchen.«*[81] Die sich innerhalb von Bildungsprozessen konstituierende subjektive Lebenswelt ist also der reflexiv-lebensweltliche Gesamtzusammenhang, in den die für die je subjektive Lebensform relevanten Gehalte der objektiven Lebenswelt normativ integriert sind. Die damit verbundene Transformations- und Integrationsleistung lebensweltlicher Gehalte setzt jedoch als normative Hintergrundfolie eine konkrete Lebensform voraus, die den Transformations- und

---

80   Ebd. S. 80.
81   Steenblock, V.: *Philosophische Bildung.* S. 48.

Integrationsprozess determiniert und damit strukturiert. Die subjektive Lebenswelt ist daher letztlich der Ausdruck der jeweiligen Lebensform einer Person.[82]

»Lebensform«: Jede Person muss eine Lebensform wählen, von der aus die subjektive Lebenswelt strukturiert wird und die die Voraussetzung dafür ist, vor anderen, und in letzter Konsequenz vor sich selbst, verantwortlich handeln zu können, um nicht nur als Subjekt, sondern als vernünftige und verantwortungsbewusste Person wahrgenommen werden zu können. Denn eine Lebensform zeichnet sich, so Nida-Rümelin, durch eine frei gewählte »(Handlungs-)Struktur« aus; sie ist die »[...] axiomatische Begründungsinstanz unserer Handlungen und Entscheidungen [...]«[83], in denen sich wiederum unsere normativen Überzeugungen, die unsere Lebensform ausmachen, manifestieren. Die Lebensform gibt unserem Leben in der Welt also im ganz wörtlichen Sinne seine je eigene Form bzw. individuelle Prägung. Da es für eine »vernünftige Wahl« der Lebensform keine externen Kriterien gibt, wie Nida-Rümelin betont, muss sich die Wahl der Lebensform, verstanden als große existenzielle Entscheidung, nach internen Kriterien vollziehen, das sind gute Gründe, die für diese Lebensform sprechen. Da es also keine konkreten, überindividuellen Kriterien für die Wahl einer Lebensform gibt, plädiert Nida-Rümelin dafür, gerade bei der grundsätzlichen Entscheidung für eine Lebensform in letzter Instanz auf sein Gefühl bzw. seine Intuition zu hören. Denn: »Das Gefühl, mit sich im Reinen zu sein, ist Ausdruck einer kohärenten Lebensform, es begleitet ein gelungenes Leben und trägt zum Gelingen des Lebens bei.«[84] Philosophischer Bildung kommt nun neben der Befähigung zu reflexiven Durchdringung der objektiven Lebenswelt auch die noch schwierigere Aufgabe der Befähigung zur bewussten und freien Wahl einer Lebensform zu, da diese, wie gezeigt, eine zentrale Voraussetzung für die Konstitution der subjektiven Lebenswelt ist.[85]

Philosophische Orientierungskompetenz: Philosophische Orientierungskompetenz als Produkt philosophischer Bildung ermöglicht die Konstitution einer subjektiven Lebenswelt und die Wahl einer Lebensform, die in einem wechselseitigen Bedingungsgefüge stehen und immer sowohl theoretisch-reflexiv als auch, dies ist besonders zu betonen, handlungs-praktisch auf die objektive Lebenswelt bezogen sind. Gerade für den handlungspraktischen Rückbezug auf die objektive Lebenswelt ist philosophische Orientierungskompetenz elementar, denn die von einer Person

---

82 Vgl.: Huber, H.: *Philosophie und Ethik.* S. 143–144; Husserl, E.: *Die phänomenologische Methode. Ausgewählte Texte I.* Stuttgart: Reclam 2010 (= *Reclams Universal-Bibliothek,* Bd. 8084). S. 131–134; Martens, E.: *Lebenswelt.* In: ZDPE, 4/2014. S. 38; Thein, C.: *Verstehen und Urteilen im Philosophieunterricht.* S. 14–15, 34–40; Steenblock, V.: *Philosophische Bildung als Arbeit am Logos.* S. 64–65, 68; Stelzer, H.: *Lebensweltbezug.* S. 79–86; Werner, D.: *Alltag und Lebenswelt. Perspektiven einer didaktischen Phänomenologie.* In: ZDPE, 2/2000. S. 110–111.

83 Nida-Rümelin, J.: *Strukturelle Rationalität.* S. 158.

84 Ebd. S. 171.

85 Vgl.: Ebd. S. 151–171.

gewählte Lebensform muss sich in der objektiv vorfindbaren Lebenswelt praktisch bewähren, da sie an dieser auch scheitern bzw. mit dieser in grundsätzliche, sprich existenzielle Konflikte geraten kann, wenn es der jeweils handelnden Person nicht gelingt, die objektive mit der subjektiven Lebenswelt zu verschränken bzw. die dazu notwendigen Transformations- und Integrationsleistungen zu vollziehen. Für das konkrete Handeln einer Person bedeutet dies, dass diese besonders in Grenzsituationen bzw. existenziellen Situationen existenziell herausgefordert wird. Hierbei geht es um solche Situationen, die sich vor allem anderen dadurch auszeichnen, dass in ihnen die Person mit einem Problem konfrontiert wird, das die kohärente Struktur ihrer Lebensform und damit in weiterer Konsequenz die von dieser geprägte subjektive Lebenswelt grundsätzlich in Frage stellt. In derartigen, meist dilemmatischen Situationen »[...] haben wir es mit einer ernsthaften Kohärenzproblematik zu tun [...]«[86], da sich die notwendigen Entscheidungen schwer rationalisieren lassen, so Nida-Rümelin. Existenzielle Situationen bringen als Grenzsituationen daher nicht nur das Philosophieren zu allererst in Gang, worauf besonders Jaspers hinweist, sondern stellen auch die verschiedenen situativen Anlässe des Philosophierens und den letztendlichen Bezugspunkt philosophischer Bildung dar, weil die von dieser zu vermittelnde philosophische Orientierungskompetenz dazu befähigen soll, variable existenzielle Problemsituationen denkend und handelnd zu bewältigen, indem die Person es schafft, durch die jeweilige Problemlösung die strukturelle Balance ihrer Lebensform zu bewahren, was sie wiederum tut, indem sie größere wie kleinere Inkohärenzen, die in ihrem Entscheiden und Handeln auftreten können, vermeidet oder, wenn das zu lösende Problem dilemmatischer Natur ist, die bisherige Lebensform verändert oder diese schließlich ggf. sogar verwirft und eine neue wählt. Wenn Stelzer daher schreibt: »Lebensweltbezug stellt Philosophie in den Bereich existenzieller Bedeutung und nimmt ernst, dass Orientierung im Denken als Orientierung der Rechtfertigung in einer fraglich gewordenen Lebenswelt zu verstehen ist [...]«[87], ist ihm voll und ganz zuzustimmen.[88]

Vorrang des lebensweltlichen Kontextes: Philosophie ist also über die »Vermittlungsfunktion« der Philosophiedidaktik mit der Lebenswelt zu verbinden, wie Steenblock betont, und zwar in einer Art und Weise, die »kulturelle Selbstfindung« ermöglicht, d. h. besonders bei Schülerinnen und Schülern eine philosophische Orientierungskompetenz befördert, durch die diese in den Stand gesetzt werden, die objektiv vorfindbare Lebenswelt, ausgehend von »lebenswichtigen Grundfragen«, reflexiv zu

---

86 Ebd. S. 169.

87 Stelzer, H.: *Lebensweltbezug.* S. 84.

88 Vgl.: Jaspers, K.: *Einführung in die Philosophie. Zwölf Radiovorträge.* 28. Auflage. München/Zürich: Piper. S. 16–23; Nida-Rümelin, J.: *Strukturelle Rationalität.* S. 151–171; Schüßler, W.: *Jaspers zur Einführung.* Hamburg: Junius 1995 (= *Zur Einführung*, Bd. 114). S. 51–59.

durchdringen, um eine individuelle Lebensform und damit verbundene subjektive Lebenswelt zu konstituieren und zu erhalten. Zusammen mit den Überlegungen zu den Zielen philosophischer Bildung folgt für die eingangs aufgestellte These zum Vorrang des lebensweltlichen Kontextes vor dem philosophischen und allen anderen Kontexten philosophischer Bildung daraus: Wenn philosophische Bildung darauf abzielt, philosophische Orientierungskompetenz zu vermitteln, in deren Mittelpunkt die Befähigung zu einem identitätskonstituierenden und -erhaltenden Handeln in der objektiven Lebenswelt steht, dann sind die Erkenntnisse und Fähigkeiten, die im philosophischen Kontext, wie die, die in allen anderen Kontexten philosophischer Bildung gewonnen werden, nicht der Endzweck derselben, sondern lediglich Mittel zum Erreichen des übergeordneten Zwecks, dem identitätskonstituierenden und -erhaltenden Handeln, das seinen genuinen Ort in der objektiven wie subjektiven Lebenswelt hat, weswegen der lebensweltliche Kontext dem philosophischen Kontext, wie auch allen anderen philosophisch relevanten Kontexten zweckbezogen vorrangig ist.[89]

Man kann also feststellen, dass die Lebenswelt, bezogen auf das bereits dargestellte Ziel philosophischer Bildung, immer der Ausgangs- und der Endpunkt aller philosophischen Bildungsprozesse sein muss. Die Lebenswelt hat daher, wie Stelzer zu Recht bezogen auf Husserl herausstellt, sowohl eine Leitfaden- als auch eine Bodenfunktion für philosophische Bildung. Letzteres betont auch Werner, wenn er schreibt, dass die Lebenswelt »[...] als das Fundament und die verbindende Achse zwischen den Unterrichtsfächern zu betrachten ist [...].«[90] Die Lebenswelt ist »[...] nicht nur ein deskriptives Problemreservoir, sondern auch ein normatives Problemlösungsreservoir bewährter Denkmethoden [...].«[91] Zu Recht muss die Lebensweltorientierung daher als konstituierendes bzw. normativ-einforderndes, konstitutiv-begründendes und deskriptiv-beschreibendes Prinzip für philosophische Bildung gelten.[92]

Lebenswelterschließende Themen: Führt man die zuvor angestellten Erkenntnisse zu den Zielen und Kontexten philosophischer Bildung zusammen, so ergibt sich bezüglich der Themen philosophischer Bildung die sehr allgemeine und daher womöglich schon triviale Aussage, dass im Mittelpunkt derselben lebenswelterschließende Themen stehen sollten. Was damit gemeint ist, wird deutlich, wenn man den Zusammenhang der Annahmen, die dieser Aussage zugrundeliegen, offenlegt.

Wenn das oberste Ziel philosophischer Bildung philosophische Orientierungskompetenz ist und deren Kernkomponenten Wissen und Verstehen sowie die Fähigkeiten

---

89 Vgl.: Martens, E.: *Lebenswelt.* S. 38; Martens, E.: *Methodik des Ethik- und Philosophieunterrichts. Philosophieren als elementare Kulturtechnik*, Hannover: Siebert 2003. S. 147; Steenblock, V.: *Philosophische Bildung als Arbeit am Logos.* S. 57–69; Steenblock, V.: *Philosophische Bildung.* S. 47–57; Stelzer, H.: *Lebensweltbezug.* S. 84–85.

90 Werner, D.: *Alltag und Lebenswelt.* S. 111.

91 Martens, E.: *Lebenswelt.* S. 38.

92 Vgl.: Stelzer, H.: *Lebensweltbezug.* S. 79–80, 82–85.

zu Verstehen, zu Urteilen und zu Handeln sowie schließlich die Haltung des Wissen- bzw. Verstehenwollens auf der einen und die des Urteilenwollens auf der anderen Seite sind, wenn ferner die philosophisch relevanten Kontexte des Philosophierens die intrinsische, extrinsische und universale Dimension der Wirklichleit sind, die es, gemäß den Zielen philosophischer Bildung zu durchdringen bzw. sich zu erschließen gilt, um die objektive Lebenswelt zu verstehen, sich in ihr orientieren und sich eine damit verbundene subjektive Lebenswelt erschaffen und erhalten zu können, dann müssen philosophisch relevante Themen ganz grundsätzlich und vor allem anderen lebenswelterschließend sein.

Von der allgemeinen Forderung lebenswelterschließender Themen ausgehend, obliegt die ganz konkrete Themenbenennung jedoch den Initiatoren philosophischer Bildungsprozesse, meist sind dies die Lehrerinnen und Lehrer in den allgemein- bildenden Schulen vor Ort und in diesem Fall daher, zwischengeschaltet, auch die behördlichen Instanzen, wie beispielsweise die Lehrplankommision.

2.3 Narrative Medien

Fraglich ist nun, wie sich die geforderte Lebensweltorientierung im Philosophieun- terricht herstellen lässt. Diese Frage betrifft zum einen die Medien, aber auch die Prozessstrukturen des Philosophieunterrichts, auf die im nachfolgenden Unterab- schnitt eingegangen wird.

Medientheoretisch lässt sich die Vielfalt der für den Philosophieunterricht relevanten Medien grundsätzlich kategorisch erfassen, indem zum einen zwischen den Funktionsebenen – methodisch, lernpsychologisch, sozio-politisch – und zum anderen zwischen den verschiedenen, teilweise miteinander kombinierten, Vermitt- lungseigenschaften – verbal-schriftlich, visualisierend, visuell, haptisch, auditiv, audio-visuell, nasal, oral – unterschieden wird. (vgl.: 4. Kapitel, 2. Teil, 2. Abschnitt, 1. Unterabschnitt) Ausgehend von der Unterscheidung zwischen Lesen, Schreiben und Sprechen gibt es für die methodische Funktionsebene der Medien bereits gut ausgearbeitete Übersichten über die verschiedenen Medien philosophischer Bildung und ihren Zusammenhang mit den Methoden und Kompetenzen des Philosophieun- terrichts, weswegen dieser Zusammenhang hier nicht weiter vertieft werden soll. Vielmehr soll im Folgenden geklärt werden, welche der für den Philosophieunter- richt relevanten Medien in einem an der Lebenswelt der Schülerinnen und Schüler orientierten Philosophieunterricht eine besondere Rolle spielen.[93]

---

93 Vgl.: Krause, J.: *Medien.* In: Rehfus W. D. und Becker, H. (Hrsg.): *Handbuch des Philosophie-Unterrichts.* Düsseldorf: Schwann 1987. S. 423–429; Rohbeck, J.: *Didaktik der Philosophie und Ethik.* 3. Auflage, Dresden: Thelem 2013. S. 51–61, 86, 171–182; Steenblock, V.: *Philosophische Bildung.* S. 125–194. Tichy, M.: *Mediennutzung, Medienkompetenz und Philosophieunterricht. Versuch einer Klärung aus unterrichtspraktischer Sicht.* In: ZDPE, 2/2008. S. 90–102.

Lebensweltbezogene Medien: Bezogen auf die zuvor beschriebenen Ziele und Kontexte philosophischer Bildung lässt sich feststellen: Wenn philosophische Bildungsprozesse primär auf die Lebenswelt der Schülerinnen und Schüler bezogen sind, weil in ihnen eine philosophische Orientierungskompetenz vermittelt werden soll, die diese dazu befähigen soll, ihre Lebenswelt reflexiv zu durchdringen, um sie verantwortungsbewusst und autonom gestalten zu können – Konstitution der subjektiven Lebenswelt, Wahl und Erhalt einer individuellen Lebensform – , dann kommen als Medien philosophischer Bildung vorzugsweise solche in Betracht, durch die sich ein philosophisch gehaltvoller Lebensweltbezug herstellen lässt, d. h. solche Medien, in denen sich lebensweltliche Probleme in einer Art und Weise manifestieren, die eine genuin philosophische, d. h. reflexiv-wissenschaftliche Auseinandersetzung mit diesen Problemen ermöglichen. Damit sind vor allem narrative Medien angesprochen, weil …

> [...] gerade in den mehrheitlich narrativ geprägten Texten Lebenswelt und Alltagserfahrung in einer Weise auf [scheinen], die Schülerinnen und Schülern einen Zugang ermöglicht, der sie mit auf den Weg des Prozesses allmählichen Abstrahierens und Verdichtens von konkreter unmittelbarer Erfahrung hin zur analytischen Reflexion nimmt.[94]

Narrative Medien, nachfolgend nur noch Narrative genannt, sind daher für den auf reflexive Durchdringung der Lebenswelt abzielenden Zugriff besonders relevant und sind daher für den bildungstheoretisch fundierten Philosophieunterricht eine konstitutive Größe.

Differenzierung und Eingrenzung: Mit den zuvor genannten medientheoretischen Unterscheidungen kann man die für lebensweltorientierten Philosophieunterricht relevanten Narrative auf die Gruppe der verbal-schriftlichen Narrative eingrenzen und diese wiederum grob in zwei Klassen unterteilen, nämlich a) in die Klasse der narrativen Textformen, wie beispielsweise (philosophische) Autobiografien, Briefe, (schriftlich fixierte) Dialoge etc. und b) in die Klasse der narrativen Gesprächsformen, wie beispielsweise die autobiografische Narration oder Betroffeneninterviews. Zudem muss mit Rohbeck darauf hingewiesen werden, dass nicht alle Narrative gleichermaßen für den Philosophieunterricht geeignet sind, sondern dass es Aufgabe der Fachdidaktik ist, zu ermitteln, mit welchen Narrativen philosophisch gehaltvoller Unterricht gestaltet werden kann. Um derartige Narrative kreisen die nachfolgenden Überlegungen.[95]

---

94 Stelzer, H.: *Lebensweltbezug.* S. 84.

95 Vgl.: Haase, V.: *Betroffenen-Interviews im Ethikunterricht.* In: ZDPE 2/2012. S. 115–132; Haase, V.: *Selbstkompetenz und autobiografische Narration. Theoretische Fundierung eines Zusammenhangs und zehn praktische Übungen für den Unterricht.* In: ZDPE 2/2010. S. 88–100; Rohbeck, J.: *Didaktik der Philosophie und Ethik.* S. 185–207.

Zwei zentrale Argumente: Für die sicherlich kontroverse Behauptung, dass Narrative für den bildungstheoretisch fundierten Philosophieunterricht in besonderer Weise mitkonstitutiv sind, lassen sich verschiedene Argumente anführen. Zentral scheinen jedoch vor allem zwei Argumente zu sein, von denen das eine mit den besonders didaktisch relevanten Eigenschaften und Funktionen von Narrativen argumentiert, während das andere, hiervon ausgehend, die hohe bildungszielbezogene Funktionalität von Narrativen betont.

Zum ersten Argument: Narrative haben besondere, didaktisch relevante Eigenschaften und Funktionen, denn sie sind a) kontextsensitiv, b) veranschaulichend, c) vergegenwärtigend, d) abstrakt-strukturierend, e) problematisierend und schließlich f) erkenntnisgenerierend sowie -konservierend. Aufgrund dieser Eigenschaften sind Narrative besonders geeignete Elemente eines Unterrichts, der den eingangs genannten didaktischen Gestaltungsprinzipien philosophischer Bildung genügt, weswegen sie schließlich didaktisch besonders wertvoll sind. Dies unterstreicht die nachfolgende Explikation der genannten Eigenschaften und der mit diesen verbundenen didaktischen Funktionen von Narrativen.

Narrative, sowohl narrative Textformen als auch narrative Gesprächsformen, sind kontextsensitiv, veranschaulichend und vergegenwärtigend, weil sie oftmals handelnde Personen/Figuren[96], sich abspielende Geschehnisse oder eintretende Ereignisse in alltäglichen Zusammenhängen meist sehr detailliert und umsichtig, also kontextsensitiv beschreibend darstellen. Dabei vergegenwärtigen sie dem Rezipienten oftmals sowohl handlungsleitende Erfahrungen, Motive oder Überzeugungen, die die dargestellten Figuren haben als auch Charakter- oder Handlungstypen, Lebensskripte, gesellschaftliche Strukturen, kulturelle Denkmuster und gar ganze Weltbilder. So vergegenwärtigen und veranschaulichen Siefer zufolge Narrationen oftmals Meistererzählungen, das sind kulturelle Standards bzw. Archetypen, die von einer Autorität, einem Meister, erzählt werden. Solche Archetypen sind »[...] personifizierte Muster des kollektiven Bewusstseins [...].«[97] Aus didaktischer Perspektive ist somit festzustellen, dass Narrative aufgrund ihrer Eigenschaften eine anschaulich-vergegenwärtigende Funktion im Philosophieunterricht haben, die insofern relevant ist, als dass Anschaulichkeit, wie Tichy betont, für das Gelingen des Lehr-Lern-Prozesses wichtig ist, besonders dann, wenn dieser aufgrund von Verständigungsschwierigkeiten zwischen Lehrendem und Lernendem zu scheitern droht, weil z. B. »[...] die gemeinsame Bezugnahme auf einen Gegenstand oder einen Sachverhalt zu scheitern

---

96   In literarischen Texten spricht man in der Regel von Figuren, da es sich bei diesen um Fiktionen handelt und sie folglich keine Personen im Sinne der im dritten Kapitel dargelegten Bedingungen von Personalität sein können. Vgl.: 3. Kapitel, 1. Teil.

97   Siefer, W.: *Der Erzählinstinkt. Warum das Gehirn in Geschichten denkt.* München: Hanser 2015. S. 207.

droht.«[98] Außerdem ist die anschaulich-vergegenwärtigende Funktion von Narrativen didaktisch besonders relevant, weil sie Unterrichtsgegenstände, z. B. bestimmte moralische Handlungsmuster, lebensweltliche Erklärungsmodelle o. Ä. für die unterrichtspraktische Auseinandersetzung, sprich für die philosophische Problemreflexion bereitstellen.[99]

Narrative, besonders narrative Textformen, sind jedoch nicht ausschließlich anschaulich-vergegenwärtigend, sondern, wie fast alle veranschaulichenden Medien auch genuin abstrakt-strukturierend und damit verbunden wenigstens implizit problematisierend. Abstrakt-strukturierend sind Narrative, weil ihre Anschaulichkeit das Ergebnis einer bereits vorgenommenen Abstraktionsleistung bzw. Strukturierungsleistung ist. Anschaulichkeit setzt nämlich, wie Tichy betont, Abstraktion voraus, um beispielsweise eine Entität in ihrer Darstellung merkmalsärmer zu machen, was dazu dient, die Rezeption derselben in einer bestimmten Weise zu determinieren bzw. auf bestimmte Merkmale zu konzentrieren. »Wer etwas anschaulich darstellt, verlangt vom Adressaten kein einfaches Hinschauen, sondern eine bestimmte Weise des Sehens, das bereits eine Abstraktion im Sinne eines Absehens von bestimmten Merkmalen einschließt.«[100] Die Merkmalsreduktion wird dabei oftmals durch bestimmte explizit genannte, meistens jedoch implizit vorliegende thematische Problemstellungen oder Fokussierungen bestimmt. Insofern sind viele, wenn auch nicht alle Narrative explizit oder zumindest implizit problematisierend. Zugrundeliegende Problemstellungen o. Ä. bestimmen jedoch nicht nur die Merkmalsreduktion auf der Ebene der reinen Deskription, sondern auch auf der Ebene der Organisation und Modifikation der beschriebenen Entitäten. Denn Narrative zeichnen sich in aller Regel durch eine kohärente Struktur aus, die sich aus der Auswahl, Modifikation und sinnstiftenden Zusammenstellung der für sie relevanten Entitäten ergibt. Insofern abstrahieren Narrative nicht nur aus der Fülle der deskriptiven Merkmale der für sie relevanten Entitäten, sondern auch aus der Menge desselben selbst. So strukturieren vermeintlich besonders merkmalsreiche Narrative, wie Romane oder Erzählungen oft eindeutig themen- oder problemorientiert ihren Rezeptionsprozess und sind zu diesem Zweck deutlich merkmalsärmer, sprich abstrakter als die Entitäten, auf die sie sich beziehen. Hinter der vordergründigen Anschaulichkeit von Narrativen versteckt sich also oft eine durch Abstraktion erzeugte rezeptionsleitende Struktur, die sich nicht selten aus der narrativen Reflexion lebensweltlich situierter philosophischer Probleme ergibt. Aufgrund ihrer Eigenschaften anschaulich-strukturierend und problematisierend zu sein, erfüllen Narrative im Philosophieunterricht somit auch eine (re-)organisierende

98 Tichy, M.: *Anschaulichkeit und Abstraktion.* In: Nida-Rümelin, J. et al. (Hrsg.): *Handbuch Philosophie und Ethik. Band I: Didaktik und Methodik.* Paderborn: Schöningh 2015. S. 97.
99 Vgl.: Siefer, W.: *Der Erzählinstinkt.* S. 197–211.
100 Tichy, M.: *Anschaulichkeit und Abstraktion.* S. 97.

Funktion, die wiederum fachdidaktisch bedeutsam ist, da narrative damit nicht nur den erkenntnistheoretischen Prozess des anschaulichen Erfassens, sondern auch den des abstrakt-reflexiven Begreifens im Unterricht ermöglichen. Vielmehr noch: Sie gestatten einen explizit mehrdimensionalen Lernprozess und überwinden damit zum einen eindimensional-anschauliche bzw. -abstrakte Lernprozesse und zum anderen die mit dieser Dichotomie verbundenen Forderung nach einem Lernprozess, der sich in einem »[...] Übergang vom Anschaulichen zum Abstrakten [...]«[101] vollzieht. Narrative genügen also dem fachdidaktischen Prinzip der Anschaulichkeit genauso wie dem der Reflexivität bzw. Abstraktion.[102]

Die Möglichkeit, Narrative zur reflexiven Abstraktion im Unterricht einzusetzen wird schließlich unterstrichen durch die Einsicht, dass Narrative sowohl erkenntnisgenerierend als auch erkenntniskonservierend sind. So strukturieren narrative Gesprächs- und Schreibformen einen hoch funktionalen Prozess in dem Explorations-, Abstraktions-, Strukturierungs-, Synthetisierungs-, Evaluations- und Erinnerungsleistungen des Subjekts ineinandergreifenden, das mit diesen darauf abzielt, Sinnzusammenhänge, z. B. in der jeweiligen Lebenswelt bzw. Gesellschaft und Kultur, der eigenen Identität, bestimmter Erfahrungen oder Handlungen, zu erkennen und zu verstehen. Auf die reflexive Struktur gerade von Autobiografien weist u. a. Tichy explizit hin. Narrative Textformen dienen dagegen überwiegend dazu, Erkenntnisse und Sinnzusammenhänge zu konservieren, um es dem sie rezipierenden Subjekt so zu ermöglichen, sich handlungsleitende Erfahrungen, Motiven oder Überzeugungen, Charakter- und Handlungstypen, Lebensskripte, gesellschaftlichen Strukturen, kulturellen Denkmuster oder ganze Weltbilder zu vergegenwärtigen und mit diesen zu »arbeiten«, d. h. sie zu reflektieren, zu modifizieren und zu kontextualisieren, um sie derart zur individuellen Sinnfindung einzusetzen, deren Ergebnis wiederum narrativ, zwecks zukünftiger Vergegenwärtigung, konserviert werden kann. Die zuvor beschriebenen Eigenschaften von Narrativen – Kontextsensitivität, Anschaulichkeit, Vergegenwärtigung, Abstraktion und Problemsensitivität – sind demnach interdependent und in den beiden epistemischen Eigenschaften von Narrativen – Erkenntnisgenese und -konservation – aufgehoben bzw. diese werden erst durch jene ermöglicht. Deswegen ist es letztlich nicht verwunderlich, dass es nicht wenige explizit philoso-

---

101 Ebd. S. 99.

102 Vgl.: Haase, V.: *Selbstkompetenz und autobiografische Narration.* S. 88–100; Tichy, M.: *Anschaulichkeit und Abstraktion.* S. 95–104.

phische Narrative gibt, wie philosophische Autobiografien, Briefe oder Meditationen, die sich durch genuin philosophisch Gehalte und Strukturen auszeichnen.[103]

Zum zweiten Argument: Die erkenntnisgenerierende Eigenschaft von Narrativen ermöglicht es, dass diese im Philosophieunterricht eine insbesondere ethisch und existenziell bedeutsame orientierend-sinnstiftende Funktion erfüllen können, die gerade bezogen auf das zentrale Ziel philosophischer Bildung – Orientierung in der Lebenswelt auf der Grundlage einer frei gewählten Lebensform – höchst relevant ist. Letzteres soll durch ein zweites, zweiteiliges Argument unterstrichen werden, durch das gezeigt wird, dass Narrative und die damit verbundenen narrativen Methoden bezogen auf die Ziele des Philosophieunterrichts höchst funktional sind.[104]

Wenn die Fähigkeit zur verantwortungsbewussten und autonomen Lebensgestaltung das zentrale Ziel philosophischer Bildung ist, deren Grundlage wiederum die (Fähigkeit zur) Wahl und Erhaltung einer individuellen Lebensform ist und wenn zudem die Gestaltung eines autonomen und freien Lebens nicht nur, aber vor allem narrative Fähigkeiten erfordert, wie u. a. Bieri betont (vgl.: 5. Kapitel, 1. Teil, 1. Abschnitt, 2. Unterabschnitt), dann sind Narrative insofern die zentralen Medien philosophischer Bildung, als dass erstens die lebensformgenerierenden und Lebensgestaltung ermöglichenden narrativen Fähigkeiten, bspw. »autobiografische Narrationskompetenz«, in der Auseinandersetzung mit diesen gewonnen werden. Dies betrifft vor allem die narrativen Textformen, denn diese stellen Themen und Probleme, den entsprechenden Wortschatz, Beispiele für Erzählmodelle und -skripts etc. aufgrund ihrer erkenntniskonservierenden Eigenschaft bereit und ermöglichen es damit, das eigene Erzählen zu erproben und zu verfeinern, um schließlich die so erworbenen narrativen Fähigkeiten, dies leitet in den zweiten, komplettierenden Teil des Arguments über, zur narrativen Identitätsbildung einzusetzen. Die an und mit narrativen Textformen erworbenen narrativen Fähigkeiten tragen nämlich, wenn sie in narrativen Gesprächsformen, insbesondere der autobiografischen Narration realisiert werden direkt zur Konstitution und Erhaltung einer eigenen Lebensform – zentrales Ziel philosophischer Bildung – bei. Denn vor allem durch gemeinsame autobiografische Narration werden besondere, sprich persönlich bedeutsame Erlebnisse, Erfahrungen etc. strukturiert, bewertet und schließlich memoriert, weil sie in das autobiografische Gedächtnis eingeschrieben werden. Autobiografische Narration erfüllt daher vor allem eine reorganisierende und sinnstiftende Funktion, die für die Herausbildung einer narrativen Identität

---

103 Vgl.: Albus, V.: *Methoden und Medien des autobiographischen Philosophierens.* In: ZDPE 2/2012. S. 95–103; Haker, H.: *Narrative Ethik.* In: ZDPE 2/2010. S. 74–82; Lesch, W.: *Hermeneutische Ethik/Narrative Ethik.* In: Düwell, M. et al. (Hrsg): *Handbuch Ethik.* 2. Auflage. Stuttgart/Weimar: Metzler 2006. S. 231–242; Siefer, W.: *Der Erzählinstinkt.* S. 109, 149–165, 175–176, 217–218; Tichy, M.: *Autobiographie und Selbstporträt. Die Metapher des Spiegels als Leitfaden für eine Unterrichtsreihe.* In: ZDPE 2/2012. S. 104–114.

104 Vgl.: Haase, V.: *Selbstkompetenz und autobiografische Narration.* 88–100.

von großer Bedeutung ist. Denn durch autobiografische Narration wird das autobiografische Gedächtnis, das bei Kindern nach der kindlichen Amnesie zu allererst durch Narration entsteht, fortwährend strukturiert, modifiziert und erweitert. Das autobiografische Gedächtnis wiederum ist ein elementarer Bestandteil der individuellen Lebensform, die das ausgewiesene Ziel philosophischer Bildung ist. Das Erzählen von Geschichten, besonders der eigenen Geschichte ist also in hohem Maße funktional für die Gestaltung der eigenen Lebensform. »Ein privilegierter Ort der Konstruktion von Identität ist die erzählende Verständigung über Lebensentwürfe und gelebte Erfahrungen, die den Sinn von Handlungen erkennbar machen und Einsichten in Werte zur Diskussion stellen.«[105] Narrative sind also im hohen Maße identitätskonstitutiv.[106]

Es lässt sich also feststellen, dass Narrative aufgrund ihrer Eigenschaften und damit verbundenen didaktischen Funktionen im bildungstheoretisch fundierten Philosophieunterricht ein gehaltvolles bzw. spezifisch narratives Philosophieren ermöglichen, das bezogen auf die Ziele philosophischer Bildung höchst relevant ist und den Markenkern des Philosophieunterrichts, in dem es »[...] abstrakter zugeht als in anderen Fächern [...]«[107], nicht verfälscht. Dennoch darf natürlich nicht unterschlagen werden, dass nicht ausschließlich Narrative anschaulich-vergegenwärtigendes und abstrakt-strukturierendes Philosophieren ermöglichen. Hilfe für die Auswahl gleichermaßen geeigneter Medien, die ebenfalls dazu beitragen, die bereits angesprochenen Themen philosophischer Bildung in konkrete Unterrichtsinhalte zu transformieren, geben sicherlich auch die Ergebnisse der Kanonforschung von Albus. (vgl.: 1. Kapitel, 2. Teil)

Bevor nun nachfolgend die Prozessstrukturen philosophischer Bildung erläutert werden, gilt es zunächst wieder zu überprüfen, ob und inwiefern das Konzept »Selbst-Er-forschend Philosophieren« Bezug auf den lebensweltlichen Kontext der Schülerinnen und Schüler nimmt und inwiefern die eingesetzten Medien den für philosophische Bildung relevanten Medien entsprechen.

2.4   Übereinstimmungen mit den Kontexten und Medien philosophischer Bildung

Wie erläutert, gibt es Huber zufolge drei relevante philosophische Sachkontexte des Philosophierens und hinsichtlich derer können eindeutige Übereinstimmungen, aber

---

105 Lesch, W.: *Hermeneutische Ethik/Narrative Ethik.* S. 239.
106 Vgl.: Haase, V.: *Autobiografische Narrationskompetenz.* In: Rohbeck, J. (Hrsg.): *Didaktische Konzeptionen.* Dresden: Thelem 2013 (= *Jahrbuch für Didaktik der Philosophie und Ethik*, Bd. 13). S. 85–104; Haase, V.: *Selbstkompetenz und autobiografische Narration.* 88–100; Lesch, W.: *Hermeneutische Ethik/Narrative Ethik.* S. 239; Rohbeck, J.: *Didaktik der Philosophie und Ethik.* S. 185–207; Siefer, W.: *Der Erzählinstinkt.* S. 96, 155–165.
107 Tichy, M.: *Anschaulichkeit und Abstraktion.* S. 102.

auch Unterschiede zwischen der Theorie philosophischer Bildung und dem Konzept »Selbst-Er-forschend Philosophieren« festgestellt werden.

Kontexte: Übereinstimmung besteht grundsätzlich und zuvorderst bereits darin, dass sowohl im Rahmen der Theorie philosophischer Bildung als auch im Kontext des Selbst-Er-forschenden Philosophierens eine hohe Kontextsensitivität gefordert wird, die daher ein didaktisches Gestaltungsprinzip ist und folglich durch den Unterricht explizit angestrebt wird (vgl.: Konzeptprinzipien »Subjektorientierung«, »Handlungsorientierung«, 4. Kapitel, 1. Teil, 1. Abschnitt). Konkret besteht weiterhin Übereinstimmung darin, dass für das Selbst-Er-forschende Philosophieren sowohl der intrinsische und extrinsische als auch der philosophisch besonders wichtige universale Kontext relevant ist. Denn innerhalb des intrinsischen Kontextes bezieht sich das Selbst-Er-forschende Philosophieren erstens auf den Selbstseins-Kontext, weil das zu untersuchende Phänomen, die Persönlichkeit eines Menschen, zuvorderst als Selbstzweck betrachtet wird. Der ästhetische Kontext spielt in diesem Zusammenhang allerdings keine nennenswerte Rolle, was einen ersten Unterschied zur Theorie philosophischer Bildung darstellt. Zweitens ist es für das Selbst-Er-forschende Philosophieren wesentlich, dass im Rahmen des extrinsischen Kontextes des Philosophierens speziell der interagierende Kontext des Phänomens »Persönlichkeit« untersucht wird, weil das Handeln einer Person in einer bestimmten Grenzsituationen hinsichtlich relevanter Ursache-Wirkungs-Zusammenhänge oder zutreffender ausgerückt, hinsichtlich seiner Begründungszusammenhänge untersucht wird, d. h. hinsichtlich der Frage, wie die persönlichkeitsbildenden Eigenschaften der Person das Handeln derselben in Abhängigkeit zu den situativen Rahmenbedingungen steuern. Mit Blick auf die Unterschiede zur Theorie philosophischer Bildung ist auch hier wieder anzumerken, dass diesbezüglich der symbolische und der instrumentelle Kontext beim Selbst-Er-forschenden Philosophieren nicht beachtet werden. Besonders wichtig für die bildungstheoretische Einpassung des Konzepts »Selbst-Er-forschend Philosophieren« ist aber schließlich, dass der universelle Kontext des Philosophierens gleich in dreifacher Form thematisiert wird, weil sowohl der künstlerische als auch der sittliche, aber vor allem der lebensweltliche Kontext bei der Untersuchung des Phänomens »Persönlichkeit« relevant sind. Denn durch die Darstellung der Erkenntnisse zur Persönlichkeit eines Menschen in einer (auto-) biografischen Repräsentationserzählung, die besonders durch die narrativ-hermeneutische, aber auch durch die narrativ-performative Methode vorgesehen ist, soll die »Durchsichtigkeit« der Persönlichkeit im Sinne eines tief greifenden Verstehens erzeugt werden. Die Anwendung sowohl der kontemplativ-kritischen als auch der diskursiv-dialektischen Methode führt dagegen zu einer sittlichen Kontextualisierung des Zusammenhangs, der zwischen dem Handeln einer Person und seinen persönlichkeitsbildenden Eigenschaften besteht. Dass die beim Selbst-Er-forschenden Philosophieren vorgesehenen Beurteilungen der Persönlichkeitsstruktur immer die Kohärenz derselben im Blick haben, weil diese ein wesentlicher Faktor für ein sinnerfüllt-gutes Leben ist, macht schließlich einsichtig, warum der lebensweltliche Kontext eine besondere Rolle beim Selbst-Er-forschenden Philosophieren spielt, in dem nämlich, so Huber, eine Sache hinsichtlich ihrer subjektiven wie objektiven Bedeutung für das gute Leben untersucht wird. Dem religiösen Kontext kommt beim Selbst-Er-forschenden Philosophieren diesbezüglich allerdings keine Bedeutung zu und hinsichtlich des von Huber beschriebenen philosophischen Kontextes wird die These vertreten, dass dieser durch die Thematisierung des künstlerischen, sittlichen und lebenswelt-lichen Kontextes mindestens indirekt immer mit thematisiert wird, weil vor allem durch die (auto-) biografische Repräsentationserzählung der Zusammenhang der Zusammenhänge einer Persönlichkeitsstruktur von den Schülerinnen und Schülern reflexiv erfasst werden soll.

Ausgehend von der Übereinstimmung hinsichtlich der verschiedenen Ausprägungen der drei zu unterscheidenden Sachkontexte des Philosophierens und des damit geforderten didaktischen Prinzips der Kontextsensitivität kann eine weitere ganz grundsätzliche Übereinstimmung in dem primären Bezug auf den lebensweltlichen Kontext des Philosophierens gezeigt werden, von dem aus alle anderen philosophisch relevanten Kontexte erschlossen werden sollen. Dass der Lebensweltbezug nicht nur in der Theorie philosophischer Bildung ein didaktisches Grundprinzip ist, sondern auch zu den Grundprinzipien des Selbst-Er-forschenden Philosophierens gehört, macht nicht zuletzt das übergreifende Konzeptprinzip »Subjektorientierung« desselben deutlich, durch das ein starker Erfahrungs- und Lebensweltbezug des Philosophierens gefordert wird. (vgl.: 4. Kapitel, 1. Teil, 1. Abschnitt, 1. Unterabschnitt) Insofern hat die Lebenswelt auch für das Selbst-Er-forschende Philosophieren die von Stelzer erläuterte Leitfaden- und Bodenfunktion. Leitend für das Selbst-Er-forschende Philo-sophieren ist allerdings die in der objektiven eingebettete subjektive Lebenswelt der Schülerinnen und Schüler, weil aus dieser heraus existenzielle Probleme bzw. Proble-merfahrungen thematisiert und ein in eine konkreten Leitfrage gefasstes existenzielles Problem zum Ausgangspunkt des Selbst-Er-forschenden Philosophierens gemacht werden soll (vgl.: 4. Kapitel, 2. Teil, 1. Abschnitt, 1. Unterabschnitt) Dass die Struktur der subjektiven Lebenswelt und dass Handeln in derselben von der Lebensform jedes Einzelnen abhängt, ist eine Annahme, die das Konzept »Selbst-Er-forschend Philo-sophieren« mit der Theorie philosophischer Bildung in einem starken Sinne teilt, allerdings wird im Konzept »Selbst-Er-forschend Philosophieren« diesbezüglich nicht der Begriff »Lebensform«, sondern der Begriff »Persönlichkeitsstruktur« verwendet. Bezogen auf diese besteht auch Übereinstimmung darin, dass es gilt, die Persönlich-keitsstruktur entlang vernünftiger Gründe weiterentwickelnd zu gestalten und folglich auch, sie sich selbst und anderen gegenüber verantworten zu können. Hierin drückt sich das Hauptziel des Selbst-Er-forschenden Philosophierens aus. (vgl.: 4. Kapitel, 1. Teil, 2. Abschnitt, 1. Unterabschnitt) Der beim Selbst-Er-forschenden Philosophieren vorgesehene Fokus auf Grenzsituationen zeigt eine weitere Übereinstimmung mit der Theorie philosophischer Bildung auf, nämlich hinsichtlich der besonders von Nida-Rümelin formulierten Annahme, dass sich die Persönlichkeit eines Menschen in der Lebenswelt, speziell in existenziellen Konflikten, praktisch bewähren muss und dass gerade das diesbezügliche Handeln Aufschluss über die Kohärenz der Struktur der Persönlichkeit geben kann. Letztlich, auch darin besteht große Übereinstimmung, ist der Indikator für ein gelungenes und gelingendes Leben das Gefühl, mit sich selbst im Reinen zu sein oder, bezogen auf Arendt und ihre Erkenntnisse zum inneren Zwiegespräch, das Gefühl, sich nicht mit sich selbst im Zwiespalt zu befinden. Dass ein sinnerfüllt-gutes Leben wesentlich von diesem Gefühl abhängt, ist, wie gezeigt, eine der tragenden Einsichten des Konzepts »Selbst-Er-forschend Philosophieren«, das die Schülerinnen und Schüler daher für innere Stimmigkeit der eigenen Persönlichkeit sensibilisieren und zu entsprechendem Handeln befähigen will. Nicht zuletzt deswegen hat diese Einsicht daher auch ihren Niederschlag insbesondere in der kritisch-kontemplativen Methode gefunden. (vgl.: 4. Kapitel, 2. Teil, 2. Abschnitt, 2. Unterabschnitt)

Medien: Die Lebenswelt der Schülerinnen und Schüler kann als ständiger Ausgangs- und Rückbezugspunkt über verschiedene Medien in den Philosophieunterricht eingebunden werden. Dass dem philosophischen Text ein zentraler Platz im Philosophieunterricht einzuräumen ist, weil er ein prädestiniertes Medium für die Schulung rationaler philosophischer Fähigkeiten – interrogatives philosophisches Wissen – und für die Vermittlung propositionalen philosophischen Wissens ist, ist unbestritten. Narrative, nicht der klassisch philosophische Text, gehören jedoch zu den Primärmedien des Selbst-Er-forschenden Philosophierens. Im gegenwärtigen Philosophieunterricht verhält es sich oftmals jedoch genau andersherum: Als alleiniges Primärmedium wird der philosophische Text angesehen. Doch gerade die vorherigen Ausführungen zu den Medien der philosophischen Bildung legen nahe, dass narrativen Medien ein mindestens gleichwertiger Stellenwert im Unterricht einzuräumen ist, da diese im Gegensatz zum klassischen philosophischen Text u. a. besonders geeignet dazu sind, die Lebenswelt in den Fokus des Philosophierens zu rücken und in qualitativ vergleichbarer Weise ein anschaulich-abstraktes Philosophieren zu ermöglichen. Da diese These implizit auch dem Konzept »Selbst-Er-forschendes Philosophieren« zugrunde liegt, besteht hier eine weitere Übereinstimmung zwischen diesem und der Theorie philosophischer Bildung. So ist der (auto-) biografische Text gerade wegen seines enormen Potenzials bei der Vermittlung, aber, als diegetische Strategie, auch bei der Verarbeitung von biografischen Fakten, d. h. lebensweltlich kontextualisierten Daten über eine Person, eines der Primärmedien des Selbst-Er-forschenden Philosophierens und daher eine notwendige Voraussetzung für die Anwendung insbesondere der phänomenologisch-analytischen und der narrativ-hermeneutischen Methode des Selbst-Er-forschenden Philosophierens. Ebenso verhält es sich mit der Bewertung, dass narrative Gesprächsformen besonders förderlich für das Philosophieren sind. Denn gerade die narrativ-performative Methode zielt darauf ab, eine solche Gesprächsform zu realisieren, um Erkenntnisse über eine Persönlichkeit zu veranschaulichen, zu vertiefen und für weitere Selbst-Er-forschungs-Prozesse zu konservieren. Besonders die narrativ-hermeneutische und die narrativ-performative Methode bzw. ihr jeweils unverzichtbarer Beitrag für den Erfolg des Selbst-Er-forschenden Philosophierens in Form der von den Schülerinnen und Schülern anzufertigenden (auto-) biografischen Repräsentationserzählung belegen also in Übereinstimmung mit der Theorie philosophischer Bildung, dass Narrative für das Philosophieren aufgrund ihrer anschaulich-vergegenwärtigenden, abstrakt-strukturierenden und (re-) organisierenden Funktion relevant sind. Dem Grundprinzip bildungstheoretischer Didaktik, »Anschaulichkeit und Abstraktion«, wird also auch durch das Selbst-Er-forschende Philosophieren entsprochen. Denn in der von den Schülerinnen und Schülern anzufertigenden (auto-) biografischen Repräsentationserzählung soll ein erkannter und verstandener konkreter Sinnzusammenhang, gemeint ist die Persönlichkeit eines Menschen und ihr Bezug zum Handeln desselben in einer bestimmten Grenzsituation, möglichst anschaulich-strukturiert für andere so dargestellt werden, dass allgemeine Einsichten zur untersuchten Persönlichkeit mit konkreten biografischen Fakten in einer weitere Einsichten ermöglichenden Weise verbunden sind. Daher liegt auch dem Selbst-Er-forschenden Philosophieren die Annahme zugrunde, dass Narrative äußerst hilfreich bei der Erkenntnisgewinnung und -konservierung sind.

Das grundsätzliche Ziel des Selbst-Er-forschenden Philosophierens besteht bekanntlich darin, einen Beitrag zur Bildung und Weiterentwicklung der Persönlichkeit bzw. der narrativen Identität der Schülerinnen und Schüler zu leisten. Übereinstimmung zwischen dem Konzept und der Theorie philosophischer Bildung besteht nicht nur hinsichtlich dieses Ziels, sondern auch darin, dass Angenommen wird, dass es u. a. durch die Förderung narrativer Fähigkeiten (vgl.: interrogatives philosophisches Wissen) erreicht wird, was beim Selbst-Er-forschenden Philosophieren vor allem durch die narrativ-hermeneutische und narrativ-performative Methode geschieht. Nicht nur dies sollte einsichtig machen, dass sowohl die Theorie philosophischer Bildung als auch das Konzept »Selbst-Er-forschend Philosophieren« von der Voraussetzung ausgehen, dass verbal-schriftliche Narrative besonders für einen ethisch-existenziell ausgerichteten Philosophieunterricht sehr bedeutsam sind.[108] Bezüglich der Medien, die in dem Konzept »Selbst-Er-forschendes Philosophieren« eine zentrale Rolle spielen, kann also festgehalten werden, dass Narrative für das Selbst-Er-forschende Philosophieren relevant sind und dass das Konzept mit den diesbezüglich dargelegten Annahmen der Theorie philosophischer Bildung eindeutig übereinstimmt. Vielmehr noch: Das Konzept beschreibt und ermöglicht einen Philosophieunterricht, der den Markenkern eines bildungstheoretisch fundierten Philosophieunterrichts voll zur Geltung bringt, obwohl bzw. gerade weil in ihm Narrative eine konstitutive Rolle spielen.

Die obigen Ausführungen machen hoffentlich überzeugend einsichtig, dass es große Übereinstimmungen zwischen der Theorie philosophischer Bildung und dem Konzept »Selbst-Er-forschend Philosophieren« hinsichtlich der Kontexte, aber besonders bezüglich der Medien des Philosophierens gibt. Abschließend kann somit festgestellt werden, dass auch der zweite Einpassungsversuch des Konzepts »Selbst-Er-forschend Philosophieren« in die Theorie philosophischer Bildung als durchaus erfolgreich angesehen werden kann.

3. Prozessstrukturen forschenden Philosophierens

Die zuvor dargelegten Ziele, Kontexte und Medien eines bildungstheoretisch begründeten Philosophieunterrichts sollten den Schluss nahe legen, dass dieser auf ein subjekt- und problemorientiertes und damit forschendes Philosophieren abzielt, weil sich so die angestrebte philosophische Orientierungskompetenz mit ihren Teilelementen Verstehen, Urteilen und Handeln am besten kultivieren lässt. Dies deckt sich zum einen mit der Erkenntnis, dass »Problemorientierung als didaktisches Prinzip [...] zum Formenkreis des explorativen, des forschenden Lernens [gehört]«[109] und zum anderen mit der allgemeinen Feststellung, wonach »Problemorientierung [...] in der Didaktik der Gegenwart als unumstrittenes Unterrichtsparadigma [gilt] [...] [und sich; Zusatz S. G.] lediglich die Ausrichtung und Umsetzung [...] zwischen den Schulfächern [unterscheidet].«[110] Subjekt- und problemorientiertes Philoso-

---

108 Diese These vertritt offensichtlich auch Torkler, der in seinem am 20. 07. 2017 im Rahmen des Philosophischen Kolloquiums der Universität Duisburg-Essen gehaltenen Vortrag zum Thema »Narrativität und Bildung« ausführte, dass Narrative besonders für die ethische Bildung, z. B. mit dem Fokus auf die Identitätsbildung, bedeutsam sind.

109 Schultheiss, C. und Andries, M.: *Ein »dritter Weg« in der Philosophie- und Ethikdidaktik. Problemorientierter Philosophie- und Ethikunterricht zwischen klassischem Bildungsdenken und strikter Kompetenzorientierung.* In: ZDPE, 4/2016. S. 35.

110 Vgl.: Thein, C.: *Verstehen und Urteilen im Philosophieunterricht.* S. 23.

phieren hat demnach eine ihm eigentümliche Gestalt bzw. Dramaturgie. Daher sind im Folgenden vor allem die Prozessstrukturen des subjekt- und problemorientierten Philosophierens zu beschreiben, in denen sich philosophische Bildung vollzieht.

3.1   Dialektische Probleme

Ausgangspunkt allen problemorientierten Philosophierens ist das philosophische Problem, das, wie die vorherigen Ausführungen nahelegen sollten, lebensweltlich situiert bzw. existenziell bedeutsam sein sollte. Problemorientiertes Philosophieren ist jedoch von vorneherein mit einem Paradox konfrontiert, denn da der philosophische Terminus technicus »Problem« bzw. »philosophisches Problem« äußerst unscharf und daher sehr bedeutungsreich ist, ist die Frage danach, was genau ein philosophisches Problem ist, selbst wiederrum ein diffiziles philosophisches Problem. Doch gerade die positive Beantwortung der Frage nach der Existenz spezifisch philosophischer Probleme ist für die Identität und Legitimität sowohl des akademischen wie des schulischen Fachs »Philosophie« von besonderer Bedeutung. Der Problembegriff bedarf daher zunächst einer Klärung.[111]

Dialektische Probleme: Um den Problembegriff genauer zu bestimmen, kann man sich ihm zunächst von seiner allgemeinen bzw. alltäglichen Bedeutung her näher, um anschließend zu ermitteln, was ein Problem zu einem spezifisch philosophischen Problem macht. Allgemein »[...] verstehen wir [unter Problemen] heute besonders schwer lösbare, wenn nicht gar unlösbare Aufgaben oder Fragestellungen [...]«[112], die uns vorgegeben oder wörtlicher: vorgeworfen werden. Philosophische Probleme dagegen verschärfen diesen Zusammenhang, da es bei ihnen offensichtlich um die Lösung von Grundsatzfragen geht, die die Grundlagen menschlichen »Tuns und Treibens« betreffen. Philosophie ist in diesem Sinne »[...] grenzwahrendes und grenzerkundendes Denken [...].«[113] Eine diesbezüglich fruchtbare Bestimmung des Problembegriffs für den Philosophieunterricht liegt von Engels vor, die vier zentrale

---

111   Vgl.: Engels, H.: *Vorschlag, den Problembegriff einzugrenzen.* In: ZDPE 3/1990. S. 126; Frede, D.: *Meditationen über Sein und Sinn philosophischer Probleme.* In: Schulte, J. und Wenzel, U. J. (Hrsg.): *Was ist ein »philosophisches« Problem?* Frankfurt am Main: Fischer 2001. S. 43; Hacker, P. M. S.: *Verstehen wollen.* In: Schulte, J. und Wenzel, U. J. (Hrsg.): *Was ist ein »philosophisches« Problem?* Frankfurt am Main: Fischer 2001. S. 54; Heinrich, D.: *Das eine Problem, sich Problem zu sein.* In: Schulte, J. und Wenzel, U. J. (Hrsg.): *Was ist ein »philosophisches« Problem?* Frankfurt am Main: Fischer 2001. S. 93–94; Menke, C.: *Zwischen Literatur und Dialektik.* In: Schulte, J. und Wenzel, U. J. (Hrsg.): *Was ist ein »philosophisches« Problem?* Frankfurt am Main: Fischer 2001. S. 124.

112   Frede, D.: *Meditationen über Sein und Sinn philosophischer Probleme.* S. 42.

113   Heinrich, D.: *Das eine Problem, sich Problem zu sein.* S. 97. Heinrich weist darauf hin, dass es in der Philosophie verschiedene philosophische Problemtypen gibt, die relativ zur jeweiligen Verfahrensweise einer philosophischen Position oder Denkrichtung bzw. Disziplin zu betrachten sind. Vgl.: Ebd. S. 92–93; Mittelstraß, J.: *Philosophische Probleme zwischen Wissenschaft und Lebenswelt.* In: Schulte, J. und Wenzel, U. J. (Hrsg.): *Was ist ein »philosophisches« Problem?* Frankfurt am Main: Fischer 2001. S. 143.

Aspekte eines philosophischen Problems hervorhebt: »Ein Problem liegt vor, wenn zwei Positionen – z. B. Thesen, Theorien, Maximen oder Postulate – gegeben sind (1), die aus guten Gründen Respekt verdienen (2), die aber in einem unvereinbaren Gegensatz zueinander stehen (3), den es aufzulösen gilt (4).«[114] Da sich diese Begriffsbestimmung im Kern mit dem deckt, was Menke unter einem »dialektischen Problem« versteht, sollen philosophische Probleme im Folgenden als dialektische Probleme bezeichnet werden.[115] Menke erläutert diese wie folgt: »Dialektische Probleme sind Unbestimmtheiten oder Gegensätzlichkeiten unserer Überzeugungen. [...] Die Probleme, die die Philosophie untersucht, sind demnach Probleme, in die wir uns, d. h.: unsere Überzeugungen sich selbst verstrickt haben.«[116] Sie wurzeln »[...] in den Krisen unserer Praktiken, Erfahrungen, Überzeugungen [...]«[117] und sie sind erst dann wirkliche philosophische Probleme, wenn in diesen Krisen philosophische Konzepte für uns strittig werden, weil sie die Beschreibungen dessen sind, was strittig bzw. widersprüchlich ist. Dialektische Probleme werden also, so Menke, von dem Widerspruch »[...] zwischen einer philosophischen Konzeption und den Evidenzen unserer Praktiken, Erfahrungen und Überzeugungen [...]«[118] erzeugt. Ausgehend vom Widerspruch, der die dialektischen Probleme kennzeichnet, bestehen die Lösungen, die diese erfordern, daher in »dialektischen Synthesen«[119], durch die die philosophisch konzeptionalisierten Widersprüche in unseren Praktiken, Erfahrungen und Überzeugungen in einem sie aufhebenden Zusammenhang zusammengeführt werden.[120]

Dialektisch-existenzielle, -lebensweltliche und -soziale Probleme: Aus Menkes Begriffsbestimmung geht hervor, dass dialektische Probleme nicht nur theoretischabstrakt, sondern auch lebensweltlich eingebettet und bedeutsam sind, da in ihnen unsere Praktiken, Erfahrungen und Überzeugungen in Konflikt mit philosophischen Konzepten bzw. Potsionen geraten. Durchaus in diesem Sinne hebt auch Engels bezogen auf den von ihm entwickelten Problembegriff hervor, dass dieser den Vorteil hat, dass er »[...] enger als der alltägliche [ist], [...] aber zugleich so weit, daß er auch existenzielle,

---

114 Engels, H.: *Vorschlag, den Problembegriff einzugrenzen.* S. 133.

115 Henke weist allerdings einschränkend darauf hin, dass nicht alle philosophischen Problem eine dialektische Struktur haben. Vgl.: Henke, R. W.: *Die Förderung philosophischer Urteilskompetenz durch kognitive Konflikte.* S. 90.

116 Menke, C.: *Zwischen Literatur und Dialektik.* S. 124.

117 Vgl.: Ebd. S. 125.

118 Ebd. S. 128.

119 Vgl.: Rorty, R.: *Im Dienste der Welterschließung.* In: Schulte, J. und Wenzel, U. J. (Hrsg.): *Was ist ein »philosophisches« Problem?* Frankfurt am Main: Fischer 2001. S. 148–150.

120 Vgl.: Frede, D.: *Meditationen über Sein und Sinn philosophischer Probleme.* S. 42, 44; Menke, C.: *Zwischen Literatur und Dialektik.* S. 126; Thein, C.: *Verstehen und Urteilen im Philosophieunterricht.* S. 33, 40–41; Tichy, M.: *Lehrbarkeit der Philosophie und philosophische Kompetenzen.* S. 53–54.

soziale und lebensweltliche Probleme umfaßt.«[121] In didaktischer Hinsicht zeichnen sich derartige Probleme besonders dadurch aus, so Engels, dass sie u. a. zum Denken anregen und Problembewusstsein, -offenheit sowie -lösungskompetenz erzeugen. Sie erfordern sowohl analytische als auch konstruktive Fähigkeiten und ihnen eignet zudem ein subjektives Moment, das in dem Willen besteht, »[...] die Forderung nach vernünftiger Einheit als verbindlich anzuerkennen.«[122] Insofern scheinen dialektisch-existenzielle, -lebensweltliche oder -soziale Probleme die Sorte von Problemen zu sein, an denen sich die philosophische Orientierungskompetenz entwickeln kann, weil sie zum einen der Ausgangspunkt für eine philosophisch-reflexive Durchdringung der Lebenswelt sind und weil sie zum anderen die Sorte von Problemen darstellt, die die Schülerinnen und Schüler in Kohärenzproblematiken verstrickt, in deren Auflösung sich die philosophische Orientierungskompetenz bewähren muss.[123]

3.2   Verlaufsform forschenden Philosophierens

Ausgehend von dem zuvor bestimmten Problembegriff ist nun zu klären, wie sich das dialektische Problem auf die Prozessstruktur des Philosophieunterrichts auswirkt bzw. diese bedingt. Wichtig hierfür ist zunächst die Einsicht, dass das dialektische Problem die im nordrhein-westfälischen Kernlehrplan für das Fach »Philosophie« als zentrales Anliegen desselben ausgewiesene »philosophische Problemreflexion« in den Mittelpunkt des Bildungsprozesses stellt. Die notwendigen Schritte zur Etablierung und zur Lösung eines dialektischen Problems strukturieren demnach zum einen die Verlaufsform des Unterrichtsprozesses und machen zum anderen bestimmte philo-sophische Unterrichtsmethoden notwendig, durch die die für die Problemlösung notwendigen philosophischen Erkenntnisse und Einsichten erlangt werden können. Auf diese Methoden wird im nächsten Unterabschnitt ausführlich eingegangen.[124]

Will man die Prozessstruktur des problemorientierten Philosophieunterrichts genauer angeben, so lässt sich dieser grundsätzlich zunächst in drei Phasen aufteilen: a) Problemeröffnung, b) Problemlösung und c) Konsolidierung der Problemlösung. Analysiert man genauer, was sich in diesen Phasen ereignet, dann ergibt sich eine

---

121   Engels, H.: *Vorschlag, den Problembegriff einzugrenzen.* S. 133. Lebensweltlich relevant ist die Philosophie aber nur dann, wenn die lebensweltlich eingebetteten, existenziellen oder sozialen Probleme philosophische Probleme sind bzw. einen philosophischen Kern haben, denn nur diese Probleme kann die Philosophie lösen, so Menke. Vgl.: Menke, C.: *Zwischen Literatur und Dialektik.* S. 129; Mittelstraß, J.: *Philosophische Probleme zwischen Wissenschaft und Lebenswelt.* S. 137.

122   Engels, H.: *Vorschlag, den Problembegriff einzugrenzen.* S. 129.

123   Vgl.: Bittner, R.: *Probleme, theoretische Probleme, philosophische Probleme.* In: Schulte, J. und Wenzel, U. J. (Hrsg.): *Was ist ein »philosophisches« Problem?* Frankfurt am Main: Fischer 2001. S. 22; Engels, H.: *Vorschlag, den Problem-begriff einzugrenzen.* S. 129, 133–134.

124   Vgl.: Henke, R. W. und Rolf, B.: *Kompetenzorientiert unterrichten – der neue Kernlehrplan Philosophie in NRW (S II).* In: ZDPE 3/2013. S. 70.

differenziertere, d. h. eine mindestens achtschrittige Phasierung des Unterrichtsprozesses, die wie folgt dargestellt werden kann:

1. **Problemeröffnung**
   a) Eröffnung von Problemräumen
   b) Artikulation von Erkenntnisinteressen, Vorwissen, Erfahrungen etc.
   c) Formulierung einer gemeinsamen Leitfrage
2. **Problemlösung**
   d) Lösungsansätze identifizieren und benennen
   e) Planung des Lösungsprozesses
   f) Problemlösungen erarbeiten
3. **Konsolidierung der Problemlösung**
   g) Kritische Reflexion der erarbeiten Problemlösung
   h) Transfer der Problemlösung in andere Kontexte

Problemeröffnung: Die Teilschritte der Problemeröffnung entsprechen weitestgehend dem »Kaffeefiltermodell« von Tiedemann. Diesem gemäß geht es zunächst darum, Problem- und Gedankenräume zu eröffnen, innerhalb derer die Schülerinnen und Schüler Erfahrungen, Vorwissen und Vor-Urteile, Erkenntnisinteressen und ein Problembewusstsein artikulieren können, das sich schließlich in einer gemeinsam formulierten Leitfrage niederschlägt, die der zentrale Ausgangspunkt der gemeinsamen Problemlösung ist.[125]

Um einen Problemraum eröffnen zu können, ist es notwendig, dass die Schülerinnen und Schüler, auf der Grundlage von bestimmten Erfahrungen, Situationen oder Ereignissen, ihre eigenen Gedanken, Vorstellungen, Urteile und Vorurteile formulieren können. Um hiervon ausgehend dann unterrichtskonstitutive dialektische Probleme zu finden, müssen die Schülerinnen und Schüler zudem aufgefordert und ermutigt werden, ihre eigenen Praktiken, Erfahrungen und Überzeugungen kritisch zu prüfen und, wo notwendig, in Frage zu stellen bzw. sich den Problemen zu stellen, mit denen ihre Praktiken, Erfahrungen und Überzeugungen ggf. belastet sind. Denn es gilt: »Alle, die ein Verständnis ihrer Lebenslagen haben, können in und mit ihren Lebenslagen Probleme haben.«[126] Die Explikation des Vorwissens der Schülerinnen und Schüler ist für den nachfolgenden Lernprozess von entscheidender Bedeutung, da Koch zufolge

---

125 Vgl.: Tiedemann, M.: *Problemorientierung.* In: Nida-Rümelin, J. et al. (Hrsg.): *Handbuch Philosophie und Ethik. Band I: Didaktik und Methodik.* Paderborn: Schöningh 2015. S. 74–77; Tiedemann, M.: *Problemorientierung: theoretische Begründung und praktische Realisierung.* In: Rohbeck, J. (Hrsg.): *Didaktische Konzeptionen.* Dresden: Thelem 2013 (= *Jahrbuch für Didaktik der Philosophie und Ethik,* Bd. 13). S. 43–47.

126 Seel, M.: *Sechs nur scheinbar widersprüchliche Antworten.* In: Schulte, J. und Wenzel, U. J. (Hrsg.): *Was ist ein »philosophisches« Problem?* Frankfurt am Main: Fischer 2001. S. 161.

ein Lehren und Lernen ohne Bezugnahme auf Vorwissen nicht möglich ist. Zudem führt dieses Vorgehen zu einem gemeinsam etablierten dialektischen Problem, das in einer entsprechenden Leitfrage fixiert werden kann. Diese ist fortan der »rote Faden« bzw. der »archimedische Punkt« des Unterrichts. Die Leitfrage ist daher »[...] die didaktische Gestalt des problemorientierten Unterrichts. Die Leitfrage ist nichts anderes als die Ausformulierung des Problembezugs, die begriffliche Fixierung eines substanziellen Problems und des damit verbundenen Erkenntnisinteresses.«[127] Sie ist ferner der Ausgangspunkt für die Etablierung einer philosophischen Forschungsgemeinschaft (community of inquiry), die sich bei der Formulierung der Leitfrage formiert.[128]

Die Phase der Problemeröffnung gewährleistet also schon zu Beginn des problemorientierten Philosophierens den Subjektbezug desselben und genügt damit dem entsprechenden didaktischen Prinzip. Wichtig ist, in dieser Phase des Unterrichts besonders darauf zu achten, dass Gendanken präzise artikuliert und reflektiert werden, d. h., dass sie perspektivisch betrachtet, hinterfragt, zugespitzt und schließlich hinreichend begründet werden. Vor allem bei der Leitfrage muss darauf geachtet werden, dass sie »[...] kurz, nicht zu speziell, provozierend [...]«[129], dennoch differenziert und reflexiv und grundsätzlich beantwortbar ist, so muss z. B. zwischen Begriffs-, Tatsachen- und Wertfragen klar unterschieden werden. Die Leitfrage muss zudem zentrale Begriffe enthalten und eine Auseinandersetzung mit »Denkmodellen«[130] ermöglichen.[131]

Problemlösung: Die Phase der Problemlösung zielt darauf ab, mögliche Lösungsansätze zu identifizieren und zu benennen und beginnt daher mit der Artikulation von Vermutungen oder intuitiven Problemlösungsvorschlägen, die von den Schülerinnen und Schülern sehr wahrscheinlich auf der Grundlage ihrer das Problem betreffenden lebensweltlichen Deutungsmuster[132], das sind die lebensweltlich situierten philoso-

---

127 Tiedemann, M.: *Problemorientierung*. S. 74.

128 Vgl.: Lipmann, M.: *Thinking in Education*. 2nd Edition. Cambridge: University Press 2003. S. 20–21; Tiedemann, M.: *Problemorientierung*. S. 74–75.

129 Fröhlich, M. et al.: *Philosophieunterricht. Eine situative Didaktik*. Göttingen: Vandenhoeck & Ruprecht 2014. S. 53.

130 »Denkmodelle [...] enthalten Voraussetzungen, zentrale Begriffe, Thesen, Argumente und Konsequenzen – dargeboten in Form eines Textes, der einen gedanklichen Zusammenhang darstellt.« Ebd. S. 80. Denkmodelle können also aus Texten erarbeitet werden, z. B. aus klassischen philosophischen Texten, um sich beispielsweise im problemorientierten Philosophieunterricht die problembezogene Position eines Philosophen bzw. einer Philosophin zu erarbeiten. Denkmodelle, z. B. solche, die die Schülerinnen und Schüler möglicherweise in der intuitiven Problemlösungsphase des Bonbonmodells selber entwickelt haben, fordern aber auch zum produktionsorientierten Schreiben auf, da sie verschriftlicht werden können. Vgl.: Sistermann, R. und Wittschier, M.: *Problemorientierter Philosophieunterricht nach dem Bonbonmodell. Ein Gespräch aus der Praxis der Unterrichtsplanung und Lehrerausbildung*. In: ZDPE 1/2015. S. 60–68.

131 Vgl.: Fröhlich, M. et al.: *Philosophieunterricht*. S. 53–54, Koch, L.: *Lehren und Lernen*. S. 207–208; Tiedemann, M.: *Problemorientierung*. S. 74–77; Wilson, J.: *Begriffsanalyse*. Stuttgart: Reclam 1984. S. 7–20, 27–28.

132 Der Begriff »lebensweltliches Deutungsmuster« wird später (vgl.: 5. Kapitel, 1. Teil, 3. Abschnitt, 3. Unterabschnitt) durch den Begriff »Prä-Konzept« ersetzt.

phischen Positionen der Schülerinnen und Schüler, unterbereitet werden. Insofern ist der problemorientierte Philosophieunterricht auch an dieser Stelle klar subjektorientiert. Ihre Lösungsvorschläge und damit verbundenen Postionen können die Schülerinnen und Schüler entweder frei artikulieren, sie können aber auch angebahnt bzw. hervorgerufen werden, z. B. durch die Erzeugung kognitiver Konflikte, die z. B. durch Dilemmata, Gedankenexperimente o. Ä. ausgelöst werden können, müssen aber auf jeden Fall spätestens in der Problemlösungsphase gedanklich strukturiert, d. h. in die Form eines Denkmodells gebracht und lebensweltlich situiert werden.[133]

Deshalb ist es in einem zweiten Schritt notwendig, zunächst den Lösungsprozess zu planen, d. h. Lösungsstrategien zu entwickeln und zu prüfen. Es muss also entschieden werden, ob es lohnenswert ist, mit einigen der vorgebrachten Problemlösungsvorschläge weiterzuarbeiten, wozu diese zu Denkmodellen geformt werden müssen. Zudem ist zu klären, ob neben dem lebensweltlichen Kontext noch andere Kontexte – beispielsweise der religiöse Kontext – untersucht werden müssen, um das Problem lösen zu können. Es ist also zu erwägen, ob es sinnvoll ist, auch andere Positionen, z. B. die bestimmter Philosophen, in den Blick zu nehmen und ggf. mit den eigenen Positionen in Verbindung zu bringen, was beispielsweise Henke vorschlägt. Schließlich muss eine klare Prozessstruktur etabliert werden und es müssen Aufgaben verteilt und Zeitvorgaben gemacht werden. Die derart grob skizzierte Beteiligung der Schülerinnen und Schüler an der Planung des weiteren Lehr-Lern-Prozesses ist insofern wichtig, als dass sich eine Forschungsgemeinschaft erst dann wirklich bildet, wenn die Schülerinnen und Schüler nicht nur in ihrer subjektiven lebensweltlichen Situiertheit ernst genommen werden, wie dies u. a. bei der Formulierung der gemeinsamen Leitfrage der Fall ist, sondern wenn sie auch die Gelegenheit haben, diese in die Gestaltung des Unterrichtsprozesses einzubringen.[134]

Die gemeinsame Erarbeitung einer oder mehrerer Problemlösungen kann dadurch geschehen, dass die intuitiv vorgebrachten Problemlösungen der Schülerinnen und Schüler zu Denkmodellen geformt werden. Die Arbeit mit Denkmodellen ist mit einigen didaktischen Vorteilen verbunden, da diese aufgrund ihrer Struktur u. a. gedankliche und inhaltliche Orientierung ermöglichen, einen Überblick geben und zugleich auch Lern- bzw. Verstehenshilfe sind. Denkmodelle können jedoch nicht nur auf der Grundlage lebensweltlicher Deutungsmuster, sprich lebensweltlich situierter philosophischer Positionen erarbeitet werden, sondern auch anhand von philosophischen Texten. Dies ist besonders dann sinnvoll, wenn man die Positionen bestimmter Philosophen in den Blick nehmen will, weil man sich von diesen eine Lösung des

---

133 Vgl.: Fröhlich, M. et al.: *Philosophieunterricht.* S. 70–77; Henke, R. W.: *Die Förderung philosophischer Urteilskompetenz durch kognitive Konflikte.* S. 90–91.

134 Vgl.: Fröhlich, M. et al.: *Philosophieunterricht.* S. 65–69; Henke, R. W.: *Die Förderung philosophischer Urteilskompetenz durch kognitive Konflikte.* S. 91–92.

philosophischen Problems erhofft oder sie den Lernenden als beispielhafte »[...] Modelle philosophischer Gedankenführung an die Hand [...]«[135] geben möchte. Dabei ist natürlich darauf zu achten, dass die entsprechenden Positionen als Denkmodelle richtig rekonstruiert werden, d. h., dass die Philosophen also richtig verstanden werden.[136]

Konsolidierung der Problemlösung: Im Rahmen der Konsolidierung der Problemlösung kommt es schließlich darauf an, das als Lösung identifizierte Denkmodell intensiv zu analysieren und zu überprüfen, indem z. B. dessen Begründungszusammenhänge und Implikationen noch einmal explizit analysiert, erörtert und schließlich durch einen Transfer in andere Kontexte situiert und damit praktisch – spielerisch und experimentell – erprobt werden. Hierbei, genauso wie in der Erarbeitung von Denkmodellen, kommen vor allem die im nachfolgenden Abschnitt (vgl.: 5. Kapitel, 1. Teil, 3. Abschnitt, 3. Unterabschnitt) geschilderten philosophischen Methoden zum Einsatz.[137]

Verwendung von Narrativen: Bevor auf die philosophischen Methoden genauer eingegangen wird, sei an dieser Stelle darauf hingewiesen, dass die Analyse der Prozessstruktur des problemorientierten Philosophieunterrichts einsichtig macht, dass dieser allein schon durch seine Struktur nicht nur einen im hohen Maße subjektorientiert und damit lebensweltsensitiven, sondern auch gleichermaßen anschaulich wie abstrakten Philosophieunterricht fordert. Zudem sollte die Analyse der Prozessstruktur des problemorientierten Philosophieunterrichts nahe legen, dass sich in diesem besonders gut philosophisch relevante Narrative einsetzen lassen, weil diese aufgrund ihrer Eigenschaften und damit verbundenen didaktischen Funktionalität besonders zielführend sein können. So können sie in der Problemeröffnungsphase vor allem als Quelle anschaulicher Erfahrungen, Ereignisse oder dergleichen mehr eingesetzt werden. Wohingegen in der Problemlösungsphase vorwiegend eine Verwendung als Quelle lebensweltlicher Deutungsmuster, die zu Denkmodellen formiert werden können, in Frage kommt. Schließlich können Narrative in der Phase der Problemkonsolidierung vor allem Kontexte bereitstellen, in denen die erarbeiteten Problemlösungen erprobt werden können.

Forschendes Philosophieren: Philosophieunterricht, der gemäß dieser Prozessstruktur geplant und durchgeführt wird, ist forschender Philosophieunterricht bzw. ermöglicht forschendes Lernen, weil er allen Kriterien desselben entspricht. Dies

---

135 Ebd. S. 91.

136 Vgl.: Fröhlich, M. et al.: *Philosophieunterricht.* S. 70–71; Henke, R. W.: *Die Förderung philosophischer Urteilskompetenz durch kognitive Konflikte.* S. 92.

137 Vgl.: Engels, H.: *Vorschlag, den Problembegriff einzugrenzen.* S. 134; Fröhlich, M. et al.: *Philosophieunterricht.* S. 70–77; Martens E.: *Methodik des Ethik- und Philosophieunterrichts.* S. 134–136.

wird deutlich, wenn man die wesentlichen Prozesselemente des problemorientierten Philosophieunterrichts mit Reitingers Definition für das Forschende Lernen abgleicht:

> **»Forschendes Lernen«** ist ein Prozess der selbstbestimmten Suche und Entdeckung einer für die Lernenden neuen Erkenntnis. Forschendes Lernen läuft dabei in einem autonomen und zugleich strukturierten Prozess ab, welcher von einer sinnlich erfahrbaren Entdeckung über systematische Exploration bis hin zu einer für wissenschaftliches Arbeiten charakteristischen Vorgehensweise reichen kann. Der Prozess des Forschenden Lernens wird von einem generellen Entdeckungsinteresse der Lernenden (Neugierde) und einer affirmativen Haltung der Lernenden zur Methode getragen. Für den Prozess des forschenden Lernens selber sind die forschungsbezogenen Handlungsdomänen a) erfahrungsbasiertes Hypothetisieren, b) authentisches Explorieren, c) kritischer Diskurs und d) conclusiobasierter Transfer kennzeichnend.[138]

Bezieht man die wesentlichen Bestimmungen des forschenden Lernens, die in dieser Definition enthalten sind, auf die drei Phasen und die darin vorgesehenen Aktivitäten des problemorientierten Philosophieunterrichts, dann wird erstens deutlich, dass problemorientierter Philosophieunterricht in der Phase der Problemeröffnung über die Etablierung einer Leitfrage zur Konstitution einer Forschungsgemeinschaft führt und damit einen selbstbestimmten Erkenntnisprozess in Gang bringt. Deutlich wird aber zweitens auch, dass dieser Prozess seinen Ausgangspunkt in der Lebenswelt bzw. den lebensweltlichen Erfahrungen der Schülerinnen und Schüler hat und spätestens in der Phase der Problemlösung zunehmend verwissenschaftlicht wird. Zu Letzterem trägt nicht zuletzt die fachlich tief greifende Auseinandersetzung mit dem zu behandelnden philosophischen Problem und die diesbezügliche Beschäftigung mit Lösungsangeboten aus der Philosophiegeschichte bei. Kennzeichnend für den problemorientierten Philosophieunterricht sind ferner in der Phase der Problemeröffnung Authentizität, besonders bezüglich der lebensweltlichen Erfahrungen der Schülerinnen und Schüler, und gerade in der Phase der Konsolidierung der Problemlösung kritischer Diskurs und Transfer der Problemlösung auf andere philosophische Frage- bzw. Problemstellungen. Problemorientierter Philosophieunterricht ermöglicht also forschendes

---

138 Reitinger, J.: *Forschendes Lernen. Theorie, Evaluation und Praxis in naturwissenschaftlichen Lernarrangements.* Immenhausen bei Kassel: Prolog 2013 (= *Theorie und Praxis Schulpädagogik*, Bd. 12). S. 45.

Lernen im von Reitinger definierten Sinn.[139] Vergleicht man darüber hinaus den durch acht Phasen strukturierten problemorientierten Philosophieunterricht, der im Übrigen dem für die Philosophiedidaktik paradigmatischen »Bonbonmodell« weitestgehend entspricht, mit den Formen und der Struktur forschenden Lernens, z. B. mit der Prozessstruktur des von Reitinger entwickelten AuRELIA-Konzepts, das durch die Phasen a) Emergenz, b) Vermutung, c) Konzeption, d) Untersuchung, e) Entdeckung, f) Kritik und g) Transfer strukturiert wird, sowie mit den verschiedenen Designs dieses Konzepts, dann kann man, aufgrund der großen Korrelation, zu Recht behaupten, dass problemorientierter Philosophieunterricht forschender Philosophieunterricht ist, der ein tiefes, weil aktives in verschiedenen Kontexten situiertes, multiperspektivisches Lernen ermöglicht. Problemorientiertes Philosophieren wird daher fortan als forschendes Philosophieren bezeichnet. Es bewegt sich als solches vor allem auf der Ebene der Mesomethodik. Betrachtet man jedoch die Prozessstruktur des problemorientierten Philosophieunterrichts genauer, dann kann man feststellen, dass dieser, ausgehend von der ersten Phase, der Problemeröffnung, »[g]ewissermaßen [...] fortan projektorientiert [ist]: das Projekt und Forschungsinteresse besteht darin, die Frage zu beantworten. Fortan dreht sich alles um die Frage.«[140] Da der forschende Philosophieunterricht zu seiner gelingenden Realisierung also auch methodische Großformen des Unterrichts wie die Projektarbeit erfordert, bewegt er sich eindeutig auch auf der Ebene der Makromethodik.[141]

Bevor nachfolgend die für problemorientiertes Philosophieren notwendigen Methoden erläutert werden, muss abschließend betont werden, dass forschendes Philosophieren neben einer klaren Struktur, geeigneten Methoden und Unterrichtsmedien auch und besonders Vertrauen, Behutsamkeit, Mut und Hilfe erfordert, um das Selbst-Denken

---

139 Übereinstimmungen lassen sich aber auch bezüglich anderer Definitionen des forschenden Lernens finden: Hauer, B.: *Entwicklung didaktischer Kompetenzen durch forschendes Lernen. Der Einsatz des AuRELIA-Kozepts in der Lehrer/ -innenbildung.* Aachen: Shaker 2014. S. 27; Huber, L.: *Warum Forschendes Lernen nötig und möglich ist.* In: Huber et al. (Hrsg.): *Forschendes Lernen im Studium. Aktuelle Konzepte und Erfahrungen.* 2. Auflage. Bielefeld: Webler 2013 (= *Motivierendes Lehren und Lernen in Hochschulen: Praxisanregungen*, Bd. 10). S. 9–10; Ladenthin, V.: *Forschendes Lernen in der Bildungswissenschaft.* Bonn: Verlag für Kultur und Wissenschaft 2014. S. 11.

140 Fröhlich, M. et al.: *Philosophieunterricht.* S. 51.

141 Vgl.: Aepkers, M.: *Forschendes Lernen – Einem Begriff auf der Spur.* In: Aepkers, M. und Liebig, S. (Hrsg.): *Entdeckendes, Forschendes und Genetisches Lernen.* Hohengehren: Schneider 2002 (= *Basiswissen Pädagogik. Unterrichtskonzepte und -techniken*, Bd. 4). S. 78; Huber, L.: *Warum Forschendes Lernen nötig und möglich ist.* S. 16–18, 28; Meyer, H.: *Leitfaden Unterrichtsvorbereitung.* Berlin: Cornelsen Scriptor 2007. S. 44–46; Meyer, H.: *Unterrichtsmethoden. Theorieband.* 10. Auflage. Berlin: Cornelsen Scriptor 2003. S. 143–146; Reitinger, J.: *Forschendes Lernen.* S. 87, 90–94; Sistermann, R.: *Der experimentelle Empirismus John Deweys und die Problemorientierung nach dem Bonbonmodell.* In: Martens, E. (Hrsg.): *Empirie und Erfahrung im Philosophie und Ethikunterricht.* Hannover: Siebert 2017. S. 126–133; Sistermann, R. und Wittschier, M.: *Problemorientierter Philosophieunterricht nach dem Bonbonmodell.* S. 64.

zu ermöglichen, das notwendig ist, wenn es darum geht, persönlich bedeutsame dialektische Probleme gemeinsam zu finden und zu lösen.[142]

3.3 Methoden forschenden Philosophierens

Forschendes Philosophieren bewegt sich mit seiner Prozessstruktur vor allem auf der Ebene der Mesomethodik, tangiert wie gezeigt jedoch auch die Ebene der Makromethodik, wenn es in Form der Projektarbeit umgesetzt wird. Die einzelnen Phasen des forschenden Philosophieunterrichts werden durch konkrete Unterrichtsmethoden strukturiert, die auf der Ebene der Mesomethodik anzusiedeln sind. Es stellt sich diesbezüglich die Frage, welche Methoden für die einzelnen Phasen des forschenden Philosophieunterrichts durch die Ziele, die Medien und besonders die Prozessstruktur desselben gefordert werden. Da nachfolgend nicht alle relevanten Methoden aufgeführt werden können, soll vor allem der Methodenfokus der jeweiligen Phase bzw. des forschenden Philosophierens im Ganzen aufgezeigt werden. Bei den gesuchten Methoden handelt es sich um philosophische Forschungsmethoden. Denn wenn Lernen vor allem Verstehen ist und die vollendeteste Form des so verstandenen Lernens wiederum das Forschen ist, weil es der Such- und Versuch-Bewegung des Lernens entspricht, dann bedarf es zum Lernen vor allem geeigneter Forschungsmethoden. Wenn zudem, wie die Überlegungen im ersten Abschnitt dieses Teils gezeigt haben, das Verstehen und Urteilen die zentralen Fähigkeiten sind, die in einem philosophischen Bildungsprozess kultiviert werden sollten, dann muss für die für das forschende Philosophieren relevanten Unterrichtsmethoden gezeigt werden, dass und inwiefern sie sowohl die Verstehensfähigkeit als auch die Urteilsfähigkeit fördern. Es sollte sich zudem zeigen lassen, dass diese Methoden in ihrem Zusammenwirken den von Koch beschriebenen drei Momenten des Lernens entsprechen, gemeint ist das intuitive bzw. anschauliche (Anschauung), das diskursive (Begriff) und das propositionale (Urteil) Moment.[143]

3.3.1 Arten und Methoden des Verstehens

Methoden beschreiben die »Art und Weise des Vorgehens«, also den Weg zum Ziel. Methoden des Verstehens beschreiben demnach, wie wir etwas verstehen

---

142 Vgl.: Fröhlich, M. et al.: *Philosophieunterricht.* S. 65. Dass für das Selbstdenken, das zur Lösung eines philosophischen Problems bzw. im problemorientierten Philosophieunterricht zur Beantwortung der diesen strukturierenden Leitfrage notwendig ist, Mut und Zutrauen in das eigene Denken erforderlich sind, stellt besonders Kant in seinem wirkmächtigen Aufklärungs-Aufsatz heraus, wenn der fordert: »*sapere aude!* habe Muth dich deines eigenen Verstandes zu bedienen!« WA, AA VIII: 35. 06–07.

143 Vgl.: Koch, L.: *Lehren und Lernen.* S. 21, 80–83.

bzw. zum Verstehen gelangen. Diesbezüglich gibt es Huber zufolge vor allem drei bildungstheoretisch relevante Methoden des Verstehens, die einzig im Prozess des Denkens realisiert werden können und immer ein ganzheitliches, d. h. rationales wie emotionales Wissen zur Voraussetzung haben. Es geht diesbezüglich um die Methoden des unmittelbaren, des vermittelten und des begreifenden Sinnverstehens. Wie sich zeigen lässt, entspricht das unmittelbare Verstehen dabei dem intuitiven bzw. anschaulichen Moment des Lernens, wohingegen das vermittelte und das begreifende Verstehen mit dem diskursiven Moment des Lernens übereinstimmt.[144]

Unmittelbares Sinnverstehen: Huber zufolge ist unmittelbares Sinnverstehen nicht-analytisches, reflexionsloses Verstehen, das dennoch implizit differenziert ist, denn in ihm ...

> [...] erleben wir jede Sache in einem Akt *intuitiven* Gesamterlebens, in dem wir die Elemente, Funktionen und Kontexte der Sache alle gleichzeitig, d. h. *simultan*, und im Ganzen, d. h. *total*, auf uns wirken lassen, ohne Einzelnes davon gesondert zum Gegenstand der Aufmerksamkeit zu machen.[145]

Beim unmittelbaren Sinnverstehen erfassen wir eine Sache also intuitiv und kontextübergreifend, weswegen es zu Recht mit dem intuitiven Moment des Lernens zusammenfällt. Für philosophische Bildung relevant ist, dass wir beim unmittelbaren Verstehen vor allem durch unsere ebenfalls meist unbewussten, d. h. nicht reflektierten lebensweltlichen Deutungsmuster, die sowohl unsere theoretische wie (sittlich-) praktische Weltwahrnehmung strukturieren, geleitet werden. Die lebensweltlichen Deutungsmuster sind Teil des Erfahrungshorizonts eines jeden, der Koch zufolge »Anknüpfungspunkt« für alles Lehren und Lernen ist und den es daher vor allem Lehren und zwecks des erfolgreichen und horizonterweiternden Lernens analytisch zu durchdringen gilt. Für den Begriff »lebensweltliches Deutungs-muster« soll im Folgenden der Begriff »Prä-Konzept« verwendet werden, denn: »Zu den für »Verstehen« bedeutsamen Voraussetzungen zählen auch **alltagstheoretische Vorstellungen bzw. Erklärungsmuster** von bestimmten Sachverhalten, die als »Vorwissen« verfügbar sind und – in kognitionswissenschaftlicher Perspektive – als Präkonzepte bezeichnet werden.«[146] Prä-Konzepte sind Zimmermann zufolge »[...] im Überzeugungssystem der Lernenden tief verankert [...]«[147], weil sie ein »Geflecht« von sich gegenseitig stützenden (religiösen und/oder wissenschaftlichen) Überzeugungen

---

144 Vgl.: Huber, H.: *Philosophie und Ethik.* S. 153–170; Terhart, E.: *Didaktik. Eine Einführung*, Stuttgart: Reclam 2009. S. 147–148, 161–164.

145 Huber, H.: *Philosophie und Ethik.* S. 153.

146 Lehner, M.: *Didaktische Reduktion.* S. 132; 63.

147 Zimmermann, P.: *Fachliche Klärung und didaktische Rekonstruktion.* S. 66.

und Vorstellungen bilden, »[...] häufig auf Metaphern oder Analogien [basieren] und [...] in alltagssprachliche Kontexte eingebettet [sind] [...]«[148] und »[...] in emotionalen, biografischen und gesellschaftlichen Zusammenhängen [stehen] [...]«[149], so dass man sagen kann, dass sie tief in der Lebenswelt der Schülerinnen und Schüler verankert sind. Nicht zuletzt deswegen führen sie bei Schülerinnen und Schülern »[...] dazu [...], bestimmte Thesen oder Positionen anderen vorzuziehen [...]«[150], was sie für den Philosophieunterricht bedeutsam macht und zudem die Frage aufwirft, ob man im Philosophieunterricht falsche oder zumindest problematische Prä-Konzepte ersetzen oder zumindest verändern oder ergänzen, vielleicht aber auch stützen soll (vgl.: 5. Kapitel, 1. Teil, 1. Abschnitt, 3. Unterabschnitt).[151]

Da unmittelbares, durch Prä-Konzepte geleitetes Sinnverstehen unbewusst und intuitiv abläuft, scheint es das Manko zu haben, methodisch nicht strukturiert werden zu können. Allerdings können die uns leitenden unbewussten Prä-Konzepte methodisch transparent gemacht werden, weswegen sie überhaupt erst zum Gegenstand des nachfolgend zu erläuternden vermittelnden Sinnverstehens werden können. Methoden bzw. fachdidaktische Ansätze, die auf die Explikation von Prä-Konzepten abzielen, werden u. a. von Buschlinger, Henke, Rohbeck oder Zimmermann beispielhaft ausgeführt.[152] Besonders zu betonen ist diesbezüglich, dass Raters zufolge narrative Methoden, beispielsweise die der autobiografischen Narration, ebenfalls dazu dienen können, sich seiner Vorurteile, Interessen und Intuitionen, sprich, sich den darin dokumentierenden Prä-Konzepten bewusst zu werden. Dies spielt im Prozess des forschenden Philosophierens besonders in der zweiten Phase, der Problemlösung, eine zentrale Rolle, da die Schülerinnen und Schüler hier auf der Grundlage ihrer Prä-Konzepte Lösungsvorschläge entwickeln sollen, die zu Denkmodellen formiert

---

148 Ebd.

149 Ebd. S. 67.

150 Ebd. S. 66.

151 Vgl.: Koch, L.: *Lehren und Lernen.* S. 85–89; Thein, C.: *Verstehen und Urteilen im Philosophieunterricht.* S. 21, 46; Zimmermann, P.: *Fachliche Klärung und didaktische Rekonstruktion.* S. 63–64, 67.

152 Ein von Rohbeck entwickelter Ansatz zielt darauf ab, die philosophischen Intuitionen bzw. »[...] die faktisch vorhandenen Vorstellungen der Schülerinnen und Schüler mit Hilfe der experimentellen Philosophie zu erfassen [...]« [Rohbeck, J.: *Didaktische Transformationen.* In: Nida-Rümelin, J. et al. (Hrsg.): *Handbuch Philosophie und Ethik. Band I: Didaktik und Methodik.* Paderborn: Schöningh 2015. S. 53], um sie so zum Gegenstand des Philosophieunterrichts machen zu können. Zimmermann nennt dagegen mehrere Verfahren, um Prä-Konzepte transparent zu machen, wie z. B. Fallbeispiele, Gedankenexperimente oder schriftliche Befragungen, erläutert diese jedoch nicht hinreichend. vgl.: Zimmermann, P.: *Fachliche Klärung und didaktische Rekonstruktion.* S. 66. Ein sehr interessantes Instrument zur Ermittlung philosophischer Prä-Konzepte bzw. des Alltagsbewusstseins liegt schließlich mit dem »Philomat« vor, der als »[...] Apparat für weltanschauliche Diagnostik [...]« darauf abzielt, ausgehend von Alltagssituationen, »[...] die Menge aller grundsätzlichen Überzeugungen einer Person darüber, was in der Welt der Fall ist und was nicht [...]« zu ermitteln und transparent zu machen. Buschlinger, W. et al.: *Philomat. Apparat für weltanschauliche Diagnostik. Erkunden Sie Ihre Philosophie im Selbsttest!* Stuttgart: Hirzel 2009. S. 9–10.

werden müssen, um weiter analytisch-reflexiv durchdrungen und dann entweder ersetzt, verändert, erweitert oder ggf. sogar gestützt werden zu können. Henke zeigt diesbezüglich z. B. auf, dass die Prä-Konzepte, sind sie erst einmal diagnostiziert, durch die Behandlung kontraintuitiver philosophischer Positionen im Philosophieunterricht erschüttert werden können, um derart, durch den entsprechenden kognitiven Konflikt, die eigenständige auf die eigenen »[...] oft unreflektierten prinzipiellen Standpunkte [...]«[153] in revisionistischer Absicht abzielende Urteilsbildung anzuregen und zu fördern. Insofern wird an Henkes Ansatz bereits deutlich, inwiefern die Methoden, die auf die reflexive Durchdringung des unmittelbaren Verstehens zielen, auch im Dienst der Förderung der Urteilfähigkeit stehen. Zentral beim Umgang mit den Prä-Konzepten und dem damit verbunden unmittelbaren Sinnverstehen ist also, dass die Grundlagen desselben transparent gemacht werden, dass es zu einem Verstehen unserer Verstehenskonzepte kommt und die Schülerinnen und Schüler hierzu befähigt werden.[154]

Vermitteltes Sinnverstehen: Das vermittelte Sinnverstehen ist im Gegensatz zum unmittelbaren Sinnverstehen explizit reflexiv und vor allem diskursiv. »Indem das vermittelte Verstehen die Differenzmomente der Sache einzeln für sich heraushebt, *reduziert es die Komplexität* der ganzen Sache auf den jeweils betrachteten Ausschnitt. Beim vermittelten Verstehen ist das Erleben [daher] *explizit differenziert.*«[155] In diesem Sinne sind beispielsweise Narrative abstrakt-vermittelnd. Da das vermittelte Verstehen diskursiv ist und auf die »[...] analytische Zergliederung der Sachen in ihre einzelnen Momente [...]«[156] abzielt, betrifft es das von Koch benannte diskursive Moment des Lernens und wird folglich am besten durch analytisch-diskursive Methoden des Philosophierens angebahnt, wie sie z. B. durch Martens im Zusammenhang seines integrativen Methodenparadigmas und durch Rohbeck im Kontext seines Transformationskonzepts beschrieben und hierauf bezogen u. a. von Engels expliziert werden. Im Prozess des forschenden Philosophierens hat das vermittelte Verstehen vor allem in der Problemlösungsphase seinen Platz, greift jedoch auch über in die Phase der Problemkonsolidierung. So dient es beispielsweise dazu,

---

153 Henke, R. W.: *Die Förderung philosophischer Urteilskompetenz durch kognitive Konflikte.* S. 89.

154 Vgl.: Buschlinger, W. et al.: *Philomat;* Henke, R. W.: *Die Förderung philosophischer Urteilskompetenz durch kognitive Konflikte.* S. 86–95; Huber, H.: *Philosophie und Ethik.* S. 153–155; Raters, M.-L.: *Will ich diese Person sein, die Ich ist? Die autobiographische Narration als Mittel zur Objektivierung des eigenen moralischen Standpunktes nach Thomas Nagel.* In: ZDPE 2/2012. S. 146–152; Rohbeck, J.: *Didaktische Transformationen.* S. 48–56; Rohbeck, J.: *Experimentelle Philosophiedidaktik.* In: ZDPE 2/2014. S. 3–9.

155 Huber, H. : *Philosophie und Ethik.* S. 155.

156 Ebd. S. 155.

Prä-Konzepte oder auch philosophische Positionen zu Denkmodellen zu formieren, indem diese analysiert und strukturiert werden.[157]

Begreifendes Sinnverstehen: Im begreifenden Sinnverstehen fügen »[...] sich die komplexitätsreduzierten Differenzmomente der Sache wieder zur *Komplexität*, die nunmehr aber ***transparent in sich differenziert*** ist [...]«[158], zusammen. Deswegen hebt das begreifende Sinnverstehen das unmittelbare und vermittelte Verstehen in sich auf und hat dieses daher zur Voraussetzung. Da das begreifende Verstehen dazu zwischen dem unmittelbaren und dem vermittelnden Verstehen oszilliert, besteht ein enger epistemologisch-hermeneutischer Zusammenhang, in dem unmittelbares, vermitteltes und begreifendes Sinnverstehen stehen. Da das begreifende Sinnverstehen ferner darauf abzielt, das Erkannte bzw. Verstandene in eine kohärente Gesamtstruktur des Wissens zu überführen, ist es nicht nur dialektisch-aufhebend, sondern auch spekulativ und synoptisch. Es transzendiert also das unmittelbare, aber vor allem das vermittelte Verstehen und versucht verstehend in die Tiefe der zu verstehenden Sache bzw. des hermeneutischen Objekts vorzudringen, wobei es hierbei auch darauf abzielt, das Nichtmessbare, das, was also durch das vermittelte Verstehen nicht erfasst werden kann, verstehend zu ergründen, weswegen es durchaus auch als phänomenologisch ausgerichtetes tiefenhermeneutisches Verstehen bezeichnet werden kann, dass der »[...] Aufhellung [...] verborgener, unbewußter, präreflexiver Sinnsedimente [...]«[159] dient. Begreifendes Verstehen erfordert nicht zuletzt deswegen eine kontemplative Fähigkeit, die, so Huber, vor allem dem Dichter und dem religiösen Menschen zukommt. Aufgrund seines kontemplativen Charakters rückt es in die Nähe des Urteilens, dass ebenfalls der Kontemplation bzw. betrachtenden Einkehr bedarf. Das begreifende Verstehen ist als höheres, nicht unmittelbares Verstehen mit dem hermeneutisches Sinnverstehen identisch. »Es hat [somit auch] die Struktur »etwas-als-etwas«-Verstehen, mittels derer ansichtig wird, dass man »etwas«, das ist die gegebene und zu verstehende Sache [...], als »etwas«, nämlich in ihrem Sinn [...], versteht.«[160] Verstanden als hermeneutisches Verstehen kann das begreifende Sinnverstehen mithilfe der Hermeneutik-Konzeption von Gadamer weiter charakterisiert werden. Demzufolge ist das begreifende Verstehen immer zeitrelativ und

---

157 Vgl.: Engels, H.: *Sprachanalytische Methoden im Philosophieunterricht: Mittel der Kritik, Hilfe beim Verstehen und Erkennen, Schutz vor den Fallstricken der Sprache.* In: Rohbeck, J. (Hrsg.): *Philosophische Denkrichtungen.* Dresden: Thelem 2001 (= *Dresdener Hefte für Philosophie.* Heft 4/ *Jahrbuch für Didaktik der Philosophie und Ethik.* Bd. 2). S. 35–80; Huber, H.: *Philosophie und Ethik.* S. 155; Koch, L.: *Lehren und Lernen.* S. 21; Martens E.: *Methodik des Ethik- und Philosophieunterrichts.* S. 54–58; Rohbeck, J.: *Didaktische Transformationen.* S. 49–51.

158 Huber, H.: *Philosophie und Ethik.* S. 156.

159 Rentsch, T.: *Phänomenologie als methodische Praxis. Didaktische Potenziale der phänomenologischen Methode.* In: Rohbeck, J. (Hrsg.): *Denkstile der Philosophie,* Dresden: Thelem 2002 (= *Dresdener Hefte für Philosophie.* Heft 7/ *Jahrbuch für Didaktik der Philosophie und Ethik.* Bd. 3). S. 20.

160 Joisten, K.: *Philosophische Hermeneutik.* Berlin: Akademie 2009. S. 11.

kontextgebunden, weil es immer aus einer bestimmten historischen Situation heraus – »hermeneutische Situation« – von einem hermeneutischen Subjekt mit »wirkungsgeschichtlichem Bewusstsein« vollzogen werden muss. Hierbei sind besonders die »Vorurteile bzw. Vormeinungen« des hermeneutischen Subjekts von epistemisch-hermeneutischer Bedeutung, da sie konstitutiven Bedingungen für das Verstehen sind, das sich in einem dialogisch-dialektisch strukturierten Prozess von Frage und Antwort vollzieht, wodurch letztlich die angestrebte »Horizontverschmelzung« zustande kommt. Wenn demnach im begreifenden Sinnverstehen der überzeitliche Sinn des hermeneutischen Objekts nicht einfach nur reproduziert wird, sondern in historisch variabler Gestalt so konstruiert wird, dass in ihm der Sinn des hermeneutischen Objekts mit dem historischen Bewusstsein des hermeneutischen Subjekts verschmilzt, dann muss das begreifende Sinnverstehen als »Koproduktion« verstanden werden. Das so charakterisierte Verstehen ist schließlich nicht nur ein rein methodisches Vorgehen und eine kontemplative Fähigkeit zum Zweck der Sinnerkenntnis, sondern, Gadamer folgend, vielmehr eine Seinsweise des Menschen bzw. eine »[...] Haltung, die prinzipiell allem und allen anderen gegenüber, also jedem zu verstehenden Objekt gegenüber eingenommen werden kann.«[161] Das begreifende Sinnverstehen spielt ebenso wie das vermittelte Sinnverstehen in der Phase der Problemlösung eine besondere Rolle, da es im Zusammenwirken mit dem begreifenden Sinnverstehen u. a. dazu dienen kann, ein Prä-Konzept zu einem Denkmodell zu formieren, um dieses als Lösungsvorschlag für das aufgeworfene dialektische Problem diskutieren zu können: Insofern gehört auch das begreifende Sinnverstehen zum diskursiven Moment des Lernens, bei dem es um die begreifende bzw. begriffliche Erfassung eines Sinngehalts geht.[162]

Philosophisches Verstehen: Begreifendes Sinnverstehen wird schließlich zum philosophischen Verstehen, wenn es das Ganze als solches in den Blick nimmt, im Gegensatz zu dem Verstehen der Wissenschaften, genauso wie zu unserem alltäglichen Verstehen, das jeweils immer nur stark perspektivisch auf bestimmte Teilaspekte der Wirklichkeit ausgerichtet ist und diese dazu aus ihrem Gesamtzusammenhang abstrahiert. Deswegen wird »[...] **[d]as Verstehen [...] philosophisch, indem es die methodischen Abstraktionen in Frage stellt und zu überwinden sucht.** Dabei geht es nicht darum, die Abstraktionen zum Verschwinden zu bringen, sondern sie zum konkreten Ganzen zu ergänzen.«[163] Philosophisches Verstehen basiert daher auf

---

161 Schönwälder-Kuntze, T.: *Philosophische Methoden zur Einführung.* Hamburg: Junius 2015. S. 94.

162 Vgl.: Danner, H.: *Methoden geisteswissenschaftlicher Pädagogik. Einführung in die Hermeneutik, Phänomenologie und Dialektik.* 5. Auflage. München/Basel: Reinhardt 2006. S. 31–116; Gadamer, H.-G.: *Hermeneutik I. Wahrheit und Methode. Grundzüge einer philosophischen Hermeneutik.* 7. Auflage. Tübingen: Mohr Siebeck 2010 (= *Hans-Georg Gadamer. Gesammelte Werke.* Bd. 1). S. 270–312; Huber, H.: *Philosophie und Ethik.* S. 156–157; Joisten, K.: *Philosophische Hermeneutik.* S. 141–152; Koch, L.: *Lehren und Lernen.* S. 21; Schönwälder-Kuntze, T.: *Philosophische Methoden zur Einführung.* S. 94, 98.

163 Huber, H.: *Philosophie und Ethik.* S. 159.

multiperspektivischem Weiterfragen und Zusammenschauen, bei dem eine Vielzahl an Methoden zur Anwendung kommt. Insofern wird auch hier noch einmal deutlich, dass das begreifende Sinnversehen, vor allem, wenn es philosophisch wird, identisch mit dem hermeneutischen Verstehen ist, dass sich ja gerade dadurch auszeichnet, dass es größere Zusammenhänge zu erschließen sucht, indem es in einem unabschließbaren spiralförmigen Prozess – hermeneutischer Zirkel – fortlaufend korrigiert und erweitert wird. Bezogen auf das philosophische Verstehen hat schließlich auch Martens Recht, wenn er behauptet, dass es sich beim Philosophieren um einen unabschließbaren Prozess des Denkens und Weiterfragens handelt und dass erst aus dem integrativen Zusammenspiel der auf der Grundlage der einzelnen Arbeitsmethoden der wissenschaftlichen Disziplinen (Phänomenologie, Hermeneutik, Dialektik etc.) modellierten Unterrichtsmethoden philosophisches Verstehen möglich wird und dass dies in den Anfängen des Philosophierens, beispielsweise im Sokratischen Philosophieren, anschaulich vorgeführt wird.[164]

Wenn es sich bei dem philosophischen Verstehen, das, vermittelt durch das begreifende Verstehen, von den Vorurteilen bzw. Vormeinungen, sprich den Prä-Konzepten des hermeneutischen Subjekts, ausgeht, um ein höheres und kontextsensitives Verstehen von Sinn-Gehalten und Sinn-Zusammenhängen handelt, dann legt es als spezifisch hermeneutisches Verstehen vor allem hermeneutische Unterrichtsmethoden nahe. Ein breites Spektrum derartiger, eher «klassisch» hermeneutischer Methoden ist u. a. von Steenblock und Ridder aufgezeigt worden. In der Prozessstruktur des forschenden Philosophierens kommen diese Methoden in der Phase der Problemlösung vor, wenn das noch nicht philosophisch gewordene begreifende Sinnverstehen z. B. darauf abzielt, philosophische Positionen als Denkmodelle zu formieren. In der Phase Problemkonsolidierung und hier besonders im Transfer der Problemlösung in andere Kontexte kommen hermeneutische Methoden jedoch auch und vielleicht sogar vorrangig zur Anwendung. Hier hat nämlich das philosophische Verstehen seinen genuinen Ort, weil es darum geht, eine Problemlösung immer weiter in andere Kontexte einzubetten, um so den Gesamtzusammenhang zu verstehen, in dem diese Lösung steht. Als tiefes Sinnverstehen entspricht das philosophische Verstehen daher in besonderer Weise nicht zuletzt der Gesamtintention forschenden Philosophierens und dem diskursiven Moment des Lernens.[165]

---

164 Vgl. Danner, H.: *Methoden geisteswissenschaftlicher Pädagogik.* S. 55–61; Huber, H.: *Philosophie und Ethik.* S. 158–170; Martens E.: *Methodik des Ethik- und Philosophieunterrichts.* S. 43–61.

165 Vgl.: Huber, L.: *Warum Forschendes Lernen nötig und möglich ist.* S. 16–18; Ridder, L.: *Methoden der Interpretation im Philosophieunterricht.* In: Rohbeck, J. (Hrsg.): *Philosophische Denkrichtungen.* Dresden: Thelem 2001 (= *Dresdener Hefte für Philosophie.* Heft 4/ *Jahrbuch für Didaktik der Philosophie und Ethik.* Bd. 2). S. 116–143; Steenblock, V.: *Hermes und die Eule der Minerva. Zur Rolle der Hermeneutik in philosophischen Bildungsprozessen.* In: Rohbeck, J. (Hrsg.): *Philosophische Denkrichtungen.* Dresden: Thelem 2001 (= *Dresdener Hefte für Philosophie.* Heft 4/ *Jahrbuch für Didaktik der Philosophie und Ethik.* Bd. 2). S. 81–115.

3.3.2 Arten und Methoden des Urteilens

Verstehen, vor allem wenn es wie das philosophische Verstehen auf eine kohärente Wissensstruktur abzielt, ist nicht ohne die von der Urteilskraft – dem oberen Erkenntnisvermögen – erzeugten Urteile möglich, denn nur so wird das begreifende Moment des Lernens mit dem propositionalen Moment vereint und das Lernen als solches abgerundet, indem eine urteilende Positionierung zu den begriffenen Sachverhalten (Zusammenhängen) vorgenommen wird. Auf die Bedeutung des Urteilens für das Verstehen verweist schon die von Gadamer herausgestellte konstitutive Bedeutung der Vor-Urteile für das Verstehen. Im Folgenden ist daher zu klären, welche Urteilsarten und damit verbundenen Methoden des Urteilens zum Verstehen beitragen bzw. welche Verstehensarten und -methoden mit welchen Urteilsarten und -methoden zusammenhängen. Damit dies möglich ist, ist es zunächst notwendig, die Urteilskraft, also unser Vermögen zum Urteilen, genauer zu bestimmen. Kant zufolge ist sie das apriorische »[...] Vermögen, das Besondere als enthalten unter dem Allgemeinen zu denken [...]«[166] bzw. mithilfe von Urteilen »[...] die Vielheit des Wirklichen zur Einheit des Begriffs zu bringen.«[167] Urteilen ist also vor allem eine geistige bzw. denkerische Tätigkeit. Das mithilfe der Urteilskraft gefällte Urteil, sei es nun analytisch oder synthetisch, ist, folgt man Kant, zuallererst eine logische Aussage, die objektive Gültigkeit beansprucht. Es ist in diesem Sinne jedoch nicht nur »[...] das Protokoll eines Geschehens, [also] keine deklarative Beschreibung einer irgendwo, irgendwann und wie auch immer zustande gekommenen Synthesis [...]. Das Urteil ist vielmehr die Synthesis bzw. die Verbindung selbst, nicht deren bloße Notation, sondern ihr Vollzug.«[168] Denn im Urteil, besonders im Erfahrungsurteil, werden Vielheiten zur begrifflichen Einheit synthetisiert, wodurch es beispielsweise das begreifende Verstehen ermöglicht. Als oberes Vernunftvermögen ist die Urteilskraft, als teleologische oder ästhetische Urteilskraft – ihren beiden Grundformen –, schließlich »[...] das Mittelglied zwischen dem Verstand und der Vernunft [...]«[169] bzw. das Vermögen, durch das die synthetische Einheit zwischen der natürlichen und der moralischen Welt hergestellt wird. Kant zufolge gibt es zwei Formen der Urteilskraft, zum einen die bestimmende, erkenntniskonservierende und zum anderen die reflektierende, erkenntniserweiternde Urteilskraft. Ausgehend von dieser Unterscheidung auf der einen sowie der zwischen analytischen und synthetischen Urteilen auf der anderen Seite, sollen im Folgenden

---

166 KU, AA V: 179. 19–20.

167 Kaulbach, F.: *Immanuel Kant.* Berlin: Walte de Gruyter 1969 (= *Sammlung Göschen*, Bd. 536/536a). S. 268.

168 Koch, L.: *Lehren und Lernen.* S. 194.

169 Höffe, O.: *Immanuel Kant.* 6. Auflage. München: Beck 2004 (= *Beck'sche Reihe Denker*, Bd. 506). S. 260.

nun, wie angekündigt, die mit den Verstehensarten und -methoden korrelierenden Urteilsarten[170] und -methoden dargelegt und erläutert werden.

Vor-Urteile: Wenn das unmittelbare Sinnverstehen Huber zufolge nicht-analytisches, reflexionsloses Verstehen, jedoch implizit differenziertes Verstehen ist, dann ist die dieser Verstehensart entsprechende Urteilsart das Vor-Urteil, welches in den Bereich der bestimmenden Urteilskraft fällt, jedoch sowohl im Alltag als auch in der Wissenschaft eine schlechte Reputation besitzt. So weist besonders Gadamer auf die Diskreditierung des Vor-Urteils durch die Aufklärung hin und betont die Notwendigkeit der Rehabilitierung des Vor-Urteils, denn er hebt ausdrücklich hervor, dass es neben unberechtigten auch legitime Vor-Urteile gibt, die erkenntnisproduktiv, also epistemologisch wertvoll sind. Diese Erkenntnis hat u. a. mit dem sozial-intuitionistischen Modell der moralischen Urteilsbildung Eingang in neuere didaktische Ansätze zur Förderung der Urteilskompetenz der Schülerinnen und Schüler gefunden, die explizit die Auseinandersetzung mit Vor-Urteilen im Unterricht anstreben. So stellt Schmidt beispielsweise fest, dass es …

> […] sich bei Vorurteilen keinesfalls lediglich um ärgerliche Erkenntnishindernisse oder die Ursache sozialer Fehlentwicklungen [handelt]. [Im Gegenteil:; Zusatz S. G.] Sie können einen durchaus positiven Einfluss auf das moralische Urteil haben. [Denn; Zusatz S. G.] Situationen, deren Wahrnehmung durch Vorurteile vorstrukturiert ist, können wir schnell erfassen, und es kommt zu einer stabilen Wertung, die Verhaltenskonsistenz ermöglicht.[171]

Vorurteile tragen also wesentlich zum unmittelbaren Verstehen bei. Schmidt kommt zu dieser positiven Bewertung der Vor-Urteile u. a. auf der Grundlage einer genauen Analyse der Struktur und der Funktionen von Vorurteilen, mit deren Hilfe er das didaktische Potenzial der Arbeit mit Vor-Urteilen differenziert verdeutlicht. Ebenso wie Schmidt betont beispielsweise auch Henke das didaktische Potenzial der Vor-Urteile, da ausgehend von und immer rückbezogen auf diese ein fachdidaktisch fruchtbarer, dialektisch strukturierter Prozess der Urteilsbildung initiiert werden kann. Interessant ist in diesem Zusammenhang, dass Vor-Urteile neben Stereotypen, Intuitionen, verstanden als internalisiertes Wissen, Stimmungen und Emotionen einen »impliziten Bias« zu konstituieren und zu strukturieren scheinen, der uns bestimmte entscheidungsrelevante Heuristiken an die Hand gibt und der durch indirekte Methoden – Selbstbeobachtung, Selbstbericht, Auslösung kognitiver Konflikte, Fragebögen etc.

---

170 Auf die verschiedenen Kant'ischen Urteilsformen wird an dieser Stelle nicht eingegangen, diese werden jedoch sehr übersichtlich von Höffe dargelegt. Vgl.: Höffe, O.: *Immanuel Kant.* S. 54–61, 74–75, 259–264; Höffe, O.: *Kants Kritik der reinen Vernunft. Die Grundlegung der modernen Philosophie.* 2. Auflage. München: Beck 2004. S. 130.

171 Schmidt, D.: *Philosophieren über Vorurteile.* In: ZDPE, 2/2015. S. 66.

– unterrichtspraktisch in den Blick genommen, reflexiv-hinterfragt und ggf. umstrukturiert, sprich verändert werden kann. Insofern wird deutlich, dass die Arbeit mit Vor-Urteilen bezogen auf die Ziele philosophischer Bildung – u. a. Wahl und Erhalt einer kohärenten Lebensform – besonders bedeutsam ist. Die Arbeit mit Vor-Urteilen macht also Verstehensmethoden zur Explikation von Vor-Urteilen notwendig. Hieran anknüpfend scheint die Arbeit mit Vor-Urteilen schließlich außerdem besonders phänomenologisch ausgerichtete Unterrichtsmethoden nahe zu legen, wie die, die u. a. von Thomas, Schröder-Werle und Werner differenziert dargelegt werden. Da die Vor-Urteile mit dem unmittelbaren Sinnverstehen – dem intuitiven bzw. anschaulichen Moment des Lernens – korrelieren, das u. a. durch phänomenologische Unterrichtsmethoden explizit zu machen ist, haben Vor-Urteile im Prozess des forschenden Philosophierens ihren Ort besonders in der Problemeröffnungsphase, aber auch in der Problemlösungsphase, da sie Teil der zu erarbeiten Lösung sein können, mindestes jedoch konstitutives Elemente im Prozess der Lösungserarbeitung sind. Ein forschendes Philosophieren, dass derart seinen Ausgangspunkt bei den Vor-Urteilen und den damit verbundenen Alltagsheuristiken bzw. Prä-Konzepten der Schülerinnen und Schüler nimmt, stimmt mit der »elementaren Praxis« des Philosophierens, so wie sie uns Sokrates in seinen Gesprächen demonstriert und auf die fachdidaktisch besonders Martens eingegangen ist, in hohem Maße überein, da es in der Sokratischen Praxis des Philosophierens genauso wie im forschenden Philosophieren immer auch um die Explikation der von den Dialogpartnern mitgebrachten Deutungsmuster, sprich Alltagsheuristiken geht.[172]

Analytische Urteile und analytischer Philosophieunterricht: Nicht nur die Explikation der individuellen Prä-Konzepte, sondern auch das Verstehen einer Person als ganzer, eines Gedankens oder einer Sache setzt analytische Urteilsbildung voraus.

---

172 Vgl.: Brand, C.: *Rationalismus versus Intuitionismus oder: Auf dem Weg zu einem integrativen dualen Ansatz.* In: ZDPE, 2/2015. S. 7; Gadamer, H.-G.: *Hermeneutik I.* S. 270–290; Gigerenzer, G.: *Wie Heuristiken unsere moralischen Entscheidungen beeinflussen. Interview mit Gerd Gigerenzer.* In: ZDPE, 2/2015. S. 41–45; Henke, R. W.: *Die Förderung philosophischer Urteilskompetenz durch kognitive Konflikte.* S. 86–95; Kim, M.: *Philosophieren mit Kindern über Stereotype, Vorurteile und Implicit Bias.* In: ZDPE, 2/2015. S. 47–48; Martens E.: *Methodik des Ethik- und Philosophieunterrichts.* S. 48–52; Schmidt, D.: *Intuition statt Reflexion? Philosophiedidaktische Überlegungen zum sozial-intuitionistischen Ansatz.* In: ZDPE, 2/2015. S. 27–40; Schmidt, D.: *Vorurteile und ihre Bedeutung für die Entwicklung ethischer Urteilsfähigkeit.* In: ZDPE 2/2006. S. 90–101; Schröder-Werle, R.: *Erfassen der Wirklichkeit. Didaktische Potenziale phänomenologischen Denkens.* In: Rentsch, T. und Rohbeck, J. (Hrsg.): *Didaktische Transformationen.* Dresden: Thelem 2003 (= *Dresdener Hefte für Philosophie.* Heft 10/ *Jahrbuch für Didaktik der Philosophie und Ethik.* Bd. 4). S. 50–71; Schütze, M.: *»Negative« und »positive« Vorurteile. Philosophieren über Vorurteile auf unterschiedlichen Abstraktionsstufen.* In: ZDPE 2/2006. S. 102–106; Thomas, P.: *Phänomenologie als negative Hermeneutik.* In: Rentsch, T. und Rohbeck, J. (Hrsg.): *Didaktische Transformationen.* Dresden: Thelem 2003 (= *Dresdener Hefte für Philosophie.* Heft 10/ *Jahrbuch für Didaktik der Philosophie und Ethik.* Bd. 4). S. 13–49, besonders S. 32; Werner, D.: *Didaktische und methodische Grundfiguren für einen phänomenologisch ausgerichteten Philosophieunterricht.* In: Rohbeck, J. (Hrsg.): *Philosophische Denkrichtungen.* Dresden: Thelem 2001 (= *Dresdener Hefte für Philosophie.* Heft 4/ *Jahrbuch für Didaktik der Philosophie und Ethik.* Bd. 2). S. 165–199, besonders S. 192.

Da die mithilfe der bestimmenden Urteilskraft gefällten analytischen Urteile einen analysierenden, kategorisierenden und erläuternden Charakter haben, weswegen sie auch als Erläuterungsurteile bezeichnet werden können, ist das analytische Urteilen elementarer Bestandteil des von Huber beschriebenen vermittelten Sinnverstehens, das ja bekanntlich analytisch-diskursiv verfährt und deswegen, wie bereits erwähnt, das diskursive Moment des Lernens betrifft. Bezogen auf die Prä-Konzepte bzw. die Analyse von Vor-Urteilen sind analytische Urteile besonders bedeutsam, da sie u. a. »[...] latentes Wissen manifest [machen] und [...] ihm dadurch einen höheren Grad an Bewusstsein und immanenter Klarheit [verschaffen].«[173] Koch hebt diesbezüglich den Aspekt der Deutlichkeit bzw. Klarheit als besonders relevant für das Verstehen hervor. Wenn nun beispielsweise im Kernlehrplan für das Fach »Philosophie« in Nordrhein-Westfalen unter Urteilskompetenz die Fähigkeit verstanden wird »[...] philosophische Ansätze, Positionen und Denkmodelle kriteriengeleitet und argumentierend zu beurteilen, wozu die Erörterung ihrer Problemlösungsbeiträge, ihrer Denkvoraussetzungen und Konsequenzen sowie ggf. die Beurteilung ihrer argumentativen Schlüssigkeit erforderlich ist [...]«[174], dann erfordert dies einen analytischen Philosophieunterricht, in dem es um »[...] die logische Zergliederung der *Begriffe*, die Auflösung der *Anschauung* in ihre Anschauungsteile [...] [und] die Zergliederung der *Sachen* in ihre Bestandteile [...]«[175] geht. Der forschende Philosophieunterricht entspricht dieser Forderung, weil er besonders in der Phase der Problemlösung analytisch-diskursiv verfährt. Das in dieser Phase mit dem vermittelten Sinnverstehen verbundene analytische Urteilen wird besonders durch (sprach-) analytische Unterrichtsmethoden ermöglicht, wie sie u. a. sehr ausführlich von Engels und Pfeifer dargelegt werden.[176]

Synthetische Urteile und synthetischer Philosophieunterricht: Basierend auf dem mit dem analytischen Urteilen verbundenen vermittelten Verstehen ist das begreifende und besonders das philosophische Verstehen erst durch synthetisches Urteilen bzw. synthetische Urteile möglich, da erst diese erkenntniserweiternd, also dialektisch-aufhebend, spekulativ und synoptisch sind. Synthetische Urteile, die »[...] zu dem Begriffe des Subjects ein Prädicat hinzuthun, welches in jenem gar nicht gedacht war und durch keine Zergliederung desselben hätte können herausgezogen

173 Koch, L.: *Lehren und Lernen.* S. 239.
174 Qualitäts- und Unterstützungsagentur (QUA-Lis NRW) – Landesinstitut Schule: Kernlehrplan Philosophie https://www.schulentwicklung.nrw.de/lehrplaene/upload/klp_SII/pl/KLP_GOSt_Philosophie.pdf (03. 03. 2018). S. 16.
175 Koch, L.: *Lehren und Lernen.* S. 244.
176 Vgl.: Engels, H.: *Sprachanalytische Methoden im Philosophieunterricht.* S. 35–80; Höffe, O.: *Immanuel Kant.* S. 54–65; Koch, L.: *Lehren und Lernen.* S. 237–292; Pfeifer, V.: *Analytische Philosophie und ethisches Argumentieren.* In: ZDPE, 2/2000. S. 94–102; Pfeifer, V.: *Didaktik des Ethikunterrichts. Bausteine einer integrativen Wertevermittlung.* 3. Auflage. Stuttgart: Kohlhammer 2013. S. 173–175.

werden [...]«[177], fordern besonders die reflektierende Urteilskraft heraus, da sich diese Kant zufolge dadurch auszeichnet, dass »[...] sie zum gegebenen Besonderen das Allgemeine [...]«[178] findet. Kant zeigt auf, »[...] wie die reine reflektierende Urteilskraft etwas, das aus der Sinnlichkeit gegeben ist, mittels subjektiver Spontaneität unter eine Bestimmung bringt, die allgemein und erfahrungsunabhängig gültig ist.«[179] Dies gelingt der reflektierenden Urteilskraft mithilfe des transzendentalen Prinzips der Zweckmäßigkeit. Es ermöglicht das Einzelne als zweckmäßigen Teil eines zweckmäßigen Ganzen zu erkennen und zu verstehen. So können beispielsweise menschliche Handlungen als material-subjektiv zweckmäßig und ästhetische Urteile als formal-subjektiv zweckmäßig bestimmt werden. Voraussetzung für letztere ist allerdings der Gemeinsinn (*sensus communis*), der das objektive Prinzip ist, dass diesen unbedingte Notwendigkeit verleiht. Kant beschreibt diesen wie folgt:

> Unter dem *sensus communis* aber muß man die Idee eines gemeinschaftlichen Sinnes, d. i. eines Beurtheilungsvermögens verstehen, welches in seiner Reflexion auf die Vorstellungsart jedes andern in Gedanken (a priori) Rücksicht nimmt, um gleichsam an die gesammte Menschenvernunft sein Urtheil zu halten und dadurch der Illusion zu entgehen, die aus subjectiven Privatbedingungen, welche leicht für objectiv gehalten werden könnten, auf das Urtheil nachtheiligen Einfluß haben würde. Dieses geschieht nun dadurch, daß man sein Urtheil an anderer nicht sowohl wirkliche als vielmehr bloß mögliche Urtheile hält und sich in die Stelle jedes andern versetzt, indem man bloß von den Beschränkungen, die unserer eigenen Beurtheilung zufälliger Weise anhängen, abstrahirt: welches wiederum dadurch bewirkt wird, daß man das, was in dem Vorstellungszustande Materie, d. i. Empfindung ist, so viel möglich wegläßt und lediglich auf die formalen Eigenthümlichkeiten seiner Vorstellung oder seines Vorstellungszustandes Acht hat.[180]

Der Gemeinsinn ist in diesem Verständnis eine »erweiterte Denkungsart«, ein »prüfender Geist«, der nicht nur bei ästhetischen Urteilen, sondern auch bei theoretischen oder praktischen Urteilen die Perspektive des Anderen, ihre möglicherweise abweichenden Urteile, mitreflektiert. Er ist also »[...] eine Form des Denkens, [...] die im Erkennen, Fühlen und Denken das jeweils Gemeinsame sucht, wofür es keine definierte Regel und keine beweisbare Sicherheit gibt.«[181] Der Gemeinsinn ist

---

177 KrV, AA III: 33–34. 28–01.
178 Höffe, O.: *Immanuel Kant.* S. 261.
179 Ebd. S. 261.
180 KU, AA V: 293–294. 30–08.
181 Koch, L.: *Lehren und Lernen.* S. 291.

daher, so Koch, »[...] eines der wichtigsten Kennzeichen der »Bildung« [...]«[182], weil er das Vermögen ist, vermittelnd und damit konsensorientiert zu urteilen. Damit ist der Gemeinsinn letztlich die Voraussetzung für Urteile, die ein gemeinschaftlich vermitteltes philosophisches Verstehen ermöglichen.[183]

Wenn gemäß dem Kernlehrplan für das Fach »Philosophie« in Nordrhein-Westfalen »[z]ur Urteilskompetenz [...] auch das Vermögen [gehört], zu philosophischen Problemen einen begründeten eigenen Standpunkt zu beziehen und sich dabei auf relevante philosophische Positionen wertend zu beziehen [...]«184, wenn es also nicht nur darum geht, philosophische Positionen analytisch-hermeneutisch zu erschließen und zu verstehen, sondern diese auch mit dem eigenen Standpunkt in Verbindung zu bringen, dann muss der analytische in einen synthetischen Philosophieunterricht übergehen, was dieser in der Regel auch tatsächlich automatisch tut, nicht zuletzt deswegen, weil beide Unterrichtsformen nicht endgültig trennschaf voneinander zu unterscheiden sind. Dies wird in der Prozessstruktur des forschenden Philosophierens z. B. an der methodischen Überlappung der Problemlösungs- und der Problemkonsolidierungsphase besonders deutlich. Synthetischer Philosophieunterricht erfordert Methoden, die es den Schülerinnen und Schülern ermöglichen bzw. sie dazu befähigen, urteilend Synthesen zu bilden, z. B. zwischen ihren eigenen Positionen, z. B. verstanden als Prä-Konzepte, oder zwischen »relevanten philosophischen Positionen«, um so ihre Erkenntnis und damit ihr Verständnis zu erweitern. Insofern handelt es sich bereits in der Problemlösungsphase des forschenden Philosophierens um synthetischen Unterricht, der vor allem propositionales Lernen ermöglicht. Doch besonders in der Phase der Problemkonsolidierung kommt es zwecks Erkenntniserweiterung im Sinne des Übertragens der gefundenen Problemlösung in andere Kontexte auf synthetisches Urteilen an. Methoden, die einen derartig charakterisierten synthetischen Unterricht ermöglichen, sind vor allem dialektische und hermeneutische Methoden, denn auf der einen Seite eröffnen besonders die dialektischen Methoden des Philosophierens die Möglichkeit, philosophische Positionen, die in einem konträren, jedoch nicht kontradiktorischen Widerspruch stehen, in einer »höheren Einheit«, in eine Synthese aufzulösen bzw. aufzuheben. Derartige Methoden werden vor allem von Henke dargestellt, der in der Philosophiedidaktik mit dem »dialektischen Prinzip« einen explizit dialektischen Ansatz vertritt und daher eine Reihe an Mesomethoden entwickelt hat, um den Philosophieunterricht dialektisch zu gestalten. Außerdem bietet auch Rohbeck eine interessante Auswahl an dialektischen Methoden an, die sich vor

---

182 Ebd.

183 Vgl.: KU AA V: 179–181, 237–240, 293–296; Höffe, O.: *Immanuel Kant.* S. 259–280; Koch, L.: *Lehren und Lernen.* S. 288–292.

184 Qualitäts- und Unterstützungsagentur (QUA-Lis NRW) – Landesinstitut Schule: Kernlehrplan Philosophie https://www.schulentwicklung.nrw.de/lehrplaene/upload/klp_SII/pl/KLP_GOSt_Philosophie.pdf (03. 03. 2018). S. 16.

allem in den Medien Sprechen und Schreiben realisieren lassen. Auf der anderen Seite ermöglichen hermeneutische Methoden eine synthetische Urteilsbildung, da sie, auf der Grundlage der Gadamer'schen Hermeneutik, das erweiternde und damit synthetisierende Verstehen anstreben, was durch die Begriffe »hermeneutische Differenz«, »Horizontverschmelzung« und in der Prozessstruktur des »hermeneutischen Zirkels« zum Ausdruck kommt. Da auf entsprechende hermeneutische Unterrichtsmethoden bereits im Rahmen der Erläuterung des begreifenden und philosophischen Verstehens hingewiesen wurde, erübrigt sich dies an dieser Stelle.[185]

Bezogen auf die bisher angestellten Überlegungen zu den Prozessstrukturen philosophischer Bildung kann an dieser Stelle zusammenfassend festgestellt werden, dass im forschenden Philosophieunterricht, der aus einem analytischen und einem synthetischen Teil konstituiert wird, allen drei von Koch beschriebenen Momenten des Lernens, »Anschauung«, »Begriff« und »Urteil«, im vollen Umfang Rechnung getragen wird.[186]

Nachfolgend gilt es nun zu überprüfen, ob dies auch in dem Philosophieunterricht der Fall ist, der sich aus dem Konzept »Selbst-Er-forschend Philosophieren« ergibt.

3.4 Übereinstimmungen mit den Prozessstrukturen philosophischer Bildung

Selbst-Er-forschendes Philosophieren ist zuallererst ein subjekt- und problemorientiertes Philosophieren (vgl.: Konzeptprinzip »Subjektorientierung«, 4. Kapitel, 1. Teil, 1. Abschnitt) und stimmt damit mit den Grundprinzipien philosophischer Bildung, »Subjektorientierung« und »Problemorientierung«, eindeutig überein.

Philosophische Probleme: Ausgangspunkt des Selbst-Er-forschenden Philosophierens sind, genauso wie in dem Philosophieunterricht, der nach den Grundsätzen philosophischer Bildung gestaltet wird, philosophische Probleme, die lebensweltlich situiert und existenziell bedeutsam sein sollten. Dialektisch sind diese Probleme, weil sie sich aus Gegensätzlichkeiten in unseren Überzeugungen ergeben. Gerade diese Annahme teilt das Konzept »Selbst-Er-forschend Philosophieren« mit der Theorie und Praxis philosophischer Bildung. So wird beim Selbst-Er-forschenden Philoso-

---

185 Vgl.: Danner, H.: *Methoden geisteswissenschaftlicher Pädagogik.* S. 55–61, 77–89, 170–187; Henke, R. W.: *Das Leib-Seele-Problem bei Descartes. Aspekte zur Sachorientierung und Grundzüge einer dialektisch gefassten Unterrichtsreihe.* In: ZDPE, 3/2007; Henke, R. W.: *Dialektik als didaktisches Prinzip. Bausteine zu einer zeitgemäßen Philosophiedidaktik im Anschluss an Kant und Hegel.* In: ZDPE, 2/2000. S. 117–123; Henke, R. W.: *Die Förderung philosophischer Urteilskompetenz durch kognitive Konflikte.* S. 86–95; Henke, R. W.: *Hegels gymnasiale Philosophiedidaktik heute.* In: ZDPE, 3/1987; Höffe, O.: *Immanuel Kant.* S. 54–65; Hofer, R.: *Philosophiedidaktische Modelle im Überblick.* S. 445–447; Koch, L.: *Lehren und Lernen.* S. 237–292; Meyer, H.: *Leitfaden Unterrichtsvorbereitung.* S. 44–46; Rohbeck, J.: *Verkehrte Welt – Dialektik als Methode der Kritik.* In: Rohbeck, J. (Hrsg.): *Denkstile der Philosophie.* Dresden: Thelem 2002 (= *Dresdner Hefte für Philosophie, Heft 7; Jahrbuch für Didaktik der Philosophie und Ethik,* Bd. 3). S. 29–62.

186 Vgl.: Koch, L.: *Lehren und Lernen.* S. 21.

phieren angenommen, dass sich besonders Grenzsituationen dadurch auszeichnen, dass sie den Einzelnen – prospektiv oder retrospektiv – mit mindestens einem existenziellen Problem in Form eines Kohärenzproblems konfrontieren, das entsteht, weil das jeweilige Handeln nicht mit den Wünschen, Überzeugungen etc. also den persönlichkeitsbildenden Eigenschaften übereinstimmt. Ein feiner, jedoch bemerkenswerter Unterschied zwischen dem Selbst-Er-forschenden Philosophieren und der Theorie philosophischer Bildung besteht diesbezüglich allerdings darin, dass Ersteres davon ausgeht, dass es sich bereits um ein veritables philosophisches Problem handelt, wenn unsere Praktiken, Überzeugungen oder Erfahrungen problematisch geworden sind und nicht erst dann, wenn dahinter liegende philosophische Konzepte/Theorien fraglich geworden sind, wie Engels, aber auch Menke in weitgehender Übereinstimmung behaupten. (vgl.: 5. Kapitel, 1. Teil, 3. Abschnitt, 1. Unterabschnitt) Vielmehr wird beim Selbst-Er-forschenden Philosophieren in einem deutlich schwächeren Sinne angenommen, dass es für das Vorliegen eines philosophischen, genauer gesagt, eines existenziell-philosophischen Problems ausreicht, wenn mindestens eines der Prä-Konzepte einer Person problematisch geworden ist. Im Fokus des Selbst-Er-forschenden Philosophierens stehen daher Personen bzw. Persönlichkeiten und nicht philosophische Theorien, wie in der Theorie philosophischer Bildung. Dies erklärt auch, warum außerdem beim Selbst-Er-forschenden Philosophieren angenommen wird, dass die Lösungen für philosophische Probleme nicht primär in dialektischen Synthesen bestehen, sondern in Änderungen und Modifikationen des Handelns oder der persönlichkeitsbildenden Eigenschaften, soweit dies möglich ist. Auf jeden Fall wird aber auch beim Selbst-Er-forschenden Philosophieren angenommen, dass philosophische Probleme in einer Weise zum Denken anregen sowie Problembewusstsein und -offenheit erzeugen, die dazu führt, dass ein Prozess des forschenden Philosophierens erfolgreich in Gang gesetzt werden kann.

Prozessstruktur: Insofern dürfte es nicht überraschen, dass man, vergleicht man die durch ein existenziell-philosophisches Problem initiierte Prozessstruktur des Selbst-Er-forschenden Philosophierens mit der zuvor erläuterten Struktur des forschenden Philosophierens (vgl.: 5. Kapitel, 1. Teil, 3. Abschnitt, 2. Unterabschnitt), feststellen kann, dass beide darin übereinstimmen, dass sie den Prozess eines forschenden Philosophierens beschreiben, in dem es darum geht, eine Forschungsgemeinschaft zu bilden und in dieser authentisch-erfahrungsbezogen, selbstständig, kritisch und wissenschaftsorientiert[187] zu philosophieren. Die miteinander verglichenen Prozessstrukturen stimmen folglich darin überein, dass sie mit einer Phase der Problem-

---

187 Was genau unter »Wissenschaftsorientierung« im Kontext der Philosophiefachdidaktik verstanden werden kann, erläutert z. B. Bussmann im »Handbuch Philosophie und Ethik«. Vgl.: Bussmann, B.: *Wissenschaftsorientierung.* In: Nida-Rümelin, J. et al. (Hrsg.): *Handbuch Philosophie und Ethik. Band I: Didaktik und Methodik.* Paderborn: Schöningh 2015. S. 125–130.

findung beginnen (TpB188: »Problemeröffnung«, SEfP: »Problemetablierung«), in der es im Wesentlichen darum geht, dass die Schülerinnen und Schüler, ausgehend von ihren lebensweltlich situierten Erfahrungen, Praktiken, Überzeugungen etc., ein philosophisch relevantes und ergiebiges Problem finden. Mit Bezug auf den vorherigen Absatz ist diesbezüglich jedoch einschränkend anzumerken, dass es beim Selbst-Er-forschenden Philosophieren nicht allgemein darum geht, ein substanzielles philoso-phisches Problem mit Lebensweltbezug zu finden, sondern um ein Problem, das in hohem Maße auf die Persönlichkeit der Schülerinnen und Schüler bezogen ist, von dem also viele Schülerinnen und Schüler unmittelbar betroffen sind und das in diesem Sinne daher ein existenziell bedeutsames philosophisches Problem ist. Nichtsdesto-trotz wird sowohl beim Selbst-Er-forschenden Philosophieren als auch im bildungsthe-oretisch ausgerichteten Philosophieunterricht vorausgesetzt, dass die Schülerinnen und Schüler das von ihnen entdeckte philosophische Problem in Form einer Leitfrage zum Gegenstand ihres weiteren gemeinsamen Philosophierens machen und diese Frage selbstinitiativ sowie möglichst eigenständig beantworten wollen. Die Leitfrage ist also, ganz im Sinne der Arendt'schen Metaphorik, der »rote Faden« des weiteren Philosophierens und muss daher von den Schülerinnen und Schülern so konkret und präzise wie möglich formuliert werden. Da es Übereinstimmung hinsichtlich der Notwendigkeit einer den Unterrichtsprozess strukturierenden Leitfrage gibt, sollte es nicht überraschen, dass sowohl die Prozessstruktur des forschenden Philosophie-unterrichts als auch die des Selbst-Er-forschenden Philosophierens eine Phase der Problemlösung vorsehen, die auf die Phase der Problemfindung folgt. Diesbezüglich gibt es allerdings einige nennenswerte Unterschiede, die die großen Gemeinsam-keiten zwischen beiden Prozessstrukturen jedoch nicht aufheben. So intendiert die Problemlösung beim Selbst-Er-forschenden Philosophieren weniger, ein Denkmodell zu formen oder eine philosophische Position so zu erarbeiten, dass sie in den eigenen Lebenszusammenhang übernommen werden kann, sondern erstens, eine Persönlich-keitsstruktur zu rekonstruieren und zu überprüfen, um einen möglichst plausiblen Erklärungsansatz für das Handeln der jeweiligen Person in einer Grenzsituation zu finden, und zweitens die so gewonnenen Erkenntnisse – im Sinne der beschriebenen existenzerhellenden Rückwendung – nach Möglichkeit zur eigenen Persönlichkeit in Beziehung zu setzen, um diese besser zu verstehen und sowohl hinsichtlich der eigenen Persönlichkeitsstruktur als auch des eigenen zukünftigen Handelns in einer vergleichbaren Grenzsituation Modifikationen zu erwägen und ggf. vorzunehmen. Daher beschreiben zwar ebenfalls beide Prozessstrukturen Phasen bzw. eine Phase der Vorbereitung der Problemlösung (TpB: »Lösungsansätze identifizieren und benennen«, SEfP: »Phänomenexploration«), unterscheiden sich hierbei jedoch in

---

188 TpB = Theorie philosophischer Bildung, SEfP = Selbst-Er-forschendes Philosophieren

der Fokussierung auf den Bereich, aus dem mögliche Lösungsansätze zu gewinnen sind, die die Schülerinnen und Schüler dann in der jeweiligen Problemlösungsphase erarbeiten sollen. So wird beim Selbst-Er-forschenden Philosophieren in der die Problemlösungsphase vorbereitenden Phase gezielt nach Personen und eben nicht nach Denkansätzen oder philosophischen Positionen gesucht, die sich a) in der die Schülerinnen und Schüler interessierenden Grenzsituation befanden und die b) eine lebensweltliche Nähe zu den Schülerinnen und Schülern haben. Außerdem betrifft ein weiterer Unterschied den Erkenntnistransfer, der beim Selbst-Er-forschendem Philosophierens eine eigene Phase ist und zudem streng genommen zur Problemlösungsphase desselben gehört, wohingegen der Transfer der gefundenen Problemlösung gemäß der Prozessstruktur des forschenden Philosophieunterrichts Teil einer abschließenden Reflexions- und Vertiefungsphase ist (TpB: »Konsolidierung der Problemlösung« – »Transfer der Problemlösung in andere Kontexte«). Der Erkenntnistransfer ist beim Selbst-Er-forschenden Philosophieren in viel direkterer Form auf die Persönlichkeit der Schülerinnen und Schüler bezogen, als dies im forschenden Philosophieunterricht der Fall ist. Schließlich ist beim Selbst-Er-forschenden Philosophieren die abschließende Reflexion der Ergebnisse und der gemeinsamen Arbeit, anders als in der zuvor erläuterten Prozessstruktur des forschenden Philosophierens, ebenfalls eine eigenständige Phase (TpB: »Konsolidierung der Problemlösung« – »Kritische Reflexion der erarbeiten Problemlösung, SEfP: »Ergebnis- und Prozessreflexion«). Es gibt also einige Unterschiede hinsichtlich der Prozessstrukturen, doch, wie bereits betont, sind diese für eine erfolgreiche bildungstheoretische Einpassung des Konzepts »Selbst-Er-forschend Philosophieren« insofern nicht relevant, als dass sie mehr struktureller und weniger inhaltlicher Art sind. Die entscheidendste Ausnahme ist hier wiederum sicherlich, dass beim Selbst-Er-forschenden Philosophieren bei der Problemlösung auf inhaltlicher Ebene die Erarbeitung philosophischer Positionen eine eher marginale Rolle spielt. Das Selbst-Er-forschende Philosophieren spitzt daher den Weg der Lösungserarbeitung durch Formierung von Denkmodellen, ausgehend von den Prä-Konzepten der Schülerinnen und Schüler, der im forschenden Philosophieunterricht bzw. im Rahmen der Theorie philosophischer Bildung vorgesehen ist, deutlich zu. Der Vergleich der Prozessstrukturen macht außerdem einsichtig, dass sich aus beiden die von Stelzer formulierte Forderung nach einem projektorientierten Unterricht ergibt: »[...] Lehrkräfte mit fachwissenschaftlicher Kompetenz und Wahrnehmungskompetenz für die Lebenswelt der Adressaten bzw. Schüler planen und gestalten methodisch-praktische Projekte, die Lebenswelt und Wissenschaft zugleich verpflichtet sind [...].«[189] Dies mag bezogen auf die Theorie philosophischer Bildung und den damit verbundenen «konventionellen« Philosophieunterricht überraschen,

---

189 Stelzer, H.: *Lebensweltbezug.* S. 85.

weil in ihm Projekte eher eine marginale Rolle spielen, bezogen auf das Selbst-Er-forschende Philosophieren ist dies jedoch nicht der Fall, da bereits im vierten Kapitel festgestellt wurde, dass es sich hierbei um eine Spielart des offenen Unterrichts in Form der Projektarbeit handelt. (vgl.: 4. Kapitel, 3. Teil)

Methoden: Ebenso wie im forschenden Philosophieunterricht spielen beim Selbst-Er-forschenden Philosophieren vor allem Methoden des Verstehens und des Urteilens eine große Rolle, was nicht überraschen sollte, da die Transformationsquelle dieses Konzepts Arendts existenziell-performative Hermeneutik ist, in der das Verstehen, genauso wie das Urteilen als zentrale epistemisch-hermeneutische und persönlich-keitsbildende Tätigkeiten beschrieben werden. Verstehen und Urteilen richten sich beim Selbst-Er-forschenden Philosophieren jedoch vorrangig auf das Phänomen »Persönlichkeit« und weniger auf bestimmte kulturelle Artefakte, wie z. B. philoso-phische Texte. Hierin liegt ein bereits mehrfach betonter Unterschied zur Theorie philosophischer Bildung und zu dem dieser entsprechenden forschenden Philosophie-unterricht. Dennoch intendiert das Selbst-Er-forschende Philosophieren nicht nur, die Urteilsfähigkeit der Schülerinnen und Schüler in vollem Umfang zu fördern, sondern auch sowohl das Verstehen als epistemischen Zustand als auch als entsprechende epistemische Fähigkeit bei ihnen hervorzurufen. Selbst-Er-forschendes Philoso-phieren zielt somit auf das ganze Spektrum des Verstehens, d. h. auf das unmittelbare Verstehen genauso, wie auf das vermittelte, das begreifende und das philosophische Verstehen. Ersteres wird beim Selbst-Er-forschenden Philosophieren gefördert, weil es eine grundsätzliche Annahme des Konzepts ist, dass insbesondere die die Wirklichkeit strukturierenden Prä-Konzepte einer Person herausgearbeitet werden müssen, um die Struktur der persönlichkeitsbildenden Eigenschaften rekonstruieren zu können, die bekanntlich die jeweilige Persönlichkeit charakterisieren. Außerdem besteht eine weitere Annahme des Konzepts darin, dass sowohl die persönlichkeits-bildenden Eigenschaften als auch die mit ihnen verbundenen Prä-Konzepte verändert werden können und auch verändert werden sollen, besonders dann, wenn es darum geht, Inkohärenzen in der Persönlichkeitsstruktur zu vermeiden und diese so zu einem sinnhaften Ganzen zu machen. Dass insbesondere narrative Methoden dazu herangezogen werden, die Persönlichkeitsstruktur eines Menschen lebensweltbe-zogen transparent zu machen, ist eine Besonderheit des Konzepts »Selbst-Er-forschend Philosophieren«, weswegen der Stellenwert dieser Methoden nicht überraschen sollte. Dass das begreifende Verstehen über das vermittelte Verstehen durch das Selbst-Er-forschende Philosophieren explizit angestrebt wird, sollte ebenfalls nicht überraschen, da das Konzept darauf abzielt, in die Tiefe einer Person vorzudringen, um diese zu allererst bzw. besser zu verstehen. Diesbezüglich besteht auch darin Übereinstimmung mit der Theorie philosophischer Bildung, dass dieses Ansinnen von den Schülerinnen und Schülern die Fähigkeit zur Kontemplation erfordert, was u. a. durch das Attribut

	phänomenologischanalytische Methode	kontemplativkritische Methode	diskursivkritische Methode	narrativhermeneutische Methode	narrativperformative Methode
unmittelbares Verstehen					
vermitteltes Verstehen	1. + 2. ABS		1. ABS	1. ABS	1. + 3. + 4. ABS
begreifendes Verstehen	3. ABS	1. + 3. + 4. ABS	↑		1. + 2. + 4. + 5. ABS
philosophisches Verstehen		↓	2. + 3. ABS	2. ABS	↓
unmittelbares Urteilen (Vor-Urteile)			2. ABS*		
analytisches Urteilen	1.+2. ABS	1. + 4. ABS	1. ABS	1. (+ 3.) ABS	1. + 3. ABS
synthetisches Urteilen	3. ABS	1. + 2. + 3. + 5. ABS	2. + 3. ABS	2. ABS	(1.) + 2. + (4.) + 5. ABS

Legende: ABS = Arbeitsschritt der jeweiligen Methode, ABS = Schwerpunkt der Methode, ■ = wird voll realisiert, →■ = wird teilweise mitrealisiert, (…) = gilt nur eingeschränkt, * = Bei diesem Arbeitsschritt wird im negativen Sinne mit Vorurteilen philosophiert, weil es darum geht, den Einfluss derselben zugunsten einer höheren Repräsentativität des Urteils auszuschalten.

Abbildung 22: *Analyse und Synthese beim Selbst-Er-forschenden Philosophieren*

»kontemplativ-kritisch« der gleichnamigen Methode zum Ausdruck gebracht wird; einer Unterrichtsmethode, die beim Selbst-Er-forschenden Philosophieren wesentlich zum tief greifenden Verstehen der Persönlichkeitsstruktur eines Menschen beiträgt. Vorrangig geht es beim Selbst-Er-forschenden Philosophieren also um das begreifende Verstehen der Persönlichkeit eines Menschen zu einem bestimmten Zeitpunkt. Doch auch das philosophische Verstehen wird intendiert. Dies nämlich genau dann, wenn die Schülerinnen und Schüler in der Problemkonsolidierungsphase nicht nur die Persönlichkeitsstruktur einer Person ausgehend von deren Handeln in einer bestimmte Grenzsituation rekonstruieren, sondern rückblickend auch deren Biografie untersuchen, um Kontinuitäten und Brüche hinsichtlich der persönlichkeitsbildenden Eigenschaften ausfindig zu machen. Auf diese Weise wird die Persönlichkeit eines Menschen dann nicht mehr nur zu einem bestimmten Zeitpunkt, also in synchroner, sondern auch in diachroner Perspektive untersucht, was zu der für das philosophische Verstehen typischen Multiperspektivität führt. Der Einbezug der Biografie entspricht schließlich auch der zentralen Annahme von Arendts existenziell-performativer Hermeneutik, wonach man ein Menschenleben bzw. die Persönlichkeit eines Menschen vollends nur rückblickend verstehen kann. In Übereinstimmung mit dem hohen Wert, der dem Verstehen zukommt, das nicht zuletzt deswegen auch das oberste Ziel philosophischer Bildung ist, tragen daher letztlich alle fünf für das Konzept »Selbst-Er-forschend Philosophieren« konstitutiven Unterrichtsmethoden dazu bei, dass die Schülerinnen und Schüler das Verstehen lernen, ganz dem bereits oftmals zitierten Arendt'schen Credo folgend: »Ich muß verstehen.« (GG 48) Außerdem wird durch jede der fünf Methoden sowohl die bestimmende als auch die reflektierende Urteilskraft geschult oder, im Terminus der Kompetenzorientierung ausgedrückt: Es wird vollumfänglich die Urteils- kompetenz der Schülerinnen und Schüler gefördert, weil diese sich kritisch mit ihren Vor-Urteilen auseinandersetzen müssen sowie kategorisierende, analytische Urteile und erkenntniserweiternde, synthetische Urteile fällen müssen, um die Persönlichkeit eines Menschen verstehen zu können. (siehe Abbildung 22: *Analyse und Synthese beim Selbst-Er-forschenden Philosophieren*) Dabei ist insbesondere das gemeinsinnbasierte, auf Repräsentativität abzielende Urteilen besonders wichtig und soll folglich z. B. durch die diskursiv-dialektische Methode ermöglicht und gefördert werden. Auch bezüglich der Förderung der Urteilsfähigkeit besteht also eine große Übereinstimmung zwischen dem Konzept »Selbst-Er-forschend Philosophieren« und der Theorie philoso- phischer Bildung. Eine bereits betonte Besonderheit des Konzepts ist jedoch, gerade in Abgrenzung zu den etablierten Methoden des forschenden Philosophierens, dass der Anteil explizit narrativer Methoden unter den beim Selbst-Er-forschenden Philoso- phieren eingesetzten Unterrichtsmethoden sehr hoch ist, da immerhin zwei von fünf Methoden narratives Philosophieren ermöglichen und fördern. Dies liegt natürlich zum einen an der Transformationsquelle, der existenziell-performativen Hermeneutik Arendts, in der dem Erzählen ein hoher Stellenwert zukommt, zum anderen jedoch auch an den in diesem Kapitel explizierten fachdidaktischen Vorzügen, die der Einsatz von Narrativen und entsprechenden Unterrichtsmethoden hat.[190] Der fruchtbare Einsatz von Narrativen und narrativen Methoden unterstreicht aber auch die Behauptung, dass mit diesen Methoden und Medien ein vollwertiger, d. h. den hohen Ansprüchen der Theorie philosophischer Bildung genügender Philosophieunterricht möglich ist. (vgl.:

---

190 Eine Auswahl an weiteren narrativen Unterrichtsmethoden, die m. E. Bezüge zu den aus Arendts existenziell- performativer Hermeneutik transformierten narrativen Methoden aufweisen, wird u. a. von Volker Hasse vorgestellt. Vgl.: Haase, V.: *Autobiografische Narrationskompetenz.* S. 85–104; Haase, V.: *Selbstkompetenz und autobiografische Narration.* S. 88–100.

5. Kapitel, 1. Teil, 2. Abschnitt, 3. Unterabschnitt) Nämlich ein Philosophieunterricht, der, dies zeigt die vorangestellte Tabelle (siehe Abbildung 22: *Analyse und Synthese beim Selbst-Er-forschenden Philosophieren*) hoffentlich überzeugend, bedingt durch die für das Selbst-Er-forschende Philosophieren konstitutiven Unterrichtsmethoden, ein in gleicher Weise analytischer wie synthetischer Philosophieunterricht ist und daher den drei Elementen des Lernens – »Anschauung«, »Begriff« und »Urteil« – in vollem Umfang gerecht wird, ganz so, wie es die Theorie philosophischer Bildung präskribiert.

An dieser Stelle ist nun festzustellen: Auch der dritte Einpassungsversuch des Konzepts »Selbst-Er-forschend Philosophieren« in die Theorie philosophischer Bildung kann mit dem erfolgreichen Nachweis großer Übereinstimmungen hinsichtlich der Prozessstrukturen des Philosophierens abgeschlossen werden. Damit ist schließlich auch der Nachweis erbracht, dass sich das Konzept »Selbst-Er-forschend Philosophieren« eindeutig im Paradigma der Theorie philosophischer Bildung bewegt, was seine fachdidaktische Relevanz unterstreicht und seiner fachdidaktischen Akzeptanz zuträglich sein sollte.

Eine Übersicht über die Ziele, Methoden und Kontexte philosophischer Bildung findet sich am Ende dieses Kapitels. (siehe: Übersicht: *Ziele, Methodenfokus und Kontexte*)

II. Philosophiefachdidaktische Verortung

Ausgehend von der zuvor erfolgreich vorgenommenen bildungstheoretischen Einpassung des Konzepts »Selbst-Er-forschend Philosophieren«, soll dieses nun fachdidaktisch verortet werden, um aufzuzeigen, wo das Konzept in der Landschaft der etablierten philosophiefachdidaktischen Modelle genau steht. Dies verleiht dem Konzept ebenfalls weitere fachdidaktische Kontur. Im Mittelpunkt steht dabei das Herausarbeiten von nennenswerten Übereinstimmungen und Gemeinsamkeiten, benannt werden sollen aber auch relevante Unterschiede. Dies geschieht entlang der folgenden Aspekte: »Methodologie«, »Ziele«, »Prinzipien«, »Methoden« und »Medien«. Zugrundegelegt wird dazu Hofers prägnanter Überblick über die einflussreichsten philosophiefachdidaktischen Modelle.[191]

Philosophiefachdidaktisches Modell: Zunächst sei an Hofers Erläuterung des Begriffs »Modell« erinnert (vgl.: 1. Kapitel, 3. Teil, Fußnote 26), der, so Hofer, in der Philosophiefachdidaktik meist bedeutungsgleich mit dem Begriff »Ansatz« verwendet wird: »Modelle werden in der Didaktik zum einen als *Konzepte* oder *Instrumente*

---

191 Vgl.: Hofer, R.: *Philosophiedidaktische Modelle im Überblick.* S. 437–461.

verstanden, dann erfüllen sie eine praktisch-präskriptive Funktion, indem sie Empfehlungen geben oder der Planung und Evaluation von Unterricht dienen. Zum anderen haben sie eine theoretisch-analytische Funktion [...].«[192] Letztere zielt Hofer zufolge auf die Erforschung von Unterricht ab. Wie ebenfalls bereits dargelegt (vgl.: 4. Kapitel, Einleitung), ist das Konzept »Selbst-Er-forschend Philosophieren« eher ein Modell im Sinne einer philosophisch fundierten Anleitung für die Gestaltung eines stark subjektorientierten, auf Identitätsbildung abzielenden Philosophieunterrichts und hat daher praktisch-präskriptive Funktion.

Methodologie: Bezogen auf das erste und vierte Kapitel dieser Arbeit sollte offensichtlich sein, dass sich das Konzept methodologisch an dem Modell von Rohbeck (Transformationsdidaktik) orientiert, da dessen Transformationskonzept (pragmatisches Abduktionsverfahren) die zentrale methodologische Grundlage der Konzeptentwicklung darstellt. Insofern besteht ein klarer Unterschied zu dem empirisch ausgerichteten Modell der Methodengenese von van der Leeuw und Mostert (Problem- und kompetenzorientierte Philosophiedidaktik). So wurde das Konzept »Selbst-Er-forschend Philosophieren« eben nicht aus der empirischen Erforschung des tatsächlichen Philosophieunterrichts, sondern aus der Fachphilosophie, nämlich aus Arendts existenziell-performativer Hermeneutik, als ein vor allem praktisch-präskriptives Unterrichtskonzept transformiert.[193] Allerdings, dies ist eine bereits im ersten Kapitel erläuterte methodologische Besonderheit bei der Entwicklung des Konzepts »Selbst-Er-forschend Philosophieren« (vgl.: 1. Kapitel, 3. Teil, 3. Abschnitt), wurde dieses nicht nur aus Arendts existenziell-performativer Hermeneutik als Gehalt der akademischen Philosophie, sondern auch aus der konkreten Praxis ihres existenz-philosophischen Philosophierens transformiert, wodurch methodologisch eine gewisse Nähe zu Martens (Dialogisch-pragmatische Philosophiedidaktik) praxisorientiertem bzw. induktivem Ansatz der Methodengenese entsteht. Der primär abduktive Weg von Rohbeck wurde also mit dem induktiven von Martens gewinnbringend kombiniert. Es besteht daher ganz grundsätzlich eine weitere Gemeinsamkeit mit einigen etablierten philosophiefachdidaktischen Modellen, nämlich dem von Martens, Henke (Dialektische Philosophiedidaktik) und Raupach-Strey (Sokratisch-dialogische Philosophiedidaktik), da alle drei genannten Fachdidaktiker bzw. Fachdidaktikerinnen ihre Modelle ebenfalls in teils induktiver teils deduktiver Orientierung an einem oder mehreren etablierten Philosophen entwickelt haben: Sokrates/Aristoteles (Martens), Hegel/Kant (Henke), Sokrates (Raupach-Strey). Wie bereits im ersten Kapitel betont, besteht ein bemerkenswerter, für den faktischen Philosophieunterricht jedoch unerheblicher Unterschied zu den drei genannten Modellen darin, dass mit der

---

192 Ebd. S. 437.

193 Da in die Transformation die Unterrichtserfahrungen des Autors eingeflossen sind, besteht allerdings durchaus ein Bezug zu den Grenzen und Möglichkeiten des tatsächlichen Philosophieunterrichts.

Transformation des Konzepts »Selbst-Er-forschend Philosophieren« zum ersten Mal das Werk einer Fachphilosophin zur Grundlage für die Entwicklung eines vollwertigen, d. h. alle relevanten Unterrichtsaspekte thematisierenden fachdidaktischen Konzepts gemacht wurde. (vgl.: 1. Kapitel, 2. Teil) Eine Ausnahme bildet hier sicherlich Torkler mit seinem ebenfalls von Arendt her entwickelten philosophisch-politischen Bildungstheorie.

Ziele: Das Konzept »Selbst-Er-forschend Philosophieren« zielt auf philosophische Bildung im Sinne einer gelingenden Persönlichkeitsbildung bzw. Identitätsfindung ab, weswegen es bezüglich der Ziele des Philosophieunterrichts Übereinstimmungen mit Steenblocks Modell (Kulturtheoretische Philosophiedidaktik) gibt. Bezüglich des Ziels der Identitätsbildung ist zudem in begrifflicher, jedoch nicht in inhaltlicher Hinsicht lediglich ein Berührungspunkt mit dem Modell von Rehfus[194] (Bildungstheoretisch-identitätstheoretische Philosophiedidaktik) zu nennen, da es u. a. bezüglich des zugrunde gelegten Subjektbegriffs deutliche Unterschiede gibt. Außerdem halten der von Rehfus verwendete Subjektbegriff und die damit verbundenen erkenntnistheoretischen Annahmen der postmodernen Kritik nicht stand.[195] Da die systematische Aneignung der Tradition (humanistisch-aufklärerische Tradition bei Steenblock) bzw. kultureller Gehalte kein dezidiertes Ziel des Konzepts ist, besteht allerdings auch ein erwähnenswerter Unterschied, insbesondere zu den dialektisch ausgerichteten Modellen von Rehfus und Henke, aber auch zum kulturtheoretischen Modell von Steenblock. Dies führt dagegen zur Nennung einer weiteren Gemeinsamkeit mit dem Modell von Raupach-Strey, das ein sokratisches Paradigma des Philosophierens propagiert, denn »[d]as sokratische Paradigma ist insgesamt als »kritisches Instrument« und »Korrektiv« einer Überbewertung der philosophischen Tradition zu verstehen.«[196] Neben der Persönlichkeitsbildung, im Kontext des Selbst-Erforschenden Philosophierens, geht es diesem, wie bereits dargelegt, darum, lebensweltlich relevantes Orientierungswissen und spezifisch philosophische Kompetenzen zu vermittelt. Das Konzept teilt daher die diesbezügliche grundsätzliche Intention[197] der Modelle von Martens, Raupach-Strey, Rohbeck, Steenblock und van der Leeuw/ Mostert, hinsichtlich der Notwendigkeit, spezifisch philosophische Kompetenzen zu fördern, wozu besonders die kritische und autonome Reflexions- und Urteilsfähigkeit gehört. Letztere steht natürlich als zentrales Ziel des Philosophieunterrichts auch im Mittelpunkt von Henkes Modell. Darauf hinzuweisen ist an dieser Stelle auch, dass

---

194　Bezüglich des Modells von Rehfus ist anzumerken, dass es, da es im fachdidaktischen Diskurs keine nennenswerte Rolle mehr spielt, nur aus historisch-systematischen Gründen Teil dieser fachdidaktischen Verortung ist.

195　Vgl.: Hofer, R.: *Philosophiedidaktische Modelle im Überblick.* S. 442–443.

196　Ebd. S. 454.

197　An dieser Stelle kann nur von einer »grundsätzlichen Intention« gesprochen werden, weil sich die jeweils zugrunde gelegten Kompetenzbegriffe und deren Konkretisierungen durchaus unterscheiden.

besonders die Handlungsorientierung durch das Konzept »Selbst-Er-forschend Philosophieren« intendiert wird, womit ein weiterer deutlicher Unterschied zu dem Modell von Rehfus offensichtlich wird, denn diesem Modell zufolge ist Handlungsorientierung kein explizites Ziel des Philosophieunterrichts.

Prinzipien: Schüler- und Lebensweltorientierung im Sinne des Eingehens auf die aus den Erfahrungen und Intuitionen der Schülerinnen und Schüler entspringenden philosophisch relevanten Fragen ist ein Prinzip fast aller philosophiedidaktischen Modelle, weswegen es dementsprechend große Gemeinsamkeiten mit dem Konzept »Selbst-Er-forschend Philosophieren« gibt. Hervorzuheben ist hier, dass das Konzept diesbezüglich in enger Verwandtschaft zu pragmatisch, d. h. auf Handlungsorientierung ausgerichteten Modellen steht, wie z. B. dem von Martens, weil bei jenem ebenso wie bei diesem »[...] die theoretische Reflexion [...] im Zeichen einer lebenspraktischen Orientierung [steht], die das gute Leben sucht, nicht primär theoretische Einsicht.«[198] Relevant ist dafür besonders die Förderung der Urteilsfähigkeit und damit verbunden die Förderung des eigenständigen Denkens, weswegen es, wie bereits in Kapitel vier dargelegt, eine alle Modelle umfassende Übereinstimmung dahingehend gibt, dass die Förderung der Urteilsfähigkeit ein zentrales Prinzip des Philosophieunterrichts ist. Es muss allerdings darauf hingewiesen werden, dass das Selbst-Er-forschende Philosophieren mit dem Modell von Raupach-Strey darin übereinstimmt, dass die Urteilsbildung zwar auf Wahrheit bezogen ist, dass es aber nicht um absolute Wahrheit geht, sondern eher um einen Wahrheitskonsens, dass also Konsensfindung bzw. intersubjektive Übereinstimmung beim Urteilen angestrebt wird. Dass gerade zur Schulung der Urteilsfähigkeit das (dialektische) philosophische Problem der Ausgangspunkt des Philosophierens sein sollte, ist eine weitere große Gemeinsamkeit, die das Konzept mit fast allen philosophiefachdidaktischen Modellen, insbesondere dem von Henke teilt. (vgl.: 5. Kapitel, 1. Teil, 3. Abschnitt, 1. und 4. Unterabschnitt) Bezogen auf Rehfus ist diesbezüglich darauf hinzuweisen, dass dessen These, wonach die Probleme der Philosophiegeschichte zu Problemen der Schüler gemacht werden müssen, im Kontext des Selbst-Er-forschenden Philosophierens explizit nicht geteilt wird. Bezogen auf Henke besteht zudem auch ein Unterschied bezüglich des vorgesehenen optimalen Verlaufs des Philosophieunterrichts, der nämlich nicht zwingend dialektisch strukturiert sein muss.

Methoden: Da das Konzept »Selbst-Er-forschend Philosophieren« den Einsatz vielfältiger philosophischer Unterrichtsmethoden vorsieht, besteht außerdem wieder eine deutliche Übereinstimmung vor allem mit den Modellen von Martens, Rohbeck und Steenblock, denn alle drei sind zwar nicht die Einzigen, aber diejenigen, die mittels ihrer Modelle am deutlichsten für Methodenvielfalt im Philosophieunterricht

---

198 Ebd. S. 441.

plädieren. Große Übereinstimmung gibt es diesbezüglich mit Martens Forderung nach einer Methodenvernetzung (»Methodenschlange«) im Philosophieunterricht, denn die fünf Methoden des Selbst-Er-forschenden Philosophierens sind eng aufeinander bezogen bzw. miteinander vernetzt, so dass das Selbst-Er-forschende Philosophieren nur durch das funktionale Ineinandergreifen aller fünf Methoden möglich ist. Beim Selbst-Er-forschenden Philosophieren dienen alle Methoden zudem vor allem dazu, das persönlichkeitsbezogene Philosophieren im Sinne eines Fähigkeiten- bzw. Kompetenzerwerbs zu erlernen, weswegen eine weitere Übereinstimmung mit Martens Modell besteht, da dieser Philosophie als Tätigkeit oder handwerkliches Können bzw. elementare Kulturtechnik begreift. Die Inhalte des Selbst-Er-forschenden Philosophierens sind persönlichkeitsbezogene Fakten (biografische Fakten, persönlichkeitsbildende Eigenschaften etc.) und nicht, wie u. a. dem Rehfus'schen Modell zufolge, die paradigmatischen Werke der Philosophiegeschichte. Dies bedeutet aber nicht, dass es beim Selbst-Er-forschenden Philosophieren eine Priorität der Methoden zuungunsten der Inhalte gibt. Vielmehr sind die Inhalte und die Methoden in gleichwertiger Weise zentral für das Selbst-Er-forschende Philosophieren, dies allein schon deswegen, weil sie sich wechselseitig bedingen. Wie aus dem vierten Kapitel hervorgeht, besteht in methodischer Hinsicht auch eine nennenswerte Ähnlichkeit zwischen dem Konzept »Selbst-Er-forschendes Philosophieren« und dem Modell von Gefert (Didaktik des theatralen Philosophierens). Diese besteht in dem zentralen Stellenwert, den handlungs- und produktionsorientierte Methoden, insbesondere die Performance, beim Philosophieren haben. Allerdings dienen die entsprechenden Methoden beim Selbst-Er-forschenden Philosophieren explizit nicht der Texteröffnung, also der körperlich-symbolischen Erschließung der im Text enthaltenden philosophischen Gehalte. Ebenso haben die entsprechenden Methoden, die narrativ-hermeneutische und die narrativ-performative Methode, ihre Transformationsquelle nicht im Dekonstruktivismus, sondern in Arendts existenziell-performativer Hermeneutik.

Medien: Da beim Selbst-Er-forschenden Philosophieren das gemeinsame Gespräch eine große Rolle spielt, weist das Konzept diesbezüglich eine nennenswerte Gemeinsamkeit mit dem Modell von Martens auf, der bekanntlich im Dialog das grundlegende Prinzip und zentrale Medium des Philosophieunterricht sieht bzw. mit seiner Konstitutionsthese[199] auf den engen Zusammenhang zwischen dem Wesen des dialogisch ausgerichteten Erkenntnisprozesses in der Philosophie und dem Dialog als Grundbedingung bzw. Prinzip allen Lehren und Lernens im Philosophie-

---

199 »Philosophie ist didaktisch, insofern sie einen gemeinsamen Lehr-Lern-Prozess darstellt. Didaktik ist für sie, wie für jedes Wissen, konstitutiv. Dieser Prozess erfordert nicht nur ein Wissen, sondern vor allem ein erlernbares praktisches Können. Umgekehrt aber ist nicht nur die Philosophie didaktisch, sondern auch Didaktik philosophisch, insofern dieser Prozess einer Rechtfertigung in einem Zweck-Mittel-Zusammenhang bedarf.« Martens, E.: *Dialogisch-pragmatische Philosophiedidaktik*. Hannover: Schroedel 1979. S. 11.

unterricht hinweist.[200] Ebenso verhält es sich mit dem Modell von Raupach-Strey. Diese Gemeinsamkeit sollte allerdings nicht überraschen, da sowohl Martens' als auch Raupach-Streys Modell, letzteres vermittelt über die neo-sokratische Tradition von Nelson und Heckmann, in Orientierung an der sokratischen Praxis des Philosophierens entwickelt wurden, die stark dialogisch geprägt ist. Ebenso steht das Selbst-Er-forschende Philosophieren über Arendts existenziell-performative Hermeneutik in einer direkten Beziehung zum sokratischen Philosophieren. Folglich überrascht auch nicht die große Übereinstimmung zwischen Raupach-Streys Modell und dem Selbst-Er-forschenden Philosophieren bezüglich der großen Bedeutung der Öffentlichkeit (»Marktplatz als Ort des Philosophierens«, Sprach-Beobachtungs-Denkraum-Konzept), der Intersubjektivität und der damit verbundenen Dialogizität für das Philosophieren. Der philosophische Text hat folglich gegenüber dem Dialog eine sekundäre Bedeutung – eine weitere erwähnenswerte Gemeinsamkeit, die das Konzept »Selbst-Er-forschend Philosophieren« mit den zuvor genannten Modellen von Martens und Raupach-Strey aufweist. Die sekundäre Bedeutung des philosophischen Textes darf jedoch auf keinen Fall im Sinne einer reinen Vermittlungsfunktion des Textes für den Kompetenzerwerb missverstanden werden, eine Position, die offensichtlich van der Leeuw und Mostert vertreten.

Alles in allem kann also abschließend festgestellt werden, dass das Konzept »Selbst-Er-forschendes Philosophieren« nicht nur eine Spielart der Theorie philosophischer Bildung ist, sondern sich innerhalb derselben auch im sokratischen Paradigma des Philosophierens bewegt, das wesentlich durch die Modelle von Martens und Raupach-Strey sowie von Steenblock, der sich an Martens orientiert, geprägt ist. Gerade im Fall von Martens und Steenblock ist als große Gemeinsamkeit das Ziel der Persönlichkeitsbildung bzw. »Ich-Entwicklung« zu nennen.[201]

Nachdem nun das Konzept »Selbst-Er-forschend Philosophieren« bildungstheoretischen eingepasst und fachdidaktisch verortet worden ist, gilt es, dieses Kapitel abschießend, dessen bildungspolitische Anschlussfähigkeit nachzuweisen, was Gegenstand des nachfolgenden, letzten Teils ist.

---

200 Folglich gibt es einen weiteren klaren Unterschied zu Rehfus' Modell, der im Gespräch kein Prinzip des Philosophieunterrichts sieht. Vgl.: Hofer, R.: *Philosophiedidaktische Modelle im Überblick.* S. 443.

201 Vgl.: Martens, E.: *Philosophie als Kulturtechnik humaner Lebensgestaltung.* S. 46; Steenblock, V.: *Philosophische Bildung als Arbeit am Logos.* S. 61.

III. Bildungspolitische Anschlussfähigkeit

Wie bis hierhin erfolgreich gezeigt werden konnte, stimmt das Konzept »Selbst-Er-forschend Philosophieren« in überwiegendem Maße mit den Zielen, Kontexten, Medien und Prozessstrukturen philosophischer Bildung überein. Vor allem, weil das Selbst-Er-forschende Philosophieren maßgeblich zur Erreichung der im ersten Abschnitt des ersten Teils dieses Kapitels dargelegten Ziele philosophischer Bildung beiträgt, ist es genauso wie das zuvor explizierte forschende Philosophieren eine konzeptionelle Spielart philosophischer Bildung. Dies ist insofern wichtig, als dass hiervon ausgehend nachfolgend, durch einen indirekten Beweis, gezeigt werden soll, dass das Konzept »Selbst-Er-forschend Philosophieren« bildungspolitisch anschlussfähig ist. Der Grundgedanke des diesbezüglich angestrebten indirekten Beweises lautet wie folgt: Wenn das Konzept »Selbst-Er-forschend Philosophieren« eine konzeptionelle Spielart philosophischer Bildung ist, dann lässt sich die bildungspolitische Anschlussfähigkeit des Konzepts nachweisen, indem gezeigt wird, dass philosophische Bildung im zuvor skizzierten Sinne bildungspolitisch anschlussfähig ist. »Bildungspolitische Anschluss-fähigkeit« bedeutet in diesem Zusammenhang, dass sich die Grundannahmen und -ziele philosophischer Bildung und die Grundannahmen und -ziele der gegenwärtig vorherrschenden Kompetenzorientierung nicht gegenseitig ausschließen, dass also durch Konzepte philosophischer Bildung bildungspolitisch vorgegebene philoso-phische Kompetenzen erfolgreich im Philosophieunterricht vermittelt werden können.

1.   Philosophische Bildung und Kompetenzorientierung

Die mit den von der Kultusministerkonferenz verabschiedeten Bildungsstandards verbundene Kompetenzorientierung ist das gegenwärtig vorherrschende bildungs-politische Paradigma, in dem sich vor allem die Debatte um die Ziele des Philoso-phieunterrichts bewegt. Die Kompetenzorientierung stellt dabei scheinbar besonders für die Theorie philosophischer Bildung eine Herausforderung dar, da sich mit der Kompetenzorientierung ein elementarer Paradigmenwechsel in der »deutschen Bildungslandschaft« vollzogen hat, der zentralen bildungstheoretischen Anliegen, wie beispielsweise die Vermittlung bestimmter Haltungen[202], zu widersprechen scheint. Der Kompetenzbegriff und die damit einhergehende Kompetenzorientierung selber wurden und werden daher (nicht nur) in der Philosophiefachdidaktik kontrovers

---

202 Dass es das essenzielle Ziel (philosophischer) Bildung ist, Haltungen und Wertvorstellungen zu vermittelt, betonen u. a. Geiss und Standop. Vgl.: Geiss, P. G.: *Kompetenzorientierung im Unterricht.* S. 39, Standop, J.: *Ethische Aspekte des Lehren und Lernens.* In: Seminar, 2/2016. S. 58.

diskutiert. So wird die Kompetenzorientierung auf der einen Seite durchaus begrüßt, da mit ihr länderübergreifend Qualitätsorientierung, Vergleichbarkeit und Transparenz in das Bildungswesen Einzug gehalten haben. Rösch betont beispielsweise, dass der Kompetenzorientierung ein innovatives Potenzial inhärent ist, das sich auf den verschiedenen Ebenen fachdidaktischer Forschung und Ausbildung positiv auswirken kann; sie hebt diesbezüglich vor allem die Möglichkeit eines universelleren Fachverständnisses, einer stärker an den praktischen Notwendigkeiten orientierten Lehrerausbildung an den Universitäten, landesübergreifender Unterrichtsstandards oder einer Stärkung der bislang kaum vorhandenen empirischen Unterrichtsforschung hervor. Auf der anderen Seite werden gegen die Kompetenzorientierung zahlreiche Einwände erhoben, von denen einige im Übrigen auch Rösch selbst aufgreift. Diese Einwände gegen die Kompetenzorientierung reichen von der Feststellung, dass es im Philosophieunterricht nicht primär um die Vermittlung von Kompetenzen, sondern um philosophische Haltungen und philosophisches Wissen geht, über den Hinweis, dass das Denken und damit Philosophie nicht verfügbar sind, bis zu der Sorge, dass mit den Bildungsstandards und der damit einhergehenden Kompetenzorientierung eine Ökonomisierung der Schule und des Unterrichts vollzogen und vollendet wird. Zudem wird gegen den Kompetenzbegriff grundsätzlich eingewandt, dass ihm eine gewisse Trennschärfe zu fehlen scheint, da nicht immer klar zwischen Gegenstand, Reichweite und Art der Kompetenz unterschieden wird und dass die Kompetenzen nicht hinreichend hierarchisiert werden. Neugebauer drückt diesen Einwand aus, indem er den Kompetenzbegriff als einen »Container-Begriff« bezeichnet, »[...] in den jeder das packt, was er unter Kompetenz verstanden haben will.«[203] Damit ist auch der Einwand verbunden, dass die Kompetenzorientierung trivial und redundant sei, da es sich bei ihr lediglich »[...] um eine Beschreibung bekannter Sachverhalte zu handeln [...]«[204] scheint. Tichy verweist in diesem Zusammenhang auf den fachdidaktisch bedeutsamen Unterschied zwischen einem engeren, bildungstheoretischen und einem weiten, additiven Kompetenzbegriff. Gerade der Letztere scheint aus philosophiedi-

---

203 Neugebauer, H.-G.: *Wie viel Sinn hat die Kompetenzrhetorik? Überlegungen aus Anlass des Kernlehrplans Philosophie NRW*. In: ZDPE, 4/2016. S. 9.

204 Tichy, M.: *Eine Zweideutigkeit des Kompetenzbegriffs und deren Bedeutung für die Philosophiedidaktik*. In: ZDPE 3/2012. S. 221.

daktischer Sicht höchst problematisch zu sein, wohingegen der bildungstheoretische Kompetenzbegriff aus philosophiefachdidaktischer Sicht akzeptabel zu sein scheint.[205]

Input vs. Output: Trotz der zahlreich gegen sie erhobenen Einwände, wurde für den Philosophieunterricht, wie im Übrigen für alle anderen Schulfächer auch, mit der Kompetenzorientierung die Wende von der Input- zur Output-Orientierung vollzogen, was sich u. a. in den kompetenzorientierten Lehrplänen der Bundesländer wiederspiegelt. Demnach sind im Philosophieunterricht vor allem spezifisch philosophische Kompetenzen zu fördern. Diese werden im curricularen Zusammenhang und in der Unterrichtspraxis in einer Doppelfunktion benutzt, nämlich zum einen und zuvorderst als didaktische Zielvorgaben und zum anderen als Instrumente zur Lernerfolgsüberprüfung.[206]

Für den bildungstheoretisch begründeten forschenden Philosophieunterricht, genauso wie für das bildungstheoretisch ausgerichtete Konzept »Selbst-Er-forschend Philosophieren« bedeutet dies, dass deren fachdidaktische wie bildungspolitische Anschlussfähigkeit nachgewiesen werden kann, wenn sich zeigen lässt, dass ihre zentralen bildungstheoretisch begründeten Voraussetzungen und Ziele auch im Rahmen der gegenwärtigen Kompetenzorientierung schulischer Bildungsprozesse theoretisch vertretbar bzw. mit den entsprechenden Kompetenzvorgaben kompatibel sind, so dass sowohl der forschende Philosophieunterricht, wie auch das Selbst-Er-forschende Philosophieren nicht nur im Rahmen des gegenwärtig vorherrschenden

---

205 Vgl.: Draken, K.: *Perspektiven auf die Kompetenzorientierung. Ein fiktives Streitgespräch.* In: ZDPE 2/2011. S. 148; Bussmann, B.: *10 Thesen zum kompetenzorientierten Philosophie- und Ethikunterricht.* In: ZDPE, 4/2016. S. 3. Gefert, C.: *Kompetenzentwicklung in philosophischen Bildungsprozessen.* In: ZDPE 2/2011. S. 100; Groch, A.: *Zur Reflexion der Bildungsstandards aus ethisch-philosophischer Perspektive.* In: ZDPE 2/2011. S. 150, 154; Haase, V.: *Warum sich Kompetenzen und philosophische Bildung nicht ausschließen.* In: ZDPE, 4/2016. S. 58; Kliebisch, U. W. und Meloefski, R.: *LehrerSein. Erfolgreich handeln in der Praxis. Grundlagen der Pädagogik und Didaktik. Kompetenzen. Unterrichtsentwurf.* Bd. 1. 4. Auflage. Baltmannsweiler: Schneider 2009. S. 68; Koch, L.: *Standardisierter Philosophieunterricht – ein Fragezeichen.* In: Mitteilungen des Fachverbandes Philosophie 46/2006. S. 20–25; Meyer, K.: *Kompetenzorientierung.* S. 108; Rösch, A.: *Kompetenzorientierung im Philosophie- und Ethikunterricht. Entwicklung eines Kompetenzmodells für die Fächergruppe Philosophie, Praktische Philosophie, Ethik, Werte und Normen, LER.* Berlin/Zürich: LIT 2009 (= *Philosophie in der Schule.* Bd. 13). S. 38–39, 438–441; Schultheiss, C. und Andries, M.: *Ein »dritter Weg« in der Philosophie- und Ethikdidaktik.* S. 33; Sekretariat der Ständigen Konferenz der Kultusminister der Länder in der Bundesrepublik Deutschland (Hrsg.): *Bildungsstandrads der Kultusministerkonferenz. Erläuterungen zur Konzeption und Entwicklung.* München, Neuwied: Luchterhand 2005. S. 5–7; Steenblock, V.: *Philosophische Bildung als Arbeit am Logos.* S. 66–67; Tichy, M.: *Eine Zweideutigkeit des Kompetenzbegriffs.* S. 221, 223–224; Tiedemann, M.: *Kompetenzorientierung, oder: Vom Tanz um nackte Kleider.* In: ZDPE, 4/2016. S. 71; Vollstädt, W.: *Zum Kompetenzbegriff.* In: EU 1/2010. S. 6.

206 Vgl.: Bussmann, B.: *10 Thesen zum kompetenzorientierten Philosophie- und Ethikunterricht.* S. 3; Meyer, K.: *Kompetenzorientierung.* S. 104; Rösch hat für die Fächergruppe Philosophie/Ethik diesbezüglich eine umfassende Kompetenz-Analyse aller bundesdeutschen Lehrpläne vorgenommen und ein entsprechendes Kompetenzmodell entwickelt. Vgl.: Rösch, A.: *Kompetenzorientierung im Philosophie- und Ethikunterricht.* S. 52–74, 150–311; Tichy, M.: *Lehrbarkeit der Philosophie und philosophische Kompetenzen.* S. 45–46. Zur Konzeption vor allem des kompetenzorientierten Lehrplanes in Nordrhein-Westfalen siehe: Henke, R. W.: *Philosophie-Curricula als Instrumente zur Steuerung des Unterrichts.* S. 21–42 und Henke, R. W. und Rolf, B.: *Kompetenzorientiert unterrichten.* S. 69–75.

bildungspolitischen Paradigmas theoretisch, sondern auch vor Ort, also an den Schulen, praktisch umsetzbar ist, weil beide Unterrichtsformen mit den Kernlehrplanvorgaben[207] hinreichend kompatibel sind. Wie bereits erwähnt, soll dies indirekt gezeigt werden, indem die Kompatibilität der Theorie philosophischer Bildung mit der Kompetenzorientierung nachgewiesen wird, weil Erstere sowohl den forschenden Philosophieunterricht als auch das Selbst-Er-forschenden Philosophieren fundiert.

2.   Kompatibilitätsnachweis

Der geforderte Kompatibilitätsnachweis zwischen der Theorie philosophischer Bildung und der Kompetenzorientierung macht eine Auseinandersetzung mit der für die Letztere einschlägigen Kompetenzdefinition von Weinert[208] notwendig, da diese dem Konzept der Bildungsstandards und damit der bildungspolitisch vorgegebenen Kompetenzorientierung in den Lehrplänen zugrunde liegt. Unter »Kompetenz« versteht man gemäß Weinerts Definition:

> [...] die bei Individuen verfügbaren oder durch sie erlernbaren kognitiven Fähigkeiten und Fertigkeiten, um bestimmte Probleme zu lösen sowie die damit verbundenen motivationalen, volitionalen und sozialen Bereitschaften und

---

207 Da der Autor dieser Arbeit Lehrer an einem Gymnasium in Nordrhein-Westfalen ist und der NRW-Kernlehrplan für das Fach »Philosophie« in der Debatte um die Kompetenzorientierung immer wieder exemplarisch herangezogen wird, beziehen sich die folgenden Ausführungen primär auf den Kernlehrplan Philosophie für das Land Nordrhein-Westfalen.

208 Die auf Weinerts Definition beruhende Kompetenzorientierung macht eine begriffliche Unterscheidung zwischen Lernzielen und Lehrzielen bezüglich der Unterrichtsziele notwendig. Eine Kompetenz, die als kognitive Struktur in einer Person repräsentiert wird und demnach eine Handlungsdisposition darstellt, wird am besten durch den Begriff »Lehrziel« beschrieben und nicht durch Begriff »Lernziel«. Vgl.: Kliebisch, U. W. und Meloefski, R.: *LehrerSein.* S. 69–70. Denn Lernziele beschreiben lediglich das Wissen und die Kenntnisse, die sich Schülerinnen und Schülern aneignen sollen und deren Lehr- und Lernbarkeit nicht grundsätzlich in Frage steht. Lernziele »[...] verengen die didaktische Reflexion oft auf das kognitive Lernen [...].« Rösch, A.: *Kompetenzorientierung im Philosophie- und Ethikunterricht.* S. 33. Lernziele sind also ausschließlich der kognitiven Dimension von Unterrichtszielen zuzuordnen, wohingegen Lehrziele sowohl der kognitiven also auch der affektiven und psychomotorischen Dimension zuzuordnen sind. Lehrziele beschreiben demnach einen Komplex von kognitiven, affektiven und psychomotorischen Tätigkeiten (vgl.: Kliebisch, U. W. und Meloefski, R.: *LehrerSein.* S. 110–111.), was sich mit der Kompetenzdefinition von Weinert deckt. Tichy stellt diesbezüglich ganz richtig fest, dass die einzelnen Komponenten dieses Komplexes »[...] in unterschiedlichem Grad gelehrt werden können.« Tichy, M.: *Lehrbarkeit der Philosophie und philosophische Kompetenzen.* S. 44. Dies ist bei der Unterrichtszielformulierung und folglich bei der Unterrichtsplanung zu berücksichtigen. Daher plädieren Kliebisch und Meloefski zu Recht für die Verwendung des Lehrziel-Begriffs, wenn es um Kompetenzvermittlung geht. »Vom Lernzielbegriff muss man zwangsläufig abrücken, wenn man Ziele [...] im Sinne einer Kompetenzentwicklung beschreiben möchte. Solche Ziele kann man nur *Lehr*ziele nennen, weil sie auf Dispositionen eines Menschen bezogen sind und nicht auf die Aktualisierung dieser Dispositionen (Performanz).« Kliebisch, U. W. und Meloefski, R.: *LehrerSein.* S. 71.

Fähigkeiten um die Problemlösungen in variablen Situationen erfolgreich und verantwortungsvoll nutzen zu können [...].[209]

Weinert differenziert diese Definition weiter aus, indem er zwischen a) fachlichen Kompetenzen, b) fachübergreifenden Kompetenzen und c) Handlungskompetenzen unterscheidet. Besonders die Handlungskompetenzen, die auch moralische Kompetenzen enthalten, erlauben es, so Weinert, die erworbenen Fähigkeiten und Kenntnisse in »unterschiedlichen Lebenssituationen« problemorientiert zu nutzen.[210]

Im Philosophieunterricht sind, folgt man Weinerts Definition, besonders die fachlichen Kompetenzen zu fördern. Um welche Kompetenzen es sich hierbei jedoch genau handelt, ist nicht immer ganz klar, da es viele unterschiedlich akzentuierte Zusammenstellungen philosophisch relevanter Kompetenzen gibt. So unterscheidet beispielsweise Martens noch sehr übersichtlich zwischen der allgemeinen philosophischen Reflexionskompetenz und der in dieser enthaltenden spezifischen, ethischen Reflexionskompetenz. Rohbeck betont, dass es fachdidaktischer Konsens ist, dass Philosophieunterricht vor allem Kompetenzen vermitteln soll. Er verweist diesbezüglich auf die »philosophischen Basiskompetenzen«, Textkompetenz, soziale Kompetenz, interkulturelle Kompetenz, Urteilskompetenz, Orientierungskompetenz und interdisziplinäre Methodenkompetenz, die er der »Bonner Erklärung« entnimmt. Zudem bietet er im Rahmen seines Transformationskonzepts ein heuristisches Schema an, das dazu dienen soll, die mit den Denkrichtungen und den daraus transformierten Methoden verbundenen Kompetenzen zu dokumentieren. Rösch schließlich extrahiert aus ihrer Analyse aller bundesdeutschen Lehrpläne für die Fächer Ethik und Philosophie insgesamt sechszehn Kompetenzen, die wiederum fünf Kompetenzbereichen zuzuordnen sind, die sie in einem umfassenden Kompetenzmodell darstellt. Diese Vielfalt an philosophisch relevanten Kompetenzen korrespondiert mit dem bereits erwähnten Einwand, dass der Kompetenzbegriff insgesamt in der Beschreibung der zu vermittelnden Bildungsziele zu ungenau und teilweise ungeeignet ist und dass es sich bei den meisten als philosophisch ausgewiesenen Kompetenzen nicht um spezifisch oder genuin philosophische Kompetenzen handelt, also um solche Kompetenzen, die nicht ausschließlich im Philosophieunterricht, sondern auch in anderen Fächern vermittelt werden können und damit unter die von Weinert ausgewiesen fachübergreifenden Kompetenzen fallen. Sollten im Philosophieunterricht ausschließlich fachübergreifende Kompetenzen vermittelt werden können, dann steht mit diesem Befund die Existenzberechtigung von Philosophie

---

209 Weinert, F. E.: *Vergleichende Leistungsmessung in Schulen.* S. 27–28.

210 Vgl.: Bundesministerium für Bildung und Forschung (BMBF). Referat für Bildungsforschung (Hrsg.): *Zur Entwicklung nationaler Bildungsstandards. Eine Expertise.* Berlin/Bonn 2009 (= *Bildungsforschung*, Bd. 1). S. 72; Weinert, F. E.: *Vergleichende Leistungsmessung in Schulen.* S. 28.

als Unterrichtsfach grundsätzlich in Frage. Für die Legitimation des Philosophieunterrichts und der entsprechenden fachdidaktischen Theoriebildung ist es daher eminent notwendig, dass nachgewiesen werden kann, dass der Philosophieunterricht spezifisch philosophische Kompetenzen vermittelt, die einen wichtigen Beitrag im Bildungsprozess des jeweiligen Schülers bzw. der jeweiligen Schülerin leisten. Der Fokus auf die zu vermittelnden spezifisch philosophischen Kompetenzen zeigt zudem den Weg für den Nachweis der Kompatibilität der philosophischen Bildungstheorie mit der Kompetenzorientierung auf.[211]

»Bildungstheoretischer Kompetenzbegriff«: Soll die Kompetenzorientierung trotz aller gegen sie von bildungstheoretischer Seite aus erhobenen Einwände aus philosophiedidaktischer Sicht Sinn machen und vertretbar sein, dann ist es notwendig, dass man spezifisch philosophische Kompetenzen ausweisen kann, die nur im Philosophieunterricht vermittelt werden können und damit u. a. für die dem Philosophieunterricht, wie Rohbeck es nennt, eigentümliche Färbung sorgen. Derartige Kompetenzen ergeben sich aus ihrem Bezugsgegenstand bzw. aus dem Bezug zu ihrer jeweiligen Domäne, der Philosophie. Spezifisch philosophische Kompetenzen ergeben sich also aus ihrem Bezug zu spezifisch philosophischen Wissen und werden so zu Kompetenzen, die nur im Philosophieunterricht erworben werden können. (vgl.: Abbildung 21: *spezifisch philosophisches Orientierungswissen*) Im Hintergrund steht hierbei die Annahme, die u. a. Koch expliziert, wonach »[...] wir auf ein Können oder eine Fertigkeit immer dann stoßen, wenn jemand von seinem Wissen Gebrauch zu machen versteht, um entweder spezielle Aufgaben im »kognitiven« Bereich zu lösen oder um in Verbindung mit »motorischen« Fertigkeiten etwas Geplantes zu verwirklichen.«[212] Diese Annahme wird durch den Kompetenzbegriff Weinerts dahingehend sinnvoll konkretisiert, dass unter dem »Gebrauch«, von dem Koch spricht, auch die Bereitschaft zur problemlösenden Anwendung des erworbenen philosophischen Wissens und Könnens zu verstehen ist. Der »domänenspezifische« Kompetenzbegriff ist der Ansatzpunkt für den Nachweis der Kompatibilität von philosophischer Bildung und allgemeiner Kompetenzorientierung. Dieser ist nämlich genau dann

---

211 Vgl.: Breitenstein, P., Rohbeck, J.: *Philosophie. Geschichte. Disziplinen. Kompetenzen.* Stuttgart/Weimar: Metzler 2011. S. 443–444; Geiss, P. G.: *Kompetenzorientierung im Unterricht.* S. 44–48; Hogrebe et al.: *Bonner Erklärung der deutschen Gesellschaft für Philosophie zum Philosophie und Ethikunterricht.* In: ZDPE 4/2002. S. 348–349; Martens E.: *Methodik des Ethik- und Philosophieunterrichts.* S. 58–61; Meyer, K.: *Kompetenzorientierung.* S. 105, 107; Tichy, M.: *Eine Zweideutigkeit des Kompetenzbegriffs und deren Bedeutung für die Philosophiedidaktik.* S. 221, 224; Tichy, M.: *Lehrbarkeit der Philosophie und philosophische Kompetenzen.* S. 52–53; Rösch, A.: *Wohin steuert der Ethikunterricht? Ergebnisse einer empirischen Untersuchung.* In: EU 1/2010. S. 8–9; Rösch, A.: *Kompetenzorientierung im Philosophie- und Ethikunterricht.* S. 150–311; Rohbeck, J.: *Didaktik der Philosophie und Ethik.* S. 98–99.
212 Koch, L.: *Lehren und Lernen.* S. 32.

erfolgreich zu erbringen, wenn sich überzeugend zeigen lässt, dass spezifisch philosophische Kompetenzen mit den Zielen philosophischer Bildung übereinstimmen.[213]

Die durch den Bezug von Kompetenzen auf philosophisches Wissen entstehenden domänenspezifischen Kompetenzen werden u. a. in Nordrhein-Westfalen durch den neuen, seit dem Schuljahr 2014/15 geltenden Kernlehrplan für das Fach »Philosophie« ausgewiesen.[214] Die zentrale überfachliche Kompetenz ist dabei die »[...] »Befähigung zur philosophischen Problemreflexion« [...].«[215] Hiervon ausgehend wird für jede Jahrgangsstufe (Einführungsphase, Qualifikationsphase 1 und 2) zwischen inhaltlich konkretisierten Sach- und Urteilskompetenzen auf der einen und allgemeinen Methoden- und Handlungskompetenzen auf der anderen Seite unterschieden. Durch die an Inhalten konkretisierten Kompetenzerwartungen wird die so genannte Input- mit der Outputorientierung vermittelt und zugleich werden philosophische Kompetenzen ausgewiesen, mit denen der Lehrplan und damit der Philosophieunterricht »[...] der Gefahr [entgeht], sein fachliches Profil zu verlieren und zum bloßen Zulieferer allgemeiner Kompetenzen zu werden, deren Normativität von außen gesetzt ist und deren Entwicklung andere Fächer in gleicher Weise und mit möglicherweise besserem Erfolg fördern können.«[216] Der Lehrplan vermittelt also auf der Grundlage eines domänenspezifischen Kompetenzbegriffs zwischen den klassischen Bildungsgehalten der Philosophie, die im Rahmen philosophischer Bildungskonzepte stark gemacht werden, und der bildungspolitisch vorgegebenen Kompetenzorientierung, indem er an Inhalten konkretisierte spezifische philosophische Kompetenzen ausweist.[217] Folglich stellen Henke und Rolf fest, dass »[...] es gelungen [ist], in der fachübergreifenden Einteilung von *Sach- und Urteilskompetenz* fachphilosophische Kompetenzen gemäß einem engen, »bildungstheoretischen Kompetenzbegriff« auszuweisen.«[218] Der gesuchte domänenspezifische Kompetenzbegriff für die Philosophie, der die Kompatibilität von philosophischer Bildung und Kompetenzorientierung aufzeigt,

---

213 Vgl.: Bundesministerium für Bildung und Forschung (BMBF). Referat für Bildungsforschung (Hrsg.): *Zur Entwicklung nationaler Bildungsstandards.* S. 75; Tichy, M.: *Lehrbarkeit der Philosophie und philosophische Kompetenzen.* S. 44–51.

214 Pfister zufolge handelt es sich bei dem Kernlehrplan für das Fach »Philosophie« aus Nordrhein-Westfalen um »[...] den bislang detailliertesten und anspruchsvollsten kompetenzorientierten Lehrplan im deutschsprachigen Raum [...].« Pfister, J.: *Einige Bemerkungen zum Nutzen der empirischen Unterrichtsforschung für die Philosophiedidaktik.* S. 130.

215 Henke, R. W. und Rolf, B.: *Kompetenzorientiert unterrichten.* S. 70; vgl.: Qualitäts- und Unterstützungsagentur (QUA-Lis NRW) – Landesinstitut Schule: Kernlehrplan Philosophie. https://www.schulentwicklung.nrw.de/lehrplaene/upload/klp_SII/pl/KLP_GOSt_Philosophie.pdf (03. 03. 2018). S. 12.

216 Henke, R. W. und Rolf, B.: *Kompetenzorientiert unterrichten* S. 75.

217 Dass Kompetenzen an Inhalten erworben werden sollen wird eindeutig durch die Definition der Bildungsstandards festgelegt. Vgl.: Sekretariat der Ständigen Konferenz der Kultusminister der Länder in der Bundesrepublik Deutschland (Hrsg.): *Bildungsstandrads der Kultusministerkonferenz.* S. 9.

218 Henke, R. W. und Rolf, B.: *»Philosophieren können«. Zum Kompetenzbegriff des nordrhein-westfälischen Kernlehrplans Philosophie.* In: ZDPE, 4/2016. S. 16.

ist also identisch mit dem von Henke und Rolf beschriebenen »bildungstheoretischen Kompetenzbegriff«, der wiederum in der Philosophiefachdidaktik weitgehend akzeptabel ist, weil er zu spezifisch philosophischen Kompetenzen führt, die sich mit den Zielen der Theorie philosophischer Bildung decken. Dies explizieren die nachfolgenden Überlegungen.

Problemorientierung: Zentral für die Vermittlung von philosophischer Bildung und Kompetenzorientierung auf der Grundlage des bildungstheoretischen Kompetenzbegriffs ist das »Prinzip der Problemorientierung«, das den »didaktischen Eckstein« des neuen Kernlehrplanes bildet. Problemorientierung als Prinzip oder Paradigma des Philosophieunterrichts bedeutet, wie bereits dargelegt (vgl.: 5. Kapitel, 1. Teil, 3. Abschnitt), den Philosophieunterricht auf eine substanzielle, d. h. ergiebige philosophische Problemstellung hin auszurichten, deren Lösung von den Schülerinnen und Schülern mit einem klaren Erkenntnisinteresse verfolgt wird, wobei der Unterrichtsprozess durch die notwendigen Schritte des Lösungsweges strukturiert werden. Problemorientierung bedeutet daher, Probleme selbst aufzuwerfen oder in Texten zu erkennen, sie in Leitfragen zu fixieren und sie schließlich mithilfe des gemeinsames Dialogs, welcher auch einen Dialog mit Texten und anderen Medien einschließt, zu lösen. Der problemorientierte Unterricht ermöglicht damit eine Art des Unterrichtens, bei der nicht mehr nur die »Qualifizierung« der Schülerinnen und Schüler im Vordergrund steht, sondern der den Schülerinnen und Schülern die Möglichkeit eröffnet, sich selbstständig und methodisch geleitet mit philosophisch relevanten Sachverhalten auseinanderzusetzen, um derart an sie gestellte Anforderungen selbstständig zu lösen. Der problemorientierte Unterricht und der diesem zugrunde gelegte bildungstheoretische Kompetenzbegriff eignet sich daher dazu, zwischen der Kompetenzorientierung und der philosophischen Bildungstheorie zu vermitteln und ist damit zu Recht der »Eckstein« des neuen Kernlehrplans und das Prinzip einer Unterrichtsgestaltung, die bildungspolitisch anschlussfähig ist. Hierfür sprechen vor allem zwei Gründe: Da der problemorientierte Philosophieunterricht die Schülerinnen und Schüler in variablen schulischen Lernsituationen mit kontextualisierten philosophischen Problemen konfrontiert, die diese dazu motivieren, sowohl ihr Wissen als auch ihre kognitiven Fähigkeiten und Fertigkeiten problemlösend einzusetzen, entspricht er auf der einen Seite den Unterrichtsanforderungen, die sich aus der Kompetenzdefinition von Weinert ergeben. Auf der andere Seite sichert er die »disziplinäre Identität« der Philosophiefachdidaktik und stellt ihre Legitimität nicht Frage, da dem problemorientierten Philosophieunterricht der engere, bildungstheoretische Kompetenzbegriff zugrunde liegt, der domänenspezifisch ist, dessen konkrete Ausprägung also von der jeweiligen fachdidaktischen Theoriebildung abhängt – für die Philosophiefachdidaktik ist dies besonders die philosophische Bildungstheorie – und daher die Klärung der normativen Vorgaben für den Philosophieunterricht (bspw. Ziele, Standards etc.)

im Aufgabenfeld der Philosophiefachdidaktik belässt. Unter Voraussetzung des mit dem problemorientierten Philosophieunterricht verbundenen bildungstheoretischen Kompetenzbegriffs kann daher für die Philosophiefachdidaktik bezüglich der Kompetenzorientierung nicht von einem bildungspolitischen Paradigmenwechsel gesprochen werden. »Kompetenz kann man mithin nicht als einen der Philosophie fremden, von außen an sie herangetragenen Begriff verstehen, sondern sie ist ein genuiner Bestandteil philosophischer Bildung.«[219] Dies folgern Henke und Rolf m. E. also völlig zu Recht.[220]

Vermittlungskonzept: Problemorientierter Philosophieunterricht, in dem es um ein tiefes Verständnis philosophischer Probleme geht, ohne dabei unter dem Zwang zu stehen, allgemein verbindliche Antworten liefern zu müssen, ist also in der Lage, zwischen den Ansprüchen der Theorie philosophischer Bildung und der bildungspolitisch vorgegebenen Kompetenzorientierung zu vermitteln und kann damit aufzeigen, wie sowohl philosophisch relevante Gehalte, Haltungen und Dispositionen als auch philosophisch relevante Kompetenzen im Philosophieunterricht widerspruchsfrei vermittelt werden können. Der problemorientierte Philosophieunterricht kann also als Vermittlungskonzept begriffen werden, das sowohl den input- als auch die outputorientierten Bildungsintentionen des Philosophieunterrichts genügt.[221] Damit sind zwar nicht alle mit der Kompetenzorientierung verbundenen Probleme gelöst, wie zum Beispiel die sehr kontrovers diskutierte Frage nach der (qualitativen) Messbarkeit[222] spezifisch philosophischer Kompetenzen, von denen die philosophische Urteilskompetenz besonders hervorzuheben ist, oder die Frage nach dem Verhältnis von

---

219 Ebd. S. 15.

220 Vgl.: Henke, R. W. und Rolf, B.: *Kompetenzorientiert unterrichten.* S. 69–70, 72; Kliebisch, U. W. und Meloefski, R.: *LehrerSein.* S. 86–87; Rohbeck, J.: *Didaktik der Philosophie und Ethik.* S. 98; Schultheiss, C. und Andries, M.: *Ein »dritter Weg« in der Philosophie- und Ethikdidaktik.* S. 29, 34–38; Sistermann, R. und Wittschier, M.: *Problemorientierter Philosophieunterricht nach dem Bonbonmodell.* S. 62; Steenblock, V.: *Was ist Philosophiedidaktik? Fünf Bemerkungen zu ihrer disziplinären Identität aus Anlass der Kompetenzdebatte.* In: ZDPE 2/2011. S. 93–95; Tichy, M.: *Eine Zweideutigkeit des Kompetenzbegriffs und deren Bedeutung für die Philosophiedidaktik.* S. 224, 228–229; Tichy, M.: *Lehrbarkeit der Philosophie und philosophische Kompetenzen.* S. 45, 49, 52; Tiedemann, M.: *Problemorientierung.* S. 74.

221 Dies deutet auch Rösch an, wenn sie betont, dass mit der Kompetenzorientierung eine Hinwendung »[...] zu handlungs- und problemlösendem Arbeiten [...]« (Rösch, A.: *Kompetenzorientierung im Philosophie- und Ethikunterricht.* S. 40.) verbunden ist.

222 Zu der Frage nach der Messbarkeit philosophischer Kompetenzen und den damit einhergehenden Problemen bei der Leistungsmessung im Philosophieunterricht hat sich beispielsweise Schmidt geäußert, der aufzuzeigen versucht, wie eine valide, reliable und intersubjektive Leistungsmessung möglich ist. Vgl.: Schmidt, D.: *Philosophieren messen?! Leistungsbewertung im Philosophieunterricht.* In: ZDPE 2/2011. S. 104–113; vgl.: Albus, V. (2012): *Ist philosophische Bildung messbar? Überlegungen zum Verhältnis von Philosophiedidaktik und empirischer Bildungsforschung.* In: ZDPE 4/2012. S. 336–345.

empirischer Unterrichtsforschung und Philosophiefachdidaktik[223], aber der problemorientierte Philosophieunterricht ermöglicht als Vermittlungskonzept eine Perspektive auf den Philosophieunterricht, in der die parallel laufende und synthetisierende Vermittlung von philosophischem Wissen und philosophischen Kompetenzen vor dem Horizont bildungstheoretisch begründeter Unterrichtsziele im fachdidaktischen Fokus steht und der damit Vereinseitigungen[224] vermeidet. Unter dieser Bedingung kann dann auch Geiss zugestimmt werden, wenn er behauptet, dass »[...] die Kompetenzorientierung [aus der Sicht der Fachdidaktik] [...] ein Leitkonzept zur Überwindung des Problems des »trägen Wissens« [ist]: Schüler lernen große Mengen an Wissen, ohne es hinreichend verstehen, anwenden oder sich als persönliches Wissen aneignen zu können.«[225] Es kann also abschließend festgestellt werden, dass philosophische Bildung und die Kompetenzorientierung nicht nur miteinander kompatibel sind, sondern sich im Idealfall – unter Zugrundelegung eines richtig verstandenen, nämlich bildungstheoretischen Kompetenzbegriffs und im Paradigma der Problemorientierung – sogar wechselseitig positiv ergänzen.[226]

3.   Bildungspolitische Anschlussfähigkeit des Konzepts »Selbst-Er-forschend Philosophieren«

Für das Konzept »Selbst-Er-forschend Philosophieren« folgt aus den zuvor angestellten Überlegungen, dass es unter der Voraussetzung seiner zuvor erfolgreich nachgewiesene bildungstheoretischen Einpassung genau dann bildungspolitisch anschlussfähig ist, wenn es wie der forschende Philosophieunterricht einen problemorientierten Philosophieunterricht im zuvor beschriebenen Sinne ermöglicht. Da die im vierten Kapitel formulierten und erläuterten Konzeptprinzipien, Konzeptziele

---

223   Vgl.: Tiedemann, M. (2011): *Philosophie und empirische Bildungsforschung. Möglichkeiten und Grenzen.* Berlin: LIT (= *Philosophie und Bildung*, Bd. 13). S. 33–55; Meyer, K.: *Kompetenzorientierung.* S. 112–113. Steenblock betont diesbezüglich, dass alle empirische Unterrichtsforschung im Hinblick auf ihre Praxisrelevanz zu befragen ist. Vgl.: Steenblock, V.: *Philosophische Bildung.* S. 252.

224   Im Unterricht kommt es wesentlich darauf an, sowohl Wissen als auch Kompetenzen gleichermaßen zu vermitteln, nicht zuletzt deswegen, weil Wissen abstrakt und formal bleibt, wenn es nicht angewendet wird bzw. nicht angewendet werden kann und Kompetenzen über die ihnen inhärente kognitive Dimension immer an Wissen und Kenntnissen teilhaben, da diese eine wichtige Grundlage bei der Lösung von Problemen in »variablen Situationen« sind. Natürlich kann man sich auch eine Vermittlung von Wissen und Kenntnissen um ihrer selbst willen vorstellen, doch eine derartige Position wird, so Meyer, »[...] in der gegenwärtigen Philosophiedidaktik nicht vertreten [...].« Meyer, K.: *Kompetenzorientierung.* S. 111; vgl.: Haase, V.: *Warum sich Kompetenzen und philosophische Bildung nicht ausschließen.* S. 59.

225   Geiss, P. G.: *Kompetenzorientierung im Unterricht.* S. 39; vgl: Tichy, M.: *Lehrbarkeit der Philosophie und philosophische Kompetenzen.* S. 49, 51.

226   Vgl.: Meyer, K.: *Kompetenzorientierung.* S. 104–105; Tichy, M.: *Eine Zweideutigkeit des Kompetenzbegriffs und deren Bedeutung für die Philosophiedidaktik.* S. 222.

und auch die dargestellte Verlaufsform des Selbst-Er-forschenden Philosophierens ganz klar auf einen subjekt- und problemorientierten Philosophieunterricht abzielen, kann diesbezüglich die Feststellung wiederholt werden, dass das Selbst-Er-forschende Philosophieren eindeutig eine Form des problemorientierten Philosophieunterrichts darstellt. Denn im Mittelpunkt des Konzepts steht der Versuch, das Phänomen »Persönlichkeit«, also sowohl die eigene Persönlichkeit als auch die anderer Menschen, sinngebend zu verstehen. Damit ist die persönlichkeitsbezogene Verstehens-Intention bzw. das von Arendt in ihrer politiktheoretischen wie existenzphilosophischen Kernfrage formulierte Problem »Warum ist überhaupt Jemand und nicht vielmehr Niemand?« (DTB1 520) der Dreh- und Angelpunkt des Konzepts. Die Lösung dieses substanziellen, existenziell bedeutsamen, jeweils ausgehend von einer für die Schülerinnen und Schüler relevanten Grenzsituation konkretisierten und damit lebensweltlich situierten, philosophischen Problems folgt dabei der Struktur des explizierten forschenden Philosophieunterrichts (5. Kapitel, 1. Teil, 3. Abschnitt), in dem die Schülerinnen und Schüler möglichst selbstständig und mit großem Erkenntnisinteresse neben der angestrebten und für sie persönlich relevanten Problemlösung auch zur philosophischen Problemreflexion befähigt werden. Wie bei der bildungstheoretischen Einpassung bereits herausgearbeitet, zielt die vom Konzept »Selbst-Er-forschend Philosophieren« intendierte philosophische Problemreflexion auf philosophische Orientierungskompetenz und die damit verbundene Befähigung zur Selbstreflexion sowie zur freien und autonomen Lebensführung, die wiederum verbunden ist mit der Vermittlung von Verständnis, Urteilsfähigkeit, Handlungsfähigkeit propositionalen, interrogativen und phänomenalen Wissen sowie den Haltungen existenzielle Entschlossenheit und existenzielle Ernsthaftigkeit.[227] Um dies zu erreichen, ermöglicht Selbst-Er-forschendes Philosophieren einen in gleicher Weise analytischen wie synthetischen Philosophieunterricht und entspricht damit den drei von Koch herausgearbeiteten wesentlichen Momenten des Lernens (»Anschauung«, »Begriff« und »Urteil«). Bezug nehmend auf das interrogative Wissen, das beim Selbst-Er-forschenden Philosophieren vermittelt werden soll, kann hervorgehoben werden, dass es beim Selbst-Er-forschenden Philosophieren auch deutlich um die Vermittlung eines spezifisch philosophischen Könnens geht. Der problemorientierte Philosophieunterricht, der sich aus dem Konzept »Selbst-Er-forschend Philosophieren« ergibt, trägt daher auch dazu bei, dass die Schülerinnen und Schüler eine ganze Reihe spezifisch philosophischer Kompetenzen erwerben, die beispielsweise im nordrhein-westfälischen Kernlehrplan Philosophie ausgewiesen werden. So wird insbesondere die philosophische Urteilskompetenz in einen starken

---

227 Trotz der dem Konzept »Selbst-Er-forschend Philosophieren« inhärenten Kompetenzorientierung kann daher der u. a. von Tiedemann gegen diese erhobene Einwand einer Vernachlässigung oder eines Verzichts der Kategorie des Wissens nicht auf das Konzept übertragen werden. Vgl.: Tiedemann, M.: *Kompetenzorientierung.* S. 71.

Sinne gefördert, auch wenn dabei weniger die Beurteilung philosophischer Positionen im Mittelpunkt steht, wie im Kernlehrplan gefordert. Die Schülerinnen und Schüler erwerben darüber hinaus in besonderem Maße Handlungskompetenz, allerdings, dies ist einschränkend zu sagen, primär nicht ausgehend von der Analyse und Diskussion philosophischer Positionen, sondern von der Analyse und Diskussion existenzieller, lebensweltlich kontextualisierter Probleme. Ebenso verhält es sich bei den zahlreichen Methodenkompetenzen, die die Schülerinnen und Schüler sowohl hinsichtlich der Problemreflexion als auch der Darstellung und Präsentation von Ergebnissen erwerben. Besonders hervorzuheben sind die narrativen Fähigkeiten, die allerdings im nordrhein-westfälischen Kernlehrplan Philosophie nicht thematisiert werden. An dieser Stelle ist ebenfalls darauf hinzuweisen, dass die Schülerinnen und Schüler im Rahmen des Konzepts »Selbst-Er-forschend Philosophieren« zwar durchaus philosophische Sachkompetenz erwerben, jedoch überwiegend nicht in der im Kernlehrplan Philosophie beschrieben Form, da sich die dort ausgewiesene Sachkompetenz ausschließlich auf die Aneignung von und das daraus folgende Verfügen über philosophische Positionen bezieht. Dem Konzept liegt dagegen die Annahme zugrunde, dass spezifisch philosophische Kompetenzen nicht ausschließlich in der Auseinandersetzung mit Texten der philosophischen Tradition, sondern auch in Auseinandersetzung mit narrativen Text- und in narrativen Gesprächsformen sowie – im ursprünglich sokratischen Sinne des Philosophierens – in Auseinandersetzung mit den der Lebenswelt entspringenden philosophischen Problemen erworben werden können. Dass dies philosophischer Bildung alles andere als abträglich ist, zeigt die vorherige Erläuterung der bildungstheoretische Einpassung des Konzepts. (vgl. 5. Kapitel, 1. Teil) Eine besondere Stärke des Konzepts besteht im Übrigen gerade darin, wie im ersten Kapitel gefordert, dass mit diesem der im Philosophieunterricht in der gymnasialen Oberstufe zugunsten der Wissenschaftspropädeutik oftmals vernachlässigte Fokus auf die existenzielle Betroffenheit bzw. auf die »personale Perspektive« der Schülerinnen und Schüler, der beispielsweise im Kernlehrplan Praktische Philosophie für das Land Nordrhein-Westfalen ein hoher didaktischer Stellenwert zukommt, im Mittelpunkt steht. Insofern fördert das Konzept etwas, das im nordrhein-westfälischen Kernlehrplan für das Fach »Praktische Philosophie« mit »personale Kompetenz« beschrieben wird. Allerdings ist diesbezüglich kritisch anzumerken, dass gerade die personale Kompetenz eine von denjenigen Kompetenzen ist, die sicherlich zu Recht als unklar und als zur adäquaten Beschreibung und Erfassung des gemeinten Phänomens unpassend kritisiert wird und damit die Grenzen der Kompetenzorientierung in den Fächern »Philosophie« und »Praktische Philosophie« aufzeigt. Hiervon ausgehend ist auch davon auszugehen, dass es zutreffend ist, was Albus im Rahmen eines Vortrags von Torkler zum Thema »Narrativität und Bildung«[228] zu bedenken gab, wonach nämlich das Phänomen »Persönlichkeit« und die damit verbundenen Ziele philosophischer Bildung nicht vollständig mit dem Begriffsinstrumentarium der Kompetenzorientierung erfassbar sein könnten und wahrscheinlich genau deswegen in der gegenwärtigen fachdidaktischen Diskussion keine bzw. wenn überhaupt nur eine marginale Rolle spielen würden.[229]

Alles zusammengenommen kann das Konzept »Selbst-Er-forschend Philosophieren« dennoch vollkommen zu Recht in fachdidaktisch-bildungstheoretischer Hinsicht dem problemorientierten Unterrichtsparadigma zugeordnet werden, in dessen Rahmen es um die Vermittlung grundlegender bzw. spezifischer philosophischer Kompetenzen geht.[230] Somit kann abschließend festgestellt werden, dass sich das Konzept Selbst-Er-forschend Philosophieren auf der zuvor vorgezeichneten Vermittlungslinie bewegt, die zwischen Input- und Outputorientierung bzw. zwischen der Theorie philosophischer Bildung und der bildungspolitisch verordneten Kompetenzorientierung verläuft, womit es sich schließlich als eindeutig bildungspolitisch anschlussfähig erweist.

Mit der erfolgreichen bildungstheoretischen Einpassung und fachdidaktischen Verortung des Konzepts »Selbst-Er-forschend Philosophieren« sowie mit dem überzeugenden Nachweis der bildungspolitischen Anschlussfähigkeit desselben, kann nun das dritte Ziel dieser Forschungsarbeit als erreicht gelten.

---

228 Der Vortrag fand am 20. 07. 2017 im Rahmen des Philosophischen Kolloquiums der Universität Duisburg-Essen in Essen statt.

229 Vgl.: Qualitäts- und Unterstützungsagentur (QUA-Lis NRW) – Landesinstitut Schule: Kernlehrplan Philosophie. https://www.schulentwicklung.nrw.de/lehrplaene/upload/klp_SII/pl/KLP_GOSt_Philosophie.pdf (03. 03. 2018). S. 15–16; Qualitäts- und Unterstützungsagentur (QUA-Lis NRW) – Landesinstitut Schule: Kernlehrplan Praktische Philosophie. https://www.schulentwicklung.nrw.de/lehrplaene/upload/klp_SI/5017_Praktische_Philosophie_Sek. I.pdf (03. 03. 2018). S. 11, 13–14.

230 Bezüglich der kontrovers diskutierte Frage nach der (qualitativen) Messbarkeit spezifisch philosophischer Kompetenzen (vgl.: 5. Kapitel, 3. Teil, 1. Abschnitt) ist anzumerken, dass auch im Rahmen des Konzepts »Selbst-Er-forschend Philosophieren« davon ausgegangen wird, dass beispielsweise Verstehen, Einsicht und Urteilskompetenz nur indirekt und daher nie absolut genau und sicher zu beobachten und daher zu messen sind. Vgl.: Henke, R. W. und Rolf, B.: *»Philosophieren können«*. S. 21–25.

Übersicht: Ziele, Methodenfokus und Kontexte

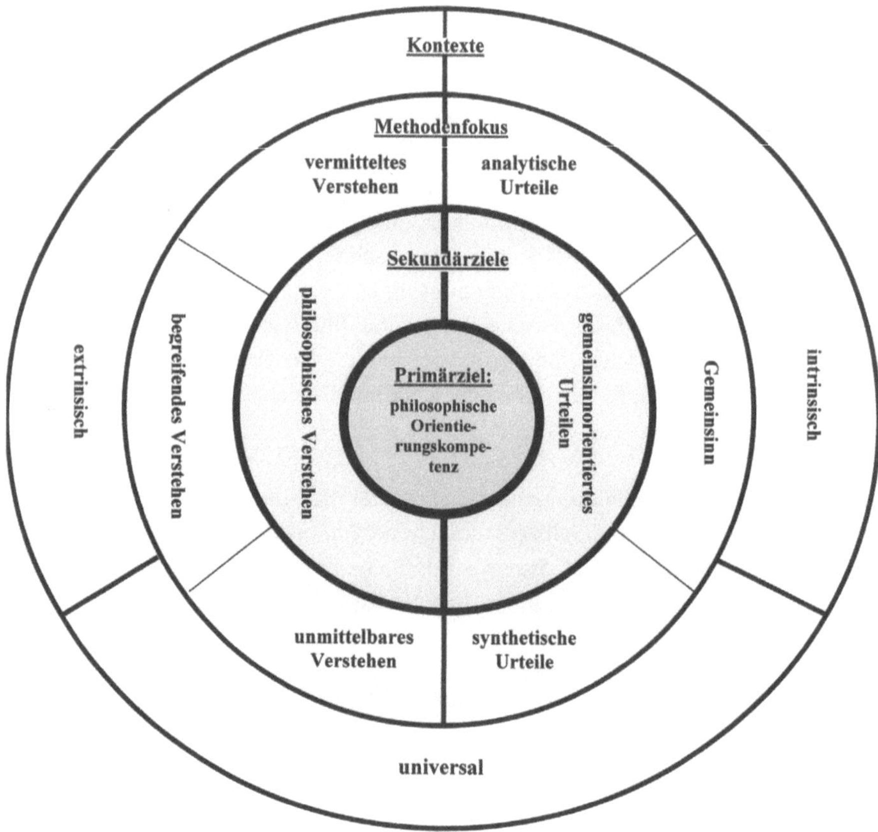

Sechstes Kapitel: Reflexion, Erprobung und Konkretion

Die Erprobung, also die kritische Prüfung der Anwendung und die Auswertung der durch die Anwendung gewonnenen Erkenntnisse, ist bei der Unterrichtsentwicklung der brückenschlagende Schritt von der ersten konzeptionellen Fassung einer Unterrichtsinnovation hin zum ausgereiften Konzept und zur »Verstetigung« der Umsetzung desselben in der Schulpraxis. Die Erprobung ist daher ein entscheidender Faktor bei der Unterrichtsentwicklung. Der Faktor »Erprobung« markiert zugleich jedoch auch das große Defizit der meisten Unterrichtsentwicklungen auf der Ebene der Konzeptinnovation, denn bei all ihren Stärken hinsichtlich der Anleitung für die lernvoraussetzungsadäquate Veränderung und entsprechende Planung von Unterricht, leiden Unterrichtskonzepte Meyer zufolge oftmals daran, dass sie zum einen keine Anleitung für eine Erprobung im Sinne einer kritisch-distanzierten Reflexion ihrer zentralen Voraussetzungen, darauf basierenden Annahmen und damit verbundenen Konzept-Elemente liefern und zum anderen keine Vorgaben und Hilfestellungen für eine Erprobung im Sinne einer kritisch-erprobenden Umsetzung des jeweiligen Konzepts in der Praxis anbieten. Das bedeutet erstens: Der Notwendigkeit einer theoretischen wie praktischen Erprobung wird bei der Konzeptentwicklung oftmals nicht entsprochen. Dies bedeutet wiederum zweitens: Zu einer erfolgreichen Konzeptentwicklung gehört die Angabe eines Erprobungskonzeptes, das aufzeigt, wie sowohl eine theoriebezogene Reflexion als auch eine praxisbezogene Erprobung des Konzepts möglich ist, so dass dieses (sukzessive) so verbessert werden kann, dass der erfolgreichen Anwendung in der Praxis nichts im Wege steht.[1]

Die Aufgabe der Erprobung im Sinne einer theoriebezogenen Reflexion des Konzepts »Selbst-Er-forschend Philosophieren« betrifft, genauso wie die Konzeptentwicklung selbst, die Philosophiedidaktik in ihrem Verständnis als »theoretisch-konzeptionelle Wissenschaft«. Die Erprobung im Sinne einer praktischen Erprobung und die dazu notwendige Konkretion des Konzepts betrifft dagegen die Philosophiedidaktik in ihrem Selbstverständnis als »empirisch-kritische« Erprobungswissenschaft,

---

1 Vgl.: Jank, W. und Meyer, H.: *Didaktische Modelle*. 7. Auflage. Berlin: Cornelsen Scriptor 2005. S. 306; Meyer, H.: *Unterrichtsentwicklung*. Berlin: Cornelsen 2015. S. 81, 108.

denn hier geht es im Wesentlichen um die experimentelle Überprüfung der zentralen Annahmen und des funktionalen Zusammenwirkens der Konzeptelemente.[2]

Im Folgenden werden sowohl für die theoretische Reflexion als auch für die praktische Erprobung des Konzepts »Selbst-Er-forschend Philosophieren« die zentralen Aspekte angegeben. Es wird allerdings kein fertiges Erprobungskonzept mitsamt seinen Teilkonzepten vorgestellt, da die Ausarbeitung eines solchen die Intention und den Umfang dieser Arbeit bei weitem übersteigt und daher, ebenso wie die konkrete Durchführung der empirische Erprobung des Konzepts, zum Gegenstand eines eigens darauf ausgerichteten empirischen Forschungsprojektes gemacht werden muss. Die nachfolgenden Ausführungen sind daher als Erprobungs- und Durchführungsanregungen und -anleitungen zu verstehen. Mit der Angabe derselben ist das vierte Ziel dieser Forschungsarbeit erreicht. (vgl.: 1. Kapitel, 1. Teil)

I. Konzeptreflexion

Die erste Hürde, die das Konzept »Selbst-Er-forschend Philosophieren« auf dem Weg in die Schulpraxis nehmen muss, ist die theoretische Reflexion der Güte der entwickelten Konzeption. Diese sollte grundsätzlich aus zwei Teilen bestehen, denn das Konzept sollte sowohl nach internen als auch externen Kriterien kritisch beurteilt werden. Die internen Kriterien ergeben sich aus den im ersten Kapitel aufgestellten Zielen der Konzeptentwicklung, den Lektüreleitlinien für die existenzphilosophische Rezeption der politischen Theorie, Philosophie und politisch-philosophischen Praxis Arendts und vor allem aus den Transformationskriterien, in die die Lektüreleitlinien zum Teil eingeflossen sind. (vgl.: 1. Kapitel, 3. Teil, 1. und 3. Abschnitt) Die externen Kriterien ergeben sich dagegen aus den Forderungen für einen guten und effektiven Philosophieunterricht, denen der Unterricht, der sich aus der Umsetzung des Konzepts »Selbst-Er-forschend Philosophieren« ergibt, genügen muss.

Interne Kriterien: Auf die einzelnen Ziele, Lektüreleitlinien und Transformationskriterien muss an dieser Stelle, mit Verweis auf das erste Kapitel, nicht erneut eingegangen werden. Angenommen wird diesbezüglich, dass hinreichend herausgearbeitet worden ist, dass alle Ziele erreicht wurden und allen Kriterien entsprochen wird, was jedoch einer Überprüfung durch Dritte bedarf. Erinnert sei diesbezüglich daran, dass das Hauptziel der Konzeptentwicklung darin bestand, ein Unterrichtskonzept aus der Existenzphilosophie, genauer, aus der existenziell-performativen Hermeneutik

---

2   Vgl.: Tiedemann, M.: *Philosophie und empirische Bildungsforschung. Möglichkeiten und Grenzen.* Berlin: LIT 2011 (= *Philosophie und Bildung,* Bd. 13). S. 27–32; Tiedemann, M.: *Erste Erfolge und drängende Aufgaben. Empirische Unterrichtsforschung in der Philosophiedidaktik.* In: Martens, E. (Hrsg.): *Empirie und Erfahrung im Philosophie und Ethikunterricht.* Hannover: Siebert 2017. S. 163.

Arendts zu entwickeln, das Persönlichkeitsbildung und individuelle Sinngebung im Sinne eines Selbst-Er-forschenden Philosophierens in einem bildungstheoretischen Kontext ermöglicht sowie fachdidaktisch und bildungspolitisch anschlussfähig ist. Bezüglich der Transformationskriterien sei zudem daran erinnert, dass diese sicherstellen sollten, dass das Konzept sachlich richtig, authentisch, fachdidaktisch gehaltvoll und zudem praktikabel ist.

Externe Kriterien: Rohbeck zufolge »[...] zeigt die allgemeine Didaktik auf, was guten, respektive guten Philosophieunterricht ausmacht.«[3] Daher führt Rohbeck inhaltlich aus, was die von Meyer etablierten zehn[4] Merkmale guten Unterrichts für den Philosophieunterricht bedeuten. Diese »[...] sind empirisch erforschte Ausprägungen von Unterricht, die zu dauerhaft hohen kognitiven, affektiven und/ oder sozialen Lernergebnissen beitragen.«[5] Meyers zehn Merkmale bilden folgerichtig auch die Kriterien für die Beurteilung der Qualität von Unterricht und stellen« daher, philosophiefachdidaktisch konkretisiert, die externen Kriterien für die Konzeptreflexion dar. Wenn das Ziel des Konzepts »Selbst-Er-forschenden Philosophierens« darin besteht, guten und effektiven Unterricht zu ermöglichen, dann sind bei der Planung und Durchführung desselben also nicht nur die im vierten Kapitel etablierten konstitutiven und methodischen Unterrichtsprinzipien zu berücksichtigen, die eben dies gewährleisten sollen, sondern auch die zehn Merkmale guten Unterrichts. Andersherum bedeutet dies, die Güte des Konzepts »Selbst-Er-forschend Philosophieren« hängt davon ab, ob aus ihm ein Philosophieunterricht hervorgeht, der diesen Kriterien entspricht. Dies ist natürlich eine empirische Prämisse, die der empirischen Überprüfung bedarf. Dazu jedoch mehr im zweiten Teil dieses Kapitels. Rohbeck zufolge zeichnet sich guter Philosophieunterricht durch a) Rollenklarheit, b) einen hohen Anteil an echter Lernzeit, c) ein lernförderliches Klima, d) Verbindlichkeit, f) Anschaulichkeit, g) Methodenvielfalt, h) Freiräume, i) intelligentes Üben und j) transparente Leistungerwartungen aus. Er überträgt damit viele der von Meyer etablierten allgemeinen Merkmale durch Modifikation und inhaltliche Konkretisierung in die Philosophiedidaktik und macht sie für den Philosophieunterricht fruchtbar, streift jedoch die Merkmale »sinnstiftendes Kommunizieren« – erstaunlicherweise –,

---

3   Breitenstein, P., Rohbeck, J.: *Philosophie. Geschichte. Disziplinen. Kompetenzen.* Stuttgart/Weimar: Metzler 2011. S. 445.

4   Neuerdings geht Meyer von elf Merkmalen guten Unterrichts aus, da er das Merkmal »Joker« in seine Merkmalsliste aufgenommen hat. Dieses Merkmal wird nachfolgend jedoch wegen seiner inhaltlichen Unklarheit nicht berücksichtigt. Vgl.: Meyer, H.: *Unterrichtsentwicklung.* S. 177.

5   Meyer, H.: *Was ist guter Unterricht?* Berlin: Cornelsen Scriptor 2004. S. 20.

»klare Strukturierung« und »individuelles Fördern« sowie »vorbereitete Umgebung« nur oder lässt diese unberücksichtigt.[6]

Für das Selbst-Er-forschende Philosophieren wird angenommen, dass es allen zehn Merkmalen eines guten Unterrichts entspricht und sogar bezüglich der von Rohbeck nicht oder nur wenig berücksichtigten Merkmale für den Philosophieunterricht aufzeigt, wie diese inhaltlich gefasst werden können.

Klare Strukturierung: Eine klare Strukturierung des Unterrichts liegt vor, »[...] wenn sich ein für Lehrer und Schüler gleichermaßen gut erkennbarer ›roter Faden‹ durch die Stunde zieht.«[7] Aus dem Konzept »Selbst-Er-forschend Philosophieren« ergibt sich ein solcher Unterricht, weil das Selbst-Er-forschende Philosophieren einem klaren methodischen Grundrhythmus folgt, der sich u. a. aus dem Wechsel von Performanz und Kontemplation ergibt (vgl.: 4. Kapitel, 2. Teil, 1. Abschnitt), weil die Ziele, Inhalte und Methoden passgenau aufeinander abgestimmt sind (vgl.: 4. Kapitel, 2. Teil, 2. Abschnitt) und sich hieraus sowohl klare Aufgabenstellungen für die Schülerinnen und Schüler als auch eine klare Trennung von Phasen der Lehrer- sowie der Schüleraktivität ergeben. (vgl.: 6. Kapitel, 3. Teil, 2. Abschnitt) Außerdem wurde bezüglich der Rollenklarheit festgestellt, dass der Lehrer vor allem den Lernprozess strukturiert, also die Fäden in der Hand hält, aber dabei nicht dominiert und daher die Schülerinnen und Schüler weitestgehend selbstständig arbeiten lässt. (vgl. 4. Kapitel, 3. Teil)[8]

Hoher Anteil an echter Lernzeit: Ein hoher Anteil an echter Lernzeit liegt dann vor, wenn »[...] die vom Schüler tatsächlich aufgewendete Zeit für das Erreichen der angestrebten Ziele [...]«[9] sehr hoch ist. Das Selbst-Er-forschende Philosophieren zeichnet sich grundsätzlich und folglich auch in den einzelnen Unterrichtsstunden, in denen es realisiert wird, dadurch aus, dass es eine hohe Schüleraktivität begünstigt, wenn es gemäß der konstitutiven Konzeptprinzipien, insbesondere den konstitutiven Prinzipien »Subjektorientierung« und »Handlungsorientierung« sowie gemäß den methodischen Konzeptprinzipien umgesetzt wird. (vgl.: 4. Kapitel, 1. Teil, 1. Abschnitt) Dies darf jedoch nicht darüber hinwegtäuschen, dass die tatsächliche Lernzeit der Schülerinnen und Schüler ganz wesentlich von dem Unterrichtsmanagement des Lehrers bzw. der Lehrerin und von der Lern- bzw. Arbeitsbereitschaft der Schülerinnen und Schüler abhängt. Die Herausbildung einer entsprechenden Grundhaltung und

---

6   Vgl.: Breitenstein, P., Rohbeck, J.: *Philosophie.* S. 445; Meyer, H.: *Unterrichtsentwicklung.* S. 175–179; Meyer, H.: *Was ist guter Unterricht?* S. 15–22; Wiater, W.: *Unterrichtsprinzipien.* Donauwörth: Auer 2001 (= *Prüfungswissen – Basiswissen Schulpädagogik*). S. 7.

7   Meyer, H.: *Was ist guter Unterricht?* S. 26.

8   Vgl.: Ebd. S. 25–38.

9   Ebd. S. 40.

damit korrespondierenden Bereitschaften soll durch das Konzept allerdings ebenfalls angebahnt werden. (vgl. 4. Kapitel, 1. Teil, 2. Abschnitt)

Lernförderliches Klima: Ein lernförderliches Klima ist dann gegeben, wenn der Unterricht geprägt ist durch »[...] (1) gegenseitigen Respekt, (2) verlässlich eingehaltene Regeln, (3) gemeinsam geteilte Verantwortung, (4) Gerechtigkeit des Lehrers gegenüber jedem Einzelnen und dem Lernverband insgesamt (5) und Fürsorge des Lehrers für die Schüler und der Schüler untereinander.«[10] Auch diesem Kriterium entspricht der gemäß dem Konzept »Selbst-Er-forschend Philosophieren« gestaltete Philosophieunterricht, weil insbesondere die anzubahnenden Haltungen einen ernsthaften und respektvollen Umgang miteinander voraussetzen und die Bereitschaft hierzu verfestigen sollen. (vgl.: 4. Kapitel, 1. Teil, 2. Abschnitt) Außerdem haben die Schülerinnen und Schüler beim Selbst-Er-forschenden Philosophieren eine hohe Verantwortung für den gemeinsamen Lern- bzw. Selbst-Er-forschungs-Prozess, da sie diesen im vierten Schritt der Problemetablierungsphase wesentlich selbstständig planen und so zu einem gemeinsamen wie gleichsam je individuellen Anliegen machen. Dazu werden natürlich auch gemeinsame Verfahrensregeln festgelegt. Die hohe Verantwortung für und die eigeninitiative Aktivität im Lernprozess auf Seiten der Schülerinnen und Schüler ergibt sich nicht zuletzt aus den konstitutiven Konzeptprinzipien »Subjektorientierung« und »Handlungsorientierung«. (vgl.: 4. Kapitel, 1. Teil, 1. Abschnitt) Die Fürsorge des Lehrers bzw. der Lehrerin kommt beim stark persönlichkeitsbezogenen Selbst-Er-forschenden Philosophieren vor allem dann zum Tragen, wenn dieser in den Selbst-Er-forschungs-Prozess eingreift, weil durch Konflikte der Schülerinnen und Schüler untereinander oder durch bestimmte Themen, die persönliche Integrität einzelner oder mehrerer Schülerinnen und Schüler droht, verletzt zu werden.

Inhaltliche Klarheit: Inhaltliche Klarheit bedeutet, dass »[...] die Aufgabenstellung verständlich, der thematische Gang plausibel und die Ergebnissicherung klar und verbindlich gestaltet worden sind.«[11] Der nachfolgend im dritten Teil dieses Kapitels vorgestellte Unterrichtsverlaufsplan zeigt hoffentlich überzeugend, dass sich das Selbst-Er-forschende Philosophieren in eine klare Unterrichtsstruktur mit voneinander unterscheidbaren Unterrichtsphasen und klaren Aufgabenstellungen überführen lässt, so dass auch diesem Kriterium beim Selbst-Er-forschenden Philosophieren entsprochen wird, wenn der jeweilige Lehrer bzw. die jeweilige Lehrerin hierfür Sorge trägt. Die auf die angestrebten Lerninhalte bezogene inhaltliche Klarheit wird zudem durch die Orientierung an dem konstitutiven Konzeptprinzip »Wahrheitsorientierung« und dem methodischen Denkprinzip »Repräsentativität« sichergestellt. Außerdem wird durch das konstitutive Konzeptprinzip »Subjektorientierung« ein

10 Ebd. S. 47.
11 Ebd. S. 55.

Lebensweltbezug und eine damit verbundene Anschaulichkeit gefordert, die sicherlich zur inhaltlichen Klarheit wesentlich beiträgt. (vgl.: 4. Kapitel, 1. Teil, 1. Abschnitt)[12]

Sinnstiftendes Kommunizieren: Wenn »[...] Schüler im Austausch mit ihren Lehrern dem Lehr-Lern-Prozess und seinen Ergebnissen eine persönliche Bedeutung geben [...]«[13], liegt sinnstiftendes Kommunizieren vor. Persönlich bedeutsam soll auch das Selbst-Er-forschende Philosophieren sein. Sinnstiftung ist daher das zentrale Ziel des Konzepts »Selbst-Er-forschend Philosophieren«, die daher dieses als Ganzes und ebenfalls die einzelnen Unterrichtsstunden, in denen das Konzept realisiert wird, essenziell prägt. (vgl.: 1. Kapitel, 1. Teil) Besonders relevant ist dabei das themenzentrierte Schülergespräch, da diese stark schülerorientierte Gesprächsform sinnstiftende Kommunikation im Sinne eines problem- und erfahrungsbezogen, kontextsensitiv und gleichzeitig analytisch tief greifenden Philosophierens möglich macht. Daher ist das themenzentrierte Schülergespräch eines der Primärmedien des Konzepts und als solches z. B. eine zentrale Komponente der diskursiv-dialektischen Methode. (vgl.: 4. Kapitel, 2. Teil, 2. Abschnitt)

Methodenvielfalt: Wenn eine Vielfalt von Unterrichtsmethoden zielgerichtet eingesetzt wird, »[...] wenn die Verlaufsformen des Unterrichts variabel gestaltet werden und das Gewicht der Grundformen des Unterrichts ausbalanciert ist [...]«[14], ist der Unterricht methodenvielfältig zu nennen. Der Forderung nach Methodenvielfalt wird durch das Konzept »Selbst-Er-forschend Philosophieren« entsprochen, weil die fünf konzeptkonstitutiven Unterrichtsmethoden – die phänomenologisch-analytische, die kontemplativ-kritische, die diskursiv-dialektische, die narrativ-hermeneutische und die narrativ-performative Methode – ziel- und phasenbezogen sind sowie gut aufeinander abgestimmt im Wechsel zur Anwendung kommen. Damit wird, wie bereits dargelegt, auch dem fachdidaktischen Konsens hinsichtlich der im Philosophieunterricht anzustrebenden Methodenvielfalt entsprochen. Dies sollte ebenfalls durch die im dritten Teil dieses Kapitels vorgelegte konkrete Unterrichtsplanung untermauert werden. Außerdem wurde im vierten Kapitel darauf hingewiesen, dass die spezifische Verlaufsform des Selbst-Er-forschenden Philosophierens eine variable und schülerorientierte Gestaltung ermöglicht, weil z. B. die vierte Phase, der Erkenntnistransfer, je nach vorhandenen Schülerbefindlichkeiten modifiziert oder sogar weggelassen werden kann. (vgl.: 4. Kapitel, 2. Teil, 1. Abschnitt) Obwohl es sich beim Selbst-Er-forschenden Philosophieren um eine Form der Projektarbeit handelt, gibt es außerdem zumindest eine Balance zwischen zwei der vier Grundformen des Unterrichts (gemeinsamer Unterricht, individualisierender Unterricht, direkte

---

12   Vgl.: Breitenstein, P., Rohbeck, J.: *Philosophie.* S. 445.
13   Meyer, H.: *Was ist guter Unterricht?* S. 67.
14   Ebd. S. 74.

instruktion und kooperativer Unterricht), nämlich zwischen dem individualisierten und dem kooperativen Arbeiten. (vgl.: 4. Kapitel, 3. Teil)[15]

Individuelles Fördern: Individuelle Förderung erfordert einen Unterricht, der darauf angelegt ist, jedem Schüler bzw. jeder Schülerin die Möglichkeit zu geben, »[...] (1) [...] sein motorisches, intellektuelles, emotionales und soziales Potenzial umfassend zu entwickeln (2) und sie bzw. ihn dabei durch geeignete Maßnahmen zu unterstützen [...].«[16] In diesem Sinne fördert das Selbst-Er-forschende Philosophieren, weil durch seine vielfältig angelegten Methoden das motorische Potenzial (z. B. narrativ-performative Methode), das intellektuelle Potenzial (z. B. kontemplativ-kritische Methode), das soziale Potenzial (z. B. diskursiv-dialektische Methode) gefördert wird. Auf die emotionale Entwicklung hat dagegen sicherlich das Gesamtanliegen des Konzepts, die Persönlichkeitsbildung, einen positiven Einfluss. Zudem ist durch das Konzept vorgesehen, dass die Schülerinnen und Schüler in einem gewissen Rahmen nach ihrem eigenem Tempo arbeiten und daher u. a. genug »[...] Freiräume zum eigenen Denken [...]«[17] haben. Schließlich besteht eine wesentliche Aufgabe des Lehrers bzw. der Lehrerin als Lernprozessbegleiter darin, die Schülerinnen und Schüler durch geeignete Hilfestellungen individuell zu unterstützen. (vgl.: 4. Kapitel, 3 Teil) Wie diese allerdings konkret aussehen können oder müssen, ergibt sich erst aus der praktischen Erprobung des Konzepts, da erst hier die nicht antizipierbaren, für die Schülerinnen und Schüler schwierigen Aspekte des Selbst-Er-forschenden Philosophierens offenkundig werden.

Intelligentes Üben: Üben bedeutet, dass im Unterricht richtig rhythmisiert, passgenaue Übungsaufgaben mit Hilfestellungen gestellt und Lernstrategien vermittelt werden. In diesem Sinne wird beim Selbst-Er-forschenden Philosophieren sicherlich nicht geübt. Dennoch kann in einem gewissen Sinne von intelligentem Üben beim Selbst-Er-forschenden Philosophieren gesprochen werden, weil die Schülerinnen und Schüler vor allem die einzelnen Methoden und Elemente derselben nicht nur einmal sondern mehrmals bzw. variiert anwenden und so Methodenwissen, also normativ- und empirisch-interrogatives philosophisches Wissen erlangen (vgl.: 4. Kapitel, 2. Teil, 2. Abschnitt sowie 5. Kapitel, 1. Teil, 1. Abschnitt).[18]

Transparente Leistungserwartungen: Wie im fünften Kapitel dargelegt, ist das Konzept »Selbst-Er-forschend Philosophieren« bildungstheoretisch, fachdidaktisch und bildungspolitisch anschlussfähig, so dass in dieser Hinsicht nichts gegen eine Umsetzung desselben im Schulunterricht spricht. Wie nachfolgend im dritten Teil dieses Kapitels dargelegt wird, soll das Konzept »Selbst-Er-forschend Philosophieren« aber vor allem im Rahmen eines Projektkurses im gymnasialen Oberstufenphiloso-

---

15   Vgl.: Meyer, H.: *Unterrichtsentwicklung.* S. 42; Meyer, H.: *Was ist guter Unterricht?* S. 79.

16   Meyer, H.: *Unterrichtsentwicklung.* S. 97.

17   Breitenstein, P., Rohbeck, J.: *Philosophie.* S. 445.

18   Vgl.: Ebd. S. 445; Meyer, H.: *Was ist guter Unterricht?* S. 105.

phieunterricht umgesetzt werden. Da Projektkurse »[...] mit der Gewichtung von Grundkursen in die Gesamtqualifikation [für das Abitur, Zusatz S. G.] eingebracht werden [...]«[19] entsteht für die zu erbringenden Leistungen der Schülerinnen und Schüler die Notwendigkeit einer transparenten Leistungsbeurteilung. Dies ist bezüglich eines stark persönlichkeitsbezogenen Philosophierens, wie es das Selbst-Er-forschende Philosophieren vorsieht, insofern ein problematischer Punkt, da hierdurch drei wichtige Fragen aufgeworfen werden, nämlich erstens die Frage danach, wie die sehr persönlichen Lernleistungen und -produkte, z. B. die (auto-) biografische Repräsentationserzählung, angemessen beurteilt werden können und zweitens, noch grundsätzlicher, ob man das, was bei Selbst-Er-forschenden Philosophieren von den Schülerinnen und Schülern geleistet wird, überhaupt beurteilen sollte. Damit verbunden, stellt sich außerdem drittens die Frage, ob die Leistungsbeurteilung nicht das Selbst-Er-forschende Philosophieren untergräbt, weil die Schülerinnen und Schüler nicht frei und authentisch bei der Sache sind, sondern sich z. B. von einem Leistungskalkül leiten lassen. Hinsichtlich der Frage, ob in Projekten und entsprechenden Kursen geprüft und zensiert werden soll, gibt es zahlreiche Pro- und Contra-Argumente, von denen Frey einige wichtige auflistet.[20] Tatsächlich widerspricht die Leistungsbeurteilung nicht dem Selbst-Er-forschenden Philosophieren und es unterminiert dieses aller Voraussicht nach auch nicht, was jedoch einer genaueren empirischen Überprüfung bedarf. Denn ganz grundsätzlich kann ein Lernprodukt, z. B. die (auto-) biografische Repräsentationserzählung oder ihre Performance, unabhängig von seinem spezifischen Inhalt allein nach formalen Kriterien beurteilt werden. Dies ist im Philosophieunterricht, z. B. bezogen auf persönliche Unterrichtsbeiträge, wie beispielsweise die von den Schülerinnen und Schülern vorgebrachten Argumente zur Unterstützung ihrer eigenen Meinung, üblich und kann den Schülerinnen und Schülern so auch transparent gemacht werden. Diesbezüglich ist auch auf das konstitutive Konzeptprinzip »Wahrheitsorientierung« zu verweisen, weil es explizit fordert, dass die Schülerinnen und Schüler sachlich korrekt philosophieren. (vgl.: 4. Kapitel, 1. Teil, 1. Abschnitt) Die Möglichkeit, im Zweifelsfall rein nach formalen Kriterien zu beurteilen, betrifft letztlich alle Leistungen, die im Projektkurs zur zu erbringenden Projektdokumentation (»ergebnisbezogener Teil«) und der in der Regel zugehörigen Präsentation und schriftlichen Erläuterung gehören. Sie besteht aber auch für die Beurteilung im Bereich der «sonstigen Mitarbeit«. Diese »[...] beinhaltet Unterrichtsbeiträge,

---

19 https://www.schulministerium.nrw.de/docs/Schulsystem/Schulformen/Gymnasium/Sek-II/FAQ-Projekt-kurse/index.html (20. 03. 2018); vgl.: Blesenkemper, K.: *Projektkurse als neue Möglichkeit Anwendungsorientierten Philosophierens.* In: Fachverband Philosophie Mitteilungen 2011, 51/2011. S. 57.

20 Vgl.: Frey, K.: *Die Projektmethode. »Der Weg zum bildenden Tun«.* 11. Auflage. Weinheim/Basel: Beltz 2010. S. 168–169.

Organisations- und Planungsleistungen, Portfolio-Arbeit u. ä. [...].«[21] Bewertet werden können die Beiträge der Schülerinnen und Schüler beim Selbst-Er-forschenden Philosophieren also entweder nach gängigen fachlichen Kriterien (z. B. die im nordrheinwestfälischen Kernlehrplan ausgewiesenen Anforderungsbereiche I-III) oder auch nach konzeptinternen Kriterien, die z. B. für die Qualität einer (auto-) biografischen Repräsentationserzählung bereits vorliegen (vgl.: narrativ-hermeneutische Methode, 4. Kapitel, 2. Teil, 2. Abschnitt, 2. Unterabschnitt), für andere Lernprodukte jedoch noch genauer ausgearbeitet werden müssen. Transparente Leistungserwartungen und eine entsprechende Leistungsbeurteilung sind also auch beim Selbst-Er-forschenden Philosophieren möglich, weil den Schülerinnen und Schülern ein an den Richtlinien (z. B. Kernlehrplan für Philosophie in Nordrhein-Westfalen) ausgerichtetes Lernangebot gemacht werden kann, weil die sich daraus ergebenden Anforderungen von dem Lehrer bzw. der Lehrerin verständlich kommuniziert werden können und weil, wie dargelegt, Leistungskontrollen und entsprechende Rückmeldungen möglich sind, ohne die Persönlichkeit der Schülerinnen und Schüler zu verletzen.[22]

Vorbereitete Lernumgebung: Eine vorbereitete Umgebung liegt vor, wenn Klassen-, Kurs- oder Projekträume »[...] (1) eine gute Ordnung, (2) eine funktionale Einrichtung (3) und brauchbares Lernwerkzeug bereithalten, sodass Lehrer und Schüler (4) den Raum zu ihrem Eigentum machen, (5) eine effektive Raumenergie praktizieren (6) und erfolgreich arbeiten können.«[23] All dies trifft auf das Sprach-Beobachtungs-Denkraum-Konzept zu, das ein wesentlicher Bestandteil des Konzepts »Selbst-Er-forschend Philosophieren« ist. (vgl.: 4. Kapitel, 2. Teil, 3. Abschnitt) Denn das Sprach-Beobachtungs-Denkraum-Konzept sieht vor, dass der Unterrichtsraum bzw. genauer der Projektraum erstens klar, und zwar dreifach gegliedert und damit methodenadäquat strukturiert ist, so dass dieser den Erfordernissen gerecht wird, die insbesondere aus den interaktionsbezogenen Konzeptprinzipien entspringen. (vgl.: 4. Kapitel, 1. Teil, 1. Abschnitt) Außerdem ist er zweitens funktional eingerichtet, weil er den Schülerinnen und Schülern u. a. verschiedene Arbeitsplätze (Computerplätze, Leseecken, eine Bühne, Raum für eine Diskussionsrunde etc.) anbietet. Darüber hinaus ist er drittens mit dem notwendigen Lernwerkzeug ausgestatten, also vor allem mit zentralen Medien, wie Büchern, Zugängen zum Internet, Flipcharts etc. und aus dem Sprach-Beobachtungs-Denkraum-Konzept geht schließlich auch hervor, dass der Projektraum gemütlich (z. B. gemütliche Lese- und Nachdenkecken, Sofas) sein sollte, damit die Schülerinnen und Schüler dort gerne lernen bzw. philosophieren.[24]

---

21 https://www.schulministerium.nrw.de/docs/Schulsystem/Schulformen/Gymnasium/Sek-II/FAQ-Projekt-kurse/index.html (20. 03. 2018).

22 Vgl.: Ebd.; Meyer, H.: *Was ist guter Unterricht?* S. 114.

23 Meyer, H.: *Was ist guter Unterricht?* S. 121.

24 Vgl.: Ebd. S. 120–126.

Vorheriges macht hoffentlich plausibel, dass der gemäß dem Konzept »Selbst-Er-forschend Philosophieren« durchgeführte Philosophieunterricht den zehn Merkmalen guten und effektiven Unterrichts gerecht werden kann, wenn er richtig durchführt wird. Der vorherige Entsprechungsnachweis zeigt hoffentlich zudem auch, dass insbesondere die im vierten Kapitel zu diesem Zweck etablierten Konzeptprinzipien dazu einen wesentlichen Beitrag leisten.

Sollte die theoretische Reflexion des Konzepts »Selbst-Er-forschend Philosophieren« erfolgreich sein, was sie erst dann ist, wenn auch Dritte die hier aufgestellten Behauptungen und Nachweise hinsichtlich der Entsprechung der internen und externen Kriterien teilen, dann hat das Konzept eine erste wichtige Hürde hin zur Verwirklichung in der Schulpraxis genommen.

II. Empirische Erprobung

Die zweite Hürde, die das Konzept »Selbst-Er-forschend Philosophieren« auf dem Weg in die Unterrichtspraxis nehmen muss, ist die praktische Erprobung des Konzepts, d. h. die empirische Überprüfung der zentralen Annahmen und des funktionalen Zusammenwirken der Konzeptelemente.

Da das Konzept »Selbst-Er-forschend Philosophieren« sehr facettenreich ist, ermöglicht und erfordert es eine Vielzahl an empirischen Erprobungen bzw. Überprüfungen. Nachfolgend sollen jedoch nur die Erprobungsansätze kurz benannt und erläutert werden, die im Hinblick auf eine erfolgreiche Implementation des Konzepts in die Schulpraxis notwendig sind.

Tiedemann zufolge besteht bezüglich der Gehalte der Philosophiedidaktik vor allem ein Erkenntnisinteresse hinsichtlich der Akzeptanz, der Relevanz, der Effizienz, der Kompatibilität und der Exploration. Aus seiner Sicht ist »[e]s […] daher sehr zu begrüßen, dass die Philosophiedidaktik eine kritische und selbstkritische Integration empirischer Unterrichtsforschung vorantreibt.«[25] Dies gilt nicht nur für philosophie-didaktische Innovationen, sondern auch für bereits etablierte Methoden, Verfahren, Vorgaben, Angebote etc. Mit den von Tiedemann benannten Forschungsansätzen

---

25 Tiedemann, M.: *Erste Erfolge und drängende Aufgaben.* S. 164; vgl.: Runtenberg, C.: *Zeitgemäße philosophische Bildung und empirische Unterrichtsforschung.* In: Martens, E. (Hrsg.): *Empirie und Erfahrung im Philosophie und Ethikunterricht.* Hannover: Siebert 2017. S. 44; Tiedemann, M.: *Ein Pionierversuch aus dem Bereich der Effizienzforschung.* In: Rohbeck, J., Thurnherr, U. und Steenblock, V. (Hrsg.): Empirische Unterrichtsforschung und Philosophiedidaktik. Dresden: Thelem 2009 (= *Jahrbuch für Didaktik der Philosophie und Ethik* 2008). S. 83–87.

lassen sich die für die Erprobung des Konzepts »Selbst-Er-forschend Philosophieren« notwendigen Forschungsvorhaben strukturiert angeben und erläutern.[26]

Kompatibilitätsforschung: Ganz grundsätzlich gilt es für das Konzept »Selbst-Er-forschend Philosophieren« zunächst zu überprüfen, ob es, wie behauptet, mit den gängigen, bundeslandspezifischen Schul- und Unterrichtsstrukturen kompatibel ist. Dies gilt besonders für die persönliche Variante des Konzepts (vgl.: 4. Kapitel, 2. Teil, 1. Abschnitt). Vorrangig sollte aber überprüft werden, ob die Standardvariante, wie vorgesehen, im Rahmen der in Nordrhein-Westfalen möglichen Projektkurse realisierbar ist. Die diesbezüglichen Ergebnisse ermöglichen nämlich sicherlich erste solide Antizipationen hinsichtlich der Realisierung des Konzepts in anderen Unterrichtszusammenhängen. Folglich ist anschließend auch zu erheben, inwieweit die Umsetzung des Konzepts an anderen schulischen Orten bzw. in anderen schulischen Zusammenhängen[27], z. B. Projektwochen, Arbeitsgemeinschaften oder auch im Fachunterricht möglich ist. (vgl.: 6. Kapitel, 3. Teil, 1. Abschnitt) Diesbezüglich ist auch zu überprüfen, welchen Entwicklungsstand das Selbst-Er-forschende Philosophieren bei den Schülerinnen und Schülern notwendig voraussetzt. Es ist also zu klären, ob das Selbst-Er-forschende Philosophieren ein bestimmtes Entwicklungsalter zur Bedingung hat und deswegen beispielsweise nur, wie angenommen, in der gymnasialen Oberstufe umgesetzt werden kann und sollte, oder ob es in bestimmten didaktisch reduzierten Spielarten auch in den unteren Jahrgängen angewandt werden kann. Schließlich sollte bezüglich der bereits diskutierten Frage nach der Angemessenheit und Praktikabilität von Leistungsbeurteilungen beim Selbst-Er-forschenden Philosophieren auch die Kompatibilität des Konzepts hinsichtlich der schulischen und fachlichen Standards der Lernerfolgsüberprüfung und Leistungsbeurteilung erforscht werden.[28]

Akzeptanzforschung: Neben der Erforschung der Kompatibilität des Konzepts »Selbst-Er-forschend Philosophieren« ist besonders die Erforschung der Akzeptanz desselben bei a) den Schülerinnen und Schülern, b) den Eltern, c) den Lehrerinnen und Lehrern, insbesondere bei den Schulleitungen, und schließlich d) den bildungspolitischen und ministerialen Entscheidungsträgern/innen notwendig, da das Konzept, insbesondere die von der Standardvariante abweichende persönliche Variante, wie bereits mehrfach herausgestellt, ein sehr persönlichkeitssensibles Philosophieren vorsieht und sich daher möglicherweise mit bestimmten Vorbehalten und Befürchtungen konfrontiert sieht, die ggf. seiner Realisierung entgegenstehen. Ein

---

26 Vgl.: Tiedemann, M.: *Philosophie und empirische Bildungsforschung.* S. 49–55.

27 Projektkurse, Arbeitsgemeinschaften und auch der Fachunterricht finden immer an einem bestimmten räumlichen Ort und meisten in der Schule statt, dennoch macht die Redeweise von »Ort« nur metaphorisch Sinn, da es sich beim Projektkurs, Fachunterricht etc. eigentlich um einem Lernzusammenhang handelt, weil der Projektkurs wie der Fachunterricht etc. in der Regel nicht notwendig an einen bestimmten Ort gebunden sind.

28 Vgl.: Tiedemann, M.: *Philosophie und empirische Bildungsforschung.* S. 52–53.

möglicher Forschungsansatz in diesem Forschungsfeld, der die entsprechende Kompatibilitätsforschung sinnvoll ergänzen würde (s. o.), könnte sich z. B. auf die Akzeptanz von Leistungsbewertungen beim Selbst-Er-forschenden Philosophieren konzentrieren.[29]

Relevanzforschung: Mit dem Konzept »Selbst-Er-forschend Philosophieren« ist die These verbunden, dass es einen besonderen Beitrag zur Persönlichkeitsbildung und individuellen Sinngebung zu leisten vermag, indem es die Schülerinnen und Schüler hierzu nicht nur sensibilisiert, sondern auch, im Sinne eines entsprechenden Kompetenzerwerbs, langfristig befähigt. Folglich gilt es vor allem anderen empirisch zu überprüfen, ob das Selbst-Er-forschende Philosophieren wirklich einen relevanten Beitrag zur Persönlichkeitsbildung von Kindern und Jugendlichen leistet.[30]

Effizienzforschung: Das in der Philosophiedidaktik, sicherlich aus guten Gründen (vgl.: 5. Kapitel, 3. Teil), umstrittenste und folglich bisher am wenigsten bearbeitet Forschungsfeld ist das der Effizienzforschung. »Effizienzforschung beginnt dort, wo es darum geht, den Wirkungsgrad einer Intervention zu klassifizieren.«[31] Sie ist daher auch für das Selbst-Er-forschende Philosophieren von besonderer Bedeutung. So ist vor allem zu überprüfen, ob die angegebenen Konzeptziele durch die entwickelten fünf konstitutiven Methoden einerseits und im entwickelten Verlauf des Selbst-Er-forschenden Philosophierens andererseits im Sinne eines entsprechenden Kompetenzerwerbs wirklich erreicht werden. Ebenso gilt es zu überprüfen, inwiefern der durch das Sprach-Beobachtungs-Denkraum-Konzept beschriebene Unterrichtsraum zum Erreichen der Konzeptziele beiträgt und die Güte der Lernergebnisse der Schülerinnen und Schüler positiv beeinflusst. Kontrovers wird hierbei besonders die Frage sein, ob und wie die durch das Konzept angestrebte Förderung der Urteils- und Verstehenskompetenz (vgl.: 4. Kapitel, 1. Teil, 2. Abschnitt und 5. Kapitel, 1. Teil, 1. Abschnitt) unter Berücksichtigung des von Steenblock geforderten Primats des Qualitativen erforscht werden können oder ob sich diese Kompetenzen unter derartigen Bedingungen prinzipiell einer empirischen Erforschung entziehen. Dies gilt besonders auch für die persönlichkeitsbezogene Sinnerzeugung, die das zentrale Ziel des Konzepts darstellt. Von dieser zentralen Forschungsperspektive abgesehen ist, wie bereits erwähnt, auch die Güte des Unterrichts, der dem Konzept »Selbst-Er-forschend Philosophieren« entspringt, nicht nur theoretisch-reflexiv (vgl.: 6. Kapitel, 1. Teil), sondern auch

---

29   Vgl.: Ebd. S. 49–50.
30   Vgl.: Ebd. S. 50–52.
31   Vgl.: Ebd. S. 52.

empirisch-praktisch im Rahmen einer auf die zehn Gütekriterien eines guten und effektiven Unterrichts ausgerichteten Effizienzforschung zu überprüfen.[32]

Um das Selbst-Er-forschende Philosophieren tatsächlich im gymnasialen Philosophieunterricht realisieren zu können und um es in den zuvor skizzierten Hinsichten und Forschungsfeldern empirisch erproben zu können, ist eine unterrichtspraktische Konkretisierung des Konzepts notwendig, die daher nachfolgend dargelegt wird.

III. Unterrichtspraktische Konkretion

Für die empirische Erprobung des Konzepts »Selbst-Er-forschend Philosophieren« und, sollte diese erfolgreich ausfallen, für die praktische Umsetzung desselben, sind konkrete Empfehlungen und Anleitungen notwendig, die als Grundlage sowohl für die Ausgestaltung des jeweiligen Forschungsdesigns als auch für die konkrete Gestaltung des jeweiligen Philosophieunterrichts dienen können. Nachfolgend werden daher zum einen Empfehlungen zu den Orten und den Arten der Umsetzung des Konzepts in der Schulpraxis gegeben und zum anderen wird ein konkreter Verlaufsplan für Umsetzung im Philosophie- bzw. Projektunterricht vorgestellt. Alles dies bezieht sich auf die Standartvariante des Selbst-Er-forschenden Philosophierens (vgl.: 4. Kapitel, 2. Teil, 1. Abschnitt), weswegen insbesondere die Arbeitsanweisungen modifiziert werden müssen, wenn eine Realisierung der sehr persönlichen Variante angestrebt wird.

1.   Orte und Arten der Umsetzung

Philosophisches Fragen und Denken ist Teil jedes Lebensalters. »[...] [D]ie Philosophie [ist] immer *dort*, wo Menschen sich im Denken zu orientieren suchen [...].«[33] Für die Orte des Philosophierens gilt daher: »Philosophiert wird sowohl in schulischen und akademischen Institutionen als auch an diversen öffentlichen und privaten Orten, in denen Diskurse über philosophische Fragen geführt werden.«[34] Auch wenn das Konzept »Selbst-Er-forschend Philosophieren« an verschiedenen Orten bzw. in

---

32 Vgl.: Steenblock, V.: *»Es gibt eine richtige Antwort!«? Überlegungen zu Leistungsbegleitung und Unterrichtsforschung. In:* Martens, E. (Hrsg.): *Empirie und Erfahrung im Philosophie und Ethikunterricht.* Hannover: Siebert 2017. S. 199, 206; Tiedemann, M.: *Erste Erfolge und drängende Aufgaben.* S. 164; Tiedemann, M.: *Philosophie und empirische Bildungsforschung.* S. 52.

33 Steenblock, V.: *Orte des Philosophierens.* In: Nida-Rümelin, J. et al. (Hrsg.): *Handbuch Philosophie und Ethik. Band I: Didaktik und Methodik.* Paderborn: Schöningh 2015. S. 30.

34 Thein, C.: *Verstehen und Urteilen im Philosophieunterricht.* Opladen/Berlin/Toronto: Budrich 2017 (= *Wissenschaftliche Beiträge zur Philosophiedidaktik und Bildungsphilosophie*, Bd. 3). S. 11.

verschiedenen Zusammenhängen[35] umgesetzt werden kann, ist es dennoch primär für den Schulunterricht, genauer für den Philosophieunterricht in der gymnasialen Oberstufe konzipiert worden, woraus sich eine klare Einschränkung hinsichtlich der Zielgruppe und des konkreten Ortes des Selbst-Er-forschenden Philosophierens ergibt. Die nachfolgende Darstellung der Orte und Arten der Umsetzung des Konzepts beschränkt sich daher auf den schulischen Kontext.[36]

Projektkurs: Der primäre Ort der Umsetzung des Konzepts »Selbst-Er-Forschend Philosophieren« sollte, wie bereits erwähnt, der Projektkurs sein. Ob dieser tatsächlich geeignet ist, bedarf allerdings, wie ebenfalls bereits dargelegt, einer empirischen Überprüfung. Vom Ministerium für Schule und Bildung des Landes Nordrhein-Westfalen wird der Projektkurs wie folgt definiert:

> [...] Projektkurse sind [...] auf Förderung der individuellen Kompetenzen angelegt. Der Schwerpunkt liegt in den Projektkursen auf Förderung der wissenschaftspropädeutischen Kompetenzen, sie sollen daher selbstständiges, strukturiertes und kooperatives Arbeiten sowie Darstellungskompetenz fördern. Der Unterricht soll projektorientiert angelegt sein und ggf. auch außerschulische Lernorte einbeziehen. Als Zugangsvoraussetzung wird ein Referenzfach festgelegt, das in der Qualifikationsphase als Grund- oder Leistungskurs belegt sein muss. Projektkurse werden im Umfang von zwei Grundkursen auf die Belegung angerechnet. Das Ergebnis des Projektkurses kann als ein Bestandteil der »Besonderen Lernleistung« in das Abitur eingebracht werden. [...][37]

Für die Umsetzung des Konzepts ist der Projektkurs insofern der geeignete Ort bzw. das geeignete Kurs-Format, als dass dieser erstens nicht zur Fächerobligatorik der gymnasialen Oberstufe gehört, sondern ein freiwilliges Angebot ist, welches bezogen auf das persönlichkeitsbezogene und daher sehr sensible Selbst-Er-forschende Philosophieren bedeutet, dass kein Schüler bzw. keine Schülerin hierzu gezwungen wird. Zweitens korrespondiert die für den Projektkurs vorgegebene Förderung des »[...] selbstständige[n], strukturierte[n] und kooperative[n] Arbeiten[s] sowie [der; Zusatz S. G.] Darstellungskompetenz [...]«[38] eindeutig mit den Zielen des Selbst-Er-forschenden Philosophierens. (vgl.: 4. Kapitel, 1. und 3. Teil) Drittens entspricht die Vorgabe eines »projektorientierten Unterrichts« der Projektstruktur des Selbst-Er-

---

35   Vgl.: Fußnote 27.

36   Vgl.: Steenblock, V.: *Philosophische Bildung als Arbeit am Logos.* In: Nida-Rümelin, J. et al. (Hrsg.): *Handbuch Philosophie und Ethik. Band I: Didaktik und Methodik.* Paderborn: Schöningh 2015. S. 59–60.

37   https://www.schulministerium.nrw.de/docs/Schulsystem/Schulformen/Gymnasium/Sek-II/FAQ-Oberstufe/FAQ05-Projektkurse/index.html (20. 03. 2018).

38   https://www.schulministerium.nrw.de/docs/Schulsystem/Schulformen/Gymnasium/Sek-II/FAQ-Oberstufe/FAQ05-Projektkurse/index.html (20. 03. 2018).

forschenden Philosophierens. Darüber hinaus kann viertens das Selbst-Er-forschende Philosophieren durch das für den Projektkurs notwendige Referenzfach direkt an den gymnasialen Oberstufenphilosophieunterricht angebunden werden. Dies ist zum einen mit dem Vorzug verbunden, dass die Schülerinnen und Schüler die im Philosophieunterricht erworbenen spezifisch philosophischen Kompetenzen, wie z. B. die im Kernlehrplan für das Fach »Philosophie« in Nordrhein-Westfalen beschriebenen Methoden- und Urteilskompetenzen, beim Selbst-Er-forschenden Philosophieren gewinnbringend aktualisieren und weiterentwickeln können. Die Anbindung an das Referenzfach »Philosophie« ist zum anderen aber auch von Vorteil, weil auf diese Weise das Selbst-Er-forschende Philosophieren, wie vorgesehen (vgl.: 5. Kapitel), auf die »Ziele und Standards« des Fachs »Philosophie« bezogen ist, aber dennoch »[...] ein spezifischer *Freiraum* bei der inhaltlichen Füllung [...]«[39] besteht, was der Umsetzung des Selbst-Er-forschenden Philosophierens sehr entgegenkommt, da es von der inhaltlichen Obligatorik des Fachs Philosophie und den Vorgaben für das Zentralabitur im Fach »Philosophie« eindeutig abweicht. Dies macht es gerade möglich, im Format des Projektkurses, mit dem Konzept »Selbst-Er-forschend Philosophieren« das Bildungsangebot des gymnasialen Philosophieunterrichts um den Aspekt des persönlichkeitsbezogenen, d. h. auf Persönlichkeitsbildung und individuelle Sinngebung abzielenden Philosophierens zu erweitern. Einen weiteren Vorteil bietet der Projektkurs fünftens, weil er »[...] im Umfang von zwei Grundkursen [...]«[40] belegt wird, so dass eine halbjahresübergreifende kontinuierliche Arbeit am jeweiligen Selbst-Er-forschungs-Projekt möglich ist und damit genug Zeit vorhanden ist, dieses erfolgreich durchzuführen. Damit wird den Schülerinnen und Schülern durch das Selbst-Er-forschende Philosophieren im Rahmen eines Projektkurses die, im regulären Philosophieunterricht nicht immer vorhandene, Zeit gegeben, ihre bisher erworbenen philosophischen Kompetenzen auf für sie bedeutsame existenzielle Konflikte anzuwenden. Schließlich ist der Projektkurs sechstens »produktorientiert«, was dem Selbst-Er-forschenden Philosophieren entgegenkommt, weil hierbei ein anspruchsvolles Lernprodukt erzeugt werden soll, nämlich die Konzeption, Niederschrift und Performance mindestens einer (auto-) biografischen Repräsentationserzählung. Dass das Ergebnis des Projektkurses auch als »Besondere Lernleistung« in das Abitur einfließen kann, wertet diesen nicht nur auf, sondern spornt einzelne Schülerinnen und Schüler ggf. zu einem besonderen Engagement an.[41]

Arbeitsgemeinschaft: Neben dem Projektkurs könnte das Selbst-Er-forschende Philosophieren auch in einer (philosophischen) Arbeitsgemeinschaft umgesetzt

---

39 Blesenkemper, K.: *Projektkurse als neue Möglichkeit Anwendungsorientierten Philosophierens.* S. 59.
40 https://www.schulministerium.nrw.de/docs/Schulsystem/Schulformen/Gymnasium/Sek-II/FAQ-Oberstufe/FAQ05-Projektkurse/index.html (20. 03. 2018).
41 Vgl.: Blesenkemper, K.: *Projektkurse als neue Möglichkeit Anwendungsorientierten Philosophierens.* S. 58–60.

werden, weil Arbeitsgemeinschaften freiwillig belegbare, außerunterrichtliche Angebote sind, die »[...] meist eine stringente Struktur bezüglich eines gesetzten Schwerpunktes [besitzen]. Die Teilnahme sollte daher in einem bestimmten, vorab festgelegten Zeitraum erfolgen, um eine Erweiterung von Fähigkeiten bzw. die Gestaltung eines Endproduktes zu gewährleisten.«[42] Der größte Vorteil der philosophischen Arbeitsgemeinschaft gegenüber dem Projektkurs ist die mit ihr verbundene Bewertungsfreiheit, denn »[a]ußerunterrichtliche Angebote wie die Arbeitsgemeinschaften bieten einen bewertungsfreien Raum [...].«[43] Der größte Nachteil der philosophischen Arbeitsgemeinschaft besteht dagegen in der mangelnden Verbindlichkeit, die u. a. aus der nicht vorgesehene Anbindung an die Ziele und Standards des Fachs »Philosophie« entsteht.

Projektwoche: Eine weitere Möglichkeit, das Selbst-Er-forschende Philosophieren in der Schule zu realisieren, ist die Projektwoche. Die Gründe, die für die Umsetzung des Konzepts im Rahmen einer Projektwoche sprechen, sind grundsätzlich die gleichen, wie die zuvor bei der (philosophischen) Arbeitsgemeinschaft benannten. Die Umsetzung des Konzepts in einer Projektwoche ist aber auch mit den gleichen Nachteilen verbunden. Einen zusätzlichen Nachteil stellt die zeitliche Beschränkung der Projektwoche dar und der Umstand, dass es in der Schulpraxis Usus ist, die Projektwochenergebnisse einer interessierten Öffentlichkeit, meist den Eltern, zu präsentieren. Dies stellt nämlich bezüglich der sehr persönlichen Lernprodukte, die beim Selbst-Er-forschende Philosophieren entstehen, ein Problem dar, weil wahrscheinlich die wenigsten Schülerinnen und Schüler ihre ggf. sehr persönlichen Selbst-Er-forschungs-Ergebnisse anderen, insbesondere ihren Eltern, vorstellen möchten.

Fachunterricht: Nicht zuletzt aus den vorherigen Erläuterungen sollte ersichtlich geworden sein, dass das Selbst-Er-forschende Philosophieren eher nicht dafür geeignet ist, im regulären Fachunterricht umgesetzt zu werden. Dennoch ist es wahrscheinlich möglich – hier ist allerdings eine entsprechenden empirische Unterrichtsforschung beispielsweise im Sinne einer Kompatibilitäts- oder Effizienzforschung notwendig –, einzelne Elemente desselben erfolgreich in die Gestaltung und Durchführung des gymnasialen Philosophieunterrichts einzubinden. Dies betrifft vor allem die fünf Methoden des Selbst-Er-forschenden Philosophierens, die Primärmedien und das Sprach-Beobachtungs-Denkraum-Konzept. Denn ein dreifach gegliederter Unterrichtsraum, wie ihn das Sprach-Beobachtungs-Denkraum-Konzept beschreibt, ist auch für die Durchführung des regulären Philosophieunterrichts wünschenswert, weil z. B. der Denkraum ein Ort ist, an dem die Schülerinnen und Schüler schon durch seine Gestaltung aufgefordert werden, in Ruhe, also ungestört, nachzudenken, was

---

42 https://www.schulentwicklung.nrw.de/orientierungshilfe-g8/entwicklungsfelder/erweiterte-bildungsangebote/arbeitsgemeinschaften/arbeitsgemeinschaften.html (20. 03. 2018).
43 Ebd.

wiederum etwas ist, das im hektischen Schul- und damit Unterrichtsalltag oft zu kurz kommt und möglicherweise (vgl.: Ansätze zur empirische Erprobung) die Güte der Denkresultate der Schülerinnen und Schüler erhöht. Da der Philosophieunterrichtsraum in der Regel ein wenig vorbereiteter Raum und vor allem ein Sprachraum ist, überrascht es nicht, dass die Arbeit mit einem bewusst gestalteten Philosophieraum, insbesondere mit einem Denkraum oder einem Beobachtungsraum, in dem man «nur» beobachtet, im regulären Philosophieunterricht bislang nicht bzw. äußerst selten stattfindet. Die Primärmedien, insbesondere das Denktagebuch, finden dagegen bereits Anwendung im regulären Philosophieunterricht, könnten aber, im Falle der (auto-) biografischen Texte, gerade wegen ihres im fünften Kapitel dargelegten Potenzials sicherlich einen höheren Stellenwert haben. Die Methoden des Selbst-Er-forschenden Philosophierens lassen sich schließlich ebenfalls aus dem Konzept herauslösen bzw. so zweckentfremden, dass sie als einzelne Elemente im regulären Philosophieunterricht verwendet werden können, was natürlich bezogen auf die Methoden und ihren Kompetenzbezug bedeutet, dass sie je nach Zweckentfremdung ihre spezifische Färbung durch ihren Bezug zum Konzept »Selbst-Er-forschend Philosophieren« und zur existenziell-performativen Hermeneutik Arendts verlieren. Ist man bereit, dies in Kauf zu nehmen, dann kann z. B. die phänomenologisch-analytische Methode im Philosophieunterricht dazu eingesetzt werden, Fakten aller Art für anschließende Denkprozesse aufzubereiten. Denn das dreischrittige Verfahren der genauen Beobachtung, analytischen Durchdringung und abstrakten Beschreibung lässt sich prinzipiell auf konkrete wie abstrakte Entitäten, also z. B. auf Ereignisse, Artefakte, andere Lebewesen, Abstrakta (z. B. Träume) etc., anwenden. Die Anwendung der kontemplativ-kritischen Methode ist dagegen, z. B. in Kombination mit der phänomenologisch-analytischen Methode, auf Unterrichtskontexte beschränkt, in denen es um personenbezogene ethische Problemstellungen geht (bspw. Inhaltsfeld IV: »Werte und Normen des Handelns«[44], insbesondere Schwerpunkt: »Verantwortung in ethischen Anwendungskontexten«[45]). Die diskursiv-dialektische Methode kann wiederum, ähnlich wie die phänomenologisch-analytische Methode, relativ universal im Philosophieunterricht eingesetzt werden, denn das durch sie vorgesehene vierschrittige Verfahren kann nicht nur dazu eingesetzt werden, eine Persönlichkeit zu beurteilen, sondern grundsätzlich auch, um sich zu jedem anderen philosophisch relevanten Sachverhalt ein möglichst repräsentatives Urteil zu bilden. Dem konzeptunabhängigen Einsatz der narrativ-hermeneutischen Methode sind dagegen ebenfalls enge Grenzen gesetzt. So lässt sich auch diese Methode bevorzugt bei der unterrichtlichen Thematisierung von ethischen Problemstellungen zum besseren Verständnis

---

44 https://www.schulentwicklung.nrw.de/lehrplaene/upload/klp_SII/pl/KLP_GOSt_Philosophie.pdf (03. 03. 2018). S. 29.
45 Ebd.

des Handelns von Personen einsetzen. Sollte man diese Methode dagegen vielfältiger einsetzen wollen, was theoretisch möglich ist, müssten die diegetischen Vorgaben für die anzufertigende Repräsentationserzählung objektspezifisch verändert werden, so z. B., wenn es darum geht, ein bestimmtes ethisch relevantes Ereignis zu verstehen. In diesem Fall stellt sich dann allerdings die Frage, ob man noch von der durch das Konzept beschriebenen narrativ-hermeneutischen Methode sprechen kann oder ob es sich bereits um eine andere Methode handelt.[46] Ähnliches gilt schließlich auch für die narrativ-performative Methode, da diese eng mit der narrativ-hermeneutischen Methode verbunden ist.

2.   Anleitungen für die Schulpraxis

Mit jeder Unterrichtsinnovation, so auch mit der, die das Selbst-Er-forschende Philosophieren darstellt, ist die Intention verbunden, dass sie im Schulunterricht realisiert und verstetigt wird, also ihren Ort und ihre Bleibe in der Praxis findet. Um die tatsächliche Umsetzung und die zuvor skizzierten Ansätze zur Erprobung des Konzepts zu begünstigen, folgt nun ein detaillierter Unterrichtsverlaufsplan für die Durchführung des Selbst-Er-forschenden Philosophierens im Rahmen eines Projektkurses in der gymnasialen Oberstufe. Zum Verständnis des Verlaufsplanes bedarf es einiger zusätzlicher Hinweise:

1. Der Verlaufsplan besteht aus fünf Teilen und ist so angelegt, dass lediglich die konkreten Inhalte, die sich ja erst aus den Fragen und Problemen der Schülerinnen und Schüler ergeben, eingefügt werden müssen, um z. B. die Arbeitsanweisungen und Themen der einzelnen Stunden zu komplettieren.
2. Die fünf Teile des Verlaufsplanes bilden die fünf Phasen des Selbst-Er-forschenden Philosophierens ab, deren konkreter Verlauf somit in separaten Tabellen dargestellt wird, die Nummerierung der Unterrichtstunden und Arbeitsschritte geschieht dennoch tabellenübergreifend und somit fortlaufend.

---

46   Diesbezüglich ist anzumerken, dass sich aus Arendts politisch-philosophischem Denken Argumente für derartige Methodenveränderungen gewinnen lassen, da Arendts Philosophieren nicht nur, wenn auch wesentlich, personenbezogen ist, sondern z. B. auch ereignis- oder tätigkeitsbezogen.

3. Bezüglich der Arbeitsanweisungen sei angemerkt, dass hier Operatoren[47] angegeben werden, bei denen allerdings zwischen den Operatoren für das Fach »Philosophie«[48] in NRW (fett) und zusätzlich eingeführten Operatoren (fett und kursiv) unterschieden werden muss.

4. Für die Arbeitsanweisungen, Ziel- und Methodenzuordnungen in der vierten Phase, der des Erkenntnistransfers, gilt, dass diese in modifizierter Form aus der dritten Phase, der der Problemkonsolidierung, übernommen werden können, da sich lediglich der 12. Arbeitsschritt grundsätzlich unterscheidet. (vgl. 4. Kapitel, 2. Teil, Erläuterung der Verlaufsform des Selbst-Er-forschenden Philosophierens)

5. Bei der Angabe der schwerpunktmäßig eingesetzten Methoden ist der Hinweis »modifiziert« zu beachten, der auf die im vierten Kapitel gemachten Angaben zu den ggf. notwendigen phasenbezogenen Modifikationen der jeweiligen Methode verweist.

---

47 Ein Operator ist eine »Zielkonstante« für den Unterricht und dient der »*Transparenz* der Anforderungen«. Vgl.: Rolf, B.: *Formen der Lernerfolgsüberprüfung*. In: Pfister, J. und Zimmermann, P. (Hrsg.): *Neues Handbuch des Philosophieunterrichts*. Bern: Haupt 2016. S. 406–407; Thein, C.: *Operatoren im Philosophieunterricht*. In: Nida-Rümelin, J. et al. (Hrsg.): *Handbuch Philosophie und Ethik. Band I: Didaktik und Methodik*. Paderborn: Schöningh 2015. S. 325. Anzumerken ist diesbezüglich, dass die mittlerweile übliche Operationalisierung von Aufgabenstellungen in der Philosophiedidaktik kontrovers diskutiert wird, weil »[d]ie spezifischen Merkmale des Philosophieunterrichts – Kontroversität, Prozessualität und Ergebnisoffenheit – [...]« (Ebd. S. 325.) operationalisierten Aufgabenstellungen zu widersprechen scheinen.

48 Vgl.: Rolf, B.: *Formen der Lernerfolgsüberprüfung*. S. 406–407; https://www.standardsicherung.schulministerium. nrw.de/cms/zentralabitur-wbk/faecher/getfile.php?file=2287 (20. 03. 2018).

I. Phase: Problemetablierung

Stunde/Thema	Arbeitsschritt	Ziel/Inhalt	Methode	Arbeitsanweisungen, Arbeitsphasen, Räume
1. Was sind Existenzielle Erfahrungen und was sind existenzielle Probleme?[49]		- Klärung des Begriffs „existenzielle Erfahrung"		1. *Benennen* Sie, was Ihrer Meinung nach eine existenzielle Erfahrung ist. **(Einstieg im Sprachraum)** 2. *Beschreiben* Sie die gemeinsamen Merkmale von existenziellen Erfahrungen. **(Erarbeitung im Denkraum →[50] Präsentation im Sprachraum)** 3. *Tauschen* Sie sich über die gemeinsamen Merkmale existenzieller Erfahrungen *aus*, **analysieren** Sie diese hinsichtlich definitorischer Merkmale und **entwickeln** Sie eine intensionale und extensionale Definition. **(Erarbeitung im Denkraum → Präsentation im Sprachraum)**
2. Welche existenziellen Erfahrungen und Probleme betreffen mich?	1. Existenzielle Erfahrungen sammeln und artikulieren 2. Existenzielle Probleme benennen und Fragen formulieren	- eigene existenzielle Erfahrungen transparent machen - existenzielle Probleme benennen und Fragen formulieren	phänomenologisch-analytische **Methode** *(modifiziert)*	1. *Erläutern* Sie, was eine existenzielle Erfahrung (und was ein existenzielles Problem) auszeichnet. **(Einstieg im Sprachraum)** 2. *Stellen* Sie alle von Ihnen gemachten existenziellen Erfahrungen übersichtlich **dar** und beschreiben Sie wesentliche inhaltliche Aspekte derselben. **(Erarbeitung im Denkraum → Präsentation im Sprachraum)** 3. *Analysieren* Sie die von Ihnen gemachten existenziellen Erfahrungen hinsichtlich darin enthaltender existenzieller Probleme. **(Erarbeitung im Beobachtungs- und Denkraum → Präsentation im Sprachraum)** 4. *Benennen* Sie für die ermittelten existenziellen Probleme Oberkategorien und *ordnen* Sie die ermittelten existenziellen Probleme diesen Kategorien begründet *zu*. **(Erarbeitung im Denkraum → Präsentation im Sprachraum)** 5. *Formulieren* Sie Fragen, die für Sie mit den ermittelten existenziellen Problemen verbunden sind. **(Erarbeitung im Beobachtungs- und Denkraum → Präsentation im Sprachraum)**
3. Welches existenzielle Problem betrifft uns alle?	3. Untersuchungsgegenstand auswählen, Leitfrage formulieren	- eine Frage als Leitfrage auswählen - den Untersuchungsgegenstand festlegen	diskursiv-dialektische **Methode** *(modifiziert)*	1. *Sichten* Sie die von Ihren Mitschülern/innen ermittelten existenziellen Fragen und damit verbundenen existenziellen Problemstellungen. **(Einstieg im Beobachtungsraum)** 2. *Beurteilen* Sie, welche der ermittelten existenziellen Problemfragen (siehe vorherige Stunde) die für alle Kursteilnehmer/innen relevanteste Problemfrage ist. **(Erarbeitung im Denkraum → Präsentation im Sprachraum)** 3. *Erörtern* Sie, welche existenzielle Problemfrage dem gemeinsamen Selbst-Er-forschungs-Prozess zugrunde liegen sollte. **(Erarbeitung im Sprachraum)** 4. *Recherchieren* Sie Persönlichkeiten, die sich mit dem ausgewählten existenziellen Problem konfrontiert sahen und die zu Ihnen eine lebensweltliche Nähe aufweisen. **(Erarbeitung im Denkraum → Präsentation im Sprachraum)** 5. *Erörtern* und *entscheiden* Sie, welche Persönlichkeit Gegenstand des gemeinsamen Selbst-Er-forschungs-Prozesses sein sollte. **(Erarbeitung im Sprachraum)** 6. *Formulieren* Sie bezüglich der ausgewählten Persönlichkeit eine konkretisierte existenzielle Problemfrage. **(Erarbeitung im Denkraum → Präsentation im Sprachraum)**
4. Wie gehen wir vor?	4. Arbeitsplan erstellen	- Absprachen für das gemeinsame Philosophieren treffen		1. *Erarbeiten* Sie Vorschläge für Absprachen, die das gemeinsame Selbst-Er-forschenden Philosophieren regeln sollen. **(Erarbeitung im Denkraum → Präsentation im Sprachraum)** 2. *Erörtern* Sie die von Ihren Mitschülern unterbreiteten Vorschläge für notwendige Absprachen und *einigen* Sie sich auf verbindliche Regeln und einen verbindliche Ablauf für das Selbst-Er-forschende Philosophieren.[51] **(Erarbeitung im Sprachraum)**

Abbildung 23: *Umsetzung des Konzepts Phase 1 – Problemetablierung*

[49] Diese Stunde muss praktisch zweimal durchgeführt werden, da auch der Begriff „existenzielles Problem" von den Schülerinnen und Schülern geklärt und definiert werden muss. Dazu müssen die Arbeitsanweisungen natürliche leicht modifiziert werden.

[50] „→" = idealerweise darauf folgend

[51] Hier muss der Lehrer bzw. die Lehrerin ggf. regulierend eingreifen, um zu gewährleisten, dass der im vierten Kapitel entwickelte Verlauf des Selbst-Er-forschenden Philosophierens zumindest in seinem Kern umgesetzt wird. Absprachen bezüglich notwendiger Gesprächsregeln o. Ä. sind davon jedoch nicht betroffen.

II. Phase: Phänomenexploration

Stunde/Thema	Arbeitsschritt	Ziel/Inhalt	Methode	Arbeitsanweisungen, Arbeitsphasen, Räume
5. Welche Eigenschaften zeichnet die Persönlichkeit von XY[52] aus?	5. biografische Fakten sammeln und aufbereiten	- die persönlichkeitsbildenden Eigenschaften der ausgewählten Persönlichkeit analysieren und darstellen	phänomenologisch-analytische Methode	1. Welche biografischen Artefakte/Welches biografische Material können wir bezüglich der ausgewählten Persönlichkeit XY zusammentragen? **(Einstieg im Sprachraum)** 2. *Sammeln/Recherchieren* Sie biografisches Material zu der ausgewählten Persönlichkeit XY. **(Erarbeitung im Denkraum →** ggf.[53] **Präsentation im Sprachraum)** 3. *Wählen* Sie die geeignetsten biografischen Materialien begründet *aus.* **(Erarbeitung** im **Denkraum → Präsentation** im **Sprachraum)** 4. **Analysieren** Sie die ausgewählten biografischen Materialien hinsichtlich erkennbarer Indizien (Wörter, Phrasen etc.) für sich in diesen Materialien dokumentierende persönlichkeitsbildende Eigenschaften der Person XY. **(Erarbeitung im Denkraum)** 5. *Bestimmen* Sie ausgehend von den markierten Textstellen die persönlichkeitsbildenden Eigenschaften der Person XY, indem Sie diese begrifflich so genau wie möglich zu erfassen versuchen. **(Erarbeitung** im **Denkraum → Präsentation im Sprachraum)** 6. *Kategorisieren* Sie die ermittelten persönlichkeitsbildenden Eigenschaften, indem Sie diese den folgenden Kategorien begründet zuordnen: Überzeugungen, Werte, Ideale, Wünsche, Volitionen und Ziele **(Erarbeitung** im **Denkraum → Präsentation** im **Sprachraum)** 7. **Beschreiben** Sie die Persönlichkeit von XY mithilfe der erarbeiten persönlichkeitsbildenden Eigenschaften so genau wie möglich. **(Erarbeitung im Denkraum → ggf. Präsentation im Sprachraum)**

Abbildung 24: *Umsetzung des Konzepts Phase 2 – Phänomenexploration*

[52] Vgl.: Hinweis 1 (notwendige Konkretisierungen) zum Verlaufsplan.

[53] Das hier und an anderen Stellen eingefügte „ggf." soll darauf hinweisen, dass es im Sinne einer Zwischensicherung angebracht sein könnte, die von den Schülerinnen und Schülern erarbeiteten Ergebnisse gemeinsam zu besprechen und sich darüber auszutauschen. Ob dies tatsächlich sinnvoll ist, muss jedoch situationsabhängig von dem jeweiligen Lehrer bzw. der jeweiligen Lehrerin entschieden werden.

III. Phase: Problemkonsolidierung

Stunde/Thema	Arbeitsschritt	Ziel/Inhalt	Methode	Arbeitsanweisungen, Arbeitsphasen, Räume
6. Wie ist die Persönlichkeit von XY strukturiert?	6. Strukturen erfassen und Zusammenhänge verstehen, Kohärenz prüfen	- Rekonstruktion der Persönlichkeitsstruktur - Kohärenzprüfung der Persönlichkeitsstruktur	**kontemplativ-kritische Methode**	1. **Rekonstruieren** Sie die Persönlichkeitsstruktur von XY, indem Sie die persönlichkeitsbildenden Eigenschaften von XY in einem Fischgrätendiagramm hierarchisch **darstellen.** Gehen Sie wie folgt vor: a) *Schreiben* Sie in den Kopf des Diagramms die Handlung, die XY in der diskutierten Grenzsituation ausgeführt hat. b) Nutzen Sie zur Beschriftung der Fischgräten die bereits gebildeten Kategorien. c) *Ordnen* Sie die ermittelten persönlichkeitsbildenden Eigenschaften hierarchisch[54] den einzelnen Fischgräten *zu.* d) **Stellen** Sie die jeweilige Hierarchie durch eine Nummerierung der Eigenschaften **dar.** (**Erarbeitung** im **Denkraum →** ggf. **Präsentation** im **Sprachraum**) 2. Versuchen Sie, bezogen auf die rekonstruierte Persönlichkeitsstruktur, das von ihnen vermutete Selbstbild der Person XY so genau wie möglich zu **beschreiben.** (**Erarbeitung** im **Denkraum →** ggf. **Präsentation** im **Sprachraum**) 3. **Beurteilen** Sie, welche der persönlichkeitsbildenden Eigenschaften für die Handlung von XY höchstwahrscheinlich handlungsleitend waren. *Markieren* Sie dazu die jeweilige Eigenschaft und *verbinden* Sie diese durch einen Strich mit der im Kopf des Diagramms stehenden Handlung. Um Ihre Ergebnisse abzusichern, *sichten* Sie ggf. noch einmal das von Ihnen zusammengetragenen biografische Material. (**Erarbeitung** im **Denkraum →** ggf. **Präsentation** im **Sprachraum**) 4. **Überprüfen** Sie die Kohärenz der Persönlichkeitsstruktur von XY, indem Sie a) **untersuchen,** ob die an jeder Fischgräte stehenden persönlichkeitsbildenden Eigenschaften sich kohärent[55] zueinander verhalten, b) ob sich alle persönlichkeitsbildenden Eigenschaften kohärent zueinander verhalten und c) ob sich die handlungsleitenden persönlichkeitsbildenden Eigenschaften kohärent zueinander verhalten. *Markieren* Sie diejenigen persönlichkeitsbildenden Eigenschaften, die sich inkohärent zueinander verhalten, mit einem farbigen Doppelpfeil. (**Erarbeitung** im **Denkraum →** ggf. **Präsentation** im **Sprachraum**) 5. **Stellen** Sie die von Ihnen rekonstruierte Persönlichkeitsstruktur von XY **dar** und **erläutern** Sie diese. (**Präsentation** im **Sprach- und Beobachtungsraum**)
7. Wie lassen sich Widersprüche in der Persönlichkeit von XY vermeiden?	7. Strukturen verändern, Inkohärenzen vermeiden	- Inkohärenzen vermeiden		1. Welche Inkohärenzen wurden in der Persönlichkeitsstruktur von XY entdeckt? Inwiefern stehen diese im Widerspruch zu dem vermuteten Selbstbild von XY? (**Einstieg** im **Sprachraum**) 2. **Erarbeiten** Sie einen Ansatz zur Aufhebung der ermittelten Inkohärenzen, indem Sie **überprüfen,** ob XY die aufgetretenen Inkohärenzen entweder durch eine andere Handlung hätte vermeiden können oder bestimmte persönlichkeitsbildenden Eigenschaften ablegen müsste, weil diese z. B. irrational und/oder seinem/ihrem Selbstbild nicht entsprechen. (**Erarbeitung** im **Denkraum → Präsentation** im **Sprachraum**)
8. Hat XY in der Situation Z[56] richtig gehandelt?	8. Strukturen und Zusammenhänge kritisch beurteilen	- Beurteilung der Persönlichkeit und ihres Handelns	**diskursiv-dialektische Methode**	1. **Stellen** Sie die untersuchte Grenzsituation, das Handeln der Person XY und die rekonstruierte Persönlichkeitsstruktur von XY **dar.** (**Einstieg** im **Sprachraum**) 2. **Beurteilen** Sie, bezogen auf die Persönlichkeit von XY, ob dieser/diese in der untersuchten Situation richtig gehandelt hat. Gehen Sie wie folgt vor: a) *Formulieren* Sie ein einsprechendes Urteil mit hinreichender Begründung. b) **Analysieren** Sie Ihr Urteil und seine Begründung im Hinblick auf sprachliche Indizien für darin von Ihrer Seite eingeflossene Vorurteile. c) *Formulieren* Sie ggf. Ihr Urteil und seine Begründung *um* und *schreiben* Sie beides auf ein DIN-A3-Blatt, das Sie im Beobachtungsraum aufhängen. d) Lesen Sie sich die Urteile und Urteilsbegründungen Ihrer Mitschüler/innen durch und *kennzeichen* Sie das Urteil, dass Ihre größte Zustimmung findet, durch das Aufkleben eines Klebepunktes. (**Erarbeitung** im **Denkraum** und **Beobachtungsraum**) 3. **Erörtern** Sie die Urteile mit den höchsten Zustimmungswerten mit dem Ziel, ein möglichst von allen geteiltes Urteil samt Begründung zu finden. Modifizieren Sie dazu ggf. eines der Urteile oder bilden Sie eine Synthese aus zwei oder mehreren Urteilen. (**Erarbeitung** im **Sprachraum**)

| 9. + 10. Wieso hat XY in der Situation Z so und nicht anders gehandelt? | 9. Strukturen und Zusammenhänge tief greifend verstehen | - biografische Repräsentationserzählung erstellen | narrativ-hermeneutische Methode | 1. **Stellen** Sie alle relevanten biografischen Fakten zur Person XY *zusammen* und *strukturieren* Sie diese, indem Sie sie auf Karten schreiben und chronologisch entlang eines roten Fadens[57] anordnen. **Sortieren** Sie irrtümlich relevante Fakten *aus*. **(Erarbeitung im Denkraum oder Sprachraum)**
2. **Erarbeiten** Sie ausgehend von den Vorgaben[58] für eine biografische Repräsentationserzählung einen ersten Entwurf für eine solche Erzählung, in der es um die Person XY geht. **(Erarbeitung im Denkraum → ggf. Präsentation im Sprachraum)**
3. **Verfassen** Sie eine biografische Repräsentationserzählung über die Person XY. **(Erarbeitung im Denkraum)**
4. **Stellen** Sie Ihre biografische Repräsentationserzählung **dar**, indem Sie den Text derselben im Beobachtungsraum auslegen. **(Präsentation im Beobachtungsraum)**
5. **Lesen und beurteilen** Sie die Repräsentationserzählungen Ihrer Mitschüler/innen, indem Sie mit einem Klebepunkt die aus Ihrer Sicht beste Geschichte markieren und gemäß der ESAU-Regel[59] Anmerkung an den Texten machen. **(Präsentation im Beobachtungsraum)**
6. *Überarbeiten* Sie Ihre Repräsentationserzählung unter Berücksichtigung der Anmerkungen Ihrer Mitschüler/innen. **(Erarbeitung im Denkraum)** |
| | | - biografische Repräsentationserzählung performen | narrativ-performative Methode | 1. **Analysieren** Sie Ihre biografische Repräsentationserzählung und markieren Sie diejenigen Aspekte, die für das Verständnis und die Beurteilung der Person XY und ihres Handelns besonders relevant sind. **(Erarbeitung im Denkraum)**
2. **Fertigen** Sie einen Erzählzettel *an*, auf dem Sie stichpunktartig die wesentlichen Aspekte Ihrer Repräsentationserzählung notieren. **(Erarbeitung im Denkraum)**
3. **Stellen** Sie geeignete präsentative Materialien[60] *zusammen*, mit denen Sie die Erzählung/Performance Ihrer Repräsentationserzählung bestmöglich veranschaulichen können. **(Erarbeitung im Denkraum)**
4. Überlegen Sie, wie Sie durch Mimik, Gestik und die Modulation Ihrer Stimme die Performance Ihrer Repräsentationserzählung unterstützen können. Notieren Sie sich entsprechende Hinweise auf Ihrem Erzählzettel. **(Erarbeitung im Denkraum)**
5. **Proben** und verbessern Sie alleine und mit anderen Schülerinnen und Schülern Ihre Performance. **(Erarbeitung im Sprachraum und Beobachtungsraum)**
6. **Performen** Sie Ihre Repräsentationserzählung vor einem Publikum. Oder[61]: *Notieren* Sie gelungene und misslungene Aspekte der jeweiligen Performance.[62] **(Präsentation im Sprachraum und Beobachtungsraum)**
7. **Klären** Sie Verständnisfragen und **erörtern** Sie gelungene und misslungene Aspekte der jeweiligen Performance. **(Präsentation im Sprachraum)**
8. *Überarbeiten* Sie Ihre Performance gemäß der von den Zuschauern vorgebrachten Verbesserungsvorschläge. **(Erarbeitung im Denkraum)**
9. Optional: *Performen* Sie Ihre Repräsentationserzählung erneut vor einem Publikum. **(Präsentation im Sprach- und Beobachtungsraum)** |

Abbildung 25: *Umsetzung des Konzepts Phase 3 – Problemkonsolidierung*

---

[54] Bezüglich der Hierarchisierung ist es sinnvoll, dass der Lehrer bzw. die Lehrerin geeignete Hierarchisierungskriterien vorgibt. (vgl. 4. Kapitel, 2. Teil, 2. Abschnitt, Erläuterung der kritisch-kontemplativen Methode)

[55] An dieser Stelle könnte es notwendig sein, den Schülerinnen und Schülern den Begriff „Kohärenz" zu erklären und ihnen zu zeigen, wie man Inkohärenzen erkennt.

[56] Vgl.: Hinweis 1 (notwendige Konkretisierungen) zum Verlaufsplan.

[57] Dieser Faden kann ganz konkret entweder im Beobachtungs- oder im Denkraum für jeden Schüler bzw. jede Schülerin gespannt werden. Dies wäre mit dem Vorteil verbunden, dass die Schülerinnen und Schüler sich Anregungen bei ihren Mitschülern/innen holen können.

[58] Die diegetischen Vorgaben für die zu verfassende biografische Repräsentationserzählung sollte der Lehrer bzw. die Lehrerin auf einem entsprechenden Arbeitsblatt austeilen und erläutern. An dieser Stelle kann bzw. muss auf die Kenntnisse der Schülerinnen und Schüler aus dem Deutschunterricht zurückgegriffen werden.

[59] Die ESAU-Regel muss zuvor natürlich von dem Lehrer bzw. der Lehrerin erläutert und ggf. auf einem großen und übersichtlichen Plakat im Beobachtungsraum ausgehangen werden.

[60] Bezüglich der präsentativen Materialien muss der Lehrer bzw. die Lehrerin ggf. klären, was alles unter diesen Begriff fällt bzw. damit gemeint ist.

[61] Das eingefügte „Oder" soll deutlich machen, dass hier zwei Aufgabenstellungen notwendig sind, da zwei bis drei Schülerinnen und Schüler ihre Repräsentationserzählung performen und die anderen Schülerinnen und Schüler als kritisches Publikum fungieren. Vgl.: 4. Kapitel, 2. Teil, 2. Abschnitt, Erläuterung der narrativ-performativen Methode

[62] Die Regeln, z. B. die Zeitvorgabe, für die Performance sowie die Beurteilungskriterien für die Zuschauer müssen vorher gemeinsam geklärt werden, außerdem müssen vorher auch zwei bis drei Schülerinnen und Schüler für die Performance ausgewählt werden, da nicht alle performen können. Ein Auswahlkriterium hierfür könnte die Größe der Zustimmung, also die Repräsentativität der jeweils verfassten Repräsentationserzählung sein.

IV. Phase: Erkenntnistransfer

Stunde/Thema	Arbeitsschritt	Ziel/Inhalt	Methode	Arbeitsanweisungen, Arbeitsphasen, Räume
11. Welche Eigenschaften zeichnet meine Persönlichkeit aus?	10. biografische Fakten sammeln und aufbereiten			Für die 11. Stunde gelten leicht modifiziert die gleichen Ziele und Inhalte, Methoden und Arbeitsanweisungen, Arbeitsphasen und Räume wie für die 5. Stunde (Problemexploration). Modifiziert werden muss lediglich der Gegenstand, denn die Schülerinnen und Schüler sollen autobiografisches Material über sich selbst sammeln und analysieren. Außerdem kann die erste Arbeitsanweisung weggelassen werden. Dies gilt auch für die Präsentation der Ergebnisse im Sprachraum.
12. Wie ist meine Persönlichkeit strukturiert?	11. Strukturen erfassen und Zusammenhänge verstehen, Kohärenz prüfen			Für die 12. Stunde gelten ebenfalls leicht modifiziert die gleichen Ziele und Inhalte, Methoden und Arbeitsanweisungen, Arbeitsphasen und Räume wie für die 6. Stunde (Problemkonsolidierung). Modifiziert werden muss lediglich wieder der Gegenstand, denn die Schülerinnen und Schüler sollen die Struktur ihrer eigenen Persönlichkeit ausgehend von ihren persönlichkeitsbildenden Eigenschaften rekonstruieren. Außerdem sollte die fünfte Arbeitsanweisung weggelassen werden.
13. Welche persönlichkeitsbezogenen Gemeinsamkeiten habe ich mit XY und wie lassen sich etwaige Widersprüche in meiner Persönlichkeit vermeiden?	12. Strukturen und Zusammenhänge vergleichen, Strukturen verändern, Inkohärenzen vermeiden	- Unterschiede und Gemeinsamkeiten in der Persönlichkeitsstrukturen transparent machen - Strukturen verändern, Inkohärenzen vermeiden	**kontemplativ-kritische Methode** *(modifiziert)*	1. **Vergleichen** Sie die Persönlichkeitsstruktur von XY mit Ihrer Persönlichkeitsstruktur. Markieren Sie nennenswerte Unterschiede und Gemeinsamkeiten in den beiden Kohärenzdiagrammen. **(Erarbeitung im Denkraum)** 2. **Erarbeiten** Sie einen Ansatz zur Aufhebung der ermittelten Inkohärenzen, indem Sie **überprüfen**, ob Sie die aufgetretenen Inkohärenzen entweder durch eine andere Handlung hätte vermeiden können oder ob Sie bestimmte persönlichkeitsbildenden Eigenschaften ablegen müssten, weil diese z. B. irrational und/oder Ihrem Selbstbild nicht entsprechen. Orientieren Sie sich dabei an den zuvor gewonnenen Erkenntnissen zu Persönlichkeit von XY. **(Erarbeitung im Denkraum)**
14. Habe/Hätte ich in der Situation Z richtig gehandelt?	13. Strukturen und Zusammenhänge kritisch beurteilen	- Beurteilung der Persönlichkeit und ihres Handelns	**diskursiv-dialektische Methode** *(modifiziert)*	Für die 14. Stunde gelten grundsätzlich die gleichen Ziele und Inhalte, Methoden und Arbeitsanweisungen, Arbeitsphasen und Räume wie für die 8. Stunde. Es müssen jedoch Modifikationen vorgenommen werden, da zum einen die eigene Persönlichkeit beurteilt werden soll und zum anderen der dritte und vierte Schritt der diskursiv-dialektischen Methode aller Voraussicht nach entfällt (vgl.: 4. Kapitel, 2. Teil, 2. Abschnitt, Erläuterung der diskursiv-dialektischen Methode). So kann u. a. die erste und dritte Arbeitsanweisung für die 8. Stunde entfallen und die zweite Arbeitsanweisung muss auf die Teilaufgaben a-c -- von c ist jedoch nur der erste Teil zu realisieren, also die Umformulierung des eigenen Urteils – beschränkt werden.
15. + 16. Wieso habe/hätte ich in der Situation Z so und nicht anders gehandelt?	14. Strukturen und Zusammenhänge tief greifend verstehen	- autobiografische Repräsentationserzählung erstellen und performen	**narrativ-hermeneutische** und **narrativ-performative Methode** *(modifiziert)*	Für die 15. und 16. Stunde gelten grundsätzlich die gleichen Ziele und Inhalte, Methoden und Arbeitsanweisungen, Arbeitsphasen und Räume wie für die 9. Stunde. Allerdings ist die Repräsentationserzählung als autobiografische Repräsentationserzählung zu verfassen, was andere diegetische Vorgaben und damit eine Modifikation der narrativ-hermeneutischen Methode erforderlich macht. Außerdem kann die narrativ-performative Methode nur in modifizierter Form angewendet werden, was u. a. eine Änderung des Lernraumes notwendig macht. (vgl. 4. Kapitel, 2. Teil, 2. Abschnitt, Erläuterung der narrativ-hermeneutischen und narrativ-performativen Methode). So müssen insbesondere die Arbeitsschritte 4 bis 6 der 9. Stunde in der 15. Stunde weggelassen werden. Für die 16. Stunde können grundsätzlich alle Arbeitsanweisungen aus der 10. Stunde übernommen werden, allerdings ist bezüglich der 6. Arbeitsanweisung zu berücksichtigen, dass die Performance wenn überhaupt, dann entweder im Kreis von Vertrauenspersonen (Freunden) oder allein mittels Videodokumentation stattfinden sollte. Letzteres hätte zur Folge, dass die 7. Arbeitsanweisung aus der 10. Stunden nicht für die 16. Stunde übernommen werden könnte.

Abbildung 26: *Umsetzung des Konzepts Phase 4 – Erkenntnistransfer*

V. Phase: Ergebnis- und Prozessreflexion

Stunde/Thema	Arbeitsschritt	Ziel/Inhalt	Arbeitsanweisungen, Arbeitsphasen, Räume
17. Was haben wir (über uns) herausgefunden?	15. Ergebnisse präsentieren und reflektieren	- Übersicht über Arbeitsergebnisse, Rückblick auf den Verlauf	1. *Stellen* Sie ihre Arbeitsergebnisse *aus*, indem Sie einen Bereich gestalten, in dem alle für die jeweilige Weiterarbeit begründet ausgewählten Ergebnisse (biografisches Material, Tabellen, Kohärenzdiagramme, Repräsentationserzählungen, Videos von Performances und deren Material) zu sehen sind. **(Präsentation** im **Beobachtungsraum)** 2. *Sichten* Sie noch einmal alle Arbeitsergebnisse und *rekapitulieren* Sie den Verlauf des Selbst-Er-Forschenden Philosophierens. **(Erarbeitung** im **Beobachtungsraum)**
18. Wie geht es weiter?	16. Neue Probleme und Forschungsvorhaben thematisieren	- neue Selbst-Er-forschungs-Vorhaben entwickeln	1. *Formulieren* Sie Probleme und damit verbundene Fragen, die sich für Sie aus den erarbeiteten Ergebnissen ergeben, schreiben Sie diese auf große Karteiarten und kategorisieren Sie sie. **(Erarbeitung** im **Beobachtungs-** und **Sprachraum)** 2. *Erörtern* und *einigen* Sie sich auf eine Problemstellung, die für Sie so relevant ist, dass sie der Ausgangspunkt für ein neues Selbst-Er-forschungs-Vorhaben sein sollte. **(Erarbeitung** im **Sprachraum)** 3. *Skizzieren* Sie bezogen auf die ausgewählte Problem- und Fragestellung ein neues Selbst-Er-forschungs-Vorhaben. **(Erarbeitung** im **Beobachtungs-** und **Denkraum)** 4. *Stellen* Sie Ihre skizzierten Forschungsvorhaben *vor* und **erörtern** Sie, welches dieser Vorhaben weiter verfolgt werden soll. **(Präsentation** im **Sprachraum)**
19. Was ist gut gelaufen und was muss verbessert werden?	17. Prozess reflektieren	- Prozessevaluation	1. *Benennen* Sie alle Aspekte, die bezüglich des vollzogenen gemeinsamen und individuellen Selbst-Er-forschungs-Prozesses reflektiert werden sollten, um diesen zukünftig besser zu machen.[63] **(Einstieg** im **Sprachraum)** 2. *Notieren* Sie für jeden Aspekt ihre Kritikpunkte und Verbesserungsvorschläge auf unterschiedlichen Karten. **(Erarbeitung** im **Denkraum)** 3. *Sammeln* und *strukturieren* Sie gemeinsam alle Kritikpunkte und Verbesserungsvorschläge. **(Präsentation** im **Sprachraum)** 4. *Erörtern* Sie, welche Kritikpunkte besonders relevant sind und welche Verbesserungsvorschläge bei der Gestaltung des nächsten Selbst-Er-forschungs-Prozesses berücksichtigt werden sollten. **(Erarbeitung** im **Sprachraum)**

Abbildung 27: Umsetzung des Konzepts Phase 5 – Ergebnis- und Prozessreflexion

[63] Bezüglich der Reflexionsaspekte könnte es notwendig sein, dass der Lehrer bzw. die Lehrerin wichtige Aspekte benennt, die den Schülerinnen und Schülern vielleicht nicht in den Sinn kommen. Dies ergibt sich möglicherweise aus dem Umstand, dass der Lehrer bzw. die Lehrerin während des gesamten Selbst-Er-forschungs-Prozesses viel Zeit hat, das Verhalten der Schülerinnen und Schüler zu beobachten und die Ergebnisse derselben zu bewerten, wohingegen die Schülerinnen und Schüler im Idealfall stark in das Selbst-Er-forschende Philosophieren involviert sind und folglich wenig über den Ablauf desselben nachdenken. Hier wird daher im Übrigen die Relevanz von Arendts Unterscheidung zwischen Akteur und Zuschauer erneut ersichtlich

Nachdem im dritten Kapitel das erste Ziel dieser Forschungsarbeit, die existenz-philosophische Rezeption der politischen Theorie, Philosophie und politisch-philosophischen Praxis Arendts, erfolgreich erreicht wurde, im vierten Kapitel das Hauptanliegen dieser Forschungsarbeit, die Entwicklung eines Unterrichtskonzepts aus der existenziell-performativen Hermeneutik Arendts, das Persönlichkeitsbildung und individuelle Sinngebung ermöglicht, verwirklicht wurde und im fünften Kapitel die bildungstheoretische Einpassung des Konzepts »Selbst-Er-forschend Philoso-phieren« erfolgreich vorgenommen wurde, kann mit der Angabe der Vorgaben für die kritische Reflexion und Erprobung des Konzepts und mit dem vorherigen Unter-richtsverlaufsplan schließlich auch das vierte Ziel dieser Forschungsarbeit als erreicht angesehen werden.

Epilog:
»›Wer viel erzählt hat, dem wird erzählt.‹«[1]

In der Rahmenerzählung zu seinem einzigen vollendeten Roman *Ungeduld des Herzens*, in dem die schuldhafte Verstrickung des jungen Leutnant Hofmiller in den Selbstmord der gelähmten Tochter des Magnaten Lajos von Kekesfalva und seine anschließende Flucht in die Gefahren des Ersten Weltkriegs durch einen analytisch schafblickenden und einfühlsamen Erzähler geschildert werden, indem dieser vor allem die tieferen Beweggründe – falsch verstandenes Mitleid, Angst vor Spott, Bloßstellung und Ehrverlust – des Leutnants für seine Handlungen – unaufrichtige Liebe und Auflösung der Verlobung – aufdeckt und verständlich macht, lässt Zweig diesen Erzähler schon zu Beginn feststellen:

> Nichts Irrtümlicheres als die allzu umgängliche Vorstellung, in dem Dichter arbeite ununterbrochen die Phantasie, er erfinde aus einem unerschöpflichen Vorrat pausenlos Begebnisse und Geschichten. In Wahrheit braucht er nur, statt zu erfinden, sich von Gestalten und Geschehnissen finden zu lassen, die ihn, sofern er sich die gesteigerte Fähigkeit des Schauens und Lauschens bewahrt hat, unausgesetzt als ihren Wiedererzähler suchen; wer oftmals Schicksale zu deuten versuchte, dem berichten viele ihr Schicksal.[2]

So trifft der Erzähler in Zweigs Roman den mittlerweile als Kriegsheld hoch dekorierten Hofmiller – ausgezeichnet mit dem Maria-Theresien-Orden – eher zufällig in einem Restaurant in Wien und später auf einer Abendgesellschaft, auf der Hofmiller, der eher die Züge eines Anti-Helden aufweist, dem Erzähler an diesem Abend und in den nächsten Tagen ausführlich berichtet, was »[…] ein Vierteljahrhundert in einem Menschen zurückliegt […]«[3] und was sein Leben schicksalhaft geprägt hat. Der Erzähler, der sich »[…] die gesteigerte Fähigkeit des Schauens und Lauschens bewahrt hat […]«[4], erzählt schließlich, was ihm Hofmiller von seiner »sonderbaren Geschichte«[5]

---

1   Zweig, S.: *Ungeduld des Herzens*. 33. Auflage. Frankfurt am Main: Fischer 2011. S. 5.
2   Ebd.
3   Ebd. S. 12.
4   Ebd. S. 5.
5   Ebd. S. 12.

zuvor berichtet hat und macht so die schicksalhaften Begebenheiten und persönlichen Beweggründe dieses einzigartigen Lebens in einer biografisch anmutenden Narration transparent.

Parallelen zur Existenzphilosophie und existenzphilosophischen Praxis Arendts: Interessant an Zweigs Roman, der 1939 erstmals veröffentlicht wurde, ist, dass er in eigentümlicher Weise einige der Kerngedanken von Arendts existenziell-performativer Hermeneutik vorwegnimmt und in dieser Hinsicht folglich eine interessante Exemplifikation derselben ist. Parallelen bzw. Übereinstimmungen bestehen nämlich besonders bezüglich der folgenden Aspekte: a) »Persönlichkeit und Handeln in Grenzsituationen«, b) »biografische Repräsentationserzählung«, c) »Hinwendung zum Anderen« mit persönlichkeitsbezogener Verstehens-Intention, d) »der unbeteiligte Zuschauer« und e) »kontextsensitives Analysieren, Beurteilen und Nach-Erzählen« der Lebensgeschichte eines Menschen. Diese Parallelen werden deutlich, wenn man den Roman z. B. mit Arendts Varnhagen-Biografie vergleicht, die, wie gezeigt, ein Produkt der Anwendung der existenziell-performativen Hermeneutik entspringenden existenzphilosophischen Praxis Arendts ist. So klingen schon der »[...] nur leicht ironisch [...]«[6] vorgeschlagene Titel von Arendts Varnhagen-Biografie für die deutsche Ausgabe und der Titel von Zweigs Roman eigentümlich verwandt: »»*Die Melodie eines beleidigten Herzens, nachgepfiffen mit Variationen von Hannah Arendt*««[7] und *Ungeduld des Herzens*. Die Parallele zwischen den unterschiedlichen Genres zuzuordnenden Werken wird noch deutlicher, wenn man bedenkt, dass die Protagonistin in Zweigs Roman, Edith, sich in gewisser Weise letztlich aufgrund eines »beleidigten Herzens« das Leben nimmt.

»Persönlichkeit und Handeln in Grenzsituationen«: Ediths Suizid ist daher auch der Anknüpfungspunkt für den Nachweis einer weiteren Parallele. Denn im Kern dreht sich der Roman um die Persönlichkeit Hofmillers, der jedoch als literarische Figur streng genommen keine Person und folglich auch keine Persönlichkeit ist. Dennoch geht es um Hofmiller, dessen Charaktereigenschaften und dessen durch diese geprägter Umgang mit seiner schuldhaften Verstrickung, der ihn zum Helden hat werden lassen, gemeint ist der Versuch, sich durch die Teilnahme am Weltkrieg »[...] aus einer verzweifelten Situation [zu; Zusatz S. G.] retten [...].«[8] Es geht im Roman *Ungeduld des Herzens* also nicht zuletzt auch um den individuellen Umgang mit den Grenzsituationen »Schuld« und »Verzweiflung« und die Auswirkungen desselben auf die Lebensgeschichte eines Menschen.

---

6   Hahn, B.: *Jüdische Existenzen*. In: Heuer, W. et al. (Hrsg.): *Arendt-Handbuch. Leben – Werk – Wirkung*. Stuttgart/Weimar: Metzler 2011. S. 23.

7   Vgl.: Ebd. S. 23.

8   Zweig, S.: *Ungeduld des Herzens*. S. 12.

»Biografische Repräsentationserzählung«: Zwar ist Zweigs *Ungeduld des Herzens* als Roman per definitionem keine Biografie und seine Hauptfigur Hofmiller ist reine Fiktion, dennoch kann der Roman als eine sich auf fiktive Figuren beziehende Spielart der biografischen Repräsentationserzählung verstanden werden, weil in ihm ein wesentlicher Teil der Lebensgeschichte Hofmillers erzählt wird und dieser als aufschlussreiches Beispiel dafür präsentiert wird, »[…] daß Mut oft nichts anderes ist als eine umgedrehte Schwäche.«[9] Der Erzähler der Lebensgeschichte Hofmillers ist zwar im strengen Sinne kein Biograf, aber seine Erzählung macht das konkrete Handeln Hofmillers als Teil einer kohärenten, wenn auch fiktiven, Lebengschichte für andere verstehbar. Die durch den Erzähler erzeugte Diegese ist daher ein in epistemisch-hermeneutischer Absicht vollzogenes, verstehendes Erzählen, das Arendt bekanntlich in die Nähe zur Dichtung rückt bzw. das z. T. Dichtung ist. Ähnlich ist auch das Erzählen Arendts ein in epistemisch-hermeneutischer Absicht vollzogenes verstehendes Erzählen, das dazu dient, den existenziellen und für viele Deutsche jüdischer Abstammung exemplarischen Grundkonflikt von Rahel Varnhagen sowie ihr davon wesentlich beeinflusstes Handeln und ihre sich daraus ergebende Lebensgeschichte zu verstehen.

»Hinwendung zum Anderen« mit persönlichkeitsbezogener Verstehens-**Intention:** Die Hauptfigur in Zweigs Roman, Leutnant Hofmiller, dessen Lebensgeschichte erzählt wird, wendet sich zunächst dem Erzähler des Romans zu und erzählt diesem seine Lebensgeschichte, bevor sich der Erzähler anschließend daran macht, unter vorheriger Angabe der Quelle seines Wissen, das Leben Hofmillers zu erzählen und dabei auch die Persönlichkeit desselben einer Beurteilung zu unterziehen. Diese Hinwendung Hofmillers zum Erzähler ist Ausdruck einer Verstehens-Intention. Zweigs Hofmiller erzählt sein Leben einem anderen Menschen, genauso wie Rahel Varnhagen anderen Menschen, besonders Freunden, aber insbesondere ihrem Ehemann, von sich erzählt hat, um verstanden zu werden. Hofmiller will sich dem Erzähler zu verstehen geben, indem er die Beweggründe seines Handelns darlegt. So sagt er beispielsweise zum Erzähler: »[…] der Hauptgrund [dafür, warum Hofmiller nicht als Kriegsheld gefeiert werden will; Anm. S. G.] war ein privater, der Ihnen vielleicht noch verständlicher sein wird.«[10] Um sich und seine Beweggründe verständlich zu machen, erzählt Hofmiller dann dem Erzähler seine Lebensgeschichte und tut dies wahrscheinlich – der Romantext lässt diese Vermutung zu – ebenso vorbehaltlos, wie sich Rahel beispielsweise Rebecca Friedländer offenbart hat. Hierin ist eine weitere Parallele zwischen Hofmiller und Rahel zu entdecken, denn sowohl im Fall der realen Person Rahel als auch im Fall der literarischen Figur Hofmiller richtet sich das vorbehaltlose Erzählen der eigenen Lebensbeichte an einen »unbeteiligten Zuschauer« bzw. Zuhörer.

9   Ebd. S. 12.
10   Ebd. S. 12.

»Unbeteiligter Zuschauer«: Genauso wie im Fall Rahels ihr Mann August Varnhagen als »Bettler am Wege« ein namen-, geschichts-, gesichtsloser und nichtinvolvierter Beobachter ist (vgl.: RV 158–159), scheint auch der Erzähler in Zweigs Roman ein unbekannter, namenloser Fremder zu sein, dem die Hauptfigur gleich zwei Mal zufällig, einmal in einem Restaurant und einmal auf einer Abendgesellschaft, begegnet. Von Hofmiller auf der Letzteren schließlich angesprochen, muss der Erzähler in Zweigs Roman nur »Schauen und Lauschen«, um an den Stoff für seine Erzählung zu kommen und wird dadurch, ganz in Arendts Sinne, zum distanzierten Beobachter, hier wohl eher Zuhörer, der die einzelnen Schicksale und Ereignisse aufmerksam verfolgt und diese anschließend erzählend-deutend und beurteilend in den individuellen wie kulturellen Kontext, also in den von Menschen gemachten Zwischenraum, einflicht, sie so mit dem großen Ganzen verbindet und damit für andere – womöglich die Leser des Romans – verständlich macht.

»Kontextsensitives Analysieren, Beurteilen und Nach-Erzählen«: Der unbeteiligte Zuhörer reagiert im Falle Hofmillers also auf das Erzählte mit einem »kontextsensitiven Analysieren, Beurteilen und Nach-Erzählen« der Lebensgeschichte, das auf Sinnverstehen der Persönlichkeit zielt. Als Ich-Erzähler nimmt er dabei vor allem die subjektive Perspektive Hofmillers ein. Ähnliches tut auch Arendt mit Rahels Lebenserzählung, obwohl diese nicht direkt an sie gerichtet wurde, da Rahel Arendt nur indirekt, vermittelt über ihre biografischen Selbstzeugnisse, von sich erzählt hat, analysiert, kontextualisiert und erzählt Arendt schließlich die Lebensgeschichte Rahels und unterzieht dabei auch Rahels Persönlichkeit einer kritischen Beurteilung. Und auch Arendt versucht dabei bekanntlich »[...] Rahels Lebensgeschichte so nachzuerzählen, wie sie selbst sie hätte erzählen können [...]« (RV 12), intendiert also, vorrangig aus der subjektiven Perspektive Rahels zu erzählen. Für die historische Person Rahel und die literarische Figur Hofmiller gilt daher gleichermaßen Zweigs Credo: »»Wer viel erzählt hat, dem wird erzählt.««[11]

Parallelen zum Konzept »Selbst-Er-forschend Philosophieren«: Zweigs Credo ist auch die Quintessenz des aus der existenziell-performativen Hermeneutik Arendts transformierten Unterrichtskonzepts »Selbst-Er-forschend Philosophieren«, da bereits dessen Titel »Selbst-Er-forschend Philosophieren« die Intention verdeutlichen soll, wonach es im Rahmen dieses Konzepts zur Persönlichkeitsbildung und -entwicklung um die Erforschung des eigenen Selbst durch die Hinwendung zu anderen Menschen geht. Diese Selbsterforschung können die Schülerinnen und Schüler in zwei unterschiedlichen Arten vollziehen:

Zum einen, bei der Standardvariante des Selbst-Er-forschenden Philosophierens, indem sich die Schülerinnen und Schüler einer anderen, ihnen in gewissen Hinsichten

---

11 Ebd. S. 5.

ähnlichen, Person zuwenden, um deren Persönlichkeit zu rekonstruieren, diese sowie ihr Handeln in einer Grenzsituation zu beurteilen und, zum tieferen Verständnis, in eine biografische Repräsentationserzählung einzubetten, um so schließlich Perspektiven für ihre eigene Persönlichkeitsentwicklung zu gewinnen. Die hierbei erzeugte biografische Repräsentationserzählung in Form einer biografischen Kurzgeschichte mit hohem Faktualitätsanspruch spiegelt Arendts Überlegungen und Vorgaben für ein stellvertretendes autobiografisches Erzählen wieder, also die paradoxe Verbindung des subjektiv-authentischen Selbst-Erzählens mit dem objektiv-wahrhaftigen Nach-Erzählen.

Zum anderen, bei der ganz persönlichen und daher hoch sensiblen Variante des Selbst-Er-forschenden Philosophierens, wenden sich die Schülerinnen und Schüler anderen, einem Freund oder einer Freundin zu, denen sie sich offenbaren, indem Sie von ihrem Handeln in einer Grenzsituation erzählen, ihre Beweggründe mitteilen, diese und biografisches Material von den Anderen sichten und analysieren lassen, um so diesen Anderen einen Einblick in ihre Persönlichkeit zu geben und um sich schließlich von den bzw. dem Anderen durch eine Erzählung mitteilen zu lassen, wer sie sind, was es ihnen wiederum ermöglicht, sich selbst besser zu verstehen und ggf. ihre Persönlichkeit weiterzuentwickeln. Insofern gilt gerade auch für die hoch sensible Variante des Selbst-Er-forschenden Philosophierens das bereits zitierte und daher dieser Forschungsarbeit bewusst vorangestellte Credo Zweigs: »»Wer viel erzählt hat, dem wird erzählt.««

Abbildungs- und Übersichtsverzeichnis

Literaturverzeichnis

Das nachfolgende Literaturverzeichnis gibt Auskunft über die dieser Forschungsarbeit zugrundegelegte Primär- und Sekundärliteratur. Unter »Primärliteratur« werden die Werke von Hannah Arendt, Immanuel Kant, Aristoteles und Platon verstanden. Werke anderer Autoren und Autorinnen werden unter der Kategorie »Sekundärliteratur« aufgeführt.

Alle direkten wie indirekten Zitate aus den Werken Arendts werden im Text durch entsprechende Siglen (siehe Siglenverzeichnis) und Seitenzahlen ausgewiesen. Die Siglen orientieren sich dabei z. T. an der Siglenliste im *Arendt Handbuch* und an der Siglenliste in Torklers Dissertation *Philosophische Bildung und politische Urteilskraft*.[1]

Direkte Zitate aus der Sekundärliteratur werden, genauso wie informierende und erläuternde Anmerkungen, durch Fußnoten angegeben. Die Nummerierung der Fußnoten erfolgt nicht fortlaufend, sondern beginnt mit jedem Kapitel neu. Besonders zu beachten ist, dass die indirekten Zitate aus der Primärliteratur in runden Klammern (vgl.: …) und die aus der Sekundärliteratur in Form einer Fußnote am Ende des jeweiligen Absatzes gebündelt angebenden werden. In Anführungszeichen stehende Begriffe, die nicht durch eine entsprechende Fußnote ausgewiesen werden, beziehen sich auf diese Angaben.

Aufgrund syntaktischer Notwendigkeiten wurde in den direkten Zitaten z. T. die Wortstellung verändert. Alle Wörter in eckigen Klammern weisen darauf hin. Zudem wurden aus syntaktisch-logischen Gründen teilweise Wörter in die direkten Zitate eingefügt. Auf derartige Zusätze wird durch den Hinweis »Zusatz S. G.« in eckigen Klammern aufmerksam gemacht. Erläuternde Anmerkungen in den direkten Zitaten werden dagegen, wie üblich, durch den Hinweis »Anm. S. G.« kenntlich gemacht.

---

1   Vgl.: Heuer, W. et al. (Hrsg.): *Arendt-Handbuch. Leben – Werk – Wirkung.* Stuttgart/Weimar: Metzler 2011. S. 394–395; Torkler, R.: *Philosophische Bildung und politische Urteilskraft. Hannah Arendts Kant-Rezeption und ihre didaktische Bedeutung.* Freiburg/München: Alber 2015 (= *Pädagogik und Philosophie*, Bd. 7). S. 457.

I. Primärliteratur und Siglenverzeichnis

Zitierte Schriften Hannah Arendts:

A	*Was ist Autorität?*	Arendt, H.: *Zwischen Vergangenheit und Zukunft. Übungen im politischen Denken I.* 2. Auflage. München/Zürich: Piper 2013. S. 159–200.
AG	*Liebesbegriff bei Augustin*	Arendt, H.: *Der Liebesbegriff bei Augustin. Versuch einer philosophischen Interpretation.* Hildesheim/Zürich/New York: Olms 2006 (= *Philosophische Texte und Studien*, Bd. 80).
AP	*In der Gegenwart – Der archimedische Punkt*	Arendt, H.: *In der Gegenwart. Übungen im politischen Denken II.* München: Piper 2012. S. 389–402.
DFT	*Diskussion mit Freunden und Kollegen in Toronto*	Arendt, H.: *Ich will verstehen. Selbstauskünfte zu Leben und Werk.* 6. Auflage. München: Piper 2013. S. 73–115.
DKE	*Die Krise in der Erziehung*	Arendt, H.: *Zwischen Vergangenheit und Zukunft. Übungen im politischen Denken I.* 2. Auflage. München/Zürich: Piper 2013. S. 255–276.
DM	*Über den Zusammenhang von Denken und Moral*	Arendt, H.: *Zwischen Vergangenheit und Zukunft. Übungen im politischen Denken I.* 2. Auflage. München/Zürich: Piper 2013. S. 128–155.
DTB1	*Denktagebuch Bd. 1*	Arendt, H.: *Denktagebuch. 1950 bis 1973.* Bd. 1. 2. Auflage: München/Zürich: Piper 2003.
DTB2	*Denktagebuch Bd. 2*	Arendt, H.: *Denktagebuch. 1950 bis 1973.* Bd. 2. 2. Auflage: München/Zürich: Piper 2003.

E	*Die Einbildungs-kraft*	Arendt, H.: *Das Urteilen. Texte zu Kants Politischer Philosophie. Dritter Teil zu »Vom Leben des Geistes«*. München/Zürich: Piper 2012. S. 120–128.
ED	*Eichmann war von empörender Dummheit*	Arendt, H. und Fest, J.: *Eichmann war von empörender Dummheit. Gespräche und Briefe*. München: Piper 2013. S. 36–60.
EJ	*Eichmann in Jerusalem*	Arendt, H.: *Eichmann in Jerusalem. Ein Bericht von der Banalität des Bösen*. 15. Auflage. München/Zürich: Piper 2006.
EU	*Elemente und Ursprünge totaler Herrschaft*	Arendt, H.: *Elemente und Ursprünge totaler Herrschaft. Antisemitismus, Imperialismus, totale Herrschaft*. 15. Auflage. München/Zürich: Piper 2013.
EW	*Die Eroberung des Weltraums und die Statur des Menschen*	Arendt, H.: *In der Gegenwart. Übungen im politischen Denken II*. München: Piper 2012. S. 373–388.
EX	*Was ist Existenz-philosophie?*	Arendt, H.: *Was ist Existenzphilosophie?* Frankfurt am Main: Hain 1990.
FF	*Die Freiheit, frei zu sein*	Arendt, H.: *Die Freiheit, frei zu sein*. München: dtv 2018.
FP	*Freiheit und Politik*	Arendt, H.: *Zwischen Vergangenheit und Zukunft. Übungen im politischen Denken I*. 2. Auflage. München/Zürich: Piper 2013. S. 201–226.
G	*Ich selbst, auch ich tanze. Die Gedichte*	Arendt, H.: *Ich selbst, auch ich tanze. Die Gedichte*. 2. Auflage. München/Berlin/Zürich: Piper 2015.

GD	*Vom Lebend des Geistes – Das Denken*	Arendt. H.: *Vom Leben des Geistes. Das Denken. Das Wollen.* 6. Auflage. München/Zürich: Piper 2013. S. 9–240.
GG	*Fernsehgespräch mit Günther Gaus*	Arendt, H.: *Ich will verstehen. Selbstauskünfte zu Leben und Werk.* 6. Auflage. München: Piper 2013. S. 46–72.
GU	*Vom Leben des Geistes – Das Urteilen*	Arendt. H.: *Vom Leben des Geistes. Das Denken. Das Wollen.* 6. Auflage. München/Zürich: Piper 2013. S. 444–462.
GW	*Vom Lebend des Geistes – Das Wollen*	Arendt. H.: *Vom Leben des Geistes. Das Denken. Das Wollen.* 6. Auflage. München/Zürich: Piper 2013. S. 241–507.
H	*Martin Heidegger ist achtzig Jahre alt*	Arendt, H.: *Menschen in finsteren Zeiten.* 3. Auflage. München/Zürich: Piper 2014. S. 181–194.
IV	*Im Vertrauen. Briefwechsel 1949–1975*	Arendt, H. und McCarthy: *Im Vertrauen. Briefwechsel 1949–1975.* München/Zürich: Piper 1995.
KUP	*Kultur und Politik*	Arendt, H.: *Zwischen Vergangenheit und Zukunft. Übungen im politischen Denken I.* 2. Auflage. München/Zürich: Piper 2013. S. 277–304.
KV	*Kollektive Verantwortung*	Knott, M. L.: *Verlernen. Denkwege bei Hannah Arendt.* Berlin: Matthes & Seitz 2017. S. 131–144.
L	*Little Rock*	Arendt, H.: *In der Gegenwart. Übungen im politischen Denken II.* München: Piper 2012. S. 258–279.
MG1	*Macht und Gewalt*	Arendt, H.: *Macht und Gewalt.* 20. Auflage. München/Zürich: Piper 2011.

MG2   *In der Gegenwart – Macht und Gewalt*   Arendt, H.: *In der Gegenwart. Übungen im politischen Denken II.* München: Piper 2012. S. 145–208.

MIFZ   *Menschen in finsteren Zeiten*   Arendt, H.: *Menschen in finsteren Zeiten.* 3. Auflage. München/Zürich: Piper 2014.

MR   *Es gibt nur ein einziges Menschenrecht*   Arendt, H.: *Es gibt nur ein einziges Menschenrecht.* In: *Die Wandlung,* 4/1949. S. 754–770.

RV   *Rahel Varnhagen*   Arendt, H.: *Rahel Varnhagen. Lebensgeschichte einer deutschen Jüdin aus der Romantik.* 17. Auflage. München: Piper 2013.

S   *Sokrates. Apologie der Pluralität.*   Arendt, H.: *Sokrates. Apologie der Pluralität.* Berlin: Matthes & Seitz 2016 (= *Fröhliche Wissenschaft* 078). S. 34–85.

U   *Das Urteilen*   Arendt, H.: *Das Urteilen. Texte zu Kants Politischer Philosophie. Dritter Teil zu »Vom Leben des Geistes«.* München/Zürich: Piper 2012. S. 12–128.

ÜB   *Über das Böse*   Arendt, H.: *Über das Böse. Eine Vorlesung zu Fragen der Ethik.* 7. Auflage. München: Piper 2013.

ÜGP   *Über Gesellschaft und Politik*   Arendt, H.: *Ich will verstehen. Selbstauskünfte zu Leben und Werk.* 6. Auflage. München: Piper 2013. S. 89–103.

ÜR	*Über die Revolution*	Arendt, H.: Über die Revolution. 5. Auflage. München/Berlin: Piper 2015.
VA	*Vita activa*	Arendt, H.: *Vita activa oder Vom tätigen Leben.* 11. Auflage. München/Zürich: Piper 2013.
VP	*Verstehen und Politik*	Arendt, H.: *Zwischen Vergangenheit und Zukunft. Übungen im politischen Denken I.* 2. Auflage. München/Zürich: Piper 2013. S. 110–127.
WB	*Walter Benjamin*	Arendt, H.: *Menschen in finsteren Zeiten.* 3. Auflage. München: Piper 2014. S. 195–258.
WL	*Wahrheit und Lüge in der Politik*	Arendt, H.: *Wahrheit und Lüge in der Politik. Zwei Essays.* München/Zürich: Piper 2013.
WP	*Was ist Politik?*	Arendt, H.: *Was ist Politik? Fragmente aus dem Nachlaß.* 4. Auflage. München/Zürich: Piper 2010.
WUP	*Wahrheit und Politik*	Arendt, H.: *Zwischen Vergangenheit und Zukunft. Übungen im politischen Denken I.* 2. Auflage. München: Piper 2013. S. 327–370.
WZ	*Wahrheit gibt es nur zu zweien*	Arendt, H.: *Wahrheit gibt es nur zu zweien. Briefe an die Freunde.* München/Berlin: Piper 2015.
VZV	*Zwischen Vergangenheit und Zukunft I – Vorwort*	Arendt, H.: *Zwischen Vergangenheit und Zukunft. Übungen im politischen Denken I.* 2. Auflage. München/Zürich: Piper 2013. S. 7–19.
ZU	*Ziviler Ungehorsam*	Arendt, H.: *In der Gegenwart. Übungen im politischen Denken II.* München: Piper 2012. S. 283–321.

Zitierte Schriften von Aristoteles:

Metaph. *Metaphysik* Aristoteles: *Metaphysik*. Darmstadt: WBG 1995 (= *Aristoteles. Philosophische Schriften in sechs Bänden*, Bd. 5).

Zitierte Schriften Immanuel Kants:

Anth *Anthropologie in pragmatischer Hinsicht* Kant, I.: *Anthropologie in pragmatischer Hinsicht.* In: *Kants Werke. Akademie-Textausgabe.* Bd. VII. Berlin: Walter de Gruyter 1968. S. 117–333.

GMS *Grundlegung zur Metaphysik der Sitten* Kant, I.: *Grundlegung zur Metaphysik der Sitten.* In: *Kants Werke. Akademie-Textausgabe.* Bd. IV. Berlin: Walter de Gruyter 1968. S. 385–463.

KrV *Kritik der reinen Vernunft* Kant, I.: *Kritik der reinen Vernunft.* 2. Auflage. In: *Kants Werke. Akademie-Textausgabe.* Bd. III. Berlin: Walter de Gruyter 1968. S. 1–252.

KU *Kritik der Urteilskraft* Kant, I.: *Kritik der Urtheilskraft.* In: *Kants Werke. Akademie-Textausgabe.* Bd. V. Berlin: Walter de Gruyter 1968. S. 165–485.

WA *Beantwortung der Frage: Was ist Aufklärung* Kant, I.: *Beantwortung der Frage: Was ist Aufklärung.* In: *Kants Werke. Akademie-Textausgabe.* Bd. VIII. Berlin: Walter de Gruyter 1968. S. 33–42.

Zitierte Schriften von Platon:

Apol. *Des Sokrates Verteidigung* Loewenthal, E. (Hrsg.): *Platon. Sämtliche Werke in drei Bänden. Band I.* Darmstadt: WBG 2004. S. 5–36.

II. Sekundärliteratur

Aepkers, M.: *Forschendes Lernen – Einem Begriff auf der Spur*. In: Aepkers, M. und Liebig, S. (Hrsg.): *Entdeckendes, Forschendes und Genetisches Lernen*. Hohengehren: Schneider 2002 (= *Basiswissen Pädagogik. Unterrichtskonzepte und -techniken*, Bd. 4). S. 69-87

Albus, V. (2012): *Ist philosophische Bildung messbar? Überlegungen zum Verhältnis von Philosophiedidaktik und empirischer Bildungsforschung*. In: ZDPE 4/2012. S. 336-345.

Albus, V.: *Methoden und Medien des autobiographischen Philosophierens*. In: ZDPE 2/2012. S. 95-103.

Albus, V.: *Kanonbildungsprozesse im Philosophieunterricht. Deskriptive, evaluative und präskriptive Betrachtungen*. In: ZDPE 3/2013. S. 7-14.

Albus, V.: *Kanonbildung im Philosophieunterricht. Lösungsmöglichkeiten und Aporien*. Dresden: Thelem 2013.

Albus, V.: *(K)ein Kanon philosophischer Bildung? Untersuchungen zur Kanonformation im Philosophieunterricht*. In: Rohbeck, J. (Hrsg.): *Didaktische Konzeptionen*. Dresden: Thelem 2013 (= *Jahrbuch für Didaktik der Philosophie und Ethik*, Bd. 13). S. 159-168.

Albus, V.: *Metapherndidaktik. Grundlegung und Perspektiven*. In: ZDPE, 2/2014. S. 9-18.

Albus, V.: *Philosophieren mit Ehemännern zwischen Küchenherd und Wochenbett. Wertekanon und Geschlechterstereotype im Philosophieunterricht*. In: ZDPE 3/2014. S. 14-18.

Albus, V.: *In den Netzen der Metaphern. Metaphern als Vernetzungsprinzip im Philosophieunterricht*. In: ZDPE, 2/2014. S. 41-47.

Albus, V.: *Kanon und Klassiker*. In: Nida-Rümelin, J. et al. (Hrsg.): *Handbuch Philosophie und Ethik. Band I: Didaktik und Methodik*. Paderborn: Schöningh 2015. S. 252-260.

Assy, B.: *Politik und Verantwortung*. In: Heuer, W. et al. (Hrsg.): *Arendt-Handbuch. Leben – Werk – Wirkung*. Stuttgart/Weimar: Metzler 2011. S. 92-98.

Aßmann, L. et al.: *Zugänge zur Philosophie. Qualifikationsphase*. Berlin: Cornelsen 2015.

Bajohr, H.: *Dimensionen der Öffentlichkeit. Politik und Erkenntnis bei Hannah Arendt*. Berlin: Lukas 2011.

Baumgart, R.: *Mit Mördern leben? Ein Nachwort zu Hannah Arendts Eichmann-Buch*. In: Arendt, H. und Fest, J.: *Eichmann war von empörender Dummheit. Gespräche und Briefe*. München: Piper 2013. S. 146-154.

Becker, G. et al. (Hrsg.) *Guter Unterricht. Maßstäbe und Merkmale. Wege und Werkzeuge*. Seelze: Friedrich (= *Friedrich Jahresheft* XXV).

Beiner, R.: *Hannah Arendt über das Urteilen.* In: Arendt, H.: *Das Urteilen. Texte zu Kants Politischer Philosophie. Dritter Teil zu „Vom Leben des Geistes".* München/ Zürich: Piper 2012. S. 130-230.

Bendszeit, B.: *Grund.* In: Ritter, J. (Hrsg.): *Historisches Wörterbuch der Philosophie. Band 3: G-H.* Darmstadt: WBG 1974. S. 902-910.

Benhabib, S.: *Hannah Arendt und die erlösende Kraft des Erzählens.* In: Diner, D. (Hrsg.): *Zivilisationsbruch. Denken nach Auschwitz.* Frankfurt am Main: Fischer 1988. S. 150-174.

Benhabib, S.: *Hannah Arendt. Die melancholische Denkerin der Moderne.* 2. Auflage. Hamburg: Rotbuch 1998 (= *Rotbuch Rationen*).

Bieri, P.: *Wie wäre es, gebildet zu sein?* In: Lessing, H.-U. und Steenblock, V. (Hrsg.): »Was den Menschen eigentlich zum Menschen macht ...« *Klassische Texte einer Philosophie der Bildung.* Freiburg im Breisgau: Alber 2010. S. 203-217.

Bieri, P.: *Wie wollen wir leben?* St. Pölten/Salzburg: Residenz 2011.

Bittner, R.: *Probleme, theoretische Probleme, philosophische Probleme.* In: Schulte, J. und Wenzel, U. J. (Hrsg.): *Was ist ein »philosophisches« Problem?* Frankfurt am Main: Fischer 2001. S. 21-26.

Blesenkemper, K.: *Projektkurse als neue Möglichkeit Anwendungsorientierten Philosophierens.* In: Fachverband Philosophie Mitteilungen 2011, 51/2011. S. 57-64.

Blesenkemper, K.: *Das Verb „begründen" ist kein performatives Verb – eine überfällige Korrektur.* In: ZDPE, 4/2015. S. 100-105.

Bluhm, H.: *Von Weimarer Existenzphilosophie zum politischen Denken. Hannah Arendts Krisenkonzept und ihre Auffassung politischer Erfahrung.* In: Thaa, W. und Probst, L. (Hrsg.): *Die Entdeckung der Freiheit. Amerika im Denken Hannah Arendts.* Berlin/Wien: Philo 2003. S. 69-92.

Brand, C.: *Rationalismus versus Intuitionismus oder: Auf dem Weg zu einem integrativen dualen Ansatz.* In: ZDPE, 2/2015. S. 3-14.

Breier, K.-H.: *Hannah Arendt zur Einführung.* 4. Auflage. Hamburg: Junius 2001 (= *Zur Einführung*, Bd. 245).

Breil, R.: *Projekte als Möglichkeiten des Philosophierens.* In: ZDPE, 1/2014. S. 3-16.

Breitenstein, P., Rohbeck, J.: *Philosophie. Geschichte. Disziplinen. Kompetenzen.* Stuttgart/Weimar: Metzler 2011.

Brendel, E.: *Wissen.* Berlin/Boston: Walter de Gruyter 2013 (= *Grundthemen der Philosophie*).

Breun, R.: *Identität.* In: E&U, 3/2009. S. 58-59.

Brockhaus GmbH (Hrsg.): *Der Brockhaus in fünfzehn Bänden. Bd. 6. Gu-Ir.* Leipzig/ Mannheim: Brockhaus 1997.

Brüning, B.: *Philosophieren in der Sekundarstufe. Methoden und Medien.* Weinheim/ Basel/Berlin: Beltz 2003.

Brüning, B.: *Hannah Arendt: „Über etwas nachdenken …".* In: ZDPE, 1/2017. S. 102-104.

Brüning, L. und Saum, T.: *Erfolgreich unterrichten durch Kooperatives Lernen. Strategien zur Schüleraktivierung.* 3. Auflage. Essen: NDS 2007.

Brüning, L. und Saum, T.: *Erfolgreich unterrichten durch Visualisieren. Grafisches Strukturieren mit Strategien des Kooperativen Lernens.* Essen: NDS 2007.

Brunkhorst, H.: *Hannah Arendt.* München: Beck 1999 (= *Beck'sche Reihe Denker,* Bd. 548).

Bundesministerium für Bildung und Forschung (BMBF). Referat für Bildungsforschung (Hrsg.): *Zur Entwicklung nationaler Bildungsstandards. Eine Expertise.* Berlin/Bonn 2009 (= *Bildungsforschung,* Bd. 1).

Buschlinger, W. et al.: *Philomat. Apparat für weltanschauliche Diagnostik. Erkunden Sie Ihre Philosophie im Selbsttest!* Stuttgart: Hirzel 2009.

Bussmann, B.: *Wissenschaftsorientierung.* In: Nida-Rümelin, J. et al. (Hrsg.): *Handbuch Philosophie und Ethik. Band I: Didaktik und Methodik.* Paderborn: Schöningh 2015. S. 125-130.

Bussmann, B.: *10 Thesen zum kompetenzorientierten Philosophie- und Ethikunterricht.* In: ZDPE, 4/2016. S. 3.

Campillo, N.: *Denken.* In: Heuer, W. et al. (Hrsg.): *Arendt-Handbuch. Leben – Werk – Wirkung.* Stuttgart/Weimar: Metzler 2011. S. 274-276.

Christophersen, C.: *„…es ist mit dem Leben etwas gemeint" Hannah Arendt über Rahel Varnhagen.* Königsstein: Helmer 2002.

Claussen, C.: *Die große Erzählwerkstatt für kleine Geschichtenerfinder. Das Praxispaket zur Entwicklung von Erzählkompetenz und Kreativität.* 3. Auflage. Donauwörth: Auer 2015.

Cyrill, M.: *Projektarbeit im Philosophieunterricht.* In: Pfister, J. und Zimmermann, P. (Hrsg.): *Neues Handbuch des Philosophieunterrichts.* Bern: Haupt 2016. S. 375-392.

Danner, H.: *Methoden geisteswissenschaftlicher Pädagogik. Einführung in die Hermeneutik, Phänomenologie und Dialektik.* 5. Auflage. München/Basel: Reinhardt 2006.

Distelrath, G.: *Theorie der Geschichte und autobiographische Reflexion. Versuch einer wechselseitigen Annäherung.* In: ZDPE 2/2012. S. 133-139.

Dohnicht, J.: *Medien im Unterricht.* In: Bovet, G. und Huwendiek, V. (Hrsg.): *Leitfaden Schulpraxis. Pädagogik und Psychologie für den Lehrerberuf.* 5. Auflage. Berlin: Cornelsen 2008. S. 170-200.

Draken, K.: *Perspektiven auf die Kompetenzorientierung. Ein fiktives Streitgespräch.* In: ZDPE 2/2011. S. 146-149.

Draken, K.: *Metamethoden – Eine fachbezogene Methodenlehre über den Arbeits- und Unterrichtsmethoden.* In: Nida-Rümelin, J. et al. (Hrsg.): *Handbuch Philosophie und Ethik. Band I: Didaktik und Methodik.* Paderborn: Schöningh 2015. S. 160-170.

Engels, H.: *Vorschlag, den Problembegriff einzugrenzen.* In: ZDPE 3/1990. S. 126-134.

Engels, H.: *Sprachanalytische Methoden im Philosophieunterricht: Mittel der Kritik, Hilfe beim Verstehen und Erkennen, Schutz vor den Fallstricken der Sprache.* In: Rohbeck, J. (Hrsg.): *Philosophische Denkrichtungen.* Dresden: Thelem 2001 (= *Dresdener Hefte für Philosophie.* Heft 4/ *Jahrbuch für Didaktik der Philosophie und Ethik.* Bd. 2). S. 35-80.

Ernst, G.: *Einführung in die Erkenntnistheorie.* Darmstadt: WBG 2007 (= *Einführung Philosophie*).

Fenner, D.: *Das gute Leben.* Berlin: Walter de Gruyter 2007 (*Grundthemen der Philosophie*).

Fischer-Sabrow, G.: *Was ist ein Leben? Eine Unterrichtseinheit zu Hannah Arendts Lebensgeschichte der Rahel Varnhagen.* In: ZDPE 2/1994. S. 102-110.

Frede, D.: *Meditationen über Sein und Sinn philosophischer Probleme.* In: Schulte, J. und Wenzel, U. J. (Hrsg.): *Was ist ein »philosophisches« Problem?* Frankfurt am Main: Fischer 2001. S. 42-53.

Frey, K.: *Die Projektmethode. „Der Weg zum bildenden Tun".* 11. Auflage. Weinheim/ Basel: Beltz 2010.

Fröhlich, M. et al.: *Philosophieunterricht. Eine situative Didaktik.* Göttingen: Vandenhoeck & Ruprecht 2014.

Gabriel, M.: *Warum es die Welt nicht gibt.* 4. Auflage. Berlin: Ullstein 2013.

Gadamer, H.-G.: *Hermeneutik I. Wahrheit und Methode. Grundzüge einer philosophischen Hermeneutik.* 7. Auflage. Tübingen: Mohr Siebeck 2010 (= *Hans-Georg Gadamer. Gesammelte Werke.* Bd. 1).

Gatzemeier, M.: *Sollen (Philosophie-) Lehrer Werthaltungen vermitteln?* In: ZDPE, 3/1981. S. 123-132.

Gefert, C.: *Didaktik theatralen Philosophierens. Untersuchungen zum Zusammenspiel argumentativ-diskursiver und theatral-präsentativer Verfahren bei der Texteröffnung in philosophischen Bildungsprozessen.* Dresden: Thelem 2002 (= *Dresdner Hefte für Philosophie,* Heft 8).

Gefert, C.: *Kompetenzentwicklung in philosophischen Bildungsprozessen.* In: ZDPE 2/2011. S. 100-103.

Gefert, C.: *Theatrales Philosophieren – performatives Denken in philosophischen Bildungsprozessen.* In: Nida-Rümelin, J. et al. (Hrsg.): *Handbuch Philosophie und Ethik. Band I: Didaktik und Methodik.* Paderborn: Schöningh 2015. S. 240-244.

Gefert, C.: *Theatrales Philosophieren als performativer Forschungsprozess.* In: Brüning, B. (Hrsg.): *Ethik/Philosophie. Didaktik. Praxisbuch für die Sekundarstufe I und II.* Berlin: Corneslen 2016. S. 98-106.

Geiss, P. G.: *Kompetenzorientierung im Unterricht.* In: Brüning, B. (Hrsg.): *Ethik/ Philosophie. Didaktik. Praxisbuch für die Sekundarstufe I und II.* Berlin: Cornelsen 2016. S. 39-48.

Gerhardt, V.: Öffentlichkeit. Die politische Form des Bewusstseins. München: Beck 2012.

Gigerenzer, G.: *Wie Heuristiken unsere moralischen Entscheidungen beeinflussen. Interview mit Gerd Gigerenzer.* In: ZDPE, 2/2015. S. 41-45.

Golus, K.: *Genderperspektive.* Nida-Rümelin, J. et al. (Hrsg.): *Handbuch Philosophie und Ethik. Band I: Didaktik und Methodik.* Paderborn: Schöningh 2015. S. 114-118.

Groch, A.: *Zur Reflexion der Bildungsstandards aus ethisch-philosophischer Perspektive.* In: ZDPE 2/2011. S. 150-154.

Haase, V.: *Selbstkompetenz und autobiografische Narration. Theoretische Fundierung eines Zusammenhangs und zehn praktische Übungen für den Unterricht.* In: ZDPE 2/2010. S. 88-100.

Haase, V.: *Betroffenen-Interviews im Ethikunterricht.* In: ZDPE 2/2012. S. 115-132.

Haase, V.: *Autobiografische Narrationskompetenz.* In: Rohbeck, J. (Hrsg.): *Didaktische Konzeptionen.* Dresden: Thelem 2013 (= *Jahrbuch für Didaktik der Philosophie und Ethik,* Bd. 13). S. 85-104.

Haase, V.: *Kreatives Schreiben.* In: Nida-Rümelin, J. et al. (Hrsg.): *Handbuch Philosophie und Ethik. Band I: Didaktik und Methodik.* Paderborn: Schöningh 2015. S. 230-240.

Haase, V.: *Warum sich Kompetenzen und philosophische Bildung nicht ausschließen.* In: ZDPE, 4/2016. S. 56-62.

Hacker, P. M. S.: *Verstehen wollen.* In: Schulte, J. und Wenzel, U. J. (Hrsg.): *Was ist ein »philosophisches« Problem?* Frankfurt am Main: Fischer 2001. S. 54-71.

Hagengruber, R.: *2600 Jahre Philosophiegeschichte mit Philosophinnen. Herausforderung oder Vervollständigung des philosophischen Kanons? Ergebnisse der Forschung und ihre Auswirkungen auf Rahmenrichtlinien und Schulpraxis.* In: ZDPE 2/2013. S. 15-27.

Hagengruber, R.: *Philosophinnen in der Schule.* In: Brüning, B. (Hrsg.): *Ethik/ Philosophie. Didaktik. Praxisbuch für die Sekundarstufe I und II.* Berlin: Corneslen 2016. S. 133-143.

Hahn, B.: *Dichtung/Narrativität.* In: Heuer, W. et al. (Hrsg.): *Arendt-Handbuch. Leben – Werk – Wirkung.* Stuttgart/Weimar: Metzler 2011. S. 352-356.

Hahn, B.: *Jüdische Existenzen.* In: Heuer, W. et al. (Hrsg.): *Arendt-Handbuch. Leben – Werk – Wirkung.* Stuttgart/Weimar: Metzler 2011. S. 23-28.

Hahn, B. (Hrsg.): *Rahel. Ein Buch des Andenkens für ihre Freunde.* Bd. 1-6. Göttingen: Wallenstein 2011.

Hahn, S.: *Wissenschaftspropädeutik in der gymnasialen Oberstufe.* In: Bosse, D. et al. (Hrsg.): *Standardisierung in der gymnasialen Oberstufe.* Wiesbaden: Springer 2013. S. 161-174.

Haker, H.: *Narrative Ethik.* In: ZDPE 2/2010. S. 74-82.

Han, B.-C.: *Die Errettung des Schönen.* Frankfurt am Main: Fischer 2015 (*Wissenschaft*).

Hauer, B.: *Entwicklung didaktischer Kompetenzen durch forschendes Lernen. Der Einsatz des AuRELIA-Kozepts in der Lehrer/ -innenbildung.* Aachen: Shaker 2014.

Heidegger, M.: *Sein und Zeit.* 19. Auflage. Tübingen: Niemeyer 2006.

Heinrich, D.: *Das eine Problem, sich Problem zu sein.* In: Schulte, J. und Wenzel, U. J. (Hrsg.): *Was ist ein »philosophisches« Problem?* Frankfurt am Main: Fischer 2001. S. 87-101.

Henke, R. W.: *Hegels gymnasiale Philosophiedidaktik heute.* In: ZDPE, 3/1987. S. 181-187.

Henke, R. W.: *Was ist das Böse? Hannah Arendts Beitrag zu einem alten Problem.* In: ZDPE, 23/1994. S. 91-101.

Henke, R. W.: *Dialektik als didaktisches Prinzip. Bausteine zu einer zeitgemäßen Philosophiedidaktik im Anschluss an Kant und Hegel.* In: ZDPE, 2/2000. S. 117-123.

Henke, R. W.: *Das Leib-Seele-Problem bei Descartes. Aspekte zur Sachorientierung und Grundzüge einer dialektisch gefassten Unterrichtsreihe.* In: ZDPE, 3/2007. S. 192-206.

Henke, R. W.: *Ende der Kunst oder Ende der Philosophie? Ein Plädoyer für die „Anstrengung des Begriffs" als didaktischer Kern des Philosophieunterrichts.* In: ZDPE, 1/2012. S. 59-66.

Henke, R. W. und Rolf, B.: *Kompetenzorientiert unterrichten – der neue Kernlehrplan Philosophie in NRW (S II).* In: ZDPE 3/2013. S. 69-75.

Henke, R. W.: *Die Förderung philosophischer Urteilskompetenz durch kognitive Konflikte.* In: Nida-Rümelin, J. et al. (Hrsg.): *Handbuch Philosophie und Ethik. Band I: Didaktik und Methodik.* Paderborn: Schöningh 2015. S. 86-95.

Henke, R. W.: *Philosophie-Curricula als Instrumente zur Steuerung des Unterrichts.* In: Pfister, J. und Zimmermann, P. (Hrsg.): *Neues Handbuch des Philosophieunterrichts.* Bern: Haupt 2016. S. 21-42.

Henke, R. W. und Rolf, B.: *„Philosophieren können". Zum Kompetenzbegriff des nordrhein-westfälischen Kernlehrplans Philosophie.* In: ZDPE, 4/2016. S. 14-25.

Heuer, W.: *Hannah Arendt – eine Einführung.* In: ZDPE 2/1994. S. 78-90.

Heuer, W. et al. (Hrsg.): *Arendt-Handbuch. Leben – Werk – Wirkung.* Stuttgart/ Weimar: Metzler 2011.

Höffe, O.: *Immanuel Kant.* 6. Auflage. München: Beck 2004 (= *Beck'sche Reihe Denker,* Bd. 506).

Höffe, O.: *Kants Kritik der reinen Vernunft. Die Grundlegung der modernen Philosophie.* 2. Auflage. München: Beck 2004.

Höffe, O.: *Aristoteles*. 3. Auflage. München: Beck 2006 (= *Beck'sche Reihe Denker*, Bd. 535).

Hofer, R.: *Philosophiedidaktische Modelle im Überblick*. In: Pfister, J. und Zimmermann, P. (Hrsg.): *Neues Handbuch des Philosophieunterrichts*. Bern: Haupt 2016. S. 437-461.

Hogrebe et al.: *Bonner Erklärung der deutschen Gesellschaft für Philosophie zum Philosophie und Ethikunterricht*. In: ZDPE 4/2002. S. 348-349.

Huber, H.: *Philosophie und Ethik. Eine Hinführung*. Donauwörth: Auer 2006 (= *Philosophieren – wie und wozu?, Bd. I*).

Huber, L.: *Warum Forschendes Lernen nötig und möglich ist*. In: Huber et al. (Hrsg.): *Forschendes Lernen im Studium. Aktuelle Konzepte und Erfahrungen*. 2. Auflage. Bielefeld: Webler 2013 (= *Motivierendes Lehren und Lernen in Hochschulen: Praxisanregungen*, Bd. 10). S. 9-31

Hurrelmann, K. und Albrecht, E.: *Bildungsorientierungen und Wertvorstellungen von Jugendlichen heute. Ergebnisse aktueller Jugendstudien*. In: Seminar, 2/2016. S. 109-125.

Husserl, E.: *Die phänomenologische Methode. Ausgewählte Texte I*. Stuttgart: Reclam 2010 (= *Reclams Universal-Bibliothek*, Bd. 8084).

Jaeggi, R.: *Welt/Weltentfremdung*. In: Heuer, W. et al. (Hrsg.): *Arendt-Handbuch. Leben – Werk – Wirkung*. Stuttgart/Weimar: Metzler 2011. S. 333-335.

Jank, W. und Meyer, H.: *Didaktische Modelle*. 7. Auflage. Berlin: Cornelsen Scriptor 2005.

Jaspers, K.: *Einführung in die Philosophie. Zwölf Radiovorträge*. 28. Auflage. München/ Zürich: Piper 2010.

Joisten, K.: *Philosophische Hermeneutik*. Berlin: Akademie 2009.

Kafka, F.: *Sämtliche Werke*. Bath: Parragon Books Ltd 2006.

Kallhoff, A.: *Martha C. Nussbaums Theorie des guten Lebens*. In: ZDPE, 1/2001. S. 13-19.

Kampits, P.: *Jean-Paul Sartre*. München: Beck 2004 (= *Beck'sche Reihe Denker*, Bd. 567).

Kaulbach, F.: *Immanuel Kant*. Berlin: Walte de Gruyter 1969 (= *Sammlung Göschen*, Bd. 536/536a).

Kempen, W. und Mutschler, F. (Hrsg.): *deutsch.kompetent. Qualifikationsphase*. Stuttgart/Leipzig: Klett 2015.

Kierkegaard, S.: *Die Tagebücher. Deutsch von Theodor Haecker*. Innsbruck: Brenner 1923.

Kim, M.: *Philosophieren mit Kindern über Stereotype, Vorurteile und Implicit Bias*. In: ZDPE, 2/2015. S. 46-54.

Kliebisch, U. W. und Meloefski, R.: *LehrerSein. Erfolgreich handeln in der Praxis. Grundlagen der Pädagogik und Didaktik. Kompetenzen. Unterrichtsentwurf*. Bd. 1. 4. Auflage. Baltmannsweiler: Schneider 2009.

Knott, M. L.: *Verlernen. Denkwege bei Hannah Arendt*. Berlin: Matthes & Seitz 2017.

Koch, L.: *Standardisierter Philosophieunterricht – ein Fragezeichen.* In: Mitteilungen des Fachverbandes Philosophie 46/2006. S. 19-28.

Koch, L.: *Lehren und Lernen. Wege zum Wissen.* Paderborn: Schöningh 2015.

Kohn, J.: *Tradition.* In: Heuer, W. et al. (Hrsg.): *Arendt-Handbuch. Leben – Werk – Wirkung.* Stuttgart/Weimar: Metzler 2011. S. 320-322.

Kohn, J.: *In Hannah Arendts Seminar.* In: Arendt, H. (2016): *Sokrates. Apologie der Pluralität.* Berlin: Matthes & Seitz 2016 (= *Fröhliche Wissenschaft* 078). S. 86-95.

Köppe, T. und Kindt, T.: *Erzähltheorie. Eine Einführung.* Stuttgart: Reclam 2014 (= *Reclams Universal-Bibliothek*, Bd. 17683).

Koselleck, R.: *Zeitschichten. Studien zur Historik.* Frankfurt am Main: Suhrkamp 2000.

Krause, J.: *Medien.* In: Rehfus W. D. und Becker, H. (Hrsg.): *Handbuch des Philosophie-Unterrichts.* Düsseldorf: Schwann 1987. S. 423-429.

Kristeva, J.: *Das weibliche Genie. I. Hannah Arendt.* Berlin/Wien: Philo 2001 (= *Das weibliche Genie. Das Leben, der Wahn, die Wörter. I. Hannah Arendt. II. Melanie Klein. III. Colette*).

Kurbacher, F. A.: *Frühe Schriften – »Der Liebesbegriff bei Augustin«.* In: Heuer, W. et al. (Hrsg.): *Arendt-Handbuch. Leben – Werk – Wirkung.* Stuttgart/Weimar: Metzler 2011. S. 20-22.

Ladenthin, V.: *Forschendes Lernen in der Bildungswissenschaft.* Bonn: Verlag für Kultur und Wissenschaft 2014.

Lehner, M.: *Didaktische Reduktion.* Bern/Stuttgart/Wien: Haupt 2012.

Lemanski, J.: *»Cur Potius Aliquid Quam Nihil« von der Frühgeschichte bis zur Hochscholastik.* In: Schubbe, D. et al. (Hrsg.): *Warum ist überhaupt etwas und nicht vielmehr nichts? Wandel und Variation einer Frage.* Hamburg: Meiner 2013. S. 23-64.

Lesch, W.: *Hermeneutische Ethik/Narrative Ethik.* In: Düwell, M. et al. (Hrsg): *Handbuch Ethik.* 2. Auflage. Stuttgart/Weimar: Metzler 2006. S. 231-242.

Lessing, H.-U.: *Person. Anmerkungen zu einem grundlegenden Begriff.* In: ZDPE 4/2009. S. 250-254.

Lipmann, M.: *Thinking in Education.* 2nd Edition. Cambridge: University Press 2003.

Ludz, U.: *Hannah Arendts Pläne für eine »Einführung in die Politik«.* In: Arendt, H.: *Was ist Politik? Fragmente aus dem Nachlaß.* 4. Auflage. München/Zürich: Piper 2010. S. 137-187.

Ludz, U.: *Nachwort der Herausgeberin.* In: *Hannah Arendt. Zwischen Vergangenheit und Zukunft. Übungen im politischen Denken I.* 2. Auflage. München: Piper 2013. S. 371-375.

MacIntyre, A.: *Der Verlust der Tugend. Zur moralischen Krise der Gegenwart.* 6. Auflage. Frankfuhrt am Main: Suhrkamp 2014 (= *suhrkamp taschenbuch wisssenschaft*, Bd. 1193).

Marchart, O.: *Das Agonale.* In: Heuer, W. et al. (Hrsg.): *Arendt-Handbuch. Leben – Werk – Wirkung.* Stuttgart/Weimar: Metzler 2011. S. 263-264.

Martens, E.: *Dialogisch-pragmatische Philosophiedidaktik.* Hannover: Schroedel 1979.

Martens, E.: *Methodik des Ethik- und Philosophieunterrichts. Philosophieren als elementare Kulturtechnik.* Hannover: Siebert 2003.

Martens, E.: *Lebenswelt.* In: ZDPE, 4/2014. S. 38.

Martens, E.: *Philosophie als Kulturtechnik humaner Lebensgestaltung.* In: Nida-Rümelin, J. et al. (Hrsg.): *Handbuch Philosophie und Ethik. Band I: Didaktik und Methodik.* Paderborn: Schöningh 2015. S. 41-48.

Marx, L.: *Die deutsche Kurzgeschichte.* 2. Auflage. Stuttgart/Weimar: Metzler 1997 (= *Sammlung Metzler,* Bd. 216).

Mattes, W.: *Methoden für den Unterricht. Kompakte Übersichten für Lehrende und Lernende.* Paderborn: Schöningh 2011.

McCarthy, M.: *Ein Dokument ethischer Verantwortung: Zu Hannah Arendts Bericht „Eichmann in Jerusalem".* In: Arendt, H. und Fest, J.: *Eichmann war von empörender Dummheit. Gespräche und Briefe.* München: Piper 2013. S. 127-145.

Meints, W.: *Partei ergreifen im Interesse der Welt. Eine Studie zur politischen Urteilskraft im Denken Hannah Arendts.* Bielefeld: transcript 2011 (= *Edition Moderne Postmoderne*).

Meints, W.: *Hannah Arendts politische Übersetzung der Frage »Warum ist überhaupt etwas und nicht vielmehr nichts?«* In: Schubbe, D. et al. (Hrsg.): *Warum ist überhaupt etwas und nicht vielmehr nichts? Wandel und Variation einer Frage.* Hamburg: Meiner 2013. S. 263-282.

Meixner, U.: *Einführung in die Ontologie.* 2. Auflage. Darmstadt: WBG 2011 (= *Einführung Philosophie*).

Menke, C.: *Zwischen Literatur und Dialektik.* In: Schulte, J. und Wenzel, U. J. (Hrsg.): *Was ist ein »philosophisches« Problem?* Frankfurt am Main: Fischer 2001. S. 114-133.

Neugebauer, H.-G.: *Wie viel Sinn hat die Kompetenzrhetorik? Überlegungen aus Anlass des Kernlehrplans Philosophie NRW.* In: ZDPE, 4/2016. S. 8-13.

Meyer, H.: *Unterrichtsmethoden. Praxisband.* 10. Auflage. Berlin: Cornelsen Scriptor 2003.

Meyer, H.: *Unterrichtsmethoden. Theorieband.* 10. Auflage. Berlin: Cornelsen Scriptor 2003.

Meyer, H.: *Was ist guter Unterricht?* Berlin: Cornelsen Scriptor 2004.

Meyer, H.: *Leitfaden Unterrichtsvorbereitung.* Berlin: Cornelsen Scriptor 2007.

Meyer, H.: *Unterrichtsentwicklung.* Berlin: Cornelsen 2015.

Meyer, K.: *Kompetenzorientierung.* In: Nida-Rümelin et al. (Hrsg.): *Handbuch Philosophie und Ethik. Band I: Didaktik und Methodik.* Paderborn: Schöningh 2015. S. 104-113.

Mittelstraß, J.: *Philosophische Probleme zwischen Wissenschaft und Lebenswelt.* In: Schulte, J. und Wenzel, U. J. (Hrsg.): *Was ist ein »philosophisches« Problem?* Frankfurt am Main: Fischer 2001. S. 134-144.

Möbuß, S.: *Existenzphilosophie. Von Augustinus bis Nietzsche.* Bd. 1. Freiburg/München: Alber 2015.

Möbuß, S.: *Existenzphilosophie. Das 20. Jahrhundert.* Bd. 2. Freiburg/München: Alber 2015.

Möller, C.: *Von der »Banalität des Bösen«: Wie weiter mit einem umstrittenen Werk?* In: ZDPE, 1/2017. S. 37-46.

Mohr, G.: *Einleitung: Der Personbegriff in der Geschichte der Philosophie.* In: Sturma, D. (Hrsg.): *Person. Philosophiegeschichte. Theoretische Philosophie. Praktische Philosophie.* Paderborn: mentis 2001 (= *ethica*, Bd. 3). S. 25-36.

Mommsen, H.: *Hannah Arendt und der Prozeß gegen Adolf Eichmann.* In: Arendt, H.: *Eichmann in Jerusalem. Ein Bericht von der Banalität des Bösen.* 15. Auflage. München/Zürich: Piper 2006. S. 9-48.

Newen, A.: *Philosophie des Geistes. Eine Einführung.* München: C. H. Beck 2013 (= *Beck'sche Reihe Wissen*, Bd. 2806).

Nida-Rümelin, J.: *Strukturelle Rationalität. Ein philosophischer Essay über praktische Vernunft.* Stuttgart: Reclam 2001.

Nida-Rümelin, J.: *Über menschliche Freiheit.* Stuttgart: Reclam 2005.

Nida-Rümelin, J.: *Verantwortung.* Stuttgart: Reclam 2011.

Nida-Rümelin, J.: *Philosophie einer humanen Bildung.* Hamburg: Körber-Stiftung 2013.

Nida-Rümelin, J.: *Bildungsziele des erneuerten Humanismus.* In: Nida-Rümelin, J. et al. (Hrsg.): *Handbuch Philosophie und Ethik. Band I: Didaktik und Methodik.* Paderborn: Schöningh 2015. S. 18-22.

Nida-Rümelin, M.: *Einfaches Selbstbewusstsein und der Begriff des Subjekts von Erfahrung.* In: Nida-Rümelin, J. et al. (Hrsg.): *Handbuch Philosophie und Ethik. Band II: Disziplinen und Themen.* Paderborn: Schöningh 2015. S. 123-130.

Nooteboom, C.: *Die folgende Geschichte.* Frankfurt am Main: Suhrkamp 2002 (= *suhrkamp taschenbuch* 3405).

Nordmann, I.: *Hannah Arendt.* Frankfurt am Main: Campus 1994 (= *Reihe Campus Einführungen*, Bd. 1081).

Nussbaum, M. C.: *Gerechtigkeit oder Das gute Leben.* 8. Auflage: Frankfurt am Main: Suhrkamp 2014 (= *Gender Studies. Vom Unterschied der Geschlechter; Edition Suhrkamp*, Bd. 739).

Orozco, T.: *Zur Renaissance des Unpolitischen. Arendt-Lektüren wiedergelesen.* In: Berliner Debatte Initial, 3/1999. S. 95-110.

Pauen, M.: *Die Natur des Geistes.* Frankfurt am Main: Fischer 2016.

Paradies, L. und Linser, H.-J.: *Differenzieren im Unterricht*. 6. Auflage. Berlin: Cornelsen Scriptor 2012.

Perrone-Moises, C.: *Wahrheit/Meinung/Lüge*. Heuer, W. et al. (Hrsg.): *Arendt-Handbuch. Leben – Werk – Wirkung*. Stuttgart/Weimar: Metzler 2011. S. 331-332.

Peters, J.: *Bilder und Comics*. In: Nida-Rümelin, J. et al. (Hrsg.): *Handbuch Philosophie und Ethik. Band I: Didaktik und Methodik*. Paderborn: Schöningh 2015. S. 277-293.

Pfeifer, V.: *Analytische Philosophie und ethisches Argumentieren*. In: ZDPE, 2/2000. S. 94-102.

Pfeifer, V.: *Didaktik des Ethikunterrichts. Bausteine einer integrativen Wertevermittlung*. 3. Auflage. Stuttgart: Kohlhammer 2013.

Pfister, J.: *Fachdidaktik Philosophie*. 2. Auflage. Bern: Haupt 2014.

Pfister, J.: *Schreiben*. In: Pfister, J. und Zimmermann, P. (Hrsg.): *Neues Handbuch des Philosophieunterrichts*. Bern: Haupt 2016. S. 275-291.

Pfister, J.: *Einige Bemerkungen zum Nutzen der empirischen Unterrichtsforschung für die Philosophiedidaktik*. In: Kminek, H., Thein, C. und Torkler, R. (Hrsg.): *Zwischen Präskription und Deskription – zum Selbstverständnis der Philosophiedidaktik*. Opladen/Berlin/Toronto: Budrich 2018 (= *Wissenschaftliche Beiträge zur Philosophiedidaktik und Bildungsphilosophie*, Bd. 1). S. 125-143.

Pieper, A.: *„Person" in der Existenzphilosophie*. In: Sturma, D. (Hrsg.): *Person. Philosophiegeschichte. Theoretische Philosophie. Praktische Philosophie*. Paderborn: mentis 2001 (= *ethica*, Bd. 3). S. 143-166.

Quante, M.: *Menschliche Persistenz*. In: Sturma, D. (Hrsg.): *Person. Philosophiegeschichte. Theoretische Philosophie. Praktische Philosophie*. Paderborn: mentis 2001 (= *ethica*, Bd. 3). S. 223-257.

Quante, M.: *Person*. 2. Auflage. Berlin/Boston: Walter de Gruyter 2012 (= *Grundthemen der Philosophie*).

Raters, M.-L.: *Will ich diese Person sein, die Ich ist? Die autobiographische Narration als Mittel zur Objektivierung des eigenen moralischen Standpunktes nach Thomas Nagel*. In: ZDPE 2/2012. S. 146-152

Rechenberg-Winter, P. und Haußmann, R.: *Arbeitsbuch Kreatives und biografisches Schreiben. Gruppen leiten*. Göttingen: Vandenhoeck & Ruprecht 2015.

Rehfus, W. D.: *Didaktik der Philosophie. Grundlage und Praxis*. Düsseldorf: Pädagogischer Verlag Schwann 1980.

Rehfus, W. D.: *Seinsgrund*. In: Rehfus, W. D. (Hrsg.): *Handwörterbuch Philosophie*. Göttingen: Vandenhoeck & Ruprecht 2003. S. 609.

Reitinger, J.: *Forschendes Lernen. Theorie, Evaluation und Praxis in naturwissenschaftlichen Lernarrangements*. Immenhausen bei Kassel: Prolog 2013 (= *Theorie und Praxis Schulpädagogik*, Bd. 12).

Rentsch, T.: *Das Faktum der Natalität. Hannah Arendt: Menschliches Handeln.* In: ZDPE, 1/2017. S. 66-69.

Rentsch, T.: *Phänomenologie als methodische Praxis. Didaktische Potenziale der phänomenologischen Methode.* In: Rohbeck, J. (Hrsg.): *Denkstile der Philosophie.* Dresden: Thelem 2002 (= *Dresdener Hefte für Philosophie.* Heft 7/ *Jahrbuch für Didaktik der Philosophie und Ethik.* Bd. 3). S. 11-28.

Ridder, L.: *Methoden der Interpretation im Philosophieunterricht.* In: Rohbeck, J. (Hrsg.): *Philosophische Denkrichtungen.* Dresden: Thelem 2001 (= *Dresdener Hefte für Philosophie.* Heft 4/ *Jahrbuch für Didaktik der Philosophie und Ethik.* Bd. 2). S. 116-143.

Ries, W.: *Die Philosophie der Antike.* 3. Auflage. Darmstadt: WBG 2013 (= *Basiswissen Philosophie*).

Rösch, A.: *Kompetenzorientierung im Philosophie- und Ethikunterricht. Entwicklung eines Kompetenzmodells für die Fächergruppe Philosophie, Praktische Philosophie, Ethik, Werte und Normen, LER.* Berlin/Zürich: LIT 2009 (= *Philosophie in der Schule.* Bd. 13).

Rösch, A.: *Wohin steuert der Ethikunterricht? Ergebnisse einer empirischen Untersuchung.* In: EU 1/2010. S. 8-12.

Rohbeck, J.: *Verkehrte Welt – Dialektik als Methode der Kritik.* In: Rohbeck, J. (Hrsg.): *Denkstile der Philosophie.* Dresden: Thelem 2002 (= *Dresdner Hefte für Philosophie, Heft 7; Jahrbuch für Didaktik der Philosophie und Ethik,* Bd. 3). S. 29-62.

Rohbeck, J.: *Didaktik der Philosophie und Ethik.* 3. Auflage, Dresden: Thelem 2013.

Rohbeck, J.: *Experimentelle Philosophiedidaktik.* In: ZDPE 2/2014. S. 3-9.

Rohbeck, J.: *Didaktische Transformationen.* In: Nida-Rümelin, J. et al. (Hrsg.): *Handbuch Philosophie und Ethik. Band I: Didaktik und Methodik.* Paderborn: Schöningh 2015. S. 48-56.

Rolf, B. und Peters, J.: *philo – NRW. Qualifikationsphase.* Bamberg: Buchner 2015.

Rolf, B.: *Formen der Lernerfolgsüberprüfung.* In: Pfister, J. und Zimmermann, P. (Hrsg.): *Neues Handbuch des Philosophieunterrichts.* Bern: Haupt 2016. S. 395-413.

Rorty, R.: *Im Dienste der Welterschließung.* In: Schulte, J. und Wenzel, U. J. (Hrsg.): *Was ist ein »philosophisches« Problem?* Frankfurt am Main: Fischer 2001. S. 148-154.

Runge, A.: *Wissenschaftliche Biographik.* In: Klein, C. (Hrsg.): *Handbuch Biographie. Methoden. Traditionen. Theorien.* Stuttgart/Weimar: Metzler 2009. S. 113-121.

Runtenberg, C.: *Zeitgemäße philosophische Bildung und empirische Unterrichtsforschung.* In: Martens, E. (Hrsg.): *Empirie und Erfahrung im Philosophie und Ethikunterricht.* Hannover: Siebert 2017. S. 43-58.

Safranski, R.: *Zeit. Was sie mit uns macht und was wir aus ihr machen.* München: Hanser 2015.

Schmidt, D.: *Vorurteile und ihre Bedeutung für die Entwicklung ethischer Urteilsfähigkeit.* In: ZDPE 2/2006. S. 90-101.

Schmidt, D.: *Philosophieren messen?! Leistungsbewertung im Philosophieunterricht.* In: ZDPE 2/2011. S. 104-113.

Schmidt, D.: *Philosophieren über Vorurteile.* In: ZDPE, 2/2015. S. 66-75.

Schmidt, D.: *Intuition statt Reflexion? Philosophiedidaktische Überlegungen zum sozial-intuitionistischen Ansatz.* In: ZDPE, 2/2015. S. 27-40

Schnicke, F.: *Bestimmungen und Merkmale.* In: Klein, C. (Hrsg.) (2009): *Handbuch Biographie. Methoden. Traditionen. Theorien.* Stuttgart/Weimar: Metzler 2009. S. 1-6.

Schönherr-Mann, H.-M.: *Hannah Arendt. Wahrheit, Macht, Moral.* München: Beck 2006 (=*Beck'sche Reihe*, Bd. 1691).

Schönwälder-Kuntze, T.: *Philosophische Methoden zur Einführung.* Hamburg: Junius 2015.

Schröder-Werle, R.: *Erfassen der Wirklichkeit. Didaktische Potenziale phänomenologischen Denkens.* In: Rentsch, T. und Rohbeck, J. (Hrsg.): *Didaktische Transformationen.* Dresden: Thelem 2003 (= *Dresdener Hefte für Philosophie.* Heft 10/ *Jahrbuch für Didaktik der Philosophie und Ethik.* Bd. 4). S. 50-71.

Schubbe, D. et al: *Variationen und Implikationen der Frage »Warum ist überhaupt etwas und nicht vielmehr nichts?«.* In: Schubbe, D. et al. (Hrsg.): *Warum ist überhaupt etwas und nicht vielmehr nichts? Wandel und Variation einer Frage.* Hamburg: Meiner 2013. S. 7-21.

Schües, C.: *Aufgaben philosophischer Bildung: Theodor W. Adorno und Hannah Arendt.* In: Rehn, R. und Schües, C. (Hrsg.): *Bildungsphilosophie. Grundlagen. Methoden. Perspektiven.* Freiburg/München: Alber 2008 (= *Pädagogik und Philosophie*, Bd. 1). S. 136-156.

Schüler, H.: *Sprachkompetenz durch Erzähltheater. Kamishibai.* 3. Auflage. Dortmund: KreaShibai Erzähltheater 2015.

Schultheiss, C. und Andries, M.: *Ein „dritter Weg" in der Philosophie- und Ethikdidaktik. Problemorientierter Philosophie- und Ethikunterricht zwischen klassischem Bildungsdenken und strikter Kompetenzorientierung.* In: ZDPE, 4/2016. S. 28-38.

Schüßler, W.: *Jaspers zur Einführung.* Hamburg: Junius 1995 (= *Zur Einführung*, Bd. 114).

Schütze, M.: *„Negative" und „positive" Vorurteile. Philosophieren über Vorurteile auf unterschiedlichen Abstraktionsstufen.* In: ZDPE 2/2006. S. 102-106.

Schwalm, H.: *Autobiographie.* In: Burdorf, D. et al. (Hrsg.): *Metzler Lexikon Literatur. Begriffe und Definitionen.* 3. Auflage. Stuttgart/Weimar: Metzler 2007. S. 57-59.

Schwalm, H.: *Biographie.* In: Burdorf, D. et al. (Hrsg.): *Metzler Lexikon Literatur. Begriffe und Definitionen.* 3. Auflage. Stuttgart/Weimar: Metzler 2007. S. 89-91.

Searle, J.: *Wie wir die soziale Welt machen. Die Struktur der menschlichen Zivilisation.* Berlin: Suhrkamp 2012.

Seel, M.: *Sechs nur scheinbar widersprüchliche Antworten.* In: Schulte, J. und Wenzel, U. J. (Hrsg.): *Was ist ein »philosophisches« Problem?* Frankfurt am Main: Fischer 2001. S. 155-165.

Seibert, T.: *Existenzphilosophie.* Stuttgart/Weimar: Metzler 1997 (= *Sammlung Metzler*, Bd. 303).

Sekretariat der Ständigen Konferenz der Kultusminister der Länder in der Bundesrepublik Deutschland (Hrsg.): *Bildungsstandrads der Kultusministerkonferenz. Erläuterungen zur Konzeption und Entwicklung.* München, Neuwied: Luchterhand 2005.

Sen, A.: *Die Idee der Gerechtigkeit.* München: dtv 2012.

Siefer, W.: *Der Erzählinstinkt. Warum das Gehirn in Geschichten denkt.* München: Hanser 2015.

Sikorski, D.: *Unterrichtsbeobachtung und »Dichte Beschreibung« als empirsicher Forschungsansatz für die Lehrerbildung.* In: Martens, E. (Hrsg.): *Empirie und Erfahrung im Philosophie und Ethikunterricht.* Hannover: Siebert 2017. S. 173-193.

Sistermann, R. und Wittschier, M.: *Problemorientierter Philosophieunterricht nach dem Bonbonmodell. Ein Gespräch aus der Praxis der Unterrichtsplanung und Lehrerausbildung.* In: ZDPE 1/2015. S. 60-68.

Sistermann, R.: *Der experimentelle Empirismus John Deweys und die Problemorientierung nach dem Bonbonmodell.* In: Martens, E. (Hrsg.): *Empirie und Erfahrung im Philosophie und Ethikunterricht.* Hannover: Siebert 2017. S. 114-133.

Spiegel, I.: *Die Urteilskraft bei Hannah Arendt.* Berlin/Münster: Lit 2011 (= *Ideal und Real*, Bd. 3).

Spiegel, I.: *Hannah Arendt: Politische Urteilskraft.* In: ZDPE, 1/2017. S. 18-25.

Standop, J.: *Ethische Aspekte des Lehren und Lernens.* In: Seminar, 2/2016. S. 53-69.

Stangneth, B.: *Eichmann vor Jerusalem. Das unbehelligte Leben eines Massenmörders.* 2. Auflage. Zürich/Hamburg: Arche 2011.

Stangneth, B.: *Böses Denken.* 2. Auflage. Reinbek bei Hamburg: Rowohlt 2016.

Stangneth, B. und Newmark, C.: *Er hat alle getäuscht.* In: Philosophie Magazin. Sonderausgabe, 6/2016. S. 114-120.

Steenblock, V.: *Theorie der kulturellen Bildung. Zur Philosophie und Didaktik der Geisteswissenschaften.* München: Fink 1999.

Steenblock, V.: *Hermes und die Eule der Minerva. Zur Rolle der Hermeneutik in philosophischen Bildungsprozessen.* In: Rohbeck, J. (Hrsg.): *Philosophische Denkrichtungen.* Dresden: Thelem 2001 (= *Dresdener Hefte für Philosophie.* Heft 4/ *Jahrbuch für Didaktik der Philosophie und Ethik.* Bd. 2). S. 81-115.

Steenblock, V.: *Kompetenzentwicklung zwischen Methodisierung und Lebenswelt. Ditte Fachtagung zur Didaktik der Philosophie und Ethik unter dem Titel „Ethisch-philosophische Basiskompetenz".* In: ZDPE, 3/2003. S. 298-300.

Steenblock, V.: *Was ist Philosophiedidaktik? Fünf Bemerkungen zu ihrer disziplinären Identität aus Anlass der Kompetenzdebatte.* In: ZDPE 2/2011. S. 90.

Steenblock, V.: *Philosophische Bildung. Einführung in die Philosophiedidaktik und Handbuch: Praktische Philosophie.* 7. Auflage. Münster: Lit 2013 (= *Münsteraner Einführungen – Münsteraner Philosophische Arbeitsbücher,* Bd. 1).

Steenblock, V.: *Das Gute Leben.* In: Nida-Rümelin, J. et al. (Hrsg.): *Handbuch Philosophie und Ethik. Band II: Disziplinen und Themen.* Paderborn: Schöningh 2015. S. 142-147.

Steenblock, V.: *Orte des Philosophierens.* In: Nida-Rümelin, J. et al. (Hrsg.): *Handbuch Philosophie und Ethik. Band I: Didaktik und Methodik.* Paderborn: Schöningh 2015. S. 30-36.

Steenblock, V.: *Philosophische Bildung als Arbeit am Logos.* In: Nida-Rümelin, J. et al. (Hrsg.): *Handbuch Philosophie und Ethik. Band I: Didaktik und Methodik.* Paderborn: Schöningh 2015. S. 57-69.

Steenblock, V.: *Didaktik der Philosophie und Philosophie der Didaktik.* In: Seminar, 2/2016. S. 25-39.

Steenblock, V.: *Der lebendige Raum der Didaktik und er »Sinn« des Philosophieunterrichts.* In: ZDPE, 4/2016. S. 63-69.

Steenblock, V.: *„Es gibt eine richtige Antwort!"? Überlegungen zu Leistungsbegleitung und Unterrichtsforschung. In:* Martens, E. (Hrsg.): *Empirie und Erfahrung im Philosophie und Ethikunterricht.* Hannover: Siebert 2017. S. 195-207.

Stelzer, H.: *Lebensweltbezug.* Nida-Rümelin, J. et al. (Hrsg.): *Handbuch Philosophie und Ethik. Band I: Didaktik und Methodik.* Paderborn: Schöningh 2015. S. 79-86.

Straßenberger, G.: *Hannah Arendt. Zur Einführung.* Hamburg: Junius 2015.

Sturma, D.: *Philosophie der Person. Die Selbstverhältnisse von Subjektivität und Moralität.* Paderborn: Schöningh 1997.

Sturma, D.: *Person und Menschenrechte.* In: Sturma, D. (Hrsg.): *Person. Philosophiegeschichte. Theoretische Philosophie. Praktische Philosophie.* Paderborn: mentis 2001 (= *ethica,* Bd. 3). S. 337-362.

Sturma, D. (Hrsg.): *Person. Philosophiegeschichte. Theoretische Philosophie. Praktische Philosophie.* Paderborn: mentis 2001 (= *ethica,* Bd. 3).

Tassin, E.: *Person.* In: Heuer, W. et al. (Hrsg.): *Arendt-Handbuch. Leben – Werk – Wirkung.* Stuttgart/Weimar: Metzler 2011. S. 305-306.

Terhart, E.: *Didaktik. Eine Einführung,* Stuttgart: Reclam 2009.

Thein, C.: *Operatoren im Philosophieunterricht.* In: Nida-Rümelin, J. et al. (Hrsg.): *Handbuch Philosophie und Ethik. Band I: Didaktik und Methodik.* Paderborn: Schöningh 2015. S. 325-327.

Thein, C.: *Verstehen und Urteilen im Philosophieunterricht.* Opladen/Berlin/Toronto: Budrich 2017 (= *Wissenschaftliche Beiträge zur Philosophiedidaktik und Bildungsphilosophie,* Bd. 3).

Thies, C.: *Das Philosophische Tagebuch.* In: ZDP, 1/1990. S. 26-32.

Thies, C.: *Kann ich meinem Leben einen Sinn geben?* In: ZDPE, 4/2002. S. 266-272.

Thomä, D.: *Erzähle dich selbst. Lebensgeschichte als philosophisches Problem.* 2. Auflage. Berlin: Suhrkamp 2015 (= *suhrkamp taschenbuch wisssenschaft,* Bd. 1817).

Thomas, P.: *Phänomenologie als negative Hermeneutik.* In: Rentsch, T. und Rohbeck, J. (Hrsg.): *Didaktische Transformationen.* Dresden: Thelem 2003 (= *Dresdener Hefte für Philosophie.* Heft 10/ *Jahrbuch für Didaktik der Philosophie und Ethik.* Bd. 4). S. 13-49.

Tichy, M.: *Mediennutzung, Medienkompetenz und Philosophieunterricht. Versuch einer Klärung aus unterrichtspraktischer Sicht.* In: ZDPE, 2/2008. S. 90-102.

Tichy, M.: *Autobiographie und Selbstporträt. Die Metapher des Spiegels als Leitfaden für eine Unterrichtsreihe.* In: ZDPE 2/2012. S. 104-114.

Tichy, M.: *Eine Zweideutigkeit des Kompetenzbegriffs und deren Bedeutung für die Philosophiedidaktik.* In: ZDPE 3/2012. S. 221-229.

Tichy, M.: *Anschaulichkeit und Abstraktion.* In: Nida-Rümelin, J. et al. (Hrsg.): *Handbuch Philosophie und Ethik. Band I: Didaktik und Methodik.* Paderborn: Schöningh 2015. S. 95-104.

Tichy, M.: *Lehrbarkeit der Philosophie und philosophische Kompetenzen.* In: Pfister, J. und Zimmermann, P. (Hrsg.): *Neues Handbuch des Philosophieunterrichts.* Bern: Haupt 2016. S. 43-60.

Tiedemann, M.: *Ein Pionierversuch aus dem Bereich der Effizienzforschung.* In: Rohbeck, J., Thurnherr, U. und Steenblock, V. (Hrsg.): Empirische Unterrichtsforschung und Philosophiedidaktik. Dresden: Thelem 2009 (= *Jahrbuch für Didaktik der Philosophie und Ethik* 2008). S. 83-103.

Tiedemann, M.: *Philosophie und empirische Bildungsforschung. Möglichkeiten und Grenzen.* Berlin: LIT 2011 (= *Philosophie und Bildung,* Bd. 13).

Tiedemann, M.: *Problemorientierung: theoretische Begründung und praktische Realisierung.* In: Rohbeck, J. (Hrsg.): *Didaktische Konzeptionen.* Dresden: Thelem 2013 (= *Jahrbuch für Didaktik der Philosophie und Ethik,* Bd. 13). S. 35-48.

Tiedemann, M.: *Ethische Orientierung in der Moderne – Was kann philosophische Bildung leisten?* In: Nida-Rümelin, J. et al. (Hrsg.): *Handbuch Philosophie und Ethik. Band I: Didaktik und Methodik.* Paderborn: Schöningh 2015. S. 23-29.

Tiedemann, M.: *Problemorientierung.* In: Nida-Rümelin, J. et al. (Hrsg.): *Handbuch Philosophie und Ethik. Band I: Didaktik und Methodik.* Paderborn: Schöningh 2015. S. 70-78.

Tiedemann, M.: *Kompetenzorientierung, oder: Vom Tanz um nackte Kleider.* In: ZDPE, 4/2016. S. 69-75.

Tiedemann, M.: *Erste Erfolge und drängende Aufgaben. Empirische Unterrichtsforschung in der Philosophiedidaktik.* In: Martens, E. (Hrsg.): *Empirie und Erfahrung im Philosophie und Ethikunterricht.* Hannover: Siebert 2017. S. 163-172.

Torkler, R.: *Philosophische Bildung und politische Urteilskraft. Hannah Arendts Kant-Rezeption und ihre didaktische Bedeutung.* Freiburg/München: Alber 2015 (= *Pädagogik und Philosophie*, Bd. 7).

Torkler, R.: *Der lebendige Raum der Didaktik. Überlegungen zur philosophischen Bildung im Anschluss an Hannah Arendt.* In: ZDPE, 3/2015. S. 77-83.

Torkler, R.: *Kernkonzept Narrativität – Formen des Erzählens zwischen philosophischer Fachdidaktik und empirischer Bildungsforschung.* In: Kminek, H., Thein. C. und Torkler, R. (Hrsg.): *Zwischen Präskription und Deskription – zum Selbstverständnis der Philosophiedidaktik. Opladen/Berlin/Toronto: Budrich 2018 (= Wissenschaftliche Beiträge zur Philosophiedidaktik und Bildungsphilosophie*, Bd. 1). S. 77-95.

Torkler, R.: *Die Menschen, die Politik und das Böse. Pluralität als menschliche Seinsweise im Denken Hannah Arendts.* In: ZDPE, 1/2017. S. 3-12.

Thürmer-Rohr, C.: *Das Böse.* In: Heuer, W. et al. (Hrsg.): *Arendt-Handbuch. Leben – Werk – Wirkung.* Stuttgart/Weimar: Metzler 2011. S. 270-271.

Thürmer-Rohr, C.: *Verstehen.* In: Heuer, W. et al. (Hrsg.): *Arendt-Handbuch. Leben – Werk – Wirkung.* Stuttgart/Weimar: Metzler 2011. S. 328-330.

Turnherr, U. und Hügli, A. (Hrsg.): *Lexikon Existenzialismus und Existenzphilosophie.* Darmstadt: WBG 2007.

Villa, D. R.: *Friedrich Nietzsche.* In: Heuer, W. et al. (Hrsg.): *Arendt-Handbuch. Leben – Werk – Wirkung.* Stuttgart/Weimar: Metzler 2011. S. 228-233.

Vogler, H.-J.: *Präsentative Materialien und Philosophie – Eine Kontroverse.* In: ZDPE, 1/2015. S. 97-103.

Volkening, H.: *Am Rand der Autobiographie. Ghostwriting – Signatur – Geschlecht.* Bielefeld: transcript 2006.

Vollstädt, W.: *Zum Kompetenzbegriff.* In: EU 1/2010. S. 6-7.

von Kleist, H.: *Sämtliche Erzählungen und andere Prosa.* Stuttgart: Reclam 2011.

Vowinckel, A.: *Hannah Arendt.* 2. Auflage. Stuttgart: Reclam 2014.

Weinert, F. E.: *Vergleichende Leistungsmessung in Schulen – eine umstrittene Selbstverständlichkeit.* In: Weinert, F. E. (Hrsg.) (2014): *Leistungsmessung in Schulen.* 3. Auflage. Weinheim/Basel: Beltz 2014. S. 17-31.

Weißpflug, M. und Förster, J.: *The Human Condition/ Vita activa oder Vom tätigen Leben* In: Heuer, W. et al. (Hrsg.): *Arendt-Handbuch. Leben – Werk – Wirkung.* Stuttgart/Weimar: Metzler 2011. S. 61-68.

Werner, D.: *Alltag und Lebenswelt. Perspektiven einer didaktischen Phänomenologie.*
   In: ZDPE, 2/2000. S. 110-116.

Werner, D.: *Didaktische und methodische Grundfiguren für einen phänomenologisch
   ausgerichteten Philosophieunterricht.* In: Rohbeck, J. (Hrsg.): *Philosophische
   Denkrichtungen.* Dresden: Thelem 2001 (= *Dresdener Hefte für Philosophie.* Heft
   4/ *Jahrbuch für Didaktik der Philosophie und Ethik.* Bd. 2). S. 165-199.

Wiater, W.: *Unterrichtsprinzipien.* Donauwörth: Auer 2001 (= *Prüfungswissen –
   Basiswissen Schulpädagogik*).

Williams, G.: *Gewissen/Moral.* In: Heuer, W. et al. (Hrsg.): *Arendt-Handbuch. Leben –
   Werk – Wirkung.* Stuttgart/Weimar: Metzler 2011. S. 284-286.

Wilson, J.: *Begriffsanalyse.* Stuttgart: Reclam 1984.

Yano, K.: *Politischer Raum/„Zwischen".* In: Heuer, W. et al. (Hrsg.): *Arendt-Handbuch.
   Leben – Werk – Wirkung.* Stuttgart/Weimar: Metzler 2011. S. 309-311.

Young-Bruehl, E.: *Hannah Arendt. Leben, Werk und Zeit.* Frankfurt am Main: Fischer
   1996.

Zerilli, L. M. G.: *Urteilen/Einbildungskraft.* In: Heuer, W. et al. (Hrsg.): *Arendt-
   Handbuch. Leben – Werk – Wirkung.* Stuttgart/Weimar: Metzler 2011. S. 323-325.

Zimmermann, P.: *Fachliche Klärung und didaktische Rekonstruktion.* In: Pfister, J.
   und Zimmermann, P. (Hrsg.): *Neues Handbuch des Philosophieunterrichts.* Bern:
   Haupt 2016. S. 61-78.

Zweig, S.: *Ungeduld des Herzens.* 33. Auflage. Frankfurt am Main: Fischer 2011.

III. Internetquellen

Bildungsportal des Landes Nordrhein-Westfalen: **Projektkurse**
   https://www.schulministerium.nrw.de/docs/Schulsystem/Schulformen/
   Gymnasium/Sek-II/FAQ-Projektkurse/index.html (20.03.2018).
   https://www.schulministerium.nrw.de/docs/Schulsystem/Schulformen/
   Gymnasium/Sek-II/FAQ-Oberstufe/FAQ05-Projektkurse/index.html
   (20.03.2018).

Bildungsportal des Landes Nordrhein-Westfalen: **Schulgesetz**
   https://www.schulministerium.nrw.de/docs/Recht/Schulrecht/Schulgesetz/
   Schulgesetz.pdf (23.03.2018).

Bildungsportal des Landes Nordrhein-Westfalen: **Standardsicherung**
   https://www.standardsicherung.schulministerium.nrw.de/cms/zentralabitur-
   wbk/faecher/getfile.php?file=2287 (20.03.2018).

Bildungsportal des Landes Nordrhein-Westfalen: **Operatoren**
https://www.standardsicherung.schulministerium.nrw.de/cms/zentralabitur-gost/faecher/fach.php?fach=21 (03.03.2018).

Einheitliche Prüfungsanforderungen in der Abiturprüfung Philosophie (Beschluss der Kultusministerkonferenz vom 01.12.1989 i.d.F. vom 16.11.2006).
http://www.kmk.org/fileadmin/Dateien/veroeffentlichungen_beschluesse/1989/1989_12_01-EPA-Philosophie.pdf (22.03.2018).

McCarthy, M.: *Hannah Arendt, meine schöne Freundin. Ein postumes Porträt.* In: Die Zeit 3/1978.
http://www.zeit.de/1978/03/hannah-arendt-meine-schoene-freundin/komplettansicht?print (27.02.2018).

Qualitäts- und Unterstützungsagentur (QUA-Lis NRW) – Landesinstitut Schule: **Arbeitsgemeinschaften**
https://www.schulentwicklung.nrw.de/orientierungshilfe-g8/entwicklungs-felder/erweiterte-bildungsangebote/arbeitsgemeinschaften/arbeitsgemein-schaften.html (20.03.2018).

Qualitäts- und Unterstützungsagentur (QUA-Lis NRW) – Landesinstitut Schule: **Kernlehrplan Philosophie**
https://www.schulentwicklung.nrw.de/lehrplaene/upload/klp_SII/pl/KLP_GOSt_Philosophie.pdf (03.03.2018).

Qualitäts- und Unterstützungsagentur (QUA-Lis NRW) – Landesinstitut Schule: **Kernlehrplan Praktische Philosophie**
https://www.schulentwicklung.nrw.de/lehrplaene/upload/klp_SI/5017_Praktische_Philosophie_Sek.I.pdf (03.03.2018).

Torkler, R.: *Verstehen-lernen mit Hannah Arendt. Perlentaucher und »living-room« als Denkfiguren einer didaktisch transformierten Hermeneutik.* In: Münstersches Informations- und Archivsystem multimedialer Inhalte (MIAMI).
https://core.ac.uk/download/pdf/56475711.pdf (28.02.2018).